“十三五”国家重点出版物出版规划项目

汉语主题词表

CHINESE THESAURUS

自然科学卷

第Ⅰ册 数 学

中国科学技术信息研究所 编

科学技术文献出版社
SCIENTIFIC AND TECHNICAL DOCUMENTATION PRESS
·北 京·

图书在版编目(CIP)数据

汉语主题词表. 自然科学卷. 第Ⅰ册，数学 / 中国科学技术信息研究所编. —北京：科学技术文献出版社，2018. 3

ISBN 978-7-5189-3590-1

Ⅰ. ①汉… Ⅱ. ①中… Ⅲ. ①《汉语主题词表》 ②数学—《汉语主题词表》 Ⅳ. ① G254.242

中国版本图书馆 CIP 数据核字（2017）第 281123 号

汉语主题词表（自然科学卷） 第Ⅰ册 数 学

策划编辑：周国臻 张 丹 责任编辑：赵 斌 责任校对：文 浩 责任出版：张志平

出 版 者 科学技术文献出版社
地 址 北京市复兴路 15 号 邮编 100038
编 务 部 （010）58882938，58882087（传真）
发 行 部 （010）58882868，58882874（传真）
邮 购 部 （010）58882873
网 址 www.stdp.com.cn
发 行 者 科学技术文献出版社发行 全国各地新华书店经销
印 刷 者 北京时尚印佳彩色印刷有限公司
版 次 2018 年 3 月第 1 版 2018 年 3 月第 1 次印刷
开 本 880 × 1230 1/16
字 数 1027 千
印 张 35.5
书 号 ISBN 978-7-5189-3590-1
定 价 178.00 元

《汉语主题词表（自然科学卷）》编委会

主　任　戴国强　中国科学技术信息研究所

副主任　曾建勋　中国科学技术信息研究所

委　员　（按姓氏笔画排序）

王敏芳　南京理工大学图书馆

史　静　中国地质图书馆

李　贺　吉林大学管理学院

杨志维　国家工业信息安全发展研究中心

何雪松　华东理工大学科技信息研究所

张魁清　航空工业信息中心

周　琪　中国测绘科学研究院

顾　问　（按姓氏笔画排序）

卜书庆　国家图书馆

马张华　北京大学信息管理系

王启慎　中国科学技术信息研究所

王剑雄　中国科学技术信息研究所

司　莉　武汉大学信息管理学院

关家麟　中国科学技术信息研究所

苏新宁　南京大学信息管理学院

邱祖斌　中国航空工业发展研究中心

汪东波　国家图书馆

陈树年　华东理工大学科技信息研究所

赵建华 军事科学院战争理论和战略研究部

赵建国 军事科学院系统工程研究院军用标准研究中心

侯汉清 南京农业大学信息管理系

贾君枝 山西大学经济与管理学院

钱起霖 中国科学技术信息研究所

曹树金 中山大学资讯管理学院

龚昌明 中国国防科技信息中心

曾新红 深圳大学图书馆

鲍绵福 工业和信息化部电子科学技术情报研究所

《汉语主题词表（自然科学卷）》

编制人员及编制单位名单

主　　编　戴国强

副 主 编　曾建勋

编制人员（按姓氏笔画排序）

丁道劲　马　捷　马　然　王　欢　王　星　王　鑫　王敏芳　王晰巍　王景兰　王耀华
丹　英　方丛蕙　史　静　史庆和　冯　昊　朱连花　伍莹乐　刘　丹　刘　伟　刘　华
刘　佳　刘洪光　刘素芳　刘振锋　刘惠敏　苏振礼　杜文娟　李　丹　李　亮　李　贺
李青华　杨代庆　杨秋红　吴　霞　吴雯娜　佘　楠　汪　琛　沈　颖　张　娜　张　鹏
张向先　张英杰　张洁雪　张海涛　张逸群　陈树年　青　珊　范增杰　周　琪　周敏华
周蓓蓓　赵　捷　赵俊红　徐　益　高英军　黄　微　常　春　覃　艳　曾建勋　曾卿卿
曾雅萍　鲍　静　魏清华

编制单位及人员

中国科学技术信息研究所（曾建勋　吴雯娜　常　春　张逸群　覃　艳　吴　霞　刘　伟　王　星　赵　捷　杨代庆　张　鹏　刘　华　丹　英　丁道劲）

吉林大学管理学院（李　贺　刘　佳　马　捷　王晰巍　张向先　张海涛　黄　微）

航空工业信息中心（曾雅萍　李　亮　魏清华　李　丹　高英军　王景兰　冯　昊　汪　琛）

国家工业信息安全发展研究中心（范增杰　鲍　静　伍莹乐　张洁雪）

南京理工大学图书馆（王敏芳　刘　丹　佘　楠　周蓓蓓　曾卿卿　周敏华　青　珊　杜文娟　方丛蕙）

华东理工大学科技信息研究所（李青华　陈树年　马　然　刘惠敏　朱连花）

中国测绘科学研究院（周　琪　苏振礼　张英杰　王耀华　赵俊红　杨秋红　张　娜　沈　颖　徐　益　史庆和）

中国地质图书馆（史　静　刘素芳　王　欢　刘洪光　刘振锋　王　鑫）

审核人员

吴雯娜（中国科学技术信息研究所）
刘　佳（吉林大学管理学院）
曾雅萍（航空工业信息中心）
范增杰（国家工业信息安全发展研究中心）
刘　丹（南京理工大学图书馆）
陈树年（华东理工大学科技信息研究所）
苏振礼（中国测绘科学研究院）
史　静（中国地质图书馆）
危　红（同济大学图书馆）

软件设计人员

刘　伟　王　星　赵　捷　刘敏健　高　岩（中国科学技术信息研究所）

前　　言

《汉语主题词表》是我国第一部大型综合性叙词表，由中国科学技术情报研究所（现中国科学技术信息研究所）和北京图书馆（现国家图书馆）主持编制，505 个单位参与，1980 年 6 月由科学技术文献出版社出版，包括自然科学和社会科学领域，共收词汇 108 568 条。《汉语主题词表》是我国情报界与图书馆界 20 世纪 70 年代集体协作的智慧结晶。由于它覆盖各个学科专业，收词量大，编制体例规范，主题标引规则通用性强，推动了我国主题标引工作的开展，在促进计算机文献数据库的建立，以及专业叙词表的编制、发展与完善方面，都发挥了极为重要的作用，于 1985 年获得国家科学技术进步奖二等奖。1991 年 5 月，中国科学技术信息研究所对自然科学部分进行了修订与增补，出版了《汉语主题词表（自然科学增订本）》。增订后主表共收录主题词 81 198 条，其中正式主题词 68 823 条，非正式主题词 12 375 条。

从 20 世纪 90 年代末开始，信息网络技术在世界范围内得到普及和应用，以谷歌、百度为代表的网络搜索引擎，逐渐发展成为网络时代主流的信息检索方式。随着数字信息资源的快速增加，网络检索面临严重的检全和检准问题，很多目标信息被淹没在海量信息之中，很多知识被隐藏于数据冗余之间。解决这些问题需要有大型叙词表作为基础工具来强化知识系统建设，深化数据处理和挖掘，推进知识的组织与服务。

鉴于《汉语主题词表》对我国情报检索语言发展的历史贡献，以及图书情报界对网络环境下新型《汉语主题词表》的期待，中国科学技术信息研究所于 2009 年启动了《汉语主题词表》的重新编制工作。《汉语主题词表》的重编工作分 4 个阶段逐步开展，依次为工程技术卷、自然科学卷、生命科学卷和社会科学卷。工程技术卷已于 2014 年 9 月完成，该卷共 13 册，收录概念 19.6 万个，词汇 36 万条，在国家工程技术图书馆进行了示范应用。考虑到生物学与医学、农业有较大的交叉渗透，将生物学从自然科学卷中分离出来，与医学、农业合编为生命科学卷，放在第三阶段统一编制。目前的自然科学卷主要包括数学、物理学、化学、天文学、地球科学等学科领域，编制工作已于 2017 年完成。生命科学卷的编制也将在 2018 年启动，最后将编制社会科学卷。

为配合《汉语主题词表》的编制工作，我们收集并加工了包括文献关键词、用户检索词、百科全书、专业术语、叙词表等词汇资源，建立了收词量达 500 万条的中文基础词库；研究词汇分类特征，构建了既满足词汇分类又满足文献分类的分类体系；开发了适用于网络环境协同工作的叙词表编制与管理平台；在广泛征求意见并充分论证叙词表机器应用模式的基础上，面向数字信息资源组织，制定了《汉语主题词表》编制规则。

自然科学卷的编制工作于2015年启动，仍沿用工程技术卷的编制方法和组织模式，由中国科学技术信息研究所联合国内7家单位协同编制。在大家共同努力下，《汉语主题词表（自然科学卷）》历经3年完成，如期出版。《汉语主题词表（自然科学卷）》共收录优选词6.5万条，非优选词5.9万条，等同率为0.91，属分参照度为2.09，相关参照度为0.87。《汉语主题词表（自然科学卷）》覆盖多个学科领域，词量庞大，正确地建立复杂的概念关系绝非易事，相关细节之争论或缺陷尚有待于不断交流、完善和持续更新。

本次《汉语主题词表》的重新编制是新时期我国图书情报界全国性大协作工程的成果，是网络在线编制叙词表的协同示范。在此谨向参加编制工作的所有单位和个人及参与论证和指导的研究单位和个人表示感谢。

叙词表具有深厚的理论基础和广阔的应用前景，网络环境下《汉语主题词表》既可以应用于资源组织与知识关联，又可以应用于支撑知识展示与数据服务。通过嵌入信息系统，实现基于《汉语主题词表》的机器标注和语义关联，直接应用到主题标引、智能检索、自动聚类、热点追踪、知识链接、术语服务、科研关系网络构建等多个方面。为促进《汉语主题词表》的应用和发展，我们开发了《汉语主题词表》网络服务系统，提供概念检索服务，通过可视化技术展示各类概念关系，同时提供基于《汉语主题词表》的辅助标引服务。

我们期待着与业界同行继续推进《汉语主题词表》的基础建设和维护更新，期盼社会各界全面推进网络环境下《汉语主题词表》的应用实践，促进知识资源的有序组织和知识服务的深层发展，服务于学术界和社会大众。

《汉语主题词表（自然科学卷）》编委会

2017年12月

目　　录

编制说明

一、编制目的与过程

1. 目的与功能

1980 年，中国科学技术情报研究所（现中国科学技术信息研究所）和北京图书馆（现国家图书馆）主编的《汉语主题词表》（以下简称《汉表》），由科学技术文献出版社出版，是国内第一部综合性大型叙词表。1991 年，中国科学技术情报研究所对《汉表》自然科学部分进行修订后出版。经过 20 多年的发展，叙词表作为重要的知识组织工具，无论是编制方式还是使用方法都发生了巨大变化，同时，网络环境下数字信息资源的指数增长，大数据时代数据分析挖掘技术日臻完善，更加凸现对大型叙词表的应用需求。中国科学技术信息研究所于 2009 年立项，专门成立《汉表》项目组，开始分阶段重新编制《汉语主题词表》。《汉语主题词表（工程技术卷）》于 2014 年出版，2015 年启动《汉语主题词表（自然科学卷）》（以下简称《汉表（自然科学卷）》）的编制工作，并于 2017 年完成。《汉表（自然科学卷）》收录了新概念、新术语，及时反映了科学技术的最新变化，既继承了传统叙词表的优势，又适应了网络时代的发展，能够满足数字科研环境下对海量文本进行数据挖掘和知识组织的需求。

2. 编制过程

从 2009 年开始，《汉表》项目组采集加工各种词汇资源，构建了 500 余万条术语的中文基础词库，包括多种中文叙词表、规范科技术语表、术语标准、专业词典、在线百科、文献作者关键词、网络用户检索词等。按照学科分类遴选出自然科学领域的科技术语 20 万条，形成候选词汇集。《汉表》项目组基于国家标准 GB/T 13190.1—2015《信息与文献　叙词表及与其他词表的互操作　第 1 部分：用于信息检索的叙词表》制定了《汉表》编制规则，并基于《中国图书资料分类法》（第 4 版）［以下简称《资料法》（第 4 版）］建立了《汉表》词汇分类表。

2015 年，中国科学技术信息研究所组织 7 个单位参加《汉表（自然科学卷）》的编制工作，这些单位是吉林大学管理学院、航空工业信息中心、国家工业信息安全发展研究中心、南京理工大学图书馆、华东理工大学科技信息研究所、中国测绘科学研究院、中国地质图书馆。各单位在统一的编表平台上，依据编制规则，对候选词库进行词汇遴选、同义词归并及词汇分类工作，并以概念为单位，构建概念间的等级关系和相关关系。2017 年，对叙词表词汇的关系进行全面审核，对优选词进行英文翻译，对优选词分类进行逐一核查，全面完成《汉表（自然科学卷）》的最后审定并正式出版。

3. 主要参数与特点

《汉表（自然科学卷）》共收录优选词 6.5 万条，非优选词 5.9 万条，总词量 12.4 万条，其中约 2 万条词汇来源于《汉表（自然科学增订本）》。与《汉表（自然科学增订本）》相比，《汉表（自然科学卷）》结构更趋合理，相关指标有较大改善，等同率为 0.91（非优选词数/优选词数）；属分参照度为 2.09［（属项词数+分项词数）/优选词总数］；相关参照度为 0.87（参项词数/优选词总数）；无关联比为 0（无关联优选词数/优选词总数）。词族约 2500 个，平均每个词族含有 26 个概念，词族层级主要分为 2～5 层。为了实现跨语言应用，每个优选词都配备英文译名。

《汉表（自然科学卷）》的主要特点有：①充分考虑网络环境下叙词表的编制和应用特征，词量大、等同率高。②基于文献数据库进行词汇筛选，叙词表与文献用词有较高重合度，贯彻文献保障原则，兼顾术语规范性。③基于语义计算、共现聚类等技术，促进词间关系的建立，语义关联更为紧密。④基于《中国图书资料分类法》的词汇分类表在优选词和分类法类目间建立关联，叙词表基本具备分类主题一体化应用功能。

二、编制方法

1. 选词原则与范围

《汉表（自然科学卷）》在遵循叙词表基本选词原则基础上，强化了以下两条原则：①词频相关度原则。具有较高词频的专业词汇是叙词表的首要候选词，综合考虑词语规范性、用户使用偏好等信息，共同确定候选词。②专业相关度原则。以自然科学相关领域为主，词汇按专业相关度从高到低进行筛选，凡与本专业密切相关的、科研生产中迫切需要的重要词汇概念入选本专业领域词汇。

依照汉语词类的特点，《汉表（自然科学卷）》选词以名词和名词性词组为主，主要是文献主题中用来表示相关事物及事物特征的各学科领域名词术语。另外，对主题概念起修饰作用的形容词也适当选入。主要有下列类型：

1）表示物质、物体、地理实体、设备等的词汇。例如：

化合物、地下水、天体、量子器件、岩石、湖泊等。

2）表示事物状态、现象、过程等的词汇。例如：

非平衡态、泥石流、表面张力、X 射线、波浪、光催化、地震、化学反应等。

3）表示技术、工艺、方法、流程等的词汇。例如：

测绘、层析成像、发射光谱分析、傅里叶变换、地震勘探等。

4）表示学科、理论、定律、规律等的词汇。例如：

地球动力学、原子物理学、对策论、马尔可夫链、费马原理、热力学定律等。

5）表示事物的属性、特征等的词汇。例如：

波长、碘值、方位角、埋藏深度、热稳定性、渗透率等。

6）表示时间、空间、结构、部位、形状等的词汇。例如：

丰水期、喀斯特地区、大气层、晶体结构、地球内部、河口、立方体等。

7）表示通用文献类型、信息载体的词汇。例如：

历书、测绘档案、空间数据库等。

2. 等同关系建立方法

在自然语言词汇或众多的关键词中，有许多词形不同而含义完全相同或非常接近的情况，例如，“冰川”与“冰河”，“火成岩”与“岩浆岩”等。《汉表》将同义词群中的一个词频较高的规范化词汇选作优选词，其他词作为非优选词纳入词表，与优选词建立等同关系，提供由非优选词到对应的优选词的途径。在叙词表中，优选词与非优选词是一对一或一对多的同义词组或准同义词组，《汉表》使用“Y”“D”等同关系指引符号，Y 指向优选词，D 指向非优选词。

（1）等同关系类型

1）完全同义词。例如：

火成岩

D 岩浆岩

2）准同义词或近义词。例如：

比色法

D 光度法

3）部分反义词。例如：

稳定性

D 不稳定性

4）部分相关词。例如：

催化剂失活

D 催化剂中毒

5）专指词与泛指词。例如：

超新星遗迹

D 实心超新星遗迹

（2）优选词的选定

优选词选定遵循下列基本原则：①依据叙词表所欲覆盖的学科范围、专业范围，结合被标引文献的特点、检索系统类型及信息用户的需求进行选定。②依据科学性、实用性和时效性原则进行选词。选定的优选词应是各个学科领域内经常出现的、通用的、能准确表达科学概念、具有主题聚类功能的词汇。③选定的优选词，必须是概念明确、一词一义、词形简练。不得选用概念容易混淆、词义不清的词语作为优选词。当某优选词在不同学科领域有不同的内涵时，应采取各种措施加以区分、限定。④选定的优选词应具有广泛的通用性，并具有规范的表达形式。当一个主题概念有多种表述形式时，应选择其中较通用、较规范的作为优选词。⑤选定的优选词应符合汉语的构词特点。在词形上符合作为词汇标识的要求，并尽量选用便于字面成族的词。⑥选定的优选词应尽量同国内外叙词表相兼容。

（3）优选词选择方法举例

1）选择学科领域内较为通用的词作优选词。例如：

地表水 （词频较高）

D 地面水 （词频较低）

2）一般选全称作优选词。但当简称更为通行且含义清晰时，也可选简称作优选词。例如：

高分子聚合物 （全称）

D 高聚物 （简称）

3）一般选新称作优选词。例如：

催化剂 （新称）

D 触媒 （旧称）

4）不同译名之间，选择较通用或意译名作优选词；外来语音译名已通用或被公认者，也可作优选词；包含有外文译名的词取通行的惯用译名作优选词。例如：

激光 （意译名）

D 莱塞 （音译名）

5）俗称与学名之间，选择学名作优选词。例如：

丙三醇 （学名）
　D 甘油 （俗称）

6）当一个汉字有简体、繁体、异体等字体形式时，应选择通行的标准字体作优选词；如汉字有多种写法时，应选择使用较广泛或有权威性规定的写法作优选词。例如：

储罐 （规范写法）
　D 贮罐 （不规范写法）

7）某些专指词与泛指词之间，用泛指词代替专指词作优选词。例如：

聚能效应 （泛指词）
　D 破甲效应 （专指词）

3. 等级关系建立方法

等级关系，是指上位优选词和下位优选词之间的关系，亦称属分关系。其反映词间等级关系的结构形式，是叙词表与一般词汇表或词典的主要区别之一。建立等级关系的目的是为文献标引与信息检索提供族性检索的需要。汉语叙词表中，词间的等级关系符号有："S（属）" "F（分）" 和 "Z（族）"。

"S" 是上位优选词的指引符，用在下位优选词之上，指出它的上位优选词；

"F" 是下位优选词的指引符，用在上位优选词之下，指出它的下位优选词；

"Z" 是族首词的指引符，用在依等级关系构成一族的、除族首词及族首词的直接下位词之外的其他优选词下，指出它所属词族的族首词。

（1）等级关系类型

等级关系主要类型为属种关系，也包含少量整体与部分关系、概念与实例关系。属种关系是叙词表内反映词间等级关系的主要类型。两个概念的外延具有包含关系，是建立属种关系的基础。判断两个概念的外延是否真正存在包含关系的判别式如下：

平原
| ↑
部分是 全部是
↓ |
冲积平原

上述判别式自下而上是"全部是……"，自上而下是"部分是……"。符合这个判别式的两个优选词的外延，具有包含关系，可以构成属种关系。因此，"平原"和"冲积平原"之间可以构成属种关系。

凡是不符合这个判别式的两个优选词，其外延不具有包含关系，不能构成等级关系。例如：

包装材料
| ↑
部分是 部分是
↓ |
纸

此例中，自下而上是"有些纸是包装材料"，自上而下为"有些包装材料是纸"，不符合上述判别式。因此，"包装材料"与"纸"不能构成等级关系。如果是"包装纸"，则与"包装材料"可以构成等级关系。

事物的整体与部分之间，在概念的外延上不存在包含关系，因而一般不构成等级关系。例如，"发动机"与"汽车"是两个不同概念，它们的外延不具有包含关系，不能构成等级关系。但在某些特殊情况下，为满足族性检索的需要，特定的整体与部分关系可以作为等级关系处理，这种情况主要表现在学科及其分支学科之间。例如：

天文学

F 天体物理学

（2）族首词选定规则与参照关系

族首词是一族词中能概括该词族的最上位词，即只有分项没有属项。在具有等级关系的一群优选词中，一般可根据检索系统需要，选定具有实际族性检索意义的词作为族首词。族首词可以是某一学科专业内能形成独立专题，或是某专题中主要研究对象、研究方法及设备仪器的类称词。一个词族的大小，应根据实际检索需要而定。选定的族首词，不能在其他优选词的分项中出现。

每条优选词的族首词用指引符“Z”指引。例如：

古地磁场

S 地磁场

Z 磁场

4. 相关关系建立方法

相关关系，是指优选词之间除等级关系之外彼此关联的关系。相关关系的显示是双向的，用“C（参）”表示相关关系。一般来说，一个优选词可以与一个或多个优选词建立相关参照。但是，一个优选词一般只与具有等级关系的两个或多个优选词中的一个建立相关关系。相关关系主要表现为因果关系、应用关系、部分重合关系、对立关系、矛盾关系和没有建立等级关系的事物的整体与部分关系等。

1）相互渗透的学科概念之间。例如：

信息论

C 信息系统

2）类似的概念之间。例如：

大气波动

C 大气扰动

3）对立、矛盾或并列概念之间。例如：

大陆性气团

C 海洋性气团

4）事物与其属性之间。例如：

磁场

C 磁场强度

5）属性与数量之间。例如：

导电性

C 电导率

6）因果概念之间。例如：

海啸

C 风暴潮

7）学科与其研究对象之间。例如：

大气电学

C 大气电场

8）事物与其原理之间。例如：

概率统计

C 概率论

9）仪器设备与其应用之间。例如：

气象仪器

C 大气探测

10）没有建立等级关系的事物整体与部分之间。例如：

河流

C 河段

5. 分类表编制规则

（1）分类表功能与编制原则

在《汉表（自然科学卷）》中，分类表主要用于从学科、专业领域对优选词进行分类显示，提供按学科、按专业查找优选词的途径，便于通过对同类优选词进行比较，准确选词，也是对文献进行分类标引的工具。在《汉表》的编制过程中，可用来控制选词的范围和深度。

《汉表》分类表以《资料法》（第 4 版）为基础进行编制，保持《资料法》（第 4 版）结构体系和标记体系的完整性，与我国各信息机构的标引系统/检索系统、已建文献数据库相关标识相兼容。由于将一部具有分类标引功能的分类法作为叙词表的分类显示体系，使叙词表和分类表有机地结合起来，兼顾优选词分类和文献分类的需求，从而具备“分类主题一体化”的应用功能。当优选词和类目使用相同的分类号连接起来后，即实现优选词和类目的基本对应，为自动标引特别是自动分类奠定了基础。

（2）分类表编制依据与修改重点

《汉表》分类表基本沿用《资料法》（第 4 版）的类目体系和标记制度，考虑了类目的文献统计频次、优选词/关键词的统计频次，并参考了《中国图书馆分类法》（第 5 版）。

《汉表》分类表相对于《资料法》（第 4 版），编制的重点为：细分与粗分的程度不同，在保持类目体系完整的前提下，基本采用自然科学和工程技术类目相对细分、社会科学类目相对粗分的原则。使用含义完整的类名，为了准确表达类目的含义，放弃了下位类省略上位类已经表达含义的做法，采用含义完整的类名。根据文献分类和优选词分类的需要，完善类目注释。类目注释包括类目含义注释和类目（类号）使用方法注释两种基本类型。删除专用复分表、设置“某某概论”类目，相关内容归入该类中的“概论”。由于总论信息、控制、实验、测量、检测、导航等概念（或作为构词元素）通用性高，现有各类均无法容纳，故增设或修改了若干类目。增设的类目包括：

1）“自然科学总论”大类增设：

N95 信息科学、信息技术

N96 控制论、控制技术

2）“工程技术总论”大类增设：

TB461 试验技术、试验设备

TB462 测量技术、测量设备

TB463 检测技术、检测设备

TB465 导航技术、导航设备

3）增设“通用概念”大类：

通用概念在优选词分类时较难处理。因此，将“通用概念”从原来的“总论复分表”中抽出，增设为独立的一级大类（借用 ZT 的号码），专门用于优选词分类。

上述新增设的类目，均通过设置交替类目或类目注释，说明与相关类的关系。

（3）优选词分类规则

1）优选词应按其表达概念的本质属性归入相应的类目。例如：

“高分子化合物”应归入“O63 高分子化学”，不归入“TQ31 高分子化合物工业”；“地层”应归入“P53 地史学、地层学”，不归入“TD163 矿井地质”；“流体力学”应归入“O35 流体力学”，不归入“U661.1 船舶流体力学”。

2）凡是能归入下位类的优选词，不归入上位类。例如：

“轻子”，应归入“O572.32 轻子”，不归入“O572.3 粒子”。

3）凡具有多重学科属性的概念，可分别归入几个不同学科的类目，以增加概念的分类检索入口。例如：

“石蜡”可归入“O623.11 饱和脂烃”，还可以再归入“TE626.88 石蜡、地蜡”。

4）交替类目的使用

交替类目是分类表中的非正式类目，每个交替类目都有对应的正式类目。在分类表中，交替类目用中括号标识，例如，[P24] 测绘仪器。凡是归入交替类目下的优选词，可通过计算机自动映射到所对应的正式类目下。因此，在正式类目和交替类目下均有该优选词。

5）“ZT* 通用概念” 类目的使用

各学科都使用的没有明确学科属性的优选词为通用概念，归入“ZT* 通用概念”下的相应类目。

三、编排结构

1. 印刷版结构

《汉表（自然科学卷）》印刷版由以下部分构成：前言，对叙词表的编制目的、适用范围作全面概括介绍；编制说明，对叙词表的编制原则、体系结构和使用说明，以范例形式详加阐述；主表，由款目词组成，款目序列按汉语拼音字顺规定的同音同调同形排列，主表是主题标引和检索查询的主要工具；分类表，是使用叙词表的辅助工具，是词汇分类的依据。

（1）参照项的种类、作用和符号

《汉表（自然科学卷）》中使用下列汉语拼音字符作词间关系的指引符号：

Y 优选词指引符。只在非优选词下使用，其后所列的词是与对应非优选词等同的优选词。

D 非优选词指引符。只在优选词下使用，其后所列的词是该优选词所对应的非优选词。

S 上位优选词指引符。其后所列优选词是本条优选词的上位优选词。

F 下位优选词指引符。其后所列优选词是本条优选词的下位优选词。

C 相关优选词指引符。其后所列优选词是本条优选词的相关优选词。

Z 族首词指引符。其后所列优选词是本条优选词所属的族首词。

（2）款目结构

主表是叙词表的正文部分，包括优选词和非优选词，其款目格式为：

1）优选词在上，其下依次为：英文翻译、分类号、代项 D、属项 S、分项 F、参项 C、族项 Z。

2）优选词为族首词时，在款目词后加“*”标记。

3）优选词的属项“S”为族首词时，在其后加“*”标记，不再重复出现相应的族项“Z”。

4）优选词的参项“C”对应的优选词不在该册中时，在其后加“→”，后跟该优选词所属册的编号。

5）非优选词的款目只有用项“Y”。

例如：

大气电流
electric current of atmosphere
O441.1；P352；P427.3
　D 地空电流
　　空地传导电流
　S 自然电流
　F 闪电电流
　C 大气电场 →(4)
　　大气电现象 →(4)
　Z 电流

空地传导电流
　Y 大气电流

层析成像*
tomography
P315
　D CT 成像
　　CT 技术
　　层析成像技术
　　层析摄影
　　计算机断层扫描技术
　F 光学层析成像
　C 色谱法 →(3)

次生地质灾害
secondary geological hazard
P694
　D 次生灾害
　S 地质灾害*
　F 次生山地灾害
　　地震次生灾害
　C 地震

（3）分类表结构与显示

分类表包括两个部分：分类简表和分类详表。分类简表覆盖全部学科，除“N 自然科学总论”展示全部类目外，其他学科展示到一级或二级类目。分类详表展示该分册涉及的一个或多个学科的全部类目。二级及以上的类目显示时加“.”表示类目等级。分类详表中交替类目加“[　]”进行标记。类号后加“*”表示该类目是新增类目，不是《资料法》（第 4 版）原有类目。

（4）出版分册与专业构成

为了方便自然科学领域不同专业机构和用户的使用，《汉表（自然科学卷）》按专业分 5 册出版，每册单独进行字顺排版。考虑到对《汉表（自然科学卷）》整体字顺排序使用的需求，可以经申请提供单独按需印制服务。各册与专业的对照表如下：

分 册	词 量
第Ⅰ册 数学	18 586
第Ⅱ册 力学、物理学、晶体学	33 045
第Ⅲ册 化学	29 627
第Ⅳ册 天文学、测绘学、大气科学、海洋学、自然地理学	35 612
第Ⅴ册 地球物理学、地质学	21 389

2. 服务系统

《汉表（自然科学卷）》将通过《汉表》网络服务系统提供服务，具备术语检索、分类导航、机器辅助标引、概念可视化等功能。

（1）分类导航

分类导航按照分类层级体系自上而下逐层显示专业术语及其术语信息，展示某分类所属族首词和术语列表。

（2）术语检索

通过“模糊匹配”“精确匹配”“前方一致”“后方一致”可以检索术语，检索结果以列表方式显示所检索术语的“分类”“族首词”等属性，浏览该术语的详细属性。

（3）术语详细信息浏览

通过术语检索或分类导航，可以查看命中优选词层级结构、词间关系、释义、英文翻译等信息。

（4）知识地图

“知识地图”对注册用户进行开放，以可视化方式显示术语之间的“属/分”“用/代”“参”等关系，地图上最多会展示 3 个级别深度的优选词节点。

（5）机器辅助标引

对文献进行受控标引是叙词表的主要功能之一。系统基于《汉表》具有自动标引功能，当输入领域相关文献标题和摘要时，可以输出代表性高的优选词作为标引词，还可以赋予文献合适的分类号。

除此之外，《汉表》服务系统还提供“热词排行”“相关文献”“百科搜索”和“意见建议”等功能；提供针对相关术语的“相关文献”检索服务；可以将当前术语链接到“百度百科”或“互动百科”进行检索。还可以对相应的术语提出相关意见建议；具体使用可以网上浏览“《汉表》服务系统使用说明”。

3. 应用领域

《汉表》自 1980 年诞生以来，作为信息组织与检索的重要基础工具，在我国图书情报界和信息文献领域发挥了其应有的作用。基于网络环境而重新编制的《汉表（自然科学卷）》，应用领域除信息标引与检索之外，还包括学科分类导航、机器翻译、跨语言检索、主题可视化服务、语义计算、文本处理等方面，也与标准数据协议、映射或互操作、主题图、向本体转化等多种重要信息技术密切相关。

（1）知识学习

经过向分类、概念关系细化、定义注释等多个方向发展，《汉表（自然科学卷）》可以具备网络百科的功能，成为用户的网络参考知识工具。对知识管理机构来说，可以利用可视化等多种信息技术，将《汉表（自然科学卷）》用于研制开发具备知识节点网络的相关产品。从汉语规范化角度出发，《汉表（自然科学卷）》也是用户查找和检索规范专业术语、基础词汇和通用词汇的常用工具，兼具词典的功能。

（2）学科导航与智能检索

《汉表（自然科学卷）》具备主题分类一体化应用功能。从学科分类入口浏览查询，可以获得所需类目及相应信息；也可以浏览《汉表（自然科学卷）》词族知识概念体系。《汉表（自然科学卷）》同时具备分类表、叙词表和本体的共同属性，能够实现不同颗粒度的智能查询与检索功能，可以是分类层级类目的批量文献信息获取，也可以是主题概念级别的扩检与缩检，结合其他词表映射融合等多种不同方法，可以实现不同目的和条件下的智能检索。

（3）文本信息处理

《汉表（自然科学卷）》由一系列词库组成，可根据不同目的，用于切词、信息抽取、聚类、词频统计、情感分析等文本处理基础工作。通过《汉表（自然科学卷）》的英汉双语对照，可实现英汉双语检索功能等，利用其中英汉对应词库及词间关系，可以为英汉机器翻译系统的开发提供基础语料。同时，利用《汉表（自然科学卷）》词汇、术语、概念等语料词汇系统，可以开展研究热点领域监测、专业知识挖掘、领域知识聚类等相关的系列应用。

主　　表

830312 丈(3+1)维 Kadomtsev-Petviashvili 方程
　Y (3+1)维 KP 方程

(3+1)维 KP 方程
(3+1)-dimensional Kadomtsev-Petviashvili equation
O122.2
　D (3+1)维 Kadomtsev-Petviashvili 方程
　　(3+1)维卡东穆塞夫-彼得韦亚斯维利方程
　S KP 方程
　Z 方程(数学)

(3+1)维卡东穆塞夫-彼得韦亚斯维利方程
　Y (3+1)维 KP 方程

(G’/G)-展开法
(G’/G)-expansion
O175.29
　S 展开(数学)*

(Ps)条件
(Ps) condition
O177
　D Palais-smale 条件
　S 条件(数学)*
　C 局部环绕定理

(α，β)-度量
(α,β)-metric
O186.1
　S 度量*
　C 公共不动点

[a,b]-因子
[a,b]-factors
O157.5；O177
　S 因子*

{1}-广义逆
　Y 广义逆

{1}-逆
{1}-inverses
O151.21
　S 求逆*
　C 上界

|Σ|-仿紧
|Σ|-paracompact
O189
　D |Σ|-仿紧
　S 仿紧*

|Σ|-仿紧
　Y |Σ|-仿紧

“0.618”法
　Y 黄金分割法

0-1 变量
0-1 variable
O221.4
　D 伯努利随机变量
　　布尔变量
　S 随机变量
　C 分段函数
　Z 变量

0-1 二次规划
0-1 quadratic programming
O221.2
　S 二次规划
　Z 数学规划

0-1 分布
　Y 两点分布

0-1 规划
　Y 0-1 整数规划

0-1 规划模型
　Y 0-1 整数规划

0-1 矩阵
　Y 布尔矩阵

0-1 线性规划
　Y 0-1 整数规划

0-1 型整数规划
　Y 0-1 整数规划

0-1 整数规划
0-1 integer programming
O221.4
　D 0-1 规划
　　0-1 规划模型
　　0-1 线性规划
　　0-1 型整数规划
　　非线性 0-1 规划
　S 整数规划
　F 混合 0-1 规划
　Z 数学规划

16 进制
　Y 十六进制

1-序列覆盖映射
　Y 序列覆盖映射

1-因子
　Y 完美匹配

2D 系统
　Y 二维系统

2-调和
two-harmonic
O175.25；O186.12；O189.31
　D 双调和
　C 局部对称

2 调和映射
　Y 2-调和映射

2-调和映射
2-harmonic maps
O189；O192
　D 2 调和映射
　　2-调和映照
　S 调和映射
　C 伪黎曼流形
　Z 映射

2-调和映照
　Y 2-调和映射

2-调和子流形
2-harmonic submanifold
O186.1；O29
　S 子流形
　C 上确界
　Z 流形

2-范数
spectral condition number
O151.21；O175.12；O241
　D 谱条件数
　S 矩阵范数
　C 稳定化方法 →(2)
　　线性稳定性分析 →(2)
　Z 范数

2-极大子群
2-maximal subgroup
O152
　S 极大子群
　Z 群(数学)

2 进制
　Y 二进制

2-距离色数
2-distance chromatic number
O157.5
　S 色数*

2-连通图
2-connected graph

O157.5
S 连通图
C 连通度
Z 图表

2-上循环
2-cocycle
O189
S 循环(拓扑学)*
C 微分算子

2-因子
2-factor
O157.5；O177
S 因子*
C 整数解

3/2 线性泛函
Y 双线性泛函

3D 小波变换
Y 三维小波变换

3*N*+1 猜想
3*N*+1 conjecture
O156
S 猜想(数学)*

3*x*+1 问题
Y 角谷猜想

3-李代数
3-Lie algebra
O152.5
S 李代数
Z 代数

3-流形
Y 三维流形

3 维仿真
Y 三维模拟

3 维建模
3D modeling
TP391
S 建模*

3 维空间
three-dimensional space
O175.29；O343.2
D 三维问题
S 空间(数学)*
C 弹性力学 →(2)
三维数学模型

3 维模型
Y 三维模型

3-正则图
3-regular graph
O157.5
S 正则图
Z 图表

4DVar
Y 四维变分

8 进制
Y 八进制

a. s. 收敛
a.s.convergence
O211.5；O212.1
S 收敛(数学)*

Abel 变换
Abel transformation
O172.2
D 阿贝尔变换
S 数学变换*
C 排序不等式

Abel 定理
Abel theorem
O173；O174.54
D 阿贝尔定理
S 数学定理*

Abel 范畴
Abel category
O154.1
D 阿贝尔范畴
S 加法范畴
C 分块矩阵
Z 范畴(数学)

Abel 方程
Abel equation
O151.1
D 阿贝尔方程
S 奇异积分方程
C 变量代换法
Z 方程(数学)

Abel 积分
Abel integral
O172.2
D 阿贝尔积分
S 积分*
F 椭圆积分
C 极限环

Abel 扩张
Y 代数扩张

Abel 群
Y 交换群

Abel 序群
ordered Abelian group
O152
D Abel 有序群
S 序群
Z 群(数学)

Abel 有序群
Y Abel 序群

ABS 算法
ABS algorithms
O151.2；O177
S 数学算法*
C 优化

Adams 谱序列
Adams spectral sequence
O177
D 亚当斯谱序列
S 谱序列
Z 序

ADI 法
Y 分步法

ADI 方法
Y 分步法

Adomian 多项式
Adomian polynomial
O177
S 多项式*
C Adomian 分解法

Adomian 分解法
Adomian decomposition method
O151.2
D Adomian 分解方法
S 微分方程解法*
C Adomian 多项式
逆算子

Adomian 分解方法
Y Adomian 分解法

AFS 结构
Axiomatic Fuzzy Sets structure
O151.21；O159
S 数学结构*
C 子代数

AGP-内射环
AGP-injective ring
O153.3
S 结合环*

AHP 判断矩阵
AHP judgment matrix
O151.21
S 判断矩阵
Z 矩阵

Airy 函数
Airy function
O175.1
D 艾里应力函数
S 函数*
C 渐近解

Aitken 插值算法
Y 插值法

ALE 有限元
ALE finite element
O241.82；O35
D ALE 有限元法
ALE 有限元方法
S 有限元*
C ALE 方程 →(2)
ALE 方法 →(2)

ALE 有限元法
Y ALE 有限元

ALE 有限元方法
Y ALE 有限元

Allee 效应
Allee effect
O175；O177
S 效应*

Alpha 混合

Y α-混合

ANOVAE
Y 方差分析估计

ANOVA 估计
Y 方差分析估计

ANSYS 有限元分析
ANSYS finite element analysis
O241.82
S 有限元分析
Z 数值分析

AOR 迭代法
AOR iterative method
O241.6
S 迭代法*
C 比较定理

AOR 方法
Accelerated Overrelaxation method
O151.21；O241.6
S 数学方法*

APW 计算
Y 增强平面波算法

AP-内射环
Ap-injective ring
O153.3
S 结合环*

Ap 权
Ap weight
O174；O177
S 函数*
C 非双倍测度
奇异积分算子
有界性

AR(p)模型
Y 自回归模型

ARIMAX 模型
ARIMAX model
O171；O211.6
S Box-Jenkins 模型
Z 回归模型

ARIMA 模型
Y Box-Jenkins 模型

ARMA
Y 自回归模型

ARMA 模型
auto-regressive and moving average model
O171；O212.1
D 时变 ARMA 模型
受控自回归滑动平均模型
自回归滑动平均模型
自回归-滑动平均模型
自回归移动平均模型
S Box-Jenkins 模型
滑动平均模型
C 递推最小二乘估计
时变参数
Z 回归模型
数学模型

Armendariz 环
Armendariz ring
O153.3
S 环(数学)*

Arrow 公理
Arrow axiom
O223；O225
S 公理*
C 多目标决策

Artin 代数
Artin algebra
O153.3
S 抽象代数
Z 代数

Artin 环
Y 阿丁环

Arzela-Ascoli 定理
Arzela-Ascoli theorem
O175
S 数学定理*

AR 模型
Y 自回归模型

assignment 博弈
Y 指派博弈

Aubry-Mather 集
Aubry-Mather set
O175.1
D Mather 集
马瑟集
S 集合*
C Duffing 方程
次线性算子

Aubry 猜想
Aubry conjecture
O156
S 猜想(数学)*
C Fermat 无穷递降法
不定方程

AVE
Y 绝对值方程

Avery-Peterson 不动点定理
Avery-Peterson fixed point theorem
O174
S 不动点定理
Z 数学定理

A-调和方程
A-harmonic equation
O122.2
S 调和方程
C Hodge 分解
Poincare 不等式
弱解
Z 方程(数学)

A 集
Y 解集

B(a)cklund 变换
Y Backlund 变换

B-3 次样条函数
Y B_3 样条函数

B_3 样条函数
B_3 spline function
O241.5
D B-3 次样条函数
S B 样条函数
C 稳定性分析 →(2)
Z 函数

Backlund 变换
Backlund transformation
O156.4；O177；O192
D B(a)cklund 变换
贝克隆变换
S 数学变换*
C Boussinesq 方程 →(4)

Baer 根
Baer radical
O153.3
D 贝尔根
S 根(数学)*
C 自然数

Baer 环
Baer ring
O153.3
S 环(数学)*
C 左理想

Baker 方法
Baker method
O156.7
S 数论方法
Z 数学方法

Ball 曲线
Ball curves
O177；O186
D SBGB 型曲线
S 匹配*
F 贝塞尔曲线
广义 Ball 曲线
C 距离函数

BAM 神经网络
BAM neural network
O175；O212
S 神经网络*
C 收敛率

Banach-Steinhaus 定理
Banach-Steinhaus theorem
O177
D 巴拿赫-斯坦因豪斯定理
S 数学定理*

Banach 不动点定理
Banach fixed point theorem
O175.3；O177.2；O189.2
D Banach 不动点原理
巴拿赫不动点定理
S 不动点定理
C Banach 空间
Z 数学定理

Banach 不动点原理
Y Banach 不动点定理

Banach 代数
Banach algebra
O175.3；O177.5；O187
D 巴拿赫代数
半单 Banach 代数
半单赋范环
赋范环
交换巴拿赫代数
完备赋范代数
S 赋范代数
F C*代数
C Hyers-Ulam-Rassias 稳定性
Z 代数

Banach 格
Y Banach 空间

Banach 极限
Banach limit
O177.2
D Banach 空间值广义泛函
Banach 空间值鞅
巴拿赫极限
S 极限(数学)*
C 代数等价
强收敛定理
压缩条件

Banach 空间
Banach space
O174.41；O177.2
D Banach 格
Banach 序列空间
B 空间
巴拿赫格
巴拿赫空间
格序 Banach 空间
完备赋范空间
S 空间(数学)*
F Lp 空间
实 Banach 空间
序 Banach 空间
一致光滑 Banach 空间
一致凸 Banach 空间
自反 Banach 空间
C Banach 不动点定理
k-严格凸
极限集
弱紧集
凸泛函
相补问题

Banach 空间几何
Banach space geometry
O177.2
D Banach 空间几何学
S 空间几何
C R 指数
凸性
压缩条件
Z 几何

Banach 空间几何学
Y Banach 空间几何

Banach 空间值广义泛函
Y Banach 极限

Banach 空间值鞅
Y Banach 极限

Banach 流形
Y 微分流形

Banach 序列空间
Y Banach 空间

Banach 压缩映射
Y Banach 压缩映像原理

Banach 压缩映射原理
Y Banach 压缩映像原理

Banach 压缩映象原理
Y Banach 压缩映像原理

Banach 压缩映像原理
Banach contraction mapping
O154.2；O177.2；O189.22
D Banach 压缩映射
Banach 压缩映射原理
Banach 压缩映象原理
S 压缩映射
C 不动点
Z 映射

Barsotti-Tate 群
Y P-可解群

Baskakov 算子
Baskakov operator
O174.41；O177
D Baskakov 型算子
巴斯卡科夫算子
S Bernstein 算子
F 广义 Baskakov 算子
C 光滑模
同时逼近
正逆定理
Z 算子

Baskakov 型算子
Y Baskakov 算子

Bayes
Y 贝叶斯方法

Bayesian 动态模型
Y 贝叶斯动态模型

Bayesian 分析
Y 贝叶斯分析

Bayesian 后验概率
Y 贝叶斯后验概率

Bayesian 理论
Y 贝叶斯模型

Bayesian 模型
Y 贝叶斯模型

Bayesian 原理
Y 贝叶斯模型

Bayes 定理
Y 贝叶斯模型

Bayes 法
Y 贝叶斯方法

Bayes 方法
Y 贝叶斯方法

Bayes 分析
Y 贝叶斯分析

Bayes 公式
Y 贝叶斯模型

Bayes 估计
Bayes estimator
O212.8
D 贝叶斯估计
S 点估计
F Bayes 线性无偏估计
E-Bayes 估计
贝叶斯区间估计
多层 Bayes 估计
经验 Bayes 估计
C q-对称熵损失函数
贝叶斯后验概率
均值漂移模型
双指数分布
无失效数据
最大信息熵
Z 估计(数学)

Bayes 检验
Y 贝叶斯检验

Bayes 决策
Y 贝叶斯决策

Bayes 模型
Y 贝叶斯模型

Bayes 判别
Bayes discrimination
O159
D Bayes 判别法
贝叶斯判别
S 判别法(数学)*
C 先验分布

Bayes 判别法
Y Bayes 判别

Bayes 区间估计
Y 贝叶斯区间估计

Bayes 统计
Y 贝叶斯统计

Bayes 推断
Y 贝叶斯推理

Bayes 线性无偏估计
Bayes linear unbiased estimator
O211.67；O212
S Bayes 估计
线性无偏估计
Z 估计(数学)

Bayes 预测
Y 贝叶斯预测

BA 模型
Y 无标度网络模型

B-BBM 方程
B-BBM equation
O151；O175.29

S BBM 方程
C 有限维代数
Z 方程(数学)

BBGKY 方程
Y 积分微分方程

BBM 方程
Benjamin-Bona-Mahony equation
O151；O175.29
D Benjamin-Bona-Mahony 方程
广义 BBM 方程
杰明-博纳-马奥尼方程
S 非线性偏微分方程
F B-BBM 方程
GBBM 方程
mBBM 方程
广义 BBM-Burgers 方程
C 算子半群
整体吸引子
Z 方程(数学)

BCH-代数
BCH-algebra
O152.7
S 代数*

BCI 代数
Y BCI-代数

BCI-代数
BCI-algebra
O189.2
D BCI 代数
S 代数*
F P-半单 BCI-代数

BCK 代数
Y Bck-代数

Bck-代数
Bck-algebras
O189.2
D BCK 代数
S 代数*

B-D 算子
Y Bernstein-Durrmeyer 算子

Behrens-Fisher 问题
Behrens-Fisher problem
O212
D 贝伦斯-费舍尔问题
S 数学问题*
C 区间估计
无信息先验分布
相互独立

Bellman 不等式
Bellman inequality
O175.12；O178
D 贝尔曼不等式
S 不等式*
F Gronwall-Bellman 不等式

Bellman 方程
Bellman equation
O241.8
D 贝尔曼方程
动态规划方程

S 方程(数学)*

Bell 多项式
Bell polynomial
O175
S 多项式*
C N 孤子解

Bell 数
Bell number
O157
D 贝尔数
贝尔数列
S 数列*
C Bell 基测量 →(2)

Beltrami 方程
Beltrami equation
O174；O175.2
S 偏微分方程
C Caccioppoli 型不等式
Z 方程(数学)

Benjamin - Bona - Mahony 方程
Y BBM 方程

Benson 真有效解
Y 真有效解

Benson 真有效性
Benson true effectiveness
O174
D 本森真有效性
S 数学性质*
C 局部凸

Berezin 变换
Berezin transform
O177
D 别列津变换
S 数学变换*
C Bergman 空间

Bergman 度量
Bergman metric
O174
S 度量*
C 华罗庚域

Bergman 核
Y Bergman 核函数

Bergman 核函数
Bergman kernel function
O174
D Bergman 核
伯格曼核函数
S 核函数
C Cartan-Hartogs 域
Z 函数

Bergman 距离
Y Bregman 距离

Bergman 空间
Bergman space
O177
D 伯格曼空间
S 空间(数学)*
F 加权 Bergman 空间

C Berezin 变换

Bernoulli 不等式
Bernoulli inequality
O178
D 贝努利不等式
S 不等式*
C 泰勒公式

Bernoulli 多项式
Bernoulli polynomial
O156.4
D 伯努利多项式
S 多项式*
F 高阶 Bernoulli 多项式

Bernoulli 法
Y 伯努利方程

Bernoulli 反馈
Bernoulli feedback
O23
D 贝努利反馈
S 非线性反馈
Z 反馈

Bernoulli 方程
Y 伯努利方程

Bernoulli 分布
Y 两点分布

Bernoulli 试验
Y 伯努利试验

Bernoulli 数
Bernoulli number
O156
D 贝努利数
伯努利数
S 有理数
F 高阶 Bernoulli 数
C 递推公式
多项式表示
盖根堡多项式
幂和公式
Z 复数

Bernoulli 序列
Bernoulli sequence
O211
D 柏努利序列
伯努利序列
S 随机序列
Z 序

Bernstein-Durrmeyer 算子
Bernstein-Durrmeyer operator
O174.41；O177
D B-D 算子
S Bernstein 算子
C Jacobi 权
Z 算子

Bernstein-Kantorovich 算子
Bernstein-Kantorovich operator
O174.41；O177
D 伯恩斯坦-坎托罗维奇算子
S Bernstein 算子
C 光滑模

Z 算子

Bernstein 不等式
Bernstein inequality
O178
D Bernstein 型不等式
S 不等式*

Bernstein 多项式
Bernstein polynomial
O174.14；O174.41；O241
D 伯恩斯坦多项式
S 多项式*
C 形状

Bernstein 基函数
Bernstein basic function
O174
D 伯恩斯坦基函数
S 函数*
基函数
C 形状

Bernstein 算子
Bernstein operator
O174.41；O177
D Bernstein 型算子
伯恩斯坦算子
S 算子*
F Baskakov 算子
Bernstein-Durrmeyer 算子
Bernstein-Kantorovich 算子
Kantorovich 算子
C 线性组合
正定理

Bernstein 型不等式
Y Bernstein 不等式

Bernstein 型算子
Y Bernstein 算子

Berry-Esseen 界
Berry-Esseen bound
O177
D 贝里—埃森界
S 界(数学)*
C 随机删失

Besov 空间
Besov space
O174.4
S 函数空间
C 小波变换
Z 空间(数学)

Bessel 方程
Y 贝塞尔方程

Bessel 公式
Y 贝塞尔公式

Bessel 函数
Y 贝塞尔函数

Bessel 序列
Bessel sequence
O177
D 贝塞尔序列
S 序*

Beta 分布
Beta distribution
O212.8
D B 分布
β 分布
贝塔分布
S 概率分布*
F Dirichlet 分布
C 泰勒级数

Beta 函数
Y β 函数

Beta 算子
Beta operator
O174.41；O177
D β 算子
贝塔算子
S 算子*

Betti 亏数
Betti deficiency number
O153.3；O157.5
D Betti 数
S 亏数
C 上可嵌入性
最大亏格
Z 数

Betti 数
Y Betti 亏数

Beurling-Ahlfors 扩张
Beurling-Ahlfors extension
O177
S 扩张(数学)*
C 伸张函数

Bezier 曲线
Y 贝塞尔曲线

Bézier 曲线
Y 贝塞尔曲线

Bèzier 曲线
Y 贝塞尔曲线

Bezier 样条曲线
Y Bézier 样条曲线

Bézier 样条曲线
Bézier spline curves
O174.61；O231
D Bezier 样条曲线
S 贝塞尔曲线
样条曲线*
C 基函数
Z 匹配

Bezout 定理
Bezout theorem
O187
D 贝祖定理
S 数学定理*
C 插值
三角剖分

Bezout 矩阵
Bezout matrix
O151.21
D 贝祖矩阵
伯祖矩阵
S 矩阵*
C 有理曲线

BFGS
Y BFGS 方法

BFGS 方法
BFGS method
O242.23
D BFGS
BFGS 算法
S 拟牛顿法
C 极大熵函数
Z 数学方法
最优化方法

BFGS 算法
Y BFGS 方法

BIB 设计
Y 平衡不完全区组设计

Bihari 不等式
Bihari inequality
O178
S 不等式*
C 倒向随机微分方程

Birkhoff 正交
Birkhoff orthogonality
O177
D 伯克霍夫正交
S 正交*
C Orlicz 空间

Birstow 法
Y 因子分解法

Black-Scholes 方程
Black-Scholes equation
O175
S 偏微分方程
F Black-Scholes 微分方程
Z 方程(数学)

Black-Scholes 微分方程
Black-Scholes differential equation
O175
S Black-Scholes 方程
Z 方程(数学)

Blaschke 张量
Blaschke tensor
O183
S 张量(数学)*

Bloch 常数
Bloch constant
O174.52
D 布洛赫常数
S 常数*
C Bloch 方程 →(2)

Bloch 函数
Bloch function
O174.55
D 布洛赫函数
S 解析函数

C Bloch 方程 →(2)
Bloch 空间
Z 函数

Bloch 空间
Bloch space
O174.5
D Bloch 型空间
加权 Bloch 空间
S 空间(数学)*
F Bα 空间
C Bloch 方程 →(2)
Bloch 函数
多复变数
多圆柱

Bloch 型空间
Y Bloch 空间

Blow-up 问题
Y 解的爆破

BLUE
Y 最佳线性无偏估计

BLU 估计
Y 最佳线性无偏估计

BL 代数
Y BL-代数

BL-代数
BL-algebra
O155
D BL 代数
S 代数*

BMO
Y BMO 空间

BMOA
Y 有界平均振动解析函数

BMOA 函数
Y 有界平均振动解析函数

BMO 函数
Y 有界平均振动函数

BMO 空间
BMO space
O177
D BMO
有界平均振动空间
S 函数空间
C 多线性奇异积分算子
Z 空间(数学)

Bochner-Martinelli 核
Bochner-Martinelli kernel
O174.56
S 核函数
C Hadamard 主值
Z 函数

Bochner-Riesz 算子
Bochner-Riesz operator
O174.2；O177
D 博克纳-里斯算子
S 算子*

Bochner 积分
Bochner integral
O172.2
D 博赫纳积分
S 积分*
C 可积函数
值函数

Bochner 可积函数
Y 可积函数

Boltzmann 输运方程
Y 输运方程

Bolza 问题
Y 波尔查问题

Bonnesen 型不等式
Bonnesen-type inequality
O178
S 不等式*

Boole 差分
Y 布尔差分

Boole 代数
Y 布尔代数

Boole 方程
Y 布尔方程

Boole 格
Y 布尔函数

Boole 函数
Y 布尔函数

Boole 环
Y 布尔环

Boole 矩阵
Y 布尔矩阵

Bootstrap 逼近
Bootstrap approximation
O212
S 逼近*
C Bootstrap 方法

Bootstrap 抽样
Bootstrap sampling
C81
S 采样*

Bootstrap 法
Y Bootstrap 方法

Bootstrap 方法
Bootstrap approach
O212
D Bootstrap 法
bootstrap 估计
引导方法
自助法
自助方法
S 数学方法*
C Bootstrap 逼近
Huber 函数
极值指数

bootstrap 估计
Y Bootstrap 方法

Bootstrap 检验
Bootstrap test
O212.1
S 统计检验
C 中介效应 →(3)
Z 检验

Borel-Cantelli 引理
Borel-Cantelli lemma
O173；O174
D 波莱尔-坎泰利引理
S 引理*
C 强极限定理

Borel 测度
Borel measure
O174.12
S 测度(数学)*

Borel 点
Borel point
O174.55
D 波莱尔点
S 数值点
Z 点(数学)

Borel 方向
Borel direction
O174
D 波莱尔方向
S 方向*
C 迭代级

Borel 例外值
Borel exceptional value
O174
D 波莱尔例外值
S 例外值
C 代数体函数
Z 值(数学)

Borel 子群
Borel subgroup
O152
S 子群
Z 群(数学)

Born 近似
Born approximation
O242.2
S 近似法*
C 近似解
特征函数

Boussinesq 近似
Boussinesq approximation
O175.29；P433；P732.7
D 布西内斯克近似
布辛涅司克近似
S 近似法*
C Boussinesq 模型 →(4)
数值模拟

Box-Cox 变换
Box-Cox transformation
O212
S 数学变换*
C 正态分布

Box-Jenkins 方法

Y Box-Jenkins 模型

Box-Jenkins 模型
Box-Jenkins model
O171；O211.6
D ARIMA 模型
Box-Jenkins 方法
博克思-詹金斯法
S 自回归模型
F ARIMAX 模型
ARMA 模型
季节 ARIMA 模型
Z 回归模型

Box 维数
Y 盒维数

BP 神经网络
BP neural network
O211.61；O212
S 神经网络*

BR0 代数
BR0 algebra
O141.1；O153
D BR0-代数
WBR0-代数
S R0-代数
Z 代数

BR0-代数
Y BR0 代数

Brauer 特征标
Brauer character
O152
D 模特正标
S 特征标*
C 正规子群

Bregman 距离
Bregman distance
O174.5
D Bergman 距离
布雷格曼距离
S 距离*
C Legendre 函数

Broer-Kaup 方程
Broer-Kaup equation
O175
D 布罗尔-库普方程
S 非线性偏微分方程
C 齐次平衡法
椭圆函数
Z 方程(数学)

Brouwer 不动点定理
Brouwer fixed point theorem
O175.3；O189.1；O189.2
D 布劳威尔不动点定理
S 不动点定理
Z 数学定理

Brouwer 度
Y Browder 定理

Browder 定理
Browder theorem
O174.5；O177；O189
D Brouwer 度
S 数学定理*

Brownian 运动
Y 布朗运动

Brown 运动
Y 布朗运动

Broyden 法
Y Broyden 方法

Broyden 方法
Broyden method
O177
D Broyden 法
S 数学方法*
C 非线性方程
奇异问题

Broyden 算法
Broyden algorithm
O224
D 布洛伊登算法
S 数学算法*
C 线性方程组

Bruhat 分解
Bruhat decomposition
O152
D 布吕阿分解
S 数学分解*
C 幺半群
酉群

Brunn-Minkowski 不等式
Brunn-Minkowski inequality
O178
S Minkowski 不等式
C 等周问题
Z 不等式

Brusselator 模型
Brusselator model
O175；O177.99
D 布鲁塞尔模型
三分子模型
S 数学模型*
C 强遍历性

BSDE
Y 倒向随机微分方程

B-Spline 函数
Y B 样条函数

B-Spline 曲线
Y B 样条

Bubble 函数
Bubble function
O174
D 冒泡函数
S 函数*

Burgers-KdV 方程
Y KdV-Burgers 方程

Burgers 方程
Burgers equation
O175.29
D Burger 方程
伯格斯方程
S 非线性偏微分方程
F KdV-Burgers 方程
广义 BBM-Burgers 方程
C 直线法
Z 方程(数学)

Burger 方程
Y Burgers 方程

Burnside 定理
Burnside theorem
O152.1；O157
D Burnside 引理
伯恩赛德定理
伯恩赛德计数定理
伯恩赛德引理
轨道计数定理
柯西-弗罗贝尼乌斯引理
S 数学定理*

Burnside 引理
Y Burnside 定理

Burr 分布
Burr distribution
O211.67
D 伯尔分布
S 数学分布*
C LINEX 损失函数

BZ-代数
BZ-algebra
O141；O153.1
D 零对称 BZ-代数
S 抽象代数
Z 代数

Bα 空间
Bα space
O177.2
D α-Bloch 空间
S Bloch 空间
C 积分算子
Z 空间(数学)

B 分布
Y Beta 分布

B 函数
Y β 函数

B 空间
Y Banach 空间

B-凸函数
B-convex functions
O174.13
S 凸函数
F B-预不变凸函数
半 B-(E,F)-凸函数
Z 函数

B 样条
B-spline curve
O174.41；O241
D B-Spline 曲线
B-样条
B 样条基

B 样条模型
B 样条曲线
B-样条曲线
S 样条曲线*
F 均匀 B 样条
三次 B 样条
有理 B 样条
C 插值函数
节点矢量
切向量
曲面重构
整体逼近

B-样条
Y B 样条

B 样条插值
B-spline interpolation
O174.42
S 样条函数插值
Z 插值

B 样条函数
B-spline functions
O174.41；O241.5
D B-Spline 函数
B-样条函数
S 样条函数
F B_3 样条函数
Z 函数

B-样条函数
Y B 样条函数

B 样条基
Y B 样条

B 样条模型
Y B 样条

B 样条拟合
B-spline fitting
O242
D B 样条曲面拟合
S 样条拟合
C 基函数
Z 数学拟合

B 样条曲面
B-spline surface
O186.11
D B-样条曲面
S 样条曲面
F Nurbs 曲面
Z 曲面

B-样条曲面
Y B 样条曲面

B 样条曲面拟合
Y B 样条拟合

B 样条曲线
Y B 样条

B-样条曲线
Y B 样条

B 样条小波
Y B 样条小波变换

B-样条小波
Y B 样条小波变换

B 样条小波变换
B spline wavelet transform
O174.2
D B 样条小波
B-样条小波
S 样条小波变换
F 区间 B 样条小波
Z 小波变换

B-预不变凸函数
B-pre invariant convex function
O174.13
S B-凸函数
预不变凸函数
C 对偶定理
真有效解
Z 函数

B-值 Dirichlet 级数
B-valued Dirichlet series
O173；O174.5
D B-值狄利克雷级数
B-值随机 Dirichlet 级数
S Dirichlet 级数
C Dirichlet L-函数
Z 级数(数学)

B-值狄利克雷级数
Y B-值 Dirichlet 级数

B-值随机 Dirichlet 级数
Y B-值 Dirichlet 级数

B 值随机变量
B-valued random variables
O211.4
S 随机变量
Z 变量

B 值随机元
B-valued random element
O177；O211.4
S 随机元
C 一致可积
Z 元

B 值随机元阵列
B valued random element array
O177；O211.5
S 阵列*

B 值鞅
B valued martingale
O211.6
S 鞅
C 几何性质
Z 随机过程

C*代数
C* algebra
O152.4
D C*-代数
S Banach 代数
算子代数
Z 代数

C*-代数
Y C*代数

C0 半群
C0 semigroup
O152.7
D C0-半群
Co 半群
Co-半群
S 线性算子半群
F 正 C0-半群
Z 群(数学)

C0-半群
Y C0 半群

C2 连续
C2 continuous
O241.5
S 连续*
C 样条曲线

Caccioppoli 型不等式
Caccioppoli type inequality
O178
S 不等式*
C Beltrami 方程

Caffarelli-Kohn-Nirenberg 不等式
Caffarelli-Kohn-Nirenberg inequality
O175.23
S 不等式*
C 正解

Cahn-Hilliard 方程
Cahn-Hilliard equations
O151
S 非线性扩散方程
Z 方程(数学)

Calderon-Zygmund 算子
Y Calderón-Zygmund 算子

Calderón-Zygmund 算子
Calderón-Zygmund operator
O177
D Calderon-Zygmund 算子
S 算子*

Camassa-Holm 方程
Camassa-Holm equation
O175.29
D 卡马萨-霍尔姆方程
S 非线性方程
F 广义 Camassa-Holm 方程
C 局部解
Z 方程(数学)

Cantor 集
Cantor set
O144
D Cantor 集合
康托尔集
康托集
S 集合*
F Cantor 三分集
广义 Cantor 集
齐次 Cantor 集
C 闭区间套定理

Cantor 集合

Y Cantor 集

Cantor 三分集
Cantor third-middle set
O174.1
D 康托尔三分集
三分 Cantor 集
S Cantor 集
自相似集
C 实变函数论
Z 集合

Caputo 导数
Caputo derivative
O172.1
S 导数*
F Caputo 分数阶导数

Caputo 分数阶导数
Caputo fractional derivative
O172.1
S Caputo 导数
分数阶导数
Z 导数

Caratheodory 条件
Caratheodory conditions
O172.2
D Carathéodory 条件
卡拉特奥多里条件
S 条件(数学)*
C 凸性

Carathéodory 条件
Y Caratheodory 条件

Cardinal 样条
Cardinal splines
O241
S 样条曲线*
C Lipschitz 空间

Caristi 不动点定理
Caristi fixed point theorem
O189
S 不动点定理
Z 数学定理

Carleman 不等式
Carleman inequality
O178
D 卡莱曼不等式
S 不等式*
C 极小化问题

Carleson 测度
Carleson measure
O174.12
D 卡尔松测度
S 测度(数学)*
C 复合算子

Carlo 法
Y 蒙特卡罗方法

Carlo 模拟
Y 蒙特卡罗方法

Carlson 不等式
Carlson inequality
O178
D 矩阵长方形不等式
卡尔松不等式
S 不等式*

Cartan-Hartogs 域
Cartan-Hartogs domain
O174
S Cartan 域
C Bergman 核函数
Z 域

Cartan 不变量
Cartan invariants
O152.3
D 嘉当不变量
S 不变量*

Cartan 矩阵
Cartan matrix
O153.3
D 嘉当矩阵
S 矩阵*

Cartan 域
Cartan domain
O153.4
S 域*
F Cartan-Hartogs 域
超 Cartan 域

Cartan 子代数
Cartan subalgebra
O152.5
S 子代数
Z 代数

Cartesian 积
Y 笛卡尔积

Casimir 函数
Casimir functions
O174
D 卡西米尔函数
S 函数*
C Casimir 算子
Poisson 流形

Casimir 算子
Casimir operator
O175.3；O177
D 卡西默算子
S 算子*
C Casimir 函数

CAS 小波
CAS wavelet
O175.5
S 小波变换*
C 数值解

Catalan 数
Catalan number
O157
D 卡塔兰数
卡特兰数
S 数列*

Catmull-Rom 样条
Catmull-Rom spline
O174.41；O241
D Catmull—Rom 样条
S 样条曲线*
C 圆角

Catmull—Rom 样条
Y Catmull-Rom 样条

Cauchy-Riemann 方程
Cauchy-Riemann equation
O174；O175.25
D 柯西-黎曼方程
S 椭圆型方程
Z 方程(数学)

Cauchy-Riemann 条件
Y C-R 条件

Cauchy-Schwartz 不等式
Cauchy-Schwartz inequality
O174；O178
D 柯西-施瓦茨不等式
柯西-施瓦兹不等式
歇威茨不等式
S Schwarz 不等式
柯西不等式
Z 不等式

Cauchy-Stieltjes 积分
Y 柯西积分公式

Cauchy 不等式
Y 柯西不等式

Cauchy 定理
Y 柯西中值定理

Cauchy 法
Y 特征线法

Cauchy 分布
Y 柯西分布

Cauchy 核
Y 柯西核

Cauchy 积分
Y 柯西积分公式

Cauchy 积分公式
Y 柯西积分公式

Cauchy 矩阵
Cauchy matrix
O175
D 柯西矩阵
S 矩阵*

Cauchy 列
Y Cauchy 序列

Cauchy 判别法
Y 柯西判别法

Cauchy 问题
Cauchy problem
O122.2；O174；O175.8；O241.82
D 柯西问题
S 数学问题*
F 抽象 Cauchy 问题

Cauchy 型积分

Y 柯西积分公式

Cauchy 序列
Cauchy sequence
O177
D Cauchy 列
柯西序列
S 序*
C 不动点定理

Cauchy 中值定理
Y 柯西中值定理

Cauchy 主值
Cauchy principal value
O177
D 柯西主值
S 值(数学)*

Cauchy 准则
Y 柯西准则

Cayley-Hamilton 定理
Cayley-Hamilton theorem
O151.21
D Hamilton-Cayley 定理
S Cayley 定理
C 有限积分变换
Z 数学定理

Cayley 变换
Cayley transformation
O175.3
D 凯莱变换
S 数学变换*
C 仿西矩阵

Cayley 定理
Cayley theorem
O152
D 凯莱定理
S 数学定理*
F Cayley-Hamilton 定理
C 特征多项式

Cayley 图
Cayley graph
O152
D 凯莱图
S 图表*
F Cayley 有向图
正规 Cayley 图
C 正方体

Cayley 有向图
Cayley digraph
O151.2
D 凯莱有向图
S Cayley 图
有向图
C 自同构群
Z 图表

C-Bézier 曲线
C-Bézier curve
O174.61；O231
S 贝塞尔曲线
参数曲线
Z 匹配

C-B 样条
Y 三次 B 样条

C-B 样条曲线
Y 三次 B 样条

Centipede 博弈
Y 蜈蚣博弈

Cerami 条件
Cerami condition
O177.2
S 条件(数学)*
C 山路引理

Cesàro 平均
Cesàro mean
O172
S 平均数*
C Fourier-Laplace 级数

Cesàro 算子
Cesàro operator
O177
S 算子*
F 加权 Cesàro 算子

Chebyshev 不等式
Y 切比雪夫不等式

Chebyshev 多项式
Chebyshev polynomial
O174.14；O174.21；O174.41
D 契贝谢夫多项式
切比雪夫多项式
S 多项式*
F 第二类 Chebyshev 多项式
第一类 Chebyshev 多项式
C 代数变换

Chebyshev 基函数
Y 切比雪夫函数

Chebyshev 级数展开
Y 级数展开

Chemostat 模型
Y 恒化器模型

Chevalley 群
Chevalley group
O152
S 群(数学)*

Cholesky 方法
Y 平方根法

Cholesky 分解
Cholesky decomposition
O151.21
D 楚列斯基分解
S 数学分解*

choquet 积分
Choquet integral
O172.2；O211.67
D 绍凯积分
S 积分*
C 值函数

clean 环
clean ring
O153.3
S 结合环*
C 自同态

clifford 半群
Clifford semigroup
O152.7
S 半群
Z 群(数学)

Clifford 代数
Clifford algebra
O151.24
D 几何代数
S 代数*
F 共形几何代数
C 实 Clifford 分析

Clifford 分析
Clifford analysis
O151.2
D 克利福德分析
S 数学分析*
F 复 Clifford 分析
实 Clifford 分析
C k-正则函数
Plemelj 公式
双正则函数

Clifford 矩阵
Clifford matrix
O152
D 克利福德矩阵
S 矩阵*
C 交换子

CM 分担值
shared value CM
O174.52
D CM 公共值
S 分担值
Z 值(数学)

CM 公共值
Y CM 分担值

Cohen-Grossberg 神经网络
Cohen-Grossberg neural networks
O175
S 神经网络*

Compacton 解
Compacton solution
O122.2；O241
S 方程解
C 非线性方程
Z 解

Contourlet 变换
Contourlet transform
O175.2
S 多尺度小波变换
F 非下采样 Contourlet 变换
小波-Contourlet 变换
C 多尺度几何分析 →(4)
Z 小波变换

Cook 距离
Cook distance

O212.1
S 距离*
F 广义 Cook 距离
C 似然比
有偏估计

Coons 曲面
Coons surface
O174.42
D 孔斯曲面
昆氏曲面
S 曲面*
C 混合函数

cordial 图
cordial graph
O157.5
S 图表*

Cornu 螺线
Y 回旋线

Cowen-Douglas 算子
Cowen-Douglas operator
O177
D 考恩-道格拉斯算子
S 算子*
C 拟相似
强不可约

Coxeter 图形
Y Dynkin 图

Cox 风险模型
Cox risk model
O212.1
S 风险模型*
F Cox 过程
C 有限时间破产概率
折现罚金函数

Cox 过程
Cox process
O212.1
S Cox 风险模型
C 罚金折现期望函数
Z 风险模型

Co 半群
Y C0 半群

Co-半群
Y C0 半群

Cp 准则
Cp criteria
O212.1
S 准则*
C CP 不变性 →(2)

CQ 方法
CQ method
O177.91
S 数学方法*
C 迭代逼近
最近点投影

Cramer-Rao 下界
Cramer-Rao lower bound
O171；O212.1
D C-R 下界
S 下界
C 正则参数
Z 界(数学)

Cramer 法则
Cramer rule
O151.22；O241.6
D 克拉默法则
克莱姆法则
S 法则(数学)*
C 充分条件
泛灰数
余子式

Crank-Nicolson 差分格式
Y Crank-Nicolson 格式

Crank-Nicolson 格式
Crank-Nicolson scheme
O241.3；O241.82
D Crank-Nicolson 差分格式
克兰克・尼科尔森格式
S 差分格式*

CRI 算法
CRI algorithm
O159
S 数学算法*
C 线性算子

Crouzeix-Raviart 元
Crouzeix-Raviart element
O241.82
S 元*
C 抛物问题

C-rpp 半群
C-rpp semigroup
O152.7
S 半群
Z 群(数学)

C-R 模糊模型
Y 模糊模型

C-R 条件
C-R condition
O212.1
D Cauchy-Riemann 条件
S 条件(数学)*
C 可微性
微分流形

C-R 下界
Y Cramer-Rao 下界

cs*覆盖
cs*covers
O157
D cs 覆盖
S 覆盖(数学)*
C 序列商映射

cs 覆盖
Y cs*覆盖

CUSUM
Y 累积和

C 半群
Y C-半群

C-半群
C-semigroup
O152.7
D C 半群
S 半群
F n 次积分 C 半群
积分 C-半群
Z 群(数学)

c-正规
c-normal
O152.1
S 正规性*
C 超可解

c-正规子群
c-normal subgroup
O152
S 正规子群
Z 群(数学)

D' Alembert' s 方程
Y 达朗贝尔方程

D' Alembert 公式
D'Alembert formula
O175.2
D 达朗贝尔公式
S 公式(数学)*
C 对数正态分布

D' Alembert 判别法
Y 达朗贝尔判别法

D' Alembert 算子
Y 波动算子

Darboux 变换
Darboux transformation
O175.29
D 达布变换
S 数学变换*
C KdV 方程

Darboux 定理
Darboux theorem
O172；O174
D 达布定理
达布中值定理
S 数学定理*

Darboux 和
Y 达布和

Darbo 不动点定理
Darbo fixed point theorem
O175.8
S 不动点定理
Z 数学定理

Daubechies 小波
Y Daubechies 小波变换

Daubechies 小波变换
Daubechies wavelet
O174.2
D Daubechies 小波
DB 小波
S 小波变换*

C 微分方程数值解

Davenport-Heilbronn 方法
Davenport-Heilbronn method
O156.4
D 达文波特-海尔布隆方法
S 数学方法*
C Diophantus 不等式

Davey-Stewartson 方程
Davey-Stewartson equation
O175.29
D 戴维-斯图尔森方程
S 非线性偏微分方程
C 指数吸引子
周期波解
Z 方程(数学)

Davidon-Fletcher-Powell 算法
Y DFP 算法

DB 小波
Y Daubechies 小波变换

DCFT
Y 离散 Chirp-Fourier 变换

DCT
Y 离散余弦变换

DCT(离散余弦变换)
Y 离散余弦变换

DCT 变换
Y 离散余弦变换

DC 规划
DC programming
O221；O232
S 非凸规划
Z 数学规划

DDA 法
Y 数值微分

d-disjunct 矩阵
d-disjunct matrix
O151.21
S 矩阵*

De Bruijn
Y De Bruijn 序列

De Bruijn 序列
De Bruijn sequence
O156
D De Bruijn
S 序*

De Giorgi 迭代
De Giorgi iteration
O175.25
D De Giorgi 迭代法
S 迭代法*

De Giorgi 迭代法
Y De Giorgi 迭代

de Rham 定理
Y 德拉姆定理

de Sitter 空间
de Sitter space
O186.12
S 空间(数学)*

Debye 渐近表示
Y 渐近表示

Dedekind 格
Y 模空间

Dedekind 和
Dedekind sum
O156
D 戴得金和
戴德金和
S 和(数学)*
C 非负整数解

Dedekind 群
Dedekind group
O152
S 群(数学)*

Delaunay 三角化
Y Delaunay 三角剖分

Delaunay 方法
Y Delaunay 三角剖分

Delaunay 剖分
Y Delaunay 三角剖分

Delaunay 三角化
Y Delaunay 三角剖分

Delaunay 三角划分
Y Delaunay 三角剖分

Delaunay 三角剖分
Delaunay triangulation
O187
D Delaunay 三角化
Delaunay 方法
Delaunay 剖分
Delaunay 三角化
Delaunay 三角划分
S 三角剖分
C 简单多边形
Z 剖分

Delta 算子
Delta operator
O177
D 德尔塔算子
S 算子*
C 度量投影
算子解法

demi 连续映射
demi-continuous mapping
O153.2；O175.3；O192
D 半连续映射
S 连续映射
C 一致有界
Z 映射

DEM 精度
Y 建模精度

DEM 误差
Y 模型误差

Desargues 定理
Y Desargues 定理

Desargues 定理
Desargues theorem
O182；O185
D Desargues 定理
德萨格定理
笛沙格定理
S 数学定理*

Descartes 坐标
Y 直角坐标

Devaney 混沌
Devaney chaos
O189
S 混沌*
C 拓扑不变性

DFP 方法
Y DFP 算法

DFP 算法
DFP method
O224
D Davidon-Fletcher-Powell 算法
DFP 方法
S 数学算法*
C 收敛性分析

DFT 变换
Y 离散傅里叶变换

DFT 技术
Y 离散傅里叶变换

DGH 方程
DGH equation
O151
S 可积方程
Z 方程(数学)

DGM(1,1)模型
Y 离散灰色模型

DHMM
Y 连续隐马尔可夫模型

Dickson 多项式
Dickson polynomials
O174.14
S 多项式*
C 分裂域

Dini 导数
Dini derivative
O172.1
D 迪尼导数
S 导数*

Dini 定理
Dini theorem
O174
S 数学定理*

Dini 条件
Y dini 型条件

dini 型条件
dini type condition

O174
D Dini 条件
S 条件(数学)*
C Hardy 空间

Dioid 代数
Y 双子代数

Diophantine 方程
Y 不定方程

Diophantus 逼近
Y 丢番图逼近

Diophantus 不等式
Diophantus inequality
O156.7
D 丢番图不等式
S 不等式*
C Davenport-Heilbronn 方法
整数解

Diophantus 方程
Y 不定方程

Dirac 方程
Dirac equation
O175.24
D 狄拉克方程
狄喇克方程
S 数理方程
C Dirac 场 →(4)
电子论 →(2)
零标架
幂等变换
旋量 →(2)
张量表示
Z 方程(数学)

Dirac 算子
Dirac operator
O153；O177
D 狄拉克算子
S 算子*
C 迹公式

Directly-Riemann 积分
Directly-Riemann integral
O172.2
D Directly-黎曼积分
S 定积分
C 单调函数
积分不等式
Z 积分

Directly-黎曼积分
Y Directly-Riemann 积分

Dirichlet L-函数
Dirichlet L-functions
O174
D DirichletL-函数
S Dirichlet 函数
C B-值 Dirichlet 级数
加权平均
Z 函数

DirichletL-函数
Y Dirichlet L-函数

Dirichlet 边界条件
Y 本质边界条件

Dirichlet 边值问题
Dirichlet boundary problem
O122.2；O175.2；O175.8；O241.82
D Dirichlet 问题
狄立克莱问题
狄利克雷问题
第一边值问题
S 边值问题*
C 二重 Dirichlet 级数
偏微分方程

Dirichlet 定理
Dirichlet theorem
O156
D 狄利克雷定理
S 数学定理*
C Dirichlet 积分
二重 Dirichlet 级数

Dirichlet 泛函
Y Dirichlet 积分

Dirichlet 分布
Dirichlet distribution
O212.8
D 狄利克雷分布
S Beta 分布
C 马尔可夫链蒙特卡罗模拟 →(4)
Z 概率分布

Dirichlet 函数
Dirichlet function
O174
D 狄利克雷函数
S 函数*
F Dirichlet L-函数
C Dirichlet 积分
最小正周期

Dirichlet 积分
Dirichlet integral
O172.2；O177
D Dirichlet 泛函
狄利克雷泛函
狄利克雷积分
S 积分*
C Dirichlet 定理
Dirichlet 函数
Dirichlet 级数
本质边界条件

Dirichlet 级数
Dirichlet series
O156.4；O173；O174
D 狄里克莱级数
狄利克雷级数
指数级数
S 级数(数学)*
F B-值 Dirichlet 级数
二重 Dirichlet 级数
傅里叶级数
广义 Dirichlet 级数
随机 Dirichlet 级数
C Dirichlet 积分

Dirichlet 空间
Dirichlet space
O174.3；O189.11
D Dirichlet 型空间
Dp 空间
D 空间
D-空间
S 空间(数学)*
F 加权 Dirichlet 空间
C 开集

Dirichlet 判别法
Dirichlet decision method
O172
D 狄利克雷判别法
S 判别法(数学)*
C 无穷积分

Dirichlet 特征
Dirichlet character
O156；O173
D 狄利克雷特征
S 代数数论
C 圆法
Z 数学理论

Dirichlet 问题
Y Dirichlet 边值问题

Dirichlet 型空间
Y Dirichlet 空间

Dirichlet 原理
Y 抽屉原理

Ditzian-totik 光滑模
Ditzian-totik modulus
O177；O24
D Ditzian-Totik 模
S 光滑模
C 逼近
Z 模(数学)

Ditzian-Totik 模
Y Ditzian-totik 光滑模

DIXON 结式
DIXON resultants
O151.21
S 结式
Z 行列式

DMRL
Y 离散递减平均剩余寿命

Doob-Meyer 分解
Y Doob 分解

Doob 不等式
Doob inequality
O178
D 杜布不等式
S 不等式*
C Heron 平均
极大算子

Doob 分解
Doob decomposition
O174.12
D Doob-Meyer 分解
杜布-迈耶分解

杜布一迈耶分解
S 数学分解*
C 上鞅

Douglas 度量
Douglas metric
O174
S 度量*

Dp 空间
Y Dirichlet 空间

DQ 法
Y 微分求积法

Drazin 逆
Drazin inverse
O151.2
S 求逆*
F 加权 Drazin 逆
C 线性算子

Drop 定理
Drop theorem
O177.3
S 数学定理*

Duffing 方程
Duffing equation
O151；O175.1；O192
D Duffing 型方程
杜分方程
杜分微分方程
杜芬方程
S 微分方程
F 高阶 Duffing 方程
C Aubry-Mather 集
加权残值法
拟牛顿法
无扭周期解
Z 方程(数学)

Duffing 型方程
Y Duffing 方程

Duhamel 积分
Duhamel integral
O241.8
D 冲量原理
杜哈梅尔积分
齐次化原理
S 积分*
C 振型叠加法 →(2)

Dulac 函数
Dulac functions
O174
D 杜拉克函数
S 函数*

DWT
Y 离散小波变换

DWT(离散小波变换)
Y 离散小波变换

DWT 变换
Y 离散小波变换

Dynkin 图
Dynkin diagram
O153.3
D Coxeter 图形
登金图
丁金图
S 图表*

Dziok-Srivastava 算子
Dziok-Srivastava operator
O177
S 算子*
C 多叶函数

Dα-闭集
Dα-closed set
O159；O189.13
S 闭集
C 模糊空间
Z 集合

D-闭迹
D-circuit
O151.21；O159
S 轨迹*

D-环
Y 置换环

D 空间
Y Dirichlet 空间

D-空间
Y Dirichlet 空间

D-最优性
D-optimality
O212.6
S 数学性质*
C 极值理论
准则函数
最小二乘估计

E Bayes 估计
Y E-Bayes 估计

E-Bayes 估计
E-Bayes estimator
O212
D E Bayes 估计
EB 估计
S Bayes 估计
C 泊松分布
Z 估计(数学)

EB 估计
Y E-Bayes 估计

Edgeworth 级数
Edgeworth series
O221.5
D 埃奇沃思级数
S 级数(数学)*
C 函数域

Edgeworth 展开
Edgeworth expansion
O174.41；O212
D Edgeworth 展式
埃奇沃斯展开
S 展开(数学)*
C 非线性振动 →(2)

Edgeworth 展式
Y Edgeworth 展开

Egoroff 定理
Egoroff theorem
O174.1
D 叶戈洛夫定理
S 数学定理*

Eikonal 方程
Y 程函方程

Einstein-K(a)hler 度量
Einstein-Kahler metric
O174
D Einstein 度量
S 度量*

Einstein 度量
Y Einstein-K(a)hler 度量

Eisenstein 多项式
Eisenstein polynomial
O174.14；O174.21
D 艾森斯坦多项式
S 多项式*
C 素数

Eisenstein 判别法
Eisenstein criterion
O174.14
D 爱森斯坦判别法
S 判别法(数学)*
C 素数

EI 代数
EI algebra
O153
S 抽象代数
Z 代数

Ekeland 变分原理
Ekeland variational principle
O176；O177.31
D 艾克兰德变分原理
S 变分原理
C 增广拉格朗日函数
Z 数学原理

Emden-Fowler 方程
Emden-Fowler equation
O175
S 方程(数学)*

Engel 定理
Engel theorem
O152.5；O153.3
D 恩格尔定律
S 数学定理*

ENO 插值
ENO interpolation
O174.42；O35
S 插值*

ENO 格式
ENO schemes
O175.26
S 差分格式*
C 径向基函数

Entire function
Y 整函数

EOF
Y 经验正交函数

EOF 方法
Y 经验正交函数

EOF 分析
Y 经验正交函数

EOF 展开
Y 经验正交函数展开

Eratosthenes 筛法
Y 筛选法

Erlang(2)风险过程
Y Erlang(2)过程

Erlang(2)风险模型
Erlang(2) risk model
O211.67
D 厄兰(2)风险模型
S 风险模型*
C 随机变量

Erlang(2)过程
Erlang(2) process
O211.67
D Erlang(2)风险过程
S Erlang 过程
C 积分微分方程
破产概率
Z 随机过程

Erlang 分布
Erlang distribution
O226
D 爱尔朗分布
厄兰分布
S 连续分布
C 加法定理
Z 概率分布

Erlang 过程
Erlang process
O211.67
S 随机过程*
F Erlang(2)过程
Markov 过程
C 拉普拉斯变换

Esscher 变换
Esscher transform
O211.6
S 数学变换*
C O-U 过程

Etale 上同调
Y 上同调

Euclidean 空间
Y 欧氏空间

Euclid 公理
Y 平行公理

Euclid 几何
Y 初等几何

Euclid 空间
Y 欧氏空间

Euclid 整环
Y 欧氏环

Euler-Maclaurin 公式
Y 欧拉公式

Euler-Maclaurin 求和公式
Euler-Maclaurin summation formula
O178；O186.1
D 欧拉-麦克劳林求和公式
S 欧拉公式
求和公式
C 权系数 →(4)
Z 公式(数学)

Euler-Maruyama 方法
Euler-Maruyama method
O241.8
D 欧拉-丸山方法
S 数学方法*
C 均方稳定性

Euler 变换
Y 欧拉变换

Euler 不等式
Euler inequality
O178
D 欧拉不等式
S 几何不等式
C Euler 数
Z 不等式

Euler 常数
Euler constant
O173
D 欧拉常数
S 常数*
C Stirling 公式
逐项微分

Euler 定理
Y 欧拉定理

Euler 多项式
Euler polynomial
O174.14；O174.21
D 欧拉多项式
S 多项式*
F 高阶 Euler 多项式
C 线性组合

Euler 法
Y 欧拉法

Euler 方法
Y 欧拉法

Euler 公式
Y 欧拉公式

Euler 函数
Euler function
O156；O174
D φ 函数
欧拉函数
S 数论函数
Z 函数

Euler 回路
Eulet circuit
O157.5
D 欧拉回路
S 图论
C 对偶公式
拉回吸引子
Z 数学理论

Euler 积分
Y 欧拉积分

Euler 示性数
Y 欧拉示性数

Euler 数
Euler number
O189；O303
D 欧拉数
S 数*
F 高阶 Euler 数
C Eulerian 模型 →(2)
Euler 不等式
恒等式
几何不变量
欧拉方程组 →(2)(4)

Euler 图
Y 欧拉图

Euler 因子
Euler factor
O156；O172
D 欧拉因子
S 因子*
C 权系数 →(4)

Euler 有向图
Y 有向图

Euler 折线法
Y 欧拉法

EV 模型
Errors-in-Variables model
O212.1
S 数学模型*
F 变系数 EV 模型
线性 EV 模型
C 核估计
核函数
经验似然

EWMA
Y EWMA 控制图

EWMA 控制图
EWMA control chart
O213.1；O23
D EWMA
指数加权移动平均模型
S 控制图*
C 过程控制

Excess 函数
Excess functions
O174
D 消费函数
S 函数*
C 比较定理

exchange 环
exchange ring
O153.3
D 替换环
S 环(数学)*
C 理想扩张

E-拟凸函数
Y E-凸函数

E-凸函数
E-convex function
O174.13
D E-拟凸函数
S 凸函数
C E-凸集
下半连续
Z 函数

E-凸集
E-convex set
O174.13
S 凸集
C E-凸函数
Z 集合

F ST
Y F-统计量

F. Smarandache 函数
F.Smarandache functions
O174
S Smarandache 函数
Z 函数

Faber 级数
Faber series
O173
D 费伯级数
S 级数(数学)*

Faedo-Galerkin 方法
Faedo-Galerkin method
O175.29
S Galerkin 方法
C 摩擦阻尼 →(2)
Z 数学方法

Fan Ky 不等式
Y Ky Fan 不等式

Fan-KKM 定理
Fan-KKM theorem
O178
S KKM 定理
Z 数学定理

Fan 积
Fan product
O151.21
S 积*
C 对角占优

Farkas 引理
Farkas lemma
O153；O177.92；O221
D 福科什引理
S 引理*
C 择一定理
最佳条件

FAR 模型
Functional Autoregressive model
O242.1
D 函数系数自回归(FAR)模型
S 自回归模型
C 局部多项式
样条估计
Z 回归模型

Fatou 定理
Fatou theorem
O172.2；O174；O175；O211.6
D Fatou 引理
法图定理
法图引理
S 数学定理*
C 可测函数
模糊积分
强极限

Fatou 集
Y 法图集

Fatou 引理
Y Fatou 定理

Faure 序列
Faure sequence
O177
D 福尔序列
福雷序列
S 序*

FC-度量空间
FC-metric space
O177.91
D FC-空间
有限连续空间
S 度量空间
F FC-子空间
C 拓扑
Z 空间(数学)

FC-空间
Y FC-度量空间

FC-群
FC-group
O152
S 群(数学)*

FC-子度量空间
Y FC-子空间

FC-子空间
FC subspaces
O189.11
D FC-子度量空间
S FC-度量空间
子空间
C 变分不等式
Z 空间(数学)

Feigenbaum 映射
Feigenbaum mapping
O189.1
S 映射*
C 拟极限集

Fejer 定理
Fejer theorem
O174.2
D 费耶尔定理
S 数学定理*
C 傅里叶级数

Fekete-Szeg(o) 不等式
Fekete-Szego inequality
O178
D Fekete-Szego 不等式
S 不等式*
C Salagean 算子

Fekete-Szego 不等式
Y Fekete-Szeg(o)不等式

FEM
Y 有限元模型

FEMOL
Y 有限元分析

FEM 模型
Y 有限元模型

Fermat 大定理
Y 费马大定理

Fermat 定理
Y 费马定理

Fermat 数
Y 费马数

Fermat 问题
Y 费马定理

Fermat 无穷递降法
Fermat infinite decreasing method
O156
S 无穷递降法
C Aubry 猜想
Z 数学方法

Fermat 小定理
Y 费马小定理

Fermat 最后定理
Y 费马大定理

Feynman 积分
Y 费曼积分

Feynman 路径积分
Y 费曼积分

FFT
Y 快速傅里叶变换

FFT(快速傅立叶变换)
Y 快速傅里叶变换

FFT 变换
Y 快速傅里叶变换

FFT 法
Y 快速傅里叶变换

FFT 方法
Y 快速傅里叶变换

FFT 分析
FFT analysis

O151；O174.22
S 傅里叶分析
F FFT 谱分析
Z 数学分析

FFT 谱分析
FFT spectrum analysis
O151；O174.22
S FFT 分析
Z 数学分析

Fibonacci 多项式
Fibonacci polynomial
O174.14
S 多项式*
C 通项公式

Fibonacci 矩阵
Fibonacci matrix
O151.21
D 斐波那契矩阵
S 矩阵*
C 通项公式

Fibonacci 三角形
Fibonacci triangle
O124
D 斐波那契三角形
S 三角形
C 完全平方数
Z 多边形

Fibonacci 数
Y Fibonacci 数列

Fibonacci 数列
Fibonacci sequence
O156；O171；O173
D Fibonacci 数
Fibonacci 序列
斐波那契数
斐波那契数列
斐波那契序列
黄金分割数列
兔子数列
S 递推数列
F 广义 Fibonacci 数列
C 并行算法
递推关系式
归纳推理
黄金分割法
近似值
通项公式
组合恒等式
Z 数列

Fibonacci 序列
Y Fibonacci 数列

Fiducial 分布
Y 置信分布

Finsler 度量
Finsler metric
O186.1
S 度量*
C 二维
射影平坦

Finsler 空间
Finsler space
O186
S 空间(数学)*
C 常曲率

Finsler 流形
Finsler manifold
O186；O192
D 芬斯勒空间
芬斯勒流形
S 微分流形
F 复 Finsler 流形
伪黎曼流形
C 法曲率
Z 流形

Fisher 方程
Fisher equation
O175.29
D 费希尔方程
S 非线性偏微分方程
F 广义 Fisher 方程
C 齐次平衡法
Z 方程(数学)

Fisher 鉴别分析
Y Fisher 判别分析

Fisher 判别分析
Fisher discriminant analysis
O212.5
D Fisher 鉴别分析
Fisher 线性判别分析
S 判别分析
F 核 Fisher 判别分析
C 主成分分析
Z 统计分析

Fisher 线性判别分析
Y Fisher 判别分析

Fisher 信息
Y Fisher 信息矩阵

Fisher 信息矩阵
Fisher information matrix
O211；O212
D Fisher 信息
Fisher 信息量
Fisher 信息阵
费雪信息矩阵
S 矩阵*
C 截断正态分布

Fisher 信息量
Y Fisher 信息矩阵

Fisher 信息阵
Y Fisher 信息矩阵

Fitting 分解
Fitting decomposition
O151.21
D 菲廷分解
S 数学分解*

Fitting 子群
Fitting subgroup
O152
S 子群
F 广义 Fitting 子群
Z 群(数学)

Fitzhugh-Nagumo 方程
Fitzhugh-Nagumo equation
O175.29
D Nagumo 方程
菲茨休 - 南云方程
南云方程
S 非线性偏微分方程
Z 方程(数学)

FI 代数
FI-algebra
O141
D FI-代数
S 代数*

FI-代数
Y FI 代数

Floquent 理论
Y Floquet 理论

Floquet 乘子
Floquet multiplier
O175
D 弗洛凯乘子
S 乘子算子
C Poincaré 映射
Z 算子

Floquet 定理
Y Floquet 理论

Floquet 理论
Floquet theory
O175
D Floquent 理论
Floquet 定理
弗洛凯定理
S 数学定理*
C 动稳定性 →(2)(4)

Fock 空间
Fock spaces
O177
S 空间(数学)*
C 逆算子
一致收敛

Fokker-Planck 方程
Fokker-Planck equation
O175.26
D 福克尔-普朗克方程
福克-普朗克方程
S 抛物型方程
Z 方程(数学)

Fourier-Bessel 级数
Fourier-Bessel series
O174
D 傅里叶-贝塞尔级数
傅里叶—贝塞尔级数
S 傅里叶级数
C 斜弯曲 →(2)
Z 级数(数学)

Fourier-Laplace 变换
Fourier-Laplace transform

O174.22
D 傅里叶—拉普拉斯变换
S 傅里叶变换
Z 积分变换

Fourier-Laplace 级数
Fourier-Laplace series
O173.1
D 傅里叶—拉普拉斯级数
S 傅里叶级数
C Cesàro 平均
Z 级数(数学)

Fourier-Mellin 变换
Y 傅里叶-梅林变换

Fourier 变换
Y 傅里叶变换

Fourier 变换估计
Fourier transform estimate
O212.1
S 估计(数学)*

Fourier 反演公式
Y 傅里叶变换

Fourier 方法
Fourier method
O172
D 傅里叶方法
S 数学方法*
F Fourier 谱方法
C 分数阶

Fourier 分析
Y 傅里叶分析

Fourier 积分
Y 傅里叶变换

Fourier 积分变换
Y 傅里叶变换

Fourier 级数
Y 傅里叶级数

Fourier 拟谱方法
Fourier pseudo-spectral method
O172；O175.8
D Fourier 拟谱格式
傅里叶拟谱方法
S Fourier 谱方法
C 多辛格式
谱方法
Z 数学方法

Fourier 拟谱格式
Y Fourier 拟谱方法

Fourier 逆变换
Y 傅里叶变换

Fourier 频谱分析
Y 傅里叶频谱分析

Fourier 谱方法
Fourier spectral method
O172
D 傅里叶谱方法
S Fourier 方法
F Fourier 拟谱方法
Z 数学方法

Fourier 系数
Fourier coefficient
O174.21
D 傅里叶系数
傅立叶系数
S 系数*
C 傅里叶展开

Fourier 展开
Y 傅里叶展开

Fourier 自去卷积
Y 傅里叶自去卷积

Fourie 分析
Y 傅里叶分析

FPK 方程
FPK equation
O175
S 偏微分方程
Z 方程(数学)

Frattini 子代数
Frattini subalgebra
O152.5
S 子代数
Z 代数

Frattini 子群
Frattini subgroup
O152
S 子群
F 饱和群系
Z 群(数学)

Frechet 导数
Frechet derivative
O172.1；O175.3；O177.91；O192
D 弗雷歇导数
弗瑞协导数
S 方向导数
Z 导数

Frechet 可微
Frechet differentiable
O175
S 可微性
Z 数学性质

Frechet 空间
Frechet space
O177.91；O189.11
D Fréchet 空间
弗雷歇空间
弗瑞协空间
完备线性度量空间
S 序列空间
C 二阶线性常微分方程
Z 空间(数学)

Fréchet 空间
Y Frechet 空间

Fredholm 方程
Y Fredholm 积分方程

Fredholm 积分方程
Fredholm integral equation
O175.5
D Fredholm 方程
弗雷德霍姆积分方程
S 积分方程
F 第二类 Fredholm 积分方程
第一类 Fredholm 积分方程
C 数值解
Z 方程(数学)

Fredholm 算子
Fredholm operator
O177.1
D Fredholm 映射
弗雷德霍姆算子
弗雷德霍姆映射
S 算子*
C 周期解

Fredholm 映射
Y Fredholm 算子

Frenet 标架
Frenet frame
O186；P121
S 标架*
C Frenet 公式
微分几何

Frenet 公式
Frenet formula
O186.1
D 弗莱纳公式
弗朗内公式
S 公式(数学)*
C Frenet 标架
参数曲线
微分几何

Fresnel 积分
Y 菲涅耳积分

Fresnel 衍射积分
Y 菲涅耳积分

FRFT
Y 分数阶傅里叶变换

Frobenius 不等式
Frobenius inequality
O178
S 不等式*
C 初等变换

Frobenius 代数
Frobenius algebra
O153.3
D 傅罗泊尼乌斯代数
S 结合代数
Z 代数

Frobenius 定理
Frobenius theorem
O186；O189.31
S 数学定理*
C 非负矩阵

Frobenius 范数
Frobenius norm
O151.21

D 弗罗贝尼乌斯范数
S 范数*
C 相对扰动界

Frobenius 环
Y 弗罗贝尼乌斯环

Frobenius 群
Frobenius group
O152.1
S 置换群
C 特征标
Z 群(数学)

Frobenius 自同构
Y 自同构

FR 共轭梯度法
FR conjugate gradient method
O221；O241.6
S 共轭梯度法
C 极小化问题
Z 数学方法

Fubini 定理
Fubini theorem
O172.2
D 富比尼原理
S 数学定理*
C Hardy 型积分不等式

Fuchs 方程
Fuchs equation
O152；O175
D 富克斯方程
S 线性方程
F Picard-Fuchs 方程
超几何方程
Z 方程(数学)

Furuta 不等式
Furuta inequality
O178
S 不等式*
C 正算子

Fuzzifying 拓扑
Y 不分明化拓扑

Fuzzy 半群
Y 模糊半群

Fuzzy 变量
Y 模糊变量

Fuzzy 博弈
Y 模糊博弈

Fuzzy 测度
Y 模糊测度

Fuzzy 代数
Y 模糊代数

Fuzzy 点
Y 模糊点

Fuzzy 度
Y 模糊性

Fuzzy 格
Y 模糊空间

Fuzzy 关系
Y 模糊关系

Fuzzy 关系方程
Y 模糊关系方程

Fuzzy 函数
Y 模糊函数

Fuzzy 合作博弈
Y 模糊合作博弈

Fuzzy 环
Y 模糊环

Fuzzy 积分
Y 模糊积分

Fuzzy 集
Y 模糊集

Fuzzy 集合
Y 模糊集

Fuzzy 集论
Y 模糊集理论

Fuzzy 矩阵
Y 模糊矩阵

Fuzzy 聚类
Y 模糊聚类分析

Fuzzy 聚类分析
Y 模糊聚类分析

Fuzzy 决策
Y 模糊决策

Fuzzy 理想
Y 模糊理想

Fuzzy 幂群
Fuzzy power group
O157.5
S 幂群
Z 群(数学)

Fuzzy 模式识别
Y 模糊模式识别

Fuzzy 模型
Y 模糊模型

Fuzzy 判断矩阵
Y 模糊判断矩阵

Fuzzy 群
Y 模糊群

Fuzzy 熵
Y 模糊熵

Fuzzy 数
Y 模糊数

Fuzzy 数学
Y 模糊数学

Fuzzy 算子
Y 模糊算子

Fuzzy 同余关系
Y 模糊同余关系

Fuzzy 统计
Fuzzy statistics
C8
S 统计*

Fuzzy 推断
Y 模糊推理

Fuzzy 推理
Y 模糊推理

Fuzzy 拓扑
Y 模糊拓扑

Fuzzy 拓扑空间
Y 模糊拓扑空间

Fuzzy 系统
Y 模糊系统

Fuzzy 性
Y 模糊性

Fuzzy 映射
Y 模糊映射

fuzzy 映象
Y 模糊映射

Fuzzy 有限状态自动机
Y 模糊有限自动机

Fuzzy 语言*
Fuzzy language
O236
D 模糊语言
F Fuzzy 正则语言

Fuzzy 域
Y 模糊域

Fuzzy 蕴涵
Y 模糊蕴涵

Fuzzy 蕴涵代数
Fuzzy implication algebra
O159
S 模糊代数
Z 代数

Fuzzy 正则语言
Fuzzy regular language
O235
D 模糊正则语言
S Fuzzy 语言*
C 模糊有限自动机

Fuzzy 子集
Y 模糊集

Fuzzy 子群
Y 模糊子群

Fuzzy 自动机
Y 模糊自动机

Fuzzy 综合评判
Y 模糊综合评判

F-范数
F-norm
O151.21
S 范数*

C 正定矩阵

F 分布
F-distribution
O211.3
D 方差比分布
斯内德克分布
S 抽样分布
C 密度函数
密度曲线
Z 概率分布

F 积分
Y 模糊积分

F 检验
Y *F*-检验

F-检验
F-test
O212.1
D *F* 检验
F-检验法
S 假设检验*
C *t* 检验

F-检验法
Y *F*-检验

F 统计量
Y *F*-统计量

F-统计量
F-statistics
O212.1
D F ST
F 统计量
S 统计量*
C 显著性水平

F 展开法
Y F-展开法

F-展开法
F-expansion method
O175
D F 展开法
S 展开(数学)*

G2 连续
Y 二阶几何连续

Gabor 框架
Gabor frames
O177.1
S 框架(数学)*
C 紧支集

Gabor 小波
Y Gabor 小波变换

Gabor 小波变换
Gabor wavelets transform
O174
D Gabor 小波
Log-Gabor 小波
S 小波变换*

Galerkin 逼近
Galerkin approximation
O174.41；O175.2
D 加勒金逼近
S 逼近*
C 自然边界元

Galerkin 边界元法
Y 边界元法

Galerkin 法
Y Galerkin 方法

Galerkin 方法
Galerkin method
O172；O175.1；O175.25；O176
D Galerkin 法
Galerkin 算法
伽辽金法
伽辽金方法
加辽金法
加列钦法
迦辽金法
S 数学方法*
F Faedo-Galerkin 方法
Petrov-Galerkin 方法
非线性 Galerkin 方法
间断 Galerkin 方法
无网格伽辽金法
C Hodge 分解
微分方程

Galerkin 算法
Y Galerkin 方法

Galerkin 有限元
Galerkin finite element
O241.82
D Galerkin 有限元法
Galerkin 有限元方法
S 有限元*
F H1-Galerkin 混合有限元
间断 Galerkin 有限元
时空有限元
C Galerkin 原理 →(2)
边界元法
双调和方程
四阶抛物型方程

Galerkin 有限元法
Y Galerkin 有限元

Galerkin 有限元方法
Y Galerkin 有限元

Galois 环
Galois ring
O153.3；O157.4
D 伽罗华环
S 环(数学)*
C 典型群

Galois 扩张
Galois extension
O153.4
D 伽罗瓦扩张
S 域扩张
C 自同构群
Z 扩张(数学)

Galois 联络
Galois connection
O186
S 联络(数学)*
C 模糊关系

Galois 群
Galois group
O152
D 伽罗瓦群
S 群(数学)*

Galois 上同调
Y 上同调

Galois 域
Y 有限域

Gamma 分布
Y 伽玛分布

Gamma 函数
Gamma function
O174.6
D γ 函数
Γ-函数
Γ 函数
Γ-函数
第二类 Euler 积分
第二类欧拉积分
伽马函数
伽玛函数
S 数论函数
特殊函数
C Hardy-Hilbert 积分不等式
Hyers-Ulam-Rassias 稳定性
Z 函数

Gamma 算子
Gamma operator
O177
D 伽马算子
S 算子*
C Jacobi 权
有界变差函数

Gateaux 导数
Gateaux derivative
O172.1；O175.3；O177.91
D 加托导数
咖陶导数
S 方向导数
Z 导数

Gateaux 可微
Gateaux differentiability
O172.1
S 可微性
Z 数学性质

Gauss Newton 法
Y 高斯-牛顿法

Gauss-Hermite 积分
Y 高斯积分

Gauss-Markov 模型
Gauss-Markov model
O212.7；O241
D 高斯-马尔科夫定理
高斯—马尔可夫模型
S 数学模型*
C 复共线性

幂等矩阵
平差因子 →(4)

Gauss-Newton 法
Y 高斯-牛顿法

Gauss-Seidel
Y Gauss-Seidel 迭代法

Gauss-Seidel 迭代
Y Gauss-Seidel 迭代法

Gauss-Seidel 迭代法
Gauss-Seidel iterative method
O241.6
D Gauss-Seidel
Gauss-Seidel 迭代
Gauss-Seidel 法
高斯-赛德尔迭代法
高斯-赛德尔法
S 迭代法*
C 谱半径

Gauss-Seidel 法
Y Gauss-Seidel 迭代法

Gauss 测度
Y 高斯测度

Gauss 超几何函数
Gauss hypergeometric function
O174
D 高斯超几何函数
S 超几何函数
C 椭圆积分
Z 函数

Gauss 定理
Y 高斯公式

Gauss 方程
Y 高斯方程

Gauss 分布
Y 正态分布

Gauss 公式
Y 高斯公式

Gauss 过程
Y 高斯过程

Gauss 函数
Y 高斯函数

Gauss 和
Y 高斯和

Gauss 积分
Y 高斯积分

Gauss 积分法
Y 高斯积分

Gauss 级数
Y 超几何级数

Gauss 曲率
Y 高斯曲率

Gauss 消去法
Y 高斯消元法

Gauss 消元法
Y 高斯消元法

Gauss 小波
Y 高斯小波变换

Gauss 型求积公式
Gauss type quadrature formulas
O241.4
D 高斯型求积公式
S 高斯公式
求积公式
C 正交多项式
Z 公式(数学)

Gauss 映射
Y 高斯映射

Gauss 整环
Y 高斯整环

Gauss 整数环
Y 高斯整数环

GA-凸函数
GA-convex function
O174.13
S 凸函数
Z 函数

GBBM 方程
GBBM equation
O151；O175.29
S BBM 方程
C 紧算子
Z 方程(数学)

Gegenbauer 多项式
Y 盖根堡多项式

Gel’fond-baker 方法
Gel’fond-baker method
O211.63
D 盖尔方德-贝克方法
S 数学方法*

Genocchi 数
Genocchi number
O156.4
S 数*
C 行列式函数

Gerber-Shiu 函数
Gerber-Shiu functions
O211.67
D Gerber-Shiu 折现罚金函数
S 函数*
C 风险评估
拉普拉斯变换

Gerber-Shiu 折现罚金函数
Y Gerber-Shiu 函数

Gerretsen 不等式
Y 三角不等式

GEV 分布
Y 极值分布

GHM 多小波
GHM multiwavelet
TP391.9
S 多小波变换
C 模糊聚类分析
Z 小波变换

Gibbs 采样
Y Gibbs 抽样

Gibbs 测度
Gibbs measure
O174.12
D 吉布斯测度
S 测度(数学)*

Gibbs 抽样
Gibbs sampling
C81
D Gibbs 采样
Gibbs 方法
吉布斯采样
S 采样*
C 吉布斯效应

Gibbs 方法
Y Gibbs 抽样

Gibbs 函数
Y 吉布斯函数

Gibbs 随机场
Gibbs random field
O211
D 吉伯斯随机场
吉布斯随机场
S 随机场*
C 玻尔兹曼分布 →(2)

Gibbs 现象
Y 吉布斯效应

Ginzburg-Landau 方程
Ginzburg-Landau equation
O175.29
D 金茨堡-朗道方程
金兹堡-朗道方程
S 非线性偏微分方程
F 复 Ginzburg-Landau 方程
广义 Ginzburg-Landau 方程
C 金茨堡-朗道理论 →(2)
Z 方程(数学)

Girsanov 变换
Girsanov transformation
O211
D 吉尔萨诺夫变换
S 数学变换*
C 倒向随机微分方程

Girsanov 定理
Girsanov theorem
O211
S 数学定理*
C Ito 公式
测度变换

GLM
Y 线性模型

GLS
Y 最小二乘法

GM(1,1)灰色模型
Y 灰色预测模型

GM(1,1)幂模型
Y 灰色预测模型

GM(1,1)模型
Y 灰色预测模型

GM(2,1)模型
Y 灰色预测模型

G-morphic 环
Y Morphic 环

GM 模型
Y 灰色预测模型

Godel 不完备性定理
Godel incompleteness theorem
O141.2
D 哥德尔不完全性定理
S 数学定理*

Goldbach 猜想
Y 哥德巴赫猜想

Goldbach 问题
Y 哥德巴赫猜想

Gompertz 曲线
Gompertz curve
O212
D Gompertz 增长曲线
冈珀茨曲线
戈珀兹曲线
S 匹配*
C 曲线拟合

Gompertz 增长曲线
Y Gompertz 曲线

Goormaghtigh 猜想
Goormaghtigh conjecture
O156.7
S 猜想(数学)*
C 上界

Gorenstein 内射模
Gorenstein injective module
O153.3；O177
D 戈伦斯坦内射模
S 内射模
Z 模(数学)

Gorenstein 平坦模
Gorenstein flat module
O153.3；O177
D 戈伦斯坦平坦模
S 平坦模
Z 模(数学)

Gorenstein 投射模
Y 投射模

GP 方程
Y Gross-Pitaevskii 方程

G-P 方程
Y Gross-Pitaevskii 方程

GP-内射环
GP-injective ring
O153.3
S 结合环*
C GP-内射模

GP-内射模
GP-injective modules
O177
S 内射模
C GP-内射环
Z 模(数学)

Gr(o)bner 基
Grobner bases
O153；O183
D Grbner 基
Grobner 基
groebner 基
S 解*
C 多元插值

Graham 猜想
Graham conjecture
O156.1
S 猜想(数学)*
C 连通图

Gram 矩阵
Gram matrix
O151.21
D 格拉姆矩阵
可控度
可控性矩阵
可控性阵
能控性矩阵
S 实对称矩阵
C 欧氏空间
Z 方阵
矩阵

Gram 行列式
Gram determinant
O151.2
D 格拉姆行列式
S 行列式*
C 定积分

Grassmann 代数
Y 外代数

Grassmann 流形
Y 格拉斯曼流形

gray 综合评判
Y 灰色综合评判

Grbner 基
Y Gr(o)bner 基

Green 公式
Y 格林公式

Green 关系
Y 格林关系

Green-关系
Y 格林关系

Green 函数
Y 格林函数

Green 函数法
Y 格林函数

grey 综合评判
Y 灰色综合评判

GRG 法
Y 广义简约梯度法

g-Riesz 基
Y Riesz 基

Grobner 基
Y Gr(o)bner 基

groebner 基
Y Gr(o)bner 基

Gronwall-Bellman 不等式
Gronwall-Bellman inequality
O178
D 贝尔曼一格朗沃尔不等式
S Bellman 不等式
Gronwall 不等式
C 比较定理
Z 不等式

Gronwall 不等式
Gronwall inequality
O174；O175.1
D 格朗沃尔不等式
S 不等式*
F Gronwall-Bellman 不等式
C Ito 公式

Gronwall 引理
Gronwall lemma
O175.29；O211.63
D 格朗瓦尔引理
格朗瓦耳引理
S 引理*
C 指数稳定性

Gross-Pitaevskii(GP)方程
Y Gross-Pitaevskii 方程

Gross-Pitaevskii 方程
Gross-Pitaevskii equation
O175
D GP 方程
G-P 方程
Gross-Pitaevskii(GP)方程
S 方程(数学)*

Grothendieck 群
Grothendieck group
O152
S 群(数学)*

Gumbel 分布
Gumbel distribution
O212.1
D 冈贝尔分布
耿贝尔分布
S 数学分布*
C 矩估计

GV-半群
GV-semigroup
O152.7
S 半群

Z 群(数学)

GW-理想
GW-ideal
O153.3
S 理想(数学)*

G 函数
G-functions
O156；O189.11
D g-函数
S 函数*
F Littlewood-Paley g-函数
C 度量性质

g-函数
Y G 函数

g-逆
g-inverse
O151.2
S 求逆*

g-期望
g-expectation
O212.1
S 条件期望
F 条件 g-期望
C 随机微分方程
Z 数学期望

G-凸空间
G-convex space
O177.91
S 凸空间
C 鞍点
Z 空间(数学)

H(o)lder 不等式
Y Holder 不等式

H(o)lder 不等式
Y Holder 不等式

H(o)lder 范数
Holder norm
O242
S 范数*
C Schauder 估计

H(o)lder 连续
Y Holder 连续

H(o)lder 连续性
Y 赫尔德连续性

H.S
Y Hamilton 系统

H1-Galerkin 混合有限元
H1-Galerkin mixed finite element
O241.82
D H1-Galerkin 混合有限元法
H1-Galerkin 混合有限元方法
S Galerkin 有限元
混合有限元
Z 有限元

H1-Galerkin 混合有限元法
Y H1-Galerkin 混合有限元

H1-Galerkin 混合有限元方法
Y H1-Galerkin 混合有限元

H∞控制理论
H∞ control theory
O231
D H∞理论
S 数学理论*
C 模糊 Lyapunov 函数

H∞理论
Y H∞控制理论

Haar 变换
Y 哈尔变换

Haar 测度
Haar measure
O174.12
D 哈尔测度
S 测度(数学)*

Haar 函数
Haar function
O174
S 函数*

Haar 小波
Y Haar 小波变换

Haar 小波变换
Haar wavelet transform
O174
D Haar 小波
Harr 小波
哈尔小波
哈尔小波变换
哈尔小波分解
S 哈尔变换
小波变换*
C 基函数
Z 积分变换

Hadamard 变换
Y 哈达玛变换

Hadamard 不等式
Hadamard inequality
O178
D Hadamard 型不等式
阿达马不等式
S 不等式*
F Hermite-Hadamard 不等式
C P-凸函数

Hadamard 乘积
Y Hadamard 积

Hadamard 定理
Hadamard theorem
O174
S 数学定理*
C 素数定理

Hadamard 积
Hadamard product
O151
D Hadamard 乘积
S 积*
C Schur 补
相对增益阵列

Hadamard 矩阵
Hadamard matrix
O157；O241.6
D 阿达玛矩阵
S 矩阵*
C 区组设计

Hadamard 卷积
Hadamard convolution
O151
S 卷积
Z 积

Hadamard 型不等式
Y Hadamard 不等式

Hadamard 主值
Hadamard principal value
O143；O172.2
S 值(数学)*
C Bochner-Martinelli 核
广义积分

Hahn-Banach 定理
Hahn-Banach theorem
O174；O177.2
S 数学定理*

Halanay 不等式
Halanay inequality
O175.2
S 不等式*
C 指数稳定性

Halin 图
Halin figure
O213
D 哈林图
S 图表*

Hall 多项式
Hall polynomial
O174.14
S 多项式*
C 矩阵方程

Hall 子群
Hall subgroup
O152
S 子群
F π-Hall 子群
Z 群(数学)

Halton 序列
Halton sequence
O241
D 霍尔顿序列
S 序*
C 控制变量

Hamilton-Cayley 定理
Y Cayley-Hamilton 定理

Hamiltonian 图
Y Hamilton 图

Hamiltonian 系统
Y Hamilton 系统

Hamilton-Jacobi-Bellman 方程
Hamilton-Jacobi-Bellman equation
O241.8
D HJB 方程
哈密顿-雅可比-贝尔曼方程
S 方程(数学)*
C 动态规划

Hamilton-Jacobin 方程
Y Hamilton-Jacobi 方程

Hamilton-Jacobi 方程
Hamilton-Jacobi equation
O175.29；O316
D Hamilton-Jacobin 方程
哈密顿-雅可比方程
S 法方程
C 粘性解
Z 方程(数学)

Hamilton 方程
Y 法方程

Hamilton 函数
Y 哈密顿函数

Hamilton 回路
Y Hamilton 圈

Hamilton 结构
Hamilton structure
O175
D 哈密顿结构
S 数学结构*
C 可积耦合

Hamilton 矩阵
Y Hermite 矩阵

Hamilton 路
Y Hamilton 图

Hamilton 圈
Hamiltonian loop
O157.5
D Hamilton 回路
哈密顿圈
极大圈
S 图论
C Hamilton 图
Z 数学理论

Hamilton 算子
Hamiltonian operator
O177
D 汉密尔顿算子
S 算子*
F 无穷维 Hamilton 算子

Hamilton 体系
Y Hamilton 系统

Hamilton 图
Hamilton graph
O157.5
D Hamiltonian 图
Hamilton 路
哈密顿回路
哈密顿路
哈密顿路径
哈密顿图
哈密尔顿回路
哈密尔顿路
哈密尔顿圈
哈密尔顿图
S 图表*
C Hamilton 圈
Hamilton 系统
卡氏积

Hamilton 系统
Hamilton system
O175
D H.S
Hamiltonian 系统
Hamilton 体系
哈密顿典型系统
哈密顿体系
哈密顿系统
哈密尔顿系统
又典型系统
正则系统
S 数学系统*
F 二阶 Hamilton 系统
广义 Hamilton 系统
约束 Hamilton 系统
C Hamilton 力学 →(2)
Hamilton 图
鞍点定理
哈密顿函数
同宿分支
辛方法 →(2)

Hamilton 性
Y 哈密尔顿性

Hammerstein 积分方程
Y Hammerstein 型积分方程

Hammerstein 模型
Hammerstein model
O212；O231
D H 模型
哈默斯坦模型
S 数学模型*
C 样条逼近

Hammerstein 型积分方程
Hammerstein integral equations
O172.2；O175.5
D Hammerstein 积分方程
哈默斯坦积分方程
S 非线性积分方程
Z 方程(数学)

Hamming 距离
Hamming distance
O157.4
D 哈明距离
汉明度量
汉明距离
S 距离*

Hankel 变换
Hankel transform
O177.6
D 汉克尔变换
亨克尔变换
S 积分变换*
C 汉克尔函数
相速度 →(2)(5)

Hankel 函数
Y 汉克尔函数

Hankel 矩阵
Hankel matrix
O151.21
D 汉克尔矩阵
S 方阵*
C 奇异值分解

Hankel 算子
Hankel operator
O177
D 汉克尔算子
S 算子*
C 全纯函数

Hardy-Hilbert 不等式
Hardy-Hilbert inequality
O178
D Hardy-Hilbert 型不等式
S Hardy 不等式
Hilbert 不等式
F Hardy-Hilbert 积分不等式
C 最佳常数因子
Z 不等式

Hardy-Hilbert 积分不等式
Hardy-Hilbert's integral inequality
O178
D Hardy-Hilbert 型积分不等式
S Hardy-Hilbert 不等式
Hardy 型积分不等式
Hilbert 积分不等式
C Gamma 函数
Z 不等式

Hardy-Hilbert 型不等式
Y Hardy-Hilbert 不等式

Hardy-Hilbert 型积分不等式
Y Hardy-Hilbert 积分不等式

Hardy-Littlewood 不等式
Hardy-Littlewood inequality
O178
S Hardy 不等式
C 最佳常数
Z 不等式

Hardy-Littlewood 法
Y 圆法

Hardy-Littlewood 极大函数
Y 极大函数

Hardy-Littlewood 极大算子
Y Hardy 算子

Hardy-Sobolev 临界指数
Hardy-Sobolev critical exponent
O175.25；O189
D Sobolev-Hardy 临界指数
S 临界 Sobolev 指标
C 存在性定理
能量泛函
Z 指标

Hardy 不等式
Hardy inequality
O178
D Hardy 型不等式
哈代不等式
S 不等式*
F Hardy-Hilbert 不等式
Hardy-Littlewood 不等式
Hardy 型积分不等式
Sobolev-Hardy 不等式
C 临界指数
权系数 →(4)

Hardy 空间
Hardy space
O177.3
D Hp 空间
哈代空间
S 空间(数学)*
F Herz 型 Hardy 空间
加权 Hardy 空间
弱 Hardy 空间
C dini 型条件
Littlewood-Paley 算子
Sharp 极大函数
多线性交换子
非双倍测度
加权有界性

Hardy 算子
Hardy operator
O174.1；O177
D Hardy-Littlewood 极大算子
哈代算子
S 算子*

Hardy 位势
Hardy potential
O174.1
D 哈代位势
S 位势*
C 椭圆方程

Hardy 项
Hardy terms
O174.1
S 项(数学)*

Hardy 型不等式
Y Hardy 不等式

Hardy 型积分不等式
Hardy type integral inequality
O172.2
S Hardy 不等式
积分不等式
F Hardy-Hilbert 积分不等式
C Fubini 定理
Z 不等式

Harnack 不等式
Harnack inequality
O175.2
D 哈纳克不等式
S 不等式*
C 抛物型方程

Harr 小波
Y Haar 小波变换

hartley 变换
hartley transform
O15
D 哈特莱变换
S 数学变换*
C 单程波方程 →(5)

Hasegawa-Mima 方程
Hasegawa-Mima equation
O175.2
S 偏微分方程
Z 方程(数学)

Hash 函数
Y 哈希函数

hash 函数
Y 哈希函数

hash 算法
Y 哈希函数

Hasse 图
Hasse diagram
O157.5
D 哈斯图
S 图表*
C 幂集

Hausdoff 测度
Y Hausdorff 测度

Hausdorff 测度
Y Hausdorff 测度

Hausdorff 测度
Hausdorff measure
O174.12
D Hausdoff 测度
Hausdorff 测度
Hausdorff 非紧测度
Hausdorff 中心测度
豪斯多夫测度
豪斯多夫非紧测度
S 非紧性测度
分形测度
C 齐次 Cantor 集
Z 测度(数学)

Hausdorff 度量
Hausdorff metric
O174
S 度量*

Hausdorff 非紧测度
Y Hausdorff 测度

Hausdorff 空间
Hausdorff space
O189.11
D 豪斯道夫空间
豪斯多夫空间
S 空间(数学)*
F 仿紧 Hausdorff 空间
C 连续映射

Hausdorff 拓扑群
Hausdorff topological group
O152.4
D 豪斯多夫拓扑群
S 拓扑群
C 覆盖数
Z 群(数学)

Hausdorff 维数
Hausdorff dimension
O175.2
D 豪斯道夫维数
豪斯多夫维数
S 维数*
C Moran 集
覆盖数
一致吸引子
自仿射集

Hausdorff 中心测度
Y Hausdorff 测度

Hausdroff 距离
Hausdroff distance
O159
D 豪斯多夫距离
S 距离*
C 模糊风险分析

H-Bézier 曲线
Y 贝塞尔曲线

Heaviside 函数
Heaviside function
O177.6
D 单位函数
赫维赛德函数
S 函数*

Hecke 代数
Hecke algebra
O151
S 子代数
C Hecke 算子
L-函数
矩阵计算
Z 代数

Hecke 函数
Y L-函数

Hecke 算子
Hecke operator
O156；O177
D 赫开算子
赫克算子
S 线性算子
C Hecke 代数
Z 算子

Heegaard 分解
Heegaard decomposition
O189.3
S 数学分解*
C 三维流形

Heine 定理
Y 海涅定理

Heisenberg 代数
Heisenberg algebra
O152.5
S 李代数
C Heisenberg 群

海森堡矩阵
海森堡模型 →(2)
Z 代数

Heisenberg 矩阵
Y 海森堡矩阵

Heisenberg 群
Heisenberg group
O152
S 群(数学)*
C Heisenberg 代数

Helmholtz 方程
Y Helmholtz 方程

Helmholtz 方程
Helmholtz equation
O175
D Helmholtz 方程
亥姆霍兹方程
约化波动方程
约化波方程
S 数理方程
椭圆方程
C 收敛性分析
Z 方程(数学)

hemi 连续映射
hemi-continuous mapping
O153.2；O175.3；O192
D 拟弱连续映射
S 连续映射
C 极大单调算子
Z 映射

Henig 有效解
Henig efficient solution
O241
S 有效解
Z 解

Hensel 引理
Hensel lemma
O157.4
D 亨泽尔引理
S 引理*
C 极大理想

Henstock-Kurzweil 积分
Y Henstock 积分

Henstock 积分
Henstock integral
O172.2；O211.6
D Henstock-Kurzweil 积分
均方 Henstock-Stieltjes 积分
S 积分*
C 不连续系统

Hermite-Hadamard 不等式
Hermite-Hadamard inequality
O178
D Hermite-Hadamard 型不等式
S Hadamard 不等式
Z 不等式

Hermite-Hadamard 型不等式
Y Hermite-Hadamard 不等式

Hermite 变换
Hermitian transformation
O151
D 埃尔米特变换
S 对称变换
Z 数学变换

Hermite 插值
Hermite interpolation
O174.42；O241
D 埃尔米特插值
S 插值*
C PH 曲线
差商

Hermite 插值多项式
Hermite interpolation polynomial
O174
S Hermite 多项式
插值多项式
Z 多项式

Hermite 多项式
Hermite polynomial
O174.21
D 埃尔米特多项式
厄米多项式
S 多项式*
F Hermite 插值多项式
C 误差估计

Hermite 函数
Hermite functions
O174；O175.5
D 埃尔米特函数
对称核
S 函数*

Hermite 矩阵
Hermite matrix
O151.21
D Hamilton 矩阵
Hermitian 矩阵
埃尔米特矩阵
厄米矩阵
厄米特矩阵
反 Hermite 矩阵
哈密顿矩阵
S 复矩阵
F Hermite 正定矩阵
次 Hermite 矩阵
广义 Hermite 矩阵
C 纯虚数
极限环分支
四元数
最小二乘解
Z 矩阵

Hermite 流形
Hermite manifolds
O174.56
D 埃尔米特流形
S 复流形
C 一致有界
Z 流形

Hermite 算子
Y 对称算子

Hermite 型有限元
Hermite-type finite element
O241.82
D Hermite 有限元
S 有限元*
C 插值算子

Hermite 有限元
Y Hermite 型有限元

Hermite 正定矩阵
Hermite-positive-definite matrix
O151.21
D 正定 Hermite 矩阵
S Hermite 矩阵
正定矩阵
C 不等式
Z 方阵
矩阵

Hermitian 矩阵
Y Hermite 矩阵

Heron 平均
Heron mean
O171
S 平均数*
C Doob 不等式

Herz-Morrey 空间
Y Morrey-Herz 空间

Herz 空间
Herz space
O174.2
S 空间(数学)*
F Herz 型 Hardy 空间
Morrey-Herz 空间
加权 Herz 空间
弱 Herz 空间
C 粗糙核

Herz 型 Hardy 空间
Herz-type Hardy space
O174；O177
S Hardy 空间
Herz 空间
F 加权 Herz 型 Hardy 空间
C 有界算子
Z 空间(数学)

Hessenberg 矩阵
Y 海森堡矩阵

Hesse 矩阵
Hesse matrix
O151.21；O172.1；O242
D 海色矩阵
黑塞矩阵
S 矩阵*
C 全局收敛

Heyting 代数
Heyting algebras
O153.1
S 布尔代数
Z 代数

HHT
Y Hilbert-Huang 变换

HHT 方法
Y Hilbert-Huang 变换

H-H 方程
Y Hodgkin-Huxley 方程

Hilbert C*-模
Hilbert C*-module
O177.1
D 希尔伯特 C*-模
S 模(数学)*

Hilbert-Huang 变换
Y Hilbert-Huang 变换

Hilbert-Huang 变换
Hilbert-Huang transform
O177.1；O177.6
D HHT
HHT 方法
Hilbert-Huang 变换
Hilbert 变换
希尔伯特变换
希尔伯特黄变换
希尔伯特-黄变换
S 积分变换*
C Hilbert 谱
复小波变换
瞬时频率 →(5)
希尔伯特谱 →(2)

Hilbert-Schmidt 型核
Y Hilbert 核

Hilbert 边值问题
Hilbert boundary value problem
O175.8；O177.1
S 边值问题*

Hilbert 变换
Y Hilbert-Huang 变换

Hilbert 不等式
Hilbert inequality
O178
D Hilbert 类不等式
Hilbert 型不等式
S 不等式*
F Hardy-Hilbert 不等式
Hilbert 积分不等式
C 权函数

Hilbert 核
Hilbert kernel
O175.5
D Hilbert-Schmidt 型核
希尔伯特-施密特型核
S 核函数
C 微分流形
Z 函数

Hilbert 积分不等式
Hilbert integral inequality
O178
D Hilbert 型积分不等式
S Hilbert 不等式
积分不等式
F Hardy-Hilbert 积分不等式
C 参数
Z 不等式

hilbert 空间
Y 希尔伯特空间

Hilbert 类不等式
Y Hilbert 不等式

Hilbert 零点定理
Hilbert zero point theorem
O175
D 希尔伯特零点定理
S 数学定理*

Hilbert 流形
Y 微分流形

Hilbert 能量谱
Y Hilbert 谱

Hilbert 谱
Hilbert spectrum
O177.7
D Hilbert 能量谱
Hilbert 谱分析
S 谱*
C Hilbert-Huang 变换

Hilbert 谱分析
Y Hilbert 谱

Hilbert 曲线
Hilbert curve
O186
D 希尔伯特曲线
S 匹配*
C 离散小波变换

Hilbert 问题
Hilbert problem
O177.1
D 希尔伯特问题
S 数学问题*
C 保角映射
存在性
相图 →(2)(3)(5)

Hilbert 型不等式
Y Hilbert 不等式

Hilbert 型积分不等式
Y Hilbert 积分不等式

Hilbert 型奇异积分算子
Y 奇异积分算子

Hill 方程
Hill equation
O17
D 希尔方程
希尔式方程
S 微分方程
F Mathieu 方程
Z 方程(数学)

Hill 估计
Hill estimator
O212.1
S 估计(数学)*
C 尾部指数

Hirota 方法
Hirota method
O175.29
D 广田方法
S 数学方法*
F Hirota 双线性方法
C 精确解

Hirota 双线性方法
Hirota bilinear method
O175.29
D 广田双线性方法
S Hirota 方法
C 有理解
Z 数学方法

HJB 方程
Y Hamilton-Jacobi-Bellman 方程

Hlder 不等式
Y Holder 不等式

HMM 模型
Y 隐马尔可夫模型

HMT 模型
Y 隐马尔可夫树模型

Hochschild 上同调群
Hochschild cohomology group
O152；O154；O189.22
S 上同调群
Z 群(数学)

Hodge 分解
Hodge decomposition
O175.25
D 霍奇分解
S 数学分解*
C A-调和方程
Galerkin 方法
拟正则映射

Hodgkin-Huxley 方程
Hodgkin-Huxley equation
O175
D H-H 方程
S Huxley 方程
Z 方程(数学)

Holder 不等式
Holder inequality
O174；O178
D H(o)lder 不等式
H(o)lder 不等式
Hlder 不等式
赫尔德不等式
S 不等式*
F Schwarz 不等式
逆 Holder 不等式
C Schauder 估计
权系数 →(4)

Holder 连续
Holder continous
O177；O211.6
D H(o)lder 连续
S 连续*

Holder 连续性
Y 赫尔德连续性

hook 函数
hook functions
O174
D 钩子函数
S 函数*

Hopf 分支
Y Hopf 分支

Hopf 不变量
Y 微分不变量

hopf 代数
hopf algebra
O151.2
D 郝普夫代数
S 结合代数
F Yangian 代数
半单 Hopf 代数
拟三角 Hopf 代数
弱 Hopf 代数
C 对偶范畴
对偶模
箭图
交叉积
模同态
Z 代数

Hopf 分叉
Y Hopf 分支

Hopf 分岔
Y Hopf 分支

Hopf 分歧
Hopf bifurcation
O189.2
S 分歧理论
C 高阶奇点
Z 数学理论

Hopf 分支
Hopf bifurcation
O177.91；O189.2
D Hopf 分支
Hopf 分叉
Hopf 分岔
Hopf 分枝
霍普分岔
霍普夫分岔
霍普夫分枝
S 分支*
F 全局 Hopf 分支
C Hurwitz 判据
捕食模型
分支图
拟周期解
全局中心
微分不变量
周期环

Hopf 分枝
Y Hopf 分支

Hopf 模
Hopf module
O189.2
D 霍普夫模
S 模(数学)*

Hosoya 指标
Hosoya index
O157.5
D Hosoya 指数
S 指标*
C 六角系统

Hosoya 指数
Y Hosoya 指标

Hough 变换
Y 霍夫变换

Householder 变换
Householder transformation
O241
D 反射变换
豪斯霍尔德变换
镜像变换
S 数学变换*

Householder 矩阵
Householder matrix
O241
D 豪斯霍尔德矩阵
S 矩阵*

Hp 空间
Y Hardy 空间

Huber Loss 函数
Y Huber 函数

Huber 函数
Huber function
O174；O212
D Huber Loss 函数
Huber 损失函数
S 损伤函数
C Bootstrap 方法
回归估计
Z 函数

Huber 损失函数
Y Huber 函数

Hull-White 模型
Hull-White model
O212.1
D 赫尔-怀特
赫尔-怀特模型
S 数学模型*
C 辅助函数法

Hurwitz Zeta 函数
Hurwitz Zeta function
O156.4
D Hurwitzζ 函数
S zeta 函数
Z 函数

Hurwitzζ 函数
Y Hurwitz Zeta 函数

Hurwitz 判据
Hurwitz criterion
O231
D 赫尔维茨判据
S 判据
C Hopf 分支
不动点
混沌系统
Z 准则

Huxley 方程
Huxley equation
O151；O175
S 方程(数学)*
F Hodgkin-Huxley 方程

Hyers-Ulam-Rassias 稳定性
Hyers-Ulam-Rassias stability
O175.13；O177.1
D Hyers-Ulam 稳定性
S 稳定性(数学)*
C Banach 代数
Gamma 函数

Hyers-Ulam 稳定性
Y Hyers-Ulam-Rassias 稳定性

hyper-Wiener 指标
Y Wiener 指数

H 布尔函数
H-Boolean function
O153.2
S 布尔函数
C 导数
函数变换
Z 函数

H-单调算子
H-monotone operator
O177
S 单调算子
C 迭代法
Z 算子

H 矩阵
Y H-矩阵

H-矩阵
H-matrix
O151.21
D H 矩阵
S 矩阵*
F 非奇异 H-矩阵
块 H-矩阵
C 二次矩阵方程
谱包含域

H 空间
Y H-空间

H-空间
H-space
O189.11
D H 空间
S 拓扑空间
C 不动点定理
Z 空间(数学)

H 模型
Y Hammerstein 模型

h 凸函数
h-convex function
O174.13
D h 严格凸函数

S 凸函数
C 状态反馈
Z 函数

H 型群
H-type group
O152
S 群(数学)*

h 严格凸函数
Y h 凸函数

ICM 方法
Independent Continuous Mapping method
O189
D 独立连续映射方法
S 数学方法*
C 应力约束 →(2)

IFFT
Y 快速傅立叶逆变换

I-fuzzy 拓扑
I-fuzzy topology
O189
S 模糊拓扑
C 子基
Z 拓扑

IMDCT
Y 改进离散余弦变换

Inf-Sup 条件
Inf-Sup condition
O171
S 条件(数学)*
C Stokes 问题
Wilson 元
非协调元
唯一解

IOWA 算子
Y 有序加权平均算子

IOWGA 算子
IOWGA operator
O224；O242
S 算子*
C Theil 不等系数

IOWHA 算子
IOWHA operator
O177；O224
S 算子*
C 二次规划

Ir-开集
Y 开集

Ishikawa 迭代
Ishikawa iteration
O242
D Ishikawa 迭代程序
Ishikawa 迭代法
ISHIKAWA 迭代过程
石川迭代
S 迭代法*
F 带误差的 Ishikawa 迭代程序
C 强增生算子
算子方程

Ishikawa 迭代程序
Y Ishikawa 迭代

Ishikawa 迭代法
Y Ishikawa 迭代

ISHIKAWA 迭代过程
Y Ishikawa 迭代

Ishikawa 迭代序列
Ishikawa iteration sequence
O242
D 石川迭代序列
S 迭代序列
C 算子方程
Z 序

It(o)公式
Y Ito 公式

Ito 公式
Ito formula
O211.63
D It(o)公式
It 公式
伊藤公式
S 公式(数学)*
C Girsanov 定理
Gronwall 不等式
带跳倒向随机微分方程

Ito 积分
Y 随机积分

It 公式
Y Ito 公式

Jacobian 椭圆函数
Y Jacobi 椭圆函数

Jacobi 场
S 向量场

Jacobi 迭代
Y Jacobi 迭代法

Jacobi 迭代法
Jacobi iteration
O241.6
D Jacobi 迭代
Jacobi 法
Jacobi 方法
雅可比迭代
雅可比迭代法
雅可比法
雅可比方法
S 迭代法*
C 互补
收敛(数学)

Jacobi 多项式
Jacobi polynomial
O174.21；O174.4
D 雅可比多项式
S 多项式*

Jacobi 法
Y Jacobi 迭代法

Jacobi 方法
Y Jacobi 迭代法

Jacobi 符号
Jacobi symbol
O156.1
D 雅可比符号
S Legendre 符号
C 同余式
Z 符号(数学)

Jacobi 函数
Jacobi function
O174
D 雅可比函数
S 函数*
F Jacobi 椭圆函数
C 精确解

Jacobi 矩阵
Y 雅可比矩阵

Jacobi 权
Jacobi weight
O177
S 权(数学)*
C Bernstein-Durrmeyer 算子
Gamma 算子
线性组合

Jacobi 椭圆函数
Jacobi elliptic function
O174
D Jacobian 椭圆函数
雅可比椭圆函数
S Jacobi 函数
椭圆函数
C Jacobi 椭圆函数解
周期波解
Z 函数

Jacobi 椭圆函数解
Jacobi elliptic function solution
O122.2
S 椭圆函数解
C Jacobi 椭圆函数
Z 解

Jacobi 椭圆函数展开法
Jacobi elliptic function expansion method
O175.29
D 雅可比椭圆函数展开法
S 函数展开
C 非线性发展方程
Z 展开(数学)

Jacobi 行列式
Y 雅可比行列式

Jacobson 根
Jacobson radical
O153.3
D 雅各布森根
S 根(数学)*
F 分次 Jacobson 根
C 极小左理想

Jensen 不等式
Jensen inequality
O122.3；O178
D Jensen 型不等式
琴生不等式

琴生型不等式
詹森不等式
S 不等式*
C 倒向随机微分方程
对数凸函数

Jensen 型不等式
Y Jensen 不等式

Jimbo-Miwa 方程
Jimbo-Miwa equation
O175.29
S 非线性偏微分方程
Z 方程(数学)

Jones 多项式
Jones polynomial
O174.14
S 多项式*
C 环链
交叉数
链环

Jordan 标准形
Jordan canonical form
O151.21
D Jordan 标准型
乔丹标准型
若当标准形
若当标准型
约旦标准型
约当标准形
约当标准型
S 标准形矩阵
C 特征值估计
有限域
Z 矩阵

Jordan 标准型
Y Jordan 标准形

Jordan 不等式
Jordan inequality
O178
S 不等式*
C Seiffert 平均

Jordan 代数
Jordan algebra
O153.3
S 非结合代数
Z 代数

Jordan 导子
Jordan derivation
O151.2；O153
D 约旦导子
S 导子*
C 李三系

Jordan 分解
Jordan decomposition
O174.3
D 若尔当分解
约当分解
S 数学分解*
C 有界变差函数

Jordan 块
Jordan block
O151.2
S 分块矩阵
Z 矩阵

Jordan 链
Y 若当链

Jordan 曲线
Y 闭曲线

Jordan 曲线定理
Jordan curve theorem
O189.1
D 若尔当曲线定理
S 数学定理*

Jordan 同构
Jordan isomorphism
O151.2
D 乔丹同构
S 同构*
C 非线性

Jordan 同态
Jordan homomorphism
O153.3；O189.2
D J 同态
J-同态
S 环同态
Z 同态

Julia 方向
Julia direction
O174
D 茹利亚方向
S 方向*
C 例外值

Julia 集
Julia set
O189.1
D 茹利亚集
S 集合*
C 周期点

J 函数
J functions
O174
S 函数*
C 空间数据 →(4)

J 同态
Y Jordan 同态

J-同态
Y Jordan 同态

K(a)hler 流形
Y Kahler 流形

K0 群
K0group
O152
D K0-群
S 群(数学)*

K0-群
Y K0 群

K2 群
K2 group
O152
S 群(数学)*

Kac-Moody 代数
Kac-Moody algebras
O153.3
S 李代数
Z 代数

Kadomtsev-Petviashvili 方程
Y KP 方程

Kahler 流形
Kahler manifold
O174.56
D K(a)hler 流形
凯勒流形
S 复流形
C 外微分
Z 流形

Kalman 滤波方法
Kalman filtering method
O212
D 卡尔曼滤波方法
S 数学方法*
C 数据分析

KAM 定理
Kolmogorov-Arnold-Moser theorem
O19；O242
S 数学定理*

KAM 环面
KAM torus
N94

KAM 理论
Kolmogorov-Arnold-Moser theory
O19；P13
D 卡姆理论
S 理论*
C Hamilton 正则方程 →(2)

Kantorovich 不等式
Kantorovich inequality
O178
S 不等式*
C 希尔伯特空间

Kantorovich 算子
Kantorovich operator
O177
D 坎托罗维奇算子
S Bernstein 算子
C 等价定理
加权光滑模
Z 算子

Karoubi-Villamayor-Gersten K 理论
Y K-理论

Kautz 图
Kautz diagram
O189.1
D 考茨图
S 图表*
C 马尔可夫链

KdV equation

Y KdV 方程

KdV 方程
Y KdV 方程

Kdv-Burgers-Kuramoto 方程
Kdv-Burgers-Kuramoto equation
O151；O175.29
S KdV-Burgers 方程
Z 方程(数学)

KdV-Burgers 方程
KdV-Burgers equation
O151.1；O175.29
D Burgers-KdV 方程
科特韦格-德弗里斯-伯格斯方程
S Burgers 方程
KdV 方程
F Kdv-Burgers-Kuramoto 方程
MKdV-Burgers 方程
C 吴消元法
Z 方程(数学)

KdV-mKdV 方程
KdV-mKdV equation
O175.29
S mKdV 方程
非线性发展方程
Z 方程(数学)

KdV 方程
Korteweg-de Vries equation
O175.29
D KdV equation
KdV 方程
Korteweg-de Vries 方程
科特韦格-德弗里斯方程
S 非线性方程
F KdV-Burgers 方程
mKdV 方程
ZK 方程
变系数 KdV 方程
广义 KdV 方程
组合 KdV 方程
C Darboux 变换
分形集
Z 方程(数学)

KdV 方程组
KdV equation set
O175.29
S 方程组*

k-g 方程
Y Klein-Gordon 方程

Khatri-Rao 积
Khatri-Rao product
O151.21
S 积*
C 正定矩阵

Killing 方程
Killing equation
O175.29
D 基林方程
S 非线性偏微分方程
C 积分因子法
Z 方程(数学)

Kirchhoff 方程
Kirchhoff equation
O175.8
D 克希霍夫方程
S 方程(数学)*
C Kirchhoff 指标

Kirchhoff 公式
Kirchhoff formula
O175.29
D 基尔霍夫公式
S 公式(数学)*
C 基态解
矩量法

Kirchhoff 近似
Kirchhoff approximation
O242.2
S 近似法*
C 相关函数

Kirchhoff 指标
Kirchhoff index
O157.5
D 基尔霍夫指标
S 指标*
C Kirchhoff 方程

K—I 变换
Y 主成分变换

KKM 定理
KKM theorem
O189
D KKM 型定理
S 数学定理*
F Fan-KKM 定理

KKM 型定理
Y KKM 定理

KKM 映射
KKM mapping
O177.91
D R-KKM 映射
S 映射*

KKT 点
KKT point
O221.6
D K-K-T 点
S 点(数学)*
C 拟牛顿法

K-K-T 点
Y KKT 点

KKT 条件
Y Kuhn-Tucker 条件

Klamkin 不等式
Y 三角不等式

Klein-Gorden 方程
Y Klein-Gordon 方程

Klein-Gordon 方程
Klein-Gordon equation
O175.24；O431
D k-g 方程
Klein-Gorden 方程
克莱因-戈登方程
克莱因-戈尔登方程
克莱茵-戈登方程
克莱茵-哥登方程
S 数理方程
F 非线性 Klein-Gordon 方程
C tortoise 坐标 →(4)
矢势 →(2)
Z 方程(数学)

Klein 群
Klein group
O152.1
D 克莱茵群
S 有限群
Z 群(数学)

Kloosterman 和
Kloostermann sum
O156.4
D 克卢斯特曼和
S 和(数学)*
F 广义 Kloosterman 和
C 均值分布
剩余系
原根

KL 距离
Y Kullback-Leibler 距离

KL 散度
Y Kullback-Leibler 距离

KL 展开
Y K-L 展开

K-L 展开
Karhunen-Loeve expansion
O173.1；O174.41
D KL 展开
KL-展开
S 展开(数学)*
C 降维法

KL-展开
Y K-L 展开

kNN 分类算法
Y 邻近点算法

Knopp-Kojima 方法
Knopp-Kojima method
O173
D 诺普-柯吉马方法
S 数学方法*
C 随机 Dirichlet 级数

Kolmogolov 自同构
Y 自同构

Kolmogorov-Smirnov 检验
Kolmogorov-Smirnov test
O189
D KS 检验
S 假设检验*
C K 分布

Kolmogorov 不等式
Kolmogorov inequality
O172.1

D 柯尔莫哥洛夫不等式
S 不等式*
C 分数阶导数

Kolmogorov 熵
Kolmogorov entropy
O177.99；O241
D 柯尔莫戈洛夫
柯尔莫戈洛夫熵
柯尔莫哥洛夫熵
科尔莫哥罗夫熵
S 熵(数学)*

Kolmogorov 系统
Kolmogorov system
O193
D 柯尔莫哥洛夫系统
S 数学系统*
C 鞍点

Koppelman-Leray-Norguet 公式
Koppelman-Leray-Norguet formula
O174
S 公式(数学)*

Korteweg-de Vries 方程
Y KdV 方程

Koszul 代数
Koszul algebras
O153
S 抽象代数
Z 代数

KP 方程
Kadomtsev-Petviashvili equation
O122.2
D Kadomtsev-Petviashvili 方程
卡东穆塞夫-彼得韦亚斯维利方程
S 非线性方程
F (3+1)维 KP 方程
C 有限维空间
Z 方程(数学)

Krasnoselskii 不动点定理
Krasnoselskii fixed point theorem
O174
D krasnosel'skii 不动点定理
S 不动点定理
Z 数学定理

krasnosel' skii 不动点定理
Y Krasnoselskii 不动点定理

Krein 空间
Krein space
O177.3
S 空间(数学)*
C 离散系统

Kriging 模型
Kriging model
O224
S 回归模型*

Kronecker 乘积
Kronecker product
O151.21
S 乘积
Z 积

Kronecker 积
Y 张量积

Kronecker 引理
Kronecker lemma
O211.4
D 克罗内克定理
S 引理*
C 截尾分布

Krull 拓扑
Y 克鲁尔拓扑

Kruskal-wallis 检验
Kruskal-wallis test
O212.1
S 假设检验*

Krylov 子空间
Y Krylov 子空间方法

Krylov 子空间
Krylov subspaces
O151.21；O177
S 子空间
C Lanczos 方法
列向量
Z 空间(数学)

Krylov 子空间方法
Krylov subspace methods
O151.21
D Krylov 子空间
克雷洛夫子空间方法
S 子空间迭代法
Z 迭代法

K-S 方程
Y Kuramoto-Sivashinsky 方程

KS 函数
KS functions
O174
D K-S 函数
S 函数*
C 可行域

K-S 函数
Y KS 函数

KS 检验
Y Kolmogorov-Smirnov 检验

K-S 检验
K-S test
O212.1
S 统计检验
C 统计分析
Z 检验

K-T 点
K-T point
O221.2
D Kuhn-Tucker 点
库恩-塔克点
S 点(数学)*
C 对偶线性规划

K-T 条件
K-T conditions
O221.2
D 库恩-塔克条件
S 条件(数学)*

Kuhn-Tucker 点
Y K-T 点

Kuhn-Tucker 定理
Kuhn-Tucker theorem
O241
D 库恩卡特定理
S 数学定理*

Kuhn-Tucker 条件
Kuhn-Tucker condition
O224
D KKT 条件
卡罗需-库恩-塔克条件
库恩塔克条件
S 充要条件
Z 条件(数学)

Kullback-Leibler 差异
Y Kullback-Leibler 距离

Kullback-Leibler 距离
Kullback-Leibler distance
O159；O211.3；O212.4；O213.2
D KL 距离
KL 散度
Kullback-Leibler 差异
相对熵
S 距离*
C 轨道空间
区间值模糊集
正定矩阵

Kummer 扩张
Y 代数扩张

Kuramoto-Sivashinsky 方程
Kuramoto-Sivashinsky equation
O175.29
D K-S 方程
S 非线性偏微分方程
C 不动点定理
Z 方程(数学)

Kuratowski-Mosco 收敛
Y Kuratowski 收敛

Kuratowski 收敛
Kuratowski convergence
O211.4；O211.6
D Kuratowski-Mosco 收敛
S 收敛(数学)*
C 对偶空间
集值上鞅

Kurzweil 方程
Kurzweil equation
O175
S 微分方程
Z 方程(数学)

Ky Fan 不等式
Ky Fan inequality
O178
D Fan Ky 不等式
樊畿不等式
S 不等式*

C 多目标博弈

k-次增生算子
k accretive operator
O177
S 增生算子
C 迭代解
Z 算子

k-端点
k-extreme point
O174
S 端点
C k-严格凸
Z 点(数学)

K泛函
Y K-泛函

K-泛函
K-functionals
O177
D K泛函
S 泛函*
C 逼近
密度泛函理论 →(2)(3)
强逆不等式

K分布
K-distribution
O211.3
S 数学分布*
C Kolmogorov-Smirnov 检验
K-理论

k覆盖
k-cover
O157
S 覆盖(数学)*
C 紧子集

k-集压缩算子
k set contraction operator
O177
S 压缩算子
C 拓扑度理论
Z 算子

k-集压缩映射
k-set contraction
O154.2；O189.22
S 压缩映射
C 非紧性测度
Z 映射

k阶Voronoi图
Y 泰森多边形

K理论
Y K-理论

K-理论
K-theory
O154；O156；O189.25
D Karoubi-Villamayor-Gersten K理论
K理论
卡卢比-比利亚马约尔-格斯滕K理论
S 数学理论*
C K分布

K拟共形映射
Y 拟共形映射

K-拟共形映射
Y 拟共形映射

K-拟可加模糊测度
K-quasi additive fuzzy measures
O174.12
S 模糊测度
C 模糊积分
Z 测度(数学)

K-拟亚纯映射
Y 拟亚纯映射

K-维数
K-dimension
O174.1
S 维数*

k-严格凸
k-strict convexity
O177.2
S 严格凸
C Banach 空间
k-端点
Z 凸性

K一致凸
K-uniformly convexity
O177.2
S 一致凸性
Z 凸性

k因子
k-factor
O157.5
D k-因子
S 因子*
F 分数k-因子

k-因子
Y k因子

k正则函数
Y k-正则函数

k-正则函数
k- regular function
O174
D k正则函数
S 正则函数
C Clifford 分析
Z 函数

k-正则图
k-regular graph
O181
S 正则图
Z 图表

K值
Y 信息熵

K自同构
Y 自同构

K最近邻
Y 邻近点算法

K最近邻分类算法
Y 邻近点算法

L2范数
L2 norm
O174
D 欧式距离
S 范数*
C 欧氏距离法

L2估计
Y L2模误差估计

L2模误差估计
L2 error estimate
O212.1
D L2估计
S 误差估计
C 特征有限元
Z 估计(数学)

Lagrange-Jacobi方程
Y 拉格朗日方程

lagrange插值
Y 拉格朗日插值

Lagrange插值多项式
Lagrange interpolation polynomial
O151；O174.14；O174.21
D 拉格朗日插值多项式
S 插值多项式
拉格朗日多项式
C 等距结点
Z 多项式

Lagrange插值法
Y 拉格朗日插值

Lagrange插值公式
Y 拉格朗日插值公式

Lagrange乘数法
Y 拉格朗日乘子法

Lagrange乘子
Lagrange multiplier
O172.1；O177；O221.2
D 拉格朗日乘数
拉格朗日乘子
拉氏乘子
S 乘子算子
F 广义拉格朗日乘子
C 变分原理
拉格朗日动力学 →(2)
拉格朗日法 →(2)(4)
Z 算子

Lagrange乘子法
Y 拉格朗日乘子法

Lagrange定理
Y 拉格朗日中值定理

Lagrange对偶
Lagrange dual
O224
D Lagrangian 对偶
拉格朗日对偶
S 对偶*
C 鞍点

信赖域子问题

Lagrange 法
Y 拉格朗日插值

Lagrange 反演
Lagrange inversion
O224
D 拉格朗日反演
S 反演*
C 拉格朗日不变量 →(2)

Lagrange 方程
Y 拉格朗日方程

Lagrange 分析
Y 拉格朗日分析

Lagrange 公式
Y 拉格朗日公式

Lagrange 函数
Y 拉格朗日函数

Lagrange 稳定性
Lagrange stability
O175
D 拉格朗日稳定性
S 稳定性(数学)*
C 拟周期运动 →(2)

Lagrange 系统
Lagrange system
N948
D 拉格朗日系统
S 系统*
C 非完整约束

Lagrange 中值定理
Y 拉格朗日中值定理

Lagrangian 对偶
Y Lagrange 对偶

Laguerre 多项式
Y 拉盖尔多项式

Lanchester 方程
Y 兰彻斯特方程

Lanczos 法
Y Lanczos 方法

Lanczos 方法
Lanczos method
O241.6
D Lanczos 法
兰锁思法
S 数学方法*
C Krylov 子空间

Landau-Lifshitz 方程
Landau-Lifshitz equation
O175
S 方程(数学)*

Landweber 迭代法
Landweber iteration
O241.6
S 迭代法*
C 图像重建 →(2)(4)(5)

Langevin 方程
Y 朗之万方程

Laplace-Stieltjes 变换
Y 拉普拉斯变换

Laplace 变换
Y 拉普拉斯变换

Laplace 变换法
Y 拉普拉斯变换法

Laplace 插值
Laplace interpolation
O151.2
D 拉普拉斯插值
S 插值*
C Laplacian 谱

laplace 方程
Y 调和方程

Laplace 分布
Y 指数分布

laplace 矩阵
Y Laplacian 矩阵

Laplace 逆变换
Laplace inverse transform
O151.2
D 拉普拉斯逆变换
拉氏逆变换
S 逆变换
Z 积分变换

Laplace 谱
Y Laplacian 谱

Laplace 谱半径
Laplace spectral radius
O177.7
D 拉普拉斯谱半径
S 谱半径
C 超图
Z 半径

Laplace 算子
Laplace operator
O175.2；O177
D 调和算子
拉普拉斯算子
S 微分算子
F p-Laplace 算子
高斯-拉普拉斯算子
双调和算子
Z 算子

Laplace 小波
Laplace wavelet
O174.2
S 小波变换*
C 模态参数 →(2)

Laplace 展开定理
Y 展开定理

Laplacian 矩阵
Laplacian matrix
O151.21；O157.5
D laplace 矩阵
拉普拉斯矩阵
S 矩阵*
C 拟拉普拉斯矩阵
谱半径

Laplacian 谱
Laplacian spectrum
O151.2
D Laplace 谱
拉普拉斯谱
S 谱*
C Laplace 插值

LaSalle 不变原理
LaSalle invariance principle
O175；O211.5
S 不变原理
C 指数稳定性
Z 数学原理

Lasso 回归
Lasso regression
O212.1
D 套索回归
S 回归(数学)*
C 回归函数

Latin 方
Y 拉丁方

Laurent 级数
Laurent series
O173.1；O174
D 罗朗级数
罗朗展开
洛朗级数
S 幂级数
F 泰勒级数
C 贝塞尔函数
Z 级数(数学)

Lawson 拓扑
Lawson topology
O189
S 拓扑*
C 连续函数
上确界

Lax 表示
Lax representation
O175.2
S 表示(数学)*

Lax 对
Lax pair
O175.29
S 对*

LA-群
LA-group
O152
S 群(数学)*

LBB 条件
LBB-condition
O175
S 条件(数学)*
C 不可压缩曲面
不可压缩射流 →(2)
不可压缩系数 →(2)

LDLT 分解
LDLT decomposition
O175.5
D LDLT 分解法
S 数学分解*
C 对称矩阵

LDLT 分解法
Y LDLT 分解

LDU 分解
LDU decomposition
O151.21
S 数学分解*
C 多变量系统
数据精度 →(4)

Lebesgue-Stieltjes 积分
Lebesgue-Stieltjes integrals
O172.2
D Stieltjes 积分
黎曼-斯蒂尔切斯积分
斯蒂尔杰斯积分
S Lebesgue 积分
C 闭区间套定理
矩形法
Z 积分

Lebesgue 测度
Lebesgue measure
O174.12
D 勒贝格测度
S 分形测度
Z 测度(数学)

Lebesgue 常数
Lebesgue constant
O174.41
D 勒贝格常数
S 常数*
C 插值

Lebesgue 积分
Lebesgue integral
O172.2；O174
D L 积分
Mcshane 积分
勒贝格积分
马克仙积分
S 定积分
F Lebesgue-Stieltjes 积分
C 积分和
收敛横坐标
Z 积分

Lebesgue 可积
Lebesgue integrable
O174.1
D 勒贝格可积
S 可积性
Z 数学性质

Lebesgue 空间
Lebesgue space
O177
D 勒贝格空间
S 空间(数学)*
C 插值定理

Lebesgue 控制收敛定理
Y 勒贝格控制收敛定理

Legendre 多项式
Y 拉盖尔多项式

Legendre 变换
Legendre transformation
O177.6
D 勒让德变换
S 积分变换*
C 勒让德级数

Legendre 多项式
Y Legendre 函数

Legendre 方程
Y 勒让德方程

Legendre 符号
Legendre symbol
O156.1
D 勒让德符号
S 符号(数学)*
F Jacobi 符号

Legendre 函数
Legendre function
O122.2；O174.3；P413
D Legendre 多项式
勒让德函数
S 特殊函数
C Bregman 距离
勒让德多项式
三角域
Z 函数

Legendre 级数
Y 勒让德级数

Legendre 小波
Legendre wavelets
O174.2；O175.5
S 小波变换*
C 均方误差准则

Leggett-Williams 不动点定理
Leggett-Williams fixed point theorem
O175
S 不动点定理
Z 数学定理

Leibniz 代数
Leibniz algebras
O152.5
S 李代数
Z 代数

Leray-Schauder 不动点定理
Leray-Schauder fixed point theorem
O175.1
S Schauder 不动点定理
Z 数学定理

Leray-Schauder 度
Leray-Schauder degree
O175.3；O192
D Leray-Schauder 度理论
勒雷-绍德尔度理论
S 度理论
Z 数学理论

Leray-Schauder 度理论
Y Leray-Schauder 度

Leray-Schauder 非线性抉择
Y Leray-Schauder 原理

Leray-Schauder 抉择定理
Leray-Schauder alternative theorem
O175.1
S 数学定理*

Leray-Schauder 原理
Leray-Schauder principle
O175.1
D Leray-Schauder 非线性抉择
S 数学原理*
C 不动点定理

Leslie 矩阵
Leslie matrix
O151.21
D 莱斯利矩阵
刘易斯-莱斯利矩阵
S 矩阵*

leslie 模型
Leslie model
O151.21；O242.1
D 莱斯利模型
S 数学模型*

Leslie 系统
Leslie system
O175.14
S 数学系统*

Level Set 方法
Level Set method
O141.1
D LevelSet 方法
Level-Set 方法
水平集法
S 数学方法*
C 多介质流体 →(2)
运动界面 →(2)

LevelSet 方法
Y Level Set 方法

Level-Set 方法
Y Level Set 方法

Levenberg-Marquarat 算法
Y 阻尼最小二乘法

Levenberg-Marquardt 方法
Levenberg-Marquardt method
O212；O224
D L-M 方法
S 数学方法*
C 时间序列分析 →(2)

Levi-Civita 联络
Y 黎曼联络

Levitzki 根
Y 幂零根

Levi 定理

Levi theorem
O141.4；O177；O211.6；O231
D Ljusternik-Schnirelmann 定理
Ljusternik-Schnivelman 理论
L-S 定理
列维定理
刘斯铁尔尼克-斯尼瑞尔曼定理
S 数学定理*
C 椭圆方程

Levy 过程
Y Lévy 过程

Lévy 过程
Lévy process
O211.4
D Levy 过程
S 独立增量过程
C 最优停时
Z 随机过程

L-fuzzy 保序算子空间
L-fuzzy order-preserving operator space
O189.11
S Lω-空间
C 序同态
Z 空间(数学)

L-fuzzy 集
Y L-模糊集

L-Fuzzy 理想
L-Fuzzy ideal
O153.3
S 模糊理想
C 模糊数学
Z 理想(数学)

L-fuzzy 拓扑空间
Y LF 拓扑空间

L-Fuzzy 拓扑学
Y LF 拓扑

L-fuzzy 映射
L-fuzzy mapping
O159；O189.1
D L-模糊映射
S 模糊映射
C 正规子群
Z 映射

L-fuzzy 子环
Y 模糊子环

L-fuzzy 子群
L-fuzzy subgroup
O152
S 模糊子群
C 模糊子环
Z 群(数学)

LF 闭包空间
L-Fuzzy closure spaces
O189.11
S L-闭包空间
C 紧性
Z 空间(数学)

LF 多值映射
Y 集值映射

lf 集
lf-set
O159
D 副集
S 集合*
C 模糊点
完备空间

LF 拓扑
LF topology
O189
D L-Fuzzy 拓扑学
L-F 拓扑
LF 拓扑学
S 拓扑*
F L-拓扑
C 拓扑共轭

L-F 拓扑
Y LF 拓扑

LF 拓扑空间
LF topological space
O189.11
D L-fuzzy 拓扑空间
S L-拓扑空间
Z 空间(数学)

LF 拓扑学
Y LF 拓扑

L' Hospital 法则
Y 洛必达法则

Liapunov 泛函
Y Lyapunov 泛函

Liapunov 方法
Y 李雅普诺夫方法

liapunov 函数
Y Lyapunov 函数

Liapunov 稳定性
Y 李雅普诺夫稳定性

Liapunov 指数
Y Lyapunov 指数

Lienard 方程
Y Liénard 方程

Liénard 方程
Liénard equation
O151.1；O175.1
D Lienard 方程
Lienard 型方程
Liénard 型方程
利埃纳尔方程
林纳方程
S 常微分方程
Z 方程(数学)

Lienard 系统
Y Liénard 系统

Liénard 系统
Liénard system
O175.12
D Lienard 系统
S 数学系统*
F 广义 Liénard 系统

Lienard 型方程
Y Liénard 方程

Liénard 型方程
Y Liénard 方程

Lie 代数
Y 李代数

Lie 导数
Y 李导数

Lie 对称
Y 李对称

Lie 对称性
Y 李对称

Lie 理想
Lie ideal
O153.3
D LI-理想
李理想
S 理想(数学)*

Lie 群
Y 李群

Lie 型单群
Y 李型单群

Linex 损失
Y LINEX 损失函数

LINEX 损失函数
LINEX loss function
O174；O212；O231
D Linex 损失
S 损伤函数
C Burr 分布
Z 函数

Liouville 定理
Liouville theorem
O174；O175.1
D Liouville 型定理
刘维定理
刘维尔定理
S 数学定理*
C 复变函数

Liouville 方程
Liouville equation
O175.29
D 玻耳兹曼-弗拉索夫方程
刘维尔方程
刘维方程
S 非线性偏微分方程
C 本征函数
Z 方程(数学)

Liouville 公式
Y 刘维尔公式

Liouville 可积
Liouville integrability
O174.1

D 刘维尔可积
S 可积性
C 精确解
Z 数学性质

Liouville 型定理
Y Liouville 定理

Lipschitz 等价
Lipschitz equivalence
O189.11
D 利普希茨等价
S 等价*
C Lipschitz 条件

Lipschitz 函数
Lipschitz function
O174
D 利普希茨函数
S 函数*
F 局部 Lipschitz 函数
C Lipschitz 空间

Lipschitz 空间
Lipschitz space
O177
D 利普希茨空间
S 空间(数学)*
C Cardinal 样条
Lipschitz 函数

Lipschitz 类
Lipschitz class
O174
D 利普希茨类
S 类(数学)*
C 局部域

Lipschitz 连续
Y Lipschitz 连续性

Lipschitz 连续性
Lipschitz continuity
O174；O177
D Lipschitz 连续
利普希茨连续
利普希茨连续性
S 函数连续性
C 微分方程
Z 函数性质

Lipschitz 算子
Lipschitz operator
O177
D 利普席茨算子
S 算子*

Lipschitz 条件
Lipschitz condition
O174；O175.1；O177
D 非 Lipschitz 条件
利普希茨条件
S 连续条件
F 局部 Lipschitz 条件
C Lipschitz 等价
贝尔不等式 →(2)
局部 Lipschitz 函数
Z 条件(数学)

Lipschitz 映射
Y 压缩映射

Littlewood-Paley g-函数
Littlewood-Paley g-functions
O156
D 李特尔伍德-佩利 g 函数
S G 函数
C 加权法
Z 函数

Littlewood-Paley 算子
Littlewood-Paley operator
O177
D 利特尔伍德-佩利算子
S 算子*
C Hardy 空间
加权有界性

Li-Yorke 混沌
Y 李-约克混沌

LI-理想
Y Lie 理想

Ljusternik-Schnirelmann 定理
Y Levi 定理

Ljusternik-Schnivelman 理论
Y Levi 定理

LMI
Y 线性矩阵不等式

LMIs
Y 线性矩阵不等式

L-M 方法
Y Levenberg-Marquardt 方法

LM 检验
Y Score 检验

Lobachevski 几何
Y 双曲几何

local 基
Y 局部基

Loeb 测度
Loeb measure
O174.12
S 测度(数学)*

Log-Gabor 小波
Y Gabor 小波变换

logistics 模型
Y logistic 回归模型

logistic 分布
logistic distribution
O211.4
D 物流分布
S 概率分布*
C 中心极限定理

Logistic 函数
Y 逻辑函数

logistic 回归分析
Y logistic 回归模型

logistic 回归模型
logistic regression model
O212.1
D logistics 模型
logistic 回归分析
S 回归模型*

logistic 模型
Y 阻滞增长模型

Logistic 增长
Y 指数增长

Lomax 分布
Lomax distribution
O212.1
D 洛马克斯分布
S 数学分布*
C 逆矩估计

loop 代数
loop algebra
O175.29
D 圈代数
S 李代数
Z 代数

Lorentzian 超曲面
Y 洛伦兹超曲面

Lorentz 变换
Y 洛伦兹变换

Lorentz 空间
Lorentz spaces
O177.2
S 空间(数学)*
C 欧拉方程 →(2)(4)

Lorenz 方程
Lorenz equations
O17
S 偏微分方程
Z 方程(数学)

Lorenz 映射
Lorenz maps
O189
D 洛伦兹映射
S 映射*

Lotka-Volterra
Y Lotka-Volterra 系统

Lotka-Volterra 方程
Lotka-Volterra equation
O175
D 洛特卡-伏尔特拉方程
洛特卡—沃特拉方程
洛特卡-渥尔特拉
洛特卡-渥尔特拉方程
S 方程(数学)*
F 伏尔特拉方程
C 准希尔伯特空间

Lotka-Volterra 竞争系统
Y Lotka-Volterra 系统

Lotka-volterra 模型
Lotka-Volterra model
O212.2；O242.1
D Volterra 模型

洛特卡-沃尔泰拉模型
S 数学模型*
F 阻滞增长模型
C Lotka-Volterra 系统

Lotka-Volterra 系统
Lotka-Volterra system
O175；O211
D Lotka-Volterra
Lotka-Volterra 竞争系统
Volterra 系统
S 竞争系统
C Lotka-volterra 模型
全局稳定性
Z 数学系统

Lovász 局部引理
Lovász local lemma
O157.5
S 引理*

Lp 逼近
Lp approximation
O174.41
S 逼近*

Lp 范数
Lp-norm
O223
S 范数*
C 凸体

Lp 估计
Lp estimation
O212
S 估计(数学)*

Lp 空间
Lp-space
O174.41；O177
S Banach 空间
C σ 域
幂平均不等式
Z 空间(数学)

Lp 收敛性
Lp convergence
O211.4
S 收敛(数学)*

LQG 问题
Y 线性二次高斯问题

LQ 问题
Y 线性二次型问题

L-R 模糊数
L-R fuzzy number
O159
S 模糊数*
C 排序向量

LSE
Y 最小二乘估计

L-smooth 拓扑空间
L-smooth topological space
O189.11
S 拓扑空间
C 空间拓扑关系 →(4)
Z 空间(数学)

L-S 变换
Y 拉普拉斯变换

L-S 定理
Y Levi 定理

LS 估计
Y 最小二乘估计

Lucas 多项式
Lucas polynomial
O156；O174.14；O174.21
S 多项式*
C 特征函数

Lucas 数
Lucas number
O156；O171
D 卢卡斯数
S 数*
C 标准分解式
同余分解
行列式不等式

Lucas 数列
Lucas sequence
O156；O171
D lucas 序列
卢卡斯数列
S 数列*
C 不定方程
卷积

lucas 序列
Y Lucas 数列

LukasieWicz 蕴涵算子
Y 蕴涵算子

Lundberg 不等式
Lundberg inequality
O178
D 伦德伯格不等式
S 不等式*
C 拉普拉斯变换

Lundberg 上界
Lundberg upper bound
O211
S 上界
C 破产概率
Z 界(数学)

Lundberg 指数
Y 调节系数

Lurie 时滞系统
Lurie time delay system
O231
S 时滞系统
Z 系统

Luxemburg 范数
Luxemburg norm
O177.3
D 卢森堡范数
S 范数*

LU 分解
LU decomposition
O151.21；O241
S 数学分解*
F 不完全 LU 分解
C 顺序主子式

Lyapunov 泛函
Y Lyapunov 泛函

Lyapunov 指数
Y Lyapunov 指数

Lyapunov-Krasovskii 函数
Lyapunov-Krasovskii functions
O151.2；O174.1；O175.1
D 李雅普诺夫-克拉索夫斯基函数
S Lyapunov 函数
C Lyapunov 方程
Z 函数

Lyapunov-Schmidt 约化
Lyapunov-Schmidt reduction
O193
D 李雅普诺夫-施密特约化
S 约化
C 分歧理论
Z 数学方法

Lyapunov 不等式
Lyapunov inequality
O178
D 李雅普诺夫不等式
S 不等式*

Lyapunov 定理
Lyapunov theorem
O231
S 数学定理*
F Lyapunov 稳定性定理
C Lyapunov 泛函

Lyapunov 泛函
Lyapunov functional
O175.13；O177
D Liapunov 泛函
Lyapunov 泛函
李雅普诺夫泛函
李亚普诺夫泛函
S 泛函*
C Lyapunov 定理
Lyapunov 方程
Lyapunov 指数
全局指数稳定性

Lyapunov 方程
Lyapunov equation
O151
D 李雅普诺夫方程
S 代数方程
C Lyapunov-Krasovskii 函数
Lyapunov 泛函
Z 方程(数学)

Lyapunov 函数
Lyapunov function
O122.2；O151.2；O174.1；O175.1
D liapunov 函数
李雅普洛夫函数
李雅普诺夫不稳定性定理

李雅普诺夫函数
李雅普诺夫间接法
李雅普诺夫渐近稳定性定理
李雅普诺夫稳定性定理
李雅谱诺夫函数
李雅谱诺夫稳定性判据
李亚普诺夫定理
李亚普诺夫方法
李亚普诺夫函数
李亚普诺夫稳定性理论
李亚普诺夫直接法
S 函数*
F Lyapunov-Krasovskii 函数
变分 Lyapunov 函数
参数依赖 Lyapunov 函数
多李亚普诺夫函数
共同 Lyapunov 函数
控制 Lyapunov 函数
模糊 Lyapunov 函数
向量 Lyapunov 函数
锥值 Lyapunov 函数
C Lyapunov 稳定性定理
Sylvester 矩阵方程
稳定收敛

Lyapunov 稳定
Y 李雅普诺夫稳定性

Lyapunov 稳定理论
Y Lyapunov 稳定性定理

lyapunov 稳定性
Y 李雅普诺夫稳定性

Lyapunov 稳定性定理
Lyapunov stability theorem
O231
D Lyapunov 稳定理论
李雅普诺夫稳定性理论
S Lyapunov 定理
C Lyapunov 函数
时滞微分不等式
Z 数学定理

Lyapunov 直接方法
Y 李雅普诺夫直接法

Lyapunov 指数
Lyapunov exponent
O17
D Liapunov 指数
Lyapunov 指数
Lyapunov 指数谱
李雅普洛夫指数
李雅普诺夫特征指数
李雅普诺夫指数
李雅谱诺夫指数
李亚普诺夫指数
李亚谱诺夫指数
S 指数*
C Lyapunov 泛函
奇怪吸引子
线性变换

Lyapunov 指数谱
Y Lyapunov 指数

Lω-空间
Lω-spaces
O189.1
D L—保序算子空间
S 算子空间
F L-fuzzy 保序算子空间
C 凸性
Z 空间(数学)

L—保序算子空间
Y Lω-空间

L-闭包空间
L-closure space
O189
S 空间(数学)*
F LF 闭包空间
C 序同态

L 函数
Y L-函数

L-函数
L-function
O174.3
D Hecke 函数
L 函数
S 函数*
C Hecke 代数
二次数域

L 积分
Y Lebesgue 积分

L 矩阵
Y L-矩阵

L-矩阵
L-matrix
O151.2
D L 矩阵
S 矩阵*
F M-矩阵
C 几何非线性

L-模糊集
L-fuzzy sets
O159
D L-fuzzy 集
S 模糊集
C 模糊映射
Z 集合

L-模糊映射
Y L-fuzzy 映射

L-拟上下解
L-quasi-upper and lower solutions
O175.11；O175.8
D L-拟上下解对
S 拟上下解
C 微分方程
Z 解

L-拟上下解对
Y L-拟上下解

L-群
L-group
O152
S 群(数学)*

L-双拓扑空间
Y L-拓扑空间

L-凸度量空间
L-convex metric space
O177.91
S L-凸空间
凸度量空间
C 极大元
Z 空间(数学)

L-凸空间
L-convex space
O189
S 凸空间
F L-凸度量空间
Z 空间(数学)

L-拓扑
L-topology
O189
S LF 拓扑
Z 拓扑

L-拓扑空间
L-topological space
O189.11
D L-双拓扑空间
S 拓扑空间
F LF 拓扑空间
L-预拓扑空间
C 空间观测 →(4)
正解
Z 空间(数学)

L-预拓扑空间
L-pretopological space
O189.11
S L-拓扑空间
预拓扑空间
Z 空间(数学)

M(o)bius 变换
Mobius transformation
O174
D Mobius 变换
默比乌斯变换
S 数学变换*

M(o)bius 函数
Mobius function
O156
D Mobius 函数
灭比乌斯函数
S 数论函数
Z 函数

M(o)nch 不动点定理
Monch fixed point theorem
O175.8
S 不动点定理
Z 数学定理

M/G/1
Y M/G/1 排队模型

M/G/1 模型
Y M/G/1 排队模型

M/G/1 排队
M/G/1 queue

O226
D M/G/1 排队系统
S 排队论*
C N-策略

M/G/1 排队模型
M/G/1 queue model
O226
D M/G/1
M/G/1 模型
S 排队模型
Z 数学模型

M/G/1 排队系统
Y M/G/1 排队

M/M/1
Y M/M/1 排队模型

m/M/1 模型
Y M/M/1 排队模型

M/M/1 排队
M/M/1 queue
O226
D M/M/1 排队系统
S 排队论*
C 联合分布
算子半群

M/M/1 排队模型
M/M/1 queue model
O226
D M/M/1
m/M/1 模型
S 排队模型
C 随机和
Z 数学模型

M/M/1 排队系统
Y M/M/1 排队

M/M/C 模型
Y 排队模型

Macaulay 局部环
Y 局部环

MacCormack 格式
MacCormack scheme
O241；O35
D 麦科马克格式
S 差分格式*

Maclaurin 公式
Y 欧拉公式

Maclaurin 级数
Y 麦克劳林级数

MacWilliams 恒等式
MacWilliams identity
O177
S 恒等式*

Mahalanobis 距离
Mahalanobis distance
O213
D 加权马氏距离
马哈拉诺比斯距离
马氏距离
S 距离*
C 距离函数
准则函数

Mamdani 模糊系统
Mamdani fuzzy system
N948
S 模糊系统
Z 系统

Mamdani 算法
Mamdani algorithm
O159；O231
D 传统模糊推理法
S 数学算法*
C 二型模糊集

Mandelbrot 集
Y 芒德布罗集

Mann 迭代
Mann iteration
O241.6
S 迭代法*

Mann 迭代序列
Mann iterative sequence
O177
D 曼迭代序列
曼恩迭代序列
S 迭代序列
Z 序

Marc-Antoine Parseval 等式
Y Parseval 等式

Marcinkiewicz 积分
Marcinkiewicz integral
O172.2；O177
D 马尔钦凯维奇积分
S 积分*
F 参数型 Marcinkiewicz 积分
C 交换子

Marcinkiewicz 积分算子
Marcinkiewicz integral operator
O177
D 马尔钦凯维奇积分算子
S 积分算子
C 粗糙核
原子分解 →(3)
Z 算子

Marcov 模型
Y 马尔可夫模型

Markov 链
Y 马尔可夫链

Markov 骨架过程
Y 马尔可夫骨架过程

Markov 过程
Markov process
O211.62
D 马尔柯夫过程
马尔科夫过程
马氏过程
S Erlang 过程
F O-U 过程
Q 过程
半马氏过程
广义马尔可夫过程
经验过程
马尔可夫到达过程
马尔可夫更新过程
马尔可夫骨架过程
马尔可夫决策过程
向量马氏过程
C 概率向量
马氏性
Z 随机过程

Markov 积分半群
Markov integrated semigroup
O152.7
S 积分半群
Z 群(数学)

Markov 决策过程
Y 马尔可夫决策过程

Markov 链
Y 马尔可夫链

Markov 链模型
Y 马尔可夫链模型

Markov 模型
Y 马尔可夫模型

Markov 跳跃系统
Markov jumping system
N948
S 系统*
C 随机稳定性

Markov 性
Y 马氏性

Markov 预测
Y 马尔科夫预测

Markov 预测模型
Y 马尔可夫预测模型

Markowitz 均值-方差模型
Markowitz mean-variance model
O212
D 马尔克维兹均值-方差模型
马尔克维兹模型
S 风险模型*

MARR 小波
MARR wavelet
O241
S 小波变换*

Maschke 定理
Maschke theorem
O153
D Maschke 型定理
S 数学定理*

Maschke 型定理
Y Maschke 定理

Mather 集
Y Aubry-Mather 集

Mathieu 方程

Mathieu equation
O175.1；O302
D 马蒂厄方程
马丢方程
S Hill 方程
Z 方程(数学)

Mathieu 群
Y 马蒂厄群

MATLAB 曲线拟合
Y 曲线拟合

Mawhin 连续性定理
Y Mawhin 延拓定理

Mawhin 延拓定理
Mawhin continuation theorem
O175
D Mawhin 连续性定理
S 延拓定理
F Mawhin 重合度拓展定理
Z 数学定理

Mawhin 重合度拓展定理
Mawhin continuation theorem of coincidence degree principle
O175
S Mawhin 延拓定理
Z 数学定理

Maxwell 方程组
Y 麦克斯韦方程组

Maxwell 方程组式
Y 麦克斯韦方程组

May 谱序列
May spectral sequence
O177
D 梅谱序列
S 谱序列
Z 序

Mazur-Ulam 定理
Mazur-Ulam theorem
O177.2
S 数学定理*

MA 模型
Y 滑动平均模型

mBBM 方程
modified Benjamin-Bona-Mahony equation
O151；O175.29
D Modified Benjamin-Bona-Mahony 方程
S BBM 方程
C 椭圆函数解
Z 方程(数学)

McCoy 环
McCoy ring
O153.3
S 环(数学)*

MCMC 方法
Mento Carlo Markov Chain method
O212.1
D MCMC 算法
马尔科夫蒙特卡洛方法
马氏链蒙特卡洛方法
S 数学方法*
C 分位数

MCMC 算法
Y MCMC 方法

Mcshane 积分
Y Lebesgue 积分

MC 模拟
Y 蒙特卡罗方法

Melnikov 方法
Melnikov method
O175
S 数学方法*
C 数值模拟

Melnikov 函数
Melnikov functions
O174
D Mel'nikov 函数
梅利尼柯夫函数
S 函数*
C 异宿轨道

Mel’nikov 函数
Y Melnikov 函数

Mendelsohn 三元系
Mendelsohn triple system
O157
D 门德尔森三元系
S 三元系
Z 图表

Menger 空间
Menger space
O189.11
S 空间(数学)*
C 分布函数

Merrifield-Simmons 指标
Merrifield-Simmons index
O157.5
S 指标*

Mersenne 数
Mersenne number
O156
D 梅森数
S 正整数
C 非线性方程
Z 复数

Mersenne 素数
Y 梅森素数

Metropolis-Hastings 算法
Metropolis-Hastings algorithm
O211.62；O241
D Metropolis 算法
MH 算法
S 数学算法*
C 二次规划

Metropolis 算法
Y Metropolis-Hastings 算法

Mexican Hat 小波
Y 墨西哥帽小波

Meyer-K(o)nig-Zeller 算子
Meyer-Konig-Zeller operator
O174.41
S 算子*
C Meyer 小波

Meyer 小波
Meyer wavelet
O174.2
S 小波变换*
C Meyer-K(o)nig-Zeller 算子

MGM(1,m)模型
Y 多变量灰色模型

MGM(1,n)模型
Y 多变量灰色模型

MHD 方程组
MHD equations
O175
S 方程组*
C 不适定问题

MH 算法
Y Metropolis-Hastings 算法

mild 解
Y 适度解

MILP
Y 混合整数规划模型

Milstein 方法
Milstein method
O211.63
D 米尔斯坦方法
S 数学方法*
C 随机延迟微分方程

MIMO 系统
Y 多变量系统

Minimax 估计
Minimax estimator
O21
D 极大似然估计量
极小极大估计
S 统计估计
C 极值解
Z 估计(数学)

minimax 问题
Y 极大极小问题

Minkowski 不等式
Minkowski inequality
O174
D 闵可夫斯基不等式
S 不等式*
F Brunn-Minkowski 不等式

Minkowski 定理
Minkowski theorem
O156；O157.3
D 闵科夫斯基定理
S 数学定理*
C 闵可夫斯基泛函

Minkowski 泛函
Y 闵可夫斯基泛函

Mittag-Leffler 函数
Mittag-Leffler functions
O174
D 米塔格-累夫勒函数
S 函数*
C 解析解

MKdV-Burgers 方程
MKdV-Burgers equation
O175
S KdV-Burgers 方程
mKdV 方程
C 古典解
唯一性定理
Z 方程(数学)

mKdV 方程
mKdV equation
O175
S KdV 方程
F KdV-mKdV 方程
MKdV-Burgers 方程
组合 KdV-mKdV 方程
C 无穷维系统
吸引域
有限维空间
Z 方程(数学)

MLE
Y 极大似然估计

ML 估计
Y 极大似然估计

MmB
Y MmB 差分格式

MmB 差分格式
MmB difference scheme
O175
D MmB
S 差分格式*
C 双曲型方程

Mobius 变换
Y M(o)bius 变换

Mobius 函数
Y M(o)bius 函数

Modified Benjamin-Bona-Mahony 方程
Y mBBM 方程

Moebius 第二基本形式
Moebius second fundamental form
O186.12
D 莫比乌斯第二基本形式
莫比乌斯第二形式
S Moebius 形式
C 单位球
Z 数学形式

Moebius 形式
Moebius form
O186.1
D 莫比乌斯形式
S 数学形式*
F Moebius 第二基本形式
C 子流形

Monge-Ampere 方程
Monge-Ampere equation
O175.26
D Monge-Ampère 方程
S 抛物型方程
Z 方程(数学)

Monge-Ampère 方程
Y Monge-Ampere 方程

Monte Carlo
Y 蒙特卡罗方法

Monte Carlo 抽样
Monte Carlo sampling
C81
S 采样*

Monte Carlo 法
Y 蒙特卡罗方法

Monte Carlo 方法
Y 蒙特卡罗方法

Monte Carlo 估计
Y 蒙特卡罗估计

Monte Carlo 模拟
Y 蒙特卡罗方法

Monte Carlo 模拟法
Y 蒙特卡罗方法

Monte Carlo 模型
Y 蒙特卡罗模型

Monte Carlo 算法
Y 蒙特卡罗方法

MonteCarlo
Y 蒙特卡罗方法

MonteCarlo 法
Y 蒙特卡罗方法

Monte-Carlo 法
Y 蒙特卡罗方法

MonteCarlo 方法
Y 蒙特卡罗方法

Monte-Carlo 方法
Y 蒙特卡罗方法

Monte-Carlo 仿真
Y 蒙特卡罗方法

MonteCarlo 模拟
Y 蒙特卡罗方法

Monte-Carlo 模拟
Y 蒙特卡罗方法

Monte-Carlo 模型
Y 蒙特卡罗模型

Montel 空间
Y M 空间

Moore-Penrose 广义逆
generalized Moore-Penrose inverse
O151.21；O241.6
D M-P 广义逆
广义 Moore-Penrose 逆
矩阵广义逆
S 广义逆
C 满秩分解
Z 求逆

Moore-Penrose 逆
Y 广义逆

Moran 集
Moran set
O174.1
D 莫朗集
S 自相似分形
F 齐次 Moran 集
C Hausdorff 维数
Z 分形

Morita 等价
Morita equivalence
O153.3
D 莫里塔等价
S 等价*

Morita 对偶
Morita duality
O153.3
D 森田对偶
S 对偶*
C 幂级数环

Morlet 连续小波
Y Morlet 小波变换

Morlet 小波
Y Morlet 小波变换

Morlet 小波变换
Morlet wavelet transform
O174.4
D Morlet 连续小波
Morlet 小波
Morlet 小波分析
莫雷小波变换
S 小波变换*
C AP 指数 →(5)
经验正交函数分解 →(4)
振型 →(2)(5)

Morlet 小波分析
Y Morlet 小波变换

Morozov 偏差原理
Y 偏差原理

Morphic 环
Morphic ring
O153.3
D G-morphic 环
morphic-环
S 环(数学)*

morphic-环
Y Morphic 环

Morrey-Herz 空间
Morrey-Herz space
O174.4；O177
D Herz-Morrey 空间
Morrey 空间
S Herz 空间

F 广义 Morrey 空间
加权 Morrey-Herz 空间
齐次 Morrey-Herz 空间
C 分数次积分算子
极大函数
交换子
Z 空间(数学)

Morrey 空间
Y Morrey-Herz 空间

Morse 理论
Morse theory
O186.12
D 莫尔斯理论
S 数学理论*
C Morse 指标

Morse 指标
Morse index
O175.25；O186.12
D 莫尔斯指标
S 拓扑指标
C Morse 理论
Z 指标

mortar 有限元
mortar finite element
O241.82
S 有限元*
C 有限元逼近

M-P 广义逆
Y Moore-Penrose 广义逆

MP 滤子
MP filter
O141.1
S 滤子*
C 布尔代数

M-P 逆
Y 广义逆

MSE
Y MSE 展开法

MSE 法
Y MSE 展开法

MSE 展开法
MSE expansion method
O175
D MSE
MSE 法
S 展开(数学)*
C 精确孤波解

MSS 序列
MSS sequence
O193
S 序*

MS-代数
MS-algebra
O153
S 抽象代数
Z 代数

MTF(光学)
Y 光学传递函数

Muller 方法
Y 抛物线法

Munn 半群
Munn semigroup
O152.7
S 半群
Z 群(数学)

Musielak-Orlicz 空间
Musielak-Orlicz spaces
O177
S Orlicz 空间
F Musielak-Orlicz 序列空间
C Orlicz 范数
Z 空间(数学)

Musielak-Orlicz 序列空间
Musielak-Orlicz sequence space
O177
S Musielak-Orlicz 空间
Orlicz 序列空间
C Orlicz 范数
Z 空间(数学)

MV 代数
Y MV-代数

MV-代数
MV-algebra
O153
D MV 代数
S 布尔代数
Z 代数

Mycielski 图
Mycielski figure
O157.5；O177
D 梅切尔斯基图
S 图表*
F 广义 Mycielski 图
C 凸集

m 带小波变换
m-band wavelet transform
O241.8
S 小波变换*

m 点边值问题
Y m-点边值问题

m-点边值问题
m-point boundary value problem
O175.8
D m 点边值问题
S 多点边值问题
Z 边值问题

M 估计
M estimation
O21
S 估计(数学)*

M-估计
Y 极大似然估计

M 进制
M-ary
O156.1；O224；O241
S 进制*

M 矩阵
Y M-矩阵

M-矩阵
M-matrix
O151.21
D M 矩阵
M-阵
S L-矩阵
F 非奇异 M-矩阵
C 数值逆
双对角占优
Z 矩阵

M 空间
Montel space
O177
D Montel 空间
蒙泰尔空间
S 拓扑空间
Z 空间(数学)

M-群
M-group
O152
S 群(数学)*

M 生长算子
Y 增生算子

M 序列
M-sequence
O157.4
S 序*

M 增生算子
Y 增生算子

m-增生算子
m-accretive operators
O177
S 增生算子
C 紧摄动 →(4)
一致凸性
Z 算子

m-增生映象
m-accretive mapping
O177.91
S 映射*

M-阵
Y M-矩阵

M-正规子群
M-normal subgroups
O152
S 正规子群
C p-超可解
Z 群(数学)

N(2,2,0)代数
N(2,2,0) algebra
O153
S 抽象代数
C 同余分解
Z 代数

n-1 维超球面
Y 超球面

F 凸体
C 半闭原理
黏性逼近
随机算子
一致凸 Banach 空间
Z 集合

闭图象定理
closed graph theorem
O177
D 闭图像定理
S 数学定理*
C 线性算子

闭图像定理
Y 闭图象定理

闭线性算子
closed linear operator
O175.3；O177.2
S 线性算子
C 凸泛函
一阶线性方程
Z 算子

闭性
closedness
O174.5
D 简单闭的
S 数学性质*
C 格同态

闭映射
closed mapping
O175.3；O189.1；O192
D 闭 Lindelof 映射
S 映射*
C 仿紧
剩余集

闭值域
closed range
O174
S 域*
C 谱分解

边(数学)*
edge(mathematics)
O157.5
D 弧
圆弧
F 割边
可去边
可收缩边
有向边
C 弧度

边标号
edge labeling
O157.5
S 标号算法
Z 最优化方法

边独立数
edge independence number
O157.5
S 独立数
C 最小根
Z 数量

边覆盖染色
edge covering coloring
O189
S 边染色
Z 染色问题

边割
edge cuts
O157.5
S 割*

边际分布
Y 边缘分布

边际函数
marginal function
O174
S 函数*

边界(数学)*
boundary(mathematic)
O175；O211
F Neumann 边界
不连续边界
非光滑边界
非线性边界
红利边界
齐次边界
曲线边界
无限边界
有限边界
周期边界
阻尼边界
最佳实施边界

边界层函数
Y 边界函数

边界层函数法
boundary layer function method
O174
S 函数法
C 二阶矩阵
Z 数学方法

边界单元
Y 边界元

边界单元法
Y 边界元法

边界点
boundary point
O175.25
D 界点
S 位置*
C 扩散方程
三角模算子

边界非线性
boundary nonlinear
O151.2；O302
S 非线性
Z 数学性质

边界分布
Y 边缘分布

边界估计
boundary estimate
O175.2
S 估计(数学)*
F 上界估计
下界估计

边界函数
boundary function
O174
D 边界层函数
S 函数*
C 边界层方程 →(2)

边界积分法
Y 边界元法

边界积分方程法
Y 边界元法

边界积分方法
Y 边界元法

边界节点法
Y 边界元法

边界类型
Y 界线

边界拟合
boundary fitted
O174.41；O241
D 边缘拟合
S 数学拟合*
C 有限元模型
直线拟合

边界曲线
boundary curve
O241
S 匹配*
C 曲面积分
散乱点集

边界扰动
Y 边界摄动

边界熵条件
boundary entropy condition
O175.8
S 熵条件
Z 条件

边界摄动
boundary perturbation
O175.8
D 边界扰动
S 摄动*
C 渐近展开

边界条件*
boundary conditions
ZT84
D 边值条件
地面边界条件
数学边界条件
F Neumann 边界条件
Robin 边界条件
本质边界条件
动态边界条件
反射边界条件
非局部边界条件

非齐次边界条件
非线性边界条件
广义边界条件
混合边界条件
开边界条件
耦合边界条件
人工边界条件
随机边界条件
吸收边界条件
周期边界条件
阻尼边界条件
C 边值问题
表面层 →(3)(4)

边界效应
Y 边缘效应

边界性质
boundary behavior
ZT4
S 特性*

边界元
boundary element
O241.82；O302
D 边界单元
S 元*
F 非连续边界元
自然边界元
C 精确积分
有限域

边界元法
boundary element method
O175.5；O177；O241.82；O302
D Galerkin 边界元法
边界单元法
边界积分法
边界积分方程法
边界积分方法
边界节点法
边界元方法
边界元分析
S 数值方法
F 快速多极边界元法
C Galerkin 有限元
结构分析 →(2)
解析积分
流体动力特性 →(2)
三次样条
时域边界元 →(2)
位势理论
有限元分析
Z 数学方法

边界元方法
Y 边界元法

边界元分析
Y 边界元法

边界值
boundary value
O175.8
D 边界值问题
S 值(数学)*
C 脉冲微分方程

边界值问题
Y 边界值

边矩阵
edge matrix
O157.5
S 矩阵*

边连通度
edge-connectivity
O157
S 连通度*
F 限制边连通度

边染色
edge coloring
O177；O189；O22
S 染色问题*
F 边覆盖染色
邻强边染色
C 临界图

边色数
edge chromatic number
O157.5
S 色数*
F 点可区别边色数
强边色数
无圈边色数
星边色数

边缘分布
marginal distribution
O211.1；O212.1
D 边际分布
边界分布
S 联合分布
C 联合分布函数
全概率公式
Z 概率分布

边缘拟合
Y 边界拟合

边缘算子
boundary operator
O172.1；O186.15；P413
D 边缘同态
S 算子*
C 二维小波变换
卷积核

边缘同态
Y 边缘算子

边缘效应
edge effect
ZT84
D 边界效应
S 效应*

边值
Y 边值问题

边值条件
Y 边界条件

边值问题*
boundary value problem
O175.8；O241.82
D 边值
F Dirichlet 边值问题
Hilbert 边值问题
Neumann 边值问题
Riemann 边值问题
Robin 边值问题
Sturm-Liouville 边值问题
抽象边值问题
初边值问题
多点边值问题
二阶边值问题
泛函边值问题
非局部边值问题
非齐次边值问题
非线性边值问题
复合边值问题
共轭边值问题
混合边值问题
积分边值问题
奇异边值问题
三阶边值问题
四阶边值问题
椭圆边值问题
外边值问题
无穷边值问题
斜微商边值问题
周期边值问题
自由边值问题
C 边界条件

边着色
edge coloring
O159
S 着色问题
Z 数学问题

编辫群
braid group
O152
D 辫群
S 群(数学)*

扁球体
Y 扁椭球

扁椭球
oblate ellipsoid
O123.2
D 扁球体
S 椭球体
Z 球体

变差系数
Y 变异系数

变点检测
change point testing
O213
S 分析方法*

变动
Y 变化

变分
Y 变分问题

变分 Lyapunov 函数
variational Lyapunov function
O151.2；O174.1；O175.1
D 变分李雅普诺夫函数

S Lyapunov 函数
Z 函数

变分包含
variational inclusions
O176
S 变分不等式
F 广义变分包含
拟变分包含
C 强增生映象
收敛定理
Z 不等式

变分包含组
variational inclusion group
O176
S 群组*

变分不等方程
variational inequation
O175.1；O175.2；O176
S 变分方程
Z 方程(数学)

变分不等式
variational inequality
O176；O178
D 变分不等式问题
S 不等式*
F 变分包含
单调变分不等式
广义变分不等式
混合变分不等式
拟变分不等式
似变分不等式
向量变分不等式
C FC-子空间
η-次微分
并行算法
法方程
辅助原理
随机内积模
凸泛函
伪单调算子
相对非扩张映射
预解方程

变分不等式问题
Y 变分不等式

变分不等式组
variational inequality system
O176；O178
S 不等式组*
C 零调集

变分泛函
variational functional
O176
S 泛函*
C 临界点

变分方程
variation equation
O175.1
S 函数方程
F 变分不等方程
C 变分解
平稳模型
Z 方程(数学)

变分分析
variational analysis
O176
S 数学分析*
C 变分法 →(2)

变分公式
variational formula
O176
S 公式(数学)*
C 椭圆算子

变分解
variational solution
O175
S 数学分解*
C 变分方程
余模代数

变分李雅普诺夫函数
Y 变分 Lyapunov 函数

变分埋论
Y 变分原理

变分问题
variational problem
O172；O176
D 变分
S 数学问题*
F 三维变分
四维变分
限制变分
C 解序列

变分原理
variational principle
O176
D 变分理论
S 数学原理*
F Ekeland 变分原理
C Lagrange 乘子
Ritz 法 →(2)
遍历测度
对偶泛函
二次规划

变幅摆线
Y 摆线

变更
Y 变化

变更图
Y 变换图

变号解
sign-changing solution
O122.2
D 负解
S 方程解
C 负定矩阵
Z 解

变化*
variation
ZT5
D 变动
变更
变化特性
变化特征
动态变化特征
改变
更改
特征变化
要素变化
F 垂直变化
方位变化
非对称变化
非线性变化
空间变化
趋势变化
时变
瞬变
突变
形状变化
异常变化
增长
状态变化
组成变化
C 变化检测 →(4)
可变性
异常

变化率
change rate
O1-0
D 变率
S 比率*
F 绝对变率
年变化率
相对变率
C 距平 →(4)

变化曲线
change curve
ZT86
S 曲线*

变化速度
rate of change
ZT72
D 变化速率
S 速度*
C 数列求和

变化速率
Y 变化速度

变化特性
Y 变化

变化特征
Y 变化

变化预测
change prediction
ZT86
S 预测*

变化周期
change cycle
ZT73
S 周期*

变换
Y 转换

变换半群
transformation semigroup
O152.7
S 半群
F 保序
部分变换半群
奇异变换半群
C 生成集
Z 群(数学)

变换参数
transformation parameter
C8
S 参数*

变换法
transformation method
O174.5
D 变换方法
S 数学方法*
F 保角变换法
初等变换法
函数变换法
拉普拉斯变换法
正交变换法
C 行波解

变换方程
transformation equation
TP24
S 方程(数学)*

变换方法
Y 变换法

变换公式
transformation formula
O172.2
S 公式(数学)*
C 反演关系
全纯映射

变换矩阵
transformation matrix
O151.21
S 矩阵*
F 相似变换矩阵
坐标变换矩阵
C 反射矩阵 →(2)(5)
线性代数

变换群
transformation group
O152
S 群(数学)*

变换式
transform
O185
S 表达式*

变换算符
transformation operator
O24
S 算符*

变换图
transform diagram
O157.5
D 变更图
S 图表*
C 完美匹配

变量*
variation
O174
D 可变量
F 定性变量
对偶变量
分离变量
辅助变量
观测变量
积分变量
基变量
决策变量
控制变量
连续变量
逻辑变量
模糊变量
人工变量
松弛变量
随机变量
线性可预测变量
协变量
因变量
隐变量
正弦量
中间变量
逐段常变量
状态变量
自变量
自由变量
C 参数

变量变换
Y 变量代换法

变量代换
Y 变量代换法

变量代换法
variable-substitution method
O175.14；O175.3
D 变量变换
变量代换
变量替换
变量替换法
S 数学方法*
C Abel 方程
解析函数

变量分离
Y 分离变量法

变量分离法
Y 分离变量法

变量分离方程
variable separated equation
O175
S 一阶微分方程
Z 方程(数学)

变量核
variable kernels
O174.3
D 可变核
S 核函数
C 奇异积分方程
Z 函数

变量聚类
variable clustering
O177；O212
S 聚类分析
Z 统计分析

变量数学
variable mathematics
O211
S 数学*
C 斜坐标系

变量替换
Y 变量代换法

变量替换法
Y 变量代换法

变量相关
variable correlation
ZT6
S 相关*

变量选择
Y 参数选择

变量转换
variable transitions
ZT3
D 参量转换
S 转换*

变邻域
variable neighborhood
O174
S 数学算法*
C 最短距离法

变率
Y 变化率

变迁
Y 演变

变权*
variable weight
O174；O211
D 变权综合
F 状态变权
C 决策

变权分析
changeable position value analysis
O241
S 数学分析*
F 加权分析

变权系数
changeable weight coefficients
O221.6
S 变系数
C 状态变权向量
Z 系数

变权向量
variable weight vectors
O183
S 权向量
F 状态变权向量

C 模糊积分
Z 向量

变权综合
Y 变权

变上限定积分
Y 变上限积分

变上限函数
variable upper limit equation
O174
D 变限函数
S 上限函数
C 积分不等式
Z 函数

变上限积分
variable upper limit integral
O172.2
D 变上限定积分
S 变限积分
C 罗尔定理
Z 积分

变时滞
variable delays
O175
D 可变时滞
S 时滞*
C 全局指数稳定性

变位
Y 位移

变位法
Y 位移法

变位量
Y 位移

变系数
variable coefficient
O175
S 系数*
F 变权系数
变异系数
C 变系数对流扩散方程 →(2)
固定效应模型

变系数 EV 模型
variable coefficients EV model
O212.1
S EV 模型
变系数模型
Z 数学模型

变系数 KdV 方程
variable coefficient KdV equation
O175.29
S KdV 方程
C 等价变换
Z 方程(数学)

变系数部分线性模型
variable coefficient partially linear models
O212
S 线性模型*
C 局部线性回归

变系数回归模型
variable coefficient regression model
O212
S 回归模型*

变系数模型
variable coefficient model
O211.67
S 数学模型*
F 半变系数模型
变系数 EV 模型
C 投影型插值

变系数微分方程
differential equation with variable coefficients
O175
S 微分方程
F 变系数线性微分方程
二阶变系数微分方程
Z 方程(数学)

变系数线性微分方程
variable coefficient linear differential equation
O175
S 变系数微分方程
线性微分方程
F 二阶变系数线性微分方程
Z 方程(数学)

变限函数
Y 变上限函数

变限积分
variable limit integral
O172.2
S 积分*
F 变上限积分
C 微积分基本定理

变形椭圆
Y 椭圆

变异粗集
variation rough sets
O144；O159
S Rough 集合
C 变异函数
Z 集合

变异函数
variation functions
O174
S 函数*
C 变异粗集
地质统计学 →(5)
积分面积

变异算子
mutation operator
O224；O229
D 高斯变异算子
S 算子*
C 拟合精度
收敛速度

变异系数
variation coefficient
O172.1；P333；P91
D 变差系数
差异系数
离散系数
偏差系数
偏离系数
S 变系数
C Neumann 展开
数字特征
相干共振 →(2)
异方差模型
Z 系数

变元代换法
Y 换元法

变指标
variable index
O177
S 指标*
F 标志变异指标
C 临界点

变指数
variable index
O177
S 指数*

变滞量
variable delay argument
O175.7
S 滞量*

遍历*
ergodic
O189；O212
D 遍历法
F 伴随几何遍历
拓扑遍历

遍历测度
ergodic measure
O174.12
S 测度(数学)*
C 变分原理

遍历定理
ergodic theorem
O175.3；O177.99
D 遍历理论
遍历性理论
各态历经定理
各态历经理论
平均遍历定理
S 数学定理*
C 非线性动力学 →(2)

遍历法
Y 遍历

遍历理论
Y 遍历定理

遍历性
ergodicity
O177.99
S 数学性质*
F 几何遍历性
强遍历性
C 首中时

遍历性理论

Y 遍历定理

辨别分析
Y 判别分析

辨识
Y 识别

辩别
Y 判别法(数学)

辫群
Y 编辫群

标本采集
type collection
N32
S 采集*

标称值
nominal value
TB91
S 数值*

标定律
Y 定标规律

标定因子
calibration factor
ZT3
S 因子*

标定值
nominal value
O212
S 值(数学)*
C 标定 →(2)(3)(4)(5)

标度参数
Y 尺度参数

标度分析
scaling analysis
O212
S 分析*

标度规律
Y 定标规律

标度指数
scaling exponent
ZT3
S 指数*

标号
Y 标号算法

标号法
Y 标号算法

标号过程
Y 标号算法

标号算法
labeling
O143；O157.5
D 标号
标号法
标号过程
S 最优化方法*
F 边标号
超边幻和标号
顶点标号
平衡标号
奇优美标号
图标号
序列标号
C 赋权图
奇强协调图

标号图
labeled graph
O157.5
S 图表*

标架*
frame
O186；P121
F Frenet 标架
活动标架
零标架
C 正交基

标量乘
Y 标量乘法

标量乘法
scalar multiplication
O182
D 标量乘
S 乘法
C 除子
椭圆曲线
指数稳定性
Z 运算

标量化
scalarization
O224
S 数学方法*
C 弱有效解

标量积
Y 内积

标志变异指标
variable indicant
O241
S 变指标
C 标准差
Z 指标

标注
label
ZT5

标准
Y 标准规范

标准 Turing 机
Y 图灵机

标准布朗运动
standard Brownian motion
O211.6
S 布朗运动
C 曲线边界
随机微分方程
Z 随机过程

标准参照测验
criterion-referenced test
N33
S 试验*

标准差*
standard deviation
O241.1
D 标准偏差
根均方差
合并标准差
均方差
均方根偏差
均方离差
均方偏差
F 归一化标准差
剩余标准差
相对标准差
样本标准差
总体标准差
C 标志变异指标
标准样品 →(3)
方差
组距

标准差分析
Y 方差分析

标准尺度
standard scale
ZT2
S 尺度*

标准发生率
standard incidence
O211
S 比率*

标准分解
canonical decomposition
O154；O175.3
S 数学分解*
F 标准相关分解
C 素因数

标准分解式
standard decompositions
O156.1；O174
D 分解式
S 表达式*
C Lucas 数

标准规范*
standard specification
ZT82
D 标准
规范
F 精度标准
可靠性标准
C 标准化
测绘标准
常数
计量单位 →(2)(3)(4)
可靠性
校准 →(2)
压力校正 →(2)
准则

标准化
standardization
ZT82

D 规范化
规格化
C 标准规范

标准偏差
Y 标准差

标准时间
standard time
ZT73
S 时间*
C 授时 →(4)

标准算子代数
standard operator algebra
O177
S 算子代数
Z 代数

标准态
Y 标准状态

标准同态
Y 自然同态

标准误差
standard error
O241.1
D 均方根误差
误差均方差
S 误差*
F 最小均方误差

标准相关分解
canonical correlation decomposition
O151.21
S 标准分解
Z 数学分解

标准形
Y 标准形矩阵

标准形矩阵
standard form
O151.21
D 标准形
标准形式
标准型
S 矩阵*
F Jordan 标准形
Smith 标准型
等价标准形
梯矩阵
相似标准形
C 正交变换法

标准形式
Y 标准形矩阵

标准型
Y 标准形矩阵

标准映射
standard mapping
O156
S 映射*

标准正交基
orthonormal basis
O151.21
D 法正交基
规范正交基
幺正基
正规正交基
S 正交基
C 框架多分辨分析
准正交变换
Z 向量

标准正态分布
standard normal distribution
O211.1
S 正态分布
F 卡方分布
C 分位数
Z 概率分布

标准正态分布函数
Y 正态分布函数

标准值
Y 正常值

标准状态
standard state
ZT5
D 标准态
S 状态*

表达式*
representation
ZT71
D 表示式
F 比例式
变换式
标准分解式
不变式
代数式
等积式
等价式
对偶式
根式
关系式
函数表达式
和式
渐近式
列式
逆式
判别式
竖式
算术表达式
余式
最简式
最小公倍式

表面积
surface area
O123.2
S 面积*

表面积分方程
surface integral equation
O172.2
S 积分方程
C 振荡积分
Z 方程(数学)

表面曲率
surface curvature
O181
S 曲率*

表面微形貌
surface topography
ZT2
S 表面形貌
形貌*

表面涡方法
Y 涡方法

表面形貌
surface topography
ZT2
S 形貌*
F 表面微形貌

表面展开图
Y 几何图

表上作业法
hitchock method
O221.1
S 单纯形法
C 目标函数
线性规划
运输问题
最优解
Z 最优化方法

表示(数学)*
representations(mathematics)
O152.6
F Lax 表示
参数表示
代数表示
迹表示
积分表示
渐近表示
近似表示
矩阵表示
谱表示
群表示
显式表示
向量表示
酉表示
张量表示

表示定理
representation theorem
O152.6；O174.22；O177.6
D 表示理论
表示论
表现定理
S 数学定理*
F 鞅表示定理

表示理论
Y 表示定理

表示论
Y 表示定理

表示式
Y 表达式

表现定理
Y 表示定理

表象群

representation group
O152
S 群(数学)*
C 表象理论 →(2)

裱糊
Y 修复

别列津变换
Y Berezin 变换

冰雹猜想
Y 角谷猜想

并
Y 并集

并串联系统
Y 混联系统

并-串联系统
Y 混联系统

并集
union
O144
D 并
和集
S 集合*
F 邻域并
C 补
真子空间

并联系统
parallel system
N948
D 平行系统
S 互联系统
C 串联系统
混联系统
Z 系统

并矢
dyad
O15；O316
S 向量*

并矢 Green 函数
Y 并矢格林函数

并矢格林函数
dyadic Green function
O174
D 并矢 Green 函数
S 格林函数
Z 函数(物理)

并行差分格式
parallel difference scheme
O246
S 差分格式*

并行排序算法
parallel sorting algorithm
TP301
S 并行算法
Z 数学算法

并行求解
parallel solution
O122.2；O151
S 求解*

并行算法
parallel algorithm
O177
D 平行算法
S 数学算法*
F 并行排序算法
C Fibonacci 数列
背包问题
闭包系统
变分不等式
块三对角矩阵
无向图
预处理共轭梯度法

病毒感染模型
Y 病毒模型

病毒模型
virus model
O175.1
D 病毒感染模型
S 传染病模型
C 特征方程
Z 数学模型

病态方程
ill-conditioned equation
O151.1；O175；O241
S 线性方程
C 线性代数
正则解
Z 方程(数学)

病态方程组
ill-conditioned linear equations
O151.1；O175；O241
S 线性方程组
F 病态线性方程组
Z 方程组

病态矩阵
ill-conditioned matrix
O151
S 矩阵*

病态问题
ill-conditioned problem
O151.21；O156；P2
S 数学问题*
C 奇异值分解法 →(5)

病态线性方程组
ill-conditioned linear equations
O151.1；O175；O241
S 病态方程组
Z 方程组

波动方程
wave equation
O175.2；O441
D 波动方程式
波动公式
波方程
波方程式
波公式
S 双曲型方程
F 对称正则长波方程
C 波动 →(2)(4)(5)
波动方程反演 →(5)
波动方程偏移 →(5)
波动方程正演 →(5)
波动性 →(2)
波动周期 →(2)
生命区间
Z 方程(数学)

波动方程式
Y 波动方程

波动方程组
wave equations
O175.2；O441
D 波动方程组式
波方程组
波方程组式
S 双曲型方程组
Z 方程组

波动方程组式
Y 波动方程组

波动公式
Y 波动方程

波动函数
Y 波函数

波动算子
wave operator
O175.13；O177；O241.82
D D'Alembert 算子
波算子
S 算子*
C 四阶波动方程

波尔查问题
Bolza problems
O174.1
D Bolza 问题
S 数学问题*
F 约束问题
自由问题

波方程
Y 波动方程

波方程式
Y 波动方程

波方程组
Y 波动方程组

波方程组式
Y 波动方程组

波公式
Y 波动方程

波函数
wave function
O174
D 波动函数
概率波
几率波
S 函数*
F 基态波函数
径向波函数
球矢量波函数

双波函数
真空波函数
C 轨道计算 →(4)
积分解
曲线积分

波解*
wave solutions
O175.29；O241.8
F 波前解
孤波解
激波解
类孤立波解
扭波解
行波解

波莱尔点
Y Borel 点

波莱尔方向
Y Borel 方向

波莱尔-坎泰利引理
Y Borel-Cantelli 引理

波莱尔-勒贝格
Y 有限覆盖定理

波莱尔-勒贝格定理
Y 有限覆盖定理

波莱尔例外值
Y Borel 例外值

波利亚计数定理
Y Polya 计数定理

波前解
wave front solution
O175
S 波解*

波斯特系统
Y 可计算性

波算子
Y 波动算子

波形互相关
Y 波形相关

波形曲线
wave curve
ZT99
S 曲线*
C 波形 →(2)(3)(4)(5)

波形松弛
waveform relaxation
O24
S 松弛*

波形相关
waveform correlation
O174
D 波形互相关
S 相关*
C 波形 →(2)(3)(4)(5)

波形异常
wave anomaly
O174
S 异常*
C 波形 →(2)(3)(4)(5)

玻尔兹曼方程
Y 输运方程

玻尔兹曼积分微分方程
Y 输运方程

玻耳兹曼-弗拉索夫方程
Y Liouville 方程

伯恩赛德定理
Y Burnside 定理

伯恩赛德计数定理
Y Burnside 定理

伯恩赛德引理
Y Burnside 定理

伯恩斯坦多项式
Y Bernstein 多项式

伯恩斯坦基函数
Y Bernstein 基函数

伯恩斯坦-坎托罗维奇算子
Y Bernstein-Kantorovich 算子

伯恩斯坦算子
Y Bernstein 算子

伯尔分布
Y Burr 分布

伯格曼核函数
Y Bergman 核函数

伯格曼空间
Y Bergman 空间

伯格斯方程
Y Burgers 方程

伯克霍夫正交
Y Birkhoff 正交

伯朗运动
Y 布朗运动

伯努力方程
Y 伯努利方程

伯努利变量
Y 示性函数

伯努利多项式
Y Bernoulli 多项式

伯努利法
Y 伯努利方程

伯努利法则
Y 洛必达法则

伯努利方程
Bernoulli equation
O175.1；O241；P413
D Bernoulli 法
Bernoulli 方程
伯努力方程
伯努利法
S 常微分方程
Z 方程(数学)

伯努利分布
Y 两点分布

伯努利概率模型
Y 二项分布

伯努利试验
Bernoulli experiment
O21
D Bernoulli 试验
S 统计试验
Z 试验

伯努利数
Y Bernoulli 数

伯努利双扭线
Y 双纽线

伯努利随机变量
Y 0-1 变量

伯努利序列
Y Bernoulli 序列

伯祖矩阵
Y Bezout 矩阵

泊松比
S 比率*

泊松点过程
Poisson point processes
O212
D Poisson 点过程
S 泊松过程
点过程
C 空间分布
Z 随机过程

泊松方程
Poisson equation
O175.25；P413
D Poisson 方程
S 椭圆方程
C 泊松积分
广义拉格朗日乘子
可逆绝热过程 →(2)
拟谱方法
Z 方程(数学)

泊松分布
Poisson distribution
O212.1
D Poisson 分布
Poisson 公式
泊松公式
S 离散分布
F 复合泊松分布
亚泊松分布
C E-Bayes 估计
Z 概率分布

泊松公式
Y 泊松分布

泊松过程
Poisson process
O211.6；O212.1

D Poisson 过程
泊松流
S 独立增量过程
F 泊松点过程
非齐次泊松过程
复合 Poisson 过程
C 复合泊松分布
Z 随机过程

泊松核
Poisson kernel
O174
D Poisson 核
S 积分核
C 乘子算子
Z 函数

泊松回归
Y Poisson 回归模型

泊松积分
Poisson integral
O174.3
D Poisson 积分
S 积分*
C 泊松方程
拟小波

泊松结构
Y Poisson 结构

泊松括号
Poisson bracket
O175.2；O316
D Poisson 括号
S 符号(数学)*
C 亚泊松分布

泊松流
Y 泊松过程

泊松流形
Y Poisson 流形

泊松模型
Y Poisson 回归模型

泊松曲线
Poisson curve
TB11
D Poisson 曲线
P-S 曲线
S 曲线*
C 本构方程 →(2)

泊松跳
Y Poisson 跳

博赫纳积分
Y Bochner 积分

博克纳-里斯算子
Y Bochner-Riesz 算子

博克思-詹金斯法
Y Box-Jenkins 模型

博奕
Y 博弈

博奕论
Y 对策论

博弈*
game playing
O221.2；O225
D 博奕
F Nash 博弈
Stackelberg 博弈
超模博弈
多目标博弈
矩阵博弈
连续博弈
量子博弈
模糊博弈
群体博弈
少数者博弈
蜈蚣博弈
雪堆博弈
指派博弈
C 策略(数学)

博弈论
Y 对策论

薄层单元
Y 平面有限元分析

薄层单元有限元
Y 平面有限元分析

补*
repair
O151；O221.2
F Schur 补
等维递补
多重插补
回归插补
曲线插补
数据插补
算子补
正交补
C 并集
相交

补偿
compensation
ZT5

补偿函数
Y 罚函数

补偿解耦
compensation decoupling
O231
S 解耦*
F 前馈补偿解耦

补充观测
Y 观测

补函数
complementary function
O174
D 互补函数
S 函数*
F 非线性互补函数
C 互补

补集
complementary set
O143；O144
D 绝对补集
余集
S 集合*
C 逻辑函数

补数
complement
O156.4
S 数*
F 平方补数
C 乘法
渐近公式
珠算

补图
complementary graph
O157.5
S 图表*
C 伴随多项式

补子空间
complementary subspace
O177.2
D 余子空间
S 子空间
C 正交基
Z 空间(数学)

捕获-再捕获模型
Y 捕食模型

捕食-被捕食
Y 捕食模型

捕食-被捕食模型
Y 捕食模型

捕食模型
predation model
O212.2；O242.1
D 捕获-再捕获模型
捕食-被捕食
捕食-被捕食模型
捕食-食饵
捕食-食饵模型
捕食与被捕食
捕食者-食饵
捕食者-食饵模型
哈瑞松模型
猎食模型
猎物-捕食者模型
食饵-捕食
食饵-捕食者
食饵-捕食者模型
S 食物链模型
C Hopf 分支
非线性系统建模
正平衡点
正平衡解
正周期解
Z 数学模型

捕食-食饵
Y 捕食模型

捕食-食饵模型
Y 捕食模型

捕食与被捕食

Y 捕食模型

捕食者-食饵

Y 捕食模型

捕食者-食饵模型

Y 捕食模型

不变测度

invariant measure

O152.4；O174.12

S 测度(数学)*

F 不变概率测度

C 随机稳定性

不变分布

invariant distribution

O211.61

S 数学分布*

不变概率测度

invariant probability measure

O174.12

S 不变测度

概率测度

Z 测度(数学)

不变估计

Y 同变估计

不变函数

invariant function

O174.13；O189.3

S 函数*

F 不变凸函数

不变环面

invariant torus

O175.1；O189.1

S 环面

C 不变流形

Z 曲面

不变集

invariant set

O175；O177

D 不变集合

下降流不变集

S 集合*

F 不变凸集

非游荡集

极小集

正向不变集

C SEIS 模型

渐近稳定性

临界点理论

吸引域

不变集合

Y 不变集

不变解

invariant solution

O122.2

S 方程解

F 群不变解

C 不变凸函数

Z 解

不变量*

invariant

O174

F Cartan 不变量

半不变量

仿射不变量

共形不变量

几何不变量

矩不变量

射影不变量

特征不变量

拓扑不变量

微分不变量

C 二次曲面

不变流形

invariant manifold

O175.1；O192

S 流形*

C 不变环面

随机分析

不变曲线

invariant curve

O181

S 匹配*

C 精确解析解

不变式

invariance

ZT71

S 表达式*

C 不变凸函数

不变凸

Y 不变凸性

不变凸函数

invariant convex function

O174.13；O189.3

S 不变函数

凸函数

F 预不变凸函数

C 不变解

不变式

不变凸集

协变导数

Z 函数

不变凸集

invex set

O174.13

S 不变集

凸集

C 不变凸函数

Z 集合

不变凸性

invariant convexity

O174；O177

D 不变凸

S 凸性*

F 广义不变凸

预不变凸性

C 等价条件

不变性*

invariance

O412

D 不变性定理

不变性定律

不变性原理

不变性质

F 微分形式不变性

C 守恒定律 →(2)

狭义相对论 →(2)

协变性 →(2)

不变性定理

Y 不变性

不变性定律

Y 不变性

不变性原理

Y 不变性

不变性质

Y 不变性

不变因子

invariant factor

O151

S 因子*

C 特征多项式

不变原理

invariance principle

O175；O211.5

S 数学原理*

F LaSalle 不变原理

C 强收敛

不变直线

invariant line

O181

S 直线*

C 极限环

不变子空间

invariant subspace

O186.14；O189.1

D 平凡子空间

稳定子空间

S 子空间

C 算子方程

特征多项式

子代数

Z 空间(数学)

不变子群

Y 正规子群

不存在性

Y 存在性

不等概率抽样

unequal probability sampling

C81

S 概率抽样

Z 采样

不等关系

Y 相等

不等式*

inequality

O122.3；O178

D 不等式问题

不等式性质

不等式证明

数学不等式
F Bellman 不等式
Bernoulli 不等式
Bernstein 不等式
Bihari 不等式
Bonnesen 型不等式
Caccioppoli 型不等式
Caffarelli-Kohn-Nirenberg 不等式
Carleman 不等式
Carlson 不等式
Diophantus 不等式
Doob 不等式
Fekete-Szeg(o)不等式
Frobenius 不等式
Furuta 不等式
Gronwall 不等式
Hadamard 不等式
Halanay 不等式
Hardy 不等式
Harnack 不等式
Hilbert 不等式
Holder 不等式
Jensen 不等式
Jordan 不等式
Kantorovich 不等式
Kolmogorov 不等式
Ky Fan 不等式
Lundberg 不等式
Lyapunov 不等式
Minkowski 不等式
Oppenheim 不等式
Poincare 不等式
Radon 不等式
Sobolev 不等式
Sylvester 不等式
Wallis 不等式
Wilker 不等式
变分不等式
差分不等式
代数不等式
对称不等式
反向不等式
概率不等式
函数不等式
迹不等式
积分不等式
极大极小不等式
几何不等式
加权不等式
矩阵不等式
绝对值不等式
均值不等式
控制不等式
离散不等式
内插不等式
逆向不等式
排序不等式
数列不等式
双边不等式
特征值不等式
条件不等式
微分不等式
系数不等式
线性不等式
行列式不等式
鞅不等式
杨乐不等式
指数不等式
C Hermite 正定矩阵
凹凸函数
不等式组
次亚正定矩阵
等式
复正定矩阵
恒等式
矩阵乘积
齐次 Morrey-Herz 空间
凸性

不等式(组)
Y 不等式组

不等式法
inequality method
O156
S 数学方法*
F 放缩法
加强不等式
C 值域

不等式链
inequality chain
O178
S 随机过程*
C 加权几何平均
加权算术平均

不等式问题
Y 不等式

不等式性质
Y 不等式

不等式约束
inequality constraints
O172；O174.14；O241
D 单边约束
等式约束问题
S 约束(数学)*
F 线性不等式约束
C 全局收敛
最优路径分析 →(4)

不等式约束优化
inequality constrained optimization
O224
S 优化*
C 调和数
可行方向
全局收敛

不等式证明
Y 不等式

不等式组*
inequalities
O178
D 不等式(组)
F 变分不等式组
线性不等式组
C 不等式
几何凸函数
中值定理

不定常法
Y 时间相关法

不定常方法
Y 时间相关法

不定常函数
Y 广义函数

不定度规空间
Y 内积空间

不定二次规划
indefinite quadratic programming
O221
S 二次规划
Z 数学规划

不定方程
indeterminate equation
O122.2；O156.7
D Diophantine 方程
Diophantus 方程
丢番图方程
S 方程(数学)*
F Pell 方程
高次 Diophantine 方程
三次 Diophantine 方程
四次 Diophantine 方程
一次不定方程
指数 diophantine 方程
C Aubry 猜想
Lucas 数列
本原素因子
单位分数
递归数列
费马大定理
计数公式
同余理论
无平方因子数
整和图

不定积分
Y 定积分

不定积分的运算法则
Y 积分运算

不定内积空间
Y 内积空间

不定式
indeterminate form
O174；O177
D 未定式
S 函数表达式
C 洛必达法则
Z 表达式

不定式极限
indeterminate limit
O171
S 极限(数学)*
C 等价代换
泰勒公式
无穷小

不定系统
Y 不确定系统

不动变换
Y 恒等变换

不动点
fixed point
O177.91；O221.2
D 不动点问题
不动点性质
S 点(数学)*
F Schauder 不动点
公共不动点
聚合不动点
耦合不动点
随机不动点
正不动点
锥不动点
C Banach 压缩映像原理
Hurwitz 判据
单调迭代方法
非单调算法
减算子
首次积分
四阶两点边值问题
相容映象对

不动点迭代
Y 不动点迭代法

不动点迭代法
fixed-point iteration method
O241.5
D 不动点迭代
S 迭代法*

不动点定理
fixed point theorem
O177.91
D 不动点理论
不动点原理
S 数学定理*
F Avery-Peterson 不动点定理
Banach 不动点定理
Brouwer 不动点定理
Caristi 不动点定理
Darbo 不动点定理
Krasnoselskii 不动点定理
Leggett-Williams 不动点定理
M(o)nch 不动点定理
Schauder 不动点定理
不动点指数定理
锥不动点定理
锥拉伸与锥压缩不动点定理
C Cauchy 序列
H-空间
Kuramoto-Sivashinsky 方程
Leray-Schauder 原理
Plemelj 公式
Stefan 问题
代数扩张
压缩条件

不动点法
Y 不动点方法

不动点方法
fixed point method
O175；P628；P641
D 不动点法
映射法
映射方法
S 数学方法*
C Riccati 方程
同构

不动点集
fixed point set
O144；O189.3
S 点集
C 对称多项式
四阶两点边值问题
Z 集合

不动点理论
Y 不动点定理

不动点算法
fixed point algorithm
O175；P628；P641
S 数学算法*
C 加速收敛

不动点问题
Y 不动点

不动点性质
Y 不动点

不动点原理
Y 不动点定理

不动点指标
fixed point index
O177.91
S 指标*
C 紧映射

不动点指数
fixed point index
O177.91
S 指数*
F 随机不动点指数
C 全连续
四阶边值问题
随机半闭 1-集压缩算子
正锥

不动点指数定理
fixed point index theorem
O175.8
D 不动点指数理论
S 不动点定理
C 局部凸线性空间
Z 数学定理

不动点指数理论
Y 不动点指数定理

不对称
asymmetry
ZT5
D 不对称性
非对称
非对称性
绝对不对称
相对不对称
S 对称*
C 辛空间
余子式
最佳逼近

不对称性
Y 不对称

不分明化拓扑
fuzzifying topology
O189.13
D Fuzzifying 拓扑
S 模糊拓扑
C 局部基
连续值逻辑
Z 拓扑

不规则结构
irregular structure
ZT6
S 结构*

不规则图形
irregular graph
ZT2
S 图形*

不交和
disjoint sum
O157.5；O213
S 和(数学)*
C 最小路集

不精确度
Y 正确度

不精确牛顿法
inexact-newton method
O242.23
S 牛顿法
C 水平集
稀疏矩阵
Z 数学方法

不均一性
Y 非均一性

不均匀系数
uneven coefficient
ZT3
S 系数*

不均匀性
Y 非均匀性

不可测集
nonmeasurable set
O144
D 可测集
S 集合*
C 可测函数
外测度

不可导点
non derivable point
O171；O172.1
D 可导点
S 数值点
Z 点(数学)

不可分解模
indecomposable module
O153.3
S 模(数学)*
F 主不可分解模
C 李代数

不可解性
Y 可解性

不可幂
non-powerful
O157.5
S 幂
C 基指数
Z 运算

不可能事件
impossible event
O211
D 零概率事件
零事件
S 事件*
C 相互独立

不可逆
Y 可逆过程

不可逆过程
irreversible process
ZT5
S 过程*
C 不可逆热流 →(5)
最概然分布 →(2)

不可逆循环
irreversible cycle
ZT5
S 循环*

不可判定理论
Y 数理逻辑

不可区分关系
indiscernibility relation
O159
S 关系(数学)*
C 决策规划

不可数集
Y 可数集

不可微规划
non-differentiable programming
O221.2
S 非线性规划
C 收敛性分析
Z 数学规划

不可微函数
Y 可微函数

不可微项
nondifferentiable term
O175；O241.8
S 项(数学)*
C 平方根法
优函数

不可微优化
Y 非光滑优化

不可行内点算法
infeasible interior-point algorithm
O221.2；O224
S 内点算法
C 核函数
Z 最优化方法

不可压缩曲面
incompressible surface
O186.12
S 曲面*
C LBB 条件

不可预测性
unpredictability
ZT4
S 特性*

不可约
irreducible
O151.21
D 不可约性
可约
S 数学性质*
F 次直不可约
强不可约
C 顶点算子
对角占优矩阵
唯一分解环
正对角矩阵

不可约表示
irreducible representation
O152.5
S 群表示
C 不可约张量 →(2)
Z 表示(数学)

不可约多项式
irreducible polynomial
O174.14
D 可约多项式
S 多项式*
C 四元数
因式分解

不可约非负矩阵
Y 非负不可约矩阵

不可约分数
Y 分数

不可约基
irreducible basis
O152.6
S 解*
C 本征函数法

不可约矩阵
irreducible matrix
O151.21
D 既约矩阵
可分离矩阵
可约矩阵
S 矩阵*
F 非负不可约矩阵

不可约特征
Y 不可约特征标

不可约特征标
irreducible character
O152
D 不可约特征
S 特征标*
C 换位子群
群阶

不可约图
irreducible graph
O157.5
S 图表*

不可约性
Y 不可约

不可约元
irreducible element
O153.1
D 不可约元素
S 元*
C 序结构

不可约元素
Y 不可约元

不连续
Y 连续性

不连续边界
noncoherent boundary
ZT2
S 边界（数学）*

不连续函数
Y 离散函数

不连续系统
discontinuous system
O175.12
S 数学系统*
C Henstock 积分

不连续性
Y 连续性

不偏性
Y 无偏性

不确定测度
uncertainty measurement
O174.12
S 测度(数学)*

不确定层次分析法
uncertainty analytic hierarchy process
O223
S 分析法(数学)*
C 判断矩阵

不确定度
Y 不确定性

不确定度的评定
Y 不确定度评定

不确定度分析评定
Y 不确定度评定

不确定度评定
uncertainty evaluation
ZT0
D 不确定度的评定
不确定度分析评定
不确定评定
S 评估*

不确定过程
uncertain process
O211.5

S 随机过程*

不确定决策
decision making under uncertainty
C934；N945.25
S 决策*

不确定评定
Y 不确定度评定

不确定推理
Y 模糊推理

不确定系数
uncertain coefficients
TP1
S 系数*

不确定系统
uncertain systems
O231；O342
D 不定系统
不确定性系统
非确定系统
非确定性系统
系统不确定性
S 系统*
F 参数不确定系统
广义不确定系统
时变系统
随机系统
C 渐近稳定性

不确定性
uncertainty
ZT4
D 不确定度
不确定性研究
S 特性*
F 随机不确定性
C 定性理论
可靠性
序区间
置信

不确定性估计
Y 模糊推理

不确定性推理
Y 模糊推理

不确定性系统
Y 不确定系统

不确定性信息
uncertainty information
N950
D 未确知信息
S 信息*
C 粗集理论
盲数

不确定性研究
Y 不确定性

不确定优化
uncertain optimization
TP2
S 优化*

不容间位律
Y 排中律

不舍误差
Y 截断误差

不适定
Y 不适定问题

不适定问题
ill-posed problem
O175；O241
D 不适定
适定问题
S 数学问题*
F 非线性不适定问题
C MHD 方程组
多值算子
正规化子

不同构
Y 同构

不完备
Y 完备

不完全 LU 分解
incomplete LU decomposition
O175
S LU 分解
C 条件期望
Z 数学分解

不完全椭球约束
uncompleted ellipsoid restriction
O212
S 椭球约束
C 矩阵损失函数
均值向量
Z 约束(数学)

不完全微分
Y 偏微分

不完全微分 PID
incomplete differential PID
TP273
S 算法*

不完整约束
Y 非完整约束

不稳定
Y 稳定

不稳定集
Y 稳定集

不稳定流形
Y 稳定流形

不稳定状态
Y 稳定

不相关
Y 相关

不相关的
Y 相关

不正常函数
Y 广义函数

不正当误差
Y 粗差

不足数
Y 亏数

布尔变量
Y 0-1 变量

布尔差分
Boolean difference
O241.3
D Boole 差分
S 差分*
C 时滞差分方程

布尔代数
Boolean algebra
O153.2
D Boole 代数
开关代数
逻辑代数
命题代数
S 代数*
F Heyting 代数
MV-代数
泛布尔代数
正交模格
C MP 滤子
布尔向量
次直积
同态映射

布尔方程
Boolean equation
O153.2
D Boole 方程
S 方程(数学)*
C 布尔函数

布尔格
Y 布尔函数

布尔函数
Boolean function
O153.2
D Boole 格
Boole 函数
布尔格
开关函数
S 函数*
F H 布尔函数
C Walsh 变换
布尔方程
布尔和
集合论
曲率流
相关免疫性

布尔和
Boolean sum
O174.41
D 布尔加法
S 和(数学)*
C 布尔函数

布尔环
Boolean ring
O153.2
D Boole 环

S 结合环*

布尔加法
Y 布尔和

布尔矩阵
Boolean matrix
O151.21
D 0-1 矩阵
Boole 矩阵
S 矩阵*
C Rough 集合
代数性质
收敛指数

布尔向量
Boolean vector
O183
S 向量*
C 布尔代数

布尔值模型
Boolean-valued model
O141.4
D 饱和模型
超积
模型构造
省类型
S 数学模型*
C 等价定理
命题演算

布朗单*
Brownian sheet
O211.6
F 广义布朗单
C 鞅
样本轨道
重分形分析

布朗运动
Brownian motion
O211.6；O552.1
D Brownian 运动
Brown 运动
Wiener 过程
伯朗运动
广义 Wiener 过程
维纳过程
S 独立增量过程
F 标准布朗运动
超布朗运动
反射布朗运动
分数布朗运动
C 布朗粒子 →(2)
大偏差定理
等价鞅测度
分散体系 →(2)(3)(4)
分子碰撞 →(2)
混沌分解
气体分子运动论 →(2)
Z 随机过程

布劳威尔不动点定理
Y Brouwer 不动点定理

布雷格曼距离
Y Bregman 距离

布鲁塞尔模型
Y Brusselator 模型

布吕阿分解
Y Bruhat 分解

布罗尔-库普方程
Y Broer-Kaup 方程

布洛赫常数
Y Bloch 常数

布洛赫函数
Y Bloch 函数

布洛伊登算法
Y Broyden 算法

布容时间函数
Y 时间函数

布西内斯克近似
Y Boussinesq 近似

布辛涅司克近似
Y Boussinesq 近似

步步积分法
Y 时域分析

步加试验
Y 步进应力加速寿命试验

步进应力加速寿命试验
step stress accelerated life testing
O212.6
D 步加试验
S 试验*
C 拟牛顿法
优化设计

部分变换半群
partial transformation semigroup
O152.7
S 变换半群
Z 群(数学)

部分变元
partial variable
O175.13；O231.1
S 元*
C 渐近稳定性
奇解

部分分式
partial fraction
O171
S 分式
C 拆项法
Z 表达式

部分和
partial sum
O171；O173；O211
D 部分和之和
S 和(数学)*
C 尾分布

部分和乘积
partial sum product
O211.4
S 乘积
C 中心极限定理
Z 积

部分和之和
Y 部分和

部分平方图
partially square graph
O157.5
S 平方图
Z 图表

部分平衡
Y 局部平衡

部分线性模型
Y 线性模型

部分信息
partial information
N950
S 信息*
C 全信息

部分正则性
Y 局部正则性

部分子分布函数
parton distribution functions
O174
S 分布函数
Z 函数

猜测
Y 猜想(数学)

猜想
Y 猜想(数学)

猜想(数学)*
conjecture(mathematics)
O141.4；O157.5
D 猜测
猜想
推测
F 3N+1 猜想
Aubry 猜想
Goormaghtigh 猜想
Graham 猜想
Terai 猜想
Tijdeman 猜想
哥德巴赫猜想
哥古猜想(二素数猜想)
古叶猜想
广义 Fermat 猜想
角谷猜想
黎曼猜想
孪生素数猜想
庞加莱猜想
C 理论
命题

采集*
acquisition
ZT5
D 采收
获取
收集
F 标本采集
数据采集

C 采样

采集(数据)
Y 数据采集

采收
Y 采集

采样*
sampling
C8；N31；N32
D 采样法
采样技术
采样条件
抽样
抽样法
抽样技术
抽样理论
取样
取样方法
取样技术
样本理论
F Bootstrap 抽样
Gibbs 抽样
Monte Carlo 抽样
PPS 抽样
百分比抽样
多次采样
多阶段抽样
放回抽样
分层抽样
分群抽样
峰值采样
概率抽样
积分抽样
计数抽样
均匀设计抽样
空间平衡抽样
拉丁超立方抽样
路径抽样
逆抽样
排序集抽样
上采样
舍选抽样法
适应性群团抽样
数据取样
双重抽样
随机抽样
稀疏采样
系统抽样
序贯抽样
直接抽样
重采样
重要性采样
子采样
C 采集
采样器 →(2)(4)(5)
测量 →(2)(4)(5)
监测 →(2)(4)(5)
取样位置 →(5)
样品
样品处理 →(3)

采样法
Y 采样

采样技术
Y 采样

采样间隔
Y 采样密度

采样间距
Y 采样密度

采样密度
sampling density
N32
D 采样间隔
采样间距
抽样间隔
取样间隔
取样间距
取样区间
S 密度*
C 采样时间

采样频率
sampling frequency
O212.2
S 频率*
C 采样时间

采样时间
sampling time
ZT73
S 事件时间*
C 采样密度
采样频率
大气采样 →(4)
海底取样 →(4)
空间抽样 →(4)

采样速度
Y 采样速率

采样速率
sampling rate
N32
D 采样速度
取样速度
取样速率
S 速度*

采样条件
Y 采样

采样误差
Y 抽样误差

采样序列
Y 钟控序列

参变量
Y 参数

参考坐标
Y 坐标

参考坐标系
reference coordinate system
O181；P25
D 基准坐标系
S 坐标系*
C 地理坐标系 →(4)

参量
Y 参数

参量分析
Y 参数分析

参量估计
Y 统计估计

参量转换
Y 变量转换

参数*
parameter
O212
D 参变量
参量
F 半参数
变换参数
尺度参数
单参数
调节参数
光滑参数
回归参数
集总参数
几何参量
结构参数
经验参数
局部参数
岭参数
模型参数
区间参数
三参数
时变参数
双参数
随机参数
特征参数
统计参数
未知参数
稳定度参数
系统参数
相关参数
小参数
正则参数
自由参数
最优参数
C Hilbert 积分不等式
变量
向量值连分式
转换参数 →(4)

参数变换
parameter transformation
O186；O241.6；O302
D 非参数变换
S 数学变换*
F 等参变换
C 参数解
参数曲线

参数表示
parametric representation
O175
S 表示(数学)*
C 参数法

参数不确定系统
uncertain parameter system
O231
S 不确定系统
C 一致有界性
Z 系统

参数法
parametric method
O212
D 参数化法
S 数学方法*
C 参数表示
参数函数
感度分布
统计流形

参数范围问题
parameter range problem
O171
S 数学问题*

参数方程
parametric equation
O182
S 方程(数学)*
C 参数曲线
等距曲线
内摆线
球面
实积分

参数分析
parametric analysis
O175；O212.1
D 参量分析
S 数学分析*
C 参数曲线
概率权重矩法 →(5)
响应函数

参数估计
Y 统计估计

参数规划
parametric programming
O221.1；O221.8
S 数学规划*
F 参数线性规划
C 数值模拟分析
优化设计

参数函数
parametric function
O174
S 函数*
F 参数依赖 Lyapunov 函数
C 参数法
多结点样条
数集

参数化
parameterize
ZT3
C 可分组设计
拟凸域
天气方程组 →(4)

参数化法
Y 参数法

参数化建模
parameterized modeling
TP391
D 参数建模
S 建模*
F 三维参数化建模
C 优化设计

参数化模型
Y 参数模型

参数化三维建模
Y 三维参数化建模

参数化有限元分析
parameterized finite element analysis
O241.82
S 有限元分析
Z 数值分析

参数集
Y 数集

参数假设检验
Y 非参数检验

参数检验
parametric test
O212.1
S 统计检验
Z 检验

参数建模
Y 参数化建模

参数解
parametric solution
O122.2
S 解*
C 参数变换

参数解算
Y 解算

参数矩阵
parameter matrix
O151.21
S 矩阵*
C 追赶法

参数空间
parameter space
O175
S 空间(数学)*
C 细丝直径 →(2)

参数连续 Markov 链
continuous-time Markov chains
O211.62
D 参数连续马尔科夫链
S 马尔可夫链*
C 逼近

参数连续马尔科夫链
Y 参数连续 Markov 链

参数模型
parametric model
O141.4；O212.7
D 参数化模型
非参数模型
S 数学模型*
F 半参数模型
可变参数模型
双参数模型
C 经验方程
斜压模式 →(4)

参数匹配
parameter matching
ZT0
S 匹配*

参数求解
solving parameters
O212.1
S 求解*
C 二次方程

参数曲面
parametric surface
O186.1
S 曲面*
C 高斯曲率

参数曲线
parametric curve
O182
S 匹配*
F C-Bézier 曲线
参数样条曲线
C Frenet 公式
参数变换
参数方程
参数分析
对偶基

参数扰动
Y 参数摄动

参数摄动
parameter perturbation
TP1
D 参数扰动
S 摄动*
C 广义不确定系统
摄动参数 →(4)

参数条件
parametric condition
O157.5
S 条件*

参数稳定性
parametric stability
O212.1
S 稳定性(数学)*
C 时变参数

参数系统
parameter systems
N948
S 系统*

参数线性规划
parametric linear programming
O221.1；O221.8
S 参数规划
线性规划
Z 数学规划

参数相关 Lyapunov 函数
Y 参数依赖 Lyapunov 函数

参数型 Marcinkiewicz 积分
parameter Marcinkiewicz integral

O175.2；O177.6
D 参数型马尔钦凯维奇积分
S Marcinkiewicz 积分
C 次线性算子
Z 积分

参数型马尔钦凯维奇积分
Y 参数型 Marcinkiewicz 积分

参数选取
Y 参数选择

参数选择
parameter selection
ZT0
D 变量选择
参数选取
S 选择*
C 惩罚最小二乘法
局部线性回归
自协方差

参数样条曲线
parametric spline curve
O182；O241
S 参数曲线
样条曲线*
Z 匹配

参数依赖 Lyapunov 函数
parameter dependent Lyapunov function
O231
D 参数相关 Lyapunov 函数
S Lyapunov 函数
参数函数
Z 函数

参数优化
parameter optimization
O224
D 参数最优化
S 优化*
C 指数公式
组合杂交元
坐标轮换法

参数最优化
Y 参数优化

残差分布
residual distribution
O212
S 数学分布*
C 残差控制图
回归诊断

残差分析
residual analysis
O171
S 数学分析*
C 残差控制图
函数插值
时间序列
拓扑

残差检验
residual test
O212.1
S 统计检验
C 残差控制图
Z 检验

残差控制图
residual control chart
O212
S 控制图*
C 残差分布
残差分析
残差检验

残差平方和
Y 误差平方和

残差图
residual graphs
O157.5
S 图表*

残存函数
survival function
O174
D 生存函数
S 函数*
C 加速失效时间模型

残集
Y 剩余集

残谱
Y 剩余谱

残缺互补判断矩阵
incomplete complementary judgement matrix
O151.2
S 判断矩阵
C 区间数
Z 矩阵

残数
Y 留数

残数定理
Y 留数定理

残值法
residual value approach
O241.82
S 数学方法*
F 加权残值法

操作变量
Y 决策变量

侧面积
lateral area
O182
S 面积*
C 圆锥

测变收敛
Y 渐近收敛

测地曲率
geodesic curvature
O186.11
S 曲率*
C 欧拉公式

测定
Y 检测

测定法
Y 检测

测定方法研究
Y 检测

测度(数学)*
measure(mathematics)
O174.12
F Borel 测度
Carleson 测度
Gibbs 测度
Haar 测度
Loeb 测度
Radon 测度
Sugeno 测度
Wiener 测度
包含测度
遍历测度
不变测度
不确定测度
乘积测度
非紧性测度
非双倍测度
非线性测度
分形测度
概率测度
高斯测度
集值测度
矩阵测度
可能性测度
可信性测度
模糊测度
内测度
拟合优度
频率测度
谱测度
熵测度
随机测度
填充测度
外测度
向量测度
运动测度
属性测度
自仿测度

测度变换
measure transformation
O211.62；O224
S 数学变换*
C Girsanov 定理

测度空间
measure space
O174.12
S 可测空间
C 中值定理
Z 空间(数学)

测度链
measure chain
O175；O231
S 随机过程*
C 中立型方程

测度论
measure theory
O174.12
S 实变函数论

C 模糊测度
时间尺度
Z 函数论

测度熵
metric entropy
O236
D 柯尔莫哥洛夫-西奈不变量
S 熵(数学)*

测度收敛
Y 渐近收敛

测度中心
measure center
O189.1
S 中心*
C 交换子

测绘标准*
standards of surveying and mapping
P201；P91
F 图式
C 标准规范
测绘管理 →(4)

测角中误差
mean square error of angle observation
O241.1；P207
D 方位角中误差
S 测量误差*
中误差
C 测角精度 →(2)
Z 误差

测量偏差
Y 测量误差

测量误差*
measurement error
P207
D 测量偏差
度量误差
F 测角中误差
观测误差
C 测量精度 →(2)(4)
测量平差 →(4)
粗差剔除 →(4)
工程测量 →(4)(5)
精度评估
控制测量 →(4)
外推法
误差

测量值*
measured values
ZT3
F 异常值
真值
坐标值
C 标度转换 →(4)
数值

测试
Y 检测

测试场
Y 试验场

测试方法
Y 检测

测试函数
Y 试探函数

测试设备*
test equipment
TB462.8
F 试验架

测试准确度
testing accuracy
TP2
S 准确度
Z 精度

测验方法
Y 检测

测验技术
Y 检测

策略(数学)*
strategies(mathematics)
O225
F N-策略
纯策略
存贮策略
更换策略
混合策略
库存策略
模糊策略
遗传策略
优先策略
最优策略
C 博弈
对策论

策略决策
strategied decision
O223
S 决策论*

策略空间
policy space
C93
S 空间*

层次分析
analytical hierarchy process
N945.1
S 数学法*
C 比较矩阵
模糊动态 AHP

层次结构
hierarchical structure
ZT6
D 层次体系
层结构
层状结构
层状体系
等级结构
等级式结构
多层结构
多级结构
分级结构
S 结构*
F 递阶层次结构
C 自相似分形

层次体系
Y 层次结构

层次系统
Y 分级系统

层带*
layer-belt
O369
F 过渡带

层结构
Y 层次结构

层矩阵
layer matrix
O157.5
D 解矩阵
S 矩阵*
C 运筹学

层状结构
Y 层次结构

层状体系
Y 层次结构

叉积
Y 交叉积

差
Y 差值

差别矩阵
differential matrix
O241.6
S 矩阵*
C 决策表

差错传播
Y 传播误差

差错校正
Y 校正

差分*
difference
O241
D 差分系统
F 布尔差分
高阶差分
双向差分
特征差分
向后差分
一阶差分
隐式差分
有限差分
中心差分
C 对流扩散 →(4)
高阶等差数列
函数插值
玫瑰线
全局吸引子
双曲型方程组
通量分裂

差分不等式
difference inequalities
O178
S 不等式*
C 有界性

差分代换
difference substitution
O175.7
S 数学方法*

差分法
difference method
O241；P456.7
D 差分方法
S 数值方法
F 广义差分法
特征差分法
辛算法
隐式差分法
有限差分法
中心差分法
C 变形速度 →(2)
高阶紧致差分格式
解析解
误差估计
一维可压缩流 →(2)
指数变换
子域积分
Z 数学方法

差分方程
difference equation
O175.7
S 方程(数学)*
F 二阶差分方程
泛函差分方程
非线性差分方程
分数阶差分方程
高阶差分方程
脉冲差分方程
偏差分方程
时滞差分方程
微分差分方程
线性差分方程
有理差分方程
有限差分方程
C z 变换
多维系统
二阶非线性
交替方向迭代法
位移算子
直角坐标
子半环

差分方程模型
difference equation model
O175.7
S 数学模型*
C 广义 Fibonacci 数列

差分方程组
difference equation system
O175.7
S 方程组*

差分方法
Y 差分法

差分格式*
difference scheme
O241；P43
F Crank-Nicolson 格式
ENO 格式
MacCormack 格式
MmB 差分格式
并行差分格式
高阶差分格式
高精度差分格式
紧致差分格式
守恒格式
蛙跳格式
辛差分格式
迎风格式
C 能量估计
平衡分布函数
双曲型守恒律
最大模

差分离散
difference discrete
O241.8；O316
S 离散*
C 数值计算

差分模拟
difference analogue
O242.1
S 仿真*
F 有限差分模拟

差分算子
difference operator
O175；O177
S 算子*
C 振动性 →(2)
中立型差分方程

差分微分方程
Y 微分差分方程

差分系统
Y 差分

差积
difference product
O156；O241
S 积*

差集
difference set
O144；O157
D 差族
S 集合*
F 循环差集
C 分担函数
正交分解

差量
Y 离差

差商
difference quotient
O241
D 均差
S 商(数学)*
C Hermite 插值

差异系数
Y 变异系数

差异显著性检验
difference significance test
O212.1
S 显著性检验
C 总体平均值
Z 假设检验

差异信息
Y 增量信息

差值*
difference
ZT
D 差
F 符号差
公差
极差
离差
全变差
鞅差
有界变差
C 减法

差值法
difference-value method
O121
S 数学方法*
C 系统误差

差族
Y 差集

插空法
interpolation method
O141；O156
S 数学方法*

插值*
interpolation
O241
D 插值性
插值运算
F ENO 插值
Hermite 插值
Laplace 插值
保形插值
超限插值
端点插值
多项式插值
多元插值
二次插值
二元插值
反插值
分段插值
分形插值
函数插值
几何插值
局部插值
克里金插值
空间插值
拉格朗日插值
拟插值
牛顿插值
抛物插值
切触插值
三次插值
三角插值
散乱数据插值
投影型插值
线性插值
小波插值

样条插值
有理插值
约束插值
最优插值
C Bezout 定理
Lebesgue 常数
饱和阶
次 Hermite 矩阵
多项式方程
非张量积
分形几何
矩形域
求和因子
三进制

插值逼近
interpolation approximation
O174.41；O241
S 逼近*

插值定理
interpolation theorem
O174.42；O177；O241.82
D 插值理论
内插定理
S 数学定理*
C Lebesgue 空间
插值函数

插值多项式
interpolation polynomial
O174.42
S 多项式*
F Hermite 插值多项式
Lagrange 插值多项式
三角插值多项式
C 三角形元 →(2)

插值法
interpolation method
O241.3
D Aitken 插值算法
埃特金插值法
插值方法
内插
内插法
数据内插
S 数学方法*
F 抛物线法
C 监测数据 →(5)
时间序列
样条函数

插值方法
Y 插值法

插值公式
interpolation formula
O174.42
S 公式(数学)*
F 拉格朗日插值公式
C 切触插值
有理分式函数

插值函数
interpolating function
O241；O302
D 插值形函数
S 函数*
F 插值基函数
分形插值函数
三次样条函数
C B 样条
插值定理
调节参数
无单元法 →(2)
再生核 Hilbert 空间

插值基函数
interpolation basis function
O241.3
S 插值函数
函数*
基函数

插值节点
interpolation node
O241
D 插值结点
S 数值点
F 等距结点
C 余式
Z 点(数学)

插值结点
Y 插值节点

插值矩阵法
interpolating matrix method
O151.21
S 矩阵*

插值理论
Y 插值定理

插值模型
interpolation model
O141.4；P413
S 数学模型*
C 空间插值

插值拟合
interpolating fit
O241.3
S 数学拟合*

插值曲面
interpolated surface
O174.41；O241.3
S 曲面*
F 分形插值曲面

插值曲线
interpolation curve
O174.42；O182；O186.11
S 匹配*
C 指数映射

插值算子
interpolation operator
O174.42；O177
S 算子*
C Hermite 型有限元

插值条件
interpolation condition
O174.2；O241.5
S 条件*
C 适定结点组

五次多项式

插值误差
interpolation error
O174.41；O174.42；O241
S 误差*
C Runge 现象
先验估计

插值小波
Y 插值小波变换

插值小波变换
interpolating wavelet transform
O174.42；O175.2
D 插值小波
S 小波变换*
C 尺度函数

插值形函数
Y 插值函数

插值性
Y 插值

插值样条
interpolating spline
O174.42；O241.3；P413
S 样条曲线*
C 保凸性

插值余项
interpolating remainder term
O174.42；O241.3
S 余项
Z 项(数学)

插值运算
Y 插值

查访
Y 调查

查验
Y 检测

查证
Y 检测

察访
Y 调查

拆项
Y 拆项法

拆项法
disassembly method
O151.22；O172.2
D 拆项
S 数学方法*
C 部分分式

长除
Y 多项式除法

长度*
length
O123
F 队长
共轭类长
弧长
棱长

平均运行长度
区间长度
特征长度
围长
周长
周期长度
最佳长度
C 高度
距离

长方体
cuboid
O123.2
S 平行六面体
C 对称平均
棱长
Z 几何体

长方形
Y 矩形

长宽比
length-width ratio
O123
D RLB
S 比例*

长期演化
secular evolution
ZT5
S 演变*

长正合上同调列
Y 正合序列

长正合上同调序列
Y 正合序列

长正合同调列
Y 正合序列

长正合同调序列
Y 正合序列

长周期
long period
ZT73
S 周期*
C 长周期地震动 →(5)
地磁脉动 →(5)

长轴
long axis
O123；O185
D 短轴
S 轴(数学)*
C 椭圆
直线

常返*
recurrent
O212
D 常返性
常返状态
非常返
F 零常返
强常返
弱常返
正常返
C 绕积马氏链
随机环境

常返性
Y 常返

常返状态
Y 常返

常规控制图
conventional control chart
O213.1
S 控制图*

常利率
constant interest rate
O175
S 比率*
C 次指数分布

常平均曲率
constant mean curvature
O181
S 常曲率
平均曲率
C 积分不等式
Z 曲率

常曲率
constant curvature
O181
S 曲率*
F 常平均曲率
常数量曲率
拟常曲率
C Finsler 空间
数值模拟

常曲率空间
constant curvature space
O186
D 广义黎曼空间(M,Gab)
S 空间(数学)*
C 全脐子流形

常数*
constants
O122
D 恒量
基本常数
F Bloch 常数
Euler 常数
Lebesgue 常数
非方常数
积分常数
结构常数
迷向常数
周期常数
最佳常数
C 标准规范

常数 k 值法
constant-k-value method
O172.1
S 数学方法*
C 微分中值定理

常数变易法
constant-change method
O175.1
S 微分方程解法*
C 欧拉方程 →(2)(4)

常数量曲率
constant scalar curvature
O181
S 常曲率
数量曲率
C 类空超曲面
Z 曲率

常数项级数
constant series
O122.7；O173
S 级数(数学)*

常态分布
Y 正态分布

常态曲线
Y 正态分布

常微分方程
ordinary differential equation
O175.1
S 微分方程
F Liénard 方程
n 阶常微分方程
Painlevé 方程
Rayleigh 方程
Riccati 方程
伯努利方程
刚性常微分方程
高阶常微分方程
梁方程
奇异常微分方程
线性常微分方程
延迟微分方程
C 初值问题
降阶法
可积判据
算子解法
线性多步法
辛几何
正交函数
Z 方程(数学)

常微分方程组
system of ordinary differential equations
O175.1
S 微分方程组
C 亏指数
首次积分
Z 方程组

常微分算子
ordinary differential operator
O175.3
S 微分算子
C 二阶常微分方程
Z 算子

常系数
constant coefficient
O175.1
S 系数*
C 半变系数模型
非齐次微分方程
线性微分方程

常系数非齐次线性微分方程
constant coefficient inhomogenous linear different
O175
S 常系数线性微分方程
非齐次线性微分方程
F 二阶常系数非齐次线性微分方程
Z 方程(数学)

常系数线性微分方程
linear differential equation with constant coefficients
O175.1
D 常系数线性微分方程组
S 线性微分方程
F 常系数非齐次线性微分方程
Z 方程(数学)

常系数线性微分方程组
Y 常系数线性微分方程

常项
constant
O141
D 逻辑常项
S 符号(数学)*

常正交群
Y 旋转群

超 Cartan 域
super-Cartan domain
O174
S Cartan 域
C 全纯截曲率
Z 域

超逼近
super approximation
O174.41
S 逼近*
C 超收敛
非协调元
积分恒等式

超比分布
Y 超几何分布

超比函数
Y 超几何函数

超边幻和标号
super edge-magic total labeling
O157.5
S 标号算法
Z 最优化方法

超边幻和图
super edge-magic total graphs
O157.5
S 图表*

超布朗运动
super-Brownian motion
O211.6
S 布朗运动
C 速度
维数定理
Z 随机过程

超代数
superalgebra
O153
S 非结合代数
Z 代数

超定方程组
overdetermined system
O175.28
S 方程组*
F 超定线性方程组

超定线性方程组
overdetermined linear equations
O175；O241.6
S 超定方程组
线性方程组
Z 方程组

超二次曲面
hyperquadric
O182
S 超曲面
二次曲面
C 仿射空间
Z 曲面

超二次条件
superquadratic condition
O193
S 条件(数学)*
C 响应面方法 →(2)

超复数
hypercomplex number
O174
S 复数*
F 八元数
四元数

超积
Y 布尔值模型

超几何方程
hypergeometric equation
O175
S Fuchs 方程
C 单粒子能级 →(2)
Z 方程(数学)

超几何分布
hypergeometric distribution
O211.3
D 超比分布
S 几何分布
C 数学期望
Z 概率分布

超几何函数
hypergeometric function
O174.6
D 超比函数
S 特殊函数
F Gauss 超几何函数
合流超几何函数
C 超几何级数
多维空间
Z 函数

超几何级数
hypergeometric series
O173
D Gauss 级数
高斯级数
S 几何级数
F 基本超几何级数
C 超几何函数
Z 级数(数学)

超几何微分方程
Y 高斯方程

超记忆梯度法
supermemory gradient method
O224
S 记忆梯度法
C 微分方程
Z 数学算法

超矩形
hyperrectangle
O157.3
S 矩形
Z 多边形

超可解
supersolvable
O122.2
S 可解
F p-超可解
C c-正规
Z 解

超可解群
supersolvable group
O152.1
S 超群
可解群
C 可解性条件
Z 群(数学)

超可微函数
super differentiable function
O174.1
S 可微函数
Z 函数

超临界条件
supercritical conditions
ZT84
S 临界条件
C 超临界 →(2)
临界点
Z 条件

超滤子
ultrafilter
O157.2
S 滤子*
C 子空间

超幂
ultrapower
O153.2
S 幂
Z 运算

超模博弈
supermodular game
O177.91

S 博弈*
C 支付函数

超欧拉图
super Euler graph
O157.5
S 超图
欧拉图
Z 图表

超平面
hyperplane
O184
D 超平面构形
S 平面*
C 赋范线性空间
距离公式
中心构型 →(4)

超平面构形
Y 超平面

超奇异积分
hyper-singular integral
O172.2；O241.82
S 奇异积分
C 特殊函数
椭圆曲线
Z 积分变换

超奇异积分方程
hyper-singular integral equation
O175.1
S 积分方程
奇异方程
C 基本解方法 →(2)
Z 方程(数学)

超球多项式
Y 盖根堡多项式

超球级数
hyperspherical series
O173
S 级数(数学)*
C 型函数

超球面
hypersphere
O186.1
D n-1 维超球面
S 超曲面
球面
C 欧氏空间
球面拟合
Z 曲面

超曲面
hypersurface
O186；O187
S 曲面*
F 超二次曲面
超球面
等参超曲面
极小超曲面
类空超曲面
洛伦兹超曲面
全脐超曲面
旋转超曲面
C Ricci 张量
代数簇
共形不变量
拟常曲率流形
中位线

超群
supergroup
O152
S 群(数学)*
F 超可解群

超收敛
superconvergence
O221.2；O224；O241
D 超收敛性
S 收敛(数学)*
F 超线性收敛
C stokes 方程
超逼近
各向异性网格
混合有限元
抛物型方程
外推法
旋转 Q1 元

超收敛性
Y 超收敛

超松弛迭代
super relaxation iteration
O241.6
D 超松弛迭代法
S 松弛迭代
C 压力分布 →(2)
Z 迭代法

超松弛迭代法
Y 超松弛迭代

超凸度量空间
hyperconvex metric space
O177.91
S 超凸空间
凸度量空间
Z 空间(数学)

超凸空间
hyperconvex space
O177.91
S 凸空间
F 超凸度量空间
Z 空间(数学)

超图
hypergraph
O157.5
D 母图
S 图表*
F 超欧拉图
C Laplace 谱半径
分数色数
自环

超椭圆曲线
hyperelliptic curve
O187.1
S 椭圆曲线
C 有限域
Z 匹配

超稳定性
hyperstability
O19
S 稳定性(数学)*

超线性
superlinearity
O151.2
S 数学性质*
C 双障碍问题
四阶方程

超线性收敛
superlinear convergence
O221；O224
D 超线性收敛性
S 超收敛
线性收敛
Z 收敛(数学)

超线性收敛性
Y 超线性收敛

超限插值
transfinite interpolation
O174.42
D 无限插值
S 插值*
C 气动弹性 →(2)

超小波
hyper wavelets
O174.2
S 小波变换*
C 仿射几何

超循环理论
hypercycle theory
N941.8
S 系统论*
C 自然循环 →(2)

超循环算子
hypercycle operator
O177
S 算子*
C 复平面

超有效点
super efficient point
O177
S 点(数学)*
C 局部凸拓扑线性空间

超有效解
super efficient solution
O122.2
S 有效解
C 多目标决策
Z 解

超越方程
transcendental equation
O175
S 方程(数学)*
F 三角方程
指数方程
C 超越函数

超越函数
transcendental function
O174
S 函数*
F 超越亚纯函数
双曲函数
特殊函数
指数型函数
周期函数
C 超越方程

超越数
transcendental number
O156.6
S 实数
C 指数函数
Z 复数

超越亚纯函数
transcendental meromorphic function
O174.52
S 超越函数
亚纯函数
Z 函数

超越整函数
transcendental entire function
O174.52
S 整函数
Z 函数

超正则函数
hypermonogenic function
O174
S 正则函数
C 非线性边值问题
Z 函数

超指数分布
hyperexponential distribution
O211.3
D 混合指数分布
S 指数分布
C 自相似分形
Z 概率分布

车辆路线问题
vehicle route problem
O221；O224
D VRP 问题
S 运筹问题
C 随机需求
条件
Z 数学问题

成对比较矩阵
dyadic comparison matrix
O151.21；O241
S 比较矩阵
C 加权算术平均
Z 矩阵

成分
Y 组分

成分特征
Y 组分

成份
Y 组分

成果
achievement
ZT84

乘
Y 乘法

乘法
multiplication
O121
D 乘
S 算术运算
F 标量乘法
C 补数
Z 运算

乘法表
multiplication table
O156.1；O1-64
D 九九表
S 图表*

乘法带半环
multiply with half ring
O153.3
S 半环*

乘法定理
Y 乘法公式

乘法公式
multiplication formula
O143
D 乘法定理
简乘公式
S 基本公式
C 完备事件组
Z 公式(数学)

乘法交换律
commutative law of multiplication
O1-0
S 交换律
Z 定律(数学)

乘法模
multiplication module
O153
S 模(数学)*

乘法模型
Y 乘积模型

乘法群
multiplicative group
O152
S 群(数学)*
F 单位群

乘法算子
multiplication operator
O177
S 算子*

乘法线性泛函
Y 线性泛函

乘法线性泛函数
Y 线性泛函

乘法映射
multiplicative mapping
O151.21；O177
D 可乘映射
S 映射*
C 自同构

乘法原理
multiplication principle
O122
S 数学原理*
C 排列组合

乘方
Y 幂

乘积
multiplication
O121
S 积*
F Kronecker 乘积
部分和乘积
阶乘
矩阵乘积
无穷乘积
C 最优解

乘积测度
product measure
O174.12
S 测度(数学)*
C 交换子

乘积和
product sum
O174.14
D SP
积和
S 和(数学)*
F 加权和
C 恒等变换

乘积空间
Y 积空间

乘积模型
product model
O212.1
D 乘法模型
S 算法模型
Z 数学模型

乘积图
product graph
O157.5；O172.2
D 积图
直积图
S 图表*
F 笛卡尔乘积图
C 分式环
连通度

乘积限估计
product limit estimator
O212.1
S 估计(数学)*
C 渐近正态性

乘积域
product domains
O153.4

S 域*
C 粗糙核

乘幂
Y 幂

乘幂法
Y 幂法

乘数
multiplier
O143；O171
D 被乘数
S 数(数学运算)*

乘性线性泛函
Y 线性泛函

乘性一致性
multiplicative consistency
O151.21
S 数学性质*
C 转换公式

乘子
Y 乘子算子

乘子法
multiplier method
O177；O224
S 最优化方法*
F 拉格朗日乘子法

乘子算子
multiplier operator
O177
D 乘子
S 算子*
F Floquet 乘子
Lagrange 乘子
C 泊松核
全纯函数

程函方程
eikonal equation
O175.29；O435
D Eikonal 方程
短时距方程
几何光学方程
S 非线性偏微分方程
C 有限差分模拟
Z 方程(数学)

程式
Y 模式

程序框图
Y 流程图

惩罚函数
Y 罚函数

惩罚函数法
Y 罚函数法

惩罚似然
Y 似然比

惩罚最小二乘
Y 惩罚最小二乘法

惩罚最小二乘法
penalized least squares method
O212.1
D 惩罚最小二乘
S 最小二乘法*
C 参数选择

弛豫
Y 松弛

弛豫法
Y 松弛法

弛豫过程
Y 松弛

弛豫现象
Y 松弛

弛豫效应
Y 松弛

驰豫
Y 松弛

驰豫速率
Y 松弛

迟延时间
Y 延迟时间

迟延系统
Y 时滞系统

迟滞模型
hysteresis model
N94
S 模型*

迟滞时间
Y 延迟时间

迟滞系统
Y 时滞系统

迟滞现象
Y 滞后

持时
Y 持续时间

持续日数
duration days
ZT73
D 持续天数
S 时间*
C 持续时间

持续时间
duration time
ZT73
D 持时
累积持续时间
连续时间
S 事件时间*
C 持续日数
降水历时 →(4)(5)
连续条件
寿命

持续天数
Y 持续日数

持续性预报
Y 预报

尺寸*
size
ZT2
F 临界尺寸
C 公差
厚度

尺度*
scale
ZT2
D 特征尺度
F 标准尺度
网格尺度
C 尺度分析
尺度结构
时空尺度
天气尺度 →(4)

尺度参数
scale parameter
O212
D 标度参数
定位参数
刻度参数
S 参数*
C 长度变形 →(4)
尺度结构
渐近正态性
七参数转换 →(4)
舍弃域
坐标转换

尺度分析*
scale analysis
P445；P458.2
F 多重尺度法
C 尺度
尺度结构
气象分析 →(4)

尺度函数
scaling functions
O174
S 函数*
F 多尺度函数
向量值尺度函数
正交尺度函数
C 插值小波变换
紧框架
紧支撑小波
伪微分算子

尺度结构
scale structures
ZT6
C 尺度
尺度参数
尺度分析
尺度模式 →(4)

尺度相关
scale correlation
ZT84
D 尺度相关性
S 相关*
C 小波多尺度分解 →(4)

尺度相关性
Y 尺度相关

冲击函数
Y 脉冲函数

冲激函数
Y 脉冲函数

冲量原理
Y Duhamel 积分

充分必要条件
Y 充要条件

充分条件
sufficient condition
O171
D 充分性
充分性条件
S 条件(数学)*
F 充要条件
二阶充分条件
最优性充分条件
C Cramer 法则
单种群模型
解的存在性

充分性
Y 充分条件

充分性条件
Y 充分条件

充满圆
full circle
O186
S 圆*
C 代数体函数
迭代级

充要条件
necessary and sufficient condition
O141.1；O171
D 必要充分条件
充分必要条件
S 充分条件
F Kuhn-Tucker 条件
C 单调数列
强大数定律
Z 条件(数学)

重采样
resampling
C81
D 二次采样
二次抽样
双采样
双抽样
再采样
再抽样
重采样技术
重抽样
重取样
S 采样*
F 最邻近重采样
C 像素 →(2)(4)

重采样技术
Y 重采样

重抽样
Y 重采样

重对数律
iterated logarithm law
O211.1
S 对数律
C 大偏差定理
随机变量
中偏差
Z 定律(数学)

重分形
multifractal
O189
S 分形*

重分形分解
multifractal decomposition
O189.1
S 数学分解*

重分形分析
multifractal analysis
O189.1
S 数学分析*
C 布朗单

重复排列
permutation with repetition
O157
S 排列(数学)*

重复性
repeatability
ZT4
D 再现性
重现性
S 特性*

重根
multiple root
O151
S 方程根
Z 根(数学)

重构公式
reconstruction formula
O174
S 公式(数学)*
C 傅里叶变换
稳定性条件 →(2)

重合点
coincident point
O189.2
S 点(数学)*
C 闭曲线
开映射

重合点定理
coincidence point theorems
O211
S 重合定理
Z 数学定理

重合定理
coincidence theorem
O211
S 数学定理*
F 重合点定理
重合度理论

重合度定理
Y 重合度理论

重合度理论
coincidence degree theory
O177；O211
D 迭合度
迭合度理论
重合度定理
S 度理论
重合定理
F 重合度拓展定理
C 时滞种群模型
同伦不变性
正整数解
Z 数学定理
数学理论

重合度拓展定理
continuation theorem of coincidence degree principle
O211
S 重合度理论
Z 数学定理
数学理论

重积分
multiple integral
O172.2
D 多元积分
多重积分
S 定积分
F 二重积分
三重积分
C 对称区域
极限运算
Z 积分

重极限
Y 二重极限

重陪集
Y 陪集

重取样
Y 重采样

重试排队
retrial queues
O226
S 排队论*
C 共轭算子

重数
multiplication
O156；O572.3
D 多重数
S 数*
F 代数重数
几何重数
C 最大特征向量

重特征值
multiplex eigenvalue
O175.9
S 特征值*
C 模态展开法

重调和方程
Y 双调和方程

重调和函数
Y 双调和函数

重调和算子
Y 双调和算子

重图
Y 多重图

重尾
Y 重尾分布

重尾分布
heavy tail distribution
O212
D 重尾
S 尾分布
C 更新风险模型
极值理论
随机和
Z 概率分布

重现性
Y 重复性

重言式
tautology
O141
D 广义重言式
永真式
S 命题公式
C 逻辑系统
右连续
子代数
Z 公式(数学)

重域
quasi-coincident neighborhood
O174
S 域*
C 主同余关系

重整化群
renormalization group
O152；O411
D 重整化群方法
重正化群
S 群(数学)*

重整化群方法
Y 重整化群

重正化群
Y 重整化群

重正化群方法
renormalization group approach
O175.12
S 数学方法*
C 密度矩阵 →(2)

重值
multiple value
O174
S 值(数学)*
C 奇异方向

抽检方案
Y 统计估计

抽屉原理
drawer principle
O156；O212.2
D Dirichlet 原理
抽屉原则
狄利克雷原理
鸽巢定理
鸽舍原理
S 数学原理*

抽屉原则
Y 抽屉原理

抽象 Cauchy 问题
abstract Cauchy problem
O175
D 抽象柯西问题
S Cauchy 问题
C 非负解
Z 数学问题

抽象边值问题
abstract boundary value problem
O175.8
S 边值问题*

抽象代数
abstract algebra
O153
D 近世代数
S 代数*
F Artin 代数
BZ-代数
EI 代数
Koszul 代数
MS-代数
N(2,2,0)代数
Novikov 代数
Ockham 代数
Poisson 代数
stone 代数
生成子
剩余格
效应代数
C 抽象函数

抽象动力方程
abstract dynamic equation
O177
S 动力方程*

抽象动力系统
Y 拓扑动力系统

抽象发展方程
abstract evolution equation
O122.2
S 发展方程
C 展开(数学)
Z 方程(数学)

抽象函数
abstract function
O174
S 函数*
C 抽象代数
单调性分析

抽象柯西问题
Y 抽象 Cauchy 问题

抽象空间
abstract space
O177；O189
S 空间(数学)*
F 抽象凸空间
C 压缩映射原理

抽象凸
abstract convex
O174
S 凸性*

抽象凸空间
abstract convex space
O177.91；O189
S 抽象空间
凸空间
C 映射
Z 空间(数学)

抽样
Y 采样

抽样法
Y 采样

抽样方案
Y 统计估计

抽样分布
sample distribution
O212.2
D 抽样分配
极限抽样分布
经验分布
随机变量函数分布
统计量分布
样本分布
样本分配
样本统计量分配
S 概率分布*
F F 分布
t 分布

抽样分配
Y 抽样分布

抽样估计
Y 统计估计

抽样函数
sampling function
O212.2；O43；P413
D 取样函数
样本函数
S 函数*

抽样技术
Y 采样

抽样间隔
Y 采样密度

抽样检验方案
Y 统计估计

抽样理论
Y 采样

抽样平均误差
Y 抽样误差

抽样试验
spot test
N33
S 统计试验
Z 试验

抽样特性曲线
Y OC 曲线

抽样推断
Y 统计估计

抽样误差
sampling error
C8
D 采样误差
抽样平均误差
取样误差
S 观测误差
C 裂区设计
样本容量
Z 测量误差

抽样效率
sampling efficiency
O212.2
S 效率*

稠密度
Y 聚集密度

稠密集
dense set
O144；O174.1；O241
D 疏朗集
S 集合*
F 稠密子集
C 幂等元
周期点

稠密矩阵
Y 稀疏矩阵

稠密性定理
Y 密度定理

稠密子集
dense subset
O144
D 稠子集
S 稠密集
子集
C 拓扑线性空间
Z 集合

稠子集
Y 稠密子集

筹算
Y 珠算

初边值
Y 初边值问题

初边值问题
initial boundary value problem
O175.8；O241.82
D 初边值
初-边值问题
初值-边值问题
S 边值问题*
F 混合初边值问题
C 非传统 Hamilton 型变分原理 →(2)
非线性拟抛物方程
虚功原理 →(2)
子域积分

初-边值问题
Y 初边值问题

初等变换
elementary transformation
O151；O241.6
S 数学变换*
F 初等列变换
初等行变换
广义初等变换
矩阵初等变换
C Frobenius 不等式
矩阵秩
增广矩阵

初等变换法
elementary operation method
O151.21
S 变换法
C 齐次方程
Z 数学方法

初等代数
elementary algebra
O122
D 古典代数
S 初等数学
代数*
C 初等数论
数形结合法
Z 数学

初等对称多项式
Y 对称多项式

初等对称函数
elementary symmetric function
O171
S 初等函数
对称函数
C 降维法
Z 函数

初等方法
elementary method
O171
D 初等解法
S 数学方法*
C 求和公式

初等函数
elementary function
O171；O174
D 非初等函数
S 函数*
F 初等对称函数
代数函数

初等行变换
elementary row operation
O151.2
D 行初等变换
S 初等变换
C 单位矩阵
可行基
同步求解
行向量
秩等式
Z 数学变换

初等积分法
elementary integral method
O175.1；O241.8
S 积分法
C Riccati 方程
Z 数学方法

初等几何
elementary geometry
O123
D Euclid 几何
欧几里得几何
欧几里得几何学
欧氏几何
S 初等数学
几何*
F 立体几何
平面几何
C 仿射变换
共线点
旋转变换 →(2)
Z 数学

初等解法
Y 初等方法

初等列变换
elementary column vary
O151.21
D 列初等变换
S 初等变换
Z 数学变换

初等数论
elementary number theory
O156.1
S 数论
C 初等代数
Z 数学理论

初等数学
elementary mathematics
O12
S 数学*
F 初等代数
初等几何
算术

初等算子
elementary operator
O177
S 算子*
C 自共轭矩阵

初等因子
elementary divisor
O151.21
S 因子*
C 渐近公式

初等证明
elementary proof
O171；O174
　S 证明*
　C 复数域

初始函数
initial function
O174
　S 函数*

初始解
initial solution
O175.1；O175.2
　S 解*

初始可行基
　Y 可行基

初始态
initial state
ZT5
　D 初态
　S 状态*

初始条件
initial condition
O175.1；O175.2；P43
　D 初条件
　S 定解条件
　C 初应力 →(2)
　Z 条件

初始误差
initial error
O241.1
　S 计算误差
　Z 误差

初始向量
initialization vector
O29
　S 向量*

初始值
initial value
O211.61；O213
　D 初值
　S 值(数学)*
　F 迭代初值
　C 计算稳定性

初态
　Y 初始态

初条件
　Y 初始条件

初值
　Y 初始值

初值-边值问题
　Y 初边值问题

初值敏感性
　Y 初值问题

初值条件
initial value condition
O175.1
　S 临界条件
　Z 条件

初值问题
initial value problems
O122.2；O174；O241.82
　D 初值敏感性
　S 数学问题*
　F 周期初值问题
　C Gurtin 变分原理 →(2)
　　常微分方程
　　稳定集

除
　Y 除法

除法
division
O121
　D 除
　S 算术运算
　F 整除
　C 最大公因数
　Z 运算

除法定理
division theorem
O156
　S 数学定理*

除环
division ring
O153.3
　D 反称域
　　体
　S 结合环*
　C 逆矩阵

除幂代数
divided power algebra
O152.5
　S 代数*

除数
dividend
O121；O156
　D 被除数
　　除数问题
　S 数(数学运算)*
　C 加法

除数函数
divisor function
O156
　S 数论函数
　C 优美指数
　Z 函数

除数问题
　Y 除数

除子
divisor
O187
　D 挠除子
　　扭除子
　　有效除子
　　正除子
　C 标量乘法
　　效率

除子群
　Y 可除子群

楚列斯基分解
　Y Cholesky 分解

触发机制
trigger mechanism
ZT0
　S 机理*

传播*
propagation
ZT5
　D 传导
　F 奇性传播

传播差错
　Y 传播误差

传播函数
propagation function
O174
　S 函数(物理)*

传播距离
propagation distance
ZT2
　S 距离*
　C 传播时间 →(5)

传播误差
propagation error
O24
　D 差错传播
　　传播差错
　　传递误差
　　错误传播
　　错误扩散
　　误差传播
　　误差传递
　　协方差传播
　　延伸误差
　S 误差*
　C 误差分布
　　谐波共振 →(2)

传播子
propagator
O174
　S 格林函数
　Z 函数(物理)

传导
　Y 传播

传递闭包
transition closure
O158
　S 闭包
　C 直觉模糊关系
　Z 集合

传递关系
transitive relation
O151.21
　S 二元关系
　C 传递函数
　Z 关系(数学)

传递函数
transfer function
O174
D 传输函数
迁移函数
转换函数
转移函数
S 函数(物理)*
F 调制传递函数
对比度传递函数
光学传递函数
系统传递函数
相干传递函数
C 传递关系
快速傅里叶变换
瞬态响应 →(2)
网络分析
纤维丛理论

传递函数矩阵
transfer function matrix
O151.21
D 传递函数阵
S 矩阵*

传递函数阵
Y 传递函数矩阵

传递群
Y 可迁群

传递误差
Y 传播误差

传递指数
transitive index
O157.5
S 指数*
C 二元关系

传递置换群
Y 可迁置换群

传染病模型
epidemic model
O141.4；O175.7
D SEIRS 模型
流行病模型
S 数学模型*
F SEIR 模型
SEIS 模型
SIRS 模型
SIR 模型
SIS 模型
SI 模型
病毒模型
生态-流行病模型
C 非线性传染率
非线性发生率

传输
Y 转移

传输方式
Y 转移

传输函数
Y 传递函数

传输线传输方程
Y 电报方程

传输线方程
Y 电报方程

传送
Y 转移

传统半群
traditional semigroup
O152.7
D 纯正半群
S 半群
Z 群(数学)

传统概率
Y 古典概型

传统模糊推理法
Y Mamdani 算法

串并联系统
Y 混联系统

串-并联系统
Y 混联系统

串检验
Y 游程检验

串联排队系统
tandem queuing system
O22
S 串联系统
排队系统
Z 系统

串联系统
series system
N948
S 互联系统
F 串联排队系统
C 并联系统
混联系统
Z 系统

垂线
vertical line
O186
S 线段*
F 公垂线
中垂线
C 二面角

垂向变化
Y 垂直变化

垂心
orthocenter
O182
S 几何点
C 锐角三角形
Z 点(数学)

垂直
vertical
O123；O182；O185
D 垂直的
直线垂直
S 正交关系
C 向量
Z 关系(数学)

垂直变化
vertical variation
ZT5
D 垂向变化
S 变化*

垂直的
Y 垂直

垂直断面
Y 垂直剖面

垂直距离
vertical distance
O123.2；O181
S 距离*
F 截距
C 单位球

垂直剖面
vertical profile
O123.2；P731.1
D 垂直断面
S 剖面*
C 状态方程 →(2)(4)(5)

垂足
foot drop
O182
S 几何点
C 公垂线
Z 点(数学)

纯策略
pure strategy
O227
S 策略(数学)*

纯粹数学
Y 基础数学

纯点谱
Y 离散频谱

纯幻方
Y 完美幻方

纯量曲率
Y 数量曲率

纯灭过程
Y 生灭过程

纯生过程
Y 生灭过程

纯数学
Y 理论数学

纯相关
Y 偏相关

纯虚数
pure imaginary number
O174
S 虚数
C Hermite 矩阵
Z 复数

纯循环小数

pure recurring decimal
O121
S 循环小数
Z 复数

纯正半群
Y 传统半群

次 Hermite 矩阵
sub-Hermite matrix
O151.2
S Hermite 矩阵
C 插值
Z 矩阵

次摆线
Y 摆线

次单群
sub-simple group
O152.1
S 单群
Z 群(数学)

次对称矩阵
sub symmetric matrix
O151.21
S 对称矩阵
F 对称次反对称矩阵
C 最佳逼近
Z 矩阵

次范 Z-空间
Y 次范整线性空间

次范整线性空间
sub-normed linear spaces
O177
D 次范 Z-空间
S 赋范线性空间
C 开映射定理
线性算子
Z 空间(数学)

次方
Y 幂

次极大理想
submaximal ideal
O153.3
S 次理想
极大理想
Z 理想(数学)

次理想
subideal
O153.3
S 理想(数学)*
F 次极大理想
C 正规子群

次临界增长
Y 临界增长

次模函数
submodular function
O156
S 模函数
C 连续模
Z 函数

次数分布
Y 频率分布

次顺序统计量
Y 次序统计量

次特征
Y 特征线

次特征线
Y 特征线

次特征向量
sub-eigenvector
O183
S 特征向量
Z 向量

次特征值
sub-eigenvalue
O177
S 特征值*
C 次正规

次梯度
subgradient
O175.3；O192
S 梯度分布*

次调和函数
subharmonic function
O174.3
D 下调和函数
S 调和函数
Z 函数

次调和解
subharmonic solutions
O174.3；O175.1
D 上调和解
S 调和解
C 调和函数
Z 解

次网格尺度
sub grid scale
ZT2
S 网格尺度
Z 尺度

次微分
subdifferential
O172.1；O175.3
S 微分*
F 二次微分
锥次微分
C 下半连续函数

次线性算子
sublinear operator
O177
S 线性算子
C Aubry-Mather 集
参数型 Marcinkiewicz 积分
Z 算子

次相容映象对
sub compatible mapping pair
O177.91
S 相容映象对

C 度量空间
Z 对

次序公理
Y 几何公理

次序统计量
order statistics
O212
D 次顺序统计量
S 统计量*
C 记录值
拟合优度检验
双参数指数分布

次亚正定矩阵
mate positive sub definite matrix
O151.21
S 亚正定矩阵
F 次正定复矩阵
C 不等式
四元数
Z 方阵
矩阵

次酉矩阵
secondary unitary matrix
O151.21
S 酉矩阵
C 特征空间
Z 矩阵

次正定复矩阵
sub-positive definite complex matrix
O151.21
S 次亚正定矩阵
复正定矩阵
Z 方阵
矩阵

次正定矩阵
positive subdefinite matrix
O151.21
S 实对称矩阵
C 迭代法
Z 方阵
矩阵

次正规
subnormal
O152.1
S 正规性*
C 次特征值
极大子群

次正规子群
subnormal subgroup
O152
S 正规子群
C P-可解
Z 群(数学)

次正交矩阵
sub-orthogonal matrix
O151.21
S 正交矩阵
C 数字正交变换
Z 矩阵

次直不可约

subdirectly irreducible
O153
S 不可约
C 左正则带
Z 数学性质

次直积
subdirect product
O152；O177
D 亚直积
子直积
S 直积
C t-模
布尔代数
Z 积

次指数分布
subexponential distribution
O211.3
S 指数分布
C 常利率
Z 概率分布

次转置
Y 转置

次转置矩阵
sub-transposed matrix
O151.21
D 共轭次转置矩阵
S 转置矩阵
C 共轭方向法
Z 矩阵

次自共轭矩阵
Y 自共轭矩阵

从属函数
Y 隶属函数

从属链
subordination chain
O174.5
S 随机过程*
C 全纯映射
星形映照

从属原理
Y 役使原理

凑微分
improvising differentiation
O172；O241.4
D 凑微分法
S 微分法
C 基本初等函数
Z 数学方法

凑微分法
Y 凑微分

粗糙核
rough kernel
O174.2
S 积分核
C Herz 空间
Marcinkiewicz 积分算子
乘积域
积空间
Z 函数

粗糙集
Y Rough 集合

粗糙集代数
rough set algebra
O159
S 代数*
C 代数精度
下模集函数

粗糙理想
rough ideal
O153.3
D 粗理想
S 理想(数学)*
C 子半群

粗糙隶属函数
rough membership function
O159
S 隶属函数
Z 函数

粗糙模糊集
rough fuzzy sets
O159
D 粗模糊集
S Rough 集合
模糊集
F 直觉模糊粗糙集
C 隶属函数
Z 集合

粗糙群
rough group
O152
S 群(数学)*

粗糙熵
rough entropy
O211.5；O236
S 信息熵
Z 熵(数学)

粗糙同态
rough homomorphism
O159
S 同态*
C 同构定理

粗糙子群
rough subgroup
O152
S 子群
Z 群(数学)

粗差
gross error
O241
D 不正当误差
过失误差
疏失误差
S 误差*
C 截断正态分布

粗差检测
Y 粗差检验

粗差检验
gross error detection
O241.1；P207
D 粗差检测
粗差探测
S 检验*
C 粗差识别 →(4)
抗差估计 →(4)

粗差探测
Y 粗差检验

粗集合
Y Rough 集合

粗集理论
rough sets theory
O159
S 组合论
C S-粗集
不确定性信息
函数 S-粗集
Z 数学理论

粗理想
Y 粗糙理想

粗模糊集
Y 粗糙模糊集

簇*
cluster
O187.2
F 代数簇
例外簇
C 数学分解

存储函数
memory function
O174
S 函数*

存储理论
Y 存贮论

存储论
Y 存贮论

存在
Y 存在性

存在定理
Y 存在性定理

存在条件
existence conditions
ZT84
S 条件*

存在唯一
Y 存在唯一性

存在唯一性
existence and uniqueness
O175.8；O211.63
D 存在唯一
存在惟一性
存在性和唯一性
存在性问题
存在性与唯一性
存在性与惟一性
存在与唯一性
S 数学性质*

C 概周期解

存在唯一性定理
existence and uniqueness theorem
O175.1
S 存在性定理
唯一性定理
C 交错扩散
Z 数学定理

存在性一性
Y 存在唯一性

存在性
existence
O177
D 不存在性
存在
非存在性
S 数学性质*
F 解的存在性
局部存在性
整体存在性
C Hilbert 问题
局部分歧
凝聚算子
抛物型方程组
预解方程

存在性定理
existence theorem
O175.1；O175.2
D 存在定理
S 数学定理*
F 存在唯一性定理
C Hardy-Sobolev 临界指数
二阶系统
三阶两点边值问题
退化抛物方程
旋转超曲面
预解方程
最小二乘混合有限元

存在性和唯一性
Y 存在唯一性

存在性问题
Y 存在唯一性

存在性与唯一性
Y 存在唯一性

存在性与惟一性
Y 存在唯一性

存在与唯一性
Y 存在唯一性

存贮策略
inventory policy
O227
S 策略(数学)*
C 线性方程

存贮论
inventory theory
O221；O227
D 存储理论
存储论
库存理论
库存论
S 数学理论*

错误传播
Y 传播误差

错误校验
Y 误差校验

错误扩散
Y 传播误差

达布变换
Y Darboux 变换

达布定理
Y Darboux 定理

达布和
Darboux sum
O172.2
D Darboux 和
S 和(数学)*
C Weingarten 曲面
定积分
可积性

达布中值定理
Y Darboux 定理

达朗贝尔方程
D'Alembert equation
O122.2
D D'Alembert's 方程
S 方程(数学)*
C 格林函数
拉普拉斯变换法

达朗贝尔公式
Y D'Alembert 公式

达朗贝尔判别法
D'Alembert discrimination
O173
D D'Alembert 判别法
S 判别法(数学)*

达文波特-海尔布隆方法
Y Davenport-Heilbronn 方法

打靶法
shooting method
O241
D 矩阵追赶法
S 微分方程解法*
C 数值解
同伦映射

大 M 法
big M method
O157.6
D 罚金法
S 数学方法*

大范围分析
Y 整体分析

大范围收敛
large-scale convergence
O177.91
S 收敛(数学)*
C 迭代公式

大范围收敛性
Y 全局收敛

大规模线性规划
large scale linear programming
O221.1
S 线性规划
Z 数学规划

大偏差
large deviation
O241.1
D 小偏差
S 偏差*
F 精细大偏差
C 随机和

大偏差定理
large deviation theorem
O211.4
S 偏差定理
C 布朗运动
重对数律
Z 数学定理

大偏差原理
large deviation principle
O211.6
S 偏差原理
C 极大似然估计
Z 数学原理

大气调制传递函数
atmospheric modulation transfer function
O174
S 调制传递函数
Z 函数(物理)

大筛法
large sieve
O156
S 筛选法
Z 数学方法

大数定理
large numbers theorem
O211.6
S 极限定理
F 强大数定理
C 平均值法
Z 数学定理

大数定律
law of large number
O211.1
D 大数律
S 定律(数学)*
F 强大数定律
C ρ-混合
随机环境
震级-频度比值 →(5)

大数律
Y 大数定律

大素数
big prime
O156.2

S 素数
Z 复数

大系统
large-scale systems
N948
S 系统*

大系统理论
large system theory
N941.4
S 系统论*

大型复杂系统
Y 复杂巨系统

大型稀疏线性方程组
large sparse linear equations
O151
S 线性方程组
Z 方程组

代入法
substitution method
O212.1；O241.6
D 代入消元法
S 消元法
C 极限
空间平面
Z 数学方法

代入消元法
Y 代入法

代数*
algebra
O15
D 代数学
对代数
经典代数
F BCH-代数
BCI-代数
Bck-代数
BL-代数
Clifford 代数
FI 代数
R0-代数
Toeplitz 代数
σ-代数
半群代数
布尔代数
抽象代数
初等代数
除幂代数
粗糙集代数
单代数
顶点代数
对偶扩张代数
多项式代数
非结合代数
分次代数
符号代数
高等代数
格蕴涵代数
交换代数
结合代数
进程代数
卷积代数
可除代数
李超代数
路代数
模代数
模糊代数
软代数
三角代数
商代数
双子代数
算子代数
套代数
同调代数
图像代数
拓扑代数
外代数
微分代数
线性代数
辛三代数
子代数
左对称代数
C 几何
量子群

代数 Riccati 不等式
Y Riccati 不等式

代数 Riccati 方程
Y Riccati 代数方程

代数闭域
algebraically closed field
O153.4
S 域*
C 路代数

代数变换
algebraic transformation
O221
S 数学变换*
C Chebyshev 多项式

代数表示
algebraic representation
O122.1
S 表示(数学)*
F 伴随表示
多项式表示
C 倾斜模

代数不等式
algebraic inequality
O178
S 不等式*
F Riccati 不等式
分式不等式
无理不等式
C 独立事件

代数簇
algebraic variety
O187.2
S 簇*
F 射影簇
C 超曲面
解集
准素理想

代数等价
algebraically equivalence
O187
S 等价*
C Banach 极限

代数重数
algebraic multiplication
O175.3
S 重数
C 共轭算子
Z 数

代数迭代法
algebraic reconstruction technique
O241.6
S 迭代法*

代数多重网格法
algebraic multigrid method
O157.5
S 多重网格法
Z 数学方法

代数多项式
algebraic polynomial
O151.21
S 多项式*

代数法
Y 代数方法

代数方程
algebraic equation
O151.1；O151.2
S 方程(数学)*
F Lyapunov 方程
Riccati 代数方程
多项式方程
非线性代数方程
绝对值方程
线性代数方程
线性方程
一元方程
C 代数函数

代数方程组
algebraic equations
O151.1；O151.2
S 方程组*
F 线性代数方程组

代数方法
algebraic method
O123.1；O182
D 代数法
代数解法
S 数学方法*
C 代数数论

代数分析
algebraic analysis
O171
S 数学分析*
C 等价关系
求解
线性空间

代数格
Y 代数函数

代数构造
Y 代数结构

代数函数
algebraic function
O153.1；O174.53
D 代数格
非超越函数
紧生成格
紧致生成格
S 初等函数
解析函数
F 代数体函数
无理函数
有理函数
C 代数方程
代数结构
数集
Z 函数

代数函数域
algebraic function field
O156.2
S 函数域
C 代数曲线
Z 域

代数和
algebraic sum
O122
S 和(数学)*
C 等价无穷小

代数恒等式
algebraic identity
O122
S 恒等式*
C 柯西不等式

代数化
Y 代数性质

代数基本定理
algebra fundamental theorem
O153
D 代数学基本定理
S 基本定理
C 多项式方程
Z 数学定理

代数集
Y 数集

代数几何
algebraic geometry
O156；O187
D 代数几何学
算术代数几何
S 几何*
C 矩阵几何
算术级数

代数几何学
Y 代数几何

代数结构
algebraic structure
O189
D 代数构造
S 数学结构*
C 代数函数

代数解
algebraic solution
O122.2
S 解*
C 微分代数方程

代数解法
Y 代数方法

代数精度
algebraic precision
O241
D 代数精确度
S 数学精度*
C 粗糙集代数
数值微分
投影算子
校正公式

代数精确度
Y 代数精度

代数扩张
algebraic extension
O152；O156.2
D Abel 扩张
Kummer 扩张
阿贝尔扩张
非阿贝尔扩张
库默尔扩张
库默扩张
S 扩张(数学)*
F 平凡扩张
C 不动点定理
有限域

代数黎卡提方程
Y Riccati 代数方程

代数连通度
algebraic connectivity
O157.5
S 连通度*

代数模型
algebraic model
O141.4
S 数学模型*
F 微分代数模型
C 矩阵计算

代数判据
algebraic criteria
O231
S 准则*
C 复根

代数曲面
algebraic surface
O187
S 曲面*
F 三角域
C 三角网格剖分

代数曲线
algebraic curve
O187
S 匹配*
F 空间曲线
平面曲线
C 代数函数域

代数群
algebraic group
O187.2
S 群(数学)*

代数式
algebraic expression
O122.1
S 表达式*
F 对称式
因式
有理式
C 求解
数量积

代数数
algebraic number
O156.2
S 复数*
F 代数整数
C 最小多项式

代数数论
algebraic number theory
O156.2
S 数论
F Dirichlet 特征
C 代数方法
Z 数学理论

代数数域
Y 数域

代数体函数
algebroid function
O174.53；O187
D 整代数体函数
S 代数函数
C Borel 例外值
充满圆
Z 函数

代数同构
algebra isomorphism
O152.2
D 李代数同构
李同构
S 同构*
C 本原幂等元
量子环面

代数同态
algebra homomorphism
O153.3；O177.2
S 同态*
C 扩展原理

代数微分方程
Y 微分代数方程

代数微分方程组
algebraic differential equations
O13；O155；O175.1
D 微分代数方程组
S 微分方程组
Z 方程组

代数稳定性
algebraic stability
O175.13

S 稳定性(数学)*
C 单支方法

代数无关性
Y 代数性质

代数系统
algebraic system
O153.1
S 数学系统*

代数性质
algebraic property
O153；O156.6
D 代数化
代数无关性
S 数学性质*
C 布尔矩阵

代数学
Y 代数

代数学基本定理
Y 代数基本定理

代数余子式
algebraic complement
O151.2
S 余子式
C 模余代数
Z 行列式

代数元
algebraic element
O153；O177
S 元*
C 基础解系

代数运算
algebraic operation
O151；O174.13
S 运算*
F 广义代数运算
算术运算
C 凸函数
左单位元

代数整数
algebraic integers
O156.1
S 代数数
整数
C 费马大定理
Z 复数

代数整数环
Y 整数环

代谢模型
metabolic model
O242.1
S 数学模型*

带分数
Y 假分数

带权估计
Y 加权估计

带权图
Y 赋权图

带调和函数
Y 球谐函数

带跳倒向随机微分方程
backward stochastic differential equations with jumps
O151.1
D 带跳的倒向随机微分方程
S 倒向随机微分方程
C Ito 公式
Z 方程(数学)

带跳的倒向随机微分方程
Y 带跳倒向随机微分方程

带误差的 Ishikawa 迭代程序
Ishikawa iterative process with errors
O177.91
D 带误差的 Ishikawa 迭代过程
带误差的石川迭代过程
具混合误差项的 Ishikawa 迭代程序
S Ishikawa 迭代
Z 迭代法

带误差的 Ishikawa 迭代过程
Y 带误差的 Ishikawa 迭代程序

带误差的石川迭代过程
Y 带误差的 Ishikawa 迭代程序

带形区域
strip region
O177
S 域*
C 上半平面

带余除法
division algorithm
O156.1
D 有余除法
S 数学方法*
C 非负整数解
极大值函数
进制

带状矩阵
band matrix
O151.2；O241
S 矩阵*

殆必收敛
Y 几乎处处收敛

殆复结构
Y 近复结构

殆周期函数
Y 概周期函数

待定系数
undetermined coefficient
O171；O241
S 系数*
C 等比数列

待定系数法
undetermined coefficient method
O171；O241
D 未定系数法
S 数学方法*
C 辅助函数
双曲函数解

戴得金和
Y Dedekind 和

戴德金和
Y Dedekind 和

戴维-斯图尔森方程
Y Davey-Stewartson 方程

单 Lyapunov 函数
Y 多李亚普诺夫函数

单半群
simple semigroup
O152.7
S 半群
单群
F 完全单半群
C 半单纯环
Z 群(数学)

单边约束
Y 不等式约束

单变量分析
univariate analysis
O213
S 统计分析*

单步法
Y 一步法

单参数
one-parameter
O174；O177.91；O212.1
S 参数*

单侧导数
unilateral derivative
O172.1
S 导数*
F 右导数
左导数

单侧极限
one-sided limit
O171；O221
S 极限(数学)*
F 上极限
右极限
C Schwarz 导数

单侧检验
one-sided test
O212.1
D 单尾检验
S 假设检验*

单侧置信下限
Y 置信下限

单层位势
single layer potential
O174.3；O241.82
D 单一分布位势
S 位势*
C 第一类积分方程
奇异积分
数值积分

单超越扩域
simple transcendental extension field
O153.4
S 扩域
C 单根
Z 域

单纯复形
simplicial complex
O174.56
S 复形*
C 三角网格剖分
散乱点集

单纯环
simple ring
O153.3
D 单环
S 结合环*
C 格同构

单纯形
Y 单形

单纯形表
simplex table
O1-64；O241
S 图表*
C 可行基

单纯形法
simplex method
O221；O224；O242.23
D 单纯形方法
单纯形算法
单纯形优化法
单纯型法
S 最优化方法*
F 表上作业法
对偶单纯形法
内点算法
修正单纯形法
C 近似最优解
松弛问题
线性规划

单纯形方法
Y 单纯形法

单纯形积分
simplex integration
O172.2
S 精确积分
C 覆盖函数
位移函数 →(2)
Z 积分

单纯形算法
Y 单纯形法

单纯形优化法
Y 单纯形法

单纯型法
Y 单纯形法

单代数
simple algebra
O153.3
D 半单代数
正规单代数
中心单代数
S 代数*
F 单李代数
四元数代数

单调
Y 单调(数学)

单调(数学)*
monotone(mathematics)
O171
D 单调
单调化
单调性
单调性问题
非单调
非单调技术
非单调性
F 保单调性
拟单调
强单调
同单调
伪单调
严格单调
C 对称不等式

单调变分不等式
monotone variational inequality
O221.2
S 变分不等式
Z 不等式

单调递减
monotone decreasing
O171
S 函数单调性
C 幂平均
Z 函数性质

单调递增
monotone increasing
O171
S 函数单调性
Z 函数性质

单调递增函数
Y 增函数

单调迭代
Y 单调迭代方法

单调迭代法
Y 单调迭代方法

单调迭代方法
monotone iterative method
O175.8；O177.2；O241.6
D 单调迭代
单调迭代法
单调迭代技巧
单调迭代技术
S 迭代法*
F 混合单调迭代方法
C 不动点
周期边值问题

单调迭代技巧
Y 单调迭代方法

单调迭代技术
Y 单调迭代方法

单调关联系统
monotone coherent system
N948
S 互联系统
Z 系统

单调函数
monotone function
O174.1
S 特殊函数
F 减函数
增函数
C Directly-Riemann 积分
单调性分析
模糊结构元
Z 函数

单调化
Y 单调(数学)

单调区间
monotone interval
O122；O171
S 区间*
C 单调性分析
反正弦函数

单调收敛
monotone convergence
O151.2；O171
D 单调收敛性
S 收敛(数学)*

单调收敛性
Y 单调收敛

单调数列
monotonic sequence
O171
D 单调序列
S 数列*
C Wallis 不等式
充要条件

单调算子
monotone operator
O175.3
D 单调映射
S 算子*
F H-单调算子
混合单调算子
极大单调算子
伪单调算子
C 拟变分包含
增生映射

单调线性互补问题
monotonic linear complementary problem
O171；O221.1
D 非单调线性互补问题
S 线性问题
C 内点算法
Z 数学问题

单调性
Y 单调(数学)

单调性分析
monotonicity analysis
O174
S 数学分析*
C 抽象函数
单调函数
单调区间
函数性质
椭圆积分

单调性问题
Y 单调(数学)

单调序列
Y 单调数列

单调映射
Y 单调算子

单调有界
monotone bounded
O171
S 有界
C 均值不等式
Z 界(数学)

单调有界定理
monotone bounded theorem
O171
S 数学定理*

单调有界原理
bounded monotonic principle
O171
S 数学原理*
C 数列极限

单调正解
increasing positive solutions
O122.2
S 正解
C 弹性梁方程
Z 解

单峰分布
unimodal distribution
O211
D 单众数分布
双峰分布
双众数分布
S 连续分布
Z 概率分布

单峰函数
unimodal function
O241
S 函数*

单峰性
unimodality
O157.5
S 数学性质*
C 环境因子 →(4)

单峰映射
unimodal mapping
O189.1
S 映射*

单复变函数论
Y 复变函数论

单根
simple root
O153.3
S 方程根
C 单超越扩域
Z 根(数学)

单环
Y 单纯环

单机排序
single-machine scheduling
O223
S 排序(数学)*

单李代数
simple Lie algebra
O152.5
S 单代数
李代数
F n-李代数
半单李代数
C 中心扩张
Z 代数

单李群
Y 李型单群

单连通区域
Y 单连通域

单连通域
simply connected domain
O171
D 单连通区域
S 连通域
C 曲线积分
Z 域

单目标规划
single-objective programming
O221.1；O224
S 目标规划
C 多目标优化方法
优化模型
Z 数学规划

单圈图
unicyclic graph
O157.5
S 圈图
C 关联色数
极大独立集
Z 图表

单群
simple group
O152.1
S 有限群
F 次单群
单半群
单种群
几乎单群
李型单群
有限单群
Z 群(数学)

单射
injective
O144；O154；O175.3；O189.1
D 满射
S 映射*
F 极大单调映象
强单调映象
C 排列组合
自然数集

单态射
Y 单同态

单同态
monomorphism
O153.3；O154
D 单态射
单一同态
S 同态*

单尾检验
Y 单侧检验

单位
unit
ZT
C 单元
计量单位 →(2)(3)(4)
组织机构

单位变换
Y 恒等变换

单位冲激函数
Y 单向 Hash 函数

单位分解
unit resolution
O189.1；O192
D 单位分解法
S 开覆盖
C 扩展有限元
离散函数
谱算子
微分流形
Z 覆盖(数学)

单位分解法
Y 单位分解

单位分数
unit fraction
O121
S 分数
C 不定方程
Z 复数

单位根
unit root
O151.2
S 根(数学)*
F 本原单位根
C 阈值

单位根过程
unit root process
O211.6
S 随机过程*
C 误差项

单位函数

Y Heaviside 函数

单位阶跃函数
unit step function
O174
S 阶跃函数
C 傅里叶变换
Z 函数

单位矩阵
unit matrix
O151.21
D 单位阵
幺矩阵
S 对角矩阵
C 初等行变换
转置
Z 方阵

单位脉冲函数
Y 单向 Hash 函数

单位面积
unit area
ZT2
S 面积*

单位球
unit sphere
O186.12；O189
D 单位球面
S 球体*
C Moebius 第二基本形式
垂直距离
导数

单位球面
Y 单位球

单位权方差
unit weight variance
O241.1
D 方差因子
S 方差*
C 观测环 →(4)

单位群
unit group
O152
S 乘法群
Z 群(数学)

单位矢量法
unit vector method
O182；P135；P138
S 矢量法
C 条件方程 →(4)
Z 数学方法

单位四元数
unit quaternion
O151.2
S 四元数
C 基向量
旋转矩阵
Z 复数

单位算子
unit operator
O175.3
D 恒等算子
S 算子*

单位向量
Y 基向量

单位元
unit element
O151
D 单位元素
幺元
正则元
S 元*
F 左单位元

单位元素
Y 单位元

单位圆
unit circle
O174.5
D 单位圆周
三角圆
S 圆*
C Roper-Suffridge 算子
单叶函数
零级
拟共形映射
实用稳定性

单位圆盘
unit disk
O174.5
S 圆盘*

单位圆周
Y 单位圆

单位阵
Y 单位矩阵

单向 Hash 函数
unit Hash function
O156
D 单位冲激函数
单位脉冲函数
S 单向函数
哈希函数
Z 函数

单向 S-粗集
one way S-rough set
O144；O159
D 双向 S-粗集
S S-粗集
F 函数单向 S-粗集
C 单向流动 →(2)
相对精度 →(4)
Z 集合

单向 S-粗集对偶
one-way S-rough set dual
O159
D 函数单向 S-粗集对偶
S 对偶*
C 对偶模

单向函数
one-way function
O156
S 函数*
F 单向 Hash 函数
单向陷门函数
C 偏序集

单向散列算法
Y 哈希函数

单向陷门函数
one-way trapdoor function
O156
D 陷门单向函数
S 单向函数
Z 函数

单项化定理
Y 主理想定理

单项式
monomial
O174.14；O174.21
S 整式
F 微分单项式
Z 表达式

单小波
single wavelet
O174.2
S 小波变换*
C Riesz 基
预处理矩阵

单形*
simplex
O189.2
D 单纯形
F *n* 维单形
切点单形
正则单形
C 导函数
度量加
距离
中位线

单叶半径
univalence radius
O174.3
S 半径*
C 单叶双曲面

单叶函数
univalent function
O174.51
S 解析函数
F 单叶调和函数
单叶解析函数
C 单位圆
偏差定理
凸半径
相邻系数
Z 函数

单叶解析函数
univalent analytic function
O174.51
S 单叶函数
C 最大模原理
Z 函数

单叶双曲面

uniparted hyperboloid
O181
D 双叶双曲面
S 双曲面
直纹曲面
C 保角变换法
单叶半径
第二基本形式
Z 曲面

单叶调和函数
harmonic univalent function
O174.3
D 调和单叶函数
S 单叶函数
调和函数
Z 函数

单叶性内径
inner radius of univalency
O174.55
S 直径*
C 拟共形映射

单一分布位势
Y 单层位势

单一同态
Y 单同态

单因子系统云灰色模型
Y 灰色预测模型

单元*
cell
ZT2
F 多边形单元
分圆单元
结构单元
耦合单元
C 单位

单元(有限元)
Y 有限元

单元分析
Y 有限元分析

单支方法
one-leg methods
O189
S 数学方法*
C 代数稳定性
延迟微分方程

单值
Y 单值化

单值定理
Y 单值化定理

单值化
uniformization
O174.5；O189
D 单值
单值扩张性质
单值性
S 数学性质*
C 超临界 →(2)
线性算子

单值化定理
uniformization theorem
O174
D 单值定理
单值性定理
S 数学定理*
C 度量空间

单值扩张性质
Y 单值化

单值群
monodromy group
O152
S 群(数学)*

单值性
Y 单值化

单值性定理
Y 单值化定理

单指标模型
single-index models
O212.1
S 数学模型*
C 异方差回归分析

单种群
single species
O152；O224
S 单群
Z 群(数学)

单种群模型
single-species models
O175
S 种群模型
C 充分条件
Z 数学模型

单众数分布
Y 单峰分布

单坐标
single coordinate
TH16
S 坐标*

导出矩阵
induced matrix
O159
S 矩阵*

导出匹配
induced matching
O157.5
S 匹配*
C 循环图

导出群
Y 换位子群

导出子图
induced subgraph
O157.5
S 子图
C 列表染色
Z 图表

导函数
derived function
O172.1；O174.1
S 函数*
C 单形
导数
对数级 →(2)

导集
derived set
O144；O189.1
S 集合*
C 聚点

导群
Y 换位子群

导群(derived group)
Y 换位子群

导数*
derivative
O172.1
D 导数定义
数学导数
微商
F Caputo 导数
Dini 导数
Radon-Nikodym 导数
Schwarz 导数
单侧导数
对称导数
对数导数
二进导数
方向导数
分数导数
高阶导数
广义导数
灰导数
李导数
内导数
偏导数
时间导数
随体导数
特征向量导数
相依导数
协变导数
一阶导数
余切上图导数
C H 布尔函数
n 阶
单位球
导函数
积分

导数逼近
derivative approximation
O241.5
S 逼近*

导数定义
Y 导数

导数极限定理
derivative limit theorem
O172.1
S 极限定理
Z 数学定理

导子*

director
O153；O177
F Jordan 导子
广义导子
内导子
C 泛中心扩张
拟环
上三角矩阵
同调维数
左理想

导子代数
derivation algebra
O153.3
S 非结合代数
Z 代数

倒向重随机微分方程
backward doubly stochastic differential equations
O175
S 倒向随机微分方程
C 微分法
微分方程模型
Z 方程(数学)

倒向随机微分方程
backward stochastic differential equation
O175；O211.63
D BSDE
Pardoux-彭方程
巴赫杜(Pardoux)-彭方程
巴赫杜-彭方程
S 随机微分方程
F 带跳倒向随机微分方程
倒向重随机微分方程
反射倒向随机微分方程
正倒向随机微分方程
C Bihari 不等式
Girsanov 变换
Jensen 不等式
P-集合
动态规划原理
最小熵鞅测度
Z 方程(数学)

倒易 Monte Carlo 方法
Y 倒易蒙特卡罗方法

倒易蒙特卡罗方法
reciprocity Monte Carlo method
O242.1；O242.2；P413；P456.7
D 倒易 Monte Carlo 方法
S 蒙特卡罗方法
Z 数学模拟

倒数
reciprocal
O121
S 数(数学运算)*
C 渐近公式

倒数和
reciprocal sum
O122
S 和(数学)*
C 调和平均数

倒数平均数
Y 调和平均数

道路连通
path connected
O189.1
D 道路连通的
S 连通*

道路连通的
Y 道路连通

得分向量
score vector
O157.5
S 向量*
C 邻接矩阵

德拜渐近表示
Y 渐近表示

德尔塔算子
Y Delta 算子

德拉姆定理
de Rham theorem
O186.1；O192
D de Rham 定理
S 数学定理*
C 贝叶斯方法

德萨格定理
Y Desargues 定理

登金图
Y Dynkin 图

等比级数
Y 几何级数

等比数列
geometrical sequence
O156；O171
D 高阶等比数列
几何数列
S 数列*
C 待定系数

等边三角形
equilateral triangle
O123.1
D 正三角形
S 等腰三角形
锐角三角形
C 旁切圆
芝诺悖论
Z 多边形

等变分歧问题
equivariant bifurcation problem
O189；O192
S 数学问题*

等参变换
isoparametric transform
O241
S 参数变换
C 高斯公式
Z 数学变换

等参超曲面
isoparametric hypersurface
O186.11
S 超曲面
C 主曲率
Z 曲面

等参数单元
Y 等参元

等参数元
Y 等参元

等参有限元
isoparametric finite element
O241.82；O242
S 有限元*
C 优势流 →(4)

等参元
isoparametric element
O241.82；O242.2
D 等参数单元
等参数元
S 元*
C 几乎奇异积分
应力计算 →(2)

等差级数
Y 算术级数

等差数列
arithmetic sequence
O122；O156
D 算术数列
S 数列*
F 高阶等差数列
自然数列
C 等差线 →(2)

等待时间
waiting time
ZT73
S 事件时间*
F 虚等待时间
C 排队系统
停留时间

等待线
Y 排队论

等待制系统
Y 时滞系统

等度连续
equicontinuous
O189.1
D 等度连续的
S 连续*
C 相对紧集

等度连续的
Y 等度连续

等度连续性
equicontinuity
O174；O189.11
S 函数连续性
C 隐式常微分方程
Z 函数性质

等度量变换
Y 等距算子

等分
equal division
O241
S 数学方法*

等概率
equal probability
O211.1
S 概率*
C 概率真度

等积变换
equiareal transformation
O172
S 数学变换*
C 等积式

等积式
integral equality
O123
S 表达式*
C 等积变换

等级检验
Y 秩和检验

等级结构
Y 层次结构

等级式结构
Y 层次结构

等级系统
Y 分级系统

等级相关
Y 秩相关

等级相关系数
Y 秩相关系数

等几何分析
isogeometric analysis
O181
S 几何分析
Z 数学分析

等价*
equivalence
O171；O187
D 等价定义
等价形式
等价性
F Lipschitz 等价
Morita 等价
伴随等价
代数等价
范畴等价
逻辑等价
模糊等价
匹配等价
色等价
线性等价
酉等价
C 循环(拓扑学)

等价变换
equivalent transformation
O175
S 数学变换*
C 变系数 KdV 方程
离散时滞

等价标准形
equivalent normalized form
O151.21
S 标准形矩阵
Z 矩阵

等价代换
equivalence replacement
O171
D 等价替换
S 数学方法*
F 等价无穷小代换
C 不定式极限
收敛(数学)

等价定理
equivalence theorem
O186.11
D 等价性定理
S 数学定理*
C Kantorovich 算子
Radon-Nikodym 性质
布尔值模型
等价式
等价条件
同时逼近

等价定义
Y 等价

等价范数
equivalent norms
O177.2
S 范数*
C 弱紧性

等价关系
equivalent relation
O144；O158
D 等效关系
S 关系(数学)*
F 保等价关系
等价系统
等势
格林关系
模糊等价关系
C Wiener-Hopf 方程
代数分析
近似空间
正规同余

等价矩阵
equivalent matrix
O151；O187
D 行等价
行等价的
S 矩阵*

等价类
equivalence class
O154；O221
S 类(数学)*
F 分圆类
映射芽
C 仿射坐标
拟共形映射
上界

等价命题
equivalent proposition
O141.1
S 命题*
C 实数连续性

等价式
equivalent expression
O178
S 表达式*
C 等价定理
逆向形式

等价替换
Y 等价代换

等价条件
equivalent conditions
O141.2
D 等式条件
S 条件(数学)*
C noether 环
不变凸性
等价定理

等价无穷小
equivalent infinitecimal
O171
D 等价无穷小量
S 无穷小
C 代数和
Z 无限

等价无穷小代换
substitution by equivalent infinitesimal
O171
D 等价无穷小替换
S 等价代换
C 欧拉公式
Z 数学方法

等价无穷小量
Y 等价无穷小

等价无穷小替换
Y 等价无穷小代换

等价系统
equivalent systems
O141
S 等价关系
C 微分中值定理
Z 关系(数学)

等价形式
Y 等价

等价性
Y 等价

等价性定理
Y 等价定理

等价鞅测度
equilibrium martingale measure
O174.12
S 鞅测度
C 布朗运动
Z 测度(数学)

等角螺线
Y 对数螺线

等截面
constant section
O123.3
S 截面(数学)*

等距
equidistant
O189.1
D 等距离
非等距
相等距离
S 距离*
C 类函数

等距变换
isometric transformation
O151
S 数学变换*
C 等距算子

等距抽样
Y 系统抽样

等距对应
isometric correspondence
O189.1
S 对应*
C 误差

等距结点
equidistant nodes
O174.42
S 插值节点
C Lagrange 插值多项式
Z 点(数学)

等距浸入
isometric immersion
O189.32
C 双曲空间

等距离
Y 等距

等距面
Y 等距曲面

等距曲面
equidistant surface
O186.11
D 等距面
S 曲面*
C 有理样条

等距曲线
equidistant curve
O243
D 等距线
S 匹配*
C 参数方程

等距算子
isometric operator
O177
D 等度量变换
等距映射
S 算子*
C 等距变换
等距延拓

等距同构
isometric isomorphism
O177；O189
D 保范同构
S 同构*

等距线
Y 等距曲线

等距延拓
isometric extension
O175
S 延拓
C Tingley 问题
等距算子
Z 数学方法

等距映射
Y 等距算子

等可能
Y 等可能性

等可能性
equal possibility
O211
D 等可能
S 数学性质*

等幂和
sum of equal powers
O156
D 等幂和问题
S 幂和
C 拉格朗日插值公式
Z 和(数学)

等幂和问题
Y 等幂和

等谱问题
isospectral problem
O175.29
S 数学问题*
C 可积耦合

等时性
isochronism
ZT4
S 时空特征*

等时中心
isochronous center
O175
S 中心*
C 周期常数

等式
equation
O172
S 关系式
F Parseval 等式
积分等式
秩等式
C 不等式
方程组
Z 表达式

等式条件
Y 等价条件

等式约束
equality constraint
O172；O174.14；O241
S 约束(数学)*
F 非线性等式约束
线性等式约束

等式约束问题
Y 不等式约束

等势
equivalence
O189
S 等价关系
Z 关系(数学)

等收敛算子
equiconvergence operator
O174
S 算子*
C 强逼近
有界变差

等速螺线
Y 阿基米德螺线

等维递补
equivalent dimensions addition
O242.1
S 补*

等效关系
Y 等价关系

等效介质
equivalent medium
ZT6
S 介质*

等腰三角形
isosceles triangle
O123.1
S 三角形
F 等边三角形
C 顶角
全等
Z 多边形

等腰梯形
isosceles trapezoid
O187
S 梯形
C 对角线
Z 多边形

等腰正交
isosceles orthogonality
O177
S 正交*
C 准希尔伯特空间

等值面
contour surface
O189.11

等值线
isopleth
ZT3

C 回波强度 →(4)

等周不等式
isoperimetric inequality
O174
S 几何不等式
C 凸集
Z 不等式

等周问题
isoperimetric problem
O176
S 数学问题*
C Brunn-Minkowski 不等式

低阶
Y 高阶

低损耗
low loss
ZT5
S 损耗*

狄拉克 δ 函数
Dirac δ function
O174
D 迪拉克 δ 函数
S 函数(物理)*

狄拉克方程
Y Dirac 方程

狄拉克算子
Y Dirac 算子

狄喇克方程
Y Dirac 方程

狄里克莱级数
Y Dirichlet 级数

狄里克雷边界条件
Y 本质边界条件

狄立克莱问题
Y Dirichlet 边值问题

狄利克雷定理
Y Dirichlet 定理

狄利克雷泛函
Y Dirichlet 积分

狄利克雷分布
Y Dirichlet 分布

狄利克雷函数
Y Dirichlet 函数

狄利克雷积分
Y Dirichlet 积分

狄利克雷级数
Y Dirichlet 级数

狄利克雷判别法
Y Dirichlet 判别法

狄利克雷特征
Y Dirichlet 特征

狄利克雷问题
Y Dirichlet 边值问题

狄利克雷原理
Y 抽屉原理

迪克逊一穆德符号检验
Y 符号检验

迪拉克 δ 函数
Y 狄拉克 δ 函数

迪尼导数
Y Dini 导数

笛卡儿积
Y 笛卡尔积

笛卡儿直角坐标系
Y 直角坐标系

笛卡儿坐标
Y 直角坐标

笛卡儿坐标系
Y 笛卡尔坐标系

笛卡尔乘积
Y 笛卡尔积

笛卡尔乘积图
Cartesian product graphs
O157.5
D 笛卡尔积图
S 乘积图
Z 图表

笛卡尔积
Cartesian product
O157.5
D Cartesian 积
笛卡儿积
笛卡尔乘积
S 积*
C 模糊集
循环图

笛卡尔积图
Y 笛卡尔乘积图

笛卡尔坐标系
Cartesian coordinate system
O151.21；P226
D 笛卡儿坐标系
斜笛卡儿坐标系
S 直角坐标系
C 哈密顿函数
坐标变换矩阵
Z 坐标系

笛沙格定理
Y Desargues 定理

底空间
base space
O174；O189.2
S 空间(数学)*
C 模糊拓扑

底面积
floorage
O182
S 面积*

底群
Y 基本群

底数
Y 基数

地理元胞自动机
geographical cellular automata
O19
S 元胞自动机
Z 自动机

地面边界条件
Y 边界条件

地图图式
Y 图式

递变规律
grading law
ZT0
S 规律*

递归定量分析
Y 定量递归分析

递归方程
Y 递归函数

递归分析
recursive analysis
O141.3；O572.11
S 数学分析*
F 定量递归分析

递归公式
Y 递推公式

递归构造
recursive construction
O152
S 结构*
C 圈覆盖

递归估算
Y 精度评估

递归关系
Y 递推关系

递归函数
recursive functions
O141.3
D 递归方程
一般递归函数
原始递归函数
S 函数*
F 强函数

递归核估计
recursive kernel estimation
O212.1
S 核估计
Z 估计(数学)

递归理论
Y 数理逻辑

递归数列
recursive sequence
O141.3；O156
S 数列*
F 线性递归数列

C 不定方程

递归序列
recurrent sequence
O156.2
S 序*
F 线性递归序列
C 整数解

递归最小二乘算法
Y 递推最小二乘算法

递阶层次结构
recursion order hierarchy structure
N941.4
S 层次结构
Z 结构

递阶偏最小二乘回归
Y 最小二乘回归

递阶系统
Y 分级系统

递阶优化
hierarchical optimizing
O224
S 优化*

递推方程
recurrence equation
O122.2
S 方程(数学)*
C 破产概率

递推公式
recurrence formula
O171
D 递归公式
循环公式
S 基本公式
C Bernoulli 数
第一类 Chebyshev 多项式
二项风险模型
分拆函数
复合二项过程
高阶 Bernoulli 多项式
逆序数
自然数幂和
自相似解
Z 公式(数学)

递推关系
recurrence relation
O174
D 递归关系
S 关系(数学)*
F 线性递推关系
C 割补法
幂和
线性递推式

递推关系式
recursive relation
O122；O151.22
D 递推式
S 关系式
F 线性递推式
C Fibonacci 数列
n 阶行列式
三项式
自然数幂和
Z 表达式

递推矩阵
recursive matrix
O151.21
D 递推矩阵方法
S 矩阵*

递推矩阵方法
Y 递推矩阵

递推理论
Y 数理逻辑

递推式
Y 递推关系式

递推数列
recurrence sequence
O156；O171
D 递推序列
S 数列*
F Fibonacci 数列
线性递推数列
C 迭加法
时间序列

递推随机有限元
Y 随机有限元

递推随机有限元方法
Y 随机有限元

递推序列
Y 递推数列

递推最小二乘估计
recursive least square estimation
O212
S 最小二乘估计
C ARMA 模型
Z 估计(数学)

递推最小二乘算法
recursive least square algorithm
O212.1
D RLS 算法
递归最小二乘算法
S 最小二乘法*
C 最小范数

第 2 代小波变换
Y 第二代小波变换

第 2 类 Stirling 数
Y 第二类 Stirling 数

第二边值问题
Y Neumann 边值问题

第二代小波
Y 第二代小波变换

第二代小波变换
second generation wavelet transform
O174.2
D 第 2 代小波变换
第二代小波
二代小波
S 小波变换*

第二纲集
second category set
O189.11
S 集合*
C 拓扑空间

第二积分中值定理
Y 积分第二中值定理

第二基本定理
second fundamental theorem
O174.52
S 基本定理
Z 数学定理

第二基本形式
second fundamental form
O186.12
D 第二基本型
S 数学形式*
C 单叶双曲面
紧致子流形

第二基本型
Y 第二基本形式

第二类 Chebyshev 多项式
second Chebyshev polynomial
O212
S Chebyshev 多项式
C 节点
Z 多项式

第二类 Euler 积分
Y Gamma 函数

第二类 Fredholm 积分方程
Fredholm integral equation of the second kind
O175
S Fredholm 积分方程
Z 方程(数学)

第二类 Stirling 数
Stirling number of the second kind
O151.1
D 第 2 类 Stirling 数
第二类斯特林数
S Stirling 数
C 经验公式
模糊集理论
Z 数

第二类边界条件
Y Neumann 边界条件

第二类欧拉积分
Y Gamma 函数

第二类曲面积分
Y 第二型曲面积分

第二类曲线积分
second curvilinear integral
O172.2
S 曲线积分
C 投影法
Z 积分

第二类斯特林数
Y 第二类 Stirling 数

第二型曲面积分
second type curved surface integral
O172.2
D 第二类曲面积分
S 曲面积分
C 法向量
Z 积分

第二余弦定理
Y 余弦定理

第二中值定理
Y 积分第二中值定理

第三边值问题
Y Robin 边值问题

第三类 Bessel 函数
Y 汉克尔函数

第三类贝塞尔函数
Y 汉克尔函数

第五公设
Y 平行公理

第一边值问题
Y Dirichlet 边值问题

第一积分
Y 首次积分

第一积分中值定理
Y 积分第一中值定理

第一基本形式
first fundamental form
O186.12
D 第一基本型
S 数学形式*

第一基本型
Y 第一基本形式

第一可数公理
Y 可数公理

第一类 Chebyshev 多项式
first Chebyshev polynomial
O212
S Chebyshev 多项式
C 递推公式
Z 多项式

第一类 Euler 积分
Y β 函数

第一类 Fredholm 积分方程
Fredholm integral equation of the first kind
O175
S Fredholm 积分方程
第一类积分方程
Z 方程(数学)

第一类 Stirling 数
Stirling number of the first kind
O151.1
D 第一类斯特林数
第一类斯特林数数
S Stirling 数
C 组合恒等式
Z 数

第一类积分方程
integral equation of the first kind
O175
S 积分方程
F 第一类 Fredholm 积分方程
C 单层位势
Z 方程(数学)

第一类欧拉积分
Y β 函数

第一类曲面积分
Y 曲面积分

第一类曲线积分
Y 第一型曲线积分

第一类弱全色数
first kind weak total chromatic number
O157.5
S 全色数
Z 色数

第一类斯特林数
Y 第一类 Stirling 数

第一类斯特林数数
Y 第一类 Stirling 数

第一类完全椭圆积分
Y 完全椭圆积分

第一特征值
first eigenvalue
O186.1
S 特征值*
C 极小超曲面

第一型曲线积分
first form curvilinear integral
O172.2
D 第一类曲线积分
S 曲线积分
C 对称区间
奇函数
Z 积分

第一中值定理
Y 积分第一中值定理

第一主成分
Y 主成分分析

典范同态
Y 自然同态

典型模型
Y 经典模型

典型曲线拟合
Y 曲线拟合

典型群
classical groups
O152.3；O152.5
S 李型单群
F SU 群
旋转群
酉群
C Galois 环
Z 群(数学)

典型相关
canonical correlation
O212
S 相关*

典型相关分析
canonical correlation analysis
O212.1；P413；P456；P458
D 典型性相关分析
S 相关分析
C 多重集
偏最小二乘法
Z 数学分析

典型相关系数
canonical correlation coefficient
O212
S 相关系数
Z 系数

典型性相关分析
Y 典型相关分析

典型域
classical domain
O174
S 域*
C 多复变函数论

点(数学)*
point(mathematics)
O182
F KKT 点
K-T 点
不动点
超有效点
光滑点
几何点
间断点
可行点
理想点
模糊点
奇点
强影响点
数值点
细焦点
严有效点
重合点
周期点

点本原
point primitive
O152；O157
C 旗传递
自同构群

点传递
Y 点传递图

点传递图
vertex transitive graph
O157.5
D 点传递
S 图表*
C 点扩散函数

射影平面
数值模拟

点对称
point symmetry
O157
S 对称*
C 实数集
自然数集

点覆盖
vertex cover
O157
D 顶点覆盖
S 覆盖(数学)*
C 二分图

点格
Y 几何格

点估计
point estimation
O212
D 定值估计
S 统计估计
F Bayes 估计
矩估计
C 重心坐标
Z 估计(数学)

点过程
point process
O211.6
S 随机过程*
F 泊松点过程
计数过程

点集
point set
O144
S 集合*
F 不动点集
点列
独立点集
紧集
连通集
散乱点集
有限点集
约束集
周期点集
C 拓扑映射

点集拓扑
point set topology
O189
S 拓扑*

点集拓扑(学)
Y 一般拓扑

点集拓扑学
Y 一般拓扑

点聚图
Y 相关图

点可区别边色数
vertex-distinguishing edge chromatic number
O157.5
S 边色数
F 邻点可区别边色数
Z 色数

点可区别全色数
vertex-distinguishing total chromatic number
O157.5
S 全色数
Z 色数

点可用度
Y 可用度

点扩散函数
point spread function
O174
D 点扩展函数
S 函数(物理)*
C 点传递图

点扩展函数
Y 点扩散函数

点连通度
vertex connectivity
O157
D 顶点连通度
S 连通度*
C 连通分支

点列
point range
O185
S 点集
C 矩阵
Z 集合

点谱
point spectrum
O177.91
S 谱*
C 量子点 →(2)

点强全色数
vertex strong total chromatic number
O157.5
S 全色数
Z 色数

点群分析
Y 聚类分析

点色数
vertex chromatic number
O157.5
S 色数*
C 距离图
联图

点态逼近
Y 逼近

点态估计
pointwise estimate
O212
S 估计(数学)*
C 光滑模

点态收敛
pointwise convergence
O174.41
S 收敛(数学)*
C 紧开拓扑

点位中误差
mean square error of a point
O241.1；P207
D 坐标中误差
S 中误差
C 导线精度 →(4)
Z 误差

点荫度
vertex arboricity
O157.5
S 荫度*
C 平方图
四色定理
完全图

点正则变换
point canonical transformation
O175
S 正则变换
Z 数学变换

点坐标
point coordinates
O181
S 坐标*
F 顶点坐标
C 数形结合法

电报方程
telegraph equation
O175.2
D 传输线传输方程
传输线方程
S 偏微分方程
Z 方程(数学)

电场积分方程
electric-field integral equation
O172.2
D 电磁场积分方程
S 积分方程
F 时域电场积分方程
Z 方程(数学)

电磁场积分方程
Y 电场积分方程

电子能量分布函数
electron energy distribution function
O174
S 分布函数
Z 函数

吊桥方程
suspension bridge equation
O175
S 方程(数学)*
C 有界域

调查*
survey
ZT5
D 查访
察访
考查
考察
F 区域调查

迭代逼近
iterative approximation
O175；O177.91
S 逼近*
C CQ方法
Φ-强增生映象
迭代分析
一致正规结构

迭代程序
Y 迭代法

迭代初值
iterative initial value
O241
S 初始值
C 三角形
Z 值(数学)

迭代法*
iterative methods
O224；O241.6；O241.82
D 迭代程序
迭代方法
迭代格式
迭代过程
迭代计算
迭代计算方法
迭代解法
迭代式
迭代算法
迭代原理
叠代法
逐次逼近法
逐次逼近算法
F AOR迭代法
De Giorgi迭代
Gauss-Seidel迭代法
Ishikawa迭代
Jacobi迭代法
Landweber迭代法
Mann迭代
Picard迭代
QR方法
SOR迭代法
不动点迭代法
代数迭代法
单调迭代方法
非对称迭代
函数迭代法
简单迭代法
交替方向迭代法
矩阵迭代法
块迭代
龙格-库塔法
逆迭代法
牛顿迭代法
三重迭代
数值迭代法
松弛迭代
选权迭代法
隐式迭代
有限元迭代法
预条件迭代法
子空间迭代法
C H-单调算子
半紧性
次正定矩阵
反序律
非对称线性方程组
弱条件
收敛阶
收敛因子
误差项

迭代泛函微分方程
iterative functional differential equations
O122.2
S 迭代函数方程
迭代微分方程
C 复数域
Z 方程(数学)

迭代方程
iterative equation
O122.2
S 方程(数学)*
F 迭代函数方程
迭代微分方程
C 迭代函数
迭代解

迭代方法
Y 迭代法

迭代分析
iterative analysis
O241.6
S 数学分析*
C 迭代逼近

迭代格式
Y 迭代法

迭代根
iterative root
O174
S 根(数学)*
C 特征区间

迭代公式
iterative formula
O241.7
S 基本公式
C 大范围收敛
收敛速度
Z 公式(数学)

迭代过程
Y 迭代法

迭代函数
iterated function
O174
D 分组迭代函数
S 函数*
C 迭代方程

迭代函数方程
iterative functional equation
O122.2
S 迭代方程
函数方程
F 迭代泛函微分方程
C 函数迭代法
Z 方程(数学)

迭代函数系
iterated function system
O174.12
S 自仿射分形
C 函数迭代法
Z 分形

迭代级
iterated order
TP312
S 算法*
C Borel方向
充满圆

迭代计算
Y 迭代法

迭代计算方法
Y 迭代法

迭代解
iterative solution
O122.2；O175
D 迭代求解
S 解*
C k-次增生算子
鞍点
迭代方程

迭代解法
Y 迭代法

迭代矩阵
iteration matrix
O151.21
S 矩阵*

迭代求解
Y 迭代解

迭代式
Y 迭代法

迭代收敛
iterative convergence
O174
D 迭代收敛性
S 收敛(数学)*
C 随机微分方程

迭代收敛性
Y 迭代收敛

迭代数列
iteration sequence
O171
S 数列*
C 收敛定理

迭代速度
iteration rate
O241.8
S 速度*

迭代算法
Y 迭代法

迭代微分方程
iterative differential equation
O122.2
S 迭代方程

F 迭代泛函微分方程
C 收敛半径
Z 方程(数学)

迭代序列
iterative sequence
O177.91；O241
S 序*
F Ishikawa 迭代序列
Mann 迭代序列
隐迭代序列
C 闭包算子
二元算子
非扩张映射

迭代原理
Y 迭代法

迭代运算
iterative operation
O174
S 运算*

迭合度
Y 重合度理论

迭合度理论
Y 重合度理论

迭加法
superposition method
O176
S 数学方法*
C 递推数列

叠代法
Y 迭代法

叠加自动机
Y 下推自动机

丁金图
Y Dynkin 图

顶点
vertex
O182
D 折点
S 几何点
C 顶角
奇优美图
Z 点(数学)

顶点标号
vertex labeling
O157.5
S 标号算法
C 偶数
Z 最优化方法

顶点代数
vertex algebras
O152.5
S 代数*
F 顶点算子代数

顶点覆盖
Y 点覆盖

顶点角
Y 顶角

顶点连通度
Y 点连通度

顶点算子
vertex operator
O152；O174
D 顶点算子表示
S 算子*
C 不可约
幂级数

顶点算子表示
Y 顶点算子

顶点算子代数
vertex operator algebra
O152.5
S 顶点代数
算子代数
Z 代数

顶点坐标
vertex coordinates
O181；O182
S 点坐标
C 三角形
Z 坐标

顶角
vertex angle
O181
D 顶点角
S 角(数学)*
C 等腰三角形
顶点

订正
Y 校正

定比
constant proportion
O212.1
S 比例*

定比变换
Y 比例变换

定比分点
definite proportionate inserted point
O182
S 几何点
C 二次曲面
Z 点(数学)

定标规律
scaling laws
ZT0
D 标定律
标度规律
S 规律*

定常
Y 定常系统

定常态
Y 稳定

定常系统
time-invariant system
N948；N960
D 定常
非时变系统
确定系统
确定性系统
时不变系统
时间不变系统
S 系统*
C 时变系统

定号有向图
definite directed graph
O157.5
S 有向图
Z 图表

定积分
definite integral
O13；O171；O172
D Riemann 积分
不定积分
定积分概念
定积分应用
黎曼积分
S 积分*
F Directly-Riemann 积分
Lebesgue 积分
重积分
C Gram 行列式
达布和
换元积分法
交替分组方法

定积分概念
Y 定积分

定积分应用
Y 定积分

定解
definite solution
O122.2；O175
D 定解问题
S 解*
F 正定解
C 定标方程 →(3)

定解条件
definite conditions
O175.7
S 条件*
F 初始条件
C 反问题

定解问题
Y 定解

定理
theorem
ZT0
C 定律
公理

定理证明
theorem proving
O141.2
S 证明*

定量递归分析
recurrence quantification analysis
O141.3
D 递归定量分析

S 递归分析
Z 数学分析

定量估计
quantitative estimation
O241.6
S 估计(数学)*

定量估算
Y 定量评估

定量计算
quantitative calculation
O241
S 计算*
C 定量测定 →(3)

定量评估
quantitative evaluation
ZT0
D 定量估算
定量评价
S 评估*

定量评价
Y 定量评估

定量预测
quantitative prediction
ZT0
S 预测*

定律
law
ZT0
D 定则
基本定律
C 定理

定律(数学)*
law (mathematics)
O1-0；O14
F 大数定律
对数律
反序律
分配律
互反律
交换律
结合律
控制律
雷诺定律
模律
排中律
求和定则
双曲型守恒律
无穷守恒律
误差传播定律
消去律
正规定则
指数律
C 数学定理

定时截尾试验
time censored test
C8
S 截尾试验
Z 试验

定数截尾试验
data censored test
C8
S 截尾试验
Z 试验

定态
Y 稳定

定态几率分布函数
steady state probability distribution function
O174
S 概率分布函数
C 定态薛定谔方程 →(2)
Z 函数

定态解
Y 稳态解

定位参数
Y 尺度参数

定位问题
location problem
O156
S 运筹问题
Z 数学问题

定向集
directed set
O144；O211.64
D 有向集
S 偏序集
C 震级-频度比值 →(5)
Z 集合

定向流形
Y 拓扑流形

定向图
oriented graph
O157
S 图表*
C 定向运动 →(2)

定性变量
qualitative variables
ZT3
S 变量*

定性对策
qualitative game
O177.91
S 对策论*
C 极大元

定性关系
qualitative relationship
O175；O231
S 关系(数学)*

定性理论
qualitative theory
O175.12
D 定性推理
几何理论
微分力一程定性理论
S 数学理论*
F 分歧理论
C 不确定性

定性推理
Y 定性理论

定性预测
qualitative prediction
ZT0
S 预测*

定义*
definition
ZT0
F 数学定义
C 命名
术语

定义域
definition domain
O13；O171
D 函数定义域
S 函数域
F 有效域
C 函数单调性
Z 域

定则
Y 定律

定值估计
Y 点估计

丢番图逼近
Diophantine approximation
O156.7
D Diophantus 逼近
S 有理逼近
C 素变数
星色数
Z 逼近

丢番图不等式
Y Diophantus 不等式

丢番图方程
Y 不定方程

动边界问题
moving boundary problem
O241.8
S 数学问题*
C 达西渗流 →(2)
全离散格式

动力方程*
dynamic equation
O19
F 抽象动力方程
时滞动力方程

动力可靠性
dynamic reliability
TB114.3
S 可靠性*
C 动力不稳定 →(2)(4)

动力系统(数学)*
dynamical systems(mathematics)
O19
F 非光滑动力系统
非线性动力系统
符号动力系统
复动力系统
混沌动力系统
脉冲动力系统

平面动力系统
区间动力系统
时滞动力系统
随机动力系统
拓扑动力系统
微分动力系统

动力系统模型
dynamical system model
O19
S 模型*
F 耦合映象格子

动力显式有限元
Y 显式动力有限元

动力显式有限元法
Y 显式动力有限元

动力学数学模型
dynamic mathematic model
O141.4
S 数学模型*

动态 Monte Carlo 模拟
Y 蒙特卡罗方法

动态边界条件
dynamic boundary condition
O175
S 边界条件*

动态变化特征
Y 变化

动态规划
dynamic programming
O221.3
D 动态规划方法
S 数学规划*
C Hamilton-Jacobi-Bellman 方程
非线性系统
嘉量原理
序贯决策
最速下降法

动态规划方程
Y Bellman 方程

动态规划方法
Y 动态规划

动态规划原理
dynamic programming principle
O221；O231
S 数学原理*
C 倒向随机微分方程

动态过程
dynamic process
ZT5
S 过程*

动态灰色模型
Y 灰色预测模型

动态解耦
dynamic decoupling
O231
S 解耦*

动态聚类
Y 动态聚类分析

动态聚类分析
dynamic cluster analysis
O212.4
D 动态聚类
S 聚类分析
Z 统计分析

动态控制
dynamic control
O231
D 实时控制
S 控制*
C 动态模型

动态蒙特卡罗模拟
Y 蒙特卡罗方法

动态模糊集
dynamic fuzzy sets
O159
S 模糊集
C 模糊聚类分析
Z 集合

动态模型
dynamic model
N945.12
S 系统模型
F 灰色动态模型
C 动态控制
系统仿真
Z 模型

动态数学模型
dynamic mathematic model
O141.4
D 静态数学模型
S 数学模型*

动态调制传递函数
dynamic modulation transfer function
O174
S 调制传递函数
Z 函数(物理)

动态线性模型
dynamic linear models
O221
S 线性模型*

动态序列
dynamic sequence
O221
S 序*

动态异常
dynamic abnormal
ZT5
S 异常*
C 动态变形 →(2)

动态有限元
dynamic finite element
O241.82
D 动态有限元法
S 有限元*
C 质量矩阵 →(2)

动态有限元法
Y 动态有限元

动态预测模型
dynamic prediction model
N945.12
S 预测模型*

动态滞后
dynamic hysteresis
ZT5
S 滞后*
C 内摩擦 →(2)

动态最佳化
Y 动态最优化

动态最优化
dynamic optimization
O224
D 动态最佳化
S 优化*

逗留时
Y 停留时间

逗留时间
Y 停留时间

独立(数学)*
independence(mathematics)
O211
F 两两独立
条件独立
相互独立
行独立
C 随机变量

独立变量
independent variable
O174
S 自变量
F 独立随机变量
C 离散不等式
Z 变量

独立点集
independent points set
O185
D 独立顶点集
S 点集
独立集
Z 集合

独立顶点集
Y 独立点集

独立集
independent set
O157.5
S 集合*
F 独立点集
极大独立集
C 奇优美图
无爪图

独立连续映射方法
Y ICM 方法

独立事件
independent event

O211
D 概率独立事件
统计独立事件
相互独立事件
S 事件*
C 代数不等式

独立数
independence number
O157.5
S 数量*
F 边独立数
C 均匀色数
图形元素 →(4)

独立随机变量
independent random variables
O211
S 独立变量
随机变量
C 独立样本
中心极限定理
Z 变量

独立通解
independent general solution
O122.2
S 通解
C 独立方程 →(3)
Z 解

独立同分布
independent identically distributed
O211
D 独立同分布的
S 同分布
C 复合二项风险模型
广义复合 Poisson 过程
精确渐近性
Z 概率分布

独立同分布的
Y 独立同分布

独立性
independence
ZT4
S 特性*

独立性检验
independence test
O189
S 假设检验*
C 独立样本

独立样本
independent sample
O212
S 样本*
C 独立随机变量
独立性检验

独立增量
independent increment
O211
S 增量
Z 数量

独立增量过程
independent increment process
O211.6
D 可加过程
S 随机过程*
F Lévy 过程
泊松过程
布朗运动

独立子系统
independent subsystems
N948
D 孤立子系统
S 子系统
C 封闭系统
Z 系统

赌博系统
gambling system
O211.62
S 数学系统*

杜布不等式
Y Doob 不等式

杜布-迈耶分解
Y Doob 分解

杜布一迈耶分解
Y Doob 分解

杜分方程
Y Duffing 方程

杜分微分方程
Y Duffing 方程

杜芬方程
Y Duffing 方程

杜哈梅尔积分
Y Duhamel 积分

杜拉克函数
Y Dulac 函数

度分布
luminance distribution
O157.5
S 分布*

度规
metric tensor
O183；O186.12；O41
D 度规张量
度量张量
C 度量
度量空间

度规张量
Y 度规

度理论
degree theory
O177.91
S 数学理论*
F Leray-Schauder 度
拓扑度理论
重合度理论

度量*
metric
TB9
D 量度
F (α,β)-度量
Bergman 度量
Douglas 度量
Einstein-K(a)hler 度量
Finsler 度量
Hausdorff 度量
Randers 度量
黎曼度量
双曲度量
算法复杂性
伪度量
影响度量
C 度规

度量广义逆
measuring generalized inverse
O177
S 广义逆
C 线性算子半群
最佳逼近解
Z 求逆

度量化
Y 度量性质

度量加
metric addition
O121；O177
S 加法
C 单形
Z 运算

度量矩阵
metric matrix
O151.21
S 矩阵*

度量空间
metric space
O177；O189.11
D 距离空间
伪度量空间
S 拓扑空间
F FC-度量空间
概率度量空间
紧致度量空间
逻辑度量空间
模糊度量空间
凸度量空间
完备度量空间
锥度量空间
C 次相容映象对
单值化定理
度规
覆盖映射
回归点
开映射定理
可数仿紧
伪度量
相容映象对
Z 空间(数学)

度量联络
Y 黎曼联络

度量投影
metric projection
O177

S 投射(数学)*
C Delta 算子

度量误差
Y 测量误差

度量线性空间
Y 线性空间

度量向量空间
Y 线性空间

度量性质
metric property
O156；O189.1
D 度量化
正交性
正交性质
S 数学性质*
F 可度量化
立方非线性
双正交性
C G 函数
旋转椭球体
正交函数

度量张量
Y 度规

度条件
degree condition
O177
S 条件(数学)*
C 光度法 →(2)(3)

度序列
degree sequence
O177
S 序*
C 序列分析

端点
extreme point
O181
S 几何点
F k-端点
暴露点
C 中点局部一致凸
Z 点(数学)

端点插值
endpoint interpolation
O241.3
S 插值*

端点估计
endpoint estimates
O211.3
S 估计(数学)*

短区间
short intervals
O156
S 区间*
C 特征和

短时 Fourier 变换
Y 短时傅里叶变换

短时傅里叶变换
short-time Fourier transform
O174.22
D 短时 Fourier 变换
短时傅立叶变换
短时傅立叶变换(STFT)
S 傅里叶变换
F 离散短时傅里叶变换
Z 积分变换

短时傅立叶变换
Y 短时傅里叶变换

短时傅立叶变换(STFT)
Y 短时傅里叶变换

短时距方程
Y 程函方程

短正合列
short exact sequence
O153；O154；O189.2
D 短正合序列
可裂短正合列
可裂短正合序列
S 正合序列
C 深度
同余
Z 序

短正合序列
Y 短正合列

短轴
Y 长轴

断续系统
Y 离散系统

队长
queue length
O226
D 队列长度
S 长度*
F 稳态队长

队长分布
queue distribution
O226
S 数学分布*
C N-策略排队

队列长度
Y 队长

对*
pair
O152；O159；O23
D 偶
偶对
F Lax 对
SSSD 途径对
伴随对
和谐对
集对
谱对
特征对
同余对
相容映象对
有序对
指数对

对比传递函数
Y 对比度传递函数

对比度传递函数
contrast transfer function
O174
D 对比传递函数
S 传递函数
Z 函数(物理)

对策理论
Y 对策论

对策论*
game theory
O225
D 博奕论
博弈论
对策理论
竞赛论
F 定性对策
多人合作对策
广义对策
连续对策
零和对策
模糊对策
微分对策
C 策略(数学)
概率

对称*
symmetry
ZT5
D 对称化
对称性
对称性质
对称属性
F 不对称
点对称
反对称
广义条件对称
交叉对称
结构对称
径向对称
局部对称
李对称
内部对称性
拟对称
球对称
全对称
双对称
循环对称
整体对称
正交对称
中心对称
轴对称
柱对称
C Pauli 矩阵
对偶互补 →(2)
消失矩
约束 Hamilton 系统

对称变换
symmetric transformation
O151
S 线性变换
F Hermite 变换
C 对称不等式

Z 数学变换

对称不等式
symmetric inequality
O178
S 不等式*
C 单调(数学)
对称变换

对称次反对称矩阵
symmetric and skew anti-symmetric matrix
O151.21
S 次对称矩阵
Z 矩阵

对称代数
Y 左对称代数

对称导数
symmetric derivative
O172.1
S 导数*
C 正定解

对称点
symmetry point
O174
S 几何点
C 极小化问题
Z 点(数学)

对称多项式
symmetric polynomial
O174.14；O174.21
D 初等对称多项式
基本对称多项式
S 多项式*
C 不动点集
范德蒙行列式
三次方程
示性类
韦达定理

对称方程
symmetric equation
O175.5
S 方程(数学)*
F 对称正则长波方程
C 对称正解
球对称解

对称分布
symmetric distribution
O211.3；O212
D 非对称分布
偏态分布
S 概率分布*
C 非对称迭代
随机和

对称函数
symmetric function
O174.53
D 拟对称函数
S 函数*
F 初等对称函数
对称损失函数
对称相关函数
C Schur 凸性
实轴

对称核
Y Hermite 函数

对称化
Y 对称

对称解
symmetric solution
O122.2
D 反对称解
S 解*
F 对称正解
球对称解
C 左对称代数

对称矩阵
symmetric matrix
O151.21；O241.6
D 对称阵
反称矩阵
反对称矩阵
非对称矩阵
交错矩阵
可对称化矩阵
S 正规矩阵
F 次对称矩阵
对称三对角矩阵
对称循环矩阵
反对称正交反对称矩阵
广义对称矩阵
实对称矩阵
双对称矩阵
斜对称矩阵
中心对称矩阵
C LDLT 分解
伴随有向图
分圆类
谱集
全对称
实特征值
Z 矩阵

对称空间
symmetric space
O186.14
S 空间(数学)*
F 局部对称空间
C 截面曲率
李群
全测地子流形

对称逆半群
symmetric inverse semigroup
O152.7
S 逆半群
Z 群(数学)

对称平均
symmetric mean
O156.1
S 平均数*
C 长方体

对称平面
symmetry plane
O186
S 平面*
C 直线方程

对称区间
symmetric interval
O181
S 区间*
C 第一型曲线积分

对称区域
symmetric area
O172.2
S 域*
F 有界对称域
C 重积分

对称曲面
symmetric curved surface
O182
S 曲面*
C 奇函数

对称曲线
symmetrical curve
O182
S 匹配*
C 奇函数

对称群
symmetric group
O152.1
D 对称性群
S 置换群
C Nielsen 数
圆排列
正规闭包
Z 群(数学)

对称三对角矩阵
symmetric triple-diagonal matrix
O151.21
S 对称矩阵
三角矩阵
C 特征向量
Z 方阵
矩阵

对称三角模糊数
symmetric triangular fuzzy number
O159
S 三角形模糊数
Z 模糊数

对称熵损失函数
symmetric entropy loss function
O174.53；O212
S 对称损失函数
熵损失函数
F q-对称熵损失函数
C 序约束
Z 函数

对称设计
symmetric design
O157.2；O212.6
S 设计*

对称式
symmetrical expression
O122.1
S 代数式

Z 表达式

对称属性
Y 对称

对称算子
symmetric operator
O175.3
D Hermite 算子
埃尔米特算子
S 算子*
C 线性映射

对称损失函数
symmetric loss function
O174
S 对称函数
损伤函数
F 对称熵损失函数
C 可容许性
Z 函数

对称图
symmetric graph
O157
S 图表*

对称系统
symmetric system
N948
S 系统*
C 非对称系统

对称相关函数
symmetrical correlation function
O174
S 对称函数
相关函数
Z 函数

对称心
Y 对称中心

对称性
Y 对称

对称性群
Y 对称群

对称性原理
symmetry principle
O1-0；O711.1
D 对称原理
S 数学原理*
C 解析函数
离散分数阶傅里叶变换

对称性质
Y 对称

对称循环矩阵
symmetric circulant matrices
O151.21
S 对称矩阵
循环矩阵
Z 矩阵

对称要素
Y 对称元素

对称元素*
symmetry elements
O711
D 对称要素
F 对称中心

对称原理
Y 对称性原理

对称约化
symmetry reduction
O175.29
S 约化
C 符号计算
Z 数学方法

对称约束
symmetry constraint
O241
S 约束(数学)*

对称阵
Y 对称矩阵

对称正定解
Y 正定解

对称正定矩阵
Y 正定矩阵

对称正交对称矩阵
Y 反对称正交反对称矩阵

对称正交反对称矩阵
Y 反对称正交反对称矩阵

对称正解
symmetric positive solution
O122.2
S 对称解
C 对称方程
Z 解

对称正则长波方程
symmetric regularized long wave equation
O175.29；O441.4
D SRLW 方程
对称正则长波方程式
对称正则长波公式
S 波动方程
对称方程
F 广义对称正则长波方程
C 广义对称矩阵
Z 方程(数学)

对称正则长波方程式
Y 对称正则长波方程

对称正则长波公式
Y 对称正则长波方程

对称中心
symmetric center
O171；O621；O711
D 对称心
S 对称元素*

对称轴
symmetry axis
O182
S 轴(数学)*

对代数
Y 代数

对顶角
opposite angle
O181
S 角(数学)*
C 相交

对分法
bisectional method
O241
S 数学方法*

对合
Y 对合函数

对合函数
involutory function
O177.91；O189.3
D 对合
S 逆函数
Z 函数

对合解
involution solution
O122.2
S 解*
C 孤子方程

对合矩阵
involutory matrix
O151.21
D 幂幺矩阵
S 特殊矩阵
Z 矩阵

对话式规划
Y 交互规划

对换
transposition
O152
S 数学变换*
C 轮换对称性

对集
Y 匹配

对角方阵
Y 对角矩阵

对角和
Y 轨迹

对角化
diagonalization
O151.21；O241.6
D 对角线化
可对角化
S 线性变换
F 矩阵对角化
同时对角化
C 线性代数
Z 数学变换

对角矩阵
diagonal matrix
O151.21
D 对角方阵
对角形矩阵

对角阵
S 方阵*
F 单位矩阵
三对角矩阵
正对角矩阵
准对角矩阵
C 高次幂
线性方程组

对角线
diagonal
O151
S 线段*
C 等腰梯形
幻方
九宫图
枚举法
三阶幻方
四边形

对角线化
Y 对角化

对角形矩阵
Y 对角矩阵

对角占优
diagonal dominance
O151.21
S 占优*
F 广义对角占优
块对角占优
双对角占优
严格对角占优
C Fan 积
置换矩阵

对角占优矩阵
diagonally dominant matrix
O151.21
D 优对角阵
S 矩阵*
F α-对角占优矩阵
广义对角占优矩阵
块对角占优矩阵
双对角占优矩阵
严格对角占优矩阵
C 不可约

对角阵
Y 对角矩阵

对立事件
complementary events
O211
D 互补事件
逆事件
S 事件*
C 全概率公式

对流项
convection term
O241.82
S 项(数学)*

对流占优
convection-dominated
O175.8；O241.82
S 占优*
C 特征线法

对流占优扩散方程
S 扩散方程
Z 方程(数学)

对偶*
dual
O153；O177
D 对偶问题
对偶形式
F Lagrange 对偶
Morita 对偶
单向 S-粗集对偶
共轭对偶
混合型对偶
弱对偶
原始-对偶
自对偶
C 自反模

对偶半群
dual semigroup
O152.7
S 半群
C 半单纯环
Z 群(数学)

对偶变量
dual variable
O221
S 变量*
C 半无限规划
对偶线性规划

对偶单纯形法
dual simplex method
O224；O241
S 单纯形法
C ε-最优解
Z 最优化方法

对偶定理
duality theorem
O151.24；O241
D 对偶理论
S 数学定理*
F 对偶喷泉定理
强对偶定理
弱对偶定理
C B-预不变凸函数
对偶线性规划
最佳条件

对偶泛函
dual functional
O177
S 泛函*
C 变分原理

对偶范畴
dual category
O154；O189.13
D 反向范畴
逆范畴
S 范畴(数学)*
C hopf 代数

对偶公式
dual formula
O156
S 公式(数学)*
C Euler 回路
随机环境
转移概率

对偶关系
dual relationship
O174.14
S 关系(数学)*
C 多目标分式规划

对偶规划
Y 对偶线性规划

对偶函数
dual function
O174
S 函数*
F Smarandache 对偶函数

对偶基
dual basis
O241
S 对偶向量
C 参数曲线
Z 向量

对偶间隙
duality gap
O241

对偶均质积分
Y 均质积分

对偶空间
dual space
O151.2
D 共轭空间
S 空间(数学)*
C Kuratowski 收敛

对偶扩张代数
dual extension algebra
O153.3
S 代数*

对偶理论
Y 对偶定理

对偶模
dual module
O153.3
S 模(数学)*
C hopf 代数
本原环
单向 S-粗集对偶

对偶模型
dual model
O211
S 数学模型*
C 凸多面体

对偶喷泉定理
dual fountain theorem
O153；O175
D 喷泉定理
S 对偶定理

Z 数学定理

对偶剖分
dual subdivision
O241.82
S 剖分*
C 椭圆方程

对偶矢量
Y 对偶向量

对偶式
dual formula
O153
S 表达式*
C 构造法

对偶树复小波变换
Y 双树复小波变换

对偶数
dual numbers
O142
S 数*
C 偶数阶

对偶四元数
dual quaternion
O151.2
S 四元数
Z 复数

对偶算子
Y 伴随算子

对偶图
dual graph
O157.5
S 图表*

对偶问题
Y 对偶

对偶线性规划
dual linear programming
O221.1；O241
D 对偶规划
S 线性规划
C K-T 点
伴随算子
对偶变量
对偶定理
最终正解
Z 数学规划

对偶线性映射
Y 对偶映射

对偶向量
dual vector
O186；O572
D 对偶矢量
S 向量*
F 对偶基
C 正交关系

对偶形式
Y 对偶

对偶性
duality
O174；O227
S 数学性质*
C 光滑化方法
可展曲面
自正交

对偶性映射
Y 对偶映射

对偶映射
duality mapping
O177.91；O192
D 对偶线性映射
对偶性映射
转置映射
S 映射*
F 正规对偶映象
C 体锥
严格凸空间

对偶原理
duality principle
O153
D 对偶原则
S 数学原理*
C 伴随算子

对偶原则
Y 对偶原理

对偶锥
dual cone
O123.3；O189.2
D 极锥
S 锥体*
F 正规锥

对数*
logarithm
O122.6
F 离散对数
自然对数
C 经验似然

对数变换
logarithmic transformation
O171；O65
S 数学变换*
C 自然对数

对数导数
logarithmic derivative
O172.1
S 导数*
C 拟共形延拓

对数分布
logarithmic distribution
O212
D 对数级数分布
S 连续分布
C 冲击模型 →(2)
Z 概率分布

对数函数
logarithmic function
O171；O174
S 特殊函数
F 对数凸函数
Z 函数

对数级数分布
Y 对数分布

对数极坐标变换
log polar coordinate transformation
O181
S 极坐标变换
Z 坐标转换

对数律
logarithmic law
O211.4
S 定律(数学)*
F 重对数律
C 流速分布 →(2)
湍流边界层 →(2)
自然对数

对数螺线
logarithmic spiral
O174；O182
D 等角螺线
S 螺旋曲线
C 自旋 →(2)
Z 匹配

对数模型
logarithm model
O141.4
D 对数线性模型
S 数学模型*

对数判别法
logarithmic criteria
O173
S 判别法(数学)*

对数平均
logarithmic mean
O156.1
S 平均数*
C 上界

对数求导法
logarithm derivation
O13；O171；O172.1
S 求导
C 幂指函数
Z 数学方法

对数曲线
logarithmic curve
O156.7；O182
S 匹配*
F 双对数曲线
C 热应力 →(2)

对数似然比
log-likelihood ratio
O211.4
S 似然比
Z 比例

对数凸函数
log-convex function
O174.13
S 对数函数
凸函数
C Jensen 不等式
Schur 几何凸性

Z 函数

对数线性模型
Y 对数模型

对数正态
Y 对数正态分布

对数正态分布
logarithmic normal distribution
O211.1；O211.9
D 对数正态
S 寿命分布
正态分布
F 三参数对数正态分布
C D'Alembert 公式
概率模型
加速失效时间模型
Z 概率分布

对数最小二乘法
logarithmic least square method
O212
S 最小二乘法*
C 强保序

对象特性
Y 特性

对易关系
commutation relation
O121
D 对易算法
S 关系(数学)*
C 湮没算符 →(2)

对易算法
Y 对易关系

对应*
correspondence
O182
F 等距对应
射影对应
一一对应

对应分析
Y 关联分析

对照分析
contrast analysis
O213
S 统计分析*

钝角
obtuse angle
O181
S 角(数学)*
C 逆定理
欧氏空间
向量组

钝锥
blunt cone
O123.3
S 锥体*
C 尾流 →(2)(4)

多 Lyapunov 函数
Y 多李亚普诺夫函数

多边形*
polygon
O182；O187
D 多角形
平面多边形
F Newton 多边形
八边形
简单多边形
六边形
切线多边形
三角形
四边形
泰森多边形
特征多边形
完全四点形
五边形

多边形逼近
polygon approximation
O241.81
D 多边形近似
S 逐次逼近
C 特征集
Z 逼近

多边形单元
polygonal element
O241.82
S 单元*
F 四边形单元

多边形近似
Y 多边形逼近

多边形拟合
polygon fitting
O241
S 数学拟合*
C 拓扑规则 →(4)

多变量分析
Y 多元分析

多变量函数
Y 多元函数

多变量灰色模型
multivariable grey model
N945.12
D MGM(1,*m*)模型
MGM(1,*n*)模型
多变量灰色预测模型
S 灰色预测模型
Z 预测模型

多变量灰色预测模型
Y 多变量灰色模型

多变量统计
multivariate statistics
O212
S 统计*
C 多变量优化

多变量统计分析
Y 多元统计分析

多变量系统
multivariable system
N948
D MIMO 系统
多参数系统
多输入多输出系统
分散系统
S 系统*
F 解耦系统
C LDU 分解
控制系统理论

多变量优化
multi-variable optimization
O212
S 优化*
C 多变量统计

多变性
polytrope
ZT4
S 可变性
Z 特性

多步法
multistep method
O241
D 多值法
S 分步法
F 线性多步法
Z 数学方法

多部竞赛图
Y 竞赛图

多参数系统
Y 多变量系统

多层
Y 分层

多层 Bayes 估计
hierarchical Bayes estimation
O212
S Bayes 估计
C 负二项分布
Z 估计(数学)

多层次分析法
multi-hierarchy analytic method
O159
S 分析法(数学)*

多层结构
Y 层次结构

多层系统
Y 分级系统

多尺度分析
Y 多重尺度法

多尺度函数
multi-scaling function
O174
S 尺度函数
C 多重尺度法
正交小波包变换
Z 函数

多尺度技术
Y 多重尺度法

多尺度小波变换

multi-scale wavelet transform
O174；P458.2
D 多尺度小波分析
小波多尺度分析
S 小波变换*
F Contourlet 变换
C 隶属度函数

多尺度小波分析
Y 多尺度小波变换

多重比较
multiple comparisons
O212
D 多重分析
S 显著性检验
C 方差分析
Z 假设检验

多重采样
Y 多次采样

多重插补
multiple imputation
O212.1；O213.9
S 补*
C 平均差

多重尺度法
multi-scale analysis
O177.1；P458.2
D 多尺度分析
多尺度技术
多重尺度方法
S 尺度分析*
数学分析*
C 多尺度函数
格子 Boltzmann 模型 →(2)

多重尺度方法
Y 多重尺度法

多重传递群
multiply transitive group
O152
D 多重可迁群
S 群(数学)*
F 多重传递无限群
多重传递有限群

多重传递无限群
multiply transitive infinite group
O152
D 多重可迁无限群
S 多重传递群
无限群
Z 群(数学)

多重传递有限群
multiply transitive finite group
O152.1
D 多重可迁有限群
S 多重传递群
有限群
Z 群(数学)

多重分析
Y 多重比较

多重工作休假
multiple working vacations
O226
S 多重休假
Z 排队论

多重回归
Y 多元回归

多重回归分析
Y 回归(数学)

多重积分
Y 重积分

多重积分近似计算
Y 数值计算

多重积分数值计算
Y 数值计算

多重极限环
Y 极限环

多重集
multiset
O144
D 多重集合
S 集合*
C 典型相关分析

多重集合
Y 多重集

多重假设检验
multiple hypothesis test
O212.1
S 假设检验*
C 特征选择

多重解
Y 多解

多重可迁群
Y 多重传递群

多重可迁无限群
Y 多重传递无限群

多重可迁有限群
Y 多重传递有限群

多重时滞
Y 多时滞

多重适应性休假
Y 多级适应性休假

多重数
Y 重数

多重调和方程
polyharmonic equation
O122.2
S 调和方程
Z 方程(数学)

多重图
multigraph
O157.5
D 重图
S 图表*

多重网格法
multi-grid method
O157.5；O241.8
D 多重网格方法
多重网格算法
S 网格法
F 代数多重网格法
瀑布型多重网格法
Z 数学方法

多重网格方法
Y 多重网格法

多重网格算法
Y 多重网格法

多重线性映射
Y 线性映射

多重相关
multiple correlation
O212.1；P43
D 多重相关性
复相关
S 相关*
F 三重相关
C 偏最小二乘回归分析

多重相关性
Y 多重相关

多重小波
Y 多小波变换

多重休假
multiple vacation
O226
S 休假排队
F 多级适应性休假
多重工作休假
多重延误休假
C 随机分解
Z 排队论

多重循环群
poly-cyclic group
O152.2
S 循环群
Z 群(数学)

多重延误休假
multiple delay vacation
O226
S 多重休假
C 拉普拉斯变换
Z 排队论

多重正解
multiple positive solution
O122.2
D 多个正解
多正解
S 正解
C 半线性椭圆方程
Z 解

多重周期解
multiple periodic solutions
O175
D 多个周期解
多周期解

S 周期解*
C 时滞微分方程

多重最优解
multi-optimal solution
O122.2
S 最优解
Z 解

多次采样
multiple sampling
TP2
D 多重采样
S 采样*

多次抽样
Y 多阶段抽样

多点边值
Y 多点边值问题

多点边值问题
multipoint boundary value problem
O175.8
D 多点边值
S 边值问题*
F m-点边值问题
非线性三点边值问题
两点边值问题
三点边值问题
四点边值问题
无穷多点边值问题
C 正解

多分辨分析
Y 多分辨率小波分析

多分辨率小波
Y 多分辨率小波分析

多分辨率小波分析
multiresolution wavelet analysis
O174.2
D 多分辨分析
多分辨率小波
多分辨小波
多分辩分析
小波包多分辨率分析
小波多分辨分析
小波多分辨率分析
S 小波变换*
F 框架多分辨分析
向量值多分辨分析
C 特征向量
阈值

多分辨小波
Y 多分辨率小波分析

多分辩分析
Y 多分辨率小波分析

多峰分布
multimodal distribution
O212.2
D 多众数分布
S 连续分布
Z 概率分布

多服务台排队
multi server queue
O226
S 排队论*
C 条件随机分解

多复变
Y 多复变函数

多复变函数
several complex variable function
O174.56
D 多复变
S 复变函数
Z 函数

多复变函数论
multicomplex function theory
O174.56
S 复变函数论
C 典型域
Z 函数论

多复变数
several complex variables
O174；O212
S 数*
C Bloch 空间
奇异积分
双全纯映照
优级数

多个正解
Y 多重正解

多个周期解
Y 多重周期解

多孤子解
multiple soliton solutions
O175.29
S 多解
C 双线性方法
Z 解

多级抽样
Y 多阶段抽样

多级递阶系统
Y 分级系统

多级结构
Y 层次结构

多级决策过程
Y 多阶段决策

多级适应性休假
multiple adaptive vacation
O226
D 多重适应性休假
S 多重休假
Z 排队论

多级系统
Y 分级系统

多极坐标
multipolar coordinates
O18
S 坐标*
C 复变函数方法
直角平面

多角数
polygonal number
O156
D 多角形数
S 数*
F 三角数

多角形
Y 多边形

多角形数
Y 多角数

多阶抽样
Y 多阶段抽样

多阶段抽样
multistage sampling
C81
D 多次抽样
多级抽样
多阶抽样
S 采样*
F 二阶抽样
三阶段抽样
C 总体方差

多阶段决策
multistage decision
O225
D 多级决策过程
多阶段决策过程
S 决策论*

多阶段决策过程
Y 多阶段决策

多结点样条
many knot spline
O174.41；O241
S 样条曲线*
C 参数函数

多解
multiple solution
O122.2
D 多重解
S 解*
F 多孤子解

多解存在性
existence of multiple solutions
O175.12
S 解的存在性
Z 数学性质

多解性
multiplicity
O175
S 数学性质*

多进小波
Y 多进制小波变换

多进制
multilevel system
O157.4
S 进制*
F 八进制

二进制
十进制
十六进制

多进制小波
Y 多进制小波变换

多进制小波变换
multiband wavelet transition
O241
D 多进小波
多进制小波
S 小波变换*
F 二进小波变换

多精度
multi-precision
O241
D 多字长精度
S 数学精度*

多孔介质方程
porous media equation
O122.2
S 方程(数学)*
C 瑞利数

多李雅普诺夫函数
Y 多李亚普诺夫函数

多李亚普诺夫函数
multiple Lyapunov functions
O174.1
D 单 Lyapunov 函数
多 Lyapunov 函数
多李雅普诺夫函数
S Lyapunov 函数
C 正定矩阵
Z 函数

多连通区域
Y 多连通域

多连通域
multiply connected domain
O174
D 多连通区域
S 连通域
C Delaunay 三角形 →(4)
Toeplitz 算子
Z 域

多面函数
polyhedral function
O174
S 函数*
C 高程误差 →(4)

多面函数拟合
multiply surface function fitting
O242；P207.1
S 函数拟合
Z 数学拟合

多面体
polyhedron
O181
S 几何体*
F 二十面体
六面体
十二面体
四面体
凸多面体
正八面体
正多面体
组合多面体
C 旋转体体积

多目标(数学)
Y 多准则

多目标半无限规划
multiobjective semi-infinite programming
O221.6
S 半无限规划
多目标规划
Z 数学规划

多目标博弈
multiobjective game
O225
S 博弈*
C Ky Fan 不等式

多目标非线性规划
multiobjective nonlinear programming
O241
S 非线性规划
C 非线性本构关系 →(2)
非线性边界条件
Z 数学规划

多目标分式规划
multiobjective fractional programming
O221.6
S 多目标规划
分式规划
C 对偶关系
凸函数
Z 数学规划

多目标规划
multiobjective programming
O221.6
D 多目标最优化
多目标最优化问题
S 目标规划
F 多目标半无限规划
多目标分式规划
多目标随机规划
多目标凸规划
多目标线性规划
二层多目标规划
非光滑多目标规划
模糊多目标规划
双目标规划
C S-凸函数
可微函数
评价函数法
熵原理
线性加权和法
最大熵
Z 数学规划

多目标规划模型
multiobjective programming model
O221.1；O221.6
D 多目标线性规划模型
S 数学规划模型
C 目标值
最大熵原理
最优解
Z 数学模型

多目标决策
multiobjective decision making
C934；N945.25
D 多目标群决策
S 决策*
C Arrow 公理
超有效解
多目标优化方法
二层多目标规划
规划模型
夹角余弦法
理想点法
向量夹角余弦

多目标决策问题
Y 多指标决策

多目标模糊优化
Y 模糊多目标规划

多目标群决策
Y 多目标决策

多目标群体决策
multiobjective group decision making
O211.62；O223
S 群决策
Z 决策论

多目标随机规划
multi-objective stochastic programming
O221.5；O221.6
S 多目标规划
随机规划
C 多指标决策
Z 数学规划

多目标凸规划
multiobjective convex programming
O221
S 多目标规划
凸规划
C 有效解集
Z 数学规划

多目标系统
multiobjective system
O221.6
S 数学系统*

多目标线性规划
multiobjective linear programming
O221.1；O221.6
S 多目标规划
C 算子解法
Z 数学规划

多目标线性规划模型
Y 多目标规划模型

多目标优化方法
multiobjective optimization method
O224
S 最优化方法*
C 单目标规划

多目标决策
非线性拟合
广义不变凸
模糊多目标规划
随机规划模型

多目标最优化
Y 多目标规划

多目标最优化问题
Y 多目标规划

多平衡态
multiple equilibria
ZT5
S 平衡*

多群 Monte Carlo 方法
Y 多群蒙特卡罗方法

多群蒙特卡罗方法
multigroup Monte Carlo method
O242.1；O242.2；P413；P456.7
D 多群 Monte Carlo 方法
S 蒙特卡罗方法
Z 数学模拟

多人合作对策
multiple-person cooperation game
O225
D *n* 人合作对策
多人合作对策论
多人决策
S 对策论*

多人合作对策论
Y 多人合作对策

多人决策
Y 多人合作对策

多色 Ramsey 数
multicolor Ramsey number
O156
D 多色拉姆齐数
S Ramsey 数
C 谱半径
循环图
Z 数

多色拉姆齐数
Y 多色 Ramsey 数

多时间尺度
multi-time scale
ZT73
S 时间尺度
Z 时空尺度

多时滞
multiple time delays
TP1
D 多重时滞
S 时滞*

多输入多输出系统
Y 多变量系统

多属性决策
multiple attribute decision making
C934；N945.25
D 多因素决策
S 决策*

多属性决策分析
multi-attribute decision analysis
N94
S 空间分析*

多体系统理论
multi-body system theory
N941
S 系统论*

多维函数
Y 多元函数

多维空间
multidimensional space
O184；O189.12
D *n* 维
N 维空间
S 空间(数学)*
F 相空间
C 超几何函数
多维地震动 →(5)
多维时空 →(2)(4)

多维系统
multidimensional systems
N948
D 有限维系统
S 系统*
F 高维非线性系统
无穷维系统
C 差分方程
多维时空 →(2)(4)
偏微分方程

多维向量
Y *n* 维向量

多维正态分布
multidimensional normal distribution
O211.1
S 正态分布
F 二维正态分布
Z 概率分布

多维自回归模型
multivariate autoregressive model
O212.4
S 自回归模型
C 偏自相关函数
Z 回归模型

多线性分离变量法
multi-linear variable separation approach
O175.2
S 线性化法
C 双周期 →(4)
椭圆函数
周期解
Z 数学方法

多线性分数次积分
multilinear fractional integral
O172.2；O175；O177.6
S 分数次积分
Z 积分

多线性交换子
multilinear commutator
O177
S 交换子
C Hardy 空间
Z 算子

多线性奇异积分
multilinear singular integral
O177.6
S 奇异积分
C 极大算子
Z 积分变换

多线性奇异积分算子
multilinear singular integral opeator
O177
S 多线性算子
奇异积分算子
C BMO 空间
Z 算子

多线性算子
multilinear operator
O177
S 线性算子
F 多线性奇异积分算子
C 分数次积分
Z 算子

多线性振荡积分
Y 振荡积分

多相矩阵
polyphase matrix
O151.21
S 矩阵*

多向量
Y *n* 维向量

多项分布
multinomial distribution
O211.2
D 多项式分布
S 二项分布
C 协方差矩阵
Z 概率分布

多项式*
polynomial
O174.14
F Adomian 多项式
Bell 多项式
Bernoulli 多项式
Bernstein 多项式
Chebyshev 多项式
Dickson 多项式
Eisenstein 多项式
Euler 多项式
Fibonacci 多项式
Hall 多项式
Hermite 多项式
Jacobi 多项式
Jones 多项式
Lucas 多项式
Tchebycheff 多项式
伴随多项式
本原多项式

不可约多项式
插值多项式
代数多项式
对称多项式
二次多项式
二项式
二元多项式
分段多项式
分圆多项式
盖根堡多项式
局部多项式
矩阵多项式
拉格朗日多项式
勒让德多项式
零化多项式
匹配多项式
齐次多项式
区间多项式
三角多项式
三项式
色多项式
生成多项式
泰勒多项式
特征多项式
微分多项式
五次多项式
线性化多项式
一元多项式
有理多项式
整系数多项式
正交多项式
置换多项式
最小多项式
C 矩阵变换法
数集
样条函数
约化环

多项式逼近
polynomial approximation
O241；O242.2
D 多项式近似
S 逼近*
C 近似解

多项式表示
polynomial representation
O156.1
S 代数表示
C Bernoulli 数
多项式插值
多项式矩阵
多项式系统
Z 表示(数学)

多项式插值
polynomial interpolation
O174.42
S 插值*
C Runge 现象
多项式表示

多项式除法
polynomial division
O221
D 长除
S 多项式算法
C 矩阵乘积
线性代数方程
Z 数学算法

多项式代数
polynomial algebra
O151.21
S 代数*
C 多项式函数
数学分解
协边类

多项式方程
polynomial equation
O151.1；O241
D 整式方程
S 代数方程
C 插值
代数基本定理
混合计算
例外簇
Z 方程(数学)

多项式方程组
polynomial equation set
O151.1；O241
S 方程组*

多项式分布
Y 多项分布

多项式分解
polynomial decomposition
O174.14
S 数学分解*

多项式复杂性
polynomial complexity
O174.14；O221
S 复杂性
C 内点算法
Z 数学性质

多项式根
polynomial root
O174.14
D 多项式零点
S 根(数学)*

多项式函数
polynomial function
O174
S 函数*
F 多项式基函数
C 多项式代数
循环行列式
有限和

多项式环
polynomial ring
O153.3
D 斜多项式环
S 交换环*
结合环*
C 半群代数
反自同构
正八面体
置换多项式
自同构群

多项式回归
polynomial regression
O212.1
S 回归(数学)*
F 局部多项式回归
正交多项式回归
C 置换多项式

多项式回归模型
polynomial regression model
O212.1
S 回归模型*

多项式基函数
polynomial basis functions
O174
S 多项式函数
函数*
基函数
C 本质边界条件

多项式近似
Y 多项式逼近

多项式矩阵
polynomial matrix
O151.21；O241.6
D λ 矩阵
λ-矩阵
S 矩阵*
C 多项式表示
综合除法

多项式理想
polynomial ideal
O187
S 理想(数学)*
C 线性方程组

多项式零点
Y 多项式根

多项式模型
polynomial model
O174.14
S 数学模型*
C 奇点

多项式拟合
polynomial fitting
O174.14
S 曲线拟合
F 多项式曲线拟合
切比雪夫多项式拟合
正交多项式拟合
C 多项式曲线
时程积分法
置换多项式
Z 数学拟合

多项式判别系统
polynomial recognition system
O151；O156
S 多项式系统
F 多项式完全判别系统
C 极限环
Z 数学系统

多项式曲线
polynomial curve

O174
S 匹配*
C 多项式拟合
最小二乘法

多项式曲线拟合
polynomial curve fitting
O241.5；P207.1
S 多项式拟合
C 分析曲线 →(3)
Z 数学拟合

多项式算法
polynomial algorithm
O221.1
D 好算法
有效算法
S 数学算法*
F 多项式除法
C 多项式系统
置换多项式

多项式完全判别系统
complete discrimination system for polynomials
O156
S 多项式判别系统
C 行波解
Z 数学系统

多项式微分系统
polynomial differential system
O172.1
S 多项式系统
微分系统
F 广义 Lorenz 系统
Z 数学系统

多项式系数
multinomial coefficient
O157.5
S 系数*
F 二项式系数

多项式系统
polynomial system
O174.14
S 数学系统*
F 多项式判别系统
多项式微分系统
高次多项式系统
C 多项式表示
多项式算法

多项式样条估计
Y 样条估计

多项式映射
polynomial mapping
O175.7
S 映射*

多项式最小二乘拟合
Y 最小二乘拟合

多小波
Y 多小波变换

多小波包
Y 多小波变换

多小波变换
multi-wavelet transform
O174.2
D 多小波
多小波包
多重小波
多子波
S 小波变换*
F GHM 多小波
平衡多小波

多辛
Y 多辛格式

多辛格式
multi-symplectic scheme
O189
D 多辛
S 辛格式
C Fourier 拟谱方法
Z 数学方法

多延迟微分方程
multi-delay differential equations
O175
S 延迟微分方程
Z 方程(数学)

多叶函数
multivalent function
O174.52；O174.55
S 解析函数
C Dziok-Srivastava 算子
Z 函数

多因素分析
Y 多元分析

多因素决策
Y 多属性决策

多因子模型
multi-influencing-factor model
O141.4
S 模型*

多因子相关预报法
Y 预报

多余信息
Y 冗余信息

多余约束
redundant constraint
O241；O302
D 冗余约束
S 约束(数学)*

多元
multivariate
O213
S 元*
F 三次元
C 赖因哈特域

多元 t 分布
multivariate t distribution
O212
S t 分布
C 贝叶斯推理
Z 概率分布

多元插值
multivariate interpolation
O241
S 插值*
F 多元最优插值
C Gr(o)bner 基
空间分布

多元多项式
multivariate polynomial
O174.14
S 一元多项式
Z 多项式

多元方差分析
multivariate analysis of variance
O212.1
S 多元分析
方差分析
Z 统计分析

多元非线性回归分析
multiple non linear regression analysis
O212.1
S 多元回归分析
非线性回归分析
Z 数学分析
统计分析

多元分解
multivariate decompose
O174.41
D 多元分解技巧
S 数学分解*
C 算子逼近

多元分解技巧
Y 多元分解

多元分析
multivariate analysis
O212.4；O213；P208
D 多变量分析
多因素分析
多元统计
S 统计分析*
F 多元方差分析
多元回归分析
多元判别分析
多元统计分析
二元分析

多元复合函数
multivariate composite functions
O174.1
S 多元函数
复合函数
C 偏导数
Z 函数

多元函数
multivariate function
O13；O171；O174
D 多变量函数
多维函数
S 函数*
F 多元复合函数

二元函数
三元函数
C 拉格朗日乘子法
轮换对称性
三维分析 →(2)

多元函数极值
extremum of multivariate function
O122.5；O172
S 函数极值
Z 极值

多元回归
multiple regression
O212.1；P413
D 多元回归方法
多元线性回归
多元线性回归法
多重回归
复回归
S 线性回归
C 矩阵 t 分布
偏最小二乘法
梯形法
Z 回归(数学)

多元回归方法
Y 多元回归

多元回归分析
multiple regression analysis
O212.1
S 多元分析
回归分析
F 多元非线性回归分析
二元回归分析
C 最小一乘准则
Z 统计分析

多元积分
Y 重积分

多元判别分析
multivariate discriminant analysis
O212.5
S 多元分析
判别分析
Z 统计分析

多元时间序列
multivariate time series
O151
S 时间序列*

多元统计
Y 多元分析

多元统计分析
multivariate statistical analysis
O212.4；P208
D 多变量统计分析
S 多元分析
Z 统计分析

多元线性回归
Y 多元回归

多元线性回归法
Y 多元回归

多元线性模型
multivariate linear model
O212.1
S 线性模型*
C 可容许性

多元相关分析
multivariate correlation analysis
O212.1
S 相关分析
C 逐步回归
Z 数学分析

多元样条
multivariate splines
O241.5
S 样条曲线*
F 二元样条
三次样条
四次样条

多元正态分布
multivariate normal distribution
O211.1
S 正态分布
C 旋转不变性 →(2)
Z 概率分布

多元指数分布
multivariate exponential distribution
O212
D 马歇尔-奥尔金分布
S 指数分布
C 系统可靠性
Z 概率分布

多元最优插值
multivariate optimum interpolation
O174.42；P43
S 多元插值
最优插值
Z 插值

多圆盘
multiple discs
O174.5
S 圆盘*

多圆柱
polydisc
O123.3
S 圆柱
C Bloch 空间
Z 几何体

多源验前信息
multisource prior information
N950
S 信息*
C 先验分布

多正解
Y 多重正解

多值法
Y 多步法

多值泛函微分方程
multivalued functional differential equation
O152.4
D 微分包含
S 泛函微分方程
C 紧凸集
Z 方程(数学)

多值函数
multivalued function
O174.1
S 值函数
F 多值逻辑函数
C 基本运算
Z 函数

多值逻辑函数
multiple-valued logical function
O174.1
S 多值函数
Z 函数

多值算子
multivalued operator
O177
S 算子*
C 不适定问题

多值映射
Y 集值映射

多值映象
multi-valued mapping
O178
S 映射*
C 拓扑空间

多值直觉模糊集
Y 直觉模糊集

多指标
multicriteria
O241
S 指标*
C 因子分析
正交设计
综合鉴别函数
组合地图 →(4)

多指标分析
analysis of several indexes
ZT0
S 分析*

多指标决策
multiple criteria decision-making
O211.62；O223
D 多目标决策问题
S 决策论*
C 多目标随机规划
二层多目标规划

多滞量
multiple delays
O175.1
S 滞量*

多众数分布
Y 多峰分布

多周期解
Y 多重周期解

多主体模型

multi-agent model
N94
S 模型*

多准则
multiple criteria
O224
D 多目标(数学)
S 准则*
C 最优化方法

多准则决策分析
multi-criteria decision analysis
N94
S 空间分析*

多准则模糊决策
multi-criteria fuzzy decision
O211.62；O223
S 模糊决策
C 记分函数
区间值函数
Z 决策论

多子波
Y 多小波变换

多字长精度
Y 多精度

厄兰(2)风险模型
Y Erlang(2)风险模型

厄兰分布
Y Erlang 分布

厄米多项式
Y Hermite 多项式

厄米矩阵
Y Hermite 矩阵

厄米算符
Hermitian operator
O241
S 算符*

厄米特矩阵
Y Hermite 矩阵

恩格尔定律
Y Engel 定理

二层多目标规划
bilevel multiobjective programming
O221.6；O224
S 多目标规划
二层规划
C 多目标决策
多指标决策
Z 数学规划

二层规划
bilevel programming
O221
D 两层规划
S 数学规划*
F 二层多目标规划
二层线性规划
非线性双层规划
C 罚函数法

二层规划模型
bilevel programming model
O221
S 数学规划模型
C 最优解
Z 数学模型

二层决策
bilevel problems
O211.62；O223
S 决策论*
C 最佳条件

二层线性规划
bilevel linear programming
O221.1
D 双层线性规划
线性二层规划
线性双层规划
S 二层规划
线性规划
C 分枝定界法
Z 数学规划

二重
Y 二分法

二重 Dirichlet 级数
bitangent Dirichlet series
O173；O174
D 下侧二重 Dirichlet 级数
下侧二重狄利克雷级数
S Dirichlet 级数
重级数
C Dirichlet 边值问题
Dirichlet 定理
Z 级数(数学)

二重积分
double integral
O172.2
D 二次积分
S 重积分
C 二重极限
格林公式
Z 积分

二重级数
Y 重级数

二重极限
double limit
O171
D 重极限
S 极限(数学)*
C 二重积分

二次 Bezier 曲线
Y 二次 Bézier 曲线

二次 Bézier 曲线
quadric Bézier curve
O174.61；O231
D 二次 Bezier 曲线
S 贝塞尔曲线
F 有理二次 Bézier 曲线
Z 匹配

二次背包问题
Y 背包问题

二次采样
Y 重采样

二次插值
quadratic interpolation
O241.5
S 插值*
C 信赖域方法

二次插值法
Y 抛物线法

二次乘方
Y 平方

二次乘方.
Y 平方

二次抽样
Y 重采样

二次代数曲面
Y 二次曲面

二次多项式
quadratic polynomial
O174.14
S 多项式*
F 二次三项式
C 拼接曲面

二次泛函
quadratic functional
O177
S 泛函*

二次方程
quadratic equation
O122.2
S 非线性代数方程
F 二次回归方程
二次矩阵方程
二次曲线方程
一元二次方程
C 参数求解
Z 方程(数学)

二次方根
Y 平方根

二次非剩余
Y 二次剩余

二次估计
Y 二次型估计

二次规划
quadratic programming
O221.2；O241
D 二次规划法
二次规划问题
S 非线性规划
F 0-1 二次规划
不定二次规划
二次锥规划
序列二次规划
C IOWHA 算子
Metropolis-Hastings 算法
变分原理
调节熵函数
连续算子

Z 数学规划

二次规划法
Y 二次规划

二次规划问题
Y 二次规划

二次回归方程
quadratic regression equation
O151
S 二次方程
回归方程
Z 方程(数学)

二次回归分析
quadratic regression analysis
O212.1
S 回归分析
Z 统计分析

二次积分
Y 二重积分

二次矩阵方程
quadratic matrix equation
O122.2
S 二次方程
矩阵方程
C H-矩阵
Z 方程(数学)

二次扩域
Y 二次域

二次扩张
quadratic extension
O156
S 扩张(数学)*
C 减阻效果 →(2)

二次模型
quadratic model
O221
S 数学模型*
C 无约束优化

二次拟合
quadratic fit
O17
S 拟合*

二次曲面
quadratic surface
O182；O187
D 二次代数曲面
抛物型二次曲面
无心二次曲面
有心二次曲面
中心二次曲面
S 曲面*
F 超二次曲面
绝对二次曲面
抛物面
双曲面
椭球面
旋转二次曲面
锥面
C 不变量
定比分点
二次型理论
非近轴光线 →(2)
交线
切线
全局渐近稳定性
椭球体

二次曲线
Y 圆锥曲线

二次曲线方程
quadratic curve equation
O122.2
S 二次方程
曲线方程
C 坐标转换
Z 方程(数学)

二次三项式
quadratic trinomial
O151.2
S 二次多项式
C 二元函数
一元函数
Z 多项式

二次剩余
quadratic residue
O156
D 二次非剩余
平方剩余
S 剩余(数学)*
C 整数解
指数方程

二次收敛
quadratic convergence
O174；O175.13；O241
D 二次收敛性
二阶收敛
二阶收敛性
平方收敛
S 收敛(数学)*
C 交替法
微分方程法
阻尼牛顿法

二次收敛性
Y 二次收敛

二次数域
quadratic field
O153.4；O156
S 二次域
数域
F 虚二次域
C L-函数
Z 域

二次损失
Y 二次损失函数

二次损失函数
quadratic loss function
O174
D 二次损失
S 损伤函数
C 最佳线性无偏估计
Z 函数

二次特征值问题
quadratic eigenvalue problem
O241.6
S 特征值问题
C 方向导数
最佳逼近
Z 数学问题

二次微分
quadratic differential
O172.1；O187
D 二次微分系统
S 次微分
C 仿射变换
极限环
Z 微分

二次微分系统
Y 二次微分

二次误差
secondary error
O241.1
S 误差*

二次型
Y 二次型理论

二次型估计
quadratic estimate
O212
D 二次估计
S 估计(数学)*

二次型理论
quadratic theory
O156.5
D 二次型
二次型数论
S 数学理论*
C 二次曲面
圆锥曲线

二次型数论
Y 二次型理论

二次样条
Y 二元样条

二次域
quadratic field
O153.4；O156
D 二次扩域
S 扩域
F 二次数域
Z 域

二次元
quadratic element
O241
S 元*
C 正则化法 →(5)

二次约束
quadratic constraints
O241
S 约束(数学)*

二次柱面
quadratic cylinder surface

O187
S 柱面
C 投影变换 →(4)
Z 曲面

二次锥规划
second-order cone programming
O221
S 二次规划
F 非凸二次规划
Z 数学规划

二次锥面
Y 锥面

二代小波
Y 第二代小波变换

二分法
dichotomy
O241
D 二重
S 数学方法*
C 非线性方程

二分图
bipartite graph
O157.5
S 图表*
F 平衡二分图
C 点覆盖

二级模糊综合评判
two level fuzzy comprehensive evaluation
O159
S 模糊综合评判
C 评价矩阵
Z 评估

二级收敛指数
two level convergence index
O175
S 收敛指数
Z 指数

二阶
second order
O175
S 偶数阶
C 前向-后向算法
微分不等式
微分方程
Z 阶(数学)

二阶 Hamilton 系统
second order Hamiltonian systems
O175
D 二阶哈密尔顿系统
S Hamilton 系统
二阶系统
C 变分法 →(2)
Z 数学系统

二阶边值问题
second order boundary value problem
O175.8
S 边值问题*
F 二阶三点边值问题

二阶变系数微分方程
second order variable coefficient differential equation
O122.2；O155
S 变系数微分方程
二阶微分方程
F 二阶变系数线性微分方程
C 积分平均
Z 方程(数学)

二阶变系数线性微分方程
second order variable coefficient linear differential equation
O122.2
S 变系数线性微分方程
二阶变系数微分方程
二阶线性微分方程
C 时变系数
Z 方程(数学)

二阶差分方程
second order difference equation
O155
S 差分方程
二阶方程
C 渐近性
Z 方程(数学)

二阶常微分方程
second order ordinary differential equations
O175.1
S *n* 阶常微分方程
二阶微分方程
F 贝塞尔方程
二阶非线性常微分方程
二阶线性常微分方程
C 常微分算子
Z 方程(数学)

二阶常系数非齐次线性微分方程
second order non homogeneous linear differential equation with constant coefficient
O175.1
S 常系数非齐次线性微分方程
二阶线性常微分方程
C 齐次马氏链
Z 方程(数学)

二阶充分条件
second order sufficient condition
O224
S 充分条件
Z 条件(数学)

二阶抽样
two-stage sampling
C81
D 两阶段抽样
S 多阶段抽样
Z 采样

二阶导数
Y 凹函数

二阶泛函微分方程
second order functional differential equations
O175.2
S 二阶微分方程
函数方程
C 非线性泛函分析
Z 方程(数学)

二阶方程
second order equation
O122.2
S 方程(数学)*
F 二阶差分方程
二阶双曲方程
二阶椭圆方程
二阶椭圆型方程
二阶微分方程
二阶线性方程
C 凹函数

二阶非线性
second order nonlinearity
O151.2；O175
D 二阶非线性系统
S 非线性
C 差分方程
全局吸引子
Z 数学性质

二阶非线性常微分方程
second order nonlinear ordinary differential equation
O122.2；O155
S 二阶常微分方程
二阶非线性微分方程
非线性常微分方程
C 非线性边值问题
Z 方程(数学)

二阶非线性微分方程
second order non-linear differential equation
O175
S 二阶微分方程
非线性微分方程
F 二阶非线性常微分方程
C 线性逼近
Z 方程(数学)

二阶非线性系统
Y 二阶非线性

二阶哈密尔顿系统
Y 二阶 Hamilton 系统

二阶几何连续
g~2 continuity
O182
D G2 连续
S 几何连续
C 非均匀有理 B 样条
几何非线性
Z 连续

二阶精度
second order accuracy
O241
S 数学精度*

二阶矩
second moment
O175
S 矩(数学)*
C 几乎处处收敛

二阶矩法
second-moment method

O211.4
S 数学方法*
C 双曲正弦函数

二阶矩阵
second-order matrix
O151.21
S 矩阵*
C 边界层函数法

二阶脉冲微分方程
second order impulsive differential equations
O175
S 二阶微分方程
脉冲微分方程
C 紧线性算子
Z 方程(数学)

二阶偏导数
second order partial derivative
O172.1
S 偏导数
C 链式法则
Z 导数

二阶曲线
Y 圆锥曲线

二阶三点边值问题
second order three point boundary value problem
O175.8
S 二阶边值问题
三点边值问题
C 脉冲方程
Z 边值问题

二阶时滞微分方程
second order delay differential equations
O175
S 二阶微分方程
时滞微分方程
Z 方程(数学)

二阶收敛
Y 二次收敛

二阶收敛性
Y 二次收敛

二阶双曲方程
second order hyperbolic equation
O122.2
S 二阶方程
双曲型方程
C 双曲函数
Z 方程(数学)

二阶算术
Y 算术

二阶随机占优
second order stochastic dominance
O212.1
S 占优*

二阶椭圆方程
second order elliptic equation
O122.2
S 二阶方程
椭圆方程
C 混合有限元
Z 方程(数学)

二阶椭圆型方程
elliptic equation of second order
O122.2
S 二阶方程
椭圆型方程
Z 方程(数学)

二阶微分方程
second order differential equation
O122.2；O155
S *n* 阶微分方程
二阶方程
F 二阶变系数微分方程
二阶常微分方程
二阶泛函微分方程
二阶非线性微分方程
二阶脉冲微分方程
二阶时滞微分方程
二阶线性微分方程
C 周期边值问题
Z 方程(数学)

二阶系统
second order system
O175
S 数学系统*
F 二阶 Hamilton 系统
非自治二阶系统
C 存在性定理
系统解耦

二阶线性常微分方程
second order linear ordinary differential equation
O175.1
S 二阶常微分方程
二阶线性微分方程
F 二阶常系数非齐次线性微分方程
C Frechet 空间
Z 方程(数学)

二阶线性方程
linear equations of second order
O122.2
S 二阶方程
线性方程
F 二阶线性微分方程
C 凹函数
Z 方程(数学)

二阶线性微分方程
second order linear differential equation
O175
S 二阶微分方程
二阶线性方程
线性微分方程
F 二阶变系数线性微分方程
二阶线性常微分方程
C 刘维尔公式
区间准则
Z 方程(数学)

二阶相关函数
second order correlation function
O174；O411
S 相关函数
Z 函数

二阶隐马尔可夫模型
second order hidden Markov models
O211.6
S 隐马尔可夫模型
Z 马尔可夫模型

二阶余项
second order remained term
O175.2
S 余项
C 奇异迁移方程
Z 项(数学)

二阶锥
second order cone
O151.23
S 锥体*

二进导数
dyadic derivative
O177
S 导数*

二进位计数制
Y 二进制

二进小波
Y 二进小波变换

二进小波变换
dyadic wavelet transform
O174.22
D 二进小波
S 多进制小波变换
Z 小波变换

二进制
binary
O156.1
D 2 进制
二进位计数制
S 多进制
C 隐枚举法
Z 进制

二进制数
binary number
TP30
S 数*
C 信息容量

二进制数容量
Y 信息容量

二面角
dihedral angle
O181
D 二面形
S 角(数学)*
C 垂线
四面体

二面体群
dihedral group
O152
S 群(数学)*

二面形

Y 二面角

二人有限非零和对策
Y 矩阵对策

二人有限零和对策
Y 矩阵对策

二十面体
icosahedron
O184；O753.3
S 多面体
F 正二十面体
Z 几何体

二维
two-dimension
ZT74
S 维数*
C Finsler 度量
Riemann 问题

二维对流扩散方程
S 二维扩散方程
扩散方程
Z 方程(数学)

二维分布
bivariate distribution
ZT5
D 二元分布
S 分布*
C 二维曲线
三维分布

二维傅里叶变换
two-dimensional Fourier transform
O174.22
D 二维傅氏变换
S 傅里叶变换
C 频谱
Z 积分变换

二维傅氏变换
Y 二维傅里叶变换

二维卷积
two-dimensional convolution
O212
S 卷积
Z 积

二维均匀分布
two-dimensional uniform distribution
O212
S 均匀分布
C 曲率圆
Z 概率分布

二维扩散方程
two-dimensional diffusion equation
O175
S 扩散方程
F 二维对流扩散方程
Z 方程(数学)

二维离散小波变换
two-dimensional discrete wavelet transform
O174.2
S 二维小波变换
离散小波变换
Z 小波变换

二维离散余弦变换
two-dimensional discrete cosine transform
O241
S 离散余弦变换
C 霍夫曼编码 →(2)
Z 数学变换

二维模拟
two-dimensional simulation
N032
S 仿真*

二维模型
two-dimensional model
O141.4
S 模型*
F 二维数学模型
二维数值模型
C 流体力 →(2)
有限元

二维抛物型方程
two-dimensional parabolic equation
O175.26
S 抛物型方程
Z 方程(数学)

二维剖面
two-dimensional profile
O184
S 截面(数学)*

二维曲线
two-dimensional curve
TP391
S 曲线*
C 二维分布
二维分析 →(2)

二维热传导方程
two-dimensional heat equation
O122.2
S 方程(数学)*
C 有限差分法
有限差分模型 →(2)

二维射影空间
Y 射影平面

二维数学模型
two-dimensional mathematical model
O141.4
S 二维模型
数学模型*
C 温度场 →(4)
有限元方程
Z 模型

二维数值模拟
two-dimensional numerical simulation
O242.1
S 数值模拟
Z 数学模拟

二维数值模型
two-dimensional numerical model
O141.4
S 二维模型
数值模型
Z 模型

二维随机变量
two-dimension random variable
O212
D 二维随机向量
S 随机变量
Z 变量

二维随机向量
Y 二维随机变量

二维系统
two-dimensional system
N948
D 2D 系统
S 系统*

二维线性鉴别分析
two-dimensional linear discriminant analysis
O212.1
S 线性判别分析
Z 数学分析
统计分析

二维小波
Y 二维小波变换

二维小波变换
two-dimensional wavelet transform
O174.2
D 二维小波
二维小波分析
S 小波变换*
F 二维离散小波变换
复小波变换
C 边缘算子
多尺度分解 →(4)

二维小波分析
Y 二维小波变换

二维映射
two-dimensional mapping
O189.3
S 映射*
C 非线性方程

二维有限元
Y 二维有限元分析

二维有限元法
Y 二维有限元分析

二维有限元分析
two-dimensional finite element analysis
O175.2；O241.82；O242.2
D 二维有限元
二维有限元法
平面有限元
S 有限元分析
C 温度场 →(4)
Z 数值分析

二维正态分布
two-dimensional normal distribution
O211.1
S 多维正态分布

Z 概率分布

二维主成分分析
two-dimensional principal component analysis
O212.1
S 主成分分析
C 特征提取 →(4)
Z 数学分析

二相抽样
Y 双重抽样

二项分布
binomial distribution
O211.1
D 伯努利概率模型
二项密度函数
二项式分布
S 离散分布
F 多项分布
负二项分布
复合二项分布
两点分布
C 二项式系数
高阶矩
随机和
Z 概率分布

二项风险模型
binomial risk model
O211.67
D 双二项风险模型
S 风险模型*
F 复合二项风险模型
C 递推公式
渐近估计

二项密度函数
Y 二项分布

二项式
binomial
O174.14；O174.21
S 多项式*

二项式定理
binomial theorem
O122.4
D 牛顿二项式公式
S 数学定理*
C 百鸡问题
合数
排列(数学)
排列组合

二项式分布
Y 二项分布

二项式系数
binomial coefficients
O122.4
S 多项式系数
C 二项分布
Z 系数

二行动线性决策
two action linear decision problem
O211.62；O223
S 决策论*

二型模糊集
type-2 fuzzy sets
O159
D 二型模糊集合
S 模糊集
C Mamdani 算法
Z 集合

二型模糊集合
Y 二型模糊集

二元插值
bivariate interpolation
O241.3
S 插值*

二元多项式
bivariate polynomial
O171；O174.14
S 多项式*
C 因式分解

二元分布
Y 二维分布

二元分析
bivariate analysis
O212.1
S 多元分析
F 二元回归分析
Z 统计分析

二元关系
binary relation
O152
S 关系(数学)*
F 包含关系
传递关系
拟序关系
全等
全序
相等
C 传递指数

二元函数
binary function
O174.1
S 多元函数
C 二次三项式
复合运算
累次积分
偏导数
偏微分
熵密度偏差
Z 函数

二元回归
binary regression
O212.1；P413
S 回归(数学)*

二元回归分析
bivariate regression analysis
O212.1
S 多元回归分析
二元分析
Z 统计分析

二元树复小波
Y 双树复小波变换

二元树复小波变换
Y 双树复小波变换

二元算子
binary operator
O177
S 算子*
C 迭代序列
非单调算法
误差估计

二元序列
binary sequences
O177
S 序*
C 循环差集

二元样条
bivariate spline
O241.3
D 二次样条
S 多元样条
C 三角剖分
Z 样条曲线

二元运算
binary operation
O153.1
S 运算*
F 模糊二元运算
C 二值逻辑
交换群

二元指数分布
bivariate exponential distribution
O211.3
S 指数分布
C 矩估计
Z 概率分布

二元周期序列
Y 伪随机序列

二值逻辑
two-valued logic
O141.3
S 数理逻辑
F 二值命题逻辑
C 二元运算
Z 逻辑

二值命题逻辑
two-valued propositional logic
O141
S 二值逻辑
C 条件概率分布
Z 逻辑

发生函数
Y 母函数

发现史
discovery history
N09
S 自然科学史
Z 科技史

发展方程
developing equation
O175

S 偏微分方程
F 半线性发展方程
抽象发展方程
非线性发展方程
人口发展方程
随机发展方程
C 适度解
Z 方程(数学)

发展期
development period
ZT73
S 时期*

发展趋势分析
Y 趋势分析

发展系统
development system
O231.3
S 数学系统*
C 解析半群

罚函数
penalty function
O174
D 补偿函数
惩罚函数
S 函数*
F 精确罚函数
C 鲍威尔法
罚因子
拉格朗日乘子法

罚函数法
penalty function method
O174；O221.2；O241
D 惩罚函数法
罚函数方法
外惩罚函数法
外点法
S 函数法
C 二层规划
非线性规划
Z 数学方法

罚函数方法
Y 罚函数法

罚金法
Y 大 M 法

罚金函数
penalty function
O174
S 函数*
F 折现罚金函数
C 拉普拉斯变换法

罚金折现期望
expected discounted penalty
O211
S 数学期望*
C 风险模型

罚金折现期望函数
expected discounted penalty function
O174
D 期望折现罚金函数
S 折现罚金函数

C Cox 过程
Z 函数

罚因子
penalty factor
O221.2；O224
S 因子*
C 罚函数

法丛
normal bundle
O186.12
S 向量丛*
C 极小化问题

法丛平坦
flat normal bundle
O186.1
S 空间(数学)*

法方程
normal equation
O151.21；O178；O316
D Hamilton 方程
法方程式
法方程组
哈密顿方程
正则方程
S 方程(数学)*
F Hamilton-Jacobi 方程
C 变分不等式
正则函数向量

法方程式
Y 法方程

法方程组
Y 法方程

法曲率
normal curvature
O186
S 曲率*
F 主曲率
C Finsler 流形
欧拉公式

法矢
Y 法向量

法矢量
Y 法向量

法图定理
Y Fatou 定理

法图集
Fatou set
O231.2
D Fatou 集
S 开集
Z 集合

法图引理
Y Fatou 定理

法线
normal line
O181
S 直线*

法线矢量
Y 法向量

法向
Y 法向量

法向量
normal vector
O186
D 法矢
法矢量
法线矢量
法向
S 方向向量
C 第二型曲面积分
模糊聚类分析
直线束
Z 向量

法则(数学)*
rule(mathematics)
O141
F Cramer 法则
Wolff 法则
经验法则
链式法则
洛必达法则
求导法则
运算法则

法正交基
Y 标准正交基

法锥
Y 正规锥

樊畿不等式
Y Ky Fan 不等式

樊畿定理
Fanji theorem
O189
S 数学定理*

繁分式
Y 连分式

反 Hermite 矩阵
Y Hermite 矩阵

反比
inverse ratio
O212.1
D 反比例
S 比例*

反比例
Y 反比

反变换
Y 逆变换

反插值
inverse interpolation
O241
D 逆插值
S 插值*
F 反距离加权插值

反差传递函数
Y 调制传递函数

反常积分
improper integral
O172.2
D 非正常积分
S 积分*
F 瑕积分

反常性
Y 异常

反称矩阵
Y 对称矩阵

反称域
Y 除环

反对称
antisymmetry
ZT5
D 反对称性
反演对称性
S 对称*

反对称解
Y 对称解

反对称矩阵
Y 对称矩阵

反对称双正交小波
anti-symmetric double orthogonal wavelet
O174.2
S 双正交小波变换
C 离散余弦变换
Z 小波变换

反对称性
Y 反对称

反对称正交反对称矩阵
anti-symmetric orthogonal anti-symmetric matrix
O151.21
D 对称正交对称矩阵
对称正交反对称矩阵
S 对称矩阵
正交矩阵
C 最小二乘解
Z 矩阵

反傅里叶变换
Y 傅里叶变换

反函数
inverse function
O174
S 函数*
F 反三角函数
C 求导
值域

反函数定理
inverse function theorem
O171
S 数学定理*

反函数法
inverse function method
O171
S 函数法
Z 数学方法

反交换映射
anti commuting mapping
O177.91
S 映射*

反距离加权插值
inverse distance weighting interpolation
O174.42；P413；P43
D 反距离加权插值法
反距离权重插值
反距离权重插值法
S 反插值
Z 插值

反距离加权插值法
Y 反距离加权插值

反距离权重插值
Y 反距离加权插值

反距离权重插值法
Y 反距离加权插值

反馈*
feedback
ZT5
F 非线性反馈
输出反馈
状态反馈
C 控制理论

反馈变量
Y 反馈函数

反馈参数
Y 反馈函数

反馈函数
feedback function
O174
D 反馈变量
反馈参数
反馈逻辑
S 函数*

反馈矩阵
feedback matrix
O151.21
S 矩阵*
F 反馈增益矩阵
C 输出反馈

反馈逻辑
Y 反馈函数

反馈增益矩阵
feedback gain matrix
O151.2
D 反馈增益阵
S 反馈矩阵
增益矩阵
Z 矩阵

反馈增益阵
Y 反馈增益矩阵

反命题
Y 逆命题

反模糊子群
anti-fuzzy subgroup
O152
S 模糊子群
Z 群(数学)

反曲点
Y 拐点

反三角函数
inverse trigonometric function
O171；O174
S 反函数
周期函数
F 反正切函数
反正弦函数
C 逆矩阵
最大值
Z 函数

反射边界条件
reflective boundary condition
O175；O241；O357；O411
D 无反射边界条件
S 边界条件*

反射变换
Y Householder 变换

反射布朗运动
reflecting Brownian motion
O211.6
S 布朗运动
C 比较定理
Z 随机过程

反射倒向随机微分方程
reflected backward stochastic differential equations
O175
S 倒向随机微分方程
Z 方程(数学)

反射定理
Y 反射原理

反射函数
reflection function
O174
S 函数*

反射原理
reflection principle
O174；O435.1
D 反射定理
S 数学原理*
C 反射率 →(2)(4)(5)
联合分布函数

反射子范畴
reflective subcategory
O153.1
S 子范畴
C 连续函数
Z 范畴(数学)

反算
inverse calculation
O241
S 计算*

反同步

anti-synchronization
ZT5
S 同步*

反同构
anti-isomorphism
O152.1
S 同构*
F 反自同构

反同态
anti-homomorphism
O153.3；O189
S 群同态
C 素环
Z 同态

反问题
inverse problem
O17
D 反演问题
逆问题
逆向问题
S 数学问题*
C 半正定矩阵
定解条件
增广矩阵
正演问题
最佳逼近

反向不等式
reverse inequality
O178
S 不等式*
F 范数不等式

反向范畴
Y 对偶范畴

反向仿真
Y 反向模拟

反向混合单调算子
reverse mixed monotone operator
O177
S 混合单调算子
C 非对称迭代
Z 算子

反向柯西不等式
Y 范数不等式

反向模拟
backward simulation
N032
D 反向仿真
逆向模拟
S 仿真*

反向上下解
upper and lower solutions in the reversed order
O122.2
S 上下解
C 三点边值问题
Z 解

反序
Y 逆序

反序律
reverse order law
O151.21
S 定律(数学)*
C 传递矩阵 →(2)
迭代法
加权 Drazin 逆
指标定理

反循环矩阵
Y 循环矩阵

反演*
inversion
O174.51；O177.6
D 反演变换
反演法
反演方法
反演计算
反演技术
反演理论
反演算法
F Lagrange 反演
C 目标函数
逆变换
神经网络

反演变换
Y 反演

反演对称性
Y 反对称

反演法
Y 反演

反演方法
Y 反演

反演公式
Y 逆变换

反演关系
inverse relations
O151.21
S 关系(数学)*
C 变换公式

反演计算
Y 反演

反演技术
Y 反演

反演精度
inversion precision
O177.6
S 数学精度*

反演理论
Y 反演

反演算法
Y 反演

反演问题
Y 反问题

反应扩散方程
reaction diffusion equation
O122.2；O175.29
D 反应-扩散方程
非经典反应扩散方程
S 扩散方程
F 非线性反应扩散方程
C 解的爆破
Z 方程(数学)

反应-扩散方程
Y 反应扩散方程

反应扩散方程组
reaction-diffusion equations system
O175
S 抛物型方程组
C 积分估计
整体解
Z 方程组

反应曲线
Y 响应曲线

反正切
Y 正切函数

反正切函数
arctan function
O171
S 反三角函数
C 泰勒展开
误差项
Z 函数

反正弦变换
Y 正弦变换

反正弦函数
arcsin function
O171
S 反三角函数
C 单调区间
Z 函数

反中心对称矩阵
Y 中心对称矩阵

反周期边值问题
Y 周期边值问题

反周期函数
Y 周期函数

反周期解
Y 正周期解

反自同构
anti-automorphism
O152.5
S 反同构
自同构
C 多项式环
Z 同构

泛包络代数
Y 包络代数

泛逼近性
pan-approximation
O177
S 数学性质*
C 光滑模
模糊蕴涵算子

泛布尔代数
pan Boolean algebra
O153.2
S 布尔代数
泛代数
Z 代数

泛代数
universal algebra
O153.5
D 一般代数
S 非结合代数
F 包络代数
泛布尔代数
Z 代数

泛对角线幻方
Y 完美幻方

泛分解
universal factorization
O153.3
S 数学分解*
C 预加法范畴

泛覆盖群
universal covering group
O152.4
D 万有覆盖群
S 拓扑群
Z 群(数学)

泛函*
functional
O177
D 泛函数
F K-泛函
Lyapunov 泛函
变分泛函
对偶泛函
二次泛函
概率母泛函
积分泛函
闵可夫斯基泛函
能量泛函
凸泛函
线性泛函
支撑泛函
C 均方指数稳定性

泛函边值问题
functional boundary value problem
O175.8
S 边值问题*
C 泛函分析

泛函不等式
Y 函数不等式

泛函差分方程
functional difference equations
O155
S 差分方程
函数方程
Z 方程(数学)

泛函方程
Y 函数方程

泛函分析
functional analysis
O177
D 函数分析
S 数学分析*
F 非线性泛函分析
复 EOF 分析
函数型数据分析
C 泛函边值问题
函数方程
积分变换
积分方程
几乎处处收敛
实变函数论
有界线性泛函
有限元分析

泛函积分
functional integration
O172.2
S 积分*
C 哈密顿量 →(2)
局域态 →(2)

泛函极值
functional minimization
O122.5；O177
S 极值*

泛函空间
Y 函数空间

泛函数
Y 泛函

泛函微分方程
functional differential equation
O175.1
S 函数方程
微分方程
F 多值泛函微分方程
非线性泛函微分方程
偏泛函微分方程
C 非平凡周期解
复杂偏差变元
积分泛函
同宿分支
线性化法
有界线性泛函
Z 方程(数学)

泛灰数
universal grey number
O159
S 灰数
C Cramer 法则
运算法则
Z 数

泛灰数学
universal grey mathematics
O159
S 数学*
C 非齐次边值问题

泛连通图
panconnected graph
O157.5
S 连通图
C 邻域并
Z 图表

泛圈图
pancyclic graph
O157.5
S 圈图
Z 图表

泛圈性
Y 泛容许性

泛容许性
general admissibility
O212
D 泛圈性
泛性
泛性质
S 数学性质*
C 积
时变

泛系理论
pansystems theory
N941.6
S 系统论*

泛性
Y 泛容许性

泛性质
Y 泛容许性

泛中心扩张
universal central extension
O177
S 中心扩张
C 导子
Z 扩张(数学)

范畴(数学)*
category(mathematics)
O154
D 新范畴
F 对偶范畴
函子范畴
加法范畴
模范畴
三角范畴
商范畴
子范畴

范畴等价
categorical equivalence
O187
S 等价*
C 挠理论

范畴论
category theory
O154.1
S 数学理论*

范德波尔方程
Y Van der Pol 方程

范德蒙德行列式
Y 范德蒙行列式

范德蒙德矩阵
Y Vandermonde 矩阵

范德蒙行列式
Vandermonde determinant
O151.22
D Van der monde 行列式
Vandermonde 行列式
范德蒙德行列式
S 行列式*
F 广义 Vandermonde 行列式
C 对称多项式
向量范数
余数

范德蒙矩阵
Y Vandermonde 矩阵

范数*
norm
O177；O224
F Frobenius 范数
F-范数
H(o)lder 范数
L2 范数
Lp 范数
Luxemburg 范数
Orlicz 范数
本性范数
等价范数
加权范数
矩阵范数
拟范数
欧氏范数
谱范数
算子范数
向量范数
一致 Gateaux 可微范数
酉不变范数
最小范数
C 几何平均
特征值反问题
严格对角占优

范数不等式
norm inequalities
O178
D 反向柯西不等式
S 反向不等式
柯西不等式
C 函数空间
一致凸空间
Z 不等式

范数灰关联度
norm gray relational grade
N941.5
S 灰色关联度*

范围
range
ZT72

方案设计
conceptual design
ZT0
S 设计*

方差*
variance
O151.21；O211.5
F 单位权方差
广义方差
渐近方差
模糊方差
误差方差
小波方差
协方差
样本方差
总体方差
最小方差
C 标准差
离散型随机变量

方差比
variance ratio
O177；O212.1
S 比例*
F 广义方差比
C 广义相关系数
线性回归模型

方差比分布
Y F 分布

方差变点
variance change point
O212.1
S 数值点
C 极限分布
Z 点(数学)

方差分量
variance component
O212
S 分量*
C 混合效应模型
线性混合模型

方差分量估计
variance component estimation
O241.1；P207.2
D 赫尔默特方差分量估计
S 方差估计
C 联合平差 →(4)
Z 估计(数学)

方差分量模型
variance component model
O212.1
S 线性模型*
C 一致最小方差无偏估计

方差分析
variance analysis
O212.1
D 标准差分析
方差分析法
S 统计分析*
F 多元方差分析
双因素方差分析
协方差分析
C 半方差图 →(5)
单位权中误差 →(4)
多重比较
方差函数
交互效应

方差分析法
Y 方差分析

方差分析估计
variance analysis estimation
O212.1
D ANOVAE
ANOVA 估计
S 方差估计
C 线性混合模型
Z 估计(数学)

方差估计
variance estimation
O212
S 估计(数学)*
F 方差分量估计
方差分析估计
协方差改进估计
C 方差检验
回归插补

方差函数
variance function
O174
S 函数*
F 协方差函数
自协方差函数
C 方差分析

方差检验
variance test
O212.1
S 统计检验
F 异方差检验
C 方差估计
Z 检验

方差齐性
homoscedasticity
O212.1
D 方差一致性
齐性
同方差性
S 特性*

方差齐性检验
variance homogeneity examination
O212.1
S 齐性检验
C 异方差回归分析
异方差模型
Z 假设检验

方差一致性
Y 方差齐性

方差因子
Y 单位权方差

方差约束
variance constraints
O241
S 约束(数学)*

方程*
C 物理方程 →(2)(4)

方程(数学)*
equation (mathematics)
O175
D 方程思想
F Bellman 方程

Emden-Fowler 方程
Gross-Pitaevskii 方程
Hamilton-Jacobi-Bellman 方程
Huxley 方程
Kirchhoff 方程
Landau-Lifshitz 方程
Lotka-Volterra 方程
Smoluchowski 方程
Sobolev 方程
Van der Pol 方程
Yang-Baxter 方程
Zakharov 方程
摆方程
半导体方程
本征方程
变换方程
不定方程
布尔方程
参数方程
差分方程
超越方程
达朗贝尔方程
代数方程
递推方程
吊桥方程
迭代方程
对称方程
多孔介质方程
二阶方程
二维热传导方程
法方程
非线性方程
刚性方程
估计方程
关系方程
广义 Ramanujan-Nagell 方程
广义神经传播方程
函数方程
回归方程
混合型方程
积分方程
计数方程
计算方程
加细方程
结构方程
经验方程
矩阵方程
可积方程
兰彻斯特方程
离散方程
零曲率方程
逻辑方程
模糊方程
模型方程
拟合方程
耦合方程
抛物线方程
偏积分微分方程
平面方程
齐次方程
奇异方程
切线方程
曲线方程
趋势方程
确定方程
扰动方程
润滑方程
时滞方程
数理方程
双尺度方程
四阶方程
速率方程
算子方程
随机方程
特征方程
同余方程
投入产出方程
退化方程
微分方程
无理方程
误差方程
系统方程
相关方程
修正方程
虚功方程
悬链线方程
压力方程
演化方程
杨氏方程
隐式方程
有限元方程
预解方程
约束方程
粘弹性方程
正规方程
正弦 Gordon 方程
直线方程
中立型方程
主方程
自然方程
最优方程
坐标方程
C 解

方程的根
Y 方程根

方程的解
Y 方程解

方程根
equation root
O151
D 方程的根
S 根(数学)*
F 单根
实根
虚根
一元二次方程根
重根
C pk 元域
弦截法

方程解
equation resolution
O122.2；O151
D 方程的解
方程求根
方程求解
方程组求解
S 解*
F Compacton 解
本原解
变号解
不变解
特解
通解
C 调和势
强伪压缩算子
三角数

方程求根
Y 方程解

方程求解
Y 方程解

方程思想
Y 方程(数学)

方程组*
equations
O122.2
D 联立方程
F KdV 方程组
MHD 方程组
Zakharov 方程组
差分方程组
超定方程组
代数方程组
多项式方程组
非光滑方程组
非线性方程组
积分方程组
基尔霍夫方程组
矩阵方程组
耦合方程组
抛物方程组
偏微分方程组
三对角方程组
算子方程组
同余方程组
椭圆方程组
椭圆型方程组
微分方程组
线性方程组
正规方程组
C 等式

方程组求解
Y 方程解

方法*
method
ZT0
D 办法
F 伴随方法
类比法
系统方法
相关方法

方法论
methodology
B0
C 系统分析

方格网法
Y 格网法

方块图
Y 框图

方框图

Y 框图

方幂
square power
O151.21
D 整数幂
S 幂
F 素数方幂
完全方幂
C 通项公式
Z 运算

方幂和
Y 幂和

方位
orientation
ZT74
C 定向 →(2)(4)
方位变化

方位变化
azimuthal variation
ZT74
S 变化*
C 方位
方位角 →(4)(5)
天体位置 →(4)

方位角中误差
Y 测角中误差

方位坐标
Y 位置坐标

方向*
direction
ZT74
D 空间方向
F Borel 方向
Julia 方向
T 方向
分支方向
奇异方向
搜索方向
特征方向
下降方向
轴向
主方向
C 方位角 →(4)(5)

方向场
directional field
O175.1
D 线素场
C 积分曲线
正则曲线

方向导数
directional derivative
O172；O177
S 导数*
F Frechet 导数
Gateaux 导数
广义方向导数
C 二次特征值问题

方向角
direction angle
ZT2
S 角*

方向偏导数
Y 偏导数

方向矢量
Y 方向向量

方向数据
directional data
O212
S 数据*

方向算子
directional operator
TP391
S 算子*
C 边缘检测 →(4)

方向向量
direction vector
O186
D 方向矢量
S 向量*
F 法向量
C 方向余弦

方向小波
Y 方向小波变换

方向小波变换
directional wavelet transform
TP391
D 方向小波
S 小波变换*
C 边缘检测 →(4)

方向性
directivity
ZT4
S 特性*
C 波传播 →(2)

方向余弦
direction cosine
O182
S 余弦*
C 方向向量
主应力 →(2)

方阵*
square matrix
O151；O159
F Hankel 矩阵
n 阶方阵
对角矩阵
复方阵
幻方
拉丁方
三角矩阵
实对称矩阵
正则矩阵
C 九宫图
模糊数学
行列式
正交

仿紧*
paracompact
O189
F |∑|-仿紧
λ-仿紧
可数仿紧
C 闭映射

仿紧 Hausdorff 空间
paracompact Hausdorff space
O189.1
D 仿紧空间
S Hausdorff 空间
拓扑空间
C 子基
Z 空间(数学)

仿紧空间
Y 仿紧 Hausdorff 空间

仿射
Y 仿射群

仿射 Weyl 群
affine Weyl group
O152
S Weyl 群
仿射群
Z 群(数学)

仿射变换
affine transformation
O186.13；P231；P91
S 几何变换
F 相似变换
C 初等几何
二次微分
仿射不变量
仿射联络
正交投影
自仿射集
Z 数学变换

仿射变换群
Y 仿射群

仿射标架
Y 仿射坐标系

仿射不变量
affine invariant
TP391
S 不变量*
C 仿射变换

仿射簇
Y 自仿射集

仿射函数
affine function
O174
S 函数*
C 仿射几何
自仿射集

仿射集
Y 自仿射集

仿射几何
affine geometry
O186.13
D 仿射几何学
仿射结构

S 几何*
F 仿射微分几何
C 超小波
仿射函数

仿射几何学
Y 仿射几何

仿射结构
Y 仿射几何

仿射空间
affine space
O186.11；O41
S 空间(数学)*
C 超二次曲面

仿射李代数
affine Lie algebra
O152.5
S 李代数
Z 代数

仿射联络
affine connection
O186.13
S 联络(数学)*
C 仿射变换

仿射流形
Y 自仿射集

仿射群
affine group
O152；O186.13
D 仿射
仿射变换群
S 群(数学)*
F 仿射 Weyl 群
C 几何格
齐性空间

仿射微分几何
affine differential geometry
O186.13
D 仿射微分几何学
S 仿射几何
微分几何
Z 几何

仿射微分几何学
Y 仿射微分几何

仿射线性映射
Y 仿射映射

仿射映射
affine mapping
O186.13；P231；P904
D 仿射线性映射
S 线性映射
Z 映射

仿射坐标
affine coordinate
O186.1
S 坐标*
C 等价类

仿射坐标系
affine coordinate system
O182；P121；P226
D 仿射标架
S 坐标系*

仿生算法
bionic algorithm
TP391.9
S 算法*

仿微分算子
paradifferential operator
O175.3；O192
S 微分算子
C 耦合方程组
Z 算子

仿酉矩阵
para-unitary matrix
O151.21
S 酉矩阵
C Cayley 变换
Z 矩阵

仿真*
simulation
N032；TP391.9
D 摹拟
模拟
模拟法
模拟仿真
模拟研究法
F 差分模拟
二维模拟
反向模拟
非稳态模拟
分布式模拟
模型模拟
耦合模拟
三维模拟
时空模拟
条件模拟
统计模拟
系统仿真
一维模拟
C 地质模拟 →(4)(5)
建模
模拟器 →(4)
模拟试验 →(4)
模拟条件
模型法
数学模拟
双参数模型
水下模拟 →(4)

仿真数据
Y 模拟数据

放回抽样
sampling with replacement
C81
S 采样*

放缩法
retraction method
O178
S 不等式法
C 绝对值不等式
Z 数学方法

非 Lipschitz 条件
Y Lipschitz 条件

非 Riemann 几何
Y 黎曼几何

非阿贝尔扩张
Y 代数扩张

非保守系统
Y 保守系统

非倍测度
Y 非双倍测度

非标准分析
nonstandard analysis
O141.4；O174
S 数学分析*
C 一致连续性

非采样 Contourlet 变换
Y 非下采样 Contourlet 变换

非参数变换
Y 参数变换

非参数法
nonparametric method
O212.1
S 数学方法*

非参数估计
nonparametric estimation
O212
S 估计(数学)*
F 密度估计
权函数估计
秩估计

非参数回归
nonparametric regression
O212.7
S 回归(数学)*
C 鞅差序列

非参数回归函数
nonparametric regression function
O174
S 回归函数
C 可加模型
Z 函数

非参数回归模型
nonparametric regression model
O212
S 回归模型*

非参数假设检验
Y 非参数检验

非参数检验
nonparametric test
O189；O212.1
D 参数假设检验
非参数假设检验
无分布检验
S 假设检验*
F 符号检验
秩和检验
C 舍弃域

非参数密度估计
Y 密度估计

非参数模型
Y 参数模型

非参数统计
nonparametric statistics
O212.1；O212.7；O411
D 非参数统计方法
非参统计
S 统计*
统计分析*
C 最小距离估计

非参数统计方法
Y 非参数统计

非参数自回归模型
nonparametric autoregressive model
O212
S 自回归模型
C 局部线性估计
Z 回归模型

非参统计
Y 非参数统计

非常返
Y 常返

非常规观测
Y 观测

非常数正解
nonconstant positive solution
O122.2
D 非常数正平衡解
S 平衡解
正解
Z 解

非常数正平衡解
Y 非常数正解

非超越函数
Y 代数函数

非抽取小波变换
Y 非下采样 Contourlet 变换

非抽样 Contourlet 变换
Y 非下采样 Contourlet 变换

非初等函数
Y 初等函数

非初等群
non-elementary group
O152
S 群(数学)*

非传递置换群
intransitive permutation group
O152.1
D 非可迁置换群
S 置换群
Z 群(数学)

非存在性
Y 存在性

非单调
Y 单调(数学)

非单调技术
Y 单调(数学)

非单调算法
nonmonotone algorithm
O241
S 数学算法*
F 非单调信赖域算法
C 不动点
二元算子

非单调线搜索
nonmonotone line search
O221.2；O224
S 线搜索
C 线性互补
Z 搜索

非单调线性互补问题
Y 单调线性互补问题

非单调信赖域算法
nonmonotonic trust region algorithm
O221.2
S 非单调算法
信赖域算法
C 锥模型
Z 数学算法

非单调性
Y 单调(数学)

非等间距 GM(1,1)模型
Y 灰色预测模型

非等间距序列
non-equidistant sequence
O177
S 序*

非等距
Y 等距

非等距网格
Y 非均匀网格

非定常系统
Y 时变系统

非定态
Y 稳定

非对称
Y 不对称

非对称 Laplace 分布
asymmetric Laplace distribution
O212.8
S 指数分布
Z 概率分布

非对称变化
asymmetric change
ZT5
D 非对称性变化
S 变化*

非对称迭代
asymmetric iteration
O241.6
S 迭代法*
C 对称分布
反向混合单调算子

非对称分布
Y 对称分布

非对称矩阵
Y 对称矩阵

非对称双稳系统
asymmetric bistable system
N948
S 非对称系统
双稳系统
Z 系统

非对称损失
Y 非对称损失函数

非对称损失函数
asymmetric loss function
O174
D 非对称损失
S 损伤函数
Z 函数

非对称系统
asymmetric system
N948
S 系统*
F 非对称双稳系统
C 对称系统

非对称线性方程组
asymmetric linear systems
O241.6
S 线性方程组
C 迭代法
Z 方程组

非对称性
Y 不对称

非对称性变化
Y 非对称变化

非二倍测度
Y 非双倍测度

非方常数
nonsquare constant
O174；O177
S 常数*
C Orlicz 函数空间

非负 Ricci 曲率
nonnegative Ricci curvature
O152.5；O186.12
D 非负里奇曲率
S ricci 曲率
非负曲率
C 流形
Z 曲率

非负不可约矩阵
nonnegative irreducible matrix
O151.21
D 不可约非负矩阵
S 不可约矩阵

非负矩阵
C 有向图
主特征值
Z 矩阵

非负定矩阵
Y 负定矩阵

非负估计
nonnegative estimator
O212.1
S 估计(数学)*

非负解
nonnegative solution
O122.2
S 解*
F 非负弱解
非负整数解
C 抽象 Cauchy 问题
离散方程

非负矩阵
nonnegative matrix
O151.2
S 矩阵*
F 非负不可约矩阵
正矩阵
C Frobenius 定理
全局指数吸引集

非负里奇曲率
Y 非负 Ricci 曲率

非负曲率
nonnegative curvature
O152.5；O186.12
S 曲率*
F 非负 Ricci 曲率
C 椭圆方程

非负弱解
nonnegative weak solution
O122.2
S 非负解
弱解
Z 解

非负约束
nonnegative constraints
O241
S 约束(数学)*

非负整数解
nonnegative integer solution
O122.2
S 非负解
整数解
F 正整数解
C Dedekind 和
带余除法
精确公式
匹配唯一性
收敛半径
Z 解

非光滑边界
nonsmooth boundary
O175.25
S 边界(数学)*
C 椭圆方程

非光滑动力系统
nonsmooth dynamical system
O19；O313
S 动力系统(数学)*

非光滑多目标规划
nonsmooth multiobjective programming
O221.6
S 多目标规划
非光滑规划
Z 数学规划

非光滑方程
Y 非光滑方程组

非光滑方程组
nonsmooth equations
O122.2；O175；O241.8
D 非光滑方程
S 方程组*
C 非光滑优化
光滑函数
全局收敛

非光滑分析
nonsmooth analysis
O174.13；O177.91
D 凸分析
S 分析*
数学分析*
C 广义梯度
切锥

非光滑规划
nonsmooth programming
O221.2
S 非线性规划
F 非光滑多目标规划
Z 数学规划

非光滑函数
Y 光滑函数

非光滑系统
nonsmooth system
N948
S 系统*
C 非光滑优化

非光滑优化
nonsmooth optimization
O224；O241
D 不可微优化
非光滑最优化
S 优化*
C 非光滑方程组
非光滑系统
目标函数

非光滑最优化
Y 非光滑优化

非规则网格
irregular grid
TP393.028
S 网格*
F 三维非结构网格

非交换环
Y 交换环

非交换群
Y 交换群

非结合代数
nonassociative algebra
O153.3
S 代数*
F Jordan 代数
超代数
导子代数
泛代数
李代数
遗传代数

非结合环
Y 结合环

非紧测度
Y 非紧性测度

非紧型测度
Y 非紧性测度

非紧性测度
noncompactness measure
O174.12；O175.3；O192
D 非紧测度
非紧型测度
S 测度(数学)*
F Hausdorff 测度
C k-集压缩映射
凝聚算子
相对紧
终值问题

非经典反应扩散方程
Y 反应扩散方程

非精确线搜索
inexact line search
O224；O229
D 非精确线性搜索
S 线搜索
Z 搜索

非精确线性搜索
Y 非精确线搜索

非静态
Y 静态

非局部边界条件
nonlocal boundary condition
O175.26；O175.3
D 非局部边值条件
S 边界条件*
非局部条件
C 非局部边值问题
格林函数
Z 条件(数学)

非局部边值条件
Y 非局部边界条件

非局部边值问题
nonlocal boundary value problem
O175.8
S 边值问题*

C 非局部边界条件

非局部时滞
nonlocal delay
O175
S 时滞*

非局部条件
nonlocal condition
O175.29
S 条件(数学)*
F 非局部边界条件
C 特征提取 →(4)

非局部问题
nonlocal problem
O15
S 数学问题*

非局部项
nonlocal term
O175.26
S 项(数学)*

非局部效应
nonlocal effect
O175
S 效应*

非局域性
Y 局域性

非均一性
heterogeneity
ZT4
D 不均一性
非均质性
S 均匀性
Z 特性

非均匀 B 样条
Y 非均匀有理 B 样条

非均匀 B 样条曲面
Y Nurbs 曲面

非均匀 B 样条曲线
Y 非均匀有理 B 样条

非均匀网格
non-uniform grid
O241.82
D 非等距网格
S 网格(数学)*
C Nurbs 曲面

非均匀性
heterogeneity
ZT4
D 不均匀性
S 均匀性
C S 波包络展宽 →(5)
细观损伤 →(2)
Z 特性

非均匀有理 B 样条
non-uniform rational B-spline
O174.41；O186.1；O241.3
D NURBS 曲线
非均匀 B 样条
非均匀 B 样条曲线
非均匀有理 B 样条(NURBS)
非均匀有理 B 样条曲线
均匀 B 样条曲线
S 有理 B 样条
C 二阶几何连续
弦截法
Z 样条曲线

非均匀有理 B 样条(NURBS)
Y 非均匀有理 B 样条

非均匀有理 B 样条曲线
Y 非均匀有理 B 样条

非均质性
Y 非均一性

非可迁置换群
Y 非传递置换群

非空交定理
nonempty intersection theorem
O177
S 数学定理*
C 聚合不动点

非空子集合
Y 子集

非扩张半群
nonexpansive semigroup
O152.7
S 半群
扩群
F 渐近非扩张型半群
Z 群(数学)

非扩张算子
Y 压缩算子

非扩张映射
nonexpansive mappings
O175；O177.91；O192
D 非扩张映象
非扩张映像
可扩映射
扩映射
扩张映射
S 映射*
F 渐近非扩张映象
相对非扩张映射
C 迭代序列
强收敛

非扩张映象
Y 非扩张映射

非扩张映像
Y 非扩张映射

非黎曼几何
Y 黎曼几何

非连通图
unconnected graph
O157.5
S 连通图
Z 图表

非连续
Y 连续性

非连续边界元
discontinuity boundary element
O175
S 边界元
Z 元

非劣解
Y 有效解

非零解
Y 零解

非零元素链
non-zero elements chain
O151.21
S 随机过程*
C 广义对角占优矩阵
线性方程组求解
正对角矩阵

非模拟 Monte Carlo 方法
Y 非模拟蒙特卡罗方法

非模拟蒙特卡罗方法
non-analog Monte Carlo method
O242.1；O242.2；P413；P456.7
D 非模拟 Monte Carlo 方法
S 蒙特卡罗方法
Z 数学模拟

非欧几何
non-Euclidean geometry
O184
D 非欧几何学
非欧几里得几何
S 几何*
F 黎曼几何
双曲几何

非欧几何学
Y 非欧几何

非欧几里得几何
Y 非欧几何

非平凡解
nontrivial solution
O122.2；O153.3
D 平凡解
S 解*
F 非平凡周期解
C 非线性非自治系统
临界增长
平凡扩张

非平凡周期解
nontrivial periodic solution
O175
S 非平凡解
周期解*
C 泛函微分方程
Z 解

非平衡格林函数
non-equilibrium Green function
O174
D 非平衡格林函数方法
非平衡态格林函数
S 格林函数
C 电子转移 →(2)

Z 函数(物理)

非平衡格林函数方法
Y 非平衡格林函数

非平衡过程
non-equilibrium process
ZT5
S 过程*

非平衡态格林函数
Y 非平衡格林函数

非平稳过程
Y 平稳过程

非平稳随机过程
Y 平稳随机过程

非平稳序列
Y 平稳序列

非齐次
Y 齐次方程

非齐次 Poisson 过程
Y 非齐次泊松过程

非齐次边界条件
nonhomogeneous boundary condition
O175.2
D 齐次边界条件
S 边界条件*
C 非协调元

非齐次边值问题
nonhomogeneous boundary value problem
O175.8
S 边值问题*
C 泛灰数学
脉冲微分方程

非齐次泊松过程
inhomogeneous Poisson process
O211.6
D 非齐次 Poisson 过程
S 泊松过程
C 极大似然估计
Z 随机过程

非齐次方程
Y 齐次方程

非齐次马氏链
Y 齐次马氏链

非齐次微分方程
non-homogeneous differential equation
O175.1
D 齐次微分方程
S 微分方程
F 非齐次线性微分方程
C 常系数
Z 方程(数学)

非齐次线性方程组
Y 齐次线性方程组

非齐次线性微分方程
inhomogeneous linear differential equation
O155；O175.1
D 齐次线性微分方程
线性齐次微分方程
S 非齐次微分方程
齐次方程
线性微分方程
F 常系数非齐次线性微分方程
C Wronskian 行列式
Z 方程(数学)

非齐次坐标
Y 齐次坐标

非齐型空间
Y 齐型空间

非奇 H 矩阵
Y 非奇异 H-矩阵

非奇 H-矩阵
Y 非奇异 H-矩阵

非奇 M-矩阵
Y 非奇异 M-矩阵

非奇点
Y 光滑点

非奇异 H 矩阵
Y 非奇异 H-矩阵

非奇异 H-矩阵
nonsingular H-matrix
O151.21
D 非奇 H 矩阵
非奇 H-矩阵
非奇异 H 矩阵
S H-矩阵
非奇异矩阵
Z 矩阵

非奇异 M 矩阵
Y 非奇异 M-矩阵

非奇异 M-矩阵
nonsingular M-matrix
O151.21
D 非奇 M-矩阵
非奇异 M 矩阵
S M-矩阵
非奇异矩阵
Z 矩阵

非奇异变换
nonsingular transformation
O174.1；O175.3
S 可逆线性变换
C Orlicz 空间
Z 数学变换

非奇异点
Y 光滑点

非奇异环
nonsingular ring
O153.3
S 环(数学)*
C 内射模

非奇异解
Y 奇解

非奇异矩阵
nonsingular matrix
O151.21
D 非退化矩阵
满秩矩阵
奇异矩阵
S 矩阵*
F 非奇异 H-矩阵
非奇异 M-矩阵
C 奇解
奇异值分解
预条件迭代法

非球面
Y 球面

非确定系统
Y 不确定系统

非确定型算法多项式时间可解问题
Y NP 问题

非确定性系统
Y 不确定系统

非色唯一图
Y 色唯一图

非时变系统
Y 定常系统

非双倍测度
non-doubling measure
O174.12；O174.2
D 非倍测度
非二倍测度
S 测度(数学)*
C Ap 权
Hardy 空间

非调和比
Y 交比

非凸
Y 凸性

非凸二次规划
nonconvex quadratic programming
O221.2；O224
D 凸二次规划
S 二次锥规划
非凸规划
凸规划
C 信赖域子问题
Z 数学规划

非凸规划
nonconvex programming
O221.2
D 非凸优化
S 数学规划*
F DC 规划
非凸二次规划
C 收敛性分析
同伦内点法

非凸函数
nonconvex function
O171；O175；O241.8
S 实值函数
F 凹凸函数

Z 函数

非凸区域
Y 凸域

非凸优化
Y 非凸规划

非退化矩阵
Y 非奇异矩阵

非退化线性变换
Y 可逆线性变换

非完全约束
Y 非完整约束

非完整约束
nonholonomic constraint
O241；O29
D 不完整约束
非完全约束
几何约束
速度约束
完整约束
位置约束
S 约束(数学)*
C Lagrange 系统
Maggi 方程 →(2)

非稳定流形
Y 稳定流形

非稳定状态
Y 稳定

非稳态过程
nonstationary process
ZT5
S 过程*
C 非稳态模拟

非稳态模拟
non-steady state simulation
N032
S 仿真*
C 非稳态过程

非下采样 Contourlet
Y 非下采样 Contourlet 变换

非下采样 Contourlet 变换
nonsubsampled Contourlet transform
TP391
D 非采样 Contourlet 变换
非抽取小波变换
非抽样 Contourlet 变换
非下采样 Contourlet
S Contourlet 变换
Z 小波变换

非线性
nonlinear
N93
D 非线性对象
非线性关系
非线性广义系统
非线性化
非线性问题
非线性现象
广义非线性系统
S 数学性质*
F 边界非线性
二阶非线性
高阶非线性
几何非线性
弱非线性
完全非线性
C Jordan 同构
分叉分析
门限自回归模型
偏微分方程组
双线性泛函
线性估计
线性化法
正规对偶映象

非线性 0-1 规划
Y 0-1 整数规划

非线性 Galerkin 方法
nonlinear Galerkin method
O241.82
S Galerkin 方法
C 先验估计
Z 数学方法

非线性 Klein-Gordon 方程
nonlinear klein-Gordon equations
O122.2
D 非线性克莱因-戈登方程
非线性克莱因-戈尔登方程
非线性克莱因-哥登方程
S Klein-Gordon 方程
非线性方程
C 椭圆函数解
Z 方程(数学)

非线性 Lagrange 函数
nonlinear Lagrangian function
O174；P13；P413
D 非线性拉格朗日函数
S 拉格朗日函数
Z 函数

非线性 Schr(o)dinger 方程组
nonlinear Schr(o)dinger equations
O175
S 非线性方程组
Z 方程组

非线性半定规划
nonlinear semidefinite programming
O221.2
S 半定规划
非线性规划
Z 数学规划

非线性半群
nonlinear semigroups
O152.7
S 半群
Z 群(数学)

非线性本征值问题
Y 非线性特征值

非线性逼近
Y 线性逼近

非线性边界
nonlinear boundary
O175.2
S 边界(数学)*
C 非线性边值问题
非线性数据拟合

非线性边界条件
nonlinear boundary condition
O175.25
S 边界条件*
C 多目标非线性规划

非线性边值
Y 非线性边值问题

非线性边值条件
nonlinear boundary condition
O175.8
S 条件(数学)*
C Schauder 不动点

非线性边值问题
nonlinear boundary value problem
O175.8；O241.82
D 非线性边值
S 边值问题*
F 非线性三点边值问题
C 超正则函数
二阶非线性常微分方程
非线性边界
四阶常微分方程
正则函数向量

非线性变化
nonlinear change
ZT5
S 变化*
C 非线性演化

非线性变换
Y 线性变换

非线性标量化函数
nonlinear scalarization function
O174
S 函数*
C 局部凸
相轨迹

非线性不等式组
Y 线性不等式组

非线性不适定问题
nonlinear ill-posed problems
O241.7
S 不适定问题
C 偏差原理
Z 数学问题

非线性测度
nonlinear measure
O174.12
S 测度(数学)*

非线性差分方程
nonlinear difference equations
O155
S 差分方程
非线性方程
F 非线性时滞差分方程

非线性中立型差分方程
C 割线法
Z 方程(数学)

非线性常微分方程
nonlinear ordinary differential equation
O175.14
S 非线性微分方程
F 二阶非线性常微分方程
C 非线性三点边值问题
双变换
Z 方程(数学)

非线性传染率
nonlinear incidence rates
O175
S 比率*
C 传染病模型

非线性代数方程
nonlinear algebraic equations
O151
S 代数方程
非线性方程
F 二次方程
高次方程
三次方程
四次方程
C 试探函数法
Z 方程(数学)

非线性代数方程组
nonlinear algebraic equations
O151
S 非线性方程组
Z 方程组

非线性等式约束
nonlinear equality constrained
O221；O241
S 等式约束
非线性约束
Z 约束(数学)

非线性动力系统
nonlinear dynamical systems
O19；O313
D 非线性动力学系统
强非线性动力系统
S 动力系统(数学)*
C 相对转动 →(2)

非线性动力学系统
Y 非线性动力系统

非线性动态
Y 非线性模型

非线性动态模型
Y 非线性模型

非线性对流扩散方程
S 非线性扩散方程
扩散方程
Z 方程(数学)

非线性对象
Y 非线性

非线性多小波变换
Y 非线性小波变换

非线性二层规划
Y 非线性双层规划

非线性发生率
nonlinear incidence rate
O175
S 比率*
C 传染病模型

非线性发展方程
nonlinear developing equation
O175.2；O175.3；O192
S 发展方程
非线性方程
F KdV-mKdV 方程
C Jacobi 椭圆函数展开法
Wronskian 行列式
无穷守恒律
Z 方程(数学)

非线性反馈
nonlinear feedback
O231；O411.1
D 线性反馈
S 反馈*
F Bernoulli 反馈

非线性反应扩散方程
nonlinear reaction-diffusion equations
O122.2；O175.29
S 反应扩散方程
非线性扩散方程
C 极值理论
Z 方程(数学)

非线性泛函分析
nonlinear functional analysis
O177.91
S 泛函分析
非线性分析
C 二阶泛函微分方程
Z 数学分析

非线性泛函微分方程
nonlinear functional differential equation
O175.1
S 泛函微分方程
非线性微分方程
C 数值方法
Z 方程(数学)

非线性方程
nonlinear equations
O175
S 方程(数学)*
F Camassa-Holm 方程
KdV 方程
KP 方程
半线性方程
非线性 Klein-Gordon 方程
非线性差分方程
非线性代数方程
非线性发展方程
非线性矩阵方程
非线性抛物型方程
非线性热传导方程
非线性双曲型方程
非线性算子方程
非线性椭圆方程
非线性椭圆型方程
非线性微分方程
绝对值方程
拟线性方程
三阶非线性方程
C Broyden 方法
Compacton 解
Mersenne 数
二分法
二维映射
数值分析
同伦分析法

非线性方程组
nonlinear equations
O175
S 方程组*
F 非线性 Schr(o)dinger 方程组
非线性代数方程组
非线性偏微分方程组

非线性非自治系统
nonlinear and nonautonomous system
O175
S 数学系统*
C 非平凡解

非线性分布
nonlinear distribution
N93
S 分布*

非线性分析
nonlinear analysis
O177.91；O241.6
S 数学分析*
F 非线性泛函分析
非线性回归分析
非线性时间序列分析
非线性数值分析
非线性主成分分析
几何非线性分析
三维非线性有限元分析
C 非线性物理 →(2)
柔度法 →(2)
投入产出方程
圆心角
滞回曲线 →(2)

非线性复杂系统
nonlinear complex system
N93；N948
S 非线性系统
复杂系统
Z 系统

非线性共轭梯度法
nonlinear conjugate gradient method
O241.6
S 共轭梯度法
C 线搜索
Z 数学方法

非线性关系
Y 非线性

非线性广义系统

Y 非线性

非线性规化
Y 非线性规划

非线性规划
nonlinear programming
O221.2
D 非线性规化
非线性规划问题
非线性优化
非线性优化问题
非线性最优化
线性优化
S 数学规划*
F 凹规划
不可微规划
多目标非线性规划
二次规划
非光滑规划
非线性半定规划
非线性混合整数规划
非线性双层规划
非线性整数规划
分式规划
几何规划
离散规划
约束非线性规划
C α-截集
罚函数法
拉格朗日乘子法
凝聚函数
奇异值分解法 →(5)
梯度投影法
投射(数学)

非线性规划模型
nonlinear programming model
O221.2
D NLP 模型
S 非线性模型
数学规划模型
C 枚举法
Z 数学模型

非线性规划问题
Y 非线性规划

非线性函数拟合
Y 函数拟合

非线性互补
Y 线性互补

非线性互补函数
nonlinear complementary function
O174
S 补函数
Z 函数

非线性互补问题
Y 线性互补

非线性化
Y 非线性

非线性回归
nonlinear regression
O212.1
D 回归曲线
S 回归(数学)*
F 非线性自回归
C 回归方程

非线性回归方程
Y 线性回归方程

非线性回归分析
nonlinear regression analysis
O177.91；O212.1
S 非线性分析
回归分析
F 多元非线性回归分析
Z 数学分析
统计分析

非线性回归模型
Y 线性回归模型

非线性混沌系统
nonlinear chaotic system
O175；O415.5
S 非线性系统
混沌系统*
Z 系统

非线性混合整数规划
nonlinear mixed integer programming
O221.4
S 非线性规划
混合整数规划
Z 数学规划

非线性积分不等式
nonlinear integral inequality
O178
S 积分不等式
C 微分方程
Z 不等式

非线性积分方程
nonlinear integral equation
O175.5
D 线性积分方程
S 积分方程
F Hammerstein 型积分方程
Z 方程(数学)

非线性检验
nonlinear test
O212.1
S 统计检验
Z 检验

非线性建模
nonlinear modeling
TP274
S 建模*
F 非线性系统建模

非线性紧算子
Y 紧算子

非线性矩阵方程
nonlinear matrix equation
O122.2
D 线性矩阵方程
S 非线性方程
矩阵方程
C 正定解
Z 方程(数学)

非线性科学
nonlinear science
N93
S 自然科学*
C 非线性物理 →(2)

非线性克莱因-戈登方程
Y 非线性 Klein-Gordon 方程

非线性克莱因-戈尔登方程
Y 非线性 Klein-Gordon 方程

非线性克莱因-哥登方程
Y 非线性 Klein-Gordon 方程

非线性扩散方程
nonlinear diffusion equation
O122.2；O175.29
S 扩散方程
F Cahn-Hilliard 方程
非线性对流扩散方程
非线性反应扩散方程
C 齐次边界
Z 方程(数学)

非线性扩散系数
nonlinear diffusion coefficient
O175.2
S 系数*

非线性拉格朗日函数
Y 非线性 Lagrange 函数

非线性模糊模型
nonlinear fuzzy model
N941.5
S 模糊模型*

非线性模型
nonlinear model
O212.1；O242.1
D 非线性动态
非线性动态模型
非线性涡粘度模型
S 数学模型*
F 非线性规划模型
非线性再生散度模型
双线性模型
C 可能性分布
置信区间

非线性拟合
nonlinear fitting
O156
S 曲线拟合
F 非线性最小二乘拟合
C 多目标优化方法
Z 数学拟合

非线性拟抛物方程
nonlinear pseudoparabolic equation
O175.26
S 非线性抛物型方程
C 初边值问题
Z 方程(数学)

非线性耦合系统
nonlinear coupled system

N948
S 非线性系统
耦合系统
Z 系统

非线性抛物方程
Y 非线性抛物型方程

非线性抛物型方程
nonlinear parabolic equation
O175.26
D 非线性抛物方程
S 非线性方程
抛物型方程
F 非线性拟抛物方程
C 极小化问题
交替方向迭代法
Z 方程(数学)

非线性抛物型方程组
nonlinear parabolic systems
O175.26
S 抛物型方程组
Z 方程组

非线性偏微分方程
nonlinear partial differential equation
O175.29
D NLPDE
S 非线性微分方程
偏微分方程
F BBM 方程
Broer-Kaup 方程
Burgers 方程
Davey-Stewartson 方程
Fisher 方程
Fitzhugh-Nagumo 方程
Ginzburg-Landau 方程
Jimbo-Miwa 方程
Killing 方程
Kuramoto-Sivashinsky 方程
Liouville 方程
Zhiber-Shabat 方程
程函方程
孤子方程
铁磁链方程
C 精确解
精细时程积分
Z 方程(数学)

非线性偏微分方程组
nonlinear partial differential equations
O175.29
S 非线性方程组
Z 方程组

非线性曲线
nonlinear curve
ZT86
S 曲线*

非线性全连续算子
Y 紧算子

非线性热传导方程
nonlinear heat conduction equation
O175
S 非线性方程
C 热传导系数 →(2)
Z 方程(数学)

非线性三点边值问题
nonlinear three-point boundary value problem
O175.8
S 多点边值问题
非线性边值问题
C 非线性常微分方程
Z 边值问题

非线性时间序列分析
nonlinear time series analysis
O177.91
D 非线性时序分析
S 非线性分析
时相分析
序列分析
C 奇异谱 →(4)
Z 数学分析

非线性时序分析
Y 非线性时间序列分析

非线性时滞差分方程
nonlinear delay difference equation
O155
S 非线性差分方程
时滞差分方程
Z 方程(数学)

非线性时滞微分方程
nonlinear delay differential equation
O175
S 非线性微分方程
时滞微分方程
C 指数型二分性
Z 方程(数学)

非线性数据拟合
nonlinear data fitting
O241.5
S 数据拟合*
C 非线性边界
线性逼近

非线性数值分析
nonlinear numerical analysis
O241
S 非线性分析
数值分析*
Z 数学分析

非线性双层规划
nonlinear bilevel programming
O221
D 非线性二层规划
S 二层规划
非线性规划
Z 数学规划

非线性双曲方程
Y 非线性双曲型方程

非线性双曲型方程
nonlinear hyperbolic equation
O175.27
D 非线性双曲方程
S 非线性方程
双曲型方程
C 微分方程数值解
Z 方程(数学)

非线性算子
Y 非线性映射

非线性算子方程
nonlinear operator equation
O177
S 非线性方程
算子方程
C 凹算子
Z 方程(数学)

非线性特征值
nonlinear eigenvalue
O241.6
D 非线性本征值问题
非线性特征值问题
S 特征值*
C 函数拟合
特征提取 →(4)

非线性特征值问题
Y 非线性特征值

非线性椭圆方程
nonlinear elliptic equation
O175.25
S 非线性方程
椭圆方程
C 爆破解
Z 方程(数学)

非线性椭圆型方程
nonlinear elliptic equation
O175.25
S 非线性方程
椭圆型方程
Z 方程(数学)

非线性微分方程
nonlinear differential equation
O172.1；O175.1
D 非线性微分系统
S 非线性方程
微分方程
F 二阶非线性微分方程
非线性常微分方程
非线性泛函微分方程
非线性偏微分方程
非线性时滞微分方程
非线性中立型微分方程
三阶非线性微分方程
一阶非线性微分方程
C 微分恒等式
Z 方程(数学)

非线性微分方程组
Y 线性微分方程组

非线性微分系统
Y 非线性微分方程

非线性稳定性
nonlinear stability
O241；P43
S 稳定性(数学)*
C 线性化法
修正迭代法 →(2)

非线性问题
Y 非线性

非线性涡粘度模型
Y 非线性模型

非线性系统
nonlinear system
N93；N948
S 系统*
F 非线性复杂系统
非线性混沌系统
非线性耦合系统
非线性自治系统
高维非线性系统
时滞非线性系统
随机非线性系统
C 动态规划
描述函数
模糊系统
双线性系统
线性系统

非线性系统建模
nonlinear system modeling
TP274
S 非线性建模
C 捕食模型
奇怪吸引子
Z 建模

非线性现象
Y 非线性

非线性相关
nonlinear correlation
N93
S 相关*

非线性项
nonlinear term
O175.29
S 项(数学)*
F 非线性源项
非线性中立项

非线性小波变换
nonlinear wavelet transform
O174.2
D 非线性多小波变换
S 小波变换*
C 逼近误差
马尔可夫随机场 →(2)

非线性性
Y 线性关系

非线性序集
nonlinear ordering set
O141.1
S 集合*

非线性演化
nonlinear evolution
O175.2
S 演变*
C 非线性变化

非线性演化方程
nonlinear evolution equation
O175.29
S 演化方程
C 精确解
Z 方程(数学)

非线性因子
nonlinear factor
N93
S 因子*

非线性映射
nonlinear mapping
O177.91
D 非线性算子
S 映射*
C 数字图像 →(4)

非线性优化
Y 非线性规划

非线性优化模型
nonlinear optimization model
O224
S 优化模型
Z 模型

非线性优化设计
nonlinear optimum design
TB21
S 优化设计
C 正交优化法
Z 设计

非线性优化问题
Y 非线性规划

非线性有限单元法
Y 非线性有限元分析

非线性有限元
nonlinear finite element
O241.82
S 有限元*
C 本构方程 →(2)

非线性有限元法
Y 非线性有限元分析

非线性有限元方法
Y 非线性有限元分析

非线性有限元分析
nonlinear finite element analysis
O175.2；O241.82；O242.2
D 非线性有限单元法
非线性有限元法
非线性有限元方法
S 有限元分析
F 三维非线性有限元分析
Z 数值分析

非线性预测
nonlinear prediction
N945
S 预测*
C 线性等式约束

非线性预测模型
nonlinear prediction model
N945.12
S 预测模型*

非线性阈值
nonlinear threshold
N93
S 阈值*

非线性源项
nonlinear source term
O175.2
S 非线性项
Z 项(数学)

非线性约束
nonlinear constraint
O241
S 约束(数学)*
F 非线性等式约束

非线性约束优化
Y 约束非线性规划

非线性约束优化问题
Y 约束非线性规划

非线性再生散度模型
nonlinear reproductive dispersion model
O212.1
S 非线性模型
C score 统计量
似然比统计量
Z 数学模型

非线性增长
Y 线性增长

非线性整数规划
nonlinear integer programming
O221.4
D 整数非线性规划
S 非线性规划
整数规划
Z 数学规划

非线性中立项
nonlinear neutral term
O175.7
S 非线性项
Z 项(数学)

非线性中立型差分方程
nonlinear neutral difference equation
O155
S 非线性差分方程
中立型差分方程
C 最终正解
Z 方程(数学)

非线性中立型微分方程
nonlinear neutral differential equation
O175
S 非线性微分方程
中立型微分方程
Z 方程(数学)

非线性主成分分析
nonlinear principle component analysis
O177.91；O212.1
D 非线性主分量分析
非线性主元分析
S 非线性分析
主成分分析

Z 数学分析

非线性主分量分析
Y 非线性主成分分析

非线性主元分析
Y 非线性主成分分析

非线性转换
nonlinear conversion
ZT5
S 转换*

非线性自回归
nonlinear autoregression
O212.1
S 非线性回归
C 马尔可夫链
Z 回归(数学)

非线性自回归模型
nonlinear autoregressive model
O212.1
S 自回归模型
F 门限自回归模型
C 高阶矩
Z 回归模型

非线性自治系统
nonlinear autonomous system
N948
S 非线性系统
自治系统
Z 系统

非线性最小二乘拟合
nonlinear least square fitting
O241
S 非线性拟合
C 模拟曲线 →(5)
Z 数学拟合

非线性最优化
Y 非线性规划

非相容映象对
Y 相容映象对

非协调板元
nonconforming plate element
O241
S 板元
非协调元
Z 元

非协调有限元
Y 非协调元

非协调元
nonconforming element
O174.3；O241
D 非协调有限元
非协调元有限元法
协调元
S 元*
F 非协调板元
广义协调元
C Inf-Sup 条件
超逼近
非齐次边界条件

非协调元有限元法
Y 非协调元

非一致连续
Y 一致连续

非一致收敛
Y 一致收敛

非游荡点
Y 非游荡集

非游荡集
nonwandering set
O189.11
D 非游荡点
游荡点
S 不变集
C 分布混沌
拓扑熵
稳定流形
Z 集合

非游荡算子
nonwandering operator
O177
S 算子*
C 直和分解

非张量积
non-tensor product
O183
S 张量积
C 插值
小波变换
Z 积

非振动解
Y 振动解

非整数次积分
Y 分数次积分

非整数阶导数
Y 分数导数

非正常积分
Y 反常积分

非正规子群
Y 正规子群

非正交曲线坐标
non orthogonal curvilinear coordinate
O182
D 曲线正交坐标
S 曲线坐标
C 自由水面 →(5)
Z 坐标

非正交坐标系
Y 正交坐标系

非正态
Y 正态分布

非正态分布
Y 正态分布

非正态随机变量
Y 正态随机变量

非正态随机参数
non-normal random parameter
ZT3
S 随机参数
Z 参数

非正则
Y 正则性

非中心对称
Y 中心对称

非周期性
aperiodicity
ZT4
S 周期性
Z 特性

非周期自相关函数
aperiodic autocorrelation
O174
S 周期函数
自相关函数
Z 函数

非轴对称
Y 轴对称

非自伴算子
Y 自伴算子

非自治 Lotka-Volterra 系统
nonautonomous Lotka-Volterra system
N948
S 非自治系统
Z 系统

非自治二阶系统
non-autonomous second order system
O175
S 二阶系统
C 极值点
Z 数学系统

非自治系统
nonautonomous system
N948；N960
S 系统*
F 非自治 Lotka-Volterra 系统
C 自治系统

菲茨休 - 南云方程
Y Fitzhugh-Nagumo 方程

菲涅尔积分
Y 菲涅耳积分

菲涅耳积分
Fresnel integral
O172.2
D Fresnel 积分
Fresnel 衍射积分
菲涅尔积分
菲涅耳衍射积分
S 积分*
C 菲涅耳公式 →(2)
微分方程数值解

菲涅耳衍射积分
Y 菲涅耳积分

菲廷分解
Y Fitting 分解

斐波那契矩阵
Y Fibonacci 矩阵

斐波那契三角形
Y Fibonacci 三角形

斐波那契数
Y Fibonacci 数列

斐波那契数列
Y Fibonacci 数列

斐波那契序列
Y Fibonacci 数列

费伯级数
Y Faber 级数

费尔马点
Y 费马点

费尔马小定理
Y 费马小定理

费马大定理
Fermat large theorem
O156
D Fermat 大定理
Fermat 最后定理
费马最后定理
S 费马定理
C 不定方程
代数整数
Z 数学定理

费马点
Fermat point
O182
D 费尔马点
正等角中心
S 几何点
C 有限点集
Z 点(数学)

费马定理
Fermat theorem
O13；O171
D Fermat 定理
Fermat 问题
S 数学定理*
F 费马大定理
费马小定理

费马数
Fermat number
O212
D Fermat 数
S 正整数
F 广义 Fermat 数
C 素数分布
正多边形
Z 复数

费马小定理
Fermat small theorem
O156
D Fermat 小定理
费尔马小定理
S 费马定理
Z 数学定理

费马最后定理
Y 费马大定理

费曼积分
Feynman integral
O172.2
D Feynman 积分
Feynman 路径积分
费曼路径积分
S 积分*
C 本征方程

费曼路径积分
Y 费曼积分

费希尔方程
Y Fisher 方程

费雪信息矩阵
Y Fisher 信息矩阵

费耶尔定理
Y Fejer 定理

费用函数
cost function
O174
S 特殊函数
F 广义费用函数
Z 函数

分辨
discrimination
ZT5

分布*
distribution
ZT72
D 分布规律
分布模式
F 度分布
二维分布
非线性分布
横向分布
柯西分布
空间分布
幂律分布
面分布
区域性分布
取向分布
三维分布
序列分布
异常分布
组成分布
C 高斯函数
梯度分布
物理场 →(2)(3)(4)

分布傅里叶方法
Y 分步傅里叶变换

分布傅立叶法
Y 分步傅里叶变换

分布公式
distribution formula
O156.4
S 公式(数学)*
C 加权平均
量词消去方法

分布规律
Y 分布

分布函数
distribution function
O153.1；O174；O211
D 分布律
分布密度
分配格
分配函数
概率函数
S 函数*
F 部分子分布函数
电子能量分布函数
概率分布函数
经验分布函数
径向分布函数
联合分布函数
密度函数
平衡分布函数
寿命分布函数
双向反射分布函数
速度分布函数
速率分布函数
统计分布函数
维格纳分布函数
自相关函数
C Menger 空间
幂等元半环
偏序关系

分布混沌
distributional chaos
O19
S 混沌*
F 按序列分布混沌
C 非游荡集

分布检验
distribution test
O212.1
S 统计检验
F 分布拟合检验
Z 检验

分布列
Y 概率分布

分布律
Y 分布函数

分布密度
Y 分布函数

分布密度函数
Y 密度函数

分布模拟
Y 分布式模拟

分布模式
Y 分布

分布模型
distribution model
O212.2

S 数学模型*

分布拟合检验
distribution fitting test
O212.1
S 分布检验
拟合检验
C 概率分布
Z 检验

分布偏差变元
distributed deviating argument
O175
S 偏差变元
Z 元

分布曲线
distribution curve
O211.3
D 概率密度曲线
S 函数曲线
F 正态分布曲线
C 微分方程法
Z 匹配

分布时滞
distributed delays
O233
S 时滞*
F S-分布时滞
连续分布时滞
无穷时滞

分布式模拟
distributed simulation
N032
D 分布模拟
S 仿真*
C 分布式流域水文模型 →(5)
分布式物理水文模型 →(5)

分布问题
Y 概率分布

分布系数
distribution coefficient
ZT3
S 系数*

分布意义上导数
Y Schwarz 导数

分步 Fourier 方法
Y 分步傅里叶变换

分步法
fractional step method
O175.26；O241
D ADI 法
ADI 方法
交替方向隐式法
交替方向隐式方法
隐式交替方向法
S 数学方法*
F 多步法
C 数据采集
涡量-流函数 →(2)

分步傅里叶变换
split-step Fourier transform
O174.22
D 分布傅里叶方法
分布傅立叶法
分步 Fourier 方法
分步傅里叶变换法
分步傅里叶法
分步傅立叶法
分步傅立叶方法
分步傅立叶算法
分步富里叶变换法
S 傅里叶变换
Z 积分变换

分步傅里叶变换法
Y 分步傅里叶变换

分步傅里叶法
Y 分步傅里叶变换

分步傅立叶法
Y 分步傅里叶变换

分步傅立叶方法
Y 分步傅里叶变换

分步傅立叶算法
Y 分步傅里叶变换

分步富里叶变换法
Y 分步傅里叶变换

分步有限元
Y 分步有限元法

分步有限元法
fractional finite element scheme
O175.2；O241.82；O242.2
D 分步有限元
S 有限元分析
C 有限局部环
Z 数值分析

分部积分
Y 分部积分法

分部积分法
integration by parts
O172.2；O174
D 分部积分
S 积分法
Z 数学方法

分部积分公式
integral formula by parts
O172.2
S 积分公式
Z 公式(数学)

分层*
lamination
ZT6
D 多层
F 外层
C Mueller 矩阵 →(2)
垂直结构 →(4)
多震层 →(5)

分层抽样
stratified sampling
C81
S 采样*
F 分层随机抽样

分层理论
stratification theory
O144.1
D 谱系理论
S 数学理论*

分层随机抽样
stratified random sampling
C81
S 分层抽样
Z 采样

分层网格
graded mesh
TP393.028

分叉
Y 分叉分析

分叉分析
bifurcation analysis
O175
D 分叉
S 数学分析*
C 非线性

分叉理论
Y 分歧理论

分岔理论
Y 分歧理论

分岔图
bifurcation diagram
N941
S 图表*

分拆函数
partition function
O174
D 分拆数
S 函数*
C 递推公式
子集

分拆数
Y 分拆函数

分次 Jacobson 根
graded Jacobson radical
O153.3
S Jacobson 根
分次根
C 分次环
Z 根(数学)

分次代数
graded algebra
O153.3
S 代数*

分次根
graded radical
O153.3
S 根(数学)*
F 分次 Jacobson 根

分次环
graded ring

O153.3
S 环(数学)*
C 分次 Jacobson 根
分次模
维数

分次模
graded module
O153.3
S 模(数学)*
C 分次环

分担函数
sharing function
O174
S 函数*
C 差集

分担集
Y 公共值集

分担集合
Y 公共值集

分担值
shared value
O174.5；O212
D 公共值
S 值(数学)*
F CM 分担值
C 整函数
正则函数

分段逼近
piecewise approximation
O174.41；O241.5
S 逼近*
C 限差

分段插值
piecewise interpolation
O174.41；O241.5
S 插值*
C 弹性边界 →(2)

分段常数变量
Y 逐段常变量

分段常数变元
Y 逐段常变量

分段多项式
piecewise polynomial
O174.14；O174.21；O241
S 多项式*

分段光滑
piecewise smooth
O175
S 光滑性
C 约化环
Z 数学性质

分段函数
piecewise function
O171
S 函数*
F 分片线性函数
C 0-1 变量
分段回归
间断点

分段回归
partial regression
O212.1
D 分段线性回归
S 回归(数学)*
C 分段函数

分段连续
piecewise continuous
O175
D 分段连续的
S 连续*
C 误差估计

分段连续的
Y 分段连续

分段拟合
piecewise fitting
O174.41；O221
S 数学拟合*
F 分段线性拟合
C 增长曲线模型

分段线性函数
Y 分片线性函数

分段线性回归
Y 分段回归

分段线性拟合
piecewise linear fitting
O174.41；O221
S 分段拟合
C 时间序列分析 →(2)
Z 数学拟合

分段线性系统
piecewise linear systems
N948
S 线性系统
Z 系统

分段线性映射
piecewise linear mapping
O152.2；O156
S 线性映射
C 自相关函数
Z 映射

分隔距离
Y 距离

分级
grade
ZT0

分级结构
Y 层次结构

分级生产系统
Y 分级系统

分级系统
hierarchical systems
N948
D 层次系统
等级系统
递阶系统
多层系统
多级递阶系统
多级系统
分级生产系统
S 系统*

分级指标
classification index
ZT3
S 指标*

分角线
Y 角平分线

分解定理
decomposition theorem
O159；O231
D 分解理论
S 数学定理*
C 极大集

分解理论
Y 分解定理

分解式
Y 标准分解式

分解因式
Y 因式分解

分解原理
Y 数学分解

分解原则
Y 数学分解

分界面
Y 界面

分界线
Y 界线

分界线环
Y 同宿轨

分块 DCT
Y 块离散余弦变换

分块迭代法
Y 块迭代

分块分析
block analysis
TP391.411
S 空间分析*

分块矩阵
block matrix
O151.21
D 矩阵分块
块矩阵
S 特殊矩阵
F Jordan 块
分块循环矩阵
块 H-矩阵
块对角占优矩阵
C Abel 范畴
Sylvester 不等式
Z 矩阵

分块离散余弦变换
Y 块离散余弦变换

分块循环矩阵
block-circulant matrix
O151.21
S 分块矩阵
循环矩阵
Z 矩阵

分类定理
classification theorem
O189.2
S 数学定理*

分类分析
Y 判别分析

分类函数
classification function
O174
S 函数*

分离变量
separated variables
O175
S 变量*
C 精确解

分离变量法
separate variable method
O175.1；O175.24
D 变量分离
变量分离法
S 微分方程解法*
C 非线性波动方程 →(2)

分离定理
separation theorem
O159
S 数学定理*
F 凸集分离定理
C 凸集

分离公理
separating axiom
O143
S 公理*
C 拓扑空间

分离集
separated set
O144；O193
S 集合*
C 可收缩边
拓扑熵
拓扑压

分离性
separability
O189
S 特性*
C 拓扑基

分立谱
Y 离散频谱

分量*
component
ZT3
F 方差分量
阶分量
张量分量
主分量

分量分析
Y 主成分分析

分裂
Y 分裂法

分裂法*
splitting method
O241
D 分裂
分裂运算
F 矩阵分裂
区域分裂
时间分裂法
算子分裂
通量分裂
完全分裂
正则分裂

分裂外推
splitting extrapolation
O174.42
S 外推法
C 区域分解
Z 近似法

分裂域
splitting field
O174
S 域*
C Dickson 多项式

分裂运算
Y 分裂法

分母
denominator
O121

分配格
Y 分布函数

分配函数
Y 分布函数

分配律
distributive law
O1-0
S 定律(数学)*
C 交换律

分配问题
Y 指派问题

分批排序
batch scheduling
O223
S 排序(数学)*
C 决策

分片检验
patch test
O212.1
S 检验*

分片线性函数
piecewise linear function
O171；O174
D 分段线性函数
S 分段函数
线性函数
C 松弛变量
Z 函数

分歧
Y 分歧理论

分歧解
bifurcation solutions
O122.2
S 解*

分歧理论
bifurcation theory
O175.12；O177.91
D 分叉理论
分岔理论
分歧
分歧问题
分枝理论
S 定性理论
F Hopf 分歧
局部分歧
全局分歧
C Lyapunov-Schmidt 约化
Z 数学理论

分歧问题
Y 分歧理论

分群抽样
group sampling
C81
S 采样*

分散系统
Y 多变量系统

分式
fractions
O172.2
S 有理式
F 部分分式
连分式
向量值连分式
有理分式
Z 表达式

分式不等式
fractional inequality
O178
S 代数不等式
Z 不等式

分式布朗运动
Y 分数布朗运动

分式规划
fractional programming
O221.2
D 分数规划
S 非线性规划
F 多目标分式规划
广义分式规划
Z 数学规划

分式函数
fractional function
O174

S 函数*
C 判别式

分式环
fractional ring
O153.3
D 商环
剩余类环
右分式环
右商环
左分式环
左商环
S 结合环*
C 半直积
乘积图
连分式
幂等生成元
素元

分式线性变换
fractional linear transformation
O174
D 线性分式变换
S 线性变换
Z 数学变换

分数
fraction
O121；O359
D 不可约分数
简分数
空隙分数
S 有理数
F 单位分数
假分数
渐近分数
连分数
真分数
C 通分
有理性
Z 复数

分数 Fourier 变换
Y 分数阶傅里叶变换

分数 k-因子
fractional k-factor
O157.5；O22
S k 因子
分数因子
C 素数
周期
Z 因子

分数布朗运动
fractional Brownian motion
O211.6
D 分式布朗运动
S 布朗运动
C 幂效用函数
弱解
跳扩散过程
鞅测度
Z 随机过程

分数次导数
Y 分数导数

分数次积分
fractional integrals
O172.2；O175；O177.6
D 非整数次积分
分数阶积分
S 积分*
F 多线性分数次积分
C 多线性算子
基本解
极大函数
交换子
有界算子

分数次积分算子
fractional integral operator
O177.6
S 积分算子
C Morrey-Herz 空间
齐型空间
Z 算子

分数次极大算子
Y 极大算子

分数导数
fractional derivatives
O172.1
D 非整数阶导数
分数次导数
S 导数*
F 分数阶导数

分数低阶协方差
fractional low-order covariance
O231.2
S 协方差
Z 方差

分数傅里叶变换
Y 分数阶傅里叶变换

分数规划
Y 分式规划

分数阶
fractional order
O175.13
S 阶(数学)*
C Fourier 方法

分数阶 Fourier 变换
Y 分数阶傅里叶变换

分数阶差分方程
fractional order difference equation
O155
S 差分方程
Z 方程(数学)

分数阶导数
fractional order derivative
O172.1
S 分数导数
F Caputo 分数阶导数
Riemann-Liouville 分数阶导数
C Kolmogorov 不等式
Z 导数

分数阶傅里叶变换
factional Fourier transform
O174.22
D FRFT
分数 Fourier 变换
分数傅里叶变换
分数阶 Fourier 变换
分数阶傅立叶变换
分数阶傅氏变换
S 傅里叶变换
F 离散分数阶傅里叶变换
Z 积分变换

分数阶傅立叶变换
Y 分数阶傅里叶变换

分数阶傅氏变换
Y 分数阶傅里叶变换

分数阶积分
Y 分数次积分

分数阶扩散方程
fractional diffusion equation
O122.2
S 分数微分方程
扩散方程
Z 方程(数学)

分数阶微分
fractional differential
O241.8
S 微分*

分数阶微分方程
fractional differential equations
O175
S 分数微分方程
Z 方程(数学)

分数色数
fractional chromatic number
O157.5
S 色数*
C 超图
上确界
四色定理

分数微分方程
fractional differential equation
O175
S 微分方程
F 分数阶扩散方程
分数阶微分方程
Z 方程(数学)

分数微积分
fractional calculus
O175
S 微积分*

分数维
fractal dimension
O151；O189.3；O415.5
S 维数*

分数维数
fractal dimensionality
O189
S 维数*
C 分形集

分数因子

fractional factor
O157.5
S 因子*
F 分数 k-因子

分数运算
fractional arithmetic
O121
S 运算*
F 通分

分维
Y 分形维数

分维数
Y 分形维数

分维值
fractal dimension value
ZT3
S 数值*

分位点
Y 分位数

分位数*
quantile
O211.1；O212.1
D 分位点
F 条件分位数
样本分位数
C MCMC 方法
标准正态分布
置信区间

分析*
analysis
ZT5
D 分析学
F 标度分析
多指标分析
非光滑分析
复合分析
个例分析
关联分析
活动分析
距平分析
可靠性分析
灵敏度分析
流程分析
区间分析
趋势分析
失效分析
时域分析
树分析
网络分析
误差分析
形状分析
异常分析
质量分析
主因分析
C 分析方法

分析法(数学)*
analysis method(mathematic)
O171
D 分析技巧
F 不确定层次分析法
多层次分析法
回归诊断
累积和
模糊动态 AHP
模糊聚类分析法
同伦分析法
位移法
组合分析法
C 标准曲线 →(3)

分析方法*
analytical methods
O652
D 分析技术
F 变点检测
现场分析
C 沉积物分析 →(5)
分析
化学分析 →(2)(3)(4)(5)
水质分析 →(3)
脱氮 →(3)
脱气 →(3)

分析计算方法
Y 计算

分析技巧
Y 分析法(数学)

分析技术
Y 分析方法

分析解
Y 解析解

分析模型
analytical model
N34
S 模型*
F 统计分析模型

分析势能函数
Y 解析势能函数

分析学
Y 分析

分系统
Y 子系统

分形*
fractal
O151；O189.3；O415.5
D 分形处理
分形理论
分形论
分形研究
F 随机分形
重分形
自仿射分形
自相似分形
C 芒德布罗集
运筹学

分形测度
fractal measure
O177
S 测度(数学)*
F Hausdorff 测度
Lebesgue 测度
自相似测度

分形插值
fractal interpolation
O241.3
S 插值*
C 覆盖数
基础解系

分形插值函数
fractal interpolation functions
O174.42
S 插值函数
分形函数
型函数
C 内尺度律 →(2)
Z 函数

分形插值曲面
fractal interpolated surface
O189.3
S 插值曲面
分形曲面
Z 曲面

分形处理
Y 分形

分形分析
fractal analysis
O151；O189.3；O415.5
S 数学分析*

分形函数
fractal functions
O174.42
S 函数*
F 分形插值函数

分形盒维数
Y 盒维数

分形集
fractal sets
O175；O186.11；O189
D 惯性分形集
S 集合*
F 自相似集
C KdV 方程
分数维数

分形几何
fractal geometry
O187；O189.3；O415.5
D 保形几何
分形几何学
分形学
共形几何
S 几何*
C 插值

分形几何学
Y 分形几何

分形空间
fractal space
O189.1
S 空间(数学)*
C 吸引子

分形理论
Y 分形

分形论
Y 分形

分形模拟
fractal simulation
O242.1
S 数学模拟*

分形曲面
fractal curved surface
O189
S 曲面*
F 分形插值曲面

分形曲线
fractal curve
O186
S 匹配*

分形体
fractal body
O189
S 物体*

分形维
Y 分形维数

分形维数
fractal dimension
O175.29；O415.5
D 分维
分维数
分形维
S 维数*
F 关联维数
广义分形维数
盒维数
信息维数
C 广义对称正则长波方程

分形性质
fractal feature
O174
S 特性*

分形学
Y 分形几何

分形研究
Y 分形

分形指数
fractal exponent
O189
S 指数*
C 结构函数

分圆单位
Y 分圆单元

分圆单元
cyclotomic units
O156
D 分圆单位
S 单元*

分圆多项式
cyclotomic polynomial
O156；O174.14；O174.21
S 多项式*

分圆类
cyclotomic class
O154；O221
S 等价类
C 对称矩阵
Z 类(数学)

分圆陪集
cyclotomic coset
O157.4
S 陪集
C 离散傅里叶变换
有限域
Z 集合

分圆数
cyclotomic numbers
O156.2
S 数*
C 伪随机序列
自相关

分圆域
cyclotomic field
O156.2
S 域*
C 权重分布

分支*
branch
O177.91；O19
D 分支问题
分枝
支路
F Hopf 分支
Neimark-Sacker 分支
Poincare 分支
后向分支
极限环分支
连通分支
同宿分支
C 序列分析

分支定界
Y 分枝定界法

分支定界法
Y 分枝定界法

分支定界算法
Y 分枝定界法

分支定限法
Y 分枝定界法

分支方向
branch direction
O175
S 方向*
C 退化时滞微分方程

分支过程
branching process
O211.65
D 分枝过程
S 随机过程*
C 分支理论
瞬时分布
随机环境

分支界定算法
Y 分枝定界法

分支界限法
Y 分枝定界法

分支界限方法
Y 分枝定界法

分支理论
bifurcation theory
O175.12
S 数学理论*
C 分支过程

分支图
branching diagram
O175.12
S 图表*
C Hopf 分支

分支问题
Y 分支

分支限界法
Y 分枝定界法

分支限界算法
Y 分枝定界法

分枝
Y 分支

分枝定界
Y 分枝定界法

分枝定界法
branch bound method
O224；O242.23
D 分支定界
分支定界法
分支定界算法
分支定限法
分支界定算法
分支界限法
分支界限方法
分支限界法
分支限界算法
分枝定界
分枝定界方法
分枝定界算法
分枝界限方法
分枝限界法
S 最优化方法*
F 隐枚举法
C 二层线性规划
线性规划
整数规划
组合规划
最优解

分枝定界方法
Y 分枝定界法

分枝定界算法
Y 分枝定界法

分枝过程
Y 分支过程

分枝界限方法

Y 分枝定界法

分枝理论
Y 分歧理论

分枝限界法
Y 分枝定界法

分子图
molecular graph
O157.5
S 图表*

分组迭代函数
Y 迭代函数

芬斯勒空间
Y Finsler 流形

芬斯勒流形
Y Finsler 流形

风格式
Y 迎风格式

风险分析
Y 概率分析

风险函数
risk function
O211.67
S 函数*
C 风险评估
主观概率

风险检验
risk inspection
O212.1
S 检验*

风险决策
risk decision
O211.62；O223
S 决策论*
C 风险评估

风险模糊分析
Y 模糊风险分析

风险模型*
risk model
O211.62；O212
F Cox 风险模型
Erlang(2)风险模型
Markowitz 均值-方差模型
二项风险模型
个体风险模型
更新风险模型
古典风险模型
聚合风险模型
离散风险模型
C 罚金折现期望
更新方程
计数过程
尾概率

风险评估
risk assessment
C934
C Gerber-Shiu 函数
风险函数
风险决策
加权综合评价法
全概率公式
主观概率

封闭解
closed-form solution
O175.14
S 解*
C 闭曲线

封闭曲线
Y 闭曲线

封闭式系统
Y 封闭系统

封闭体系
Y 封闭系统

封闭系统
closed system
N948
D 闭合系
闭合系统
闭式系统
封闭式系统
封闭体系
隔离系统
孤立系统
密闭系统
密封系统
S 系统*
C 独立子系统
开放系统

峰度系数
kurtosis coefficient
O212
S 系数*

峰值
peak value
ZT3
S 数值*

峰值采样
peak value sampling
C81
S 采样*

冯·诺伊曼代数
Y Neumann 代数

否命题
negative proposition
O171
S 命题*

弗莱纳公式
Y Frenet 公式

弗朗内公式
Y Frenet 公式

弗雷德霍姆积分方程
Y Fredholm 积分方程

弗雷德霍姆算子
Y Fredholm 算子

弗雷德霍姆映射
Y Fredholm 算子

弗雷歇导数
Y Frechet 导数

弗雷歇空间
Y Frechet 空间

弗罗贝尼乌斯范数
Y Frobenius 范数

弗罗贝尼乌斯环
Frobenius ring
O153.3
D Frobenius 环
S 环(数学)*
F 拟弗罗贝尼乌斯环

弗罗贝尼乌斯自同构
Y 自同构

弗洛凯乘子
Y Floquet 乘子

弗洛凯定理
Y Floquet 理论

弗瑞协导数
Y Frechet 导数

弗瑞协空间
Y Frechet 空间

伏尔特拉方程
Volterra equation
O175
D Volterra 方程
沃特拉方程
渥尔特拉方程
S Lotka-Volterra 方程
Z 方程(数学)

伏特拉积分方程
Y Volterra 积分方程

服务时间
service time
ZT73
D 特殊服务时间
S 事件时间*

符号(数学)*
symbol(mathematics)
O141；O231
D 符号规则
F Legendre 符号
泊松括号
常项
负号
根号
函数符号
加号
逻辑符号
小数点
C 统计学

符号边控制函数
signed edge domination function
O141.3
S 符号函数

符号控制函数
C 轮图
Z 函数

符号边控制数
signed edge domination number
O157.5
S 符号控制数
Z 控制数

符号差
signature
O156.1
S 差值*

符号代数
symbolic algebra
O175
S 代数*
C 符号函数

符号动力系统
symbolic dynamical system
O19
D 符号动力学
S 动力系统(数学)*
C 拓扑共轭

符号动力学
Y 符号动力系统

符号法
symbolic method
O174.21
S 数学方法*
C 正规乘积 →(2)

符号规则
Y 符号(数学)

符号函数
sign function
O174
S 函数*
F 符号边控制函数
C Toeplitz 算子
符号代数

符号几何规划
signomial geometric programming
O221
S 几何规划
Z 数学规划

符号计算
symbolic calculations
O175
D 计算机代数
S 计算*
C 对称约化

符号检定
Y 符号检验

符号检验
sign test
O189
D 迪克逊一穆德符号检验
符号检定
符号秩检验
威尔科克逊符号秩检验
S 非参数检验
Z 假设检验

符号空间
symbolic space
O189
S 空间(数学)*
C 自然数集
自相似集

符号控制函数
signed dominating function
O141.3
S 强函数
F 符号边控制函数
Z 函数

符号控制数
signed domination number
O157.5
S 控制数*
F 符号边控制数
符号星控制数
全符号控制数

符号逻辑
Y 数理逻辑

符号模式
sign pattern
O151
S 模式*
C 最小秩

符号模式矩阵
sign pattern matrix
O151.21
S 矩阵*
C 有向图

符号时间序列分析
symbolic time series analysis
O211.61
D 符号时序分析
S 符号序列分析
时相分析
序列分析
Z 数学分析

符号时序分析
Y 符号时间序列分析

符号星控制数
signed star domination number
O157.5
S 符号控制数
C 奇数阶
Z 控制数

符号序列
symbol sequence
ZT99
S 序列*

符号序列分析
symbolic sequence analysis
O211.61
S 序列分析
F 符号时间序列分析
C 圆映射
Z 数学分析

符号秩检验
Y 符号检验

幅角
Y 辐角

幅角原理
argument principle
O174
D 辐角原理
S 数学原理*

辐角
argument
O174.5; O181
D 幅角
S 角(数学)*
C 复数运算
复系数

辐角原理
Y 幅角原理

福尔序列
Y Faure 序列

福科什引理
Y Farkas 引理

福克尔-普朗克方程
Y Fokker-Planck 方程

福克-普朗克方程
Y Fokker-Planck 方程

福雷序列
Y Faure 序列

辅助变量
auxiliary variable
O211.67
S 变量*
C 均值估计

辅助方程法
auxiliary equation approach
O175.2
S 数学方法*
C 微分差分方程

辅助函数
auxiliary function
O174
D 构造辅助函数
S 函数*
C 待定系数法
积分因子法
三角不等式

辅助函数法
auxiliary function method
O174
S 函数法
C Hull-White 模型
罗尔定理
Z 数学方法

辅助未知数法

Y 换元法

辅助系统
Y 子系统

辅助原理
auxiliary principle
O1-0
S 数学原理*
C 变分不等式

付里叶变换
Y 傅里叶变换

付里叶级数
Y 傅里叶级数

付立叶级数
Y 傅里叶级数

负定矩阵
negative definite matrix
O151.21
D 非负定矩阵
S 实对称矩阵
C 变号解
线性模型
Z 方阵
矩阵

负二项分布
negative binomial distribution
O212.1
D Pascal 分布
巴斯卡分布
聚集分布
帕斯卡分布
S 二项分布
F 几何分布
C 多层 Bayes 估计
矩估计
Z 概率分布

负反馈
negative feedback
O231
S 输出反馈
C 正反馈
Z 反馈

负风险和
negative risk sum
O213
S 和(数学)*
C 破产概率

负号
negative sign
O121；O143
D 正号
S 符号(数学)*
C 负数
正数

负解
Y 变号解

负理想解
Y 理想解

负偏差
negative deviation
O24
D 正偏差
S 偏差*

负熵
negentropy
O211.5；O236
S 信息熵
Z 熵(数学)

负数
negative number
O122
S 实数
C 负号
Z 复数

负系数
negative coefficient
O143
S 系数*
C 投影型插值
正算子

负相关
negative correlation
O212
S 相关*
C 正相关 →(4)(5)

负相协
negative association
O211
S 数学性质*
C 相合性

负相协矩阵
Y NA 序列

负相协样本
Y NA 样本

负域
negative domain
O159
S 域*
C 上近似

负指数分布
Y 指数分布

复 Clifford 分析
complex Clifford analysis
O151.2
S Clifford 分析
C 奇异积分
Z 数学分析

复 EOF 分析
complex empirical orthogonal function analysis
O177；P714
D 复经验正交函数分析
S 泛函分析
C 经验正交函数
Z 数学分析

复 Finsler 流形
complex Finsler manifold
O174.56；O189.33；O192
S Finsler 流形
复流形
C 有界域
Z 流形

复 Ginzburg-Landau 方程
complex Ginzburg-Landau equation
O175.29
D 复金茨堡-朗道方程
复金兹堡-朗道方程
S Ginzburg-Landau 方程
C 自相似解
Z 方程(数学)

复本征值
Y 复特征值

复比
Y 交比

复变函数
complex function
O174.5
D 复函数
S 函数*
F 多复变函数
C Liouville 定理
保角映射
孤立奇点
柯西积分公式

复变函数法
Y 复变函数方法

复变函数方法
complex variable method
O174
D 复变函数法
S 函数法
C 多极坐标
Z 数学方法

复变函数积分
Y 复积分

复变函数论
complex analysis
O174.51
D 单复变函数论
S 函数论*
F 保角映射
多复变函数论
C 傅里叶变换

复变量移动最小二乘法
Y 移动最小二乘法

复变数复值函数
Y 复值函数

复表示
complex representation
O152.4
S 群表示
Z 表示(数学)

复动力系统
complex dynamical systems
O19

S 动力系统(数学)*

复方阵
complex square matrix
O151.21
S 方阵*

复分析
complex analysis
O174.5
S 数学分析*

复高斯函数
complex Gaussian function
O174
S 高斯函数
Z 函数

复高斯函数展开
complex Gaussian function expension
O175.27；O435
S 函数展开
Z 展开(数学)

复根
complex root
O174
S 根(数学)*
C 代数判据

复共线性
multi-collinearity
O212
S 数学性质*
C Gauss-Markov 模型
最小二乘估计

复函数
Y 复变函数

复函数方程
complex functional equation
O122.2
S 函数方程
Z 方程(数学)

复合 Poisson 分布
Y 复合泊松分布

复合 Poisson 过程
compound Poisson process
O177；O211.6
D 复合泊松过程
S 泊松过程
F 广义复合 Poisson 过程
C 调节系数
广义神经传播方程
破产概率
Z 随机过程

复合边值问题
compound boundary value problem
O175.8
S 边值问题*
C 复合变换

复合变换
complex transformation
O182
S 几何变换
C 复合边值问题
Z 数学变换

复合泊松分布
compound Poisson distribution
O211.3
D 复合 Poisson 分布
S 泊松分布
C 泊松过程
Z 概率分布

复合泊松过程
Y 复合 Poisson 过程

复合二项分布
compound binomial distribution
O211.67
S 二项分布
C 最终破产概率
Z 概率分布

复合二项风险模型
compound binomial risk model
O211.67
S 二项风险模型
C 独立同分布
Z 风险模型

复合二项过程
compound binomial process
O211.67
S 随机过程*
C 递推公式

复合二项模型
compound binomial model
O211.67；O225
S 数学模型*
C 随机变量序列

复合分布
compound distribution
O211.3
S 概率分布*

复合分析
composite analysis
ZT5
D 合成分析
S 分析*

复合函数
composite function
O174.1；O174.56
D 函数复合
S 函数*
F 多元复合函数
C 偏微分
平方补数
求导法则
同单调

复合极值分布
compound extreme distribution
O211.3
S 极值分布
Z 概率分布

复合矩阵
compound matrix
O151.2
S 矩阵*

复合求积公式
Y 求积公式

复合设计
composite design
O212.6
S 设计*
C 有限元模型

复合算子
composition operator
O177
S 算子*
F 加权复合算子
C Carleson 测度
复合映射
加权 Hardy 空间

复合误差
Y 综合误差

复合系统
compound system
N948
D 联合系统
组合系统
S 系统*
C 混杂系统

复合形法
complex method
O241
S 最优化方法*
C 三次样条曲线

复合型积分因子
complex integrating factor
O172
S 积分因子
Z 因子

复合映射
composite mapping
O144
S 映射*
C 复合算子

复合域
Y 复连通区域

复合运算
compound operation
O151
S 运算*
C 二元函数

复回归
Y 多元回归

复积分
complex integration
O174.5
D 复变函数积分
S 积分*

复极矢量
Y 复数矢量

复结构
complex structure
O186.1；O187
S 数学结构*
F 近复结构

复金茨堡-朗道方程
Y 复 Ginzburg-Landau 方程

复金兹堡-朗道方程
Y 复 Ginzburg-Landau 方程

复经验正交函数分析
Y 复 EOF 分析

复矩阵
complex matrix
O151.21
S 矩阵*
F Hermite 矩阵
复正定矩阵
酉矩阵
C 实矩阵

复连通区域
complex connected region
O153.4；O186；P91
D 复合域
S 连通域
Z 域

复流形
complex manifold
O186
S 微分流形
F Hermite 流形
Kahler 流形
Stein 流形
复 Finsler 流形
C 黎曼面
全纯映射
Z 流形

复模糊数
complex fuzzy numbers
O159
S 模糊数*
C 有界性

复平面
complex plane
O174；O186
D 复数平面
高斯平面
S 平面*
C T 方向
参考椭球面 →(4)
超循环算子
亚纯函数

复射影空间
complex projective space
O189.11
S 射影空间
C 全实子流形
Z 空间(数学)

复矢量
Y 复数矢量

复数*
complex number
O174
F 超复数
代数数
共轭复数
实数
双曲复数
虚数
C 简单数

复数法
complex number algorithm
O182
S 数学方法*

复数集
complex set
O174.5
S 数集
F 实数集
C 复数域
Z 集合

复数平面
Y 复平面

复数矢量
complex vector
O183
D 复极矢量
复矢量
复向量
S 向量*
C 曲率半径
虚功方程

复数小波
Y 复小波变换

复数小波变换
Y 复小波变换

复数域
complex number field
O156.2
S 数域
F 实数域
C 初等证明
迭代泛函微分方程
复数集
Z 域

复数运算
complex operation
O122
S 运算*
C 辐角

复特征值
complex eigenvalue
O177
D 复本征值
S 特征值*
C 紧性

复微分方程
complex differential equations
O175
S 微分方程
Z 方程(数学)

复系数
complex coefficient
O174.51
S 系数*
C 辐角

复相关
Y 多重相关

复相关系数
multiple correlation coefficient
C8
S 相关系数
Z 系数

复向量
Y 复数矢量

复小波
Y 复小波变换

复小波变换
complex wavelet transform
O174.2
D 复数小波
复数小波变换
复小波
复小波分析
复小波转换
S 二维小波变换
F 双树复小波变换
C Hilbert-Huang 变换
Z 小波变换

复小波分析
Y 复小波变换

复小波转换
Y 复小波变换

复形*
complex
O174.56；O189.2
F 单纯复形
线段复形

复亚正定矩阵
complex metapositive definite matrix
O151.21
S 复正定矩阵
Z 矩阵

复杂巨系统
complex giant system
N948
D 大型复杂系统
S 复杂系统
巨系统
F 开放复杂巨系统
Z 系统

复杂偏差变元
complex deviating argument
O177
S 偏差变元
C 泛函微分方程
Z 元

复杂系统

complex systems
N948
S 系统*
F 非线性复杂系统
复杂巨系统
C 混杂系统

复杂性
complexity
O241
D 复杂性研究
S 数学性质*
F 多项式复杂性
计算复杂性
系统复杂性

复杂性分析
complexity analysis
O177.91
S 数学分析*
C 图像识别 →(4)

复杂性研究
Y 复杂性

复振荡
Y 复振荡理论

复振荡理论
complex oscillation theory
O174.52
D 复振荡
S 数学理论*
C 收敛指数

复正定矩阵
complex positive definite matrix
O151.21
D 正定复矩阵
S 复矩阵
F 次正定复矩阵
复亚正定矩阵
C 不等式
Z 矩阵

复值函数
complex-valued function
O174.1
D 复变数复值函数
S 值函数
Z 函数

副丛
Y 纤维丛理论

副集
Y lf 集

赋范代数
normed algebra
O177.5
S 拓扑代数
F Banach 代数
Z 代数

赋范环
Y Banach 代数

赋范空间
normed space
O177.3
S 赋准范空间
F 赋范线性空间
Z 空间(数学)

赋范线性空间
normed linear space
O177.3
D 赋范向量空间
线性赋范空间
S 赋范空间
线性空间
F 次范整线性空间
C Tchebycheff 多项式
超平面
Z 空间(数学)

赋范向量空间
Y 赋范线性空间

赋权图
weighted graph
O157.5；O177
D 带权图
S 图表*
C 标号算法

赋值*
valuation
O153.4
F p-adic 赋值

赋值函数
Y 赋值密度函数

赋值密度函数
assignment density function
O174
D 赋值函数
S 密度函数
值函数
Z 函数

赋准范空间
quasi-normed space
O177.2
S 空间(数学)*
F 赋范空间
C 有界集

傅里叶-贝塞尔级数
Y Fourier-Bessel 级数

傅里叶—贝塞尔级数
Y Fourier-Bessel 级数

傅里叶变换
Fourier transform
O174.22；O177.6
D Fourier 变换
Fourier 反演公式
Fourier 积分
Fourier 积分变换
Fourier 逆变换
反傅里叶变换
付里叶变换
傅里叶变换法
傅里叶变换算法
傅里叶反变换
傅里叶反演公式
傅里叶积分
傅里叶积分变换
傅里叶逆变换
傅立叶变换
傅立叶变换算法
傅利叶变换
傅氏变换
富里叶变换
逆傅里叶变换
S 积分变换*
F Fourier-Laplace 变换
短时傅里叶变换
二维傅里叶变换
分步傅里叶变换
分数阶傅里叶变换
傅里叶-梅林变换
广义 Fourier 变换
加窗傅里叶变换
离散傅里叶变换
匹配傅里叶变换
双重 Fourier 变换
C 单位阶跃函数
复变函数论
混合效应模型
卷积
时变傅里叶级数
瞬时可用度
伪谱法 →(5)
正弦
重构公式

傅里叶变换法
Y 傅里叶变换

傅里叶变换算法
Y 傅里叶变换

傅里叶反变换
Y 傅里叶变换

傅里叶反演公式
Y 傅里叶变换

傅里叶方法
Y Fourier 方法

傅里叶分析
Fourier analysis
O151；O174.22
D Fourier 分析
Fourie 分析
傅立叶分析
傅氏分析
S 概率分析
F FFT 分析
调和分析
傅里叶频谱分析
C 调和常数 →(4)
时间序列分析 →(2)
伪谱法 →(5)
谐波分析 →(4)
Z 数学分析

傅里叶积分
Y 傅里叶变换

傅里叶积分变换
Y 傅里叶变换

傅里叶级数
Fourier series
O151；O174.21
D Fourier 级数
付里叶级数
付立叶级数
傅立叶级数
傅氏级数
三角级数
三角级数法
S Dirichlet 级数
F Fourier-Bessel 级数
Fourier-Laplace 级数
时变傅里叶级数
余弦级数
正弦级数
C Fejer 定理
Z 级数(数学)

傅里叶级数展开
Y 傅里叶展开

傅里叶—拉普拉斯变换
Y Fourier-Laplace 变换

傅里叶—拉普拉斯级数
Y Fourier-Laplace 级数

傅里叶-梅林变换
Fourier-Mellin transform
O174.22
D Fourier-Mellin 变换
傅立叶-梅林变换
S 傅里叶变换
Z 积分变换

傅里叶拟谱方法
Y Fourier 拟谱方法

傅里叶逆变换
Y 傅里叶变换

傅里叶频谱分析
Fourier spectrum analysis
O174.2；O438.2
D Fourier 频谱分析
S 傅里叶分析
Z 数学分析

傅里叶谱方法
Y Fourier 谱方法

傅里叶系数
Y Fourier 系数

傅里叶展开
Fourier expansion
O174.21；O438.2
D Fourier 展开
傅里叶级数展开
傅立叶展开
S 级数展开
C Fourier 系数
Z 展开(数学)

傅里叶自去卷积
Fourier self-deconvolution
O177
D Fourier 自去卷积
S 卷积
Z 积

傅立叶变换
Y 傅里叶变换

傅立叶变换算法
Y 傅里叶变换

傅立叶分析
Y 傅里叶分析

傅立叶级数
Y 傅里叶级数

傅立叶-梅林变换
Y 傅里叶-梅林变换

傅立叶系数
Y Fourier 系数

傅立叶展开
Y 傅里叶展开

傅利叶变换
Y 傅里叶变换

傅罗泊尼乌斯代数
Y Frobenius 代数

傅氏变换
Y 傅里叶变换

傅氏分析
Y 傅里叶分析

傅氏级数
Y 傅里叶级数

富比尼原理
Y Fubini 定理

富克斯方程
Y Fuchs 方程

富里叶变换
Y 傅里叶变换

富足半群
abundant semigroup
O152.7
S 半群
Z 群(数学)

覆叠空间
Y 覆盖空间

覆盖(数学)*
covering(mathematics)
O157；O171；O189.1
F cs*覆盖
k 覆盖
点覆盖
开覆盖
球覆盖
圈覆盖
完全覆盖
有限覆盖
预覆盖
正则覆盖
最小覆盖

覆盖粗糙集
covering rough set
O144；O159
S Rough 集合
C 上近似
Z 集合

覆盖概率
coverage probability
O211
S 概率*

覆盖函数
coverage function
O174
S 函数*
C 单纯形积分
固定边界 →(2)
数值流形方法 →(2)

覆盖空间
covering space
O189
D 覆叠空间
S 空间(数学)*
C 覆盖区 →(4)

覆盖面
covering surface
O189
D 覆盖曲面
S 曲面*
C 数值模拟试验

覆盖曲面
Y 覆盖面

覆盖数
covering number
O174
C Hausdorff 拓扑群
Hausdorff 维数
分形插值

覆盖映射
covering mapping
O152.4；O187
S 映射*
F 紧覆盖映射
序列覆盖映射
C 度量空间

伽辽金法
Y Galerkin 方法

伽辽金方法
Y Galerkin 方法

伽罗华环
Y Galois 环

伽罗华域
Galois field
O153.4
D 伽罗瓦域
S 有限域
Z 域

伽罗瓦扩张
Y Galois 扩张

伽罗瓦群
Y Galois 群

伽罗瓦上同调
Y 上同调

伽罗瓦域
Y 伽罗华域

伽马分布
Y 伽玛分布

伽马函数
Y Gamma 函数

伽马算子
Y Gamma 算子

伽玛分布
Gamma distribution
O211.3
D Gamma 分布
γ 分布
γ-分布
Γ 分布
伽马分布
S 寿命分布
C 古典风险模型
Z 概率分布

伽玛函数
Y Gamma 函数

改变
Y 变化

改进 GM(1, 1) 模型
Y 优化 GM(1,1)模型

改进 Hough 变换
improved Hough transform
TP391
D 改进霍夫变换
S 霍夫变换
Z 数学变换

改进的 GM(1, 1) 模型
Y 灰色预测模型

改进灰色关联度
improved grey relation grade
N941.5
S 灰色关联度*

改进霍夫变换
Y 改进 Hough 变换

改进离散余弦变换
modified discrete cosine transformation
O171
D IMDCT
改进型离散余弦变换
S 余弦变换
Z 数学变换

改进型离散余弦变换
Y 改进离散余弦变换

改良核估计
improved kernel estimate
O212
S 核估计
Z 估计(数学)

盖尔方德-贝克方法
Y Gel'fond-baker 方法

盖尔圆
gerschgorin circle
O186
S 圆*

盖根堡多项式
Gegenbauer polynomial
O174.14；O174.21
D Gegenbauer 多项式
超球多项式
盖根鲍尔多项式
特种球多项式
S 多项式*
C Bernoulli 数

盖根鲍尔多项式
Y 盖根堡多项式

概率*
probability
O211
D 概率思想
概率特征
概率性质
概率知识
或然率
几率
F Pignistic 概率
等概率
覆盖概率
后验概率
几何概率
接收概率
可用度
临界概率
模糊概率
破产概率
区间概率
条件概率
尾概率
误判概率
吸收概率
先验概率
置信概率
主观概率
转移概率
状态概率
C 对策论
极值理论
可靠性
能量随机分析
数学法
随机函数
统计估计

概率逼近
Y 概率型逼近

概率比检验
Y 似然比检验

概率波
Y 波函数

概率不等式
probability inequality
O211.5
S 不等式*

概率测度
probability measure
O177；O211
S 测度(数学)*
F 不变概率测度
C 几何概型
矩问题
马尔可夫链

概率抽样
probability sampling
C81
S 采样*
F 不等概率抽样
C 概率区间

概率粗糙集
probabilistic rough set
O144；O159
S Rough 集合
C 概率纸
Z 集合

概率定理
Y 概率论

概率独立事件
Y 独立事件

概率度量空间
probabilistic metric space
O189.1
S 度量空间
概率空间
C 拓扑度理论
Z 空间(数学)

概率法
Y 概率分析

概率方法
Y 概率分析

概率分布*
probability distribution
O211.1；O302
D 分布列
分布问题
几率分布
F Beta 分布
logistic 分布
Pareto 分布
P-范分布
Wishart 分布
抽样分布
对称分布
复合分布
极限分布
极值分布
均值分布
可能性分布
离散分布
连续分布
联合分布
频率分布
平稳分布
寿命分布

瞬时分布
随机分布
同分布
统计分布
椭球等高分布
尾分布
稳态概率分布
先验分布
正则分布
C 分布拟合检验
皮尔逊III型分布 →(5)
随机和
随机模型
原点矩

概率分布函数
probability distribution function
O174；O212
D 概率分布密度
概率密度分布
几率分布函数
S 分布函数
F 定态几率分布函数
C 概率曲线
条件概率
Z 函数

概率分布密度
Y 概率分布函数

概率分析
probability analysis
O156；O211
D 风险分析
概率法
概率方法
概率分析法
概率分析方法
概率预测
概率证法
S 数学分析*
F 傅里叶分析
概率统计分析
概率主成分分析
C Schur 定理
组合恒等式

概率分析法
Y 概率分析

概率分析方法
Y 概率分析

概率赋范空间
probabilistic normed space
O177.91；O211
S 概率空间
C 生成元
Z 空间(数学)

概率公式
probability formula
O211
S 公式(数学)*
F 全概率公式
C 概率纸

概率估算
Y 统计估计

概率函数
Y 分布函数

概率积分
Y 高斯积分

概率计算
probability calculation
O211
S 计算*

概率加权矩
probability weighted moment
O211
S 矩(数学)*

概率矩阵
probability matrix
O151.21
S 矩阵*
F 转移概率矩阵
C 马尔可夫链

概率空间
probability space
O141.1；O211
S 空间(数学)*
F 概率度量空间
概率赋范空间
C 扩散逼近

概率累积曲线
Y 概率曲线

概率理论
Y 概率论

概率论
probability theory
O211
D 概率定理
概率理论
几率论
S 数学理论*
F 马尔可夫理论
误差理论
C 概率统计
数理统计

概率密度
Y 密度函数

概率密度分布
Y 概率分布函数

概率密度函数
Y 密度函数

概率密度函数模型
Y 函数模型

概率密度曲线
Y 分布曲线

概率模型
probabilistic model
O211
D 概型
S 统计模型
F 概率统计模型
古典概型
几何概型
C 对数正态分布
Z 数学模型

概率母泛函
probability generating functional
O211
S 泛函*

概率母函数
probability generating function
O157.1；O174
D 概率生成函数
S 母函数
Z 函数

概率区间
probability interval
O211.1
S 区间*
C 概率抽样

概率曲线
probability curve
O211
D 概率累积曲线
粒度概率图
S 匹配*
C 概率分布函数

概率生成函数
Y 概率母函数

概率事件
Y 事件

概率试验
Y 随机试验

概率思想
Y 概率

概率特征
Y 概率

概率统计
probability and statistics
O211
S 统计*
C 概率论
高等数学
频率直方图
数理统计
小概率原理

概率统计方法
Y 概率统计分析

概率统计分析
probabilistic method
O211.1；O212.1
D 概率统计方法
S 概率分析
统计分析*
C 数理统计
物理力学参数 →(2)
Z 数学分析

概率统计模型
probability statistical model
O212

S 概率模型
C Radon 变换
Z 数学模型

概率误差
Y 或然误差

概率向量
probability vector
O183
S 向量*
C Markov 过程

概率型逼近
probabilistic approach
O152.7；O177.5
D 概率逼近
S 逼近*
C 收敛速度

概率性质
Y 概率

概率有限元法
Y 随机有限元

概率预报
probability forecast
O211.67；P456.8；P731.3
S 预报*
C 概率洪水预报 →(5)
概率水文预报 →(5)
统计预报 →(4)(5)

概率预测
Y 概率分析

概率预测模型
probabilistic prediction model
N945.12
S 预测模型*

概率约束
probabilistic constraints
O241
S 约束(数学)*
F 机会约束

概率约束规划
probabilistic constrained programming
O211
S 随机规划
Z 数学规划

概率增益
probability gain
O21
S 增益*

概率真度*
probability truth degree
O141.1
F 积分真度
随机真度
条件真度
C 等概率

概率证法
Y 概率分析

概率知识
Y 概率

概率纸
probability paper
TH126
D 概率坐标纸
S 纸*
C 概率粗糙集
概率公式

概率主成分分析
probabilistic principal component analysis
O211.1；O212.1
S 概率分析
主成分分析
Z 数学分析

概率转移矩阵
probability transfer matrix
O151.21；O211.62
D 随机转移矩阵
S 转移矩阵
C 转移概率
Z 矩阵

概率坐标纸
Y 概率纸

概念模型
Y 理论模型

概然误差
Y 或然误差

概型
Y 概率模型

概周期函数
almost periodic function
O174.23；O211.3
D 殆周期函数
几乎周期函数
S 函数*
F 渐近概周期函数
伪概周期函数
C 有界集

概周期解
almost periodic solution
O175
S 周期解*
F 渐近概周期解
伪概周期解
正概周期解
C 存在唯一性
微分不变量

干扰*
interference
ZT5
D 干扰特征
F 随机干扰
C 干扰异常 →(5)

干扰解耦
disturbance decoupling
O231
S 解耦*
F 几乎干扰解耦

干扰特征
Y 干扰

感度分布
sensitivity distribution
O212
S 数学分布*
C 参数法

冈贝尔分布
Y Gumbel 分布

冈珀茨曲线
Y Gompertz 曲线

刚度法
Y 位移法

刚性常微分方程
stiff ordinary differential equations
O175.1
S 常微分方程
Z 方程(数学)

刚性方程
stiff equation
O175；O241.81
D 刚性微分方程
S 方程(数学)*
C 指数拟合

刚性微分方程
Y 刚性方程

刚性稳定
stiff stability
O24
D 斯蒂夫稳定
S 稳定性(数学)*

刚性问题
stiff problems
O241.8
D 斯蒂夫问题
S 数学问题*
C 模拟退火算法 →(5)

刚性系统
stiff system
O175
S 数学系统*

高
Y 高度

高次 Diophantine 方程
higher Diophantine equation
O122.2
D 高次丢番图方程
S 不定方程
高次方程
C 高次多项式系统
Z 方程(数学)

高次丢番图方程
Y 高次 Diophantine 方程

高次多项式系统
higher polynomial system
O175.12
S 多项式系统

C 高次 Diophantine 方程
Z 数学系统

高次方程
high ordered equation
O122.2
S 非线性代数方程
F 高次 Diophantine 方程
C 渐近解
Z 方程(数学)

高次幂
higher powers
O143
S 幂
C 对角矩阵
Z 运算

高次奇点
Y 高阶奇点

高等代数
higher algebra
O15
S 代数*

高等几何
higher geometry
O182；O184；O185
S 几何*

高等数学
higher mathematics
O13
S 数学*
C 概率统计
组合积分法

高度*
height
ZT74
D 高
F 阶梯高度
C 长度

高尔顿卵形线
Y 卵形线

高阶
higher order
O175.26；O241.82
D 低阶
S 阶(数学)*
F 三阶
四阶
C 指数收敛速度

高阶 Bernoulli 多项式
higher order Bernoulli polynomials
O174.14
S Bernoulli 多项式
C 递推公式
Z 多项式

高阶 Bernoulli 数
higher order Bernoulli number
O174
S Bernoulli 数
C 剪切变形 →(2)
解析解
Z 复数

高阶 Duffing 方程
high order Duffing equation
O151
S Duffing 方程
Z 方程(数学)

高阶 Euler 多项式
higher order Euler polynomials
O174.14
S Euler 多项式
C 特殊函数
Z 多项式

高阶 Euler 数
higher order Euler number
O174
S Euler 数
Z 数

高阶差分
higher difference
O241
S 差分*
C 周期函数

高阶差分方程
higher order difference equations
O155
S 差分方程
F 高阶非线性差分方程
Z 方程(数学)

高阶差分格式
higher order difference scheme
O175.2；O241
S 差分格式*
F 高阶紧致差分格式

高阶常微分方程
higher order ordinary differential equation
O175.1
S 常微分方程
Z 方程(数学)

高阶导数
higher derivative
O172.1
S 导数*
F *n* 阶导数

高阶等比数列
Y 等比数列

高阶等差数列
high order arithmetical series
O156；O171
S 等差数列
C 差分
Z 数列

高阶非线性
high order nonlinearity
O151.2；O175
S 非线性
C 相平面法 →(2)
Z 数学性质

高阶非线性差分方程
higher order nonlinear difference equation
O155
S 高阶差分方程
C 全局收敛
Z 方程(数学)

高阶交换子
higher order commutator
O174.2；O177
S 交换子
C 极大算子
Z 算子

高阶紧致差分格式
high order compact-difference scheme
O175；O241；O35；P43
D 高阶紧致格式
S 高阶差分格式
紧致差分格式
C 差分法
对流扩散方程 →(2)
Z 差分格式

高阶紧致格式
Y 高阶紧致差分格式

高阶精度
high order accuracy
O241.8；O302
S 数学精度*

高阶矩
higher moments
O211.5
S 矩(数学)*
C 二项分布
非线性自回归模型

高阶抛物型方程
high order parabolic equation
O175.26
S 抛物型方程
Z 方程(数学)

高阶偏导数
Y 偏导数

高阶偏微分方程
partial differential equation of higher order
O175.2；O175.4
S 偏微分方程
F 四阶偏微分方程
C 一阶偏微分方程
Z 方程(数学)

高阶奇点
higher order singular point
O175.12；O193
D 高次奇点
S 奇点
C Hopf 分歧
Z 点(数学)

高阶奇异积分
high order singular integral
O174.5；O175
S 奇异积分
C 合成公式
实 Clifford 分析
Z 积分变换

高阶微分
higher order differential
O174
S 微分*
C 模糊动态模型

高阶微分方程
higher order differential equation
O175.1
S 微分方程
Z 方程(数学)

高阶无穷小
higher order infinitesimal
O141；O17
S 无穷小
Z 无限

高阶线性微分方程
high order linear differential equation
O175
S 线性微分方程
Z 方程(数学)

高精度差分格式
high accuracy difference schemes
O241.3；O302
S 差分格式*
C 抛物型方程

高精度分析
higher accuracy analysis
O175.2
S 数学分析*
C 外推法
锥面

高斯变异算子
Y 变异算子

高斯测度
Gaussian measure
O174.12
D Gauss 测度
S 测度(数学)*
C 平均宽度

高斯超几何函数
Y Gauss 超几何函数

高斯定理
Y 高斯公式

高斯方程
Gauss equation
O175.2
D Gauss 方程
超几何微分方程
高斯微分方程
S 偏微分方程
C 基本超几何级数
Z 方程(数学)

高斯分布
Y 正态分布

高斯公式
Gauss formula
O171；O172.2；O441.1
D Gauss 定理
Gauss 公式
Ostrovski-Gauss 公式
奥-高公式
高斯定理
高斯-勒让德求积公式
高斯散度定理
散度定理
S 格林公式
F Gauss 型求积公式
C 闭曲线
等参变换
麦克斯韦方程 →(2)
齐次函数
散度 →(4)
Z 公式(数学)

高斯过程
Gauss process
O211.6
D Gauss 过程
正态过程
正态随机过程
S 随机过程*
F 平稳高斯过程
C 高斯函数

高斯函数
Gaussian function
O174.6；O43
D Gauss 函数
整数部分函数
S 函数*
F 复高斯函数
C 分布
高斯过程
统计学
整体解

高斯和
Gauss sum
O156
D Gauss 和
S 和(数学)*
C 混合均值

高斯积分
Gauss integration
O172.2；O174
D Gauss-Hermite 积分
Gauss 积分
Gauss 积分法
概率积分
高斯积分法
S 积分*
C 活荷载 →(2)
积分中值定理
数值模拟分析
指数矩阵运算

高斯积分法
Y 高斯积分

高斯级数
Y 超几何级数

高斯径向基函数
Gauss radial basis function
O174
S 径向基函数
Z 函数

高斯-拉普拉斯
Y 高斯-拉普拉斯算子

高斯拉普拉斯算子
Y 高斯-拉普拉斯算子

高斯-拉普拉斯算子
Gauss-Laplace operator
TP391
D 高斯-拉普拉斯
高斯拉普拉斯算子
S Laplace 算子
C 图像处理
Z 算子

高斯-勒让德求积公式
Y 高斯公式

高斯-马尔科夫定理
Y Gauss-Markov 模型

高斯—马尔可夫模型
Y Gauss-Markov 模型

高斯牛顿法
Y 高斯-牛顿法

高斯-牛顿法
Gauss-Newton method
O241；O242.23
D Gauss Newton 法
Gauss-Newton 法
高斯牛顿法
高斯-牛顿算法
S 牛顿法
C 极值Ⅰ型分布
Z 数学方法

高斯-牛顿算法
Y 高斯-牛顿法

高斯平面
Y 复平面

高斯平面坐标系
Y 平面坐标系

高斯曲率
Gaussian curvature
O186
D Gauss 曲率
总曲率
S 曲率*
F 截面曲率
C 参数曲面
曲率半径
正态分布曲线

高斯曲面拟合
Gaussian surface fitting
O24
S 曲面拟合
Z 拟合

高斯曲线
Y 正态分布曲线

高斯-赛德尔迭代法
Y Gauss-Seidel 迭代法

高斯-赛德尔法
Y Gauss-Seidel 迭代法

高斯散度定理
Y 高斯公式

高斯微分方程
Y 高斯方程

高斯线型
Gaussian curve
O18
S 线型*

高斯消去法
Y 高斯消元法

高斯消元
Y 高斯消元法

高斯消元法
Gaussian elimination
O151.26；O241
D Gauss 消去法
Gauss 消元法
高斯消去法
高斯消元
主元素消去法
S 消元法
C 线性方程组
子结构
Z 数学方法

高斯小波
Y 高斯小波变换

高斯小波变换
Gaussian wavelet transformation
O17
D Gauss 小波
高斯小波
S 小波变换*

高斯型求积公式
Y Gauss 型求积公式

高斯序列
gaussian sequences
O211.4
S 序*

高斯映射
Gauss map
O186
D Gauss 映射
S 映射*
C 特征提取 →(4)

高斯整环
Gauss integral ring
O153.3
D Gauss 整环
素元分解整环
唯一析因整环
唯一因子分解整环
S 整环
Z 结合环

高斯整数环
Gauss integer ring
O153.3
D Gauss 整数环
S 欧氏环
C 奇素数
Z 交换环
结合环

高维非线性系统
high dimensional nonlinear system
N93；N948
S 多维系统
非线性系统
Z 系统

高维数值积分
Y 数值积分

高维系统
high dimensional systems
O175.12
S 数学系统*

戈伦斯坦内射模
Y Gorenstein 内射模

戈伦斯坦平坦模
Y Gorenstein 平坦模

戈珀兹曲线
Y Gompertz 曲线

哥德巴赫猜想
Goldbach conjecture
O156.2
D Goldbach 猜想
Goldbach 问题
哥德巴赫猜想问题
哥德巴赫问题
S 猜想(数学)*
C 素数定理
素数数列分布

哥德巴赫猜想问题
Y 哥德巴赫猜想

哥德巴赫问题
Y 哥德巴赫猜想

哥德尔不完全性定理
Y Godel 不完备性定理

哥古猜想(二素数猜想)
Goldbach-Guye conjecture
O156
S 猜想(数学)*
C 求解

鸽巢定理
Y 抽屉原理

鸽舍原理
Y 抽屉原理

割*
cut
O157.5
F 边割
最小割

割边
cut edge
O157.5
S 边(数学)*
C 完全图

割补法
cut-supplement method
O172
S 数学方法*
C 递推关系

割点
Y 切点

割集
Y 截集

割集矩阵
cut-set matrix
O157.5
S 矩阵*

割平面
Y 割平面法

割平面法
cutting plane method
O186；O221.1
D 割平面
S 数学方法*
C 线性规划松弛
整数规划

割线
secant
O123；O172
S 线段*

割线法
secant method
O241
S 数学方法*
C 非线性差分方程

割圆术
cyclotomic method
O112
S 数学方法*
C 极限
天元术

格半群
lattice-ordered monoid
O152.7
S 半群
C 格值自动机
Z 群(数学)

格点
lattice point
O241
D 格点问题
格子点
整点
整数点
S 几何点
C 数论函数
Z 点(数学)

格点问题
Y 格点

格点系统

lattice system
O175.2
S 数学系统*
C 结构函数

格矩阵
lattice matrix
O151.21；O153.1
S 矩阵*

格距
Y 网格

格拉布斯检验法
Y 检验法

格拉姆行列式
Y Gram 行列式

格拉姆矩阵
Y Gram 矩阵

格拉斯曼代数
Y 外代数

格拉斯曼流形
Grassmann manifold
O189.3
D Grassmann 流形
S 流形*

格朗瓦尔引理
Y Gronwall 引理

格朗瓦耳引理
Y Gronwall 引理

格朗沃尔不等式
Y Gronwall 不等式

格林定理
Y 格林公式

格林公式
Green formula
O172.2
D Green 公式
格林定理
格林积分公式
S 积分公式
F 高斯公式
斯托克斯公式
C 二重积分
Z 公式(数学)

格林关系
Green relation
O153.3
D Green 关系
Green-关系
S 等价关系
Z 关系(数学)

格林函数
Green function
O174
D Green 函数
Green 函数法
格林函数法
S 函数(物理)*
F 并矢格林函数
传播子
非平衡格林函数
推迟格林函数
C Sommerfeld 积分 →(2)
达朗贝尔方程
非局部边界条件
共轭锥
离散频谱
应力场变化 →(2)
准调和分析

格林函数法
Y 格林函数

格林函数蒙特卡罗方法
Y 蒙特卡罗方法

格林积分公式
Y 格林公式

格论
lattice theory
O153.1
S 数学理论*

格群
lattice group
O152
D 格序群
S 序群
C 偏序半群
偏序关系
Z 群(数学)

格栅
Y 网格

格同构
lattice isomorphism
O153.1
S 同构*
F 完备格同构
C 单纯环

格同态
lattice homomorphism
O153.3
D 格自同态
S 同态*
F 理想格
序同态
C 闭性
双诱导映射

格图
lattice graph
O175
S 图表*
C 逻辑函数

格网法
grid method
O241.6；P209
D 方格网法
S 数学方法*
C 数字地形模型 →(4)

格网原点
grid origin
O151.2；P20
S 原点*

格序
lattice ordering
O15
S 全序集
Z 集合

格序 Banach 空间
Y Banach 空间

格序群
Y 格群

格序线性空间
Y 线性空间

格蕴涵代数
lattice implication algebra
O153.1
S 代数*

格值逻辑
lattice value logic
O141
S 数理逻辑
C 完备格同构
Z 逻辑

格值自动机
lattice-valued automata
O23
S 自动机*
C 格半群

格子
Y 元

格子 BGK 模型
lattice Bhatnagar-Gross-Krook model
O175
D 格子 Bhatnagar-Gross-Krook 模型
S 数学模型*
C 解析解
取值范围问题
松弛因子

格子 Bhatnagar-Gross-Krook 模型
Y 格子 BGK 模型

格子点
Y 格点

格子气自动机
lattice gas automata
O23
S 自动机*

格自同态
Y 格同态

隔离系统
Y 封闭系统

个例分析
case analysis
C3；N3
S 分析*

个数问题
number problem
O156；O172

S 数学问题*
C 微分中值定理

个体风险模型
individual risk model
O211.67
S 风险模型*

各态历经定理
Y 遍历定理

各态历经理论
Y 遍历定理

各向异性网格
anisotropic mesh
O175.26；O241.82
S 网格(数学)*
C 超收敛

各向异性问题
anisotropic problem
O241
S 数学问题*
C 区域分解

根(数学)*
zero point
O122.2；O174.14
D 零点
F Baer 根
Jacobson 根
Perron 根
单位根
迭代根
多项式根
方程根
分次根
复根
均方根
立方根
幂零根
平方根
算术根
特殊根
诣零根
原根
最小根
C 解

根方估计
root power estimation
O212.1
S 统计估计
Z 估计(数学)

根轨迹
root locus
TP24
S 轨迹*
C 渐近解耦

根号
radical sign
O121；O122
D 开方号
S 符号(数学)*
C 平方

根基
radical
O152.5；O153.3
D 幂零根基
S 解*
C 置换群

根均方差
Y 标准差

根式
radical
O122
S 表达式*
C 根式函数

根式方程
Y 无理方程

根式函数
root function
O171；O174
S 函数*
C 根式

根子空间
root subspace
O177.3
S 子空间
Z 空间(数学)

更改
Y 变化

更换策略
replacement policy
O227
S 策略(数学)*
C 更新过程

更换理论
Y 更新理论

更新报酬定理
renewal reward theorem
O213.2
S 数学定理*

更新方程
renewal equation
O211.63
S 函数方程
C 风险模型
特征函数
Z 方程(数学)

更新风险模型
renewal risk model
O211.67
S 风险模型*
C 重尾分布

更新过程
renewal process
O211.6；O22
S 随机过程*
F 交替更新过程
马尔可夫更新过程
C 更换策略
离散递减平均剩余寿命

更新函数
renewal function
O174.11
S 函数*
C 交替更新过程

更新理论
renewal theory
O228
D 更换理论
S 数学理论*
C 教学地图 →(4)

更新周期
refresh cycle
ZT73
D 刷新周期
S 周期*

耿贝尔分布
Y Gumbel 分布

工程
engineering
T

工程可靠性
Y 系统可靠性

工程数学
Y 应用数学

工程数学模型
engineering mathematic model
TB11
S 数学模型*

工序流程图
Y 网络图

工艺过程控制
process control
O231
D 生产过程控制
S 过程控制
Z 控制

公倍数
common multiple
O156.1
S 倍数*
F 最小公倍数
C 算法分析

公比
common ratio
O156
S 比例*

公差
tolerance
O156
D 容限
S 差值*
C 尺寸
准确度

公垂线
common perpendicular
O182
S 垂线
C 垂足

Z 线段

公共 Lyapunov 函数
Y 共同 Lyapunov 函数

公共不动点
common fixed point
O177.91
S 不动点
C (α,β)-度量
完备度量空间
完备凸度量空间
相容映象对
严格伪压缩映象
Z 点(数学)

公共李雅普诺夫函数
Y 共同 Lyapunov 函数

公共值
Y 分担值

公共值集
shared set
O144；O174.52
D 分担集
分担集合
S 集合*
C 整函数
正规集

公解
Y 整体解

公理*
axiom
O1-0
D 公理化
公理化定义
公理化思想
公设
F Arrow 公理
Peano 公理
分离公理
几何公理
决定性公理
可归约性公理
可数公理
平行公理
选择公理
C 定理

公理化
Y 公理

公理化定义
Y 公理

公理化思想
Y 公理

公理集合论
axiomatic set theory
O144
S 集合论
C 中介逻辑
Z 数学理论

公理系统
axiom system
O14
S 数学系统*

公切线
common tangent
O181
S 切线
C 拉格朗日中值定理
Z 直线

公设
Y 公理

公式
formula
O1

公式(数学)*
formulas(mathematics)
O1-0
D 数学公式
F D'Alembert 公式
Frenet 公式
Ito 公式
Kirchhoff 公式
Koppelman-Leray-Norguet 公式
Newton-Cotes 求积公式
Plemelj 公式
Stirling 公式
Sylvester 公式
Wallis 公式
贝塞尔公式
变分公式
变换公式
插值公式
对偶公式
分布公式
概率公式
海伦公式
合成公式
迹公式
积分公式
基本公式
极限公式
极小不可满足公式
计数公式
渐近公式
解析公式
近似公式
经验公式
精确公式
卷积公式
均值公式
拉格朗日公式
刘维尔公式
逻辑公式
幂和公式
命题公式
求根公式
求和公式
求积公式
求解公式
求逆公式
泰勒公式
通解公式
通项公式
推理公式
微分公式
微积分基本定理
维数公式
误差公式
系数公式
弦长公式
显式公式
校正公式
中值公式
重构公式
转换公式
组合公式
坐标公式

公式解
Y 形式解

公式拟合
formula fitting
O242.1
S 数学拟合*
C 形式解

公式修正
formula correction
N3
S 校正*

公因式
common factor
O122.1
S 因式
Z 表达式

公因数
common divisor
O156.1
D 公约数
S 因数*
F 最大公因数
C 椭圆曲线

公用服务系统理论
Y 排队论

公约数
Y 公因数

功率谱熵
Y 谱熵

功能反应函数
Y 功能性反应函数

功能梯度
functionally graded
ZT6
S 梯度分布*

功能性反应函数
functional response function
O174
D 功能反应函数
S 函数*
C 有限远奇点

功效函数
contribution function
O174.1
S 函数*

共变导数
Y 协变导数

共点
concurrent
O177
S 几何点
F 共线点
C 调和共轭
Z 点(数学)

共轭(数学)*
conjugate(mathematics)
O18
F 调和共轭
拓扑共轭
C 共轭梯度法
关系(数学)

共轭边值问题
conjugate boundary value problem
O175.8；O177
S 边值问题*
C 共轭函数

共轭变换
conjugate transformation
O177
S 数学变换*
C 共轭曲线

共轭次转置矩阵
Y 次转置矩阵

共轭对偶
conjugate duality
O177；O224
S 对偶*

共轭方程
Y 伴随方程

共轭方向
Y 共轭方向法

共轭方向法
conjugate direction method
O224；O241
D 共轭方向
S 最优化方法*
C 伴随方程
次转置矩阵

共轭分布
Y 共轭先验分布

共轭复数
conjugate complex number
O174
S 复数*
C 伴随方程
共轭波 →(2)
共轭梯度法
共轭效应 →(2)

共轭函数
conjugate function
O174.1
S 函数*
C 共轭边值问题
广义方向导数

共轭矩阵
conjugate matrix
O151.2
S 矩阵*
F 自共轭矩阵

共轭空间
Y 对偶空间

共轭类
conjugate classes
O152
S 类(数学)*
C 简单无向图
亏群

共轭类长
conjugate class length
O152.1
S 长度*
C 可解群

共轭曲线
conjugation curves
TH13
S 曲线*
C 伴随方程
共轭变换

共轭算子
conjugate operator
O177
S 算子*
C 代数重数
重试排队

共轭梯度
Y 共轭梯度法

共轭梯度法
conjugate gradient method
O224；O241.6；P628
D 共轭梯度
共轭梯度方法
共轭梯度算法
共轭斜量法
S 梯度法
F FR 共轭梯度法
非线性共轭梯度法
混合共轭梯度法
谱共轭梯度法
修正共轭梯度法
预处理共轭梯度法
C Toeplitz 矩阵
Wolfe 线搜索
共轭(数学)
共轭复数
共轭映射
拟牛顿法
奇异值分解法 →(5)
四阶微分方程
稳定化有限元
无约束优化
预条件矩阵
Z 数学方法

共轭梯度方法
Y 共轭梯度法

共轭梯度算法
Y 共轭梯度法

共轭下降法
conjugate descent method
O224
S 最优化方法*

共轭先验
Y 共轭先验分布

共轭先验分布
conjugate prior distribution
O177；O212.8
D 共轭分布
共轭先验
S 数学分布*
C 贝叶斯区间估计
损伤函数

共轭斜量法
Y 共轭梯度法

共轭映射
conjugate mapping
O189.1
S 映射*
C 共轭梯度法

共轭直径
conjugate diameters
O182
S 直径*
C 渐近线

共轭指数
conjugate exponent
O178
S 指数*
C 积分不等式

共轭置换子群
conjugate-permutable subgroups
O152
S 子群
Z 群(数学)

共轭锥
conjugate cone
O174.3；O177.3；O189.1
S 锥体*
C 格林函数

共鸣定理
resonance theorem
O177
D 一致有界定理
S 数学定理*

共同 Lyapunov 函数
common Lyapunov function
O151.2；O174.1；O175.1
D 公共 Lyapunov 函数
公共李雅普诺夫函数
S Lyapunov 函数
Z 函数

共线点
collinear points

O123
D 线共点
S 共点
C 初等几何
透视中心
Z 点(数学)

共形变换
Y 保角变换

共形不变量
conformal invariant
O174.3；O174.51
D 极值长度
S 不变量*
C 保角变换
超曲面

共形几何
Y 分形几何

共形几何代数
conformal geometric algebra
O187
S Clifford 代数
Z 代数

共形平坦
conformally flat
O186
S 空间(数学)*
C ricci 曲率
伪脐子流形

共形映射
Y 保角映射

共振问题
resonance problem
O175；O413
S 数学问题*
C 渐近线性

贡献 Monte Carlo 方法
Y 贡献蒙特卡罗方法

贡献蒙特卡罗方法
contribution Monte Carlo method
O242.1；O242.2；P413；P456.7
D 贡献 Monte Carlo 方法
S 蒙特卡罗方法
Z 数学模拟

勾股定理
Pythagorean theorem
O124；O184
D Pythagoras 定理
毕达哥拉斯定理
商高定理
S 数学定理*
C 勾股数
面积定理
逆定理
直角三角形

勾股数
Pythagorean triple
O156.1
D 毕氏三元数
S 数*
C 勾股定理
观测元素归算 →(4)
直角三角形

勾股形
Y 直角三角形

钩子函数
Y hook 函数

构造
Y 结构

构造法
constructive method
O174.4
D 构造方法
构造性方法
函数构造法
S 数学方法*
C 对偶式
记分函数
拉丁方
三阶幻方
完美幻方

构造方法
Y 构造法

构造辅助函数
Y 辅助函数

构造函数法
constructing function method
O174
S 函数法
C 条件函数
Z 数学方法

构造形式
Y 结构

构造性方法
Y 构造法

构造性数学
constructive mathematics
O1-0
S 数学*
C 可计算性

估计(数学)*
estimate(mathematics)
O211.67；O212.1；O241
D 估计式
预估
预估式
F Fourier 变换估计
Hill 估计
Lp 估计
M 估计
Schauder 估计
Strichartz 估计
比估计
边界估计
乘积限估计
点态估计
定量估计
端点估计
二次型估计
方差估计
非参数估计
非负估计
后验估计
回归估计
积分估计
加权估计
渐近估计
阶的估计
近似估计
精确估计
局部估计
均值估计
可靠性估计
模估计
能量估计
弱型估计
收敛率估计
衰减估计
特征值估计
梯度估计
统计估计
维数估计
误差估计
系数估计
先验估计
小波估计
小域估计
样条估计
余项估计
整体估计
指数估计
逐点估计
C 有界解

估计方程
estimating equation
O175.2
S 方程(数学)*
C 估计函数
估计理论

估计函数
estimating function
O174
S 函数*
C 估计方程

估计理论
estimation theory
O211.1；O411
S 数学理论*
C 估计方程

估计式
Y 估计(数学)

估计误差
estimation error
O241.1
S 误差*

估计效率
estimation efficiency
O21
S 效率*

估计值
estimate

C8
S 数值*

估算
Y 评估

估算方法
Y 评估

孤波解
soliton solution
O175.29
D 孤立波解
孤立行波解
孤立子解
孤子解
S 波解*
F N孤子解
包络孤立波解
精确孤波解
类孤子解
C Boussinesq 方程 →(4)
ZK 方程
非线性薛定谔方程 →(2)
孤子方程
广义 KdV 方程
轨道稳定
函数变换
无穷守恒律

孤立波解
Y 孤波解

孤立奇点
isolated singularity
O174.5
S 奇点
C 复变函数
Z 点(数学)

孤立韧度
isolated toughness
O157.5
C 性能分析 →(2)

孤立数
anti-sociable number
O156.1
S 数*
C 类孤立波解

孤立系统
Y 封闭系统

孤立行波解
Y 孤波解

孤立子方程
Y 孤子方程

孤立子解
Y 孤波解

孤立子系统
Y 独立子系统

孤子方程
soliton equations
O122.2；O175.29
D 孤立子方程
S 非线性偏微分方程
F 破裂孤子方程
C 对合解
孤波解
孤子 →(2)
Z 方程(数学)

孤子解
Y 孤波解

古代科技史
Y 科技史

古代数学
ancient mathematics
O11
D 古典数学
S 数学*
F 和算
中国古代数学
C 九章算术

古典代数
Y 初等代数

古典风险模型
classical risk model
O211.67
D 经典风险模型
S 风险模型*
C 伽玛分布
最终破产概率

古典概率
Y 先验概率

古典概型
classical probability model
O11；O211
D 传统概率
S 概率模型
C 排列组合熵 →(2)
事件
随机变量
Z 数学模型

古典解
classical solutions
O122.2；O175.14
D 经典解
S 解*
F 整体古典解
C MKdV-Burgers 方程
可加性模糊系统

古典模型
Y 经典模型

古典数学
Y 古代数学

古叶猜想
Guye Conjecture
O156
S 猜想(数学)*

股道间距
Y 线间距

固定设计
fixed design
O212.7
S 设计*
C 相合性

固定效应
Y 固定效应模型

固定效应模型
fixed effect model
O212.1
D 固定效应
S 数学模型*
C 变系数

固有误差
Y 基本误差

固有元
eigenvector
O177
S 元*
C 积分方程

固有振荡
Y 振荡

固有值
Y 特征值

固有周期
Y 自然周期

故障树分析
fault tree analysis
TB11
S 树分析
C 模糊概率
Z 分析

拐点
inflection point
O186.11
D 反曲点
扭转点
S 几何点
C 凹曲线
相对曲率
Z 点(数学)

怪引子
Y 奇怪吸引子

关键定理
key theorem
O159
S 数学定理*

关键路方法
Y 统筹法

关键路线法
Y 统筹法

关键属性
Y 特性

关联
Y 相关

关联分析
correspondence analysis
C8
D R-Q 型因子分析

对应分析
S 分析*
F 灰色关联分析

关联函数
Y 相关函数

关联积分
correlation integral
O172.2；O211.6
S 积分*
C 关联维数

关联矩阵
incidence matrix
O157.5
D 关联阵
S 矩阵*
C 截集

关联色数
incidence chromatic number
O157.5
S 色数*
C 单圈图
移位算子
遗传代数

关联熵
correlation entropy
O159；O236
S 熵(数学)*
C 模糊集

关联算子
associate operator
O177
S 算子*

关联维
Y 关联维数

关联维数
correlation dimension
O223；O415.5
D 关联维
S 分形维数
C 关联积分
Z 维数

关联稳定性
connective stability
O175；O242.1
S 稳定性(数学)*

关联系数
Y 相关系数

关联系统
Y 互联系统

关联因子
correlation factor
ZT3
S 因子*

关联阵
Y 关联矩阵

关系
relationship
ZT99

关系(数学)*
relation(mathematics)
O14
F 不可区分关系
等价关系
递推关系
定性关系
对偶关系
对易关系
二元关系
反演关系
函数关系
合取
互素
逻辑相邻
模糊关系
内接
偏好关系
偏序关系
平行
生成关系
同余关系
微分关系
无限接近
线性关系
相交
正交关系
指数关系
C 共轭(数学)

关系定理
relation theorem
O122；O159
S 数学定理*

关系方程
relation equations
O122.2
S 方程(数学)*
F 模糊关系方程
C 关系曲线

关系结构
Y 数学结构

关系矩阵
relation matrix
O151.21；O241.6
S 矩阵*

关系曲线
relation curve
O29
S 曲线*
F 经验曲线
C 关系方程
组合波 →(2)

关系式
relation
O151.2；O156
D 解析表达式
解析式
数学表达式
数学表述
S 表达式*
F 等式
递推关系式
C 曲线方程

关野积分
Y Sugeno 积分

关野模糊积分
Y Sugeno 模糊积分

观测*
observation
P25
D 补充观测
非常规观测
观测法
观测方法
观测技术
观测模式
观测性
F 加密观测
科学观测
实验观测
C 观测规范 →(4)
观测频率 →(4)
观测特征 →(4)
观测研究 →(4)
观测仪器 →(4)

观测变量
observable variable
O29
S 变量*
C 线性模型

观测法
Y 观测

观测方法
Y 观测

观测技术
Y 观测

观测角*
observation angle
P21
F 倾角
水平角
仰角
C 角度测量 →(4)

观测模式
Y 观测

观测实验
Y 实验观测

观测试验
Y 实验观测

观测误差
observation error
O241.1；P207
S 测量误差*
F 抽样误差
C 测高误差 →(4)
测角误差 →(2)
测距误差 →(4)
观测结果 →(4)(5)

观测向量

observation vector
O183
S 向量*

观测性
Y 观测

管理图
Y 控制图

惯量椭球
ellipsoid of inertia
O177；O313.3
S 椭球体
Z 球体

惯性定理
inertial theorem
O151.21
S 数学定理*

惯性分形集
Y 分形集

惯性流形
inertial manifolds
O175.29；O186.1；O241.82
S 流形*
F 近似惯性流形
时滞惯性流形

惯性时
Y 时

惯性系数
inertia coefficient
O212.1
S 系数*
C 惯量积 →(2)

惯性预报
Y 预报

光度函数
luminosity function
O174
S 函数(物理)*

光滑逼近
smooth approximation
O224
S 逼近*
C 光滑性

光滑参数
smooth parameter
O212.1
S 参数*
C 先验分布

光滑点
smooth point
O187
D 非奇点
非奇异点
S 点(数学)*
C 射影簇

光滑函数
smooth function
O174
D 非光滑函数
S 函数*
C 非光滑方程组
光滑解
双线性算子

光滑化
Y 光滑性

光滑化方法
smoothing methods
O177
S 数学方法*
C 对偶性

光滑解
smooth solution
O175
S 解*
C 光滑函数
广义 BBM-Burgers 方程

光滑流形
Y 微分流形

光滑模
modulus of smoothness
O177
S 连续模
F Ditzian-totik 光滑模
加权光滑模
C Baskakov 算子
Bernstein-Kantorovich 算子
点态估计
泛逼近性
Z 模(数学)

光滑牛顿法
smoothing Newton method
O177；O221.2；O224
D 光滑牛顿算法
S 牛顿法
C 内点算法
双障碍问题
Z 数学方法

光滑牛顿算法
Y 光滑牛顿法

光滑曲面
smooth surface
O189
S 曲面*
C 多边形图层 →(4)

光滑曲线
smooth curve
O172；O186.1
S 匹配*
F 有理曲线
C 黎曼可积

光滑性
smoothness
O177；O241.5
D 光滑化
S 数学性质*
F 半光滑
分段光滑
赫尔德连续性
一致光滑性
C 光滑逼近

光滑样条
smoothing spline
O177
S 样条曲线*
C 贝叶斯方法

光孔
Y 孔径

光强关联函数
intensity correlation function
O174
S 函数(物理)*

光瞳函数
pupil function
O174
D 瞳函数
S 函数(物理)*

光行时
Y 时

光学传递函数
optical transfer function
O174；O43
D MTF(光学)
光学转移函数
S 传递函数
F 相位传递函数
C 光学测试 →(2)
光学检验 →(2)
光学信息处理 →(2)
Z 函数(物理)

光学转移函数
Y 光学传递函数

广群
groupoid
O152
D 群胚
S 群(数学)*

广田方法
Y Hirota 方法

广田双线性方法
Y Hirota 双线性方法

广义 Ball 曲线
generalized Ball curves
O177；O186
S Ball 曲线
C 转换公式
Z 匹配

广义 Baskakov 算子
generalized Baskakov operators
O174.41；O177
S Baskakov 算子
Z 算子

广义 BBM-Burgers 方程
generalized BBM-Burgers equation
O151；O175.29
S BBM 方程
Burgers 方程

C 光滑解
Z 方程(数学)

广义 BBM 方程
Y BBM 方程

广义 Bent 函数
generalized Bent functions
O177.4
S 广义函数
Z 函数

广义 Bott-Duffin 逆
Y 广义逆

广义 Camassa-Holm 方程
generalized Camassa-Holm equation
O175.29
S Camassa-Holm 方程
C 齐次平衡法
Z 方程(数学)

广义 Cantor 集
generalized Cantor set
O144
D 广义康托尔集
S Cantor 集
C 可微函数
Z 集合

广义 Cook 距离
generalized Cook distance
O212.1
S Cook 距离
C 最小二乘估计
Z 距离

广义 Cook 统计量
generalized Cook statistic
O212
S 统计量*
C 局部影响分析

广义 Dirichlet 级数
generalized Dirichlet series
O156.4；O173；O174
D 广义狄利克雷级数
S Dirichlet 级数
C 收敛横坐标
Z 级数(数学)

广义 Fermat 猜想
broad Fermat conjecture
O156.7
S 猜想(数学)*

广义 Fermat 数
generalized Fermat numbers
O212
D 广义费马数
S 费马数
Z 复数

广义 Fibonacci 数
Y 广义 Fibonacci 数列

广义 Fibonacci 数列
generalized fibonacci sequence
O156；O171；O173
D 广义 Fibonacci 数
广义斐波那契数列
S Fibonacci 数列
C 差分方程模型
数学归纳法
Z 数列

广义 Fisher 方程
generalized Fisher equation
O175.29
D 广义费希尔方程
S Fisher 方程
C 精确解析解
Z 方程(数学)

广义 Fitting 子群
generalized Fitting subgroup
O152
S Fitting 子群
Z 群(数学)

广义 Fourier 变换
generalized Fourier transform
O174.22；O177.6
D 广义傅里叶变换
S 傅里叶变换
Z 积分变换

广义 Fuzzy 熵
Y 模糊熵

广义 F 积分
Y 模糊积分

广义 Ginzburg-Landau 方程
generalized Ginzburg-Landau equation
O175.29
S Ginzburg-Landau 方程
C 指数吸引子
Z 方程(数学)

广义 Hamilton 系统
generalized Hamilton system
O19；O313
D 广义哈密顿系统
S Hamilton 系统
Z 数学系统

广义 Hamming 重量
generalized Hamming weight
O177
S 重量*

广义 Hermite 矩阵
generalized Hermite matrix
O151.21
S Hermite 矩阵
C 特征向量
Z 矩阵

广义 Jacobi 矩阵
Y 雅可比矩阵

广义 KdV 方程
generalized KdV equation
O175.29
S KdV 方程
C 孤波解
Z 方程(数学)

广义 Kloosterman 和
generalized Kloosterman sum
O156.4
S Kloosterman 和
Z 和(数学)

广义 Laguerre 多项式
Y 拉盖尔多项式

广义 Liénard 系统
generalized Liénard system
O175.12
S Liénard 系统
C 全局中心
Z 数学系统

广义 Lorenz 系统
generalized Lorenz system
O175
S 多项式微分系统
C 坐标转换
Z 数学系统

广义 Mittag-Leffler 函数
generalized Mittag-Leffler functions
O177.4
S 广义函数
Z 函数

广义 Moore-Penrose 逆
Y Moore-Penrose 广义逆

广义 Morrey 空间
generalized Morrey spaces
O174.4；O177
S Morrey-Herz 空间
Z 空间(数学)

广义 Mycielski 图
generalized Mycielski graph
O157.5；O177
D 广义梅切尔斯基图
S Mycielski 图
C 邻强边色数
Z 图表

广义 Orlicz 范数
generalized Orlicz norm
O177.3
D 广义奥尔里奇范数
S Orlicz 范数
C 严格凸函数
Z 范数

广义 Pareto 分布
generalized Pareto distribution
O212.8
D 广义帕雷托分布
S Pareto 分布
Z 概率分布

广义 Petersen 图
generalized Petersen graph
O157.5；O177
D 广义皮得松图
S Petersen 图
C 幺半群
Z 图表

广义 P 值
generalized P-value

O212.1
D 广义 p-值
S P 值
Z 值(数学)

广义 p-值
Y 广义 P 值

广义 Ramanujan-Nagell 方程
generalized Ramanujan-Nagell equation
O122.2
S 方程(数学)*
C 虚二次域

广义 Rayleigh 商
generalized Rayleigh quotient
O241
D 广义瑞利商
S Rayleigh 商
Z 商(数学)

广义 Riccati 变换
generalized Riccati transformation
O175.1；O177
D 广义黎卡提变换
S Riccati 变换
Z 数学变换

广义 Riccati 方程
generalized Riccati equation
O174；O175.1
S Riccati 方程
C 可积条件
Z 方程(数学)

广义 Riccati 技巧
Y Riccati 方程

广义 Schur 补
generalized Schur complement
O151.21
D 广义舒尔补
S Schur 补
Z 补

广义 scrambling 指数
generalized scrambling index
O157.5
S scrambling 指数
Z 指数

广义 S 变换
general S transform
O29
S 数学变换*

广义 Vandermonde 行列式
generalized Vandermonde determinant
O151.22；O177
D 广义范德蒙行列式
S 范德蒙行列式
C 韦达定理
Z 行列式

广义 Wiener 过程
Y 布朗运动

广义 Zadeh 型函数
generalized Zadeh type function
O177.4
S 广义函数
C 完全正则空间
Z 函数

广义奥尔里奇范数
Y 广义 Orlicz 范数

广义本原指数
generalized primitive exponent
O157.5；O177.91
S 本原指数
Z 指数

广义本征值
Y 特征值

广义边界条件
generalized boundary conditions
O175.3；O177
S 边界条件*
C 迁移算子

广义变分包含
generalized variational inclusion
O176
S 变分包含
F 广义集值变分包含
Z 不等式

广义变分不等式
generalized variational inequality
O176；O178
S 变分不等式
Z 不等式

广义不变凸
generalized invexity
O174；O177
S 不变凸性
C 多目标优化方法
　最佳条件
Z 凸性

广义不确定系统
generalized indefinite system
N948
S 不确定系统
C 参数摄动
Z 系统

广义布朗单
generalized Brownian sheet
O211.6
S 布朗单*

广义差分法
generalized difference method
O175.7；O241.6；O241.82；P456.7
S 差分法
Z 数学方法

广义重言式
Y 重言式

广义初等变换
generalized elementary transformation
O151；O177
S 初等变换
Z 数学变换

广义次对角占优矩阵
generalized sub-diagonally dominant matrices
O151.21
S 广义对角占优矩阵
Z 矩阵

广义次似凸
generalized subconvexlike
O174
S 凸性*

广义代数 Riccati 方程
generalized algebraic Riccati equation
O151；O175.1
D 广义代数黎卡提方程
S Riccati 代数方程
Z 方程(数学)

广义代数黎卡提方程
Y 广义代数 Riccati 方程

广义代数运算
generalized algebraic operation
O151；O174.13
S 代数运算
Z 运算

广义导数
generalized derivative
O172.1
S 导数*

广义导子
generalized derivation
O153；O177
S 导子*
C 线性空间

广义狄利克雷级数
Y 广义 Dirichlet 级数

广义对策
generalized game
O225
S 对策论*

广义对称矩阵
generalized symmetric matrix
O151.21
S 对称矩阵
C 对称正则长波方程
Z 矩阵

广义对称正则长波方程
generalized symmetric regularized long wave equation
O175.29；O441.4
S 对称正则长波方程
C 分形维数
　指数吸引子
Z 方程(数学)

广义对角占优
generalized diagonal dominance
O151.21
S 对角占优
C 正对角矩阵
Z 占优

广义对角占优矩阵

generalized diagonally dominant matrix
O151.21
S 对角占优矩阵
F 广义次对角占优矩阵
C 非零元素链
Z 矩阵

广义范德蒙行列式
Y 广义 Vandermonde 行列式

广义方差
generalized variance
O151.21；O211.5
S 方差*
C 均值向量
随机变量

广义方差比
generalized variance ratio
O177；O212.1
S 方差比
C 极大似然估计
Z 比例

广义方向导数
generalized directional derivative
O172；O177
S 方向导数
C 共轭函数
Z 导数

广义非线性系统
Y 非线性

广义斐波那契数列
Y 广义 Fibonacci 数列

广义费马数
Y 广义 Fermat 数

广义费希尔方程
Y 广义 Fisher 方程

广义费用函数
generalized cost function
O174
S 费用函数
Z 函数

广义分解
generalized factorization
O154
S 数学分解*
F 广义极分解
广义奇异值分解
C 可逆性

广义分式规划
generalized fractional programming
O221.2
S 分式规划
C 最优解
Z 数学规划

广义分形维数
generalized dimension function
O175.29；O415.5
S 分形维数
C 配分函数
Z 维数

广义复合 Poisson 过程
generalized compound Poisson process
O177；O211.6
S 复合 Poisson 过程
C 独立同分布
Z 随机过程

广义傅里叶变换
Y 广义 Fourier 变换

广义高斯分布
Y 正态分布

广义哈密顿系统
Y 广义 Hamilton 系统

广义函数
generalized function
O177.4
D 不定常函数
不正常函数
S 函数*
F 广义 Bent 函数
广义 Mittag-Leffler 函数
广义 Zadeh 型函数
广义支持函数
偶函数
影响函数

广义函数论
Y 函数论

广义函数束法
Y 广义函数束方法

广义函数束方法
generalized pencil of function method
O172.2
D 广义函数束法
S 数学方法*
C 指数拟合

广义行列式
Y 行列式

广义互补问题
Y 互补

广义灰色关联度
Y 灰色关联度

广义混合平衡问题
Y 均衡问题

广义积分
generalized integrals
O172.2
S 积分*
F 无穷积分
瑕积分
C Hadamard 主值
比较判别法

广义极分解
generalized polar decomposition
O151.21
S 广义分解
C 逼近定理
Z 数学分解

广义极值
Y 极值

广义极值分布
Y 极值分布

广义集值变分包含
generalized set-valued variational inclusion
O176
S 广义变分包含
F 广义集值拟变分包含
C 强单调
Z 不等式

广义集值拟变分包含
generalized set-valued quasi variational inclusions
O176
S 广义集值变分包含
拟变分包含
Z 不等式

广义几何规划
generalized geometric programming
O221.2
S 几何规划
Z 数学规划

广义简约梯度法
generalized reduced gradient method
O24
D GRG 法
S 梯度法
Z 数学方法

广义焦点量
Y 焦点量

广义解
generalized solution
O175.2
S 解*
C 拟线性椭圆方程
欧氏空间
最大模

广义解析函数
generalized analytic function
O174.55
S 解析函数
C 可压缩 Navier-Stokes 方程
最优性组
Z 函数

广义近似空间
Y 近似空间

广义矩
Y 广义矩估计

广义矩估计
generalized momentum estimation
O212
D 广义矩
S 矩估计
Z 估计(数学)

广义均方误差
Y 均方误差

广义均衡问题
Y 均衡问题

广义康托尔集
Y 广义 Cantor 集

广义框架
Y 框架(数学)

广义拉格朗日乘子
generalized Lagrange multiplier
O172.1；O177；O221.2
S Lagrange 乘子
C 泊松方程
Z 算子

广义朗之万方程
Y 朗之万方程

广义离散系统
Y 离散系统

广义黎卡提变换
Y 广义 Riccati 变换

广义黎曼空间(M, Gab)
Y 常曲率空间

广义岭估计
Y 岭估计

广义马尔可夫过程
generalized Markov process
O211.62
S Markov 过程
Z 随机过程

广义矛盾式
Y 矛盾命题

广义梅切尔斯基图
Y 广义 Mycielski 图

广义幂级数环
Y 幂级数环

广义模糊熵
Y 模糊熵

广义模糊算子
Y 模糊算子

广义内导子
generalized inner derivation
O153.3；O177
S 内导子
C 幂等元秩
Z 导子

广义拟牛顿算法
Y 拟牛顿法

广义拟阵
Y 拟阵

广义逆
generalized inverse
O151.21；O177.1；O241.6
D {1}-广义逆
Moore-Penrose 逆
M-P 逆
广义 Bott-Duffin 逆
广义逆 A(2)T,S
摩尔-彭罗斯逆
S 求逆*
F Moore-Penrose 广义逆
度量广义逆
加权 Moore-Penrose 逆
加权广义逆
C 奇异值分解
线性算子
最小二乘解

广义逆 A(2)T, S
Y 广义逆

广义逆矩阵
Y 逆矩阵

广义牛顿法
Y 牛顿法

广义偶函数
Y 偶函数

广义帕雷托分布
Y 广义 Pareto 分布

广义判别分析
Y 判别分析

广义判断矩阵
Y 判断矩阵

广义皮得松图
Y 广义 Petersen 图

广义平衡问题
Y 均衡问题

广义平稳过程
Y 宽平稳随机过程

广义谱
generalized spectrum
O177.7
S 谱*

广义奇异值分解
generalized singular decomposition
O151.21
S 广义分解
奇异值分解
C 最小二乘解
Z 数学分解

广义区间系统
generalized interval systems
O212.1
S 数学系统*

广义瑞利商
Y 广义 Rayleigh 商

广义三角矩阵环
Y 形式三角矩阵环

广义神经传播方程
generalized nerve propagation equation
O122.2
S 方程(数学)*
C 复合 Poisson 过程

广义舒尔补
Y 广义 Schur 补

广义双线性系统
Y 双线性系统

广义双正则函数向量
Y 正则函数向量

广义似然比
Y 似然比

广义算子
generalized operator
O177
S 算子*

广义特征
Y 特征标

广义特征标
Y 特征标

广义特征空间
Y 特征空间

广义特征向量
Y 特征向量

广义特征值
Y 特征值

广义特征值问题
Y 特征值问题

广义梯度
generalized gradient
O175.3；O192
S 梯度分布*
C Picone 恒等式
非光滑分析

广义梯度投影
general gradient projection
O221.2；O224
S 广义投影
C 线性约束
Z 投射(数学)

广义条件对称
generalized conditional symmetry
O29
S 对称*

广义同态
Y 同态

广义投影
generalized projection
O185
S 投射(数学)*
F 广义梯度投影

广义投影算子
generalized projection operator
O175.3；O177
S 投影算子
Z 算子

广义凸函数
generalized convex function
O174.13
S 凸函数
Z 函数

广义凸空间
Y 凸空间

广义凸性
Y 凸性

广义椭圆积分
Y 椭圆积分

广义微分求积法
Y 微分求积法

广义维数
Y 维数

广义系统理论
generalized system theory
O231
S 系统论*

广义线性回归
Y 线性回归

广义线性混合模型
Y 线性混合模型

广义线性模型
Y 线性模型

广义线性系统
generalized linear system
N948
S 线性系统
Z 系统

广义限制李代数
generalized restricted lie algebra
O152.5
S 李代数
Z 代数

广义相关系数
generalized correlation coefficient
O212.4
S 系数*
C 方差比

广义向量平衡问题
Y 均衡问题

广义协调元
generalized comforting element
O174.3；O241
S 非协调元
Z 元

广义信息
generalized information
N950
S 信息*

广义形函数
Y 型函数

广义序同态
Y 序同态

广义压缩映射
Y 压缩映射

广义雅可比矩阵
Y 雅可比矩阵

广义严格对角占优矩阵
Y 严格对角占优矩阵

广义影响函数
Y 影响函数

广义有限元
Y 有限元

广义有限自动机
generalized finite automata
O23
S 有限状态机
Z 自动机

广义酉矩阵
Y 酉矩阵

广义正定矩阵
Y 正定矩阵

广义支持函数
generalized support function
O177.4
S 广义函数
Z 函数

广义指数分布
Y 指数分布

广义置信区间
Y 置信区间

广义中心对称矩阵
Y 中心对称矩阵

广义主方程
Y 主方程

广义自反矩阵
Y 自反矩阵

广义最大元
Y 极大元

广义最小二乘
Y 最小二乘法

广义最小二乘法
Y 最小二乘法

广义最小二乘估计
Y 最小二乘估计

广义最小方差
Y 最小方差

广义坐标
Y 坐标

归结方法
Y 归纳推理

归纳定义
Y 归纳推理

归纳法
Y 归纳推理

归纳极限
Y 极值

归纳推理
inductive inference
O141
D 归结方法
归纳定义
归纳法
S 推理*
C Fibonacci 数列
平方凸函数
数列不等式
谓词演算
正交因子分解

归纳原理
Y Peano 公理

归纳证明
inductive proof
O141.2
S 证明*

归一化*
normalization
O143
D 归一化法
规一化
量纲归一化
F 能量归一化
图像归一化
相对辐射归一化
相位归一化
C 标量 →(2)
归一化标准差
归一化函数
量纲分析 →(2)

归一化标准差
normalization standard deviation
O241.1
S 标准差*
C 归一化

归一化波函数
normalized wave function
O174
S 归一化函数
Z 函数

归一化法
Y 归一化

归一化函数
normalization function
O174
S 函数*
F 归一化波函数
归一化互相关函数
C 归一化

归一化互相关函数
normalized cross correlation function
O174
S 归一化函数
互相关函数
Z 函数

归约
Y 可归约性公理

规范
Y 标准规范

规范化
Y 标准化

规范矩阵
normal matrix
O151.21
S 矩阵*
C 区间数

规范性
normality
ZT4
S 特性*

规范正交基
Y 标准正交基

规格化
Y 标准化

规划
planning
ZT0

规划方法
Y 设计

规划模型
programming model
O221.5
D 计划模型
S 数学模型*
F 数学规划模型
C 多目标决策

规律*
law
ZT0
D 特征规律
F 递变规律
定标规律
普适规律
统计规律
演化规律
C 命题
准则

规一化
Y 归一化

规则分布
Y 均匀分布

轨道*
orbit
O189；P135
F 闭合轨道
混沌轨道
双曲线轨道
同宿轨
样本轨道
异宿轨道
圆轨道
周期轨道
C 弹道 →(2)
轨迹
航天器轨道 →(4)

轨道积分
orbital integral
V249
S 积分*
C 轨道能 →(2)
轨道拟合 →(4)

轨道计数定理
Y Burnside 定理

轨道渐近稳定
orbital asymptotical stability
O175；O193
S 渐近稳定性
Z 稳定性(数学)

轨道空间
orbit space
O152.4
S 商空间
C Kullback-Leibler 距离
Z 空间(数学)

轨道唯一性
pathwise uniqueness
O211.63
S 数学性质*
C 随机微分方程

轨道稳定
orbital stability
O19
S 稳定性(数学)*
C 孤波解

轨迹*
trace
ZT2
D 对角和
轨线
迹
迹线
径迹
追迹
F D-闭迹
闭轨线
根轨迹
连结轨线
欧拉迹
相轨迹
C 弹道学 →(2)
轨道
特征值
运动

轨线
Y 轨迹

国际标准化组织
International Organization for Standardization
G307
S 组织机构*

国家重点实验室
The state key laboratory
G311；N33
S 重点实验室
Z 实验室

过程*
process
ZT
F 不可逆过程
动态过程
非平衡过程
非稳态过程
可逆过程
连续过程
自相关过程

过程均值
process mean
O211.6
S 平均数*

过程控制
process control
O231
S 控制*
F 工艺过程控制
C EWMA 控制图
T2 控制图
统计控制图

过程系统
process systems
N948
S 系统*

过程系统优化
process system optimization
N945.15
S 优化*

过度离散
over dispersed
O212.1
D 过离散
S 离散*

过渡带
transition zone
ZT74
S 层带*
C 饱和渗流 →(2)
大陆地壳 →(4)(5)
大洋地壳 →(4)(5)
地核 →(4)(5)
地幔 →(4)(5)
莫霍面 →(4)(5)
相位变换 →(2)(5)

过渡地区
Y 过渡区

过渡矩阵
transition matrix
O151.21
D 演化矩阵
S 矩阵*
C 基变换
若当链
同步求解
准正交基

过渡面
Y 过渡曲面

过渡期
transition period
ZT73
D 过渡时期
S 时期*

过渡区
transition region
ZT74
D 过渡地区
气候过渡区
S 区域*
C Knudsen 数 →(2)

过渡曲面
transition surface
O182
D 过渡面
S 曲面*
C 势函数法

过渡时期
Y 过渡期

过渡态
transition state
ZT5
D 过渡状态
暂态
S 状态*
C 稳定
中间态

过渡状态
Y 过渡态

过离散
Y 过度离散

过拟合
over-fitting
O212.1
D 欠拟合
S 数学拟合*

过失误差
Y 粗差

哈达马变换
Y 哈达玛变换

哈达玛变换
Hadamard transformation
O151；O43；P237
D Hadamard 变换
阿达马变换
阿达玛变换
哈达马变换
哈达码变换
哈德码变换
快速阿达玛变换
S 图像处理*
正交变换
C 正交矩阵
Z 数学变换

哈达码变换
Y 哈达玛变换

哈代不等式
Y Hardy 不等式

哈代空间
Y Hardy 空间

哈代-李特尔伍德极大函数
Y 极大函数

哈代-李特伍德方法
Y 圆法

哈代算子
Y Hardy 算子

哈代位势
Y Hardy 位势

哈德码变换
Y 哈达玛变换

哈尔变换
Haar transform
O177.6
D Haar 变换
S 积分变换*
F Haar 小波变换

哈尔测度
Y Haar 测度

哈尔小波
Y Haar 小波变换

哈尔小波变换
Y Haar 小波变换

哈尔小波分解
Y Haar 小波变换

哈夫变换
Y 霍夫变换

哈林图
Y Halin 图

哈密顿典型系统
Y Hamilton 系统

哈密顿方程
Y 法方程

哈密顿函数
Hamiltonian function
O174；O316
D Hamilton 函数
汉密尔顿函数
S 函数*
C Hamilton 系统
笛卡尔坐标系
哈密顿量 →(2)
运动方程 →(2)

哈密顿回路
Y Hamilton 图

哈密顿结构
Y Hamilton 结构

哈密顿矩阵
Y Hermite 矩阵

哈密顿路
Y Hamilton 图

哈密顿路径
Y Hamilton 图

哈密顿圈
Y Hamilton 圈

哈密顿体系
Y Hamilton 系统

哈密顿图
Y Hamilton 图

哈密顿系统
Y Hamilton 系统

哈密顿-雅可比-贝尔曼方程
Y Hamilton-Jacobi-Bellman 方程

哈密顿-雅可比方程
Y Hamilton-Jacobi 方程

哈密尔顿回路
Y Hamilton 图

哈密尔顿路
Y Hamilton 图

哈密尔顿圈
Y Hamilton 图

哈密尔顿图
Y Hamilton 图

哈密尔顿系统
Y Hamilton 系统

哈密尔顿性
Hamilton property
O157.5
D Hamilton 性
汉密尔顿性
S 数学性质*
C 邻集
临界点

哈明距离
Y Hamming 距离

哈默斯坦积分方程
Y Hammerstein 型积分方程

哈默斯坦模型
Y Hammerstein 模型

哈纳克不等式
Y Harnack 不等式

哈瑞松模型
Y 捕食模型

哈斯图
Y Hasse 图

哈特莱变换
Y hartley 变换

哈希函数
Hash function
O174
D Hash 函数
hash 函数
hash 算法
单向散列算法
杂凑算法
S 函数*
F 单向 Hash 函数
C 帐篷映射

海龙公式
Y 海伦公式

海伦公式
Heron formula
O187
D 海龙公式
海伦-秦九韶公式
希伦公式
希罗公式
S 公式(数学)*
C 外接球半径
余弦定理

海伦-秦九韶公式
Y 海伦公式

海涅-波莱尔定理
Y 有限覆盖定理

海涅定理
Heine theorem
O171；O174
D Heine 定理
S 数学定理*

海色矩阵
Y Hesse 矩阵

海森堡矩阵
Heissenberg matrix
O151.21
D Heisenberg 矩阵
Hessenberg 矩阵
海森伯矩阵
S 矩阵*
C Heisenberg 代数

海森伯矩阵
Y 海森堡矩阵

海洋中元素逗留时间
Y 停留时间

亥姆霍兹方程
Y Helmholtz 方程

含参变量积分
containing parameter integral
O172.2
D 含参量积分
S 积分*
F 欧拉积分
C 一致连续性
一致收敛

含参量积分
Y 含参变量积分

函数*
function
O174
D 函数类
数学函数
F Airy 函数
Ap 权
Bernstein 基函数
Bubble 函数
Casimir 函数
Dirichlet 函数
Dulac 函数
Excess 函数
Gerber-Shiu 函数
G 函数
Haar 函数
Heaviside 函数
Hermite 函数
hook 函数
Jacobi 函数
J 函数
KS 函数
Lipschitz 函数
Lyapunov 函数
L-函数
Melnikov 函数
Mittag-Leffler 函数
NCP 函数
N-函数
Q 函数
RBMO(μ)函数
Sheffer 函数
Smarandache 函数
S 函数
theta 函数
T 函数
V 函数
Walsh 函数
Weierstrass 函数
ψ 函数
阿基米德 Copula 函数
半变异函数
半光滑函数
被积函数
本征函数
逼近函数
比较函数
边际函数
边界函数
变异函数
波函数
补函数
不变函数
布尔函数
参数函数
残存函数
插值函数
插值基函数
超越函数
尺度函数
抽象函数
抽样函数
初等函数
初始函数
存储函数
单峰函数
单向函数
导函数
递归函数
调和函数
迭代函数
对称函数
对偶函数
多面函数
多项式函数
多项式基函数
多元函数
罚函数
罚金函数
反函数
反馈函数
反射函数
方差函数
仿射函数
非线性标量化函数
分布函数
分拆函数
分担函数
分段函数
分类函数
分式函数
分形函数
风险函数
符号函数
辅助函数
复变函数
复合函数
覆盖函数
概周期函数
高斯函数
根式函数
更新函数
功能性反应函数
功效函数
共轭函数
估计函数
光滑函数
广义函数
归一化函数
哈密顿函数
哈希函数
耗散函数
和函数
核函数
后继函数
后验风险
灰函数
回报函数
回归函数
混合函数
迹函数
积性函数
基本初等函数
基函数
吉布斯函数
极大函数
极大值函数
极限函数
集函数
计数函数
记分函数
加权函数
间隙函数
检验函数
渐开线函数
阶跃函数
结构函数
截断函数
解析函数
紧支径向基函数
近似函数
径向基函数
竞争力函数
距离函数
决策函数
均衡函数

均生函数
均值函数
可测函数
可估函数
可积函数
可靠度函数
可微函数
亏函数
拉格朗日函数
类函数
累积生成函数
离散函数
黎曼函数
隶属函数
连续函数
流函数
率失真函数
逻辑函数
脉冲函数
慢变化函数
幂函数
描述函数
模糊函数
模型函数
磨光函数
母函数
目标函数
内函数
拟函数
拟合函数
逆函数
凝聚函数
耦合函数
配分函数
偏差函数
偏好函数
平方函数
平均函数
评价函数
齐次函数
奇偶函数
桥函数
切比雪夫函数
切割函数
区间值函数
权函数
扰动函数
容许函数
冗余函数
三角基函数
熵函数
上限函数
伸张函数
深度函数
失效函数
时间函数
实函数
实值函数
示性函数
试探函数
收益函数
输出函数
数论函数
双向加细函数
似然函数
算子函数
随机函数
损伤函数
特征函数
填充函数
条件函数
网络函数
危险函数
韦伯函数
位势函数
位置函数
误差函数
限弦函数
相关函数
相似函数
响应函数
向量函数
象函数
小波函数
小函数
效率函数
效用函数
校正函数
信度函数
行列式函数
形态函数
型函数
选择函数
延迟函数
样条函数
一元函数
隐函数
映射函数
优函数
有界函数
有理分式函数
余函数
余弦算子函数
阈值函数
原函数
增益函数
障碍函数
折线函数
振荡函数
正态分布函数
支撑函数
支付函数
值函数
指标函数
质量流函数
秩函数
转化程度函数
状态转移函数
准精确惩罚函数
准椭圆函数
准则函数
自调整函数
自定义函数
自反函数
综合鉴别函数
C 奇异性
增长性

函数(物理)*
function (physics)
O174；O411
F 传播函数
传递函数
狄拉克 δ 函数
点扩散函数
格林函数
光度函数
光强关联函数
光瞳函数
激发函数
势能函数
线型函数
相函数
振型函数
指向性函数
状态函数
自旋波函数
C 函数(地球物理学) →(5)

函数 P-集合
Y P-集合

函数 S-粗集
function S-rough set
O144；O159
S S-粗集
函数粗集
F 函数单向 S-粗集
C 粗集理论
Z 集合

函数逼近
function approximation
O174.41
S 数值逼近
F 无界函数逼近
C 逼近函数
外推法
有限元分析
Z 逼近

函数闭集
Y 零集

函数变换
function transform
O171
S 数学变换*
F Radon 变换
C H 布尔函数
孤波解

函数变换法
function transform method
O174.5
S 变换法
C 精确行波解
Z 数学方法

函数表达式
function expression
O122.1；O174
D 函数式
S 表达式*
F 不定式
三角函数式

函数不等式
function inequalities
O178
D 泛函不等式

S 不等式*

函数插值
function interpolation
O174.42
S 插值*
F 有理函数插值
C 残差分析
差分

函数粗集
function rough set
O144；O159
S Rough 集合
F 函数 S-粗集
C 实函数
Z 集合

函数单调性
function monotony
O171；O174
D 函数的单调性
函数的增减性
S 函数性质*
F 单调递减
单调递增
C 定义域
可数集
拉格朗日中值定理

函数单向 S-粗集
function one-direction S-rough set
O159
S 单向 S-粗集
函数 S-粗集
Z 集合

函数单向 S-粗集对偶
Y 单向 S-粗集对偶

函数的单调性
Y 函数单调性

函数的奇偶性
Y 函数奇偶性

函数的有界性
Y 函数有界性

函数的增减性
Y 函数单调性

函数迭代
Y 函数迭代法

函数迭代法
function iteration method
O174；O224；O241
D 函数迭代
S 迭代法*
最优化方法*
C 迭代函数方程
迭代函数系
求解公式

函数定义域
Y 定义域

函数法
function method
O174
D 函数方法
S 数学方法*
F 本征函数法
边界层函数法
罚函数法
反函数法
辅助函数法
复变函数方法
构造函数法
模糊度函数法
母函数法
评价函数法
权函数法
三角函数法
熵函数法
势函数法
试探函数法
双曲函数法
填充函数法
谐波平衡法
样条函数法
指数函数法

函数方程
functional equation
O177
D 泛函方程
S 方程(数学)*
F 变分方程
迭代函数方程
二阶泛函微分方程
泛函差分方程
泛函微分方程
复函数方程
更新方程
时滞泛函微分方程
随机泛函微分方程
中立型泛函微分方程
C Smarandache LCM 函数
Smarandache 可乘函数
泛函分析
函数解

函数方法
Y 函数法

函数分析
Y 泛函分析

函数符号
function symbol
O174
S 符号(数学)*
C 逻辑符号

函数复合
Y 复合函数

函数构造
function construction
O17
S 结构*

函数构造法
Y 构造法

函数关系
functional relation
O174
S 关系(数学)*
C 函数连续性

函数行列式
Y 雅可比行列式

函数恒等式
functional identity
O174
S 恒等式*
C 形式幂级数

函数级数
Y 函数项级数

函数极限
functional limit
O122.5；O171
S 极限(数学)*
C 变分法 →(2)
谓词演算

函数极值
function extremum
O122.5；O171
S 极值*
F 多元函数极值

函数计算
function calculation
O241.8
S 计算*

函数解
function solution
O122.2
S 解*
F 白噪声泛函解
三角函数解
双曲函数解
椭圆函数解
C 函数方程

函数矩阵
functional matrix
O151.21
S 矩阵*

函数空间
function space
O177.3；O189.11
D 泛函空间
映射空间
S 空间(数学)*
F Besov 空间
BMO 空间
C 范数不等式
邻域

函数类
Y 函数

函数连续性
function continuity
O171；O177
S 函数性质*
F Lipschitz 连续性
半连续性
等度连续性
绝对连续性

弱连续性
一致连续性
C 函数关系

函数列
function sequences
O171；O177
D 函数序列
S 数列*
C 函数项级数

函数论*
theory of function
O174
D 广义函数论
F 复变函数论
实变函数论

函数模型
functional model
O212.1；O242.1
D 概率密度函数模型
S 数学模型*
F 幂函数模型
C 函数型数据分析
瞬时可用度

函数拟合
function fitting
O224；O241
D 非线性函数拟合
S 数学拟合*
F 多面函数拟合
指数拟合
C 非线性特征值
线性函数

函数平移
translation of functions
O152；O152.4
S 位移*

函数奇偶性
function odevity
O171；O174
D 函数的奇偶性
S 函数性质*
C 准则函数

函数曲线
function curve
O187
S 匹配*
F 分布曲线
三角曲线

函数式
Y 函数表达式

函数图象
Y 函数图像

函数图像
function graph
O1-0
D 函数图象
函数图形
S 图像*
F 三角函数图象

函数图形
Y 函数图像

函数系数自回归(FAR)模型
Y FAR 模型

函数项级数
function series
O122.7；O171
D 函数级数
S 级数(数学)*
F 渐近级数
幂级数
C 函数列
柯西准则

函数形式
functional form
O174
S 数学形式*

函数型数据分析
functional data analysis
O174
S 泛函分析
数据分析
C 函数模型
Z 数学分析

函数性态
Y 函数性质

函数性质*
function properties
O171；O174
D 函数性态
F 函数单调性
函数连续性
函数奇偶性
函数有界性
C 单调性分析

函数序列
Y 函数列

函数芽
Y 映射芽

函数有界性
function boundeaness
O171；O174
D 函数的有界性
S 函数性质*

函数域
function field
O187
S 域*
F 代数函数域
定义域
C Edgeworth 级数

函数运算
function operation
O174
S 运算*

函数展开
function expansion
O174
S 展开(数学)*
F Jacobi 椭圆函数展开法
复高斯函数展开

函数值
function value
O171；O174.5；O241
S 值(数学)*
F 三角函数值

函子*
functor
O154
F 伴随函子
C 序同态
置换群

函子范畴
functor category
O154.1
S 范畴(数学)*

罕见事件
Y 小概率事件

汉克尔变换
Y Hankel 变换

汉克尔函数
Hankel function
O174
D Hankel 函数
第三类 Bessel 函数
第三类贝塞尔函数
S 贝塞尔函数
C Hankel 变换
Z 函数

汉克尔矩阵
Y Hankel 矩阵

汉克尔算子
Y Hankel 算子

汉密尔顿函数
Y 哈密顿函数

汉密尔顿算子
Y Hamilton 算子

汉密尔顿性
Y 哈密尔顿性

汉明度量
Y Hamming 距离

汉明距离
Y Hamming 距离

行初等变换
Y 初等行变换

行处理法
row action method
O177
S 数学方法*
C 基尔霍夫方程组

行等价
Y 等价矩阵

行等价的

Y 等价矩阵

行独立
row wise independent
O151.21
S 独立(数学)*
C 震级-频度比值 →(5)

行空间
row space
O151.21
S 空间(数学)*
C 判定条件

行列式*
determinant
O151.2；O177
D 广义行列式
F Gram 行列式
n 阶行列式
Wronskian 行列式
范德蒙行列式
结式
特征行列式
系数行列式
循环行列式
雅可比行列式
主子式
子式
C r-循环矩阵
方阵
矩阵代数
升阶法
向量范数
自仿射集

行列式不等式
determinant inequalities
O178
S 不等式*
C Lucas 数
半正定性

行列式函数
determinant function
O174
S 函数*
F 矩阵函数
正定函数
正交函数
正则函数
C Genocchi 数
行列式因子

行列式因子
determinant factor
O151
S 因子*
C 行列式函数

行向量
row vector
O151.2
S 向量*
C 初等行变换

豪斯道夫空间
Y Hausdorff 空间

豪斯道夫维数
Y Hausdorff 维数

豪斯多夫测度
Y Hausdorff 测度

豪斯多夫非紧测度
Y Hausdorff 测度

豪斯多夫距离
Y Hausdroff 距离

豪斯多夫空间
Y Hausdorff 空间

豪斯多夫拓扑群
Y Hausdorff 拓扑群

豪斯多夫维数
Y Hausdorff 维数

豪斯霍尔德变换
Y Householder 变换

豪斯霍尔德矩阵
Y Householder 矩阵

好算法
Y 多项式算法

郝普夫不变量
Y 微分不变量

郝普夫代数
Y hopf 代数

耗散函数
dissipation function
O174；O31；O415.3
S 函数*

耗散结构
Y 耗散结构理论

耗散结构理论
dissipative structure theory
[N941.91]
D 耗散结构
S 系统论*
C 协同论 →(2)
自组织 →(2)

耗散算子
dissipative operator
O177.1
S 算子*
C 特征行列式

耗散系统
dissipative system
[N941.91]；N948
S 系统*

合并标准差
Y 标准差

合成分析
Y 复合分析

合成公式
composite formula
O211
S 公式(数学)*
C 高阶奇异积分

合成算子
composite operator
O159；O177
S 算子*
C 模糊综合评判

合成图
composite graph
O157.5
S 图表*

合成展开法
synthetic expansion method
O175
S 展开(数学)*
C 上下解

合流超几何函数
confluent hypergeometric function
O174
S 超几何函数
C 斯塔克效应 →(2)
Z 函数

合取
conjunction
O141
D 逻辑乘
逻辑积
S 关系(数学)*

合取范式
conjunctive normal form
O141
S 命题公式
F 主合取范式
Z 公式(数学)

合数
composite number
O156
S 正整数
F 奇合数
C 表面活性单体 →(3)
二项式定理
Z 复数

合同变换
Y 正交变换

合作系统
cooperative system
O175.1
S 数学系统*

和
Y 和(数学)

和(数学)*
sum(mathematics)
O121；O156
D 和
和数
F Dedekind 和
Kloosterman 和
比式和
不交和
布尔和

部分和
乘积和
达布和
代数和
倒数和
负风险和
高斯和
环和
积分和
距离和
卷积和
幂和
平方和
前 *n* 项和
随机和
特征和
校验和
因子和
有限和
约数和
直和
指数和
子集和
组合和
C 加法
隐马尔可夫模型

和函数
sum function
O174
S 函数*
C 半变系数模型
均值公式

和集
Y 并集

和空间
sum space
O189.1
S 拓扑空间
F 直和空间
C 可度量化
Z 空间(数学)

和式
sum form
O171
S 表达式*

和式极限
sum limit
O171
S 极限(数学)*

和数
Y 和(数学)

和算
wasan
O112
S 古代数学
C 中国数学史
Z 数学

和图
sum graph
O157.5
S 图表*

和谐对
compatible pair
O174
S 对*

核 Fisher 鉴别分析
Y 核 Fisher 判别分析

核 Fisher 判别
Y 核 Fisher 判别分析

核 Fisher 判别分析
nuclear fisher discriminant analysis
O212.5
D 核 Fisher 鉴别分析
核 Fisher 判别
核 Fisher 判决分析
核函数 Fisher 鉴别
S Fisher 判别分析
Z 统计分析

核 Fisher 判决分析
Y 核 Fisher 判别分析

核估计
kernel estimator
O156；O212
D 核型估计
S 权函数估计
F 递归核估计
改良核估计
加权核估计
密度函数核估计
密度核估计
C EV 模型
均方相合性
密度泛函理论 →(2)(3)
条件分位数
Z 估计(数学)

核函数
kernel function
O174.1
S 函数*
F Bergman 核函数
Bochner-Martinelli 核
Hilbert 核
变量核
积分核
记忆核
卷积核
柯西核
奇异核
收缩核
同态核
再生核
C EV 模型
不可行内点算法
均方收敛

核函数 Fisher 鉴别
Y 核 Fisher 判别分析

核空间
kernel space
O151.2；O177.3
S 空间(数学)*
F 再生核空间
C 特征向量

核理想
kernel ideal
O153.3
S 理想(数学)*
C 滤子

核算子
kernel operator
O177.1
D 迹族算子
S 算子*
C 模糊数排序

核型估计
Y 核估计

核映射
kernel mapping
O153.1
S 映射*
C 同余关系

盒维数
box dimension
O189；O302
D Box 维数
分形盒维数
S 分形维数
Z 维数

赫尔德不等式
Y Holder 不等式

赫尔德连续性
Holder continuity
O174.51
D H(o)lder 连续性
Holder 连续性
S 光滑性
C Schauder 估计
Z 数学性质

赫尔-怀特
Y Hull-White 模型

赫尔-怀特模型
Y Hull-White 模型

赫尔默特方差分量估计
Y 方差分量估计

赫尔维茨判据
Y Hurwitz 判据

赫开算子
Y Hecke 算子

赫克算子
Y Hecke 算子

赫维赛德函数
Y Heaviside 函数

黑塞矩阵
Y Hesse 矩阵

黑箱模型
Y 经验模型

很弱解
Y 弱解

亨克尔变换
Y Hankel 变换

亨泽尔引理
Y Hensel 引理

恒等
Y 恒等式

恒等变换
identity transformation
O171；O174
D 不动变换
单位变换
恒同变换
幺变换
S 数学变换*
C 乘积和
因式分解

恒等式*
identity
O177
D 恒等
F MacWilliams 恒等式
Picone 恒等式
Pohozaev 恒等式
代数恒等式
函数恒等式
迹恒等式
积分恒等式
三角恒等式
微分恒等式
组合恒等式
C Euler 数
q 模拟
不等式
李善兰 →(4)

恒等算子
Y 单位算子

恒定应力加速寿命试验
Y 恒加试验

恒化器模型
chemostat model
O175.2；O19
D Chemostat 模型
S 数学模型*
C 脉冲输入
脉冲微分方程

恒加试验
constant-stress accelerated life tests
O212.6
D 恒定应力加速寿命试验
S 试验*
C 区间估计
指数分布

恒量
Y 常数

恒同变换
Y 恒等变换

恒稳定
absolutely stable
O19；O241.82
S 稳定性(数学)*

横截设计
Y 可分组设计

横剖面
cross section
O123.2
D 横向垂直面
S 剖面*
C 纵剖面

横向垂直面
Y 横剖面

横向分布
lateral distribution
ZT72
D 横向结构
S 分布*
C 广延大气簇射 →(2)(4)

横向结构
Y 横向分布

横轴
horizontal axis
O181
D 横坐标轴
纵轴
纵坐标轴
S 轴(数学)*

横坐标
abscissa
O181；O182
D 纵坐标
S 坐标*
F 收敛横坐标

横坐标轴
Y 横轴

红利边界
bonus boundary
O175；O211.67
S 边界(数学)*
C 积分微分方程

宏观结构
macrostructure
ZT6
D 宏结构
S 结构*

宏观系统
macroscopic system
N948
S 系统*

宏结构
Y 宏观结构

后继函数
successor function
O174；O177.91
D 后继运算
S 函数*
C 阶一周期解
奇异摄动法

后继运算
Y 后继函数

后向分叉
Y 后向分支

后向分支
backward bifurcation
O175.1；O29
D 后向分叉
S 分支*
C 全局稳定性

后验差检验
posterior checking
O212.1
S 统计检验
C 灰色预测
Z 检验

后验分布
Y 先验分布

后验风险
posterior risk
O174
D 后验风险函数
S 函数*
C 先验分布

后验风险函数
Y 后验风险

后验概率
posterior probability
O212.8
S 概率*
F 贝叶斯后验概率

后验估计
posteriori estimation
O211.3
S 估计(数学)*
F 后验误差估计

后验误差
posterior error
O241.1
S 误差*
C 时空有限元

后验误差估计
posteriori error estimation
O241.82
S 后验估计
误差估计
C stokes 方程
Z 估计(数学)

厚度*
thickness
ZT2
F 有效厚度
C 尺寸
厚层地下冰 →(4)(5)

弧
Y 边(数学)

弧长
arc length

O186.1
S 长度*
C 弧度

弧度
radian
O181
S 几何参量
C 边(数学)
弧长
Z 参数

弧连通集
Y 连通集

蝴蝶定理
butterfly theorem
O185
S 数学定理*

互补*
complementarity
O159；O221；O224
D 广义互补问题
互补问题
互补性
互补性问题
F 混合互补
线性互补
C Jacobi 迭代法
补函数
磨光函数
替代性
误差界
优化

互补函数
Y 补函数

互补事件
Y 对立事件

互补问题
Y 互补

互补性
Y 互补

互补性问题
Y 互补

互不相容
Y 相容

互不相容事件
Y 互斥事件

互斥
mutual exclusion
ZT5
S 状态*

互斥事件
exclusive events
O211
D 互不相容事件
S 事件*

互斥性
mutual exclusiveness
ZT4
S 特性*

互反律
reciprocity law
O156.2
S 定律(数学)*
C 素数定理
同余理论

互惠模型
cooperating model
O175.1
S 数学模型*
C 上下解
特征值解
正解

互惠系统
mutually beneficial system
O175
S 数学系统*

互连系统
Y 互联系统

互联系统
interconnected systems
N948
D 关联系统
互连系统
相互作用体系
S 系统*
F 并联系统
串联系统
单调关联系统
混联系统
C 超谐共振 →(2)
样条有限元

互素
relatively prime
O13；O151；O156
D 互素多项式
互质
互质多项式
两两互素
S 关系(数学)*
C 假分数
幂等矩阵
同余

互素多项式
Y 互素

互完数
Y 亲和数

互相关函数
cross-correlation function
O212.1
S 相关函数
F 归一化互相关函数
Z 函数

互信息
mutual information
O236
D 互信息量
交互信息
交互信息量
S 信息*
F 最大互信息
C 随机谐振 →(2)
图像配准 →(4)
自信息

互信息量
Y 互信息

互异性
reciprocity
O144
S 数学性质*
C 灵敏度分析

互质
Y 互素

互质多项式
Y 互素

互作用系统
Y 相互作用系统

华林-哥德巴赫问题
Y Waring-Goldbach 问题

华林问题
Waring problem
O156
S 数学问题*
C 自同构

华罗庚域
Hua domain
O174
S 域*
C Bergman 度量

滑动模型
slip model
O212
S 时间序列模型
F 滑动平均模型
Z 数学模型

滑动平均
moving average
O212；P413
D 滑动平均值
移动平均
S 平均数*
F 自回归滑动平均

滑动平均过程
Y 滑动平均模型

滑动平均模型
moving average model
O177；O212.1
D MA 模型
滑动平均过程
移动平均过程
S 滑动模型
F ARMA 模型
C 时间序列
条件概率分布
消失矩
正交小波变换
指数收敛

Z 数学模型

滑动平均值
Y 滑动平均

滑动最小二乘法
moving least-squares method
O241；O302
S 最小二乘法*

化归法
Y 化归方法

化归方法
chemical reduction method
O141
D 化归法
S 数学方法*
C 均值不等式

化简
abbreviation
O141；O241.6
D 约分
S 运算*
C 逻辑函数

化圆为方
Y 化圆为方问题

化圆为方问题
problem of quadrature of the circle
O156；O181
D 化圆为方
圆积问题
S 数学问题*

划分*
partition
ZT5
F 区域划分
色划分

画法几何
descriptive geometry
O185
D 画法几何学
S 几何*
C 射影几何

画法几何学
Y 画法几何

怀特黑德群
Y Whitehead 群

坏硬币问题
counterfeit coin problem
O229
S 运筹问题
Z 数学问题

还原计算
reducing calculation
O29
S 计算*
C 水量还原 →(3)(5)

环(数学)*
ring(mathematics)
O153.3
D 圈
F Armendariz 环
Baer 环
exchange 环
Galois 环
McCoy 环
Morphic 环
pp 环
PS 环
P-内射环
半单环
非奇异环
分次环
弗罗贝尼乌斯环
极大右商环
极限环
矩形环
开环
链环
幂环
模糊环
拟环
凝聚环
三角矩阵环
素近环
椭圆环
微分环
无零因子环
亚直不可约环
约化环
置换环
周期环
子环
自环

环和
ring sum
O144.1；O157.5
S 和(数学)*
C 线性空间

环境*
environment
X1
D 环境类型
总环境
F 马氏环境
随机环境
C 环境温度 →(2)

环境类型
Y 环境

环链
loop chain
O174.14
S 随机过程*
C Jones 多项式
扭结

环论
Y 环绕定理

环面
torus
O175.1；O189.1
D 圆环面
S 旋转曲面
F 不变环面
极大环面
量子环面
C 有限维代数
Z 曲面

环排列
Y 圆排列

环绕
Y 环绕定理

环绕定理
linking theorem
O153.3；O177
D 环论
环绕
S 数学定理*
F 局部环绕定理
C 临界点

环同态
ring homomorphism
O152.1；O153.3
S 同态*
F Jordan 同态
半环同态

环状排列
Y 圆排列

缓变函数
Y 慢变化函数

幻方
magic square
O157
D 纵横图
S 方阵*
F 三阶幻方
完美幻方
C 对角线
幻方矩阵
幻立方
拉丁方
奇数阶
数阵

幻方矩阵
magic square matrix
O151.21
S 矩阵*
C 幻方

幻格
Y 理想格

幻立方
magic cube
O157.6
S 正方体
C 幻方
Z 几何体

换算
conversion
O24
S 计算*

换算系数

conversion factor
ZT3
D 换算因数
换算因子
S 系数*

换算因数
Y 换算系数

换算因子
Y 换算系数

换位
Y 中心化子

换位元
commutator
O152
D 换位子
S 换元
C τ-可测算子
Z 元

换位子
Y 换位元

换位子群
commutator subgroup
O152
D 导出群
导群
导群(derived group)
S 子群
C τ-可测算子
不可约特征标
Z 群(数学)

换元
exchange element
O13；O171；O172
D 换元思想
S 元*
F 换位元

换元法
transform element method
O13；O171
D 变元代换法
辅助未知数法
S 数学方法*
C 恒等变形 →(2)

换元积分
Y 换元积分法

换元积分法
integration by substitution
O13；O171；O172.2；O174
D 换元积分
S 积分法
F 三角换元法
C 定积分
Z 数学方法

换元思想
Y 换元

黄金比
Y 黄金分割法

黄金分割
Y 黄金分割法

黄金分割法
golden section method
O11；O224；O241
D “0.618”法
黄金比
黄金分割
黄金分割律
黄金律
近似黄金分割法
S 优选法
C Fibonacci 数列
Z 最优化方法

黄金分割律
Y 黄金分割法

黄金分割数列
Y Fibonacci 数列

黄金律
Y 黄金分割法

灰导数
grey derivative
O172.1
S 导数*
C 灰色预测

灰度匹配
Y 灰度相关

灰度相关
gray correlation
TP391
D 灰度匹配
S 图像处理*
C 灰度 →(2)

灰度值
grey level
TP391
S 数值*
C 地貌晕渲图 →(4)
灰度 →(2)
三角函数法

灰关联法
Y 灰色关联分析

灰关联系数
Y 灰色关联度

灰函数
gray functions
O159；O231
S 函数*
F 盲数

灰聚类分析
Y 灰色聚类分析

灰模型
Y 灰色预测模型

灰色 GM 模型
Y 灰色预测模型

灰色动态模型
grey dynamic model
N945.12
S 动态模型
C 灰色预测模型
Z 模型

灰色关联度*
grey relational grade
N941.5
D 广义灰色关联度
灰关联系数
F 范数灰关联度
改进灰色关联度
灰色加权关联度
灰色绝对关联度
灰色欧几里德关联度
灰色综合关联度
模糊灰关联度
C 灰色系统
灰色预测模型
灰色综合评判
应用统计数学

灰色关联度分析
Y 灰色关联分析

灰色关联分析
grey correlation analysis
O29
D 灰关联法
灰色关联度分析
S 关联分析
C 灰色系统
区间直觉梯形模糊数
优性组合预测
Z 分析

灰色加权关联度
grey weighted related degree
N941.5
S 灰色关联度*

灰色聚类分析
grey clustering analysis
O212.4
D 灰聚类分析
S 聚类分析
C 灰数
Z 统计分析

灰色聚类决策
grey clustering decision making
C934；N945.25
S 决策*

灰色绝对关联度
grey absolute correlation degree
N941.5
S 灰色关联度*

灰色控制
grey control
O231
S 控制*

灰色理论
Y 灰色系统理论

灰色马尔柯夫模型
Y 灰色-马尔可夫模型

灰色马尔科夫模型
Y 灰色-马尔可夫模型

灰色-马尔可夫模型
grey Markov model
O211.62
D 灰色马尔柯夫模型
灰色马尔科夫模型
S 马尔可夫模型*
C 灰色系统理论

灰色模糊综合评判
grey fuzzy comprehensive evaluation
O159
S 灰色综合评判
模糊综合评判
C 隶属度
Z 评估

灰色模型
Y 灰色预测模型

灰色欧几里德关联度
grey Euclid relation grade
N941.5
S 灰色关联度*

灰色评估
grey evaluating
N94
S 评估*
F 灰色综合评判

灰色数学
gray mathematics
O159
S 数学*

灰色数学模型
Y 灰色预测模型

灰色数值模型
gray numerical model
O242.1
S 灰色预测模型
C 灰信息
Z 预测模型

灰色微分方程
grey differential equation
O175
S 微分方程
Z 方程(数学)

灰色系统
grey system
N941.5
D 灰色系统方法
S 系统*
C 灰色关联度
灰色关联分析
灰色系统理论
模糊系统

灰色系统动态模型
grey system dynamic model
N941.5
S 灰色预测模型
Z 预测模型

灰色系统方法
Y 灰色系统

灰色系统理论
grey system theory
N941.5
D 灰色理论
S 系统论*
C 灰色-马尔可夫模型
灰色系统
灰色预测模型
指数回归

灰色预测
grey prediction
N941.5
S 预测*
F 拓扑预测
C 后验差检验
灰导数

灰色预测模型
grey forecasting model
O242.1
D GM(1,1)灰色模型
GM(1,1)幂模型
GM(1,1)模型
GM(2,1)模型
GM 模型
单因子系统云灰色模型
动态灰色模型
非等间距 GM(1,1)模型
改进的 GM(1,1)模型
灰模型
灰色 GM 模型
灰色模型
灰色数学模型
灰色预测模型 GM(1,1)
S 预测模型*
F 多变量灰色模型
灰色数值模型
灰色系统动态模型
离散灰色模型
无偏灰色模型
C 灰色动态模型
灰色关联度
灰色系统理论

灰色预测模型 GM(1, 1)
Y 灰色预测模型

灰色综合关联度
grey integrated connection grade
N941.5
S 灰色关联度*

灰色综合评判
grey comprehensive evaluation
O159
D gray 综合评判
grey 综合评判
S 灰色评估
F 灰色模糊综合评判
C 灰色关联度
Z 评估

灰数
grey number
O159
S 数*
F 泛灰数
C 灰色聚类分析

灰统计
grey statistics
O21
S 统计*

灰信息
grey information
N95
S 信息*
C 灰色数值模型

回报函数
return function
O174
S 函数*

回归
Y 回归分析

回归(数学)*
regression(mathematics)
O212.1；P413
D 多重回归分析
F Lasso 回归
半参数回归
保序回归
多项式回归
二元回归
非参数回归
非线性回归
分段回归
岭回归
模糊回归
逆回归
双误差回归
线性回归
一阶自回归
一元回归
指数回归
最小二乘回归
最优子集回归
C 数理统计

回归参数
regression parameter
O212.1
S 参数*
C *t* 检验
模糊线性回归
损伤函数

回归插补
regression imputation
O212.1
S 补*
C 方差估计

回归点
regression point
O221；O241
D 链回归点
S 数值点
C 度量空间
极小集
Z 点(数学)

回归方程
regression equation
O151
D 逐步回归方程
S 方程(数学)*
F 二次回归方程
回归直线方程
曲线回归方程
线性回归方程
C 非线性回归
回归函数
整数规划模型

回归方法
Y 回归分析

回归分析
regression analysis
O212.1
D 回归
回归方法
回归分析法
S 统计分析*
F 多元回归分析
二次回归分析
非线性回归分析
加权回归
模糊回归分析
偏最小二乘回归分析
统计回归分析
线性回归分析
一元回归分析
异方差回归分析
正交分析
逐步回归
自回归分析
C 回归设计
回归直线方程
经验公式
相关分析
正交回归设计
支持向量机

回归分析法
Y 回归分析

回归估计
regression estimation
O211.67
S 估计(数学)*
C Huber 函数

回归函数
regression function
O174
D 理论回归
S 函数*
F 非参数回归函数
C Lasso 回归
回归方程
局部多项式估计
最小一乘准则

回归建模
regression modeling
O212.1
S 数学建模
C 欧氏距离法
Z 建模

回归模型*
regression model
O212.1；O213
D 回归数学模型
F Kriging 模型
logistic 回归模型
Poisson 回归模型
半参数回归模型
变系数回归模型
多项式回归模型
非参数回归模型
混合回归模型
统计回归模型
线性回归模型
相依回归模型
逐步回归模型
自回归模型
C ψ-混合序列
随机系数
鞅差序列
最优子集

回归拟合
regression fit
O241
S 数学拟合*
C 拟合精度

回归曲线
Y 非线性回归

回归设计
regression design
O151
S 实验设计
F 正交回归设计
C 回归分析
Z 设计

回归数学模型
Y 回归模型

回归系数
regression coefficient
O21
S 系数*
C 均方误差
相依回归系统
斜率

回归性
recurrence
O212.1
S 数学性质*
C 辛流形

回归诊断
regression diagnostics
O141.4
S 分析法(数学)*
C 残差分布
异常值
正态分布函数

回归直线方程
regression linear equation
O212.1
S 回归方程
直线方程
C 回归分析
Z 方程(数学)

回收锥
recession cone
O123.3；O189.2
S 锥体*
F 凸锥
C 闭凸集

回旋曲线
Y 回旋线

回旋线
clothoid
O18
D Cornu 螺线
回旋曲线
考纽螺线
S 曲线*
C 曲率半径
曲率测量 →(2)
自然方程

回旋柱面
Y 圆柱面

回转面
Y 旋转曲面

回转体
Y 旋转体

会聚点
convergent point
ZT74
S 位置*

绘图板
drawing board
TH12
S 绘图工具*

绘图工具*
drawing tool
TB23
F 绘图板
三角板
C 绘图 →(4)(5)
绘图仪 →(2)

惠夏分布
Y Wishart 分布

浑沌
Y 混沌

浑沌状态
Y 混沌

混沌*
chaos
O415.5
D 浑沌
浑沌状态
混沌方法
混沌分析
混沌化
混沌态

混沌行为
F Devaney 混沌
分布混沌
李-约克混沌
C 混沌动力系统
混沌动力学 →(2)
混沌理论 →(2)
混沌系统
混沌宇宙论 →(4)

混沌动力系统
chaotic dynamical system
N941.3
S 动力系统(数学)*
C 大气系统 →(2)(4)
混沌
混沌动力学 →(2)
混沌运动 →(2)

混沌方法
Y 混沌

混沌分解
chaos decomposition
O192
S 数学分解*
C 布朗运动

混沌分析
Y 混沌

混沌轨道
chaotic orbit
O189；O415.5
S 轨道*

混沌化
Y 混沌

混沌集
chaotic set
O193
S 集合*
C 周期点

混沌态
Y 混沌

混沌系统*
chaotic system
O415.5
F 非线性混沌系统
C Hurwitz 判据
混沌
混沌理论 →(2)
混沌性质 →(2)
吸引子

混沌行为
Y 混沌

混合 0-1 规划
mixed 0-1 programming
O221.4；O302
S 0-1 整数规划
混合整数规划
Z 数学规划

混合边界条件
mixed boundary condition
O175.2
D 混合型边界条件
S 边界条件*

混合边界问题
Y Robin 边值问题

混合边值
Y 混合边值问题

混合边值问题
mixed boundary value problem
O175.8
D 混合边值
S 边值问题*
F 混合初边值问题
C 混合型方程

混合变分不等式
mixed variational inequalities
O178
S 变分不等式
C Tikhonov 正则化
Z 不等式

混合策略
mixed strategy
O227
S 策略(数学)*
C 连续博弈

混合常态分布
Y 混合正态分布

混合场积分方程
combined field integral equation
O172.2
S 积分方程
Z 方程(数学)

混合初边值问题
mixed initial boundary value problem
O175.8
S 初边值问题
混合边值问题
C 拟线性
Z 边值问题

混合单调迭代方法
mixed monotone iterative technique
O177
S 单调迭代方法
C 混合单调算子
Z 迭代法

混合单调算子
mixed monotone operator
O177
S 单调算子
F 反向混合单调算子
奇异混合单调算子
随机混合单调算子
C 混合单调迭代方法
Z 算子

混合对偶
Y 混合型对偶

混合法
mixed methods
O241
D 混合种植法
集团法
S 数学方法*

混合法(有限元法)
Y 混合有限元

混合范数空间
Y 混合模空间

混合分布
Y 混合正态分布

混合高斯分布
Y 混合正态分布

混合共轭梯度法
mixed conjugate gradient method
O241.6
S 共轭梯度法
Z 数学方法

混合函数
hybrid function
O174
S 函数*
C Coons 曲面
混合参数 →(2)

混合互补
mixed complementarity
O174；O241.6
D 混合互补问题
S 互补*
C 梯度投影法

混合互补问题
Y 混合互补

混合回归模型
mixed regression model
O212.1
S 回归模型*
C 时间序列分析 →(2)

混合积
mixed product
O153.3
D 混合体积
数量三重积
S 积*

混合计算
mixed calculation
O172；O241
S 计算*
C 多项式方程

混合均值
hybrid mean value
O156.4
S 平均数*
C 高斯和

混合幂
mixed powers
O156.7
S 幂
C 整数解
Z 运算

混合模空间
mixed norm space
O174.5
D 混合范数空间
S 模空间
C 有界对称域
Z 空间(数学)

混合偏导数
mixed partial deriative
O172.1
S 偏导数
C 相等
Z 导数

混合时滞
mixed delays
O231
S 时滞*

混合体积
Y 混合积

混合图
mixed graph
O157.5
S 图表*

混合威布尔分布
mixed-weibull distribution
O213.2
S 威布尔分布
C 可靠性
Z 概率分布

混合位积分方程
mixed-bit integral equation
O172.2
S 积分方程
Z 方程(数学)

混合问题
mixed problem
O175.28；O211
S 数学问题*

混合误差
Y 综合误差

混合系统
Y 混杂系统

混合线性模型
Y 线性混合模型

混合效应
Y 混合效应模型

混合效应模型
mixed effect model
O212.1
D 混合效应
S 数学模型*
C 方差分量
傅里叶变换
极大似然估计
异方差检验

混合型边界条件
Y 混合边界条件

混合型对偶
mixed type dual
O177
D 混合对偶
S 对偶*
C 最优解

混合型多属性决策
hybrid multiple attribute decision making
O211.62；O223
S 决策论*
C 相似性

混合型方程
mixed-type equation
O175.28
S 方程(数学)*
C 混合边值问题

混合序列
mixing sequences
O211.4
S 序*
F ρ-混合序列
φ-混合序列
ψ-混合序列
强混合序列

混合有限元
mixed finite element
O175.2；O241.82；O242.2；O302
D 混合法(有限元法)
混合有限元法
混合有限元方法
混合元
特征混合有限元
S 有限元*
F H1-Galerkin 混合有限元
最小二乘混合有限元
C 超收敛
二阶椭圆方程
混合变分原理 →(2)
扩散系数 →(2)(3)

混合有限元法
Y 混合有限元

混合有限元方法
Y 混合有限元

混合元
Y 混合有限元

混合整数规划
mixed integer programming
O221.4
S 整数规划
F 非线性混合整数规划
混合 0-1 规划
Z 数学规划

混合整数规划模型
mixed integer programming model
O221.4
D MILP
S 整数规划模型
C 最优解集
Z 数学模型

混合正态分布
mixed normal distribution
O211.1；O213.2
D 混合常态分布
混合分布
混合高斯分布
S 正态分布
C 极大似然估计
空间数据 →(4)
Z 概率分布

混合指数分布
Y 超指数分布

混合制系统
Y 混杂系统

混合种植法
Y 混合法

混合坐标
hybrid coordinate
V4
S 坐标*
C 气候模拟 →(4)

混联系统
series-parallel system
N948
D 并串联系统
并-串联系统
串并联系统
串-并联系统
S 互联系统
C 并联系统
串联系统
Z 系统

混料试验
mixture experiment
O212.6
S 试验*

混淆误差
Y 综合误差

混杂系统
hybrid system
N945.11；N948
D 混合系统
混合制系统
S 系统*
C 复合系统
复杂系统

活动标架
moving frame
O186；P121
S 标架*

活动标架法
moving frame methods
O182
S 数学方法*
C 积分几何

活动分析
activity analysis
ZT5
S 分析*

活动路径
active path
ZT74
S 路径*

活动模式
activity pattern
ZT71
S 模式*

活动周期
activity cycle
ZT73
S 周期*

或然率
Y 概率

或然误差
probable error
O241.1
D 概率误差
概然误差
可能误差
S 误差*

货郎担问题
Y 旅行商问题

获取
Y 采集

霍尔顿序列
Y Halton 序列

霍夫变换
Hough transformation
O241
D Hough 变换
哈夫变换
S 数学变换*
F 改进 Hough 变换
C 直线拟合

霍纳方法
Y 综合除法

霍普分岔
Y Hopf 分支

霍普夫不变量
Y 微分不变量

霍普夫分岔
Y Hopf 分支

霍普夫分枝
Y Hopf 分支

霍普夫模
Y Hopf 模

霍奇分解
Y Hodge 分解

霍特林 T 分布
Y t 分布

机会约束
chance constraint
O241
S 概率约束
C 模糊随机模拟
随机规划
Z 约束(数学)

机会约束规划
chance constrained programming
O221；O241
D 机会约束规划(160406112507)
S 随机规划
F 模糊机会约束规划
Z 数学规划

机会约束规划(160406112507)
Y 机会约束规划

机会约束规划模型
Y 随机规划模型

机理*
mechanism
ZT0
D 机制
F 触发机制
失效机理
形成机制
异常机制
C 理论
粘滑 →(5)

机体变量
Y 中间变量

机械抽样
Y 系统抽样

机械求积
Y 数值积分

机制
Y 机理

奇点
singular point
O175；P159
D 奇异点
S 点(数学)*
F 鞍点
高阶奇点
孤立奇点
可去奇点
无穷远奇点
相位奇点
应力奇点
有限远奇点
C 多项式模型
积分和
留数
奇异性理论
相对加速度 →(2)
宇宙奇点 →(4)
圆锥曲线

奇点理论
Y 奇异性理论

奇点量
singular point value
O175.12
S 数量*
C 五次系统

奇点指数
singular points index
O175.1；O192
S 指数*
C 极限环

奇函数
odd function
O171；O174
S 奇偶函数
C 第一型曲线积分
对称曲面
对称曲线
Z 函数

奇合数
odd composite number
O156.1
S 合数
C 奇偶性
Z 复数

奇核
Y 奇异核

奇阶
Y 奇数阶

奇解
singular solution
O122.2；O175；O242
D 非奇异解
奇异解
S 解*
C 部分变元
非奇异矩阵
奇异非线性三点边值问题

奇偶函数
even-and-odd function
O174
S 函数*
F 偶函数
奇函数
C 曲线积分

奇偶向量
parity vector
O183
S 向量*

奇偶性
parity
O156；O171
S 数学性质*
C 奇合数
弱对偶

奇强协调图
odd strong harmonious graph
O157.5
S 协调图
C 标号算法
Z 图表

奇数
odd number
O121
S 自然数
C 角谷猜想

偶数
Z 复数

奇数阶
odd order
O151.21
D 奇阶
S *n* 阶
F 三阶
一阶
C 符号星控制数
幻方
Z 阶(数学)

奇素数
odd prime
O156.2
S 素数
C Pell 方程
高斯整数环
平衡不完全区组设计
同余条件
置换多项式
Z 复数

奇完全数
odd perfect number
O156.1
S 完全数
Z 复数

奇性传播
propagation of singularities
O175.2
S 传播*
C 半线性方程

奇优美标号
odd graceful labeling
O157.5
S 标号算法
C 简单图
Z 最优化方法

奇优美图
odd graceful graph
O157.5
D 图的奇优美性
完美图
S 优美图
C 顶点
独立集
Z 图表

积*
product
O121；O14
F Fan 积
Hadamard 积
Khatri-Rao 积
Smash 积
杯积
差积
乘积
笛卡尔积
混合积
交叉积
卷积
卡氏积
内积
圈积
数量积
外积
余积
张量积
直积
自由积
C 泛容许性

积分*
integral
O13；O171；O172.2
D 积分形式
积分性质
积分学
积分原理
F Abel 积分
Bochner 积分
choquet 积分
Dirichlet 积分
Duhamel 积分
Henstock 积分
Marcinkiewicz 积分
Pettis 积分
Sugeno 积分
变限积分
泊松积分
定积分
反常积分
泛函积分
菲涅耳积分
费曼积分
分数次积分
复积分
高斯积分
关联积分
广义积分
轨道积分
含参变量积分
解析积分
精确积分
精细积分
卷积积分
均质积分
累次积分
面积积分
模糊积分
曲面积分
曲线积分
实积分
守恒积分
首次积分
随机积分
围线积分
弦幂积分
余积分
运动积分
振荡积分
直接积分
主值积分
子域积分
C 导数
微积分

积分 C-半群
integrated C semigroup
O152.7
S C-半群
Z 群(数学)

积分半群
integrated semigroups
O152.7
S 半群
F Markov 积分半群
Z 群(数学)

积分边界条件
Y 积分边值条件

积分边值条件
integral boundary condition
O175.8
D 积分边界条件
S 条件(数学)*
C 积分边值问题
积分区间
特殊元

积分边值问题
integral boundary value problem
O175.8
S 边值问题*
C 积分边值条件

积分变换*
integral transform
O171；O172.2；O177.6
D 积分变换法
F Hankel 变换
Hilbert-Huang 变换
Legendre 变换
Walsh 变换
z 变换
傅里叶变换
哈尔变换
快速变换
拉普拉斯变换
逆变换
奇异积分
有限积分变换
C 泛函分析
连续偏差变元
数学变换

积分变换法
Y 积分变换

积分变量
integration variable
O172
S 变量*

积分表示
integral representation
O174
D Schlafli 积分表示
施拉夫利积分表示
S 表示(数学)*
C 积分方程
拟凸域

积分不等式
integral inequality
O174

S 不等式*
F Hardy 型积分不等式
Hilbert 积分不等式
Young 不等式
非线性积分不等式
C Directly-Riemann 积分
变上限函数
常平均曲率
共轭指数
积分平均
积分上限函数
积分因子
紧致子流形

积分常数
integral constant
O172.2；O174
S 常数*
C 轨道方程 →(2)(4)

积分抽样
integral sampling
C81
D 积分抽样方法
S 采样*

积分抽样方法
Y 积分抽样

积分等式
integral equality
O172.2
S 等式
C 中值命题
Z 表达式

积分第二中值定理
the second integral mean value theorem
O172.2；O174
D 第二积分中值定理
第二中值定理
S 积分中值定理
Z 数学定理

积分第一中值定理
the first integral mean value theorem
O13；O171；O172.2；O174
D 第一积分中值定理
第一中值定理
S 积分中值定理
Z 数学定理

积分定理
integral theorem
O172
S 数学定理*

积分法
integral method
O171；O172.2；O241；O351
D 积分方法
S 数学方法*
F 初等积分法
分部积分法
换元积分法
积分方程方法
积分因子法
热平衡积分法
时程积分法
组合积分法
C 竖式
微分法

积分泛函
integral functionals
O172；O211
D 积分型泛函
S 泛函*
C 泛函微分方程

积分方程
integral equation
O172；O175.5
D 积分方程法
S 方程(数学)*
F Fredholm 积分方程
Volterra 积分方程
表面积分方程
超奇异积分方程
第一类积分方程
电场积分方程
非线性积分方程
混合场积分方程
混合位积分方程
积分微分方程
奇异积分方程
时域积分方程
延迟积分方程
C 泛函分析
固有元
积分表示
解卷积 →(2)

积分方程法
Y 积分方程

积分方程方法
integral equation methods
O172.2；O302；O343
D 间接边界积分方程法
S 积分法
Z 数学方法

积分方程模型
Y 积分模型

积分方程组
integral equation system
O172；O175.5
S 方程组*
F 积分微分方程组
奇异积分方程组

积分方法
Y 积分法

积分公式
integral formula
O171；O172.2；O241
D 数值积分公式
S 公式(数学)*
F Schwarz 积分公式
分部积分公式
格林公式
积分中值公式
柯西积分公式
C 极限环
有界域

积分估计
integral estimation
O212
S 估计(数学)*
C 反应扩散方程组

积分和
integral sum
O172.2；O174
D Riemann 和
黎曼和
S 和(数学)*
C Lebesgue 积分
模空间
奇点

积分核
integral kernel
O175.3
S 核函数
F 泊松核
粗糙核
C 极大算子
Z 函数

积分恒等式
integral identity
O172
S 恒等式*
C 超逼近
粘弹性方程

积分几何
integral geometry
O186.5
D 积分几何学
S 几何*
C 活动标架法
微分几何

积分几何学
Y 积分几何

积分计算
integral calculation
O172.2
S 计算*
C 平面曲线

积分检验
integral test
O172.2
S 检验*

积分解
integral solution
O122.2
S 解*
C 波函数

积分精度
integral precision
O241.4
S 数学精度*

积分均值
Y 积分平均

积分流形
integral manifold

O175；O177.8；O186.12；O189
D 积分子流形
S 子流形
C 极限环
截面曲率
Z 流形

积分路径
Y 曲线积分

积分面积
integral area
O171；O172.2
S 面积*
C 变异函数

积分模型
integral model
O172.2；O175.5；O242.1
D 积分方程模型
S 数学模型*
C 流变方程 →(2)
最小二乘法

积分偏微分方程
Y 积分-偏微分方程

积分-偏微分方程
integro-partial differential equation
O175.5
D 积分偏微分方程
S 积分微分方程
Z 方程(数学)

积分平均
integral mean
O156.1；O178
D 积分均值
S 平均数*
C 二阶变系数微分方程
积分不等式

积分区间
integral interval
O172.2
S 区间*
C 积分边值条件

积分区域
integral region
O172.2
S 域*

积分曲线
integral curve
O174；O175.5
S 匹配*
C 方向场
切丛

积分上限函数
integral upper limit function
O171；O172；O174
S 上限函数
C 积分不等式
Z 函数

积分水平集
Y 积分-水平集

积分-水平集
integral level set
O177；O221
D 积分水平集
S 水平集
C 极大极小问题
Z 集合

积分算子
integral operator
O177.6
D 积分型算子
S 算子*
F Marcinkiewicz 积分算子
分数次积分算子
奇异积分算子
C Bα 空间
P 叶函数
Sugeno 模糊积分
积分算子矩阵
近于凸函数
强奇异积分
散射问题
微分从属

积分算子矩阵
integral operator matrix
O174.2
S 矩阵*
C 积分算子

积分微分方程
integral differential equation
O151；O175.6
D BBGKY 方程
积分-微分方程
积分微分系统
积分一微分方程
积-微分方程
微分积分方程
微分-积分方程
微积分方程
S 积分方程
F Volterra 积分微分方程
积分-偏微分方程
迁移方程
延迟积分微分方程
C Erlang(2)过程
红利边界
Z 方程(数学)

积分-微分方程
Y 积分微分方程

积分微分方程组
integral and differential equations
O175.1；O175.7
D 积分-微分方程组
S 积分方程组
微分方程组
Z 方程组

积分-微分方程组
Y 积分微分方程组

积分微分算子
integral differential operator
O175.3；O177
D 积分-微分算子
S 微分算子
Z 算子

积分-微分算子
Y 积分微分算子

积分微分系统
Y 积分微分方程

积分形式
Y 积分

积分型 Cauchy 中值定理
integra type Cauchy mean value theorem
O172.2
D 积分型柯西中值定理
S 积分中值定理
Z 数学定理

积分型泛函
Y 积分泛函

积分型柯西中值定理
Y 积分型 Cauchy 中值定理

积分型算子
Y 积分算子

积分性质
Y 积分

积分学
Y 积分

积分一微分方程
Y 积分微分方程

积分因子
integrating factor
O175
S 因子*
F 复合型积分因子
C 积分不等式
权函数

积分因子法
integral factor solution
O172.2
S 积分法
C Killing 方程
辅助函数
Z 数学方法

积分元素
Y 微元

积分原理
Y 积分

积分运算
integral operation
O171；O172.2
D 不定积分的运算法则
S 运算*
C 极限
可交换性

积分真度
integration truth degree
O141.1
S 概率真度*
C 虚拟激励 →(2)

积分中值定理
integral mean value theorem
O171；O172.2
S 中值定理
F 积分第二中值定理
积分第一中值定理
积分型 Cauchy 中值定理
C Wiener 空间
半离散有限元
高斯积分
曲面面积
Z 数学定理

积分中值公式
integral intermediate value formulas
O172.2
S 积分公式
中值公式
C 渐近线
中值点
子域精细积分
Z 公式(数学)

积分子流形
Y 积分流形

积和
Y 乘积和

积空间
product space
O177.3；O189.1
D 乘积空间
相对乘积空间
S 拓扑空间
C 粗糙核
连通集
向量极值
Z 空间(数学)

积累
accumulate
ZT5

积累误差
Y 累积误差

积累因子
buildup factor
ZT84
S 因子*

积图
Y 乘积图

积-微分方程
Y 积分微分方程

积性函数
multiplicative function
O174
D 可乘函数
S 函数*
C 可积性

基本变量
Y 基变量

基本常数
Y 常数

基本超几何级数
basic hypergeometric series
O173
D q-级数
S 超几何级数
C 高斯方程
拉贝判别法
Z 级数(数学)

基本初等函数
basic elementary functions
O174
S 函数*
C 凑微分

基本定理
fundamental theorem
O1-0
S 数学定理*
F 代数基本定理
第二基本定理
算术基本定理
微积分基本定理

基本定律
Y 定律

基本对称多项式
Y 对称多项式

基本公式
fundamental formula
O143
S 公式(数学)*
F 倍角公式
乘法公式
递推公式
迭代公式
距离公式
面积公式
体积公式
完全平方公式
余弦公式
指数公式

基本集
basic set
O144；O193
S 集合*
C 约化子空间

基本集分解
Y 谱分解

基本解
fundamental solution
O175.2
S 解*
C Pohozaev 恒等式
分数次积分

基本解组
Y 基础解系

基本可行解
basic feasible solution
O122.2；O221.1；O241
D 基可行解
最优基本可行解
S 可行解
C 可行性条件
可行域
Z 解

基本群
fundamental group
O152
D 底群
基础群
S 群(数学)*
C 庞加莱猜想

基本事件
basic event
O212.1；O213
D 样本点
样本值
S 事件*
C 先验概率
样本空间

基本事件空间
Y 样本空间

基本误差
fundamental error
O241.1
D 固有误差
S 误差*

基本系统
Y 系统

基本向量
Y 基向量

基本运算
fundamental operation
O143
S 运算*
C 多值函数

基本周期
fundamental period
ZT73
S 周期*

基变换
base transformation
O187.1；O241.6
S 几何变换
C 过渡矩阵
Z 数学变换

基变量
basic variable
O221.1
D 基本变量
S 变量*
C 退化问题

基础解系
basic solution system
O151.2
D 基本解组
S 解集
C 代数元
分形插值
Z 集合

基础理论
basic theory
ZT0
D 基础理论学
S 理论*

基础理论学
Y 基础理论

基础群
Y 基本群

基础数学
fundamental mathematics
O1-0；O172
D 纯粹数学
S 数学*
C 应用数学

基础研究
basic research
ZT0
S 科学研究
Z 研究

基底向量
Y 基向量

基尔霍夫方程
Y 基尔霍夫方程组

基尔霍夫方程组
Kirchhoff equations
O241.6
D 基尔霍夫方程
S 方程组*
C 行处理法

基尔霍夫公式
Y Kirchhoff 公式

基尔霍夫指标
Y Kirchhoff 指标

基函数
basis function
O174
D 基组
S 函数*
F Bernstein 基函数
插值基函数
多项式基函数
紧支径向基函数
三角基函数
C Bézier 样条曲线
B 样条拟合
Haar 小波变换
移动最小二乘法

基解矩阵
fundamental solution matrix
O175.1
S 矩阵*
C 径向基函数
矩阵指数

基矩阵
basis matrix
O17
S 矩阵*

基可行解
Y 基本可行解

基林方程
Y Killing 方程

基矢量
Y 基向量

基数*
cardinal number
O144；O24
D 底数
F 正则基数
C 闭区间套定理

基态
Y 稳定

基态波函数
ground state wave function
O174
S 波函数
C 时间演化 →(2)
Z 函数

基态结构
Y 稳定

基态解
ground state solution
O122.2
S 解*
C Kirchhoff 公式

基线算法
basic line algorithm
O221.6
S 数学算法*

基向量
basis vector
O152；O183
D 单位向量
基本向量
基底向量
基矢量
可变单位向量
S 向量*
C 单位四元数
平面直角坐标系
平行四边形
施密特正交化

基样条
base splines
O174.41
S 样条曲线*

基元
primitive
ZT6

基元格
Y 几何格

基指数
base index
O151.21
S 指数*
C 不可幂

基准分布
Y 置信分布

基准校正
baseline correction
ZT5
S 校正*

基准坐标系
Y 参考坐标系

基组
Y 基函数

畸变定理
distortion theorem
O174
S 数学定理*

激波解
shock front solution
O175.8
S 波解*
C 激波测量 →(2)

激发函数
excitation function
O174
S 函数(物理)*

吉伯斯随机场
Y Gibbs 随机场

吉布斯采样
Y Gibbs 抽样

吉布斯测度
Y Gibbs 测度

吉布斯函数
Gibbs function
O174
D Gibbs 函数
S 函数*
C 吉布斯效应

吉布斯随机场
Y Gibbs 随机场

吉布斯现象
Y 吉布斯效应

吉布斯效应
Gibbs effect
O241
D Gibbs 现象
吉布斯现象
S 效应*
C Gibbs 抽样
Runge 现象
玻尔兹曼分布 →(2)
吉布斯函数

吉尔萨诺夫变换
Y Girsanov 变换

吉洪诺夫正则化
Y Tikhonov 正则化

吉洪诺夫正则化方法
Y Tikhonov 正则化

级联算法
cascade algorithm
O174.2
S 数学算法*
C 级联理论 →(2)

级数
Y 级数(数学)

级数(数学)*
series (mathematics)
O122.7；O173
D 级数
级数法
数项级数
F Dirichlet 级数
Edgeworth 级数
Faber 级数
Neumann 级数
常数项级数
超球级数
函数项级数
几何级数
勒让德级数
模糊级数
缺项级数
收敛级数
算术级数
随机级数
无穷级数
形式级数
优级数
正项级数
重级数
子级数
C 逆否命题
求和法
通解
无穷边值问题
无穷乘积

级数的和
Y 级数求和

级数法
Y 级数(数学)

级数和
Y 级数求和

级数解
series solution
O173
D 级数解答
S 解*
F 幂级数解
C 级数收敛

级数解答
Y 级数解

级数求和
summation of series
O173
D 级数的和
级数和
S 求和法
C 幂级数
逐项求导
组合公式
Z 数学方法

级数收敛
series convergence
O13；O171；O173
S 收敛(数学)*
C 级数解

级数展开
series expansion
O171；O173；O174.41
D Chebyshev 级数展开
级数展开法
切比雪夫级数展开
S 展开(数学)*
F 傅里叶展开
渐近展开
幂级数展开

级数展开法
Y 级数展开

极差
extreme difference
O156.1
S 差值*
C 可变抽样区间

极差控制图
range control chart
O231
S 控制图*

极大
Y 极大值

极大 η-单调映象
maximal η-monotone mappings
O177.91
S 极大单调映象
C 收敛定理
Z 映射

极大不等式
Y 最大值不等式

极大代数
max-algebra
O153.3
S 双子代数
C 极大函数
极大算子
极大向量
三角代数
Z 代数

极大单调算子
maximal monotone operator
O175.3
D 极大单调映射
S 单调算子
C hemi 连续映射
Z 算子

极大单调映射
Y 极大单调算子

极大单调映象
maximal monotone mapping
O177.91；O189
S 单射
F 极大 η-单调映象
C 集值算子
Z 映射

极大独立集
maximal independent set
O157.5
D 稳固集
最大独立集
S 独立集
极大集
C 单圈图
邻接矩阵
Z 集合

极大函数
maximal function
O174
D Hardy-Littlewood 极大函数
哈代-李特尔伍德极大函数
S 函数*
F Sharp 极大函数
C Morrey-Herz 空间
分数次积分
极大代数
奇异积分算子

极大环面
maximal torus
O152.4
S 环面
C 内自同构
Z 曲面

极大极小
Y 极大极小问题

极大极小不等式
minimax inequality
O178
D 极小极大不等式
S 不等式*
F 最大值不等式
C 极大元
转移紧闭值
自反 Banach 空间

极大极小定理
minimax theorem
O22
D 极小极大定理
S 数学定理*

极大极小问题
minimax problem
O122.5；O171；O212.1
D minimax 问题
极大极小
极大极小原理
极小化极大算法
极小化极大问题
极小极大
极小极大问题
全局极值
总极值
总体极值
S 数学问题*

F 极小化问题
C 调节熵函数
积分-水平集
近似解
三元函数

极大极小原理
Y 极大极小问题

极大集
maximal set
O144；O153.1
S 极集
F 极大独立集
C 分解定理
Z 集合

极大解
Y 极小解

极大理想
maximal ideal
O153.3
S 理想(数学)*
F 次极大理想
C Hensel 引理
局部环
强不可约算子

极大模
Y 最大模

极大模糊熵原理
Y 最大熵原理

极大平面图
maximal planar graph
O157.5
D 极大外平面图
S 平面图*
C 四色定理
完美匹配

极大圈
Y Hamilton 圈

极大熵
Y 最大熵

极大熵法
Y 最大熵

极大熵函数
maximum entropy function
O174
D 最大熵函数
S 熵函数
C BFGS 方法
Z 函数

极大熵原理
Y 最大熵原理

极大似然
Y 极大似然法

极大似然法
maximum likelihood method
O241
D 极大似然
极大似然方法
S 数学方法*
C 三参数威布尔分布

极大似然方法
Y 极大似然法

极大似然估计
maximum likelihood estimate
O211.67；O212.1
D MLE
ML 估计
M-估计
最大概似估计
最大似然法
最大似然估计
最大似然估计法
S 似然估计
F 近似极大似然估计
拟极大似然估计
修正极大似然估计
C score 统计量
大偏差原理
非齐次泊松过程
广义方差比
混合效应模型
混合正态分布
似然比统计量
Z 估计(数学)

极大似然估计量
Y Minimax 估计

极大似然函数
Y 最大似然函数

极大算子
maximal operator
O177
D 分数次极大算子
S 算子*
C Doob 不等式
多线性奇异积分
高阶交换子
积分核
极大代数

极大外平面图
Y 极大平面图

极大完备
maximal completion
O152.1
S 完备*
C 极大子群

极大无关组
maximal independent group
O151.2
S 群组*
F 极大线性无关组
C 同步求解

极大线性无关组
maximal linearly independent group
O151.21
S 极大无关组
Z 群组

极大向量
maximal vector
O153.3
S 向量*
C 极大代数
最大值不等式

极大项
Y 最大项

极大右商环
maximal right quotient ring
O153.3
S 环(数学)*
C 线性组合

极大元
maximal element
O144；O177；O241
D 广义最大元
最大元
S 元*
C L-凸度量空间
定性对策
极大极小不等式
模糊滤子
通有稳定性
有界集

极大值
maximum
O122.5；O174；O175.2
D 极大
S 极值*

极大值函数
max-value function
O174
D 最大值函数
S 函数*
C 带余除法
微分方程模型
最大值不等式

极大值原理
Y 最大值原理

极大子群
maximal subgroup
O152
S 子群
F 2-极大子群
C Sylow 定理
S-半正规
次正规
极大完备
零因子
Z 群(数学)

极大自由幺子半群
maximal free submonoid
O152.7
S 子半群
Z 群(数学)

极地轨道
Y 周期轨道

极端环境
Y 极限条件

极端条件

Y 极限条件

极端性
extremism
ZT4
S 特性*

极端值
extreme values
ZT3
S 数值*

极分解
polar decomposition
O151.2
S 解*
C 正算子

极集
polar set
O144；O174.3
S 集合*
F 极大集
极限集
极小集
C 平稳高斯过程

极解
Y 极值解

极图
polar diagram
O157.5
S 图表*

极线
polar line
O181
S 线段*

极限
limit
ZT5
D 极限定义
极限问题
极限形式
C 代入法
割圆术
积分运算
夹逼法
夹逼准则
泰勒多项式
无穷乘积
无限
有界

极限(数学)*
limits(mathematics)
O17
F Banach 极限
不定式极限
单侧极限
二重极限
函数极限
和式极限
累次极限
拟中性极限
逆极限
强极限
数列极限
诱导极限
重要极限

极限抽样分布
Y 抽样分布

极限点
Y 极值点

极限定理
limit theorem
O211.4
S 数学定理*
F 大数定理
导数极限定理
夹逼定理
强极限定理
中心极限定理
C 极限函数

极限定义
Y 极限

极限分布
limit distribution
O211.1
D 渐近分布
S 概率分布*
F 渐进分布
C 方差变点
收敛速度
似然比检验

极限分析
limit analysis
O175.8；O344.5
D 极限状态
极限状态分析
S 数学分析*
F 渐近分析
上限分析
下限分析
C 抗震设计 →(5)
柔度法 →(2)
设计
下限定理 →(2)
岩土工程 →(5)
应力状态 →(2)

极限概念
Y 极值

极限公式
limit formula
O171
S 公式(数学)*
C 洛必达法则
无穷小

极限函数
limit function
O174
S 函数*
C 极限定理
主值积分

极限环
limit ring
O153.3；O193
D 多重极限环
极限圈
稳定极限环
S 环(数学)*
C Abel 积分
Poincare-Bendixson 环域定理
不变直线
多项式判别系统
二次微分
非线性振荡 →(2)
积分公式
积分流形
奇点指数
全局 Hopf 分支
全局渐近稳定性
最优收获策略

极限环分叉
Y 极限环分支

极限环分支
limit cycle bifurcation
O17
D 极限环分叉
S 分支*
C Hermite 矩阵
三次微分系统
线性稳定性分析 →(2)

极限集
limit set
O144；O177
S 极集
F ω-极限集
拟极限集
C Banach 空间
周期点
Z 集合

极限计算
limit calculation
O171
S 计算*
C 幂级数法
坐标变换矩阵

极限理论
limit theory
O211.4
D 极限论
S 数学理论*

极限论
Y 极限理论

极限圈
Y 极限环

极限思想
Y 极值

极限条件
extreme condition
ZT84
D 极端环境
极端条件
S 条件*
F 极小条件
极值条件

C 极端气候 →(4)

极限问题
Y 极限

极限误差
Y 限差

极限形式
Y 极限

极限性质
ultimate property
ZT4
S 特性*

极限圆
horocycle
O175.14
S 圆*
C 可积性

极限运算
limit calculating
O151；O171
S 运算*
C 重积分

极限状态
Y 极限分析

极限状态分析
Y 极限分析

极小
Y 极小值

极小不可满足公式
minimal unsatisfiable formula
O153.1
S 公式(数学)*

极小超曲面
minimal hypersurface
O186
S 超曲面
极小曲面
C 第一特征值
Z 曲面

极小代数
minimal algebra
O224
S 双子代数
Z 代数

极小点
minimum point
O171；O221；O224
S 极值点
F 全局极小点
C 随机搜索
Z 点(数学)

极小多项式
Y 最小多项式

极小范数解
least norm solution
O122.2
S 极小解
F 极小范数最小二乘解
Z 解

极小范数最小二乘解
minimal norm least square solution
O122.2
S 极小范数解
最小二乘解
Z 解

极小非幂零群
minimal non-nilpotent group
O152.1
S 幂零群
Z 群(数学)

极小函数法
Y 矢量法

极小化
minimization
O122.5；O174；O175.2
S 优化*

极小化极大算法
Y 极大极小问题

极小化极大问题
Y 极大极小问题

极小化问题
minimization problem
O122.5；O174；O175.2
S 极大极小问题
F 局部极小值
C Carleman 不等式
FR 共轭梯度法
对称点
法丛
非线性抛物型方程
拟牛顿法
随机微分对策
凸性
椭圆方程
种群模型
最大延误
Z 数学问题

极小化序列
minimizing sequences
O241
S 序*

极小极大
Y 极大极小问题

极小极大不等式
Y 极大极小不等式

极小极大定理
Y 极大极小定理

极小极大估计
Y Minimax 估计

极小极大问题
Y 极大极小问题

极小集
minimal set
O144；O175
D 极小集合
S 不变集
极集
C 回归点
极小解
连续映射
Z 集合

极小集合
Y 极小集

极小解
minimum solution
O175.1；O221；O224
D 极大解
最大解
最小解
S 极值解
F 极小范数解
最小二乘解
最小范数解
C 极小集
矩阵对策
模糊关系方程
最小方差
Z 解

极小浸入
minimal immersion
O189.3；O23
C 黎曼联络

极小理想
minimal ideal
O153.3
S 理想(数学)*

极小曲面
minimal surface
O176；O186.16
S 曲面*
F 极小超曲面

极小素子群
minimal prime subgroup
O152
S 极小子群
C 特殊元
Z 群(数学)

极小条件
minimum condition
O153.1
S 极限条件
C 特殊值
Z 条件

极小项
minterm form
O141
S 项(数学)*
C 主合取范式

极小性
minimality
O211.6
S 数学性质*
C 紧致度量空间

极小元

minimal element
O144；O241
D 最小元
S 元*
F 径向极小元

极小值
minimum
O122.5
D 极小
S 极值*

极小值原理
minimum principle
O122.5；O174；O175.2
D 最小数原理
最小值原理
S 数学原理*
C 检验法
自然数

极小子流形
minimal submanifold
O189.3
S 子流形
C 流形几何
平均曲率向量
Z 流形

极小子群
minimal subgroups
O152
S 子群
F 极小素子群
Z 群(数学)

极小左理想
minimal left ideal
O153.3
S 左理想
C Jacobson 根
Z 理想(数学)

极小作用原理
last action principle
O175
S 数学原理*
C 正解存在性

极性相关
polarity correlation
TP2
S 相关*

极值*
extreme value
O122.5；O172；O174
D 广义极值
归纳极限
极限概念
极限思想
极值计算
正[向]极限
F 泛函极值
函数极值
极大值
极小值
局部极值
条件极值
向量极值
C 极值指标
拟共形映射
数值离散

极值Ⅰ型
Y 极值Ⅰ型分布

极值Ⅰ型分布
extreme type Ⅰ distribution
O211；P413
D 极值Ⅰ型
S 极值分布
C 高斯-牛顿法
Z 概率分布

极值长度
Y 共形不变量

极值点
extreme point
O171；O172.1；O175
D 极限点
S 数值点
F ω-极限点
极小点
C 非自治二阶系统
Z 点(数学)

极值定理
Y 最值定理

极值分布
extreme-value distribution
O211.1；O211.3
D GEV 分布
广义极值分布
S 概率分布*
F 复合极值分布
极值Ⅰ型分布
C 洪水频率分析 →(5)
条件矩

极值函数
extremal function
O174
D 集值函数
S 值函数
C 极值解
极值指标
相依导数
Z 函数

极值计算
Y 极值

极值解
extremal solution
O122.2
D 极解
S 解*
F 极小解
C Minimax 估计
极值函数

极值理论
extreme value theory
O172
D 极值原理
S 数学理论*
C D-最优性
非线性反应扩散方程
概率
极值分析 →(4)
尾概率
优化
重尾分布

极值拟共形映射
Y 拟共形映射

极值条件
extreme value condition
ZT84
S 极限条件
Z 条件

极值统计
extreme value statistics
O21
S 统计*

极值问题
extremal problem
O122.5；O174；O221.1；O221.2
S 数学问题*

极值原理
Y 极值理论

极值指标
extremal index
O211.4
S 指标*
C 极值
极值函数

极值指数
extremal index
O212
S 指数*
C Bootstrap 方法

极锥
Y 对偶锥

极坐标
polar coordinate
O13；O171；O182；P121
S 坐标*
C 平衡微分方程 →(2)
谱元法
同心圆

极坐标变换
polar coordinate transformation
TP391.41
S 坐标转换*
F 对数极坐标变换

极坐标方程
polar coordinate equation
O186.11
S 坐标方程
C 直角三角形
Z 方程(数学)

急降试验函数
Y 检验函数

急降试验函数(S)

Y 检验函数

集
Y 集合

集半环
Y 半环

集成算子
aggregation operator
O177
S 算子*
C 运算法则

集成研究
Y 综合研究

集对
set pair
O144
S 对*
C 集对分析

集对分析
setpair analysis
O159
D 模糊集对分析
S 模糊分析
C 集对
界壳理论
三角模
Z 数学分析

集对分析理论
Y 集对论

集对理论
Y 集对论

集对论
set pair theory
O144；O159
D 集对分析理论
集对理论
S 数学理论*
C 显著性检验

集函数
set function
O174.1
S 函数*

集合*
set
O144
D 集
F Aubry-Mather 集
Cantor 集
Julia 集
If 集
P-集合
Rough 集合
Vague 集
爆破集
本质集
闭集
并集
补集
不变集
不可测集
差集
稠密集
导集
第二纲集
点集
独立集
多重集
非线性序集
分离集
分形集
公共值集
混沌集
基本集
极集
交集
截集
解集
开集
可达集
可数集
可拓集
可行集
控制集
例外集
邻集
零化子
芒德布罗集
幂集
模糊集
目标集
陪集
偏序集
谱集
区间集
全序集
权重集
容许集
软集
商集
剩余集
数集
双序集
水平集
随机集
太阳集
特征集
完备集
完美对集
稳定集
吸引集
像集
选择集
因素集
优势集
有限集
有序集
正规化子
正规集
支集
指标集
中心化子
子集
自仿射集
最小路集
C 离散模型
离散数学

集合论
set theory
O144
D 集论
S 数学理论*
F 公理集合论
模糊集理论
图论
C 布尔函数

集合模型
aggregation model
O144
S 数学模型*

集合平均
ensemble average
O212；P413
D 集合平均值
S 平均数*

集合平均值
Y 集合平均

集合套*
nested sets
O144
F 既约集合套
C 同态

集合运算
set operation
O144
S 运算*

集论
Y 集合论

集群分析
Y 聚类分析

集团 Monte Carlo 方法
Y 集团蒙特卡罗方法

集团法
Y 混合法

集团蒙特卡罗方法
cluster Monte Carlo method
O242.1；O242.2；P413；P456.7
D 集团 Monte Carlo 方法
S 蒙特卡罗方法
Z 数学模拟

集值测度
set-valued measure
O174.12
S 测度(数学)*
F 集值模糊测度
C 集值上鞅
集值鞅
可测空间

集值函数
Y 极值函数

集值模糊测度
set-valued fuzzy measure
O174.12
S 集值测度
模糊测度

C Vague 集
Z 测度(数学)

集值上鞅
set-valued supermartingale
O177；O211.6
S 集值鞅
　上鞅
C Kuratowski 收敛
　集值测度
Z 随机过程

集值算子
set-valued operator
O177
S 算子*
C 极大单调映象

集值随机过程
set-valued stochastic process
O211.6
S 随机过程*

集值条件期望
set-valued conditional expectation
O211
S 条件期望
Z 数学期望

集值统计
set value statistics
C8
S 统计*

集值鞅
set-valued martingale
O177；O211.6
S 鞅
F 集值上鞅
C 集值测度
Z 随机过程

集值映射
set-valued mapping
O159；O175.3；O189.1；O192；O224
D LF 多值映射
　usco 映射
　多值映射
　集值映象
S 映射*
C 集值优化

集值映象
Y 集值映射

集值优化
set-valued optimization
O224
D 集值优化问题
S 优化*
C 集值映射
　凸集分离定理
　择一定理

集值优化问题
Y 集值优化

集值增生算子
Y 增生算子

集中参数
Y 集总参数

集中紧性原理
concentration-compactness principle
O177
D 集中紧原理
S 数学原理*
C 临界 Sobolev 指标
　临界指数

集中紧原理
Y 集中紧性原理

集总参数
lumped parameter
ZT3
D 集中参数
S 参数*

几何*
geometry
O181
D 几何对象
　几何过程
　几何形式
　几何学
F 初等几何
　代数几何
　仿射几何
　非欧几何
　分形几何
　高等几何
　画法几何
　积分几何
　计算几何
　解析几何
　矩阵几何
　距离几何
　空间几何
　离散几何
　流形几何
　球面几何
　射影几何
　随机几何
　微分几何
　信息几何
　酉几何
　正交几何
　组合几何
C 代数
　几何方法
　角
　图形

几何变换
geometric transformation
O186.11；O241
S 数学变换*
F 仿射变换
　复合变换
　基变换
C 齐次坐标

几何遍历
Y 几何遍历性

几何遍历性
geometric ergodicity
O211.61
D 几何遍历
S 遍历性
C 转移概率
Z 数学性质

几何不变量
geometric invariant
O186.1
S 不变量*
C Euler 数
　几何计算

几何不等式
geometric inequalities
O178
S 不等式*
F Euler 不等式
　Wirtinger 不等式
　等周不等式
　三角不等式
C 几何计算
　有限点集

几何参量
geometrical parameters
ZT3
D 几何参数
S 参数*
F 弧度

几何参数
Y 几何参量

几何插值
geometric interpolation
O241；O302
S 插值*

几何重数
geometric multiplication
O175.3
S 重数
C 强收敛
Z 数

几何代数
Y Clifford 代数

几何点
geometrical point
O18
S 点(数学)*
F 垂心
　垂足
　顶点
　定比分点
　端点
　对称点
　费马点
　格点
　共点
　拐点
　内心
　脐点
　切点
　外心
　圆心
　中点

几何对象
Y 几何

几何方法
geometric method
O181
S 数学方法*
F 几何作图法
C 几何

几何非线性
geometric nonlinearity
O151.2；O176
S 非线性
C L-矩阵
二阶几何连续
高阶剪切变形理论 →(2)
抛物面
瑞利-里兹法 →(2)
有限变形 →(2)
自振特性 →(2)
Z 数学性质

几何非线性分析
geometrically nonlinear analysis
O177.91；O181
S 非线性分析
几何分析
C 结构力学 →(2)
Z 数学分析

几何分布
geometric distribution
O211.3；O212.1
S 负二项分布
F 超几何分布
C 统计性质
Z 概率分布

几何分析
geometric analysis
O181
S 数学分析*
F 等几何分析
几何非线性分析
几何组成分析

几何概率
geometric probability
O211.2
S 概率*
C 条件概率分布
运动测度

几何概型
geometric probable model
O211.2
S 概率模型
C 概率测度
事件域
Z 数学模型

几何格
geometric lattice
O153.1
D 点格
基元格
S 偏序集
C 仿射群
Z 集合

几何公理
geometric axiom
O18
D 次序公理
几何公设
顺序公理
S 公理*
C 几何体

几何公设
Y 几何公理

几何构造
Y 几何结构

几何光学方程
Y 程函方程

几何规划
geometric programming
O221.2
S 非线性规划
F 符号几何规划
广义几何规划
正项几何规划
C 线性化法
Z 数学规划

几何过程
Y 几何

几何基元
geometric primitive
TP391.41
S 图元*

几何级数
geometric series
O122.7；O171
D 等比级数
S 级数(数学)*
F 超几何级数

几何计算
geometric calculation
O181
S 计算*
C 几何不变量
几何不等式

几何结构
geometric structure
O181；O342
D 几何构造
几何组成
S 结构*
C 模糊熵

几何均值
Y 几何平均

几何空间
Y 几何体

几何理论
Y 定性理论

几何连续
geometric continuity
O174；O186
D 几何连续性
S 连续*
F 二阶几何连续
C 样条曲面
圆柱面

几何连续性
Y 几何连续

几何命题
geometric proposition
O141.1
S 命题*

几何模型
geometric model
O157；O189.1
S 数学模型*
C 旋转曲面

几何平均
geometric average
O121；O156.3；O174；O181
D 几何均值
几何平均数
S 平均数*
F 加权几何平均
C 范数
十进制
完全椭圆积分
优性组合预测

几何平均数
Y 几何平均

几何曲线
Y 闭曲线

几何数列
Y 等比数列

几何体*
geometric body
O181；O184
D 几何空间
空间几何体
立体
F 多面体
旋转体
柱体
锥形体
C 几何公理
近似法
向量

几何凸函数
geometric convex function
O174.13
S 凸函数
C 不等式组
控制不等式
Z 函数

几何图
geometric graph
O157.5
D 表面展开图
平面展开图
S 图表*

几何图形
geometric figure
O18
S 图形*

几何拓扑
geometric topology
O189
D 几何拓扑学
S 拓扑*
C 辛几何

几何拓扑学
Y 几何拓扑

几何位置
geometric position
ZT74
S 位置*

几何向量
Y 向量

几何效应
geometric effect
ZT84
S 效应*

几何形式
Y 几何

几何性质
geometric property
O181
S 数学性质*
C B 值鞅

几何学
Y 几何

几何约束
Y 非完整约束

几何组成
Y 几何结构

几何组成分析
geometric composite analysis
O181
S 几何分析
C 结构力学 →(2)
Z 数学分析

几何作图
Y 几何作图法

几何作图法
geometric construction method
O184
D 几何作图
几何作图方法
S 几何方法
C 阿基米德螺线
样条曲线
Z 数学方法

几何作图方法
Y 几何作图法

几乎必然收敛
Y 几乎处处收敛

几乎必然指数稳定
Y 几乎必然指数稳定性

几乎必然指数稳定性
almost sure exponential stability
O175；O21
D 几乎必然指数稳定
S 稳定性(数学)*
C 矩阵范数

几乎处处收敛
almost everywhere convergence
O173；O211.4；O224
D 殆必收敛
几乎必然收敛
几乎处处收敛性
几乎一致收敛
S 一致收敛
C 二阶矩
泛函分析
Z 收敛(数学)

几乎处处收敛性
Y 几乎处处收敛

几乎处处中心极限定理
almost sure central limit theorem
O211.4
S 中心极限定理
Z 数学定理

几乎单群
almost simple group
O152.1
S 单群
Z 群(数学)

几乎干扰解耦
almost disturbance decouple
O231
S 干扰解耦
C 内稳态 →(2)
Z 解耦

几乎开映射
Y 开映射

几乎奇异积分
nearly singular integral
O172.2；O241.8
S 奇异积分
C 等参元
Z 积分变换

几乎一致收敛
Y 几乎处处收敛

几乎周期点
almost periodic point
O189.3
S 周期点
C 拓扑不变性
Z 点(数学)

几乎周期函数
Y 概周期函数

几率
Y 概率

几率波
Y 波函数

几率分布
Y 概率分布

几率分布函数
Y 概率分布函数

几率论
Y 概率论

计划模型
Y 规划模型

计划评审法
program evaluation and review technique
O224
D 计划评审技术
计划协调技术
S 最优化方法*
C 统筹法
网络图

计划评审技术
Y 计划评审法

计划协调技术
Y 计划评审法

计数采样
Y 计数抽样

计数抽样
attributive sampling
O212.2
D 计数采样
计数取样
S 采样*

计数定理
counting theorem
O14；O211.4
S 数学定理*
F Polya 计数定理

计数方程
enumerating equation
O122.2
S 方程(数学)*
C 计数函数

计数公式
counting formula
O141
S 公式(数学)*
C 不定方程

计数过程
counting process
O211.6
S 点过程
C 风险模型
Z 随机过程

计数函数
counting function
O174
S 函数*
C 计数方程

计数取样

Y 计数抽样

计数问题
counting problem
O157；O221.7
S 数学问题*
C 相关免疫函数

计数误差
counting error
O21
S 误差*

计算*
computation
O143；O24
D 分析计算方法
计算法
计算方法
计算格式
计算技巧
运算方法
运算方式
F 定量计算
反算
符号计算
概率计算
函数计算
还原计算
换算
混合计算
积分计算
极限计算
几何计算
科学计算
理论计算
数值计算
最优化计算
C 定位误差 →(4)
有限元
指数增长

计算不稳定
Y 稳定

计算不稳定性
Y 计算稳定性

计算法
Y 计算

计算方程
calculation equation
O175.29
S 方程(数学)*
C 频率测量 →(2)

计算方法
Y 计算

计算复杂性
computational complexity
O1-0；O241
D 计算量
运算量
S 复杂性
C P 问题
离散短时傅里叶变换
Z 数学性质

计算格式
Y 计算

计算机代数
Y 符号计算

计算机模拟
Y 数值模拟

计算机随机模拟
Y 随机模拟

计算几何
computational geometry
O18；O24
S 几何*

计算技巧
Y 计算

计算量
Y 计算复杂性

计算模拟
computational simulation
O242.1
S 数学模拟*
C 有限元

计算模型
computational model
O24
D 计算通用模型
快速计算模型
数学计算模型
通用计算模型
S 数学模型*
C 可归约性公理

计算数论
computational number theory
O156.1
S 数论
C 数学方法
Z 数学理论

计算数学
computational mathematics
O24
S 数学*
C 矩阵相乘

计算通用模型
Y 计算模型

计算稳定性
computational stability
O241
D 计算不稳定性
S 稳定性(数学)*
C 初始值

计算误差
calculation error
O24
S 误差*
F 初始误差

记分函数
score function
O174
S 函数*
C Vague 集
多准则模糊决策
构造法

记录*
record
ZT99
F 实验记录

记录情报
Y 信息

记录数据
Y 数据

记录值
record values
ZT3
S 数值*
C 次序统计量

记录资料
Y 数据

记数法
numeration
O1-0
S 数学方法*
C 四元数

记忆核
memory kernel
O174；O175
S 核函数
C 能量估计
Z 函数

记忆梯度法
memory gradient method
O224
S 数学算法*
F 超记忆梯度法
C 全局收敛

技术史
Y 科技史

技术研究
Y 科学技术研究

技术预测
technological forecasting
ZT0
D 技术展望
S 预测*

技术展望
Y 技术预测

季节 ARIMA 模型
seasonal ARIMA model
O141.4
D 季节模型
季节性 ARIMA 模型
季节性模型
S Box-Jenkins 模型
C 季节特征 →(4)
Z 回归模型

季节模型

Y 季节 ARIMA 模型

季节性 ARIMA 模型
Y 季节 ARIMA 模型

季节性模型
Y 季节 ARIMA 模型

迹
Y 轨迹

迹表示
trace representation
O157
S 表示(数学)*
C 指数和

迹不等式
trace inequalities
O178
S 不等式*
C 密度矩阵 →(2)

迹公式
trace formula
O156；O177；O572
D Selberg 迹公式
求迹公式
塞尔贝格迹公式
S 公式(数学)*
C Dirac 算子
整函数

迹函数
trace function
O174
S 函数*

迹恒等式
trace identity
O177
S 恒等式*
C 可积耦合

迹类算子
trace operator
O177
S 类算子
Z 算子

迹线
Y 轨迹

迹族算子
Y 核算子

既有曲线
existing curves
O224；O241.4
S 匹配*
C 偏角法 →(4)

既约分解
irreducible decomposition
O153.3
S 数学分解*
C 模糊空间

既约集合套
irreducible nested set
O153.3
S 集合套*
C S-拟正规

既约矩阵
Y 不可约矩阵

既约剩余系
Y 简化剩余系

加
Y 加法

加边法
Y 升阶法

加边矩阵
bordered matrix
O151.2
S 矩阵*

加窗 Fourier 变换
Y 加窗傅里叶变换

加窗傅里叶变换
windowed Fourier transform
O174.22
D 加窗 Fourier 变换
S 傅里叶变换
Z 积分变换

加法
addition
O121；O122
D 加
加法运算
相加
S 算术运算
F 度量加
加权叠加
累加
线性迭加
C 除数
和(数学)
杨辉三角形
Z 运算

加法定理
addition theorem
O13；O211.4
S 数学定理*
C Erlang 分布

加法范畴
additive category
O154.1
D 加性范畴
S 范畴(数学)*
F Abel 范畴
预加法范畴
C 零化子
子模

加法公式
addition formula
O143；O211
S 求和公式
Z 公式(数学)

加法交换律
commutative law of addition
O1-0；O122
S 交换律
Z 定律(数学)

加法结合律
associative law of addition
O1-0
S 结合律
Z 定律(数学)

加法映射
Y 可加映射

加法运算
Y 加法

加号
plus sign
O121
S 符号(数学)*

加勒金逼近
Y Galerkin 逼近

加辽金法
Y Galerkin 方法

加列钦法
Y Galerkin 方法

加密观测
intensive observation
N3；TB462.2
D 加密观测法
加密观测技术
S 观测*
C 加密控制网 →(4)
加密重力测量 →(4)(5)

加密观测法
Y 加密观测

加密观测技术
Y 加密观测

加强不等式
strengthened inequality
O178
D 加强不等式法
S 不等式法
C 权系数 →(4)
Z 数学方法

加强不等式法
Y 加强不等式

加权
Y 加权法

加权 Bergman 空间
weighted Bergman space
O177
S Bergman 空间
C 紧算子
Z 空间(数学)

加权 Bloch 空间
Y Bloch 空间

加权 Cesàro 算子
weighting Cesàro operator
O177

S Cesàro 算子
Z 算子

加权 Dirichlet 空间
weighted Dirichlet spaces
O177
S Dirichlet 空间
Z 空间(数学)

加权 Drazin 逆
weighted Drazin inverse
O177.2
S Drazin 逆
C 反序律
Z 求逆

加权 ENO 格式
Y 加权本质无振荡格式

加权 Hardy 空间
weighted Hardy space
O177
S Hardy 空间
F 加权 Herz 型 Hardy 空间
C 复合算子
Z 空间(数学)

加权 Herz 空间
weighted Herz space
O177
S Herz 空间
F 加权 Herz 型 Hardy 空间
Z 空间(数学)

加权 Herz 型 Hardy 空间
weighted Herz type Hardy space
O174
S Herz 型 Hardy 空间
加权 Hardy 空间
加权 Herz 空间
C 上确界
Z 空间(数学)

加权 Moore-Penrose 逆
weighted Moore-Penrose inverse
O151.21
D 加权摩尔-彭罗斯逆
S 广义逆
Z 求逆

加权 Morrey-Herz 空间
weighted Morrey-Herz space
O177
D 加权 Morrey 空间
S Morrey-Herz 空间
C 加权分析
Z 空间(数学)

加权 Morrey 空间
Y 加权 Morrey-Herz 空间

加权 Sobolev 空间
weighted Sobolev spaces
O174
S Sobolev 空间
C 吸引集
有界性
Z 空间(数学)

加权 Voronoi 图
Y 泰森多边形

加权本质无振荡格式
weighted essentially non oscillatory scheme
O143；O302
D 加权 ENO 格式
S 数学方法*
C 计算流体力学 →(2)

加权逼近
weighted approximation
O174.41；O241
S 最佳逼近
C 加权光滑模
Z 逼近

加权不等式
weighted inequality
O174
S 不等式*
F 加权模不等式
C 奇异积分算子

加权残量法
Y 加权残值法

加权残数法
Y 加权残值法

加权残值法
weighted residual method
O175；O176；O302；O34
D 加权残量法
加权残数法
加权剩余法
加权余量法
加权余数法
S 残值法
加权法
C Duffing 方程
截断奇异值分解
离散化方法 →(2)
数值流形方法 →(2)
Z 数学方法

加权乘积和
Y 加权和

加权叠加
weighted stack
O121；O211
S 加法
Z 运算

加权法
weight method
O211.67；O241
D 加权
加权方法
S 数学方法*
F 加权残值法
加权和法
加权综合评价法
随机加权法
C Littlewood-Paley g-函数

加权范数
weighted norm
O178
S 范数*
C 实矩阵

加权方法
Y 加权法

加权分析
weighted analysis
O241
S 变权分析
F 加权聚类分析
C 加权 Morrey-Herz 空间
Z 数学分析

加权复合算子
weighted composition operator
O177
S 复合算子
C 本性范数
Z 算子

加权估计
weighted estimates
O175.9；O212.7
D 带权估计
S 估计(数学)*

加权观测融合
weighted measurement fusion
O13；O211.64

加权光滑模
weighted modulus of smoothness
O177
S 光滑模
C Kantorovich 算子
加权逼近
Z 模(数学)

加权广义逆
weighted generalized inverse
O151.21
S 广义逆
C 四元数矩阵
投影算子
Z 求逆

加权函数
weighting function
O122.2；O174
S 函数*
C 统计学

加权函数估计
Y 权函数估计

加权和
weighted sum
O177.2
D 加权乘积和
加权完工时间和
S 乘积和
C 近似法
完全收敛
Z 和(数学)

加权和法
weight sum method
O159
S 加权法
C Vague 集

Z 数学方法

加权核估计
weighted kernel estimation
O211
S 核估计
Z 估计(数学)

加权回归
weighted regression
O212.1
S 回归分析
Z 统计分析

加权几何平均
weighted geometric mean
O156.3
S 几何平均
C 不等式链
双边不等式
Z 平均数

加权聚类分析
weighted cluster analysis
O212.4
S 加权分析
聚类分析
Z 数学分析
统计分析

加权均值
Y 加权平均

加权马尔可夫链
weighted Markov chain
O211.6
D 权马尔可夫链
S 马尔可夫链*
C 模糊集理论

加权马氏距离
Y Mahalanobis 距离

加权模不等式
weighted module inequality
O178
S 加权不等式
Z 不等式

加权摩尔-彭罗斯逆
Y 加权 Moore-Penrose 逆

加权平均
weighted average
O156.4；O174.3
D 加权均值
加权平均值
S 平均数*
C Dirichlet L-函数
分布公式
最小偏差

加权平均算子
weighted averaging operator
O177；O225
D OWA
OWA 算子
S 算子*
F 加权算术平均算子
有序加权平均算子
C 群决策

加权平均值
Y 加权平均

加权熵
weighted entropy
O211.5；O236
S 信息熵
Z 熵(数学)

加权剩余法
Y 加权残值法

加权矢量
Y 加权向量

加权算术平均
weighted arithmetic mean
O156.1
S 算术平均值
C 不等式链
成对比较矩阵
平方逼近
Z 平均数

加权算术平均算子
weighted arithmetic mean operator
O159；O177
S 加权平均算子
Z 算子

加权完工时间和
Y 加权和

加权向量
weighted vector
O183
D 加权矢量
S 向量*

加权移位算子
Y 位移算子

加权有界性
weighted boundedness
O175.12
S 有界性
C Hardy 空间
Littlewood-Paley 算子
Z 数学性质

加权余量法
Y 加权残值法

加权余数法
Y 加权残值法

加权综合评价法
weighted-evaluating method
O213
S 加权法
C 风险评估
Z 数学方法

加权总完工时间
total weighted completion time
O17

加权最小二乘法
weighted least square method
O212.1；O241.5；O241.6
D WLS
S 最小二乘法*
C 相关方程

加权最小二乘估计
weighted least squares estimator
O212.1
S 最小二乘估计
Z 估计(数学)

加群 G 的自同态环
Y 自同态环

加速失效时间模型
accelerated failure time model
O212.1
S 数学模型*
C 残存函数
对数正态分布
威布尔分布

加速收敛
convergence acceleration
O171；O173.2
D 收敛加速
收敛性加速
S 收敛(数学)*
C 不动点算法
算子方程

加托导数
Y Gateaux 导数

加细方程
refinement equation
O174.2
S 方程(数学)*
C 向量值尺度函数

加性范畴
Y 加法范畴

加性函数
additive function
O156
S 数论函数
C 值分布
Z 函数

夹逼定理
squeeze theorem
O171；O211.4
S 极限定理
Z 数学定理

夹逼法
double sides approximate process
O171
S 数学方法*
C 极限

夹逼准则
squeeze rule
O13；O171
D 夹挤定理
两边夹定理
三明治定理
挟挤定理
S 准则*

C 极限

夹挤定理
Y 夹逼准则

夹角
included angle
O181
S 角(数学)*
F 向量夹角
C 直线

夹角余弦
angular cosine
O182
S 余弦*
F 向量夹角余弦

夹角余弦法
cosin method
O242.1
S 数学方法*
C 多目标决策

迦辽金法
Y Galerkin 方法

嘉当不变量
Y Cartan 不变量

嘉当矩阵
Y Cartan 矩阵

嘉量原理
Jar-metric principle
O225
S 数学原理*
C 动态规划

贾宪三角
Y 杨辉三角形

假点
Y 理想点

假定
Y 假说

假分数
improper fraction
O121
D 带分数
S 分数
C 互素
计量单位 →(2)(3)(4)
Z 复数

假平面
Y 无穷远平面

假设
Y 假设(数学)

假设(数学)*
hypothesis(mathematics)
O141.4；O157.5
D 假设
F 黎曼假设
连续统假设
零假设
模糊假设
模型假设

假设法
Y 假设方法

假设方法
assumption method
O175.29
D 假设法
S 数学方法*

假设概率公式
Y 贝叶斯模型

假设检验*
hypothesis test(mathematics)
O212.1
D 数学检验
F *F*-检验
Kolmogorov-Smirnov 检验
Kruskal-wallis 检验
u 检验
单侧检验
独立性检验
多重假设检验
非参数检验
卡方检验
拟合优度检验
齐性检验
似然比检验
随机化检验
无偏检验
显著性检验
序贯检验
游程检验
正态性检验
置换检验

假说
hypothesis
G30
D 假定

假说概率公式
Y 贝叶斯模型

尖锥
sharp cone
O123.3
S 锥体*
C 六硼化镧 →(3)

间距
Y 距离

间距函数
Y 距离

监测能力
monitoring ability
ZT4
S 能力*

检测*
detection
TB463.1
D 测定
测定法
测定方法研究
测试
测试方法
测验方法
测验技术
查验
查证
检测技术
检定
检定方法
校验
验算
F 误差校验
小波边缘检测
小波检测
C 测量 →(2)(4)(5)
化学测定 →(2)(3)(4)(5)
监测 →(2)(4)(5)
实验室设备
实验仪器 →(2)
试验

检测技术
Y 检测

检定
Y 检测

检定方法
Y 检测

检验*
test(mathematical)
TB463.1
F wilcoxon 检验
粗差检验
分片检验
风险检验
积分检验
强检验
数据检验
数值检验
素性检验
统计检验
序贯网图检验
C 数学模型

检验法
test method
O212
D 格拉布斯检验法
S 数学方法*
C 极小值原理
总体标准差

检验功效
test power
O211
S 运算*

检验函数
test function
O174；O177
D 急降试验函数
急降试验函数(S)
临界函数
试验函数
S 函数*
C 试验模型
试验曲线

检验数
test number
O221.1
S 数*

减
Y 减法

减法
subtraction
O121
D 减
S 算术运算
C 差值
Z 运算

减函数
decreasing function
O174
S 单调函数
C 严格单调
Z 函数

减数
subtrahend
O121；O241
S 数(数学运算)*

减算子
decreasing operator
O177
S 算子*
C 不动点
锥体

减序
Y 降序

剪切流离散
Y 离散

简便运算
Y 速算

简乘公式
Y 乘法公式

简单半序
simple order
O24
S 序*

简单闭的
Y 闭性

简单闭曲线
Y 闭曲线

简单迭代法
simple iterative method
O241.6
S 迭代法*
F 直接迭代法
C 杂交有限元

简单多边形
simple polygon
O187
S 多边形*
F 凹多边形
凸多边形
C Delaunay 三角剖分
样条曲线

简单连通图
simple connected graph
O13；O157.5
S 连通图
C 邻点可区别全染色
Z 图表

简单命题
simple proposition
O141.1；O171
D 简单判断
原子命题
S 命题*

简单判断
Y 简单命题

简单色数
Y 色数

简单数
simple numbers
O156
S 数*
C 复数

简单随机抽样
simple random sampling
C81
S 随机抽样
C 比估计
Z 采样

简单随机样本
simple random sample
O212.1
S 随机样本
C 沃纳模型
Z 样本

简单图
simple graph
O157.5
S 图表*
C 偶匹配
奇优美标号

简单无向图
simple undirected graph
O157.5
S 无向图
C 共轭类
邻接矩阵
Z 图表

简单线性回归模型
Y 一元线性回归模型

简单序
Y 全序

简分数
Y 分数

简化剩余系
reduced residue system
O156
D 既约剩余系
缩系
S 完全剩余系
C 性质定理
Z 集合

简化原理
simplified principle
O177；O211.5
S 数学原理*
C 连续模

简化运算
simplified operation
O172.2
S 运算*
C 偏心率

间断 Galerkin 方法
discontinuous Galerkin method
O177
S Galerkin 方法
Z 数学方法

间断 Galerkin 有限元
discontinuous Galerkin finite element
O241.82；O302
S Galerkin 有限元
间断有限元
C 半线性微分方程
时间导数
Z 有限元

间断点
discontinuity point
O13；O171；O172
S 点(数学)*
C 分段函数
右连续
中值

间断解
discontinuous solution
O175
S 解*
C 间断系数

间断系数
discontinuous coefficient
O241.82
S 系数*
C 间断解
随机向量

间断性
Y 连续性

间断有限元
discontinuous finite elements
O241.82；O302
D 间断有限元法
间断有限元方法
S 有限元*
F 间断 Galerkin 有限元
C 有限局部环

间断有限元法
Y 间断有限元

间断有限元方法
Y 间断有限元

间隔长度
Y 距离

间接边界积分方程法
Y 积分方程方法

间隙函数
clearance function
O174
S 函数*
C 线性互补

间歇性
intermittency
ZT4
S 特性*
C 均匀性

建立模型
Y 建模

建模*
modeling
N945.12
D 建立模型
模型化
系统建模
造形
F 3 维建模
参数化建模
非线性建模
模块化建模
模型重建
实验建模
数学建模
C 仿真
阶跃响应
立体图
模型
数学规划
系统论

建模方法
Y 数学建模

建模精度
modeling precision
N945.12
D DEM 精度
S 精度*

建模理论
Y 模型理论

建模误差
modeling errors
O241.1
S 误差*

建模原则
Y 数学建模

渐近
Y 渐近方法

渐近表达式
Y 渐近式

渐近表示
asymptotic representation
O174
D Debye 渐近表示
德拜渐近表示
S 表示(数学)*
C 渐近公式

渐近法
Y 渐近方法

渐近方差
asymptotic variance
O211.1
D 渐进方差
S 方差*
C 经验似然

渐近方法
asymptotic method
O175.1；O342
D 渐近
渐近法
S 微分方程解法*
C 渐近级数
渐近理论

渐近非扩张非自映射
Y 渐近非扩张映象

渐近非扩张型半群
asymptotically nonexpansive type semigroup
O152.7
S 非扩张半群
Z 群(数学)

渐近非扩张型映象
Y 渐近非扩张映象

渐近非扩张映射
Y 渐近非扩张映象

渐近非扩张映象
asymptotically nonexpansive mapping
O175；O177.91；O192
D 渐近非扩张非自映射
渐近非扩张型映象
渐近非扩张映射
渐近非扩张映像
渐近拟非扩张映射
渐进非扩张映射
S 非扩张映射
F 渐近拟非扩张映象
Z 映射

渐近非扩张映像
Y 渐近非扩张映象

渐近分布
Y 极限分布

渐近分数
convergent
O121；O156
S 分数
C 连分数
Z 复数

渐近分析
asymptotic analysis
O175
D 渐进分析
S 极限分析
Z 数学分析

渐近概周期函数
asymptotically almost periodic function
O174.23；O211.3
S 概周期函数
C 相对紧
Z 函数

渐近概周期解
asymptotically almost periodic solution
O175；O211.63
S 概周期解
C 逐段常变量
Z 周期解

渐近概周期序列
asymptotically almost periodic sequences
O211.4
S 序*

渐近公式
asymptotic formula
O156.4；O212
D 渐进公式
S 公式(数学)*
C 补数
初等因子
倒数
渐近表示
黎曼猜想
数学分布
特征和
伪 Smarandache 函数
余数

渐近估计
asymptotic estimates
O156.1；O171；O212
D 渐近估计式
渐进估计
S 估计(数学)*
C 二项风险模型
三阶非线性方程
数论函数
围线积分

渐近估计式
Y 渐近估计

渐近级数
asymptotic series
O173.1
S 函数项级数
C 渐近方法
Z 级数(数学)

渐近解
asymptotic solution
O175；O302
D 渐进解
S 解*
C Airy 函数
高次方程
匹配法

渐近解耦
asymptotically decoupling
O231

S 解耦*
C 根轨迹

渐近均分割性
asymptotic equipartition property
O211.62
S 数学性质*
C 强大数定律

渐近理论
asymptotic theory
O212.1
S 理论*
C 渐近方法
置换检验

渐近拟非扩张型映象
Y 渐近拟非扩张映象

渐近拟非扩张映射
Y 渐近非扩张映象

渐近拟非扩张映象
asymptotically quasi-nonexpansive mapping
O177.91；O189.11
D 渐近拟非扩张型映象
S 渐近非扩张映象
C 空间
Z 映射

渐近曲线
curvilinear asymptote
O186
D 主切曲线
S 匹配*
C 双曲抛物面

渐近式
asymptotic form
O172；O174.41
D 渐近表达式
S 表达式*
C 奇摄动

渐近收敛
asymptotic convergence
O173.1；O224
D 测变收敛
测度收敛
渐近收敛性
S 收敛(数学)*

渐近收敛速率
Y 收敛率

渐近收敛性
Y 渐近收敛

渐近伪压缩映象
asymptotically pseudo-contractive mapping
O177
S 伪压缩映射
C 误差
Z 映射

渐近稳定
Y 渐近稳定性

渐近稳定性
asymptotic stability
O175.13；O177；O317
D 渐近稳定
渐进稳定
渐进稳定性
均方渐近稳定
S 稳定性(数学)*
F 轨道渐近稳定
零解渐近稳定
全局渐近稳定性
一致渐近稳定性
C 不变集
不确定系统
部分变元
欧拉法
系统可靠性
中立型延迟微分方程

渐近吸引子
asymptotic attractor
O17
S 吸引子*
C 吸收集
有限维代数

渐近线
asymptotic line
O13；O171；O182
D 渐开线
渐伸线
S 直线*
C 共轭直径
积分中值公式

渐近线性
asymptotically linear
O151.2
S 数学性质*
C 共振问题

渐近性
asymptotic behavior
ZT4
D 渐近性态
渐近性质
渐进性
渐进性质
全局渐近性
S 特性*
C SL(2,R)
二阶差分方程
竞争扩散系统
奇摄动

渐近性态
Y 渐近性

渐近性质
Y 渐近性

渐近鞅
asymptotic martingale
O211.6
S 鞅
Z 随机过程

渐近有效估计
asymptotically efficient estimate
O212.1
S 有效估计
Z 估计(数学)

渐近展开
asymptotic expansion
O172.2；O173.1；O177
D 渐近展开式
渐近展式
渐进展开
S 级数展开
F 匹配渐近展开法
C 边界摄动
样条小波变换
Z 展开(数学)

渐近展开式
Y 渐近展开

渐近展式
Y 渐近展开

渐近正态
Y 渐近正态性

渐近正态性
asymptotic normality
O212.1；O212.7
D 渐近正态
渐进正态性
S 数学性质*
C NA 随机变量
α-混合
乘积限估计
尺度参数
双重时序模型
线性回归
协变量
异方差模型
纵向数据

渐近周期点
asymptotic period point
O193
S 周期点
C 可降映射
Z 点(数学)

渐近锥面
Y 锥面

渐近最优性
asymptotic optimality
O211.64
S 数学性质*
C 贝叶斯方法

渐进方差
Y 渐近方差

渐进非扩张映射
Y 渐近非扩张映象

渐进分布
asymptotic distribution
O212.1
S 极限分布
Z 概率分布

渐进分析
Y 渐近分析

渐进公式
Y 渐近公式

渐进估计
Y 渐近估计

渐进解
Y 渐近解

渐进稳定
Y 渐近稳定性

渐进稳定性
Y 渐近稳定性

渐进性
Y 渐近性

渐进性质
Y 渐近性

渐进展开
Y 渐近展开

渐进正态性
Y 渐近正态性

渐开线
Y 渐近线

渐开线函数
involute function
O174
S 函数*

渐伸线
Y 渐近线

鉴别分析
Y 判别分析

鉴定
identification
ZT5
C 证明

箭图
quiver
O153.3
S 图表*
C hopf 代数
路代数

疆界
Y 界线

降阶法
order reduction method
O175.1；O177；O241.6
D 降阶方法
降阶算法
S 数学方法*
C 常微分方程
算法复杂性

降阶方法
Y 降阶法

降阶模型
reduced order model
O151.21；O242.1
S 数学模型*
C 正交分解

降阶算法
Y 降阶法

降维法
dimension reduction method
O175.2
D 降维方法
降维过程
S 最优化方法*
C K-L 展开
初等对称函数
减熵过程 →(5)
震级-频度比值 →(5)

降维方法
Y 降维法

降维过程
Y 降维法

降维模型
descending dimension models
O177；O212.1
S 数学模型*
C 小波函数

降温曲线
cooling curve
N3
S 曲线*
C 降温速率 →(2)(4)

降序
descending order
O177
D 减序
S 算法*

交
Y 相交

交比
cross ratio
O185
D 调合比
非调和比
复比
S 比例*
C 调和共轭

交叉乘积比
Y 优势比

交叉迭代法
Y 交替方向迭代法

交叉对称
crossing symmetry
ZT5
D 交叉对称性
S 对称*

交叉对称性
Y 交叉对称

交叉规划
interaction programming
O221
S 数学规划*

交叉积
crossed product
O153.3；O182
D 叉积
向量积
S 积*
F 交叉余积
C hopf 代数
数量积

交叉扩散
Y 交错扩散

交叉数
intersection number
O187；O189.2
D 相交数
S 数*
C Jones 多项式

交叉算子
cross operator
O224
S 算子*

交叉小波
Y 交叉小波变换

交叉小波变换
cross wavelet transform
O174；P458
D 交叉小波
S 小波变换*

交叉余积
crossed coproduct
O153.3
S 交叉积
余积
Z 积

交错定理
alternation theorem
O174.41；O241
S 数学定理*
C 交错群

交错级数
alternating series
O122.7；O171
D 交错调和级数
S 调和级数
C 收敛准则
Z 级数(数学)

交错矩阵
Y 对称矩阵

交错扩散
cross-diffusion
O175
D 交叉扩散
交错扩散模型
S 数学模型*
C 存在唯一性定理

交错扩散模型
Y 交错扩散

交错群
alternating group
O152.1
D 交代群
S 群(数学)*

C 交错定理
交错网格

交错调和级数
Y 交错级数

交错图
alternative graph
O157.5
S 图表*

交错网格
staggered grid
O24；P412；P43
D 跳点网格
S 网格(数学)*
C 交错群

交错直线
Y 异面直线

交代群
Y 交错群

交互规划
interactive programming
O241
D 对话式规划
S 数学规划*

交互效应
interaction-effect
O212
S 效应*
C 方差分析
结构方程

交互信息
Y 互信息

交互信息量
Y 互信息

交换巴拿赫代数
Y Banach 代数

交换半环
commutative semiring
O153.3
S 半环*

交换半群
commutative semigroup
O152.7
S 半群
C 交换代数
Z 群(数学)

交换变量位置法
exchange variable position method
O175
S 微分方程解法*

交换代数
commutative algebra
O153.5
S 代数*
C 交换半群
交换对称性 →(2)(3)

交换环*
commutative ring
O153.3；O187.3
D 非交换环
可换环
F noether 环
阿丁环
半交换环
多项式环
连通环
唯一分解环
循环环
整数环
C 准素分解
自同构

交换律
commutative law
O1-0
S 定律(数学)*
F 乘法交换律
加法交换律
C 分配律

交换群
abelian group
O152.2
D Abel 群
阿贝尔群
非交换群
S 群(数学)*
F 紧阿贝尔群
矩阵群
内交换群
挠群
循环群
有限阿贝尔群
C 二元运算
中心元

交换图
commutative diagram
O154
S 图表*
C 半群
张量积

交换性
Y 可交换性

交换子
commutant
O177
S 算子*
F 多线性交换子
高阶交换子
C Clifford 矩阵
Marcinkiewicz 积分
Morrey-Herz 空间
测度中心
乘积测度
分数次积分
弱 Hardy 空间

交集
intersection set
O144
S 集合*

交替法
alternating process
O241.82
S 数学方法*
F 交替方向法
交替分组方法
C 二次收敛

交替方向
Y 交替方向迭代法

交替方向迭代法
alternating direction iterative
O241.6；O302
D 交叉迭代法
交替方向
S 迭代法*
C 差分方程
非线性抛物型方程
圆锥曲线

交替方向法
alternating direction method
O241
S 交替法
C 向后差分
Z 数学方法

交替方向隐格式
alternating direction implicit scheme
O143；O175；O35
S 有限差分法
C 截断误差
Z 数学方法

交替方向隐式法
Y 分步法

交替方向隐式方法
Y 分步法

交替分组方法
alternating group method
O241.82
S 交替法
C 定积分
Z 数学方法

交替更新过程
alternating renewal process
O211.6；O22
S 更新过程
C 更新函数
指数分布
Z 随机过程

交线
intersecting line
O181
S 线*
F 截交线
C 二次曲面

焦半径
focal radius
O182
S 半径*
C 焦点三角形

焦点量
focus value

O175.1
D 广义焦点量
S 数量*
C 鞍点
可积性

焦点三角形
focus triangle
O124
S 三角形
C 焦半径
三角形约束 →(4)
Z 多边形

焦点弦
focus chord
O182
D 焦点弦问题
S 弦(数学)*
C 椭圆

焦点弦问题
Y 焦点弦

角*
angle
O18
D 角度
F 方向角
空间角
C 弧秒 →(4)
几何

角(数学)*
vertices(mathematics)
O123.3；O181
F 顶角
对顶角
钝角
二面角
辐角
夹角
立体角
平面角
锐角
三等分角
外角
弦切角
线面角
线线角
圆角
圆心角
圆周角
张角
直角

角变换
Y 正弦变换

角度
Y 角

角二等分线
Y 角平分线

角谷猜想
Sizuo Kakutani assumption
O156.1
D $3x$+1 问题
冰雹猜想
S 猜想(数学)*
C 奇数

角平分线
angular bisector
O123
D 分角线
角二等分线
S 平分线
F 内角平分线
C 基准面 →(4)(5)
Z 直线

角域
angular domain
O18
S 域*

角展宽
Y 宽度

角柱
Y 棱柱

角锥
Y 棱锥

角锥体
Y 棱锥

角坐标
angular coordinate
O182；P226.3；P284
S 坐标*
F 直角坐标
C 角位移 →(2)

校验
Y 检测

校验和
check sum
O157.4
S 和(数学)*

校正*
correction
ZT5
D 差错校正
订正
纠错
修正
F 公式修正
基准校正
理论修正
模型修正
曲线校正
实时校正
数据修正
C 地形改正 →(4)(5)
精度
误差

校正方程
Y 修正方程

校正公式
corrector formula
O241.4
S 公式(数学)*
C 代数精度

校正函数
corrective function
O174
S 函数*

校准系数
calibration factor
ZT72
S 系数*

阶
Y 阶(数学)

阶(数学)*
order(mathematics)
O151
D 阶
阶化
阶码
F n 阶
饱和阶
逼近阶
分数阶
高阶
群阶
收敛阶
C 振动性 →(2)

阶 1 周期解
Y 阶一周期解

阶乘
factorial
O156
S 乘积
Z 积

阶的估计
order estimation
O177
D 阶估计
阶数估计
S 估计(数学)*

阶段
Y 时期

阶段结构
stage structure
O175.1
S 数学结构*
C 反应扩散系统 →(2)
最优控制策略

阶分量
order component
O177
S 分量*

阶估计
Y 阶的估计

阶化
Y 阶(数学)

阶码
Y 阶(数学)

阶数估计
Y 阶的估计

阶梯高度
ladder height
U61
S 高度*

阶梯函数
Y 阶跃函数

阶梯算符
step-operator
O241
S 算符*
C 幂函数

阶一周期解
first order periodic solution
O175.1
D 阶 1 周期解
S 周期解*
C 后继函数

阶跃函数
step function
O174.1；P413
D 阶梯函数
有限值函数
S 函数*
F 单位阶跃函数
C 动态响应 →(2)
阶跃响应
指数型函数

阶跃响应
step response
TP1
S 响应*
C 建模
阶跃函数
稳定性判据 →(2)

接触点
contact point
ZT74
D 接触位置
S 位置*
C 接触面 →(2)

接触位置
Y 接触点

接合面
joint surface
ZT6
S 界面*

接近度
Y 逼近

接收概率
acceptable probability
O212.2
S 概率*
C 性能分析 →(2)

节点
node
ZT6
C 第二类 Chebyshev 多项式
驻波 →(2)(4)(5)

节点链
node chain
O157.4
S 随机过程*
C 节点矢量

节点矢量
node vector
TP391
D 节点向量
S 向量*
C B 样条
Nurbs 曲面
节点链
特征曲面

节点向量
Y 节点矢量

杰明-博纳-马奥尼方程
Y BBM 方程

结构*
structure
ZT6
D 构造
构造形式
结构状态
F 不规则结构
层次结构
递归构造
函数构造
宏观结构
几何结构
群构造
三维结构
网状结构
系统结构
线性结构
周期结构
自组织结构
组织结构
C 自然频率 →(2)

结构参数
structural parameter
ZT3
S 参数*
C 消元法

结构常数
structural constant
O174
S 常数*

结构单元
structural unit
ZT2
S 单元*
F 四面体单元

结构定理
structural theorem
O152.4
S 数学定理*

结构对称
structural symmetry
ZT6
D 结构对称性
结构性对称
S 对称*

结构对称性
Y 结构对称

结构方程
structural equation
O122.2
S 方程(数学)*
C 交互效应
类空子流形

结构函数
structure functions
O174；O572.23；P43
S 函数*
C 分形指数
格点系统
粒子结构 →(2)

结构解耦
structural decoupling
O231
S 解耦*

结构矩阵
structure matrix
O151.21
S 矩阵*

结构可靠性分析
structural reliability analysis
O213.2
S 统计分析*

结构性对称
Y 结构对称

结构有限元分析
structural finite element analysis
O171
D 有限元结构分析
S 有限分析
C 随机有限元
Z 数学分析

结构状态
Y 结构

结合代数
associative algebra
O153.3
S 代数*
F Frobenius 代数
hopf 代数
双代数
有限维代数
余代数
张量代数

结合方案
Y 结合律

结合环*
associative ring
O153.3；O189.24

D 非结合环
F AGP-内射环
AP-内射环
clean 环
GP-内射环
noether 环
阿丁环
本原环
布尔环
除环
单纯环
多项式环
分式环
局部环
全矩阵环
群环
素环
完全环
遗传环
有限环
整环
自内射环
C 幂零根

结合律
associative law
O1-0；O157.2
D 结合方案
S 定律(数学)*
F 加法结合律
C 逆元
区组设计
有限几何

结合数
Y 联结数

结群
Y 纽结群

结式
resultant
O151.1
S 行列式*
F DIXON 结式
C 最小根

捷线
Y 最速降线

截短误差
Y 截断误差

截断函数
truncation function
O174
S 函数*
C 截断误差
模糊积分

截断奇异值分解
truncated singular decomposition
O122
S 奇异值分解
C 加权残值法
Z 数学分解

截断误差
truncation error
O241.1
D 不舍误差
截短误差
舍位误差
舍项误差
S 误差*
F 局部截断误差
整体截断误差
C 交替方向隐格式
截断函数
谱模式 →(4)

截断展开法
truncated expansion method
O175；O369
D 截断展开方法
S 数学方法*
C 整系数

截断展开方法
Y 截断展开法

截断正态分布
truncated normal distribution
O211.1
D 截尾正态分布
S 正态分布
C Fisher 信息矩阵
粗差
Z 概率分布

截集
cut set
O144；O157；O174
D 割集
截止集
S 集合*
F α-截集
λ-截集
水平截集
C 关联矩阵
整体解

截交线
intersection line
O185
S 交线
C 旋转曲面
Z 线

截距
intercept
O189.1
S 垂直距离
C 正态分布函数
Z 距离

截口定理
section theorem
O177.91；O211
S 数学定理*

截面(数学)*
section (mathematics)
O185
F 等截面
二维剖面
逆断面
切割面
全截面
三重微分截面
圆形截面
正则*-断面
主截面

截面法
section method
O172.2；O34
S 数学方法*
C 截面 →(2)(4)
平衡方程 →(4)

截面面积
sectional area
O182
S 面积*
C 截面 →(2)(4)
旋转体

截面曲率
sectional curvature
O186
D 截曲率
S 高斯曲率
F ricci 曲率
全纯截曲率
C 对称空间
积分流形
平行
体积增长
Z 曲率

截曲率
Y 截面曲率

截尾分布
truncated distribution
O213.2
S 寿命分布
C Kronecker 引理
截尾样本
Z 概率分布

截尾试验
censored test
C1
S 试验*
F 定时截尾试验
定数截尾试验
C 截尾样本

截尾样本
censored sample
O211；O212
D 删失样本
S 样本*
C 截尾分布
截尾试验

截尾正态分布
Y 截断正态分布

截线
stub
O186.1
S 直线*

截止集
Y 截集

解*
solution
O122.2
D 数学解
F Gr(o)bner 基
Riesz 基
Schauder 基
爆破解
不可约基
参数解
初始解
代数解
调和解
迭代解
定解
对称解
对合解
多解
方程解
非负解
非平凡解
分歧解
封闭解
根基
古典解
光滑解
广义解
函数解
积分解
基本解
基态解
级数解
极分解
极值解
间断解
渐近解
解析解
近似解
精确解
径向解
静态解
局部解
矩阵解
可解
可行解
黎曼解
理想解
连续解
零解
脉冲解
满意解
拟解
耦合解
平衡解
奇解
强解
圈基
全局解
弱解
熵解
上下解
摄动解
实数解
适度解
适应解
数值解
瞬态解
随机解
特征值解
同解
同宿解
退化解
拓扑基
完全解
唯一解
稳态解
无穷多解
无条件基
显式解
相似解
小波基
形式解
亚纯解
有界解
有限元解
有效解
增解
粘性解
振动解
整体解
正解
正径向解
正则解
直接解
子基
最优解
最终解
C 方程(数学)
根(数学)

解的爆破*
blow up of solution
O175；O241.82
D Blow-up 问题
F 同时爆破
有限爆破
C 反应扩散方程
算子半群

解的存在性
existence of solution
O175
S 存在性
F 多解存在性
正解存在性
C 充分条件
Z 数学性质

解集
solution set
O144；O175.11；O178
D A 集
解析集
S 集合*
F 基础解系
有效解集
预解集
最优解集
C 代数簇
完备空间

解矩阵
Y 层矩阵

解空间
solution space
O151.21；O177
S 线性空间
C 最大匹配问题
Z 空间(数学)

解耦*
decoupling
O231
D 解耦方法
F 补偿解耦
动态解耦
干扰解耦
渐近解耦
结构解耦
近似解耦
静态解耦
模态解耦
输入输出解耦
系统解耦
自适应解耦
C 逆系统
线性二次高斯问题

解耦方法
Y 解耦

解耦系统
decoupled system
N948
S 多变量系统
C 控制系统理论
Z 系统

解释*
explanation
ZT99
D 解释法
解释技术
F 数据解释
统计解释
C 解译 →(4)(5)

解释法
Y 解释

解释技术
Y 解释

解释精度
interpretation exactitude
O241；P207
S 数学精度*

解算*
resolution
ZT5
D 参数解算
数值解算
F 模型解算
网络解算
C 降阶积分 →(2)

解析*
analysis
O17
D 解析研究
F 半解析

图形解析
C 快速求解

解析半群
analytic semi-group
O152.7
S 半群
C 发展系统
Z 群(数学)

解析逼近
analytical approximation
O175.8
S 逼近*
C 解析方法 →(5)

解析表达式
Y 关系式

解析法
Y 坐标法

解析公式
analytical formula
O182；O241.3
S 公式(数学)*

解析函数
analytic functions
O174.55
S 函数*
F Bloch 函数
代数函数
单叶函数
多叶函数
广义解析函数
解析试函数
全纯函数
双解析函数
星形函数
亚纯函数
整函数
自守函数
C 变量代换法
对称性原理
柯西积分公式

解析积分
analytical integration
O241.83
S 积分*
C 边界元法

解析集
Y 解集

解析几何
analytic geometry
O182
D 解析几何学
S 几何*
F 空间解析几何
平面解析几何

解析几何学
Y 解析几何

解析解
analytic solution
O122.2；O175.11
D 闭式解
分析解
解析理论
解析求解
S 解*
F 近似解析解
精确解析解
三维解析解
严格解析解
C Mittag-Leffler 函数
半解析法 →(2)
差分法
高阶 Bernoulli 数
格子 BGK 模型
应变速率矢量 →(2)
圆形截面

解析解法
analytical solution
O122.2；O175.11
S 坐标法
C 解析小波变换
模式特征方程
Z 数学方法

解析开拓
Y 解析延拓

解析理论
Y 解析解

解析求解
Y 解析解

解析式
Y 关系式

解析势能函数
analytic potential energy function
O174
D 分析势能函数
S 势能函数
Z 函数(物理)

解析试函数
analytical trial function
O174.55
S 解析函数
Z 函数

解析-数值法
analytical-numerical solution
O153.3
S 坐标法
Z 数学方法

解析小波变换
analytic wavelet transformation
O17
S 小波变换*
C 解析解法

解析性
analyticity
O174
S 数学性质*
C 坐标法

解析延拓
analytic extension
O175.11
D 解析开拓
S 延拓
Z 数学方法

解析研究
Y 解析

解析映射
Y 全纯映射

解消假设
Y 零假设

解序列
solution sequence
O175
S 序*
C 变分问题

介值定理
intermediate value theorem
O177
D 介值性定理
中间值定理
S 数学定理*

介值性
intermediate value property
O172
S 数学性质*
C 介电函数 →(2)

介值性定理
Y 介值定理

介质*
medium
ZT
D 媒质
F 等效介质
C 介电常数 →(2)
介质效应 →(3)

界(数学)*
boundary(mathematics)
O171；O241.6
F Berry-Esseen 界
扰动界
上界
误差界
下界
先验界
有界

界点
Y 边界点

界壳理论
boundary shell theory
N941
D 界壳论
S 理论*
C 集对分析

界壳论
Y 界壳理论

界面*
interface
ZT74

D 分界面
F 接合面
C 表面性质 →(3)

界线
boundary
ZT74
D 边界类型
分界线
疆界
境界
境界线
轮廓线

界约束
bound constrained
O241
S 约束(数学)*

金茨堡-朗道方程
Y Ginzburg-Landau 方程

金兹堡-朗道方程
Y Ginzburg-Landau 方程

紧 Riemann 曲面
Y 黎曼面

紧阿贝尔群
compact Abelian group
O152.2
D 紧致 Abel 群
S 交换群
Z 群(数学)

紧差分格式
Y 紧致差分格式

紧度量空间
Y 紧致度量空间

紧复盖映射
Y 紧覆盖映射

紧覆盖映射
compact covering map
O152.4；O187
D 紧复盖映射
S 覆盖映射
C 收敛序列
Z 映射

紧化
Y 紧性

紧集
compact set
O177；O189
D 紧致集
S 点集
F 紧凸集
紧支集
紧子集
列紧集
弱紧集
相对紧集
C 距离函数
Z 集合

紧开拓扑
compact-open topology
O189.1
S 拓扑*
C 点态收敛

紧空间
Y 紧致空间

紧框架
tight frames
O174.2
S 框架(数学)*
C 尺度函数

紧黎曼面
Y 黎曼面

紧黎曼曲面
Y 黎曼面

紧连续算子
compact continuous operator
O177
S 紧算子
C 拓扑度理论
Z 算子

紧嵌入
Y 紧嵌入定理

紧嵌入定理
compact embedding theorem
O175.25
D 紧嵌入
S 嵌入定理
Z 数学定理

紧生成格
Y 代数函数

紧束缚方法
Y 紧束缚近似

紧束缚计算
Y 紧束缚近似

紧束缚近似
tight-binding approximation
O242.2
D 紧束缚方法
紧束缚计算
紧束缚理论
S 近似法*
C 单轴应力 →(2)

紧束缚理论
Y 紧束缚近似

紧算子
compact operator
O175.3；O177.1
D 非线性紧算子
非线性全连续算子
全连续算子
希尔伯特-史米特算子
S 连续算子
F 紧连续算子
弱紧算子
C GBBM 方程
加权 Bergman 空间
紧映射
严格占优本征值
Z 算子

紧凸集
compact convex set
O174.13
D 紧致凸集
S 紧集
凸集
C 多值泛函微分方程
Z 集合

紧线性算子
compact linear operator
O175.3
D 全连续线性算子
S 连续线性算子
C 二阶脉冲微分方程
色散介质 →(2)
张量积
Z 算子

紧性*
compactness
O153.1；O174；O189.1
D 紧化
紧致性
F 半紧性
局部紧
良紧性
列紧性
弱紧性
相对紧
C LF 闭包空间
复特征值
弱半连续
拓扑空间

紧映射
compact mapping
O189.1
S 映射*
C 不动点指标
紧算子

紧支撑
Y 紧支撑函数

紧支撑函数
compactly supported function
O174.13；O174.2
D 紧支撑
S 支撑函数
C 双向小波
Z 函数

紧支撑小波
compactly supported wavelet
O174.2
S 小波变换*
C 尺度函数
微分算子级数法
微分算子样条

紧支集
compact supported set
O177
S 紧集
支集
C Gabor 框架

双线性算子
正交小波变换
Z 集合

紧支径向基函数
compactly supported radial basis functions
O174
S 函数*
基函数
C 隐式曲面

紧致 Abel 群
Y 紧阿贝尔群

紧致差分格式
compact difference scheme
O241；O35；P43
D 紧差分格式
S 差分格式*
F 高阶紧致差分格式
C 因子分解法

紧致度量空间
compact metric space
O189.11
D 紧度量空间
S 度量空间
紧致空间
C 极小性
Z 空间(数学)

紧致极小子流形
Y 紧致子流形

紧致集
Y 紧集

紧致空间
compact space
O189.11
D 紧空间
局部紧空间
可数紧空间
拟紧空间
伪紧空间
亚紧空间
S 拓扑空间
F 紧致度量空间
C 紧子集
散射分解
Z 空间(数学)

紧致生成格
Y 代数函数

紧致凸集
Y 紧凸集

紧致系统
compact system
O177；O189
S 数学系统*

紧致性
Y 紧性

紧致性定理
compactness theorem
O141.1；O153；O177
S 数学定理*

紧致子集
Y 紧子集

紧致子流形
compact submanifold
O186.12
D 紧致极小子流形
S 子流形
C 第二基本形式
积分不等式
Z 流形

紧子集
compact subset
O177
D 紧致子集
S 紧集
子集
C k 覆盖
半连续
紧致空间
体积增长
完备映射
Z 集合

进程代数
process algebra
TP301；TP311
S 代数*

进位计数制
Y 进制

进位制
Y 进制

进制*
scale
O156.1；O157.4
D 进位计数制
进位制
位值计数法
位置计数法
F *M* 进制
n 进制
多进制
三进制
四进制
C 带余除法

近代数学
modern mathematics
O11
S 数学*
C 四元数矩阵

近复结构
almost complex structure
O186.16
D 殆复结构
S 复结构
Z 数学结构

近环
Y 拟环

近邻估计
Y 最近邻估计

近世代数
Y 抽象代数

近似
Y 近似法

近似比
approximation ratio
O212.1；O223
S 比例*
C 性能分析 →(2)

近似表示
approximate representation
O174.41；O241
S 表示(数学)*

近似法*
approximate method
O211；O241；O242.2
D 近似
近似方法
近似计算
近似计算法
近似计算方法
近似理论
近似算法
近似性
F Born 近似
Boussinesq 近似
Kirchhoff 近似
紧束缚近似
奇异摄动法
上近似
外推法
旋转波近似
移动最小二乘近似
有效介质近似
正态近似
C 几何体
加权和
近似公式
经典数学
竞争比
平行机排序
染色问题
线性模型
最大完工时间

近似方法
Y 近似法

近似公式
approximate formula
O172；O211.1
S 公式(数学)*
C 近似法
似然距离

近似估计
approximate estimation
O211.67；O212
S 估计(数学)*

近似惯性流形
approximate inertial manifolds
O175.29
S 惯性流形
C 整体吸引子
Z 流形

近似函数
approximate function
O13
S 函数*
C 自由参数

近似黄金分割法
Y 黄金分割法

近似极大似然估计
approximate maximum likelihood estimation
O213.2
S 极大似然估计
Z 估计(数学)

近似计算
Y 近似法

近似计算法
Y 近似法

近似计算方法
Y 近似法

近似解
approximate solution
O221.2；O241
D 逼近解
S 解*
C Born 近似
多项式逼近
极大极小问题
时滞方程
同伦分析法
锥度量空间
自由参数

近似解耦
approximate decoupling
O231
S 解耦*

近似解析解
approximate analytic solution
O122.2
S 解析解
C 微分方程数值解
Z 解

近似精度
approximate accuracy
O241；P207
S 数学精度*
C 模糊近似空间

近似空间
approximate space
O189
D 广义近似空间
S 空间(数学)*
F 模糊近似空间
C 等价关系

近似理论
Y 近似法

近似求积
Y 数值积分

近似数
Y 近似值

近似算法
Y 近似法

近似算子
approximate operators
O153.1；O177
S 算子*
C λ-截集

近似推理
approximate reasoning
O141
S 推理*
C Vague 集
真/假隶属函数

近似推理方法
Y 模糊推理

近似误差
approximate error
TH161
S 误差*

近似性
Y 近似法

近似因式分解法
Y 因子分解法

近似因子分解法
Y 因子分解法

近似值
approximate value
O241
D 近似数
S 值(数学)*
C Fibonacci 数列
theta 函数
四舍五入

近似锥-次类凸
approximate cone subconvex
O174
S 锥拟凸
Z 凸性

近似最优解
near optimum solution
O122.2
S 最优解
C 单纯形法
Z 解

近一致收敛
near uniform convergence
O173
D 近于一致收敛
S 一致收敛
C Riesz 定理
Z 收敛(数学)

近于凸函数
close-to-convex function
O174.13
D 凸象函数
凸像函数
S 凸函数
C 积分算子

Z 函数

近于一致收敛
Y 近一致收敛

近圆轨道
near-circular orbit
O189；P135
S 圆轨道
C 相对运动 →(2)
Z 轨道

劲度法
Y 位移法

禁忌搜索
tabu search
TP301
S 搜索*

禁用子图
forbidden subgraph
O157.5
S 子图
Z 图表

经典代数
Y 代数

经典风险模型
Y 古典风险模型

经典集合
Y 模糊集

经典解
Y 古典解

经典径迹蒙特卡罗方法
classical trajectory Monte-Carlo method
O242.1；O242.2
S 蒙特卡罗方法
Z 数学模拟

经典控制理论
classical control theory
O231
S 经典理论
控制理论
Z 理论

经典理论
classical theory
N0
S 理论*
F 经典控制理论

经典模型
classical model
O141.4；O231
D 典型模型
古典模型
S 数学模型*

经典数学
classical mathematics
O143
S 数学*
C 近似法

经济数学

economic mathematics
O242
S 应用数学
C 经济物理 →(2)
Z 数学

经验 Bayes 估计
empirical Bayes estimator
O212.8
D 经验贝叶斯估计
S Bayes 估计
C 随机删失
Z 估计(数学)

经验 Bayes 检验
empirical Bayes test
O212.8
D 经验贝叶斯
经验贝叶斯检验
S 贝叶斯检验
C 右删失
Z 检验

经验贝叶斯
Y 经验 Bayes 检验

经验贝叶斯估计
Y 经验 Bayes 估计

经验贝叶斯检验
Y 经验 Bayes 检验

经验参数
empirical parameters
ZT3
S 参数*

经验法则
empirical rule
O212.1
S 法则(数学)*

经验方程
empirical equation
O122.2；O174
S 方程(数学)*
C 参数模型

经验分布
Y 抽样分布

经验分布函数
empirical distribution function
O174
S 分布函数
Z 函数

经验公式
empirical equations
O241；P315.6
D 经验计算公式
S 公式(数学)*
C 第二类 Stirling 数
回归分析

经验过程
empirical process
O211.4
S Markov 过程
Z 随机过程

经验计算公式
Y 经验公式

经验模型
empirical model
O212.1
D 黑箱模型
S 统计模型
C u 检验
Z 数学模型

经验曲线
experience curve
O24
S 关系曲线
C 经验单位线 →(5)
Z 曲线

经验似然
empirical likelihood ratio
O212.1
D 经验似然比
S 似然比
C EV 模型
对数
渐近方差
局部平方可积强鞅
逆回归
条件分位数
约束集
Z 比例

经验似然比
Y 经验似然

经验特征函数
empirical characteristic function
O175.9
S 特征函数
C 特征矩阵
Z 函数

经验正交函数
empirical orthogonal function
O174
D EOF
EOF 方法
EOF 分析
经验正交函数(EOF)方法
经验正交函数方法
经验正交函数分析
经验正交函数分析方法
时空分解
S 正交函数
F 经验正交函数展开
旋转经验正交展开
C 复 EOF 分析
经验正交函数分解 →(4)
Z 函数

经验正交函数(EOF)方法
Y 经验正交函数

经验正交函数方法
Y 经验正交函数

经验正交函数分析
Y 经验正交函数

经验正交函数分析方法
Y 经验正交函数

经验正交函数展开
empirical orthogonal function expansion
O174；P43；P456.7
D EOF 展开
S 经验正交函数
Z 函数

精度*
accuracy
O174
D 精确级
F 建模精度
控制精度
模拟精度
匹配精度
正确度
准确度
C 可靠性
误差
校正
校准 →(2)

精度标准
precision standard
ZT82
S 标准规范*

精度估算
Y 精度评估

精度评定
Y 精度评估

精度评估
accuracy evaluation
ZT0
D 递归估算
精度估算
精度评定
S 评估*
C 测量平差 →(4)
测量误差
精度检测 →(2)

精度指标
accuracy index
ZT3
S 指标*

精化向量
refined vector
O183
S 向量*

精确大偏差
Y 精细大偏差

精确度
Y 正确度

精确罚函数
exact penalty function
O174
S 罚函数
Z 函数

精确公式
exact formula

O156.7；O157
S 公式(数学)*
C 非负整数解

精确估计
accurate estimation
O212.1
S 估计(数学)*

精确孤波解
exact solitary wave solutions
O241.8
S 孤波解
C MSE 展开法
Z 波解

精确孤立波解
accurate solitary wave solution
O122.2
S 精确解
C 映射变换
组合 KdV-mKdV 方程
Z 解

精确积分
exact integration
O241.4；O241.82
D 精细积分方法
S 积分*
F 单纯形积分
C 边界元
线性常微分方程

精确级
Y 精度

精确渐近性
precise asymptotics
O211.4
S 数学性质*
C 独立同分布
矩完全收敛性

精确解
accurate solution
O122；O175.1；O241.6
D 严格解
S 解*
F 精确孤立波解
精确行波解
严格解析解
C Hirota 方法
Jacobi 函数
Liouville 可积
非线性偏微分方程
非线性演化方程
分离变量
齐次平衡法
辛几何
严格凸函数

精确解法
Y 精确求解

精确解析解
exact analysis solution
O175
S 解析解
C 不变曲线
广义 Fisher 方程
Z 解

精确可控性
Y 精确能控性

精确能控性
exact controllability
O175.28；O231
D 精确可控性
S 数学性质*
C 控制系统理论

精确求解
rigorous solution
O24
D 精确解法
S 求解*

精确行波解
exact traveling wave solutions
O122.2
S 精确解
C 函数变换法
Z 解

精细大偏差
precise large deviation
O211；O241.1
D 精确大偏差
精致大偏差
S 大偏差
Z 偏差

精细积分
precise integration
O172.2；O241.4；O302；O342
D 精细积分法
S 积分*
F 精细时程积分
子域精细积分
C 传递矩阵 →(2)
精细网格

精细积分法
Y 精细积分

精细积分方法
Y 精确积分

精细时程积分
precise time integral
O172.2；O241.4；O327；O342
D 精细时程积分法
S 精细积分
C 非线性偏微分方程
Z 积分

精细时程积分法
Y 精细时程积分

精细网格
fine grid blocks
O241.82
S 网格(数学)*
C 精细积分
渗流方程 →(2)

精致大偏差
Y 精细大偏差

景深延拓
field depth extending
O175.1；O435.2
S 延拓
Z 数学方法

径迹
Y 轨迹

径基函数
Y 径向基函数

径向波函数
radial wave function
O174
S 波函数
C 拉盖尔多项式
正径向解
Z 函数

径向对称
radial symmetry
O181；O187
D 径向对称性
S 对称*

径向对称性
Y 径向对称

径向分布函数
radial distribution function
O174
S 分布函数
C 分子动力学模拟 →(3)
Z 函数

径向函数
Y 径向基函数

径向基函数
radial basis function
O174
D RBF
RBF 核函数
径基函数
径向函数
径向基函数(RBF)
S 函数*
F 高斯径向基函数
C ENO 格式
基解矩阵
径向矩阵元 →(2)
有界性

径向基函数(RBF)
Y 径向基函数

径向极小元
radial minimizer
O175.2；O177
S 极小元
C 零点分布
Z 元

径向解
radial direction solutions
O122.2
D 径向正解
S 解*
C 伸缩变换

椭圆边值问题

径向正解
Y 径向解

净厚度
Y 有效厚度

净相关
Y 偏相关

竞赛矩阵
tournament matrix
O151.21
S 矩阵*

竞赛论
Y 对策论

竞赛图
tournament
O157.5
D 多部竞赛图
S 图表*
C 匹配

竞争比
competitive ratio
O212.1；O223
S 比例*
C 近似法

竞争均衡
competitive equilibrium
O22
S 平衡*

竞争扩散
Y 竞争扩散系统

竞争扩散模型
Y 竞争扩散系统

竞争扩散系统
competitive diffusion
O175.13；O175.29
D 竞争扩散
竞争扩散模型
S 竞争系统
C 渐近性
周期解
Z 数学系统

竞争力函数
competitive force function
O174
S 函数*
C 竞争系统

竞争系统
competitive system
O175
S 数学系统*
F Lotka-Volterra 系统
竞争扩散系统
C 竞争力函数

静态
quiescence
ZT5
D 非静态
静止
S 状态*
C 运动学 →(2)

静态解
static solution
O122.2
S 解*

静态解耦
static decoupling
O231
S 解耦*

静态数学模型
Y 动态数学模型

静态特性
static characteristics
TP2
D 静态特征
静态性能
静特性
稳态特性
稳态性能
S 特性*
C 稳态指标

静态特征
Y 静态特性

静态误差
static error
O24
S 理论误差
Z 误差

静态系统
static system
N948
S 系统*

静态小波变换
static wavelet transform
O17
S 小波变换*

静态性能
Y 静态特性

静特性
Y 静态特性

静止
Y 静态

静止期
Y 平稳期

境界
Y 界线

境界线
Y 界线

镜面对称
Y 轴对称

镜像变换
Y Householder 变换

镜像对称
Y 轴对称

纠错
Y 校正

九宫格
Y 三阶幻方

九宫图
Lo Shu Square
O11
S 图表*
C 对角线
方阵

九九表
Y 乘法表

九章算术
nine chapters math
O112
S 算术
C 古代数学
Z 数学

局部 Lipschitz 函数
local lipschitz functions
O174
D 局部利普希茨函数
S Lipschitz 函数
C Lipschitz 条件
Z 函数

局部 Lipschitz 条件
local Lipschitz condition
O174；O175.1；O177
S Lipschitz 条件
Z 条件(数学)

局部 Macaulay 环
Y 局部环

局部 Petrov-Galerkin 法
S Petrov-Galerkin 方法
Z 数学方法

局部β-凸空间
locally β-convex spaces
O189.1
S 凸空间
C 随机微分方程
Z 空间(数学)

局部参数
local parameter
O174；O187
S 参数*

局部插值
local interpolation
O174.42；O177；O241.3
D 局部点插值法
S 插值*

局部存在性
local existence
O177
S 存在性
C 衰减估计
Z 数学性质

局部点插值法
Y 局部插值

局部对称
local symmetric
O177
S 对称*
C 2-调和
子流形

局部对称空间
locally symmetric space
O186
S 对称空间
C 全测地子流形
Z 空间(数学)

局部多项式
local polynomial
O177
S 多项式*
C FAR 模型

局部多项式估计
local polynomial estimation
O212.1
S 局部估计
C 回归函数
Z 估计(数学)

局部多项式回归
local polynomial regression
O212.7
S 多项式回归
F 局部线性回归
Z 回归(数学)

局部分歧
local bifurcation
O177
S 分歧理论
C 存在性
Z 数学理论

局部估计
local estimation
O212.1
S 估计(数学)*
F 局部多项式估计

局部广义解
Y 局部解

局部化定理
localization theorem
O151；O152
D 局部化理论
S 数学定理*

局部化理论
Y 局部化定理

局部环
local ring
O153.3
D Macaulay 局部环
Noether 局部环
局部 Macaulay 环
S 结合环*
F 有限局部环
C 极大理想
深度
辛群

局部环绕
Y 局部环绕定理

局部环绕定理
Local linking theorem
O177
D 局部环绕
S 环绕定理
C (Ps)条件
Z 数学定理

局部基
local base
O153.1；O157.5
D local 基
邻域基
S 局部解
C 不分明化拓扑
Z 解

局部极大值
Y 局部极小值

局部极小
Y 局部极小值

局部极小值
local minimum
O122.5；O224；O241
D 局部极大值
局部极小
局部最小
全局极大值
全局极小
全局极小值
总体极大值
总体极小值
S 极小化问题
局部极值
Z 极值
数学问题

局部极值
local optimum
O122.5；O172；O224
S 极值*
F 局部极小值

局部渐近稳定
Y 全局渐近稳定性

局部渐近稳定性
Y 全局渐近稳定性

局部截断误差
local truncation error
O241.1
S 截断误差
C 色散方程 →(2)
Z 误差

局部解
local solution
O122.2
D 局部广义解
S 解*
F 局部基
C Camassa-Holm 方程
自由边值问题

局部紧
locally compact
O189.1
S 紧性*

局部紧空间
Y 紧致空间

局部李群
Y 李群

局部利普希茨函数
Y 局部 Lipschitz 函数

局部连通
locally connected
O189.1
D 局部连通的
局部连通性
S 连通*

局部连通的
Y 局部连通

局部连通性
Y 局部连通

局部幂零根
Y 幂零根

局部平方可积强鞅
local square integrable strong martingale
O177；O211.6
S 局部平方可积鞅
强鞅
C 经验似然
随机积分
Z 随机过程

局部平方可积鞅
locally square integrable martingale
O177；O211.6
S 局部鞅
平方可积鞅
F 局部平方可积强鞅
Z 随机过程

局部平衡
local equilibrium
ZT5
D 部分平衡
局域平衡
S 平衡*

局部适定性
local well-posedness
O151.1；O177
D 整体适定性
S 适定性
C 临界 Sobolev 指标
Z 数学性质

局部收敛
Y 全局收敛

局部收敛性
Y 全局收敛

局部凸
locally convex
O174
S 凸性*
C Benson 真有效性
非线性标量化函数

局部凸空间
Y 局部凸拓扑线性空间

局部凸拓扑线性空间
locally convex topolgical linear space
O144
D 半自反局部凸空间
局部凸空间
自反局部凸空间
S 局部凸线性空间
拓扑线性空间
C 超有效点
局部有界
密度定理
Z 空间(数学)

局部凸线性空间
locally convex linear space
O177.3
S 凸空间
线性空间
F 局部凸拓扑线性空间
桶型空间
C 不动点指数定理
Z 空间(数学)

局部凸向量拓扑
locally convex topological vector spaces
O189
S 拓扑*
C 有界线性算子

局部维数
local dimension
O189.1
S 维数*

局部稳定性
local stability
O241.8
S 稳定性(数学)*
C 正平衡点

局部误差
partial error
O24
S 随机误差
C 局部改正 →(5)
Z 误差

局部线性方法
local linear method
O212.1
S 线性化法
C 拟似然估计
Z 数学方法

局部线性估计
local linear estimation
O212.1
S 线性估计
C 非参数自回归模型
Z 估计(数学)

局部线性回归
local linear regression
O212.1
S 局部多项式回归
线性回归
C 变系数部分线性模型
参数选择
Z 回归(数学)

局部鞅
local martingale
O211.6
S 鞅
F 局部平方可积鞅
Z 随机过程

局部一致收敛
locally uniform convergence
O172.2；O189
S 一致收敛
C 可积方程
Z 收敛(数学)

局部一致凸
local uniform convexity
O174
S 一致凸性
C Orlicz 空间
Z 凸性

局部影响分析
local influence analysis
O157
S 数学分析*
C 广义 Cook 统计量

局部优化
local optimization
ZT5
S 优化*

局部有界
local bounded
O171；O177
S 有界
C 局部凸拓扑线性空间
实变函数
Z 界(数学)

局部有界函数
locally bounded function
O174
S 有界函数
Z 函数

局部余弦变换
local cosine transform
O17
S 余弦变换
Z 数学变换

局部域
local field
O156.2
S 域*
C Lipschitz 类

局部正则性
local regularity
O151
D 部分正则性
S 正则性*
C 渗流方程 →(2)

局部中心
local center
O175.12；O189
S 中心*

局部最小
Y 局部极小值

局部最优化
local optimization
O241
S 优化*

局部最优解
local optimal solution
O122.2；O224
S 最优解
Z 解

局部坐标
local coordinates
O182；P121
S 坐标*
C 周期轨道

局域平衡
Y 局部平衡

局域性
locality
ZT72
D 非局域性
S 特性*
C 波包 →(2)

矩
Y 矩(数学)

矩(数学)*
moment(mathematics)
O212
D 矩
F 二阶矩
概率加权矩
高阶矩
条件矩
消失矩
一阶矩
原点矩
中心矩
C 线性模型

矩不变量
moment invariants
O182
S 不变量*
C 快速傅立叶逆变换

矩不等式
Y 矩阵不等式

矩法估计
Y 矩估计

矩方法

Y 矩量法

矩估计
moment estimation
O212
D 矩法估计
S 点估计
F 广义矩估计
逆矩估计
C Gumbel 分布
二元指数分布
负二项分布
双重时序模型
位相型分布
Z 估计(数学)

矩量
Y 矩量法

矩量法
moment method
O174.43；O241
D 矩方法
矩量
力矩法
S 数学方法*
C Kirchhoff 公式
矩条件
离散傅里叶逆变换
力矩分配 →(2)
围线积分

矩母函数
moment generating function
O157.1；O174；O211.3
D 矩生成函数
S 母函数
C 调节系数
聚合风险模型
性能分析 →(2)
Z 函数

矩生成函数
Y 矩母函数

矩条件
moment conditions
O151.21
S 条件(数学)*
C 矩量法

矩完全收敛性
complete moment convergence
O177
S 完全收敛
C 精确渐近性
Z 收敛(数学)

矩问题
moment problem
O174.5；O224
S 数学问题*
C 概率测度

矩心
moment center
O241.5
S 数值点
Z 点(数学)

矩形
rectangle
O181
D 长方形
S 平行四边形
F 超矩形
外接矩形
正方形
最小边界矩形
Z 多边形

矩形带
rectangular band
O152.7
S 区间*
C 双序集

矩形法
rectangluar method
O172.2
S 优选法
C Lebesgue-Stieltjes 积分
Z 最优化方法

矩形分布
Y 均匀分布

矩形环
rectangluar ring
O153.3
S 环(数学)*

矩形区域
Y 矩形域

矩形群
rectangular group
O152
S 群(数学)*

矩形域
rectangular domain
O144；O174；O178
D 矩形区域
S 域*
C 插值

矩阵*
matrix
O151.21
D 矩阵法
矩阵方法
矩阵排列
矩阵形式
F Bezout 矩阵
Cartan 矩阵
Cauchy 矩阵
Clifford 矩阵
d-disjunct 矩阵
Fibonacci 矩阵
Fisher 信息矩阵
Hadamard 矩阵
Hesse 矩阵
Householder 矩阵
H-矩阵
Laplacian 矩阵
Leslie 矩阵
L-矩阵
Nekrasov 矩阵
OD 矩阵
Pascal 矩阵
Pauli 矩阵
P-矩阵
Q 矩阵
R 矩阵
T 矩阵
Vandermonde 矩阵
伴随矩阵
本原矩阵
比较矩阵
边矩阵
变换矩阵
标准形矩阵
病态矩阵
不可约矩阵
布尔矩阵
参数矩阵
层矩阵
插值矩阵法
差别矩阵
传递函数矩阵
带状矩阵
导出矩阵
等价矩阵
递推矩阵
调和矩阵
迭代矩阵
度量矩阵
对角占优矩阵
多相矩阵
多项式矩阵
二阶矩阵
反馈矩阵
非负矩阵
非奇异矩阵
符号模式矩阵
复合矩阵
复矩阵
概率矩阵
割集矩阵
格矩阵
共轭矩阵
关联矩阵
关系矩阵
规范矩阵
过渡矩阵
海森堡矩阵
函数矩阵
幻方矩阵
积分算子矩阵
基解矩阵
基矩阵
加边矩阵
结构矩阵
竞赛矩阵
距离矩阵
可达性矩阵
可交换矩阵
可逆矩阵
亏损矩阵
邻接矩阵
幂 LCM 矩阵
模糊矩阵
拟拉普拉斯矩阵
逆矩阵

排列矩阵
判断矩阵
偏差矩阵
偏导数矩阵
评价矩阵
区间矩阵
设计矩阵
摄动矩阵
伸缩矩阵
生成矩阵
实矩阵
四元数矩阵
算子矩阵
随机矩阵
特殊矩阵
特征矩阵
拓扑矩阵
微分矩阵
稳定矩阵
无穷矩阵
误差矩阵
稀疏矩阵
系数矩阵
系统矩阵
相伴矩阵
相干矩阵
相容次序矩阵
相似矩阵
辛矩阵
信息矩阵
形态学矩阵
修正矩阵
循环矩阵
雅可比矩阵
延拓矩阵
一致性矩阵
友矩阵
预处理矩阵
预条件矩阵
增广矩阵
增益矩阵
诊断矩阵
整数矩阵
正规矩阵
支付矩阵
指数矩阵
置换矩阵
属性矩阵
转移矩阵
子矩阵
自反矩阵
C 点列
矩阵元 →(2)
矩阵秩
线性问题
阵列

矩阵 t 分布
matrix t distribution
O211.3
S t 分布
C 多元回归
Z 概率分布

矩阵半群
matrix semigroups
O152.7
S 半群
F Rees 矩阵半群
Z 群(数学)

矩阵逼近
matrix approximation
O151.21
D 矩阵相似
S 逼近*
C 矩阵表示
扩域

矩阵变换法
matrix transform methods
O241.6
S 数学方法*
C 多项式

矩阵表示
matrix representation
O152
S 表示(数学)*
C 矩阵逼近

矩阵博弈
matrix game
O225
S 博弈*
C 动态方程 →(2)
矩阵对策

矩阵不等式
matrix inequality
O178
D 矩不等式
S 不等式*
F 线性矩阵不等式
C ρ-混合
正定矩阵

矩阵操作
Y 矩阵运算

矩阵测度
matrix measure
O174.12
S 测度(数学)*
C 矩阵元 →(2)
时滞神经网络

矩阵长方形不等式
Y Carlson 不等式

矩阵乘
Y 矩阵乘法

矩阵乘法
matrix multiplication
O241.6
D 矩阵乘
S 矩阵计算
C 子矩阵约束
Z 计算

矩阵乘积
matrix multiplication
O151.21
S 乘积
C 不等式
多项式除法
立体阵
四元数
Z 积

矩阵初等变换
matrix elementary transformation
O151.21
S 初等变换
C 拟线性双曲组
Z 数学变换

矩阵代数
matrix algebra
O153.3
D 矩阵环
线性变换环
S 线性代数
F 上三角矩阵代数
预条件子
C 全矩阵环
行列式
Z 代数

矩阵的范数
Y 矩阵范数

矩阵的迹
matrix trace
O151.21
D 矩阵迹
S 矩阵论
Z 数学理论

矩阵的奇异值分解
Y 奇异值分解

矩阵的秩
Y 矩阵秩

矩阵迭代法
matrix iteration method
O241.6
S 迭代法*
C 联合谱半径

矩阵对策
matrix game
O225
D 二人有限非零和对策
二人有限零和对策
双矩阵博弈
双矩阵对策
有限两人零和对策
S 零和对策
C 极小解
矩阵博弈
区间直觉模糊集
下半连续
Z 对策论

矩阵对角化
matrix diagonalization
O151.21
S 对角化
C 四元数矩阵方程
特征向量
Z 数学变换

矩阵多分裂
matrix multi-splitting

O151
S 矩阵分裂
Z 分裂法

矩阵多项式
matrix polynomial
O174.14
S 多项式*
C 振型叠加法 →(2)

矩阵法
Y 矩阵

矩阵法分析
Y 矩阵分析

矩阵反问题
Y 矩阵反演

矩阵反演
matrix inversion
O151.21
D 矩阵反问题
S 矩阵运算
C 最小二乘解
Z 运算

矩阵范数
matrix norm
O151.21；O177.5；O241
D 矩阵的范数
矩阵条件数
条件数
相容范数
S 范数*
F 2-范数
C 几乎必然指数稳定性
上界
凸多面体
相对扰动界
向后误差

矩阵方程
matrix equation
O122.2；O17；O241.6
S 方程(数学)*
F Sylvester 方程
二次矩阵方程
非线性矩阵方程
矩阵微分方程
四元数矩阵方程
约束矩阵方程
C Hall 多项式
矩阵解
矩阵元 →(2)
线性代数

矩阵方程组
matrix equation system
O122.2；O17；O241.6
S 方程组*

矩阵方法
Y 矩阵

矩阵分块
Y 分块矩阵

矩阵分裂
matrix splitting
O151
S 分裂法*
F 矩阵多分裂
C 线性方程组

矩阵分析
matrix analysis
O171；O342
D 矩阵法分析
S 数学分析*
F 马尔可夫分析
C 结构力学 →(2)
矩阵元 →(2)

矩阵广义逆
Y Moore-Penrose 广义逆

矩阵函数
matrix function
O151.21
S 行列式函数
Z 函数

矩阵环
Y 矩阵代数

矩阵迹
Y 矩阵的迹

矩阵几何
matrix geometry
O151.21
S 几何*
C 代数几何

矩阵几何解
matrix-geometric solution
O122.2
S 矩阵解
C 离散时间排队
Z 解

矩阵计算
matrix calculation
O241.6
D 矩阵解法
数值代数
线性代数计算法
S 数值计算
F 矩阵乘法
C Hecke 代数
Yangian 代数
代数模型
特征值
Z 计算

矩阵解
matrices solutions
O122.2
S 解*
F 矩阵几何解
C 矩阵方程

矩阵解法
Y 矩阵计算

矩阵理论
Y 矩阵论

矩阵论
matrix theory
O151.21
D 矩阵理论
S 数学理论*
F 矩阵的迹
随机矩阵理论

矩阵幂级数
matrix power series
O173
S 幂级数
C 幂等元
Z 级数(数学)

矩阵排列
Y 矩阵

矩阵胚
Y 拟阵

矩阵奇异值分解
Y 奇异值分解

矩阵群
matrix group
O152.3；O152.4
D 线性变换群
S 交换群
Z 群(数学)

矩阵算法
matrix algorithm
O224；O241.6
D 矩阵与算法
S 数学算法*
C 增广链

矩阵损失
Y 矩阵损失函数

矩阵损失函数
matrix loss function
O174
D 矩阵损失
S 损伤函数
C 不完全椭球约束
线性估计
Z 函数

矩阵特征值
Y 特征值

矩阵条件数
Y 矩阵范数

矩阵微分方程
matrix differential equation
O175
D 矩阵微分系统
S 矩阵方程
C 有界解
Z 方程(数学)

矩阵微分系统
Y 矩阵微分方程

矩阵相乘
matrix multiplication
O151.21
S 矩阵运算
C 计算数学

循环矩阵
Z 运算

矩阵相似
Y 矩阵逼近

矩阵形式
Y 矩阵

矩阵序列
matrix sequence
O151
S 序*

矩阵与算法
Y 矩阵算法

矩阵运算
matrix operation
O151.2
D 矩阵操作
S 运算*
F 矩阵反演
矩阵相乘
指数矩阵运算
转置
C 最优化方法

矩阵正态分布
matrix normal distribution
O211.3
S 正态分布
Z 概率分布

矩阵指数
matrix exponent
O151.21
S 指数*
C 基解矩阵

矩阵指数函数
matrix exponential function
O171
S 指数函数
Z 函数

矩阵秩
matrix rank
O151.21；O177
D 矩阵的秩
S 秩*
C 初等变换
矩阵

矩阵追赶法
Y 打靶法

巨系统
huge system
N948
S 系统*
F 复杂巨系统

拒绝域
Y 舍弃域

拒中律
Y 排中律

具混合误差项的 Ishikawa 迭代程序
Y 带误差的 Ishikawa 迭代程序

距离*
distance
ZT2
D 分隔距离
间隔长度
间距
间距函数
距离参数
距离问题
位距
F Bregman 距离
Cook 距离
Hamming 距离
Hausdroff 距离
Kullback-Leibler 距离
Mahalanobis 距离
Pearson-χ^2 距离
W-距离
传播距离
垂直距离
等距
模糊距离
平均距离
球面距离
似然距离
伪距离
线间距
相对距离
有向距离
组距
最小距离
C 长度
单形
距离图

距离参数
Y 距离

距离分布
range distribution
O157.5；O177
S 数学分布*
C 距离矩阵

距离公式
range formula
O123.2
S 基本公式
C 超平面
Z 公式(数学)

距离函数
distance function
O174
S 函数*
C Ball 曲线
Mahalanobis 距离
紧集
距离几何

距离和
range sum
O123；O157.5
S 和(数学)*
C 平均距离

距离几何
distance geometry
O157.5
S 几何*
C 距离函数

距离矩阵
distance matrix
O151.21
S 矩阵*
C 距离分布

距离空间
Y 度量空间

距离判别
distance discrimination
O177；O212.4
D 距离判别法
S 判别法(数学)*
C 测距 →(2)(4)

距离判别法
Y 距离判别

距离投影
distance projection
O174；O177.1
S 投射(数学)*
C 强收敛

距离图
distance graph
O157.5；O177
D 整数距离图
S 图表*
C 点色数
距离

距离问题
Y 距离

距平法
Y 距平分析

距平分析
distance average analysis
O241；P413
D 距平法
S 分析*
C 距平 →(4)
距平植被指数 →(4)

距平相关
anomaly correlation
O24；P413
S 相关*
C 距平 →(4)

聚点
accumulation point
O174；O189.1
D 凝聚点
逐点
S 数值点
C 导集
Z 点(数学)

聚合不动点
collectively fixed point
O177.91
S 不动点

C 非空交定理
Z 点(数学)

聚合风险模型
collective risk model
O211.67
S 风险模型*
C 矩母函数

聚集分布
Y 负二项分布

聚集密度
gather density
ZT72
D 稠密度
密集度
S 密度*

聚集数据
aggregate data
O212.1
S 数据*
C 均方误差

聚类分析
cluster analysis
O21
D 点群分析
集群分析
聚类分析法
群分析
S 统计分析*
F Q 型聚类分析
变量聚类
动态聚类分析
灰色聚类分析
加权聚类分析
模糊聚类分析
系统聚类
C 均值分析
图像分类 →(4)
相似系数
有序样品

聚类分析法
Y 聚类分析

卷积
convolution
O177.6；O21
D 褶积
S 积*
F Hadamard 卷积
二维卷积
傅里叶自去卷积
快速卷积
离散卷积
C Lucas 数列
傅里叶变换
褶积模型 →(5)

卷积代数
convolution algebra
O177.5
D 卷积运算
S 代数*

卷积定理
convolution theorem
O174.2；O212
S 数学定理*
C 数论变换

卷积公式
convolution formula
O177
S 公式(数学)*
C 卷积和

卷积和
convolution sum
O157.1；O174.22
S 和(数学)*
C 卷积公式
卷积积分

卷积核
convolution kernel
O175.6
S 核函数
C 边缘算子
Z 函数

卷积积分
convolution integral
O172.2
S 积分*
C 卷积和
图解法

卷积幂
convolution power
O212
S 幂
C 正规子群
Z 运算

卷积算子
convolution operator
O177
S 算子*
C 模估计

卷积运算
Y 卷积代数

决策*
decision making
O225
D 决策方法
F 不确定决策
多目标决策
多属性决策
灰色聚类决策
系统决策
C 变权
分批排序

决策(数学)
Y 决策论

决策变量
decision variable
O221；O242.1
D 操作变量
设计变量
S 变量*
C 控制变量

决策表
decision table
O22
S 图表*
C 差别矩阵

决策方法
Y 决策

决策分析
decision analysis
O225
S 数学分析*
F 模糊决策分析
系统分析
C 可行性
灵敏度分析
信息熵

决策规划
decision rules
O211.62；O221
D 马氏决策规划
S 数学规划*
C 不可区分关系

决策函数
decision function
O174
D 判定函数
判决函数
统计决策函数
S 函数*
F 容许决策函数

决策空间
decision space
C934；N945.25
S 空间*

决策论*
decision theory
O225
D 决策(数学)
决策论和分析
F 贝叶斯决策
策略决策
多阶段决策
多指标决策
二层决策
二行动线性决策
风险决策
混合型多属性决策
马尔可夫决策
模糊决策
群决策
随机决策
序贯决策
C 数学规划
系统工程
信息论

决策论和分析
Y 决策论

决定性公理
deterministic axiom
O143
S 公理*

C 选择公理

绝对变率
absolute variability
ZT3
S 变化率
Z 比率

绝对补集
Y 补集

绝对不对称
Y 不对称

绝对不稳定
Y 稳定

绝对二次曲面
absolute quadric
O187
S 二次曲面
Z 曲面

绝对距离
Y 相对距离

绝对连续
absolute continuity
O172.2；O174
D 绝对连续的
一致绝对连续
一致绝对连续的
S 连续*

绝对连续的
Y 绝对连续

绝对连续函数
absolutely continuous function
O174.5
S 连续函数
C 再生核空间
Z 函数

绝对连续性
absolute continuity
O174
S 函数连续性
C 自然数集
Z 函数性质

绝对偏差
Y 绝对误差

绝对扰动上界
absolute perturbation bound
O171；O241.6
S 扰动界
上界
Z 界(数学)

绝对时间
absolute time
ZT73
S 时间*
C 相对时间

绝对收敛
absolute convergence
O173.1；O174
S 收敛(数学)*
C 调和级数
判别法(数学)
条件收敛

绝对收敛横坐标
Y 收敛横坐标

绝对误差
absolute error
O241.1
D 绝对偏差
S 误差*
C 相对误差

绝对值
absolute value
O241
S 值(数学)*
C 数轴

绝对值不等式
absolute value inequality
O178
S 不等式*
C 放缩法

绝对值方程
absolute value equations
O151
D AVE
S 代数方程
非线性方程
C 绝对值函数
线性互补
Z 方程(数学)

绝对值函数
absolute function
O174
S 值函数
C 绝对值方程
Z 函数

绝对坐标
absolute coordinate
TH12
S 坐标*

军事运筹学
military operation research
O22
S 运筹学
Z 数学

均差
Y 差商

均方 Henstock-Stieltjes 积分
Y Henstock 积分

均方差
Y 标准差

均方根
root mean square
O122.2
S 根(数学)*
C 功率谱密度 →(2)

均方根差
Y 中误差

均方根偏差
Y 标准差

均方根误差
Y 标准误差

均方根值
Y 均方值

均方渐近稳定
Y 渐近稳定性

均方离差
Y 标准差

均方偏差
Y 标准差

均方收敛
mean square convergence
O211；O241
D 平均收敛
S 收敛(数学)*
C 核函数
相合估计

均方稳定
Y 均方稳定性

均方稳定性
mean square stability
O211.63
D 均方稳定
S 稳定性(数学)*
F 均方指数稳定性
C Euler-Maruyama 方法

均方误差
mean square error
O241.1
D 广义均方误差
S 误差*
F 预测均方误差
C 回归系数
聚集数据
岭参数
相依回归模型
综合误差
最优预测

均方误差矩阵
mean square error matrix
O151.21
S 误差矩阵
C 最小均方误差
Z 矩阵

均方误差矩阵准则
mean square error matrix criterion
O211.67；O212
S 均方误差准则
C 线性模型
Z 准则

均方误差准则
mean square error criterion
O211.67
S 准则*
F 均方误差矩阵准则
C Legendre 小波

离散余弦变换

均方相合性
square consistency
O212
S 相合性
C 核估计
Z 数学性质

均方值
mean square value
O156.4
D 均方根值
S 平均数*

均方指数稳定
Y 均方指数稳定性

均方指数稳定性
mean square exponential stability
O212
D 均方指数稳定
S 均方稳定性
C 泛函
Z 稳定性(数学)

均衡
Y 平衡

均衡函数
balance functions
O174
S 函数*

均衡问题
equilibrium problem
O177；O23；O24
D 广义混合平衡问题
广义均衡问题
广义平衡问题
广义向量平衡问题
拟平衡问题
S 数学问题*
F 向量均衡问题
C 强单调映象
弱半连续
伪单调

均衡状态
Y 平衡

均生函数
mean generating function
O174
S 函数*

均一性
Y 均匀性

均一性检验
homogeneity test
O212.1
S 统计检验
C 溶出特性 →(3)
Z 检验

均匀 B 样条
uniform B spline
O174.41；O241
S B 样条
C 双参数
Z 样条曲线

均匀 B 样条曲线
Y 非均匀有理 B 样条

均匀分布
uniform distribution
O211.1
D 规则分布
矩形分布
一致分布
S 连续分布
F 二维均匀分布
C 密度函数
Z 概率分布

均匀全色数
equitable total chromatic number
O157.5
S 全色数
C 完全等二部图
Z 色数

均匀色数
equitable chromatic number
O157.5
S 色数*
C 独立数

均匀设计
uniform design
O212.6
D 均匀设计法
均匀设计试验法
随机化均匀设计
S 设计*
C VIC 模型 →(5)
随机性

均匀设计抽样
uniform design sampling
O212.6
S 采样*

均匀设计法
Y 均匀设计

均匀设计试验法
Y 均匀设计

均匀性
homogeneity
ZT4
D 均一性
均质性
匀质性
S 特性*
F 非均一性
非均匀性
C 各向异性介质 →(5)
间歇性
气温序列 →(4)
群集性

均值
Y 平均数

均值不等式
average inequality
O178
D 平均不等式
平均值不等式
S 不等式*
F 幂平均不等式
C 单调有界
化归方法
均值向量
最大值

均值定理
mean value theorem
O156.4
S 数学定理*

均值法
Y 平均值法

均值方差准则
Y 均值-方差准则

均值-方差准则
mean variance criterion
O211.67
D 均值方差准则
S 准则*
C 随机微分对策

均值分布
mean value distribution
O212
S 概率分布*
C Kloosterman 和
数论函数
特征和

均值分析
mean value analysis
O241
S 数值分析*
C 聚类分析
均值检验

均值公式
mean value formula
O171
S 公式(数学)*
C 和函数

均值估计
mean value estimation
O212
S 估计(数学)*
C 辅助变量
素数分布

均值函数
mean function
O211.67
S 函数*

均值检验
mean test
O212.1
S 统计检验
C 均值分析
Z 检验

均值控制图
mean control chart

O157.5；O17
S 控制图*

均值漂移模型
mean shift model
O212
S 数学模型*
C Bayes 估计
先验分布

均值向量
mean vector
O151.24；O212.1
D 期望向量
S 向量*
C 不完全椭球约束
广义方差
均值不等式

均质积分
quermass integral
O186.5
D 对偶均质积分
平均截面测度
S 积分*
C 正交投影
中心对称

均质性
Y 均匀性

咖陶导数
Y Gateaux 导数

卡东穆塞夫-彼得韦亚斯维利方程
Y KP 方程

卡尔曼滤波方法
Y Kalman 滤波方法

卡尔松不等式
Y Carlson 不等式

卡尔松测度
Y Carleson 测度

卡方分布
χ^2 distribution
O212.2
D x^2 分布
χ^2 分布
S 标准正态分布
Z 概率分布

卡方检验
chi-square test
O212.1
D X^2 检验法
χ^2 检验
χ^2 检验法
S 假设检验*
F χ^2 拟合优度检验
C Pareto 分布

卡方拟合优度检验
Y χ^2 拟合优度检验

卡拉特奥多里条件
Y Caratheodory 条件

卡莱曼不等式
Y Carleman 不等式

卡卢比-比利亚马约尔-格斯滕K理论
Y K-理论

卡罗需-库恩-塔克条件
Y Kuhn-Tucker 条件

卡马萨-霍尔姆方程
Y Camassa-Holm 方程

卡姆理论
Y KAM 理论

卡氏积
cap product
O233
S 积*
C Hamilton 图
特征多项式

卡塔兰数
Y Catalan 数

卡特兰数
Y Catalan 数

卡西米尔函数
Y Casimir 函数

卡西默算子
Y Casimir 算子

开边界条件
open boundary conditions
O242.1；P433；P731.2
S 边界条件*

开方号
Y 根号

开方运算
Y 开平方

开放的复杂巨系统
Y 开放复杂巨系统

开放复杂巨系统
open complex giant system
N948
D 开放的复杂巨系统
S 复杂巨系统
开放系统
Z 系统

开放体系
Y 开放系统

开放系统
open system
N948
D 开放体系
S 系统*
F 开放复杂巨系统
C 封闭系统

开覆盖
open covering
O189.1
S 覆盖(数学)*
F 单位分解

开关代数
Y 布尔代数

开关函数
Y 布尔函数

开核算子
Y 内部算子

开环
ring opening
O153.3；O231
S 环(数学)*
C 开环聚合 →(3)
最优控制策略

开集
open set
O189.13
D Ir-开集
S 集合*
F 半开集
法图集
正则开集
准开集
C Dirichlet 空间

开集条件
open set condition
O177
S 条件(数学)*
C 压缩映射

开平方
extraction of square root
O121；O151
D 开方运算
S 运算*

开区间
Y 区间

开始期
initial phase
ZT73
S 时期*

开映射
open mapping
O189.1
D 几乎开映射
S 映射*
C 收敛序列
重合点

开映射定理
open mapping theorem
O177；O189.2
S 映射定理
C 次范整线性空间
度量空间
映射函数
Z 数学定理

凯莱变换
Y Cayley 变换

凯莱定理
Y Cayley 定理

凯莱图
Y Cayley 图

凯莱有向图
Y Cayley 有向图

凯勒流形
Y Kahler 流形

坎托罗维奇算子
Y Kantorovich 算子

康托尔集
Y Cantor 集

康托尔三分集
Y Cantor 三分集

康托集
Y Cantor 集

抗差最小二乘法
robustified least squares method
O241.5；P207
S 最小二乘法*

考查
Y 调查

考察
Y 调查

考茨图
Y Kautz 图

考恩-道格拉斯算子
Y Cowen-Douglas 算子

考尔德伦-赞格蒙奇异积分算子
Y 奇异积分

考纽螺线
Y 回旋线

柯尔莫戈洛夫
Y Kolmogorov 熵

柯尔莫戈洛夫熵
Y Kolmogorov 熵

柯尔莫哥洛夫不等式
Y Kolmogorov 不等式

柯尔莫哥洛夫检验
Kolmogorov test
O212.1
S 统计检验
C 自同构
Z 检验

柯尔莫哥洛夫熵
Y Kolmogorov 熵

柯尔莫哥洛夫-西奈不变量
Y 测度熵

柯尔莫哥洛夫系统
Y Kolmogorov 系统

柯尔莫哥洛夫自同构
Y 自同构

柯西不等式
Cauchy inequality
O172.2；O178
D Cauchy 不等式
S 排序不等式
F Cauchy-Schwartz 不等式
范数不等式
C 代数恒等式
Z 不等式

柯西定理
Y 柯西中值定理

柯西法
Y 特征线法

柯西分布
Cauchy distribution
O21
D Cauchy 分布
S 分布*
C 样本分位数

柯西-弗罗贝尼乌斯引理
Y Burnside 定理

柯西核
Cauchy kernel
O175.5
D Cauchy 核
S 核函数
C 柯西积分公式
Z 函数

柯西积分
Y 柯西积分公式

柯西积分定理
Y 柯西中值定理

柯西积分公式
Cauchy integral formula
O172.2；O174.5
D Cauchy-Stieltjes 积分
Cauchy 积分
Cauchy 积分公式
Cauchy 型积分
柯西积分
柯西型积分
S 积分公式
C 复变函数
解析函数
柯西核
柯西中值定理
麦克劳林级数
Z 公式(数学)

柯西极限存在准则
Y 柯西收敛准则

柯西矩阵
Y Cauchy 矩阵

柯西-黎曼方程
Y Cauchy-Riemann 方程

柯西判别法
Cauchy test
O173.1
D Cauchy 判别法
S 判别法(数学)*

柯西-施瓦茨不等式
Y Cauchy-Schwartz 不等式

柯西-施瓦兹不等式
Y Cauchy-Schwartz 不等式

柯西收敛准则
Cauchy convergence rule
O171
D 柯西极限存在准则
S 柯西准则
收敛准则
C 有限覆盖
Z 准则

柯西问题
Y Cauchy 问题

柯西型积分
Y 柯西积分公式

柯西序列
Y Cauchy 序列

柯西中值定理
Cauchy mean value theorem
O172；O174
D Cauchy 定理
Cauchy 中值定理
柯西定理
柯西积分定理
S 微分中值定理
F 留数定理
C 柯西积分公式
Z 数学定理

柯西主值
Y Cauchy 主值

柯西准则
Cauchy criterion
O171
D Cauchy 准则
S 准则*
F 柯西收敛准则
C 函数项级数
逆命题

科尔莫哥罗夫熵
Y Kolmogorov 熵

科技发展史
Y 科技史

科技史*
history of science and technology
N91
D 古代科技史
技术史
科技发展史
科学技术发展史
科学技术史
科学历史
科学史
F 科学思想史
自然科学史

科特韦格-德弗里斯-伯格斯方程
Y KdV-Burgers 方程

科特韦格-德弗里斯方程
Y KdV 方程

科学观测
scientific observation

N3
D 科学观测法
S 观测*

科学观测法
Y 科学观测

科学计算
scientific computation
N32
S 计算*

科学技术发展史
Y 科技史

科学技术史
Y 科技史

科学技术研究
scientific and technical research
G311
D 技术研究
S 研究*
F 科学研究

科学家
scientist
ZT88

科学历史
Y 科技史

科学实践
scientific practice
N33
C 科学研究

科学实验
scientific experiment
N33

科学史
Y 科技史

科学史研究
scientific history researches
G3
S 科学研究
Z 研究

科学思想史
history of scientific ideology
N91
S 科技史*

科学研究
scientific research
G3
D 科研
学术研究
S 科学技术研究
F 基础研究
科学史研究
理论研究
C 科学实践
综合考察 →(4)
Z 研究

科学预测
scientific forecasting
G3
S 预测*

科研
Y 科学研究

科研计划
Y 研究计划

颗粒特征*
C 颗粒测量 →(2)

可闭算子
Y 闭包算子

可变参数模型
variable parameters model
O141.4
S 参数模型
F 线性变参数模型
Z 数学模型

可变抽样区间
variable sampling interval
O212
S 区间*
C 极差

可变单位向量
Y 基向量

可变核
Y 变量核

可变量
Y 变量

可变时滞
Y 变时滞

可变输入率
variable input rate
O123
S 比率*
C 排队模型

可变性
variability
ZT4
S 特性*
F 多变性
突变性
C 变化

可变样本容量
variable sample size
O21
S 样本容量
Z 容量

可辨识性
identifiability
ZT4
D 可分辨性
能辨识性
S 特性*
C 可观测性
可检测性

可补子群
complemented subgroup
O152
S 子群
Z 群(数学)

可测函数
measurable function
O174.1
S 函数*
C Fatou 定理
不可测集
可测选择

可测集
Y 不可测集

可测空间
measurable space
O153.3；O174.12
S 空间(数学)*
F 测度空间
C 集值测度
实值函数
随机算子方程
随机元

可测选择
measurable selection
O177.91
S 选择*
C 可测函数
下半连续函数

可乘函数
Y 积性函数

可乘映射
Y 乘法映射

可除代数
division algebra
O153.3
S 代数*
F 四元数可除代数

可除模
divisible module
O153.3
S 模(数学)*
F 内射模
C 半群

可除性
divisibilite
O177
S 可解性
C 特征和
Z 数学性质

可除子群
divisible subgroup
O152.4
D 除子群
S 子群
Z 群(数学)

可达集
reachable set
O144
D 能达集
S 集合*
C 子范畴

可达性
accessibility
ZT4
D 可及度
可及性
能达性
S 特性*
C 可达性矩阵
网络分析

可达性矩阵
reachability matrix
O157.5
S 矩阵*
C 可达性

可导点
Y 不可导点

可导函数
derivable function
O174.1
S 可微函数
C 最小正周期
Z 函数

可导性
Y 可微性

可度量化
metrizable
O189.11
S 度量性质
C 和空间
拓扑群
Z 数学性质

可对称化矩阵
Y 对称矩阵

可对角化
Y 对角化

可分辨性
Y 可辨识性

可分空间
separable space
O189.1
S 拓扑空间
C 随机算子
Z 空间(数学)

可分离矩阵
Y 不可约矩阵

可分组设计
group divisible design
O157.2；O29
D 横截设计
S 设计*
C 参数化
同构映射
有序对

可估函数
estimable function
O174
S 函数*
C 约束线性模型

可观测性
observability
ZT4
D 能观测性
能观性
S 特性*
C 可辨识性
可检测性

可归约性公理
axiom of reducibility
O1-0
D 归约
可化归性公理
S 公理*
C NP 问题
计算模型

可化归性公理
Y 可归约性公理

可换环
Y 交换环

可积方程
integrable equations
O175.5
S 方程(数学)*
F DGH 方程
C 局部一致收敛

可积函数
integrable function
O174.1
D Bochner 可积函数
S 函数*
C Bochner 积分

可积类型
Y 可积条件

可积耦合
integrable couplings
O175
S 耦合*
C Hamilton 结构
等谱问题
迹恒等式

可积判据
integrable criterion
O175
S 准则*
C 常微分方程
一阶线性

可积条件
integrability condition
O175.1；O175.2
D 可积类型
可积性条件
牛朗特一尼伦伯格定理
S 条件(数学)*
C 广义 Riccati 方程
黎曼面
连续函数
无穷守恒律

可积系
Y 可积系统

可积系统
integrable system
O153；O175.2
D 可积系
S 数学系统*
C 调和映射

可积性
integrability
O152；O175
S 可解性
F Lebesgue 可积
Liouville 可积
黎曼可积
平方可积性
一致可积
C 半不变子流形
达布和
积性函数
极限圆
焦点量
三次系统
延拓
障碍问题
Z 数学性质

可积性条件
Y 可积条件

可及度
Y 可达性

可及性
Y 可达性

可计算性
computability
O24
D λ 演算
λ-演算
波斯特系统
图厄系统
正规算法
S 特性*
C 构造性数学
有限状态机
自动机

可加过程
Y 独立增量过程

可加模型
additive models
O212.1
S 数学模型*
C 非参数回归函数

可加性模糊系统
additive fuzzy systems
N948
S 模糊系统
C 古典解
Z 系统

可加映射
additive mapping
O151.21；O177.5
D 加法映射
S 映射*

可检测性
detectability
ZT4
D 能检测性
S 特性*
C 可辨识性
可观测性

可降映射
descendable mapping
O192
S 映射*
C 渐近周期点
特征提取 →(4)

可交换
Y 可交换性

可交换的
Y 可交换性

可交换矩阵
commuting matrices
O151.21；O157.5
S 矩阵*
C 线性组合

可交换性
interchangeability
ZT4
D 交换性
可交换
可交换的
S 特性*
C 半素环
积分运算

可解
solvable
O122.2
D 可允许解
S 解*
F P-可解
超可解
C 幂零

可解李代数
solvable Lie algebra
O152.5
S 李代数
Z 代数

可解群
solvable group
O152.1
S 有限群
F P-可解群
π-可解群
超可解群
C 半正规
共轭类长
幂剩余
Z 群(数学)

可解条件
Y 可解性条件

可解性
solvability
O175.12
D 不可解性
S 数学性质*
F 可除性
可积性
可微性
可约性
C 闭包算子
幂零性
强单调
无平方因子数

可解性定理
solvability theorem
O152.1
S 数学定理*
C 先验界

可解性条件
solvability condition
O171
D 可解条件
S 条件(数学)*
C 超可解群

可靠度
Y 可靠性

可靠度分配
reliability allocation
O221.3
S 指派问题
Z 数学问题

可靠度函数
reliability function
O174
D 可靠性函数
S 函数*
C 可靠性数学
状态概率

可靠性*
reliability
ZT4
D 可靠度
可靠性参数
鲁棒可靠性
F 动力可靠性
区间可靠性
随机可靠性
系统可靠性
C 标准规范
不确定性
概率
混合威布尔分布
精度
可靠性分析
可靠性理论
破坏分析 →(2)
冗余
误差

可靠性标准
reliability standard
ZT82
D 可靠性规范
S 标准规范*
C 可靠性理论

可靠性参数
Y 可靠性

可靠性分析
reliability analysis
ZT0
S 分析*
C 可靠性

可靠性估计
reliability estimation
O212；O213
D 信度估计
S 估计(数学)*
C 预测分布

可靠性规范
Y 可靠性标准

可靠性函数
Y 可靠度函数

可靠性理论
reliability theory
O213.2
S 数学理论*
C 可靠性
可靠性标准

可靠性模型
reliability model
O213.2
S 数学模型*
C 失效函数
系统寿命

可靠性数据
reliability data
O213
S 数据*

可靠性数学
reliability mathematics
O213
S 数学*
C 可靠度函数

可靠性统计
reliability statistics
O213.2
S 统计*

可靠性因子
reliability factor
ZT84
S 因子*

可控度
Y Gram 矩阵

可控性矩阵
Y Gram 矩阵

可控性阵
Y Gram 矩阵

可扩映射
Y 非扩张映射

可列集
Y 可数集

可裂短正合列
Y 短正合列

可裂短正合序列
Y 短正合列

可能推理
Y 模糊推理

可能误差
Y 或然误差

可能性测度
possibility measure
O174.12
S 测度(数学)*

可能性分布
possibility distribution
O212.1
S 概率分布*
C 非线性模型
可能性理论

可能性理论
possibility theory
O159
S 数学理论*
C 可能性分布

可逆
Y 可逆过程

可逆变换
reversible transformation
O177
S 逆变换
C 线性空间
Z 积分变换

可逆过程
reversible process
ZT5
D 不可逆
可逆
S 过程*

可逆矩阵
invertible matrix
O151.2；O177
D 可逆阵
S 矩阵*

可逆算子
Y 逆算子

可逆线性变换
invertible linear transformation
O177
D 非退化线性变换
满秩线性变换
S 线性变换
F 非奇异变换
C 同构
Z 数学变换

可逆性
reversibility
ZT4
S 特性*
C 广义分解
预加法范畴

可逆循环
reversible cycle
ZT5
S 循环*

可逆元
Y 逆元

可逆阵
Y 可逆矩阵

可迁群
transitive group
O152
D 传递群
S 群(数学)*

可迁置换群
transitive permutation group
O152.1
D 传递置换群
S 置换群
F 马蒂厄群
Z 群(数学)

可去边
removable edge
O157.5
S 边(数学)*
C 连通图

可去奇点
removable singularity
O174.5
S 奇点
Z 点(数学)

可容性
Y 可容许性

可容许估计
Y 容许决策函数

可容许集
Y 容许集

可容许性
admissibility
ZT4
D 可容性
可允许性
S 特性*
C 对称损失函数
多元线性模型

可收缩边
contractible edge
O157.5
S 边(数学)*
C 分离集

可数仿紧
countable countably paracompact
O177
S 仿紧*
C 度量空间

可数公理
countability axiom
O1-0；O152.4；O189.1
D 第一可数公理
可数性公理
S 公理*
C 可数性

可数集
countable set
O144；O174.1
D 不可数集
可列集
S 集合*
C 函数单调性

可数紧空间
Y 紧致空间

可数性
countability
ZT4
S 特性*
C 可数公理

可数性公理
Y 可数公埋

可图序列
graphical sequence
O177
S 序*
C 扇图

可拓集
extension set
O144；O189
D 可拓集合
S 集合*
C 可拓域
物元

可拓集合
Y 可拓集

可拓逻辑
extension logic
O141
S 数理逻辑
Z 逻辑

可拓数学
extension mathematical
O189
S 数学*

可拓域
extensive domain
O174
S 域*
C 可拓集
物元变换

可微
Y 可微性

可微分流形
Y 微分流形

可微函数
differentiable function
O171；O174.4
D 不可微函数

S 函数*
F 超可微函数
可导函数
拟可微函数
C Picone 恒等式
多目标规划
广义 Cantor 集
相对宽度

可微性
differentiability
O172；O175.12
D 可导性
可微
S 可解性
F Frechet 可微
Gateaux 可微
一致可微
C C-R 条件
连续性
Z 数学性质

可信性测度
credibility measure
O174.12
S 测度(数学)*
C 模糊变量

可行点
feasible point
O177.91；O224
S 点(数学)*
C 条件

可行方向
feasible direction
O22；O241
S 搜索方向
C 不等式约束优化
Z 方向

可行方向法
feasible direction method
O221.2；O224；O241
S 最优化方法*

可行基
feasible basis
O221.1；O221.2
D 初始可行基
S 可行解
C 初等行变换
单纯形表
Z 解

可行集
feasible set
O144
S 集合*
C 可行解
最小元素法

可行解
feasible solution
O189.2；O221.1
D 容许解
S 解*
F 基本可行解
可行基
C 可行集

可行性
feasibility
ZT4
S 特性*
C 决策分析

可行性条件
feasibility conditions
ZT84
S 条件*
C 保险数学
基本可行解

可行域
feasible region
O224；O241
D 能行域
允许域
S 域*
C KS 函数
基本可行解

可修复系统
repairable system
O213.2
D 可修系统
S 系统*
C 可用度

可修排队
repairable queueing
O226
D 可修排队系统
S 排队论*
C 稳态可用度

可修排队系统
Y 可修排队

可修系统
Y 可修复系统

可压缩 Navier-Stokes 方程
compressible Navier-Stokes equation
O351.2
C 广义解析函数
弱解
Z 方程(数学)

可移动细网格模式
Y 网格模式

可用度
availability
O211.9
D 点可用度
可用度函数
S 概率*
F 瞬时可用度
稳态可用度
C 可修复系统

可用度函数
Y 可用度

可用预报
Y 预报

可约
Y 不可约

可约多项式
Y 不可约多项式

可约矩阵
Y 不可约矩阵

可约性
reducibility
O141.3
S 可解性
C 诊断 →(2)(4)
Z 数学性质

可允许集
Y 容许集

可允许解
Y 可解

可允许性
Y 可容许性

可展面
Y 可展曲面

可展曲面
developable surface
O186.11
D 可展面
S 曲面*
C 对偶性
弦模型 →(2)

克拉默法则
Y Cramer 法则

克莱姆法则
Y Cramer 法则

克莱因-戈登方程
Y Klein-Gordon 方程

克莱因-戈尔登方程
Y Klein-Gordon 方程

克莱茵-戈登方程
Y Klein-Gordon 方程

克莱茵-哥登方程
Y Klein-Gordon 方程

克莱茵群
Y Klein 群

克兰克·尼科尔森格式
Y Crank-Nicolson 格式

克雷洛夫子空间方法
Y Krylov 子空间方法

克里格内插
Y 克里金插值

克里金插值
Kriging interpolation
O174.42；P23
D 克里格内插
通用克里金法
协克里金法
S 插值*
C 插值精度 →(4)

克利福德分析
Y Clifford 分析

克利福德矩阵
Y Clifford 矩阵

克卢斯特曼和
Y Kloosterman 和

克鲁尔拓扑
Krull topology
O189.2
D Krull 拓扑
S 拓扑*

克罗内克定理
Y Kronecker 引理

克罗内克积
Y 张量积

克希霍夫方程
Y Kirchhoff 方程

刻度参数
Y 尺度参数

刻度线
graduation line
ZT2
S 线*

刻度指数族
scale-exponential family
O212.8
S 指数分布
C 收敛速度
Z 概率分布

客观概率
Y 主观概率

客观信息
objective information
N95
S 信息*

空集
null set
O144
S 有限集
C 数形结合法
Z 集合

空间*
space
ZT74
F 策略空间
决策空间
控制空间
事件空间
信息空间
因素空间
运动空间
状态空间
自由空间
C 渐近拟非扩张映象
时间

空间(数学)*
Spaces(mathematics)
O17
D 数学空间
F 3 维空间
Banach 空间
Bergman 空间
Bloch 空间
de Sitter 空间
Dirichlet 空间
Finsler 空间
Fock 空间
Hardy 空间
Hausdorff 空间
Herz 空间
Krein 空间
Lebesgue 空间
Lipschitz 空间
Lorentz 空间
L-闭包空间
Menger 空间
Orlicz 空间
Riesz 空间
Schwartz 空间
Sobolev 空间
Teichmuller 空间
Triebel-Lizorkin 空间
Wiener 空间
Z-空间
参数空间
常曲率空间
抽象空间
底空间
对称空间
对偶空间
多维空间
法从平坦
仿射空间
分形空间
符号空间
赋准范空间
覆盖空间
概率空间
共形平坦
函数空间
核空间
近似空间
可测空间
零空间
模糊空间
模空间
内插空间
逆极限空间
谱空间
齐型空间
齐性空间
全空间
射影空间
射影平坦
双曲空间
特征空间
凸空间
拓扑空间
线性空间
像空间
行空间
鞅空间
样本空间
有限维空间
子空间
C 动量空间 →(2)
数学方法

空间变化
spatial variation
ZT5
D 空间变化规律
S 变化*

空间变化规律
Y 空间变化

空间插值
spatial interpolation
O174.42；P732
D 空间插值法
空间插值方法
空间内插
S 插值*
C 插值模型
反距离权重法 →(4)
局部径向点插值法 →(2)
空间尺度
泰森多边形
样条函数法
最优插值

空间插值法
Y 空间插值

空间插值方法
Y 空间插值

空间尺度
spatial scale
ZT2
S 时空尺度*
F 微观尺度
C 空间插值
时间尺度
天气尺度 →(4)

空间对象*
spatial objects
P208
D 时空对象
F 实体对象
C 空间信息 →(4)
空间信息模型 →(4)
时空拓扑

空间方向
Y 方向

空间分布
spatial distribution
ZT72
D 空间分布规律
空间分布模式
S 分布*
C 泊松点过程
多元插值
空间划分 →(4)
空间图
全空间

空间分布规律
Y 空间分布

空间分布模式
Y 空间分布

空间分布特征
spatial distribution characteristic
ZT6
S 时空分布特征
Z 时空特征

空间分析*
spatial analysis
P208；P628
D 空间分析技术
F 多属性决策分析
多准则决策分析
分块分析
路径分析
区划分析
C 地理信息 →(4)(5)
空间认知 →(4)
空间信息可视化 →(4)
空间信息模型 →(4)

空间分析技术
Y 空间分析

空间极坐标
Y 球坐标

空间几何
space geometry
O182
S 几何*
F Banach 空间几何
空间解析几何

空间几何体
Y 几何体

空间几何学
Y 立体几何

空间角
spatial angle
ZT2
S 角*

空间解析几何
space analytical geometry
O182
D 空间解析几何学
立体解析几何
S 解析几何
空间几何
Z 几何

空间解析几何学
Y 空间解析几何

空间立方体
spatial cube
V4
S 正方体
Z 几何体

空间模型
spatial model
O221.2
S 模型*
C 坐标转换参数 →(4)

空间内插
Y 空间插值

空间平衡抽样
spatial balanced sampling
C81
S 采样*

空间平面
space plane
O186
S 平面*
C 代入法

空间曲线
space curve
O182；O187
S 代数曲线
C 空间圆
切平面
Z 匹配

空间实体
Y 实体对象

空间算子代数
spatial operator algebra
O177；O302
S 算子代数
C 多体系统动力学 →(2)
Z 代数

空间统计学
space statistics
C8
S 统计学*

空间图
space diagram
O157.5
S 图表*
C 空间分布

空间位置
spatial position
ZT74
S 位置*

空间圆
spatial circle
O123.2；O182
S 圆*
C 空间曲线
外方位元素 →(4)

空间直线
space line
O181
S 直线*
F 异面直线
C 最小二乘拟合

空气间层
Y 空隙

空腔
cavity
ZT74
D 腔
S 空隙*

空时相关
Y 时空相关

孔径
bore diameter
ZT2
D 光孔
孔径函数
连续孔径
实际孔径

孔径函数
Y 孔径

孔斯曲面
Y Coons 曲面

空隙*
void
ZT74
D 空气间层
F 空腔

空隙定理
gap theorem
O174
D 缺项定理
S 数学定理*
C 黎曼流形
缺项级数

空隙分数
Y 分数

控制*
control
N96
D 控制方法
F 动态控制
过程控制
灰色控制
误差控制
C 模拟理论
系统论
现代控制论

控制 Lyapunov 函数
control Lyapunov function
O141.3；O151.2；O174.1；O175.1
D 控制李雅普诺夫函数
S Lyapunov 函数
Z 函数

控制变量
control variable
N960
S 变量*
C Halton 序列
决策变量
燕尾突变

控制不等式
control inequation
O178
S 不等式*
C 几何凸函数
强预不变凸函数

控制定律
Y 控制律

控制方法
Y 控制

控制规律
Y 控制律

控制函数
Y 强函数

控制集
control set
O144；O157.5
D 全控制集
S 集合*
C 控制数
连通图

控制精度
control precision
TP13
S 精度*

控制空间
control space
V4
S 空间*
C 照相 →(2)

控制李雅普诺夫函数
Y 控制 Lyapunov 函数

控制理论
control theory
O231
D 控制论
S 理论*
F 经典控制理论
控制系统理论
自然控制论
C 反馈
模拟理论
系统科学
系统论
信息论

控制律
control law
O231
D 控制定律
控制规律
S 定律(数学)*
F 无模型控制律

控制论
Y 控制理论

控制曲面
control surface
O187；O241.7
S 曲面*
C 模糊集

控制收敛定理
dominated convergence theorem
O172.2
S 收敛定理
F 勒贝格控制收敛定理
Z 数学定理

控制数*
domination number
O157.5
F 符号控制数
全控制数
C 控制集

控制体积法
Y 有限体积法

控制条件
controlled conditions
ZT84
S 条件*

控制图*
control chart
O213.1
D 管理图
质量管理图
质量评估图
F EWMA 控制图
T2 控制图
残差控制图
常规控制图
极差控制图
均值控制图
统计控制图
C 累积和

控制微分方程
governing differential equation
O175
S 微分方程
Z 方程(数学)

控制系统理论
control systems theory
O231
S 控制理论
系统论*
C 多变量系统
解耦系统
精确能控性
连结轨线
双线性系统
Z 理论

控制向量
control vector
O183
S 向量*

控制原理
Y 优势原理

库存策略
inventory strategy
O227
S 策略(数学)*

库存理论
Y 存贮论

库存论
Y 存贮论

库恩卡特定理
Y Kuhn-Tucker 定理

库恩-塔克点
Y K-T 点

库恩塔克条件
Y Kuhn-Tucker 条件

库恩-塔克条件
Y K-T 条件

库默尔扩张
Y 代数扩张

库默扩张
Y 代数扩张

库那图斯克-佐恩引理
Y Zorn 引理

块 H-矩阵
block H matrix
O151.21
S H-矩阵
分块矩阵
Z 矩阵

块迭代
block iteration
O241.6
D 分块迭代法
S 迭代法*
C 图像压缩 →(4)

块对角占优
block diagonal dominant
O151.21
S 对角占优
C 相对误差
Z 占优

块对角占优矩阵
block diagonal matrix
O151.21
S 对角占优矩阵
分块矩阵
Z 矩阵

块矩阵
Y 分块矩阵

块离散余弦变换
block discrete cosine transform
O17
D 分块 DCT
分块离散余弦变换
S 余弦变换
Z 数学变换

块三对角矩阵
block tridiagonal matrix
O241
D 块三对角阵
S 三对角矩阵
C 并行算法
Z 方阵

块三对角阵
Y 块三对角矩阵

块图
block graph
O157.5
S 图表*

快速 Fourier 变换
Y 快速傅里叶变换

快速 fourier 逆变换
Y 快速傅立叶逆变换

快速阿达玛变换
Y 哈达玛变换

快速变换
fast transformation
O241.85
S 积分变换*

快速多极边界元法
fast multipole boundary element method
O175.5；O302
S 边界元法
C 多极距观测 →(5)
Z 数学方法

快速多极方法
fast multiple method
O174；O302
S 数学方法*

快速付里叶变换
Y 快速傅里叶变换

快速付立叶变换
Y 快速傅里叶变换

快速付氏变换
Y 快速傅里叶变换

快速傅里叶变换
fast Fourier transform
O174.22
D FFT
FFT(快速傅立叶变换)
FFT 变换
FFT 法
FFT 方法
快速 Fourier 变换
快速付里叶变换
快速付立叶变换
快速付氏变换
快速傅里叶变换法
快速傅立叶变换
快速傅利叶变换
快速富里叶变换
S 离散傅里叶变换
F 快速傅立叶逆变换
C 传递函数
鳞状因子循环矩阵
Z 积分变换

快速傅里叶变换法
Y 快速傅里叶变换

快速傅里叶逆变换
Y 快速傅立叶逆变换

快速傅立叶变换
Y 快速傅里叶变换

快速傅立叶逆变换
inverse fast Fourier transform
O174.22
D IFFT
快速 fourier 逆变换
快速傅里叶逆变换
S 快速傅里叶变换
C 矩不变量
Z 积分变换

快速傅利叶变换
Y 快速傅里叶变换

快速富里叶变换
Y 快速傅里叶变换

快速计算模型
Y 计算模型

快速卷积
fast convolution
O241.85
D 快速相关
S 卷积
Z 积

快速求解
fast solution
O122.2；O151
S 求解*
C 解析

快速沃尔什变换
fast Walsh transform
O151.1
S 沃尔什变换
Z 数学变换

快速相关
Y 快速卷积

快速小波变换
fast wavelet transform
O174.2
S 小波变换*

宽度*
width
ZT3
D 角展宽
增宽
展宽
致宽
F 平均宽度
相对宽度

宽邻域
wide-neighborhood
O174
S 邻域
Z 域

宽平稳随机过程
weakly stationary process
O212.1
D 广义平稳过程
弱平稳过程
S 平稳过程
F 自回归过程
Z 随机过程

宽直径
wide diameter
O157.6
S 直径*

C W-距离

框架(数学)*
frames(mathematics)
O177.1
D 广义框架
F Gabor 框架
紧框架
小波框架

框架多分辨分析
frame multiresolution analysis
O174.2
S 多分辨率小波分析
C 标准正交基
Z 小波变换

框架算子
frame operator
O177
S 算子*

框图
block diagram
ZT2
D 方块图
方框图
S 图表*

亏格
Y 亏函数

亏函数
defective function
O153.1；O174
D 亏格
S 函数*
F 最大亏格
C 曲面
示性数
随机级数

亏群
defect group
O152
S 群(数学)*
C 共轭类

亏数
defect
O156.1；O187
D 不足数
缺数
S 数*
F Betti 亏数
C 辛变换

亏损
Y 损耗

亏损矩阵
defective matrix
O151.21
S 矩阵*
C 若当链

亏值
defective value
O174
S 值(数学)*

亏指数
deficiency index
O175.3
S 指数*
C 常微分方程组
离散频谱

昆氏曲面
Y Coons 曲面

扩充系统
Y 扩张系统

扩群
extensive group
O152
S 群(数学)*
F 非扩张半群

扩散逼近
diffusion approximation
O174.41
S 逼近*
C 概率空间

扩散反应方程
Y 半线性抛物方程

扩散方程
diffusion equation
O175.26
S 抛物型方程
F 对流占优扩散方程
二维对流扩散方程
二维扩散方程
反应扩散方程
非线性对流扩散方程
非线性扩散方程
分数阶扩散方程
奇异扩散方程
三维对流扩散方程
三维扩散方程
微扩散方程
C 边界点
扩散理论 →(2)
Z 方程(数学)

扩散问题
diffusion problem
O157.5；O175.2
S 数学问题*

扩散项
diffusive term
O175
S 项(数学)*

扩映射
Y 非扩张映射

扩域
extension field
O151.21
S 域*
F 单超越扩域
二次域
C 矩阵逼近

扩增矩阵
Y 增广矩阵

扩展
extend
ZT5

扩展矩阵
Y 增广矩阵

扩展有限元
extended finite element
O241.82
D 扩展有限元法
S 有限元*
C 单位分解

扩展有限元法
Y 扩展有限元

扩展原理
extension principle
O159
D 扩张原理
S 数学原理*
C 代数同态
模糊集

扩张(数学)*
extensions (mathematics)
O156.2
F Beurling-Ahlfors 扩张
代数扩张
二次扩张
理想扩张
拟共形扩张
区间扩张
群扩张
容量扩张
有限正规扩张
域扩张
中心扩张

扩张定理
extension theorems
O153.1
S 数学定理*
C 扩张系统

扩张模
extension module
O153.3
S 模(数学)*

扩张系统
extended system
O141；O177.91
D 扩充系统
S 数学系统*
C 扩张定理

扩张映射
Y 非扩张映射

扩张原理
Y 扩展原理

拉贝判别法
Rabe discriminant method
O173.1
S 判别法(数学)*
C 基本超几何级数

拉丁超立方抽样
Latin hypercube sampling
C81
S 采样*

拉丁方
Latin square
O157
D Latin 方
拉丁方排列法
拉丁方阵
S 方阵*
F 正交拉丁方
C 构造法
幻方

拉丁方排列法
Y 拉丁方

拉丁方设计
Latin square design
O212
S 统计设计
C 正交表
组合数学
Z 设计

拉丁方阵
Y 拉丁方

拉东变换
Y Radon 变换

拉东测度
Y Radon 测度

拉盖尔多项式
Laguerre polynomial
O174.21
D Laguerre 多项式
Legendre 多项式
广义 Laguerre 多项式
S 正交多项式
C 径向波函数
权函数
微分方程
Z 多项式

拉格朗日插值
Lagrange interpolation
O151.2；O174.42；O241.3
D lagrange 插值
Lagrange 插值法
Lagrange 法
拉格朗日插值法
S 插值*
F 重心 Lagrange 插值
C 最小二乘法

拉格朗日插值多项式
Y Lagrange 插值多项式

拉格朗日插值法
Y 拉格朗日插值

拉格朗日插值公式
Lagrange interpolation formula
O241.3
D Lagrange 插值公式
S 插值公式

拉格朗日公式
C 等幂和
样条函数
整系数多项式
Z 公式(数学)

拉格朗日乘数
Y Lagrange 乘子

拉格朗日乘数法
Y 拉格朗日乘子法

拉格朗日乘数检验
Y Score 检验

拉格朗日乘子
Y Lagrange 乘子

拉格朗日乘子法
Lagrange multiplier method
O175；O224
D Lagrange 乘数法
Lagrange 乘子法
拉格朗日乘数法
拉氏乘子法
S 乘子法
C 多元函数
罚函数
非线性规划
Z 最优化方法

拉格朗日定理
Y 拉格朗日中值定理

拉格朗日对偶
Y Lagrange 对偶

拉格朗日多项式
Lagrange polynomial
O174.21
S 多项式*
F Lagrange 插值多项式

拉格朗日反演
Y Lagrange 反演

拉格朗日方程
Lagrange equation
O175；O313；P137
D Lagrange-Jacobi 方程
Lagrange 方程
拉格朗日平流格式
拉格朗日-雅可比方程
拉氏方程
S 一阶偏微分方程
C 广义能量积分 →(2)
拉格朗日分析
拉格朗日拟序结构 →(2)
拉格朗日湍流 →(2)
循环积分 →(2)
Z 方程(数学)

拉格朗日分析
lagrangian analysis
O174.21；O302
D Lagrange 分析
S 数学分析*
C 拉格朗日方程

拉格朗日公式
Lagrange formula
O183
D Lagrange 公式
S 公式(数学)*
F 拉格朗日插值公式

拉格朗日函数
Lagrange function
O174；O313；P413
D Lagrange 函数
拉氏函数
S 函数*
F 非线性 Lagrange 函数
增广拉格朗日函数
C Hamilton 力学 →(2)
拉格朗日动力学 →(2)
拉格朗日拟序结构 →(2)

拉格朗日平流格式
Y 拉格朗日方程

拉格朗日稳定性
Y Lagrange 稳定性

拉格朗日系统
Y Lagrange 系统

拉格朗日-雅可比方程
Y 拉格朗日方程

拉格朗日元
Y 拉格朗日元法

拉格朗日元法
Lagrange element
O175；O302；P413
D 拉格朗日元
S 数学方法*

拉格朗日中值定理
Lagrange mean value theorem
O171；O172.1；O175；P413
D Lagrange 定理
Lagrange 中值定理
拉格朗日定理
拉氏定理
S 微分中值定理
F 泰勒中值定理
C 公切线
函数单调性
Z 数学定理

拉回吸引子
pullback attractor
O175.29
S 吸引子*
C Euler 回路

拉姆齐数
Y Ramsey 数

拉姆齐图
Y Ramsey 图

拉普拉斯变换
Laplace transform
O174.52；O177.6
D Laplace-Stieltjes 变换
Laplace 变换
L-S 变换
拉氏变换
S 积分变换*
C Erlang 过程
Gerber-Shiu 函数
Lundberg 不等式
多重延误休假
拉普拉斯系数 →(4)
型函数

拉普拉斯变换法
Laplace transform method
O174.5
D Laplace 变换法
S 变换法
C δ 函数
达朗贝尔方程
罚金函数
微分方程
Z 数学方法

拉普拉斯插值
Y Laplace 插值

拉普拉斯潮汐方程
Y 调和方程

拉普拉斯方程
Y 调和方程

拉普拉斯分布
Y 指数分布

拉普拉斯函数
Y 误差函数

拉普拉斯矩阵
Y Laplacian 矩阵

拉普拉斯率
Y 指数分布

拉普拉斯逆变换
Y Laplace 逆变换

拉普拉斯谱
Y Laplacian 谱

拉普拉斯谱半径
Y Laplace 谱半径

拉普拉斯算子
Y Laplace 算子

拉普拉斯展开定理
Y 展开定理

拉氏变换
Y 拉普拉斯变换

拉氏乘子
Y Lagrange 乘子

拉氏乘子法
Y 拉格朗日乘子法

拉氏定理
Y 拉格朗日中值定理

拉氏方程
Y 拉格朗日方程

拉氏函数
Y 拉格朗日函数

拉氏逆变换
Y Laplace 逆变换

来华人员
Y 人员

莱布尼茨原理
Y 转换原理

莱布尼兹公式
Y 微积分基本定理

莱斯利矩阵
Y Leslie 矩阵

莱斯利模型
Y leslie 模型

赖因哈特域
Reinhardt domain
O174.5
D Reinhardt 域
S 域*
C 多元

兰彻斯特方程
Lanchester equation
O122.2；O174
D Lanchester 方程
兰彻斯特型方程
S 方程(数学)*

兰彻斯特型方程
Y 兰彻斯特方程

兰锁思法
Y Lanczos 方法

郎之万方程
Y 朗之万方程

朗斯基行列式
Y Wronskian 行列式

朗之万方程
Langevin equation
O122.2；O21；O552.1
D Langevin 方程
广义朗之万方程
郎之万方程
S 随机微分方程
C 扩散系数 →(2)(3)
随机系统
Z 方程(数学)

勒贝格测度
Y Lebesgue 测度

勒贝格常数
Y Lebesgue 常数

勒贝格积分
Y Lebesgue 积分

勒贝格可积
Y Lebesgue 可积

勒贝格空间
Y Lebesgue 空间

勒贝格控制收敛定理
Lebesgue dominated convergence theorem
O174.1
D Lebesgue 控制收敛定理
S 控制收敛定理
Z 数学定理

勒雷-绍德尔度理论
Y Leray-Schauder 度

勒让德变换
Y Legendre 变换

勒让德多项式
Legendre polynomial
O174.21
S 多项式*
C Legendre 函数

勒让德方程
Legendre equation
O122.2；O175.1
D Legendre 方程
S 线性常微分方程
Z 方程(数学)

勒让德符号
Y Legendre 符号

勒让德函数
Y Legendre 函数

勒让德级数
Legendre series
O174
D Legendre 级数
S 级数(数学)*
C Legendre 变换

雷诺定律
Reynolds law
O122.2；O174；O351.2
D Reynolds 定律
S 定律(数学)*

类(数学)*
class(mathematics)
O171
F Lipschitz 类
Sobolev 类
饱和类
等价类
共轭类
剩余类
示性类
协边类

类 Wilson 元
quasi-Wilson element
O241.8；O242.2
S Wilson 元
C 三角不等式
Z 元

类比法
analogy method
ZT0
D 比拟法
类比预测法
类推法
类推预测法
S 方法*

类比预测法
Y 类比法

类孤波解
Y 类孤立波解

类孤立波解
solitary wave-like solution
O175.2；O411.1
D 类孤波解
S 波解*
C 孤立数
耦合非线性薛定谔方程 →(2)

类孤子解
soliton like solution
O175.2
S 孤波解
C 破裂孤子方程
Z 波解

类函数
class function
O152.4；O159；O174
S 函数*
C 等距

类空超曲面
space-like hypersurface
O186
S 超曲面
类空曲面
C 常数量曲率
Z 曲面

类空曲面
space-like surface
O186.11
S 曲面*
F 类空超曲面

类空子流形
space-like submanifold
O175；O241.82；O313
S 子流形
C 结构方程
Z 流形

类群
class group
O152；O156
S 群(数学)*
F 理想类群

类时曲面
time-like curved surface
O186
S 曲面*
C 平均曲率

类算子
class operator
O177
S 算子*
F 迹类算子
C 振荡积分

类推法
Y 类比法

类推预测法
Y 类比法

类型论
type theory
O144
S 数学理论*

累次积分
repeated integral
O172.2
D 逐次积分
逐项积分
S 积分*
C 被积函数
二元函数
内积
柱坐标

累次极限
iterated limit
O171
D 逐次极限
S 极限(数学)*
C 偏导数

累积持续时间
Y 持续时间

累积法
accumulation method
O242.2
S 数学方法*

累积和
cumulative sum
O156.1；O212
D CUSUM
S 分析法(数学)*
C 控制图

累积量
Y 半不变量

累积量母函数
Y 累积生成函数

累积生成函数
cumulant generating function
O174
D 累积量母函数
S 函数*

累积误差
accumulated error
O242
D 积累误差
累计误差
S 误差*
C 测量原理 →(2)

累计误差
Y 累积误差

累加
summation
O121
S 加法
Z 运算

棱长
edge-length
O123；O171；O181
S 长度*
C 长方体

棱柱
prism
O181
D 角柱
棱柱体
S 柱体
F 三棱柱
四棱柱
C 棱锥
异面直线
Z 几何体

棱柱体
Y 棱柱

棱锥
pyramid
O182
D 角锥
角锥体
棱锥体
S 锥体*
C 棱柱

棱锥体
Y 棱锥

离差
deviation
O182
D 差量
离均差
S 差值*
C 离差最大化
联合密度函数

离差平方和
Y 平方和

离差最大化
maximal deviation
N94
D 离差最大化法
C 离差

离差最大化法
Y 离差最大化

离均差
Y 离差

离群值
outlier
C8
S 数值*

离散*
discrete
O158
D 剪切流离散
离散程度
离散度
离散形式
F 半离散
差分离散
过度离散
时间离散
数值离散
有限元离散
C 随机场

离散 Chirp-Fourier 变换
discrete Chirp-Fourier transform
O174.22
D DCFT
离散 chirp 傅立叶变换
S 离散傅里叶变换
Z 积分变换

离散 chirp 傅立叶变换
Y 离散 Chirp-Fourier 变换

离散 Fourier 变换
Y 离散傅里叶变换

离散 Fourier 变换(DFT)
Y 离散傅里叶变换

离散 Fourier 逆变换
Y 离散傅里叶逆变换

离散 GM(1,1)模型
Y 离散灰色模型

离散变分方法
discrete variation method
O176；O6
S 数学方法*
C 离散变分理论

离散变分理论
discrete variational theory
O176
S 数学理论*
C 离散变分方法

离散不等式
discrete inequalities
O178
D 离散型不等式
S 不等式*
C 独立变量

离散程度
Y 离散

离散传染病模型
Y SIR 模型

离散递减平均剩余寿命
discrete decreasing mean residual life
O21；O346.2
D DMRL
S 平均剩余寿命
C 更新过程
Z 寿命

离散动力系统
discrete dynamical system
O193；O313.7
S 微分动力系统
F Smale 马蹄
C 全局渐近稳定
Z 动力系统(数学)

离散度

Y 离散

离散短时 Fourier 变换
Y 离散短时傅里叶变换

离散短时傅里叶变换
discrete short time Fourier transform
O174.22
D 离散短时 Fourier 变换
离散短时傅立叶变换
S 短时傅里叶变换
离散傅里叶变换
C 计算复杂性
Z 积分变换

离散短时傅立叶变换
Y 离散短时傅里叶变换

离散对数
discrete logarithm
O122.6
S 对数*
F 椭圆曲线离散对数
C 椭圆曲线

离散法
Y 离散格式

离散方程
discrete equations
O122.2
S 方程(数学)*
C 非负解

离散分布
discrete distribution
O212.1
S 概率分布*
F 泊松分布
二项分布
C 离散函数
直方图

离散分数傅立叶变换
Y 离散分数阶傅里叶变换

离散分数阶 Fourier 变换
Y 离散分数阶傅里叶变换

离散分数阶傅里叶变换
discrete fractional Fourier transform
O174.22
D 离散分数傅立叶变换
离散分数阶 Fourier 变换
离散分数阶傅立叶变换
S 分数阶傅里叶变换
离散傅里叶变换
C 对称性原理
Z 积分变换

离散分数阶傅立叶变换
Y 离散分数阶傅里叶变换

离散分析
Y 扰动分析

离散风险模型
discrete risk model
O211.67
S 风险模型*
F 离散时间风险模型
C 时间区间

离散付里叶变换
Y 离散傅里叶变换

离散付立叶变换
Y 离散傅里叶变换

离散傅里叶变换
discrete Fourier transform
O174.22
D DFT 变换
DFT 技术
离散 Fourier 变换
离散 Fourier 变换(DFT)
离散付里叶变换
离散付立叶变换
离散傅里叶变换(DFT)
离散傅立叶变换
离散傅立叶变换(DFT)
离散傅立叶变换技术
离散傅氏变换
S 傅里叶变换
F 快速傅里叶变换
离散 Chirp-Fourier 变换
离散短时傅里叶变换
离散分数阶傅里叶变换
离散傅里叶逆变换
C 分圆陪集
离散系统
轴对称
Z 积分变换

离散傅里叶变换(DFT)
Y 离散傅里叶变换

离散傅里叶逆变换
inverse discrete Fourier transform
O174.22
D 离散 Fourier 逆变换
S 离散傅里叶变换
C 矩量法
Z 积分变换

离散傅立叶变换
Y 离散傅里叶变换

离散傅立叶变换(DFT)
Y 离散傅里叶变换

离散傅立叶变换技术
Y 离散傅里叶变换

离散傅氏变换
Y 离散傅里叶变换

离散格式
discrete scheme
O158；O175；O302
D 离散法
S 数学方法*
F QUICK 格式
半离散格式
离散纵标法
全离散格式

离散规划
discrete programming
O241
S 非线性规划
F 凸规划
Z 数学规划

离散函数
discrete function
O122.2；O174.1；O174.56
D 不连续函数
离散核
S 函数*
C 单位分解
离散分布

离散核
Y 离散函数

离散灰色模型
discrete grey forecasting model
N945.12
D DGM(1,1)模型
离散 GM(1,1)模型
S 灰色预测模型
Z 预测模型

离散几何
discrete geometry
O184
S 几何*
C 凸体

离散结构
Y 离散系统

离散卷积
discrete convolution
O158；O21
S 卷积
C 连续隐马尔可夫模型
Z 积

离散空间
discrete space
O189.1
S 拓扑空间
C 离散时空 →(2)
韦伯模型 →(4)
Z 空间(数学)

离散模拟
discrete simulation
O242.1
D 离散时间仿真
S 数学模拟*
F 离散元数值模拟

离散模型
discrete model
O158
D 离散数学模型
S 数学模型*
F SIR 模型
离散时间模型
C 集合
连续模型
时间响应函数

离散频谱
discrete frequency spectrum
O175.3；P43
D 纯点谱
分立谱

离散谱
线谱
S 频谱*
C 格林函数
亏指数
微分算子

离散平稳小波变换
discrete stationary wavelet transform
O17
S 离散小波变换
平稳小波变换
Z 小波变换

离散谱
Y 离散频谱

离散奇异系统
discrete singular system
O158；O175
S 奇异系统
C 状态反馈
Z 数学系统

离散曲面
discrete surface
O186.11
S 曲面*

离散群
discrete group
O152.4
S 群(数学)*

离散神经网络
discrete neural network
O193；O212
S 神经网络*
C 最小正周期

离散时间仿真
Y 离散模拟

离散时间风险模型
discrete time risk model
O212.1
S 离散风险模型
C 一阶自回归
Z 风险模型

离散时间模型
discrete-time model
O232
D 连续时间模型
S 离散模型
Z 数学模型

离散时间排队
discrete-time queues
O226
D 连续时间排队
S 排队论*
C 矩阵几何解
母函数

离散时间系统
discrete time systems
N948
S 离散系统
C 连续时间系统
Z 系统

离散时滞
discrete time-delay
O175；O231
S 时滞*
C 等价变换

离散事件动态系统
discrete event dynamic system
N948
S 离散系统
Z 系统

离散数学
discrete mathematics
O158
S 数学*
C 集合
逻辑原理
欧拉图
图论方法
组合论

离散数学模型
Y 离散模型

离散随机变量
Y 离散型随机变量

离散体系
Y 离散系统

离散系数
Y 变异系数

离散系统
discrete system
N948；N960
D 断续系统
广义离散系统
离散结构
离散体系
S 系统*
F 离散时间系统
离散事件动态系统
离散线性系统
时变离散系统
C Krein 空间
离散傅里叶变换
离散系统经典力学 →(2)
连续系统
线性系统

离散线性系统
discrete linear systems
O158
S 离散系统
线性系统
Z 系统

离散小波
Y 离散小波变换

离散小波变化
Y 离散小波变换

离散小波变换
discrete wavelet transform
O174.2
D DWT
DWT(离散小波变换)
DWT 变换
离散小波
离散小波变化
离散小波变换(DWT)
离散子波变换
S 小波变换*
F 二维离散小波变换
离散平稳小波变换
离散正交小波变换
三维离散小波变换
整数离散小波变换
C Hilbert 曲线

离散小波变换(DWT)
Y 离散小波变换

离散形式
Y 离散

离散型不等式
Y 离散不等式

离散型随机变量
discrete random variable
O211.5
D 离散随机变量
连续随机变量
连续型随机变量
S 随机变量
C 方差
密度函数
Z 变量

离散序列
discrete series
O211.4
S 序*
C 小波变换

离散隐含马尔可夫模型
Y 连续隐马尔可夫模型

离散隐马尔柯夫模型
Y 连续隐马尔可夫模型

离散隐马尔可夫模型
Y 连续隐马尔可夫模型

离散余弦变换
discrete cosine transform
O241
D DCT
DCT(离散余弦变换)
DCT 变换
离散余弦变换(DCT)
离散余弦交换
S 余弦变换
F 二维离散余弦变换
C 反对称双正交小波
均方误差准则
Z 数学变换

离散余弦变换(DCT)
Y 离散余弦变换

离散余弦交换
Y 离散余弦变换

离散元数值模拟
discrete element numerical simulation
O242.1
S 离散模拟
数值模拟
C 离散元法 →(5)
Z 数学模拟

离散正交小波变换
discrete orthogonal wavelet transform
O174
S 离散小波变换
正交小波变换
Z 小波变换

离散正弦变换
discrete sine transform
O151；O246
S 正弦变换
C Toeplitz 矩阵
Z 数学变换

离散准则
discreteness criteria
O152
S 准则*
C 状态空间

离散子波变换
Y 离散小波变换

离散纵标法
discrete ordinate method
O158；P413
S 离散格式
Z 数学方法

离心率
Y 偏心率

黎卡堤方程
Y Riccati 方程

黎卡提变换
Y Riccati 变换

黎卡提代数方程
Y Riccati 代数方程

黎卡提方程
Y Riccati 方程

黎曼 ζ 函数
Y Riemann Zeta 函数

黎曼边值问题
Y Riemann 边值问题

黎曼猜想
Riemann conjecture
O156.2
S 猜想(数学)*
C 渐近公式

黎曼定理
Y Riemann 定理

黎曼度量
Riemann metric
O186.1
D Riemann 度量
S 度量*
C S-曲率
球极投影

黎曼函数
Riemann function
O175.2
D Riemann 函数
S 函数*
F Riemann Zeta 函数

黎曼和
Y 积分和

黎曼积分
Y 定积分

黎曼几何
Riemann geometry
O186.12
D 非 Riemann 几何
非黎曼几何
黎曼几何学
黎氏几何
椭圆几何
S 非欧几何
C 黎曼流形
吸引场
Z 几何

黎曼几何学
Y 黎曼几何

黎曼假设
Riemann hypothesis
O156.2
S 假设(数学)*

黎曼解
Riemann solution
O122.2
D Riemann 解
S 解*
C Riemann Zeta 函数
Riemann 边值问题

黎曼可积
Riemann integrability
O189
D Riemannian 可积
S 可积性
C 光滑曲线
零测集
Z 数学性质

黎曼空间
Y 模空间

黎曼联络
Riemann connection
O186
D Levi-Civita 联络
Riemann 联络
度量联络
列维-奇维塔联络
S 联络(数学)*
C 极小浸入
黎曼流形
向量场 →(2)

黎曼流形
Riemann manifold
O189.3
D Riemann 流形
S 伪黎曼流形
C Hamilton 力学 →(2)
ricci 曲率
Weyl 定理
空隙定理
黎曼几何
黎曼联络
平坦维数
体积增长
向量变分不等式
Z 流形

黎曼-洛赫定理
Y Riemann-Roch 定理

黎曼面
Riemann surface
O174.51
D Riemann 曲面
闭 Riemann 曲面
闭黎曼面
闭黎曼曲面
紧 Riemann 曲面
紧黎曼面
紧黎曼曲面
黎曼曲面
S 曲面*
C 复流形
可积条件
逆算子
有限维空间

黎曼曲率张量
Riemann curvature tensor
O183
D 黎曼张量
S 曲率张量
C 挠率
Z 张量(数学)

黎曼曲面
Y 黎曼面

黎曼-斯蒂尔切斯积分
Y Lebesgue-Stieltjes 积分

黎曼问题
Y Riemann 问题

黎曼一罗赫定理
Y Riemann-Roch 定理

黎曼张量
Y 黎曼曲率张量

黎氏几何
Y 黎曼几何

李超代数
Lie super algebra
O152.5
S 代数*
F 模李超代数
限制李超代数

李超三系

Y 李三系

李代数
Lie algebra
O152.5；O153.3
D Lie 代数
S 非结合代数
F 3-李代数
Heisenberg 代数
Kac-Moody 代数
Leibniz 代数
loop 代数
Virasoro 代数
单李代数
仿射李代数
广义限制李代数
可解李代数
幂零李代数
完备李代数
C Smash 余积
伴随表示
不可分解模
李对称
上同调
同调维数
延拓结构
Z 代数

李代数同构
Y 代数同构

李导数
Lie derivatives
O175.7；O186.1；O41
D Lie 导数
S 导数*

李对称
Lie symmetry
O175；O312.2；O316
D Lie 对称
Lie 对称性
S 对称*
C 李代数

李理想
Y Lie 理想

李奇张量
Y Ricci 张量

李群
Lie group
O152.5
D Lie 群
局部李群
李群方法
连续群
S 群(数学)*
F 李型单群
C Jacobi 场 →(2)
贝塞尔函数
对称空间
基本粒子对称性 →(2)
相似约化

李群方法
Y 李群

李三系
Lie triple system
O152.5
D 李超三系
S 子流形
C Jordan 导子
Z 流形

李特尔伍德-佩利 g 函数
Y Littlewood-Paley g-函数

李天岩-约克混沌
Y 李-约克混沌

李同构
Y 代数同构

李型单群
simple Lie groups
O152.1；O152.5
D Lie 型单群
单李群
S 单群
李群
F 典型群
Z 群(数学)

李雅普洛夫函数
Y Lyapunov 函数

李雅普洛夫指数
Y Lyapunov 指数

李雅普诺夫不等式
Y Lyapunov 不等式

李雅普诺夫不稳定性定理
Y Lyapunov 函数

李雅普诺夫泛函
Y Lyapunov 泛函

李雅普诺夫方程
Y Lyapunov 方程

李雅普诺夫方法
Lyapunov method
O175.1
D Liapunov 方法
S 微分方程解法*
F 李雅普诺夫直接法

李雅普诺夫函数
Y Lyapunov 函数

李雅普诺夫间接法
Y Lyapunov 函数

李雅普诺夫渐近稳定性定理
Y Lyapunov 函数

李雅普诺夫-克拉索夫斯基函数
Y Lyapunov-Krasovskii 函数

李雅普诺夫-施密特约化
Y Lyapunov-Schmidt 约化

李雅普诺夫特征指数
Y Lyapunov 指数

李雅普诺夫稳定性
Lyapunov stability
O17
D Liapunov 稳定性
Lyapunov 稳定
lyapunov 稳定性
李亚普诺夫稳定性
利亚普诺夫法
利亚普诺夫稳定性
S 稳定性(数学)*
C 混沌同步 →(2)
水平线性互补问题

李雅普诺夫稳定性定理
Y Lyapunov 函数

李雅普诺夫稳定性理论
Y Lyapunov 稳定性定理

李雅普诺夫直接法
Lyapunov direct method
O193
D Lyapunov 直接方法
李雅普诺夫直接方法
S 李雅普诺夫方法
Z 微分方程解法

李雅普诺夫直接方法
Y 李雅普诺夫直接法

李雅普诺夫指数
Y Lyapunov 指数

李雅谱诺夫函数
Y Lyapunov 函数

李雅谱诺夫稳定性判据
Y Lyapunov 函数

李雅谱诺夫指数
Y Lyapunov 指数

李亚普诺夫定理
Y Lyapunov 函数

李亚普诺夫泛函
Y Lyapunov 泛函

李亚普诺夫方法
Y Lyapunov 函数

李亚普诺夫函数
Y Lyapunov 函数

李亚普诺夫稳定性
Y 李雅普诺夫稳定性

李亚普诺夫稳定性理论
Y Lyapunov 函数

李亚普诺夫直接法
Y Lyapunov 函数

李亚普诺夫指数
Y Lyapunov 指数

李亚谱诺夫指数
Y Lyapunov 指数

李-约克混沌
Li-Yorke chaos
O189；O415.5
D Li-Yorke 混沌
李天岩-约克混沌
S 混沌*
C 拓扑熵

里查德森外推法
Y Richardson 外推法

里奇曲率
Y ricci 曲率

里斯变换
Y Riesz 变换

里斯平均
Y Riesz 平均

理论*
theory
ZT0
F KAM 理论
基础理论
渐近理论
界壳理论
经典理论
控制理论
模糊优选理论
模拟理论
奇异性理论
突变理论
微扰理论
预测理论
C 猜想(数学)
机理

理论回归
Y 回归函数

理论计算
theoretical calculation
O29
S 计算*

理论逻辑
Y 数理逻辑

理论模型
theoretical model
N3
D 概念模型
S 模型*
C 概念性水文模型 →(5)

理论曲线
theoretical curve
N3
S 曲线*
C 实测曲线 →(5)

理论数学
theoretical mathematics
O1-0
D 纯数学
S 数学*

理论误差
theoretical error
TH12
S 误差*
F 静态误差
稳态误差

理论修正
theory revision
N3
S 校正*

理论研究
theoretical study
ZT0
D 理论研究方法
S 科学研究
Z 研究

理论研究方法
Y 理论研究

理想(数学)*
ideal(mathematics)
O15
F GW-理想
Lie 理想
w-理想
闭理想
次理想
粗糙理想
多项式理想
核理想
极大理想
极小理想
模糊理想
拟理想
弱理想
双理想
素理想
算子理想
同余理想
右理想
增广理想
中理想
主理想
左理想

理想点
ideal point
O241
D 假点
无穷远点
S 点(数学)*
C 弱有效解
准线

理想点法
ideal point method
O159
D 逼近理想解的排序方法
S 评价函数法
C 多目标决策
Z 数学方法

理想格
ideal lattice
O153.1
D 幻格
S 格同态
Z 同态

理想解
ideal solution
O122.2；O159
D 负理想解
S 解*
C 理想类群
理想约束 →(2)
梯形模糊数

理想扩张
ideal extension
O189
S 扩张(数学)*
C exchange 环
素理想
序半群

理想类群
ideal class group
O152.4
S 类群
C 理想解
虚二次域
Z 群(数学)

理想平面
Y 无穷远平面

理想预报
Y 预报

理性有限元
rational finite element
O241.82；O242
S 有限元*
C 微分方程法

力矩法
Y 矩量法

立方
cubic
O151
S 幂
C 有向图
Z 运算

立方非线性
cubic nonlinearity
O175
S 度量性质
Z 数学性质

立方根
cube root
O122
S 根(数学)*

立方幂等矩阵
Y 幂等矩阵

立方抛物线
Y 三次抛物线

立方体
Y 正方体

立方图
Y 立体图

立体
Y 几何体

立体函数
Y 立体调和函数

立体几何
solid geometry
O123.2

D 空间几何学
立体几何学
三维欧几里得几何学
三维欧氏几何
S 初等几何
C 平面几何
矢量法
Z 几何
数学

立体几何学
Y 立体几何

立体角
solid angle
O172.2
S 角(数学)*
C 平面角

立体解析几何
Y 空间解析几何

立体调和函数
solid harmonics
O174.3
D 立体函数
球面调和函数
S 调和函数
球谐函数
Z 函数

立体图
stereogram
O157.5；O18
D 立方图
S 统计图
C 建模
Z 图表

立体阵
cubic matrix
O151.2
C 矩阵乘积

利埃纳尔方程
Y Liénard 方程

利普希茨等价
Y Lipschitz 等价

利普希茨函数
Y Lipschitz 函数

利普希茨空间
Y Lipschitz 空间

利普希茨类
Y Lipschitz 类

利普希茨连续
Y Lipschitz 连续性

利普希茨连续性
Y Lipschitz 连续性

利普希茨条件
Y Lipschitz 条件

利普希茨映射
Y 压缩映射

利普席茨算子
Y Lipschitz 算子

利特尔伍德-佩利算子
Y Littlewood-Paley 算子

利亚普诺夫法
Y 李雅普诺夫稳定性

利亚普诺夫稳定性
Y 李雅普诺夫稳定性

利用率
utilization factor
ZT3
D 利用系数
S 比率*

利用系数
Y 利用率

例外簇
exceptional variety
O187.2
S 簇*
C 多项式方程

例外集
exceptional set
O174.3
S 集合*
C 微分多项式

例外值
exceptional value
O174
S 值(数学)*
F Borel 例外值
Picard 例外值
C Julia 方向
无穷级

隶属度*
membership degree
O159
F 相对隶属度
最大隶属度
C 灰色模糊综合评判
疲劳寿命分布

隶属度函数
ambiguity function
O159
D 模糊隶属度函数
S 隶属函数
C 多尺度小波变换
水平截集
Z 函数

隶属函数
membership function
O159；O174
D 从属函数
S 函数*
F 粗糙隶属函数
隶属度函数
三角形隶属函数
相对隶属函数
真/假隶属函数
C 粗糙模糊集
模糊算子
模糊统计
综合评判

粒度分维
granulometric fractal dimensions
ZT3

粒度概率图
Y 概率曲线

连分式
continued fraction
O241.5
D 繁分式
S 分式
C 分式环
Z 表达式

连分数
continued fraction
O173.2
S 分数
F 循环连分数
C 渐近分数
Z 复数

连接
connection
ZT6

连接图
Y 连通图

连结轨线
connecting trajectory
O175.12
S 轨迹*
C 控制系统理论

连通*
connected
O189
D 连通性
F 道路连通
局部连通
强连通

连通度*
connectivity
O13；O189
F 边连通度
代数连通度
点连通度
C 2-连通图
乘积图

连通分叉
Y 连通分支

连通分支
connected component
O157
D 连通分叉
S 分支*
C 点连通度
连通环
连通空间
连通图

连通环

connected ring
O153.3
S 交换环*
C 连通分支

连通集
connected set
O144；O189.1
D 弧连通集
连通集合
路径连通集
S 点集
C 积空间
实值函数
Z 集合

连通集合
Y 连通集

连通空间
connected space
O189.1
S 拓扑空间
C 连通分支
Z 空间(数学)

连通区域
Y 连通域

连通图
connected graph
O157.5
D 连接图
S 图表*
F 2-连通图
泛连通图
非连通图
简单连通图
强连通图
C Graham 猜想
可去边
控制集
连通分支

连通性
Y 连通

连通域
connected area
O153
D 连通区域
S 域*
F 本质连通区
单连通域
多连通域
复连通区域

连续*
continuation
O172；O189.1
F C2 连续
Holder 连续
半连续
等度连续
分段连续
几何连续
绝对连续
拟连续
全连续
弱连续
双连续
通有连续
序列连续
一致连续
右连续
锥连续
左连续

连续 domain
Y 连续域

连续变量
continuous variable
O241
S 变量*

连续博弈
continuous game
O225
S 博弈*
C 混合策略

连续对策
continuous game
O225
S 对策论*

连续分布
continuous distribution
O211
D 连续型随机变量概率分布
S 概率分布*
F Erlang 分布
单峰分布
对数分布
多峰分布
均匀分布
三角分布
正态分布

连续分布时滞
continuously distributed delays
O175
D 连续时滞
S 分布时滞
C 无条件稳定性
Z 时滞

连续分布滞量
continuous distributed delay
O175.26
S 滞量*

连续格
Y 连续函数

连续过程
continuous process
ZT5
S 过程*

连续函数
continuous function
O153.1；O171；O174.5
D 连续格
S 函数*
F 半连续函数
绝对连续函数
一致连续函数
C Lawson 拓扑
反射子范畴
可积条件
连续域
曲线积分
线性混合模型
延拓

连续积分
Y 曲线积分

连续结构
Y 连续系统

连续解
continuous solution
O122.2
S 解*
C 连续性方程 →(2)(4)

连续孔径
Y 孔径

连续模
modulus of continuity
O174
D 连续性模
S 模(数学)*
F 光滑模
C 次模函数
简化原理
拟连续
平移算子

连续模型
continuous model
O175
S 数学模型*
C 拉格朗日法 →(2)(4)
离散模型

连续偏差变元
continuous deviating argument
O175
S 偏差变元
C 积分变换
Z 元

连续偏序集
continuous partial order set
O144；O153.1
S 偏序集
C Scott 拓扑
Z 集合

连续曲线
continuous curve
O174；O182
S 匹配*
C 中值定理

连续群
Y 李群

连续时间
Y 持续时间

连续时间模型
Y 离散时间模型

连续时间排队

Y 离散时间排队

连续时间系统
continuous-time system
TP2
S 连续系统
C 离散时间系统
连续条件
Z 系统

连续时滞
Y 连续分布时滞

连续算法
serial algorithm
O221
S 数学算法*
C 连续性

连续算子
continuous operator
O177
S 算子*
F 紧算子
C 二次规划

连续随机变量
Y 离散型随机变量

连续体系
Y 连续系统

连续条件
continuity condition
O171
S 条件(数学)*
F Lipschitz 条件
C 持续时间
连续时间系统

连续统
Y 连续统假设

连续统假设
continuum hypothesis
O144；O189.1
D 连续统
S 假设(数学)*
C 自然数集

连续系统
continuous system
N948
D 连续结构
连续体系
S 系统*
F 连续时间系统
C 离散系统

连续线性泛函
continuous linear functional
O177
D 连续线性泛函数
S 线性泛函
C 正解
Z 泛函

连续线性泛函数
Y 连续线性泛函

连续线性算子
continuous linear operator
O175.3；O177.1
S 线性算子
F 紧线性算子
C 预解集
Z 算子

连续小波变换
continuous wavelet transform
O174.2
S 小波变换*
C 奇异值分解

连续型随机变量
Y 离散型随机变量

连续型随机变量概率分布
Y 连续分布

连续型隐马尔可夫模型
Y 连续隐马尔可夫模型

连续性
continuity
ZT4
D 不连续
不连续性
非连续
间断性
S 特性*
F 时间连续性
实数连续性
C 可微性
连续算法
奇异性

连续性定理
continuity theorem
O189.2
S 数学定理*

连续性模
Y 连续模

连续依赖性
continuous dependence
O175.1
S 数学性质*
C 先验估计
有界变差解

连续隐马尔可夫模型
continuous hidden Markov model
O141.4；O211.62
D DHMM
离散隐含马尔可夫模型
离散隐马尔柯夫模型
离散隐马尔可夫模型
连续型隐马尔可夫模型
S 隐马尔可夫模型
C 离散卷积
数据矢量化 →(4)
Z 马尔可夫模型

连续映射
continuous mapping
O153.2；O189.1
D 连续自映射
S 映射*
F demi 连续映射
hemi 连续映射
上半连续映射
下半连续映射
C Hausdorff 空间
ω-极限点
极小集
列紧集
拓扑混合
一致结构

连续有限元
continuous finite element
O241.82
D 连续有限元方法
S 有限元*
C 抛物型方程

连续有限元方法
Y 连续有限元

连续域
continuous domain
O153.1
D 连续 domain
S 域*
F 拟连续域
C 连续函数

连续正整数
consecutive positive integer
O121
S 连续自然数
正整数
C 群阶
Z 复数

连续值逻辑
continuous valued logic
O141；O153
S 数理逻辑
C 不分明化拓扑
Z 逻辑

连续自然数
consecution natural number
O156
S 自然数
F 连续正整数
C 引理
Z 复数

连续自映射
Y 连续映射

联合分布
joint distribution
O211.1
D 联合概率分布
随机向量概率分布
S 概率分布*
F 边缘分布
条件概率分布
C M/M/1 排队
破产概率

联合分布函数
joint distribution function
O174
D 联合概率密度

联合密度
随机向量的分布函数
S 分布函数
C 边缘分布
反射原理
切空间
Z 函数

联合概率分布
Y 联合分布

联合概率密度
Y 联合分布函数

联合概率密度函数
Y 联合密度函数

联合密度
Y 联合分布函数

联合密度函数
joint density function
O211
D 联合概率密度函数
S 密度函数
C 离差
Z 函数

联合谱半径
joint spectral radius
O177.7
S 谱半径
C 矩阵迭代法
Z 半径

联合熵
combination entropy
O157；O159；O236
D 熵(信息论)
S 熵(数学)*
C 特征选择

联合系统
Y 复合系统

联接
connection
ZT6

联结数
binding number
O157.5
D 结合数
S 数*
C 消去图

联立 Pell 方程组
Y Pell 方程

联立方程
Y 方程组

联络(数学)*
connection(mathematics)
O186
D 联络论
F Galois 联络
仿射联络
黎曼联络
C 自伴算子

联络论
Y 联络(数学)

联图
join-graph
O157.5
S 图表*
C 点色数
邻点可区别全染色
曲面

联系熵
affiliation entropy
O236
S 熵(数学)*
C 联系数 →(4)

敛散性
Y 收敛(数学)

链环
chain ring
O153.3；O189
D 有限链环
S 环(数学)*
C Jones 多项式

链回归点
Y 回归点

链群
chain group
O152；O189.2
S 群(数学)*

链式法则
chain rule
O157.5
S 法则(数学)*
C 二阶偏导数
正交矩阵

链条件
chain condition
O153.3
S 条件(数学)*
C P-内射环

链图
chain graph
O157.5
S 图表*
C 平衡标号

链约束
chain constraints
O223
S 约束(数学)*

良紧性
nice compactness
O144
S 紧性*
C 模糊数学

良序
Y 全序集

良序集
Y 全序集

良序集合
Y 全序集

梁方程
beam equation
O122.2；O175.1
S 常微分方程
F 弹性梁方程
Z 方程(数学)

两边夹定理
Y 夹逼准则

两步估计
two-step estimation
O211.62
S 统计估计
Z 估计(数学)

两参数
Y 双参数

两层规划
Y 二层规划

两点边值
Y 两点边值问题

两点边值问题
two-point boundary value problem
O175.1；O175.8；O241.82
D 两点边值
S 多点边值问题
C 四次样条
Z 边值问题

两点分布
two-point distribution
O211.4；O212.1
D 0-1 分布
Bernoulli 分布
伯努利分布
零一分布
S 二项分布
Z 概率分布

两分类预报
Y 预报

两阶段抽样
Y 二阶抽样

两两 NQD 列
Y 两两 NQD 阵列

两两 NQD 阵列
pairwise NQD random arrays
O211.4
D 两两 NQD 列
S 阵列*
C 强大数定律

两两独立
pairwise independence
O174
D 两两独立的
S 独立(数学)*
C 强大数定律

两两独立的
Y 两两独立

两两互素
Y 互素

量
Y 数量

量度
Y 度量

量词消去
Y 量词消去方法

量词消去方法
quantifier elimination method
O141.4
D 量词消去
S 数学方法*
C 分布公式
素数阶循环图

量纲归一化
Y 归一化

量化信息
quantitative information
N950
S 信息*

量子博弈
quantum game
O225；O413
D 量子策略
S 博弈*
C 密度矩阵 →(2)

量子策略
Y 量子博弈

量子环面
quantum torus
O152
S 环面
C 代数同构
Z 曲面

量子群
quantum group
O152.5
S 群(数学)*
C Yang-Baxter 方程
代数
量子场论 →(2)
群论

列表染色
list coloring
O177
S 染色问题*
C 导出子图

列初等变换
Y 初等列变换

列紧
Y 列紧性

列紧集
sequentially compact set
O177.3
S 紧集
子集
C 连续映射
Z 集合

列紧性
sequential compactness
O177；O189.1
D 列紧
S 紧性*

列矢量
Y 列向量

列式
formulation
O177
S 表达式*

列维定理
Y Levi 定理

列维-奇维塔联络
Y 黎曼联络

列向量
column vector
O151.21
D 列矢量
S 向量*
C Krylov 子空间

劣化系统
degradation system
N948
S 系统*

猎食模型
Y 捕食模型

猎物-捕食者模型
Y 捕食模型

裂区设计
split-plot design
O212.6
S 设计*
C 抽样误差

裂项
Y 裂项相消法

裂项法
Y 裂项相消法

裂项相消法
split phase method
O173；O174
D 裂项
裂项法
S 数学方法*
C 全对称
正项级数

邻点可区别 E-全染色
adjacent vertex-distinguishing E-total coloring
O189
S 邻点可区别全染色
Z 染色问题

邻点可区别 E-全色数
adjacent vertex distinguishing E-total chromatic number
O157.5
S 邻点可区别全色数
C 完全图
Z 色数

邻点可区别边色数
adjacent vertex distinguishing edge chromatic number
O157.5
S 点可区别边色数
Z 色数

邻点可区别全染色
adjacent vertex-distinguishing total coloring
O189
S 全染色
F 邻点可区别 E-全染色
邻点强可区别全染色
C 简单连通图
联图
全色数
外平面图
Z 染色问题

邻点可区别全色数
adjacent vertex distinguishing total chromatic number
O157.5
S 全色数
F 邻点可区别 E-全色数
C 上界
Z 色数

邻点强可区别全染色
adjacent strongly vertex-distinguishing total coloring
O189
S 邻点可区别全染色
Z 染色问题

邻集
neighbour set
O157.5
S 集合*
F 邻域系
C 哈密尔顿性

邻接矩阵
adjacent matrix
O151.2
S 矩阵*
C 得分向量
极大独立集
简单无向图
圈基
序列标号

邻接谱
adjacency spectrum
O189
S 谱*

邻近点算法
proximal point algorithm
O241.7
D kNN 分类算法
K 最近邻
K 最近邻分类算法

邻近算法
S 数学算法*
C 强单调

邻近算法
Y 邻近点算法

邻强边染色
adjacent strong edge coloring
O189
S 边染色
C 完全图
Z 染色问题

邻强边色数
adjacent strong edge chromatic number
O157.5
S 强边色数
C 广义 Mycielski 图
Z 色数

邻域
neighborhood
O153.4
S 域*
F 宽邻域
C wppl-空间
函数空间
松弛问题

邻域并
neighborhood union
O157.5
S 并集
C 泛连通图
Z 集合

邻域基
Y 局部基

邻域完整度
vertex-neighbor-integrity
O157.5；O189
C 组合数学

邻域系
neighborhood system
O189.1
S 邻集
C 自仿测度
Z 集合

林纳方程
Y Liénard 方程

林士谔法
Y 因子分解法

临界
critical state
ZT5
D 临界情形
临界态
临界现象
临界性
临界状态
S 状态*
F 自组织临界态
C 临界雨量 →(4)(5)
重整化 →(2)

临界 Sobolev 指标
Sobolev critical exponent
O175.25
S 临界指标
F Hardy-Sobolev 临界指数
C 半线性椭圆方程
集中紧性原理
局部适定性
Z 指标

临界 Sobolev 指数
Y Sobolev 临界指数

临界半径
critical radius
ZT2
S 半径*

临界尺寸
critical dimension
ZT2
S 尺寸*

临界点
critical point
O174；O189.23；O369
D 平稳点
驻点
S 状态点*
C 变分泛函
变指标
超临界条件
哈密尔顿性
环绕定理
临界位势
临界压力 →(2)

临界点理论
critical point theory
O192
S 数学理论*
C 不变集
临界概率

临界段
Y 临界区

临界概率
critical probability
O211
S 概率*
C 临界参数 →(2)(3)
临界点理论
元胞自动机

临界函数
Y 检验函数

临界期
critical period
ZT73
S 时期*

临界情形
Y 临界

临界区
critical zone
ZT72
D 临界段
临界区域
S 区域*

临界区域
Y 临界区

临界群
critical group
O152
S 群(数学)*

临界态
Y 临界

临界特性
Y 临界性质

临界条件
critical condition
ZT84
S 条件*
F 超临界条件
初值条件

临界图
critical graph
O157.5
S 图表*
C 边染色
超临界 →(2)

临界位势
critical potential
O175.25
S 位势*
C 临界点

临界系统
critical system
N93；N948
S 系统*

临界现象
Y 临界

临界性
Y 临界

临界性质
critical property
ZT4
D 临界特性
S 特性*

临界域
critical region
O212
S 域*

临界阈值
critical threshold value
N94
S 阈值*

临界增长
critical growth
O175.25
D 次临界增长
S 增长
C 非平凡解
奇异项

椭圆方程
Z 变化

临界值
Y 阈值

临界指标
critical exponent
O175.26；O369
S 指标*
F 临界 Sobolev 指标

临界指数
critical exponent
O175.26；O369
S 指数*
F Sobolev 临界指数
C Hardy 不等式
超临界 →(2)
集中紧性原理
奇异椭圆方程

临界状态
Y 临界

鳞片法
Y 面元法

鳞状因子循环矩阵
scaled factor circulant matrices
O151.21；O241.6
S 循环矩阵
C 快速傅里叶变换
Z 矩阵

灵敏度分析
sensitivity analysis
O177.91；O224；O4-3
D 灵敏性分析
敏感性分析
敏感性分析法
S 分析*
C 互异性
决策分析
稳定性计算 →(2)
响应函数

灵敏性分析
Y 灵敏度分析

凌波函数
Y 小波函数

菱形
rhombus
O181
S 平行四边形
Z 多边形

零
zero
O121
S 整数
Z 复数

零标架
null frame
O186；P121
S 标架*
C Dirac 方程

零测度集
Y 零测集

零测集
null measure set
O144
D 零测度集
S 零集
C 黎曼可积
Z 集合

零常返
null recurrence
O211.62
S 常返*
C 随机环境

零点
Y 根(数学)

零点定理
zero point theorem
O172.1
S 数学定理*

零点分布
zero distribution
O241
S 数学分布*
C 径向极小元
零点能 →(2)

零点密度
zero density
O156.4
S 密度*
C 零点能 →(2)

零点收敛指数
zero convergence index
O177.91
S 收敛指数
C 增长级
Z 指数

零调集
acyclic set
O144；O177
S 零集
C 变分不等式组
Z 集合

零对称 BZ-代数
Y BZ-代数

零概率事件
Y 不可能事件

零和博弈
Y 零和对策

零和对策
zero-sum game
O225
D 零和博弈
S 对策论*
F 矩阵对策
C 支付函数

零化多项式
annihilation polynomial
O174.14
S 多项式*
C 最小公倍式

零化子
annihilator
O152.4；O153.3
S 集合*
C 加法范畴
零因子

零级
zero order
TP312
S 增长级
C 单位圆
Z 算法

零集
zero set
O144；O177
D 函数闭集
S 子集
F 零测集
零调集
C 拟凸函数
Z 集合

零假设
null hypothesis
O212
D 解消假设
虚拟假设
S 假设(数学)*
C 舍弃域

零解
zero solution
O122.2；O175.1
D 非零解
S 解*
C 齐次线性方程组
系数行列式

零解渐近稳定
asymptotical stability of zero solution
O175.13
S 渐近稳定性
C 正定矩阵
Z 稳定性(数学)

零空间
null space
O152.7
S 空间(数学)*
C 广义逆法 →(5)

零曲率方程
null curvature equation
O122.2
S 方程(数学)*
C 向量场 →(2)

零矢量
Y 零向量

零事件
Y 不可能事件

零树小波

zero tree wavelet
O17
S 小波变换*
F 嵌入式零树小波
C 图像编码 →(2)

零维
Y 零维空间

零维空间
zero-dimensional space
O153
D 零维
S 拓扑空间
C 正则性准则
Z 空间(数学)

零相关
zero correlation
C8
S 相关*

零向量
zero vector
O122；O183
D 零矢量
S 向量*

零一分布
Y 两点分布

零因子
zero divisor
O153.3
S 因子*
C 极大子群
零化子

零元
Y 零元素

零元素
zero element
O151.21
D 零元
S 元*
C 最优解集

岭参数
ridge parameter
O211.67
S 参数*
C 均方误差

岭估计
ridge estimation
O177；O212.1
D 广义岭估计
S 有偏估计
F 岭型主成分估计
Z 估计(数学)

岭回归
ridge regression
O177；O212.1
D 山脊回归
S 回归(数学)*
C 最小二乘拟合

岭型主成分估计
combining ridge and principal components estimate
O212.1
S 岭估计
主成分估计
Z 估计(数学)

刘斯铁尔尼克-斯尼瑞尔曼定理
Y Levi 定理

刘维定理
Y Liouville 定理

刘维尔定理
Y Liouville 定理

刘维尔方程
Y Liouville 方程

刘维尔公式
Liouville formula
O174.66；O241.4
D Liouville 公式
S 公式(数学)*
C 二阶线性微分方程

刘维尔可积
Y Liouville 可积

刘维方程
Y Liouville 方程

刘易斯-莱斯利矩阵
Y Leslie 矩阵

留数
residue
O174
D 残数
S 数*
C 奇点

留数定理
residue theorem
O174；O187
D 残数定理
S 柯西中值定理
Z 数学定理

流程*
process
ZT5
F 评价程序

流程分析
flow analysis
ZT0
S 分析*

流程图
flow chart
ZT99
D 程序框图
流图
流图编制
S 图表*
C 图形

流动模型
flow model
O141.4；O22
S 数学模型*
C 流动特性 →(2)

流函数
stream function
O174.1；O35
S 函数*
C 不可压缩流 →(2)
二维流动 →(2)
流面 →(2)
势流 →(2)

流图
Y 流程图

流图编制
Y 流程图

流线扩散法
streamline diffusion method
O241.82
S 数学方法*
C 正则长波方程 →(2)

流线扩散有限元
Y 时空有限元

流线扩散有限元方法
Y 时空有限元

流行病模型
Y 传染病模型

流形*
manifold
O186；O189.3；O192
F Nehari 流形
Poisson 流形
不变流形
格拉斯曼流形
惯性流形
拟常曲率流形
三维流形
数值流形
统计流形
透镜空间
图式流形
拓扑流形
微分流形
稳定流形
中心流形
C 非负 Ricci 曲率

流形几何
manifold geometry
O189.3
S 几何*
C 极小子流形

六边形
hexagon
O187
S 多边形*
F 正六边形
C 完美匹配

六角系统
hexagonal system
O157.6
S 数学系统*

C Hosoya 指标

六面体
hexahedron
O184
S 多面体
F 平行六面体
Z 几何体

龙格库塔法
Y 龙格-库塔法

龙格-库塔法
Runge-Kutta method
O241.81；O411
D Runge-Kutta 法
Runge-Kutta 方法
Runge-Kutta 算法
龙格库塔法
龙格-库塔方法
龙格-库塔算法
S 迭代法*
F 四阶 Runge-Kutta 法
C 传递矩阵 →(2)
脉冲微分方程

龙格-库塔方法
Y 龙格-库塔法

龙格-库塔算法
Y 龙格-库塔法

龙格现象
Y Runge 现象

龙梅尔-韦伯函数
Y 韦伯函数

卢卡斯数
Y Lucas 数

卢卡斯数列
Y Lucas 数列

卢森堡范数
Y Luxemburg 范数

鲁棒绝对稳定性
Robust absolute stability
O231
S 稳定性(数学)*
C Riccati 不等式
区间矩阵

鲁棒可靠性
Y 可靠性

路代数
path algebra
O153；O157.5
S 代数*
C 代数闭域
箭图

路径*
route
ZT74
D 途径
F 活动路径
梯度路径
最短路径

路径抽样
path sampling
C81
S 采样*

路径分析
path analysis
TP311
S 空间分析*
C 路径搜索
路径预报 →(4)(5)

路径积分
Y 曲线积分

路径连通集
Y 连通集

路径搜索
path search
O157.5；P209
D 路径搜索算法
S 搜索*
C 路径分析

路径搜索算法
Y 路径搜索

旅行商问题
traveling salesman problem
O224
D 货郎担问题
旅行售货员问题
巡回售货员问题
游路问题
S 运筹问题
Z 数学问题

旅行售货员问题
Y 旅行商问题

率失真函数
rate distortion function
O174
D 信息率失真函数
S 函数*
C 率失真理论

率失真理论
rate distortion theory
O186.1
S 数学理论*
C 率失真函数

滤波精度
wave filtering precision
O241；P207
S 数学精度*

滤子*
filter
O153.2；O154；O221.2
F MP 滤子
超滤子
模糊滤子
素滤子
C 核理想
占优

孪生素数
twin primes
O156.2
S 素数
C 素数方幂
Z 复数

孪生素数猜想
twin prime conjecture
O156；O212
S 猜想(数学)*
C 素数

卵形线
oval
O174.3；O182
D 高尔顿卵形线
S 匹配*
C 配极变换

乱数
Y 随机数

伦德伯格不等式
Y Lundberg 不等式

轮换对称性
symmetry in turn
O172.1
S 数学性质*
C 对换
多元函数

轮廓矢量化
profile vectorization
TP391.4
S 数据处理*

轮廓线
Y 界线

轮图
wheel graph
O157.5
S 图表*
C 符号边控制函数

论域
universe of discourse
O14
S 域*

罗巴切夫斯基几何
Y 双曲几何

罗比达法则
Y 洛必达法则

罗比塔法则
Y 洛必达法则

罗必达法则
Y 洛必达法则

罗必塔法则
Y 洛必达法则

罗宾问题
Y Robin 问题

罗尔定理
Rolle theorem
O172.1；O174

D Rolle 定理
Rolle 中值定理
罗尔中值定理
洛尔定理
S 微分中值定理
C 变上限积分
辅助函数法
中值问题
Z 数学定理

罗尔中值定理
Y 罗尔定理

罗朗级数
Y Laurent 级数

罗朗展开
Y Laurent 级数

罗珀-萨弗里奇算子
Y Roper-Suffridge 算子

罗森布罗克
Y Rosenbrock 方法

罗森布罗克方法
Y Rosenbrock 方法

罗式几何
Y 双曲几何

罗素悖论
Russell paradox
O144.2
S 数学悖论
C 天文学定理 →(2)(4)
Z 数学理论

逻辑*
logic
B81
F 数理逻辑

逻辑变量
logical variable
O174
S 变量*
C 逻辑函数
逻辑相邻

逻辑常项
Y 常项

逻辑乘
Y 合取

逻辑代数
Y 布尔代数

逻辑等价
logical equivalence
O141
D 逻辑等值
S 等价*

逻辑等值
Y 逻辑等价

逻辑度量空间
logical metric space
O141
S 度量空间
F 随机逻辑度量空间
C 伪度量
Z 空间(数学)

逻辑方程
logical equation
O122.2
S 方程(数学)*
F 逻辑斯谛方程
C 最简式

逻辑符号
logical symbol
O141
S 符号(数学)*
C 函数符号

逻辑公式
logical formula
O141
S 公式(数学)*

逻辑函数
logical functions
O141；O174
D Logistic 函数
S 函数*
F 组合逻辑函数
C 补集
格图
化简
逻辑变量
最小覆盖

逻辑积
Y 合取

逻辑斯谛方程
logistic equation
O122.2
S 逻辑方程
Z 方程(数学)

逻辑斯蒂曲线
Y S 型曲线

逻辑算子
logical operator
O141.1；O177
S 算子*
F 模糊逻辑算子
C 上近似

逻辑推理
logical reasoning
B81；TP18
D 逻辑推论
S 推理*

逻辑推论
Y 逻辑推理

逻辑系统
logical system
O141
S 系统*
C 重言式

逻辑相邻
logical adjacency
O142
S 关系(数学)*
C 逻辑变量

逻辑循环
logical circulation
O172.1
S 循环(拓扑学)*

逻辑演算
logical calculus
O141.1
S 演算*

逻辑原理
logical principles
O141；O142
S 数学原理*
C 离散数学

逻辑证明
logical proof
O141.2
S 证明*

逻辑坐标
logical coordinates
TP311
S 坐标*

螺面
Y 螺旋面

螺线
Y 螺旋曲线

螺旋面
helicoid
O186
D 螺面
S 曲面*
F 正螺旋面

螺旋曲线
helical curve
O174；O182；O186
D 螺线
螺旋线
S 匹配*
F 阿基米德螺线
对数螺线
圆柱螺线
C 慢波结构 →(2)

螺旋线
Y 螺旋曲线

洛比达法则
Y 洛必达法则

洛必达法则
L'Hospital rule
O171；O172.1
D L'Hospital 法则
伯努利法则
罗比达法则
罗比塔法则
罗必达法则
罗必塔法则
洛比达法则

洛必塔法则
S 法则(数学)*
C 不定式
极限公式
重要极限

洛必塔法则
Y 洛必达法则

洛尔定理
Y 罗尔定理

洛朗级数
Y Laurent 级数

洛仑兹变换
Y 洛伦兹变换

洛伦兹变换
Lorentz transformation
O175；O412.1；P159
D Lorentz 变换
洛仑兹变换
S 数学变换*
C 洛仑兹规范 →(2)
洛伦兹不变性 →(2)
质心系 →(2)

洛伦兹超曲面
Lorentzian hypersurfaces
O186.1
D Lorentzian 超曲面
S 超曲面
C 曲率因子 →(4)
Z 曲面

洛伦兹映射
Y Lorenz 映射

洛马克斯分布
Y Lomax 分布

洛特卡-伏尔特拉方程
Y Lotka-Volterra 方程

洛特卡-沃尔泰拉模型
Y Lotka-volterra 模型

洛特卡—沃特拉方程
Y Lotka-Volterra 方程

洛特卡-渥尔特拉
Y Lotka-Volterra 方程

洛特卡-渥尔特拉方程
Y Lotka-Volterra 方程

马鞍面
Y 双曲抛物面

马蒂厄方程
Y Mathieu 方程

马蒂厄群
Mathieu group
O152.1
D Mathieu 群
马提厄群
S 可迁置换群
Z 群(数学)

马丢方程
Y Mathieu 方程

马尔柯夫过程
Y Markov 过程

马尔柯夫链
Y 马尔可夫链

马尔柯夫链分析
Y 马尔可夫链

马尔柯夫链模型
Y 马尔可夫链模型

马尔科夫过程
Y Markov 过程

马尔科夫链模型
Y 马尔可夫链模型

马尔科夫蒙特卡洛方法
Y MCMC 方法

马尔科夫模型
Y 马尔可夫模型

马尔科夫预测
Markov prediction
O211.62
D Markov 预测
S 数学预测*
C 状态转移概率

马尔科夫预测模型
Y 马尔可夫预测模型

马尔可夫到达过程
Markovian arrival process
O211.62
S Markov 过程
Z 随机过程

马尔可夫分析
Markov analysis
O171
S 矩阵分析
C 马尔可夫理论
Z 数学分析

马尔可夫更新过程
Markov renewal process
O211.62
S Markov 过程
更新过程
Z 随机过程

马尔可夫骨架过程
Markov skeleton processes
O211.62
D Markov 骨架过程
S Markov 过程
Z 随机过程

马尔可夫过程
Y 马尔可夫链

马尔可夫决策
Markov decision
O211.62；O223
S 决策论*

马尔可夫决策过程
Markov decision process
O211.62；O22
D Markov 决策过程
马氏决策过程
S Markov 过程
Z 随机过程

马尔可夫理论
Markov theory
O211.62
S 概率论
C 马尔可夫分析
Z 数学理论

马尔可夫链*
Markov chain
O211.62
D Markov 链
Markov 链
马尔柯夫链
马尔柯夫链分析
马尔可夫过程
马氏链
马氏链场
F 参数连续 Markov 链
加权马尔可夫链
齐次马氏链
嵌入马尔可夫链
绕积马氏链
C Kautz 图
非线性自回归
概率测度
概率矩阵
马氏环境
平稳分布
随机过程模型
小偏差定理
主方程
转移概率

马尔可夫链模型
Markov chain model
O211.62；O213
D Markov 链模型
马尔柯夫链模型
马尔科夫链模型
马氏链模型
S 马尔可夫模型*
C 状态转移概率

马尔可夫模型*
Markov model
O157；O211.62
D Marcov 模型
Markov 模型
马尔科夫模型
马尔克夫模型
F 灰色-马尔可夫模型
马尔可夫链模型
马尔可夫随机场模型
马尔可夫预测模型
隐马尔可夫模型
C 数学模型

马尔可夫随机场模型
Markov random field model
TP391
S 马尔可夫模型*

C 马尔可夫随机场 →(2)

马尔可夫性
Y 马氏性

马尔可夫预测模型
Markov prediction model
O211.62
D Markov 预测模型
马尔科夫预测模型
S 马尔可夫模型*
预测模型*
C 最小均方误差

马尔克夫模型
Y 马尔可夫模型

马尔克维兹均值-方差模型
Y Markowitz 均值-方差模型

马尔克维兹模型
Y Markowitz 均值-方差模型

马尔钦凯维奇积分
Y Marcinkiewicz 积分

马尔钦凯维奇积分算子
Y Marcinkiewicz 积分算子

马哈拉诺比斯距离
Y Mahalanobis 距离

马克劳林级数
Y 麦克劳林级数

马克仙积分
Y Lebesgue 积分

马瑟集
Y Aubry-Mather 集

马氏过程
Y Markov 过程

马氏环境
markovian environment
O211.62
S 环境*
C 马尔可夫链
强大数定律

马氏距离
Y Mahalanobis 距离

马氏决策规划
Y 决策规划

马氏决策过程
Y 马尔可夫决策过程

马氏链
Y 马尔可夫链

马氏链场
Y 马尔可夫链

马氏链蒙特卡洛方法
Y MCMC 方法

马氏链模型
Y 马尔可夫链模型

马氏性
Markov property
O211.62
D Markov 性
马尔可夫性
S 数学性质*
F 强马氏性
C Markov 过程

马提厄群
Y 马蒂厄群

马歇尔-奥尔金分布
Y 多元指数分布

麦科马克格式
Y MacCormack 格式

麦克劳林公式
Y 欧拉公式

麦克劳林级数
Maclaurin series
O171；O173.1
D Maclaurin 级数
马克劳林级数
S 泰勒级数
C 柯西积分公式
Z 级数(数学)

麦克斯韦方程
Z 方程(数学)

麦克斯韦方程组
Maxwell equations
O175.2；O441
D Maxwell 方程组
Maxwell 方程组式
麦克斯韦方程组式
S 偏微分方程组
Z 方程组

麦克斯韦方程组式
Y 麦克斯韦方程组

脉冲差分方程
impulsive difference equations
O155
S 差分方程
脉冲方程
F 脉冲时滞差分方程
Z 方程(数学)

脉冲动力系统
impulsive dynamical system
O19
S 动力系统(数学)*
C 压缩空气 →(2)

脉冲泛函微分方程
impulsive functional differential equation
O172.1；O175
D 脉冲泛函微分系统
S 脉冲微分方程
Z 方程(数学)

脉冲泛函微分系统
Y 脉冲泛函微分方程

脉冲方程
impulsive equation
O175
S 微分方程
F 脉冲差分方程
脉冲积分方程
脉冲微分方程
C 二阶三点边值问题
脉冲 →(2)
脉冲函数
脉冲解
Z 方程(数学)

脉冲函数
impulse function
O192
D 冲击函数
冲激函数
切趾函数
S 函数*
C 脉冲 →(2)
脉冲方程

脉冲混合系统
impulsive hybrid system
O175.21；O231
S 数学系统*
C 脉冲微分方程

脉冲积分方程
impulsive integral equation
O172.2
S 脉冲方程
F 脉冲积分微分方程
Z 方程(数学)

脉冲积分微分方程
impulsive integral-differential equations
O151
D 脉冲积分-微分方程
脉冲微分-积分方程
S 脉冲积分方程
脉冲微分方程
C 压缩条件
Z 方程(数学)

脉冲积分-微分方程
Y 脉冲积分微分方程

脉冲接种
pulse vaccination
O175；O231
D 脉冲免疫接种

脉冲解
impulsive solution
O175.6
S 解*
C 脉冲方程

脉冲免疫接种
Y 脉冲接种

脉冲时滞差分方程
impulsive delay difference equation
O155
S 脉冲差分方程
时滞差分方程
Z 方程(数学)

脉冲时滞微分方程
impulsive delay differential equation
O175
S 脉冲微分方程

Z 方程(数学)

脉冲输入
impulse input
O175.12
S 数据处理*
C 恒化器模型

脉冲微分方程
impulsive differential equations
O172.1；O175
D 脉冲微分系统
S 脉冲方程
F 二阶脉冲微分方程
脉冲泛函微分方程
脉冲积分微分方程
脉冲时滞微分方程
C 边界值
非齐次边值问题
恒化器模型
龙格-库塔法
脉冲混合系统
Z 方程(数学)

脉冲微分-积分方程
Y 脉冲积分微分方程

脉冲微分系统
Y 脉冲微分方程

满射
Y 单射

满态射
Y 满同态

满同态
surjective homomorphism
O154
D 满态射
S 同态*
F 自然同态
C 闭曲面
中心

满意解
satisfactory solution
O122.2
S 解*
C 最优解

满秩分解
full rank decomposition
O151.21
S 数学分解*
C Moore-Penrose 广义逆

满秩矩阵
Y 非奇异矩阵

满秩线性变换
Y 可逆线性变换

曼迭代序列
Y Mann 迭代序列

曼恩迭代序列
Y Mann 迭代序列

慢变函数
Y 慢变化函数

慢变化函数
slowly varying function
O174
D 缓变函数
慢变函数
S 函数*
C 缓变分量 →(4)
完全收敛

芒德布罗集
Mandelbrot set
O17
D Mandelbrot 集
S 集合*
C 分形

盲区
dead zone
ZT74
S 区域*

盲数
blind number
O236
S 灰函数
C 不确定性信息
Z 函数

盲数理论
blind number theory
O224
S 数学理论*
C 盲信息

盲信息
blind information
N950
S 信息*
C 盲数理论

矛盾命题
contradiction
O141
D 广义矛盾式
矛盾式
永假式
S 命题*

矛盾式
Y 矛盾命题

冒泡函数
Y Bubble 函数

么正变换
Y 酉变换

玫瑰线
rose curve
O182
S 匹配*
C 差分

枚举
Y 枚举法

枚举法
enumeration method
O156
D 枚举
S 数学方法*
F 隐枚举法
C 对角线
非线性规划模型

梅利尼柯夫函数
Y Melnikov 函数

梅谱序列
Y May 谱序列

梅切尔斯基图
Y Mycielski 图

梅森数
Y Mersenne 数

梅森素数
Mersenne prime number
O156.2
D Mersenne 素数
S 素数
Z 复数

媒质
Y 介质

门德尔森三元系
Y Mendelsohn 三元系

门限函数
Y 阈值函数

门限值
Y 阈值

门限自回归模型
threshold autoregressive model
O212.1；P3
S 非线性自回归模型
C 非线性
Z 回归模型

蒙卡模拟
Y 蒙特卡罗方法

蒙泰尔空间
Y M 空间

蒙特·卡罗方法
Y 蒙特卡罗方法

蒙特卡罗法
Y 蒙特卡罗方法

蒙特卡罗方法
Monte Carlo method
O242.1；P413；P456.7
D Carlo 法
Carlo 模拟
MC 模拟
Monte Carlo
Monte Carlo 法
Monte Carlo 方法
Monte Carlo 模拟
Monte Carlo 模拟法
Monte Carlo 算法
MonteCarlo
MonteCarlo 法
Monte-Carlo 法
MonteCarlo 方法

Monte-Carlo 方法
Monte-Carlo 仿真
MonteCarlo 模拟
Monte-Carlo 模拟
Tausworthe 方法
动态 Monte Carlo 模拟
动态蒙特卡罗模拟
格林函数蒙特卡罗方法
蒙卡模拟
蒙特·卡罗方法
蒙特卡罗法
蒙特卡罗模拟
蒙特-卡罗模拟
蒙特卡罗模拟方法
蒙特卡罗试验
蒙特卡罗算法
蒙特卡洛法
蒙特-卡洛法
蒙特卡洛方法
蒙特卡洛分析
蒙特卡洛模拟
蒙特卡洛实验
蒙特卡洛算法
随机试验法
统计模拟方法
统计试验法
统计试验方法
S 数学模拟*
F 半解析蒙特卡罗法
伴随蒙特卡罗方法
倒易蒙特卡罗方法
多群蒙特卡罗方法
非模拟蒙特卡罗方法
贡献蒙特卡罗方法
集团蒙特卡罗方法
经典径迹蒙特卡罗方法
蒙特卡罗估计
拟蒙特卡罗方法
条件蒙特卡罗方法
微分蒙特卡罗方法
相关蒙特卡罗方法
向量蒙特卡罗方法
序贯蒙特卡罗方法
正贡献蒙特卡罗方法
C 随机过程

蒙特卡罗估计
Monte Carlo estimator
TP15
D Monte Carlo 估计
S 蒙特卡罗方法
C 转移矩阵
Z 数学模拟

蒙特卡罗模拟
Y 蒙特卡罗方法

蒙特-卡罗模拟
Y 蒙特卡罗方法

蒙特卡罗模拟方法
Y 蒙特卡罗方法

蒙特卡罗模型
Monte Carlo model
O242.1
D Monte Carlo 模型
Monte-Carlo 模型
蒙特卡洛模型
S 数学模型*

蒙特卡罗试验
Y 蒙特卡罗方法

蒙特卡罗算法
Y 蒙特卡罗方法

蒙特卡洛法
Y 蒙特卡罗方法

蒙特-卡洛法
Y 蒙特卡罗方法

蒙特卡洛方法
Y 蒙特卡罗方法

蒙特卡洛分析
Y 蒙特卡罗方法

蒙特卡洛模拟
Y 蒙特卡罗方法

蒙特卡洛模型
Y 蒙特卡罗模型

蒙特卡洛实验
Y 蒙特卡罗方法

蒙特卡洛算法
Y 蒙特卡罗方法

迷向常数
isotropic constant
O174；O186.5
S 常数*
C 质心 →(2)

米尔斯坦方法
Y Milstein 方法

米拉法
Y 抛物线法

米勒方法
Y 抛物线法

米塔格-累夫勒函数
Y Mittag-Leffler 函数

秘书问题
secretary problem
O211
S 数学问题*

密闭系统
Y 封闭系统

密度*
density
TB933
F 采样密度
聚集密度
零点密度
上凸密度
相对熵密度

密度定理
density theorem
O156；O172.1
D 稠密性定理
S 数学定理*
C 局部凸拓扑线性空间

密度估计
density estimation
O211.67；O212
D 非参数密度估计
S 非参数估计
F 密度核估计
最近邻密度估计
Z 估计(数学)

密度函数
density function
O174
D 分布密度函数
概率密度
概率密度函数
S 分布函数
F 赋值密度函数
联合密度函数
谱函数
C F 分布
均匀分布
离散型随机变量
破坏分析 →(2)
强收敛
Z 函数

密度函数的核估计
Y 密度函数核估计

密度函数核估计
kernel density function estimation
O211
D 密度函数的核估计
S 核估计
Z 估计(数学)

密度核估计
density kernel estimation
O177；O211.5
D 内核密度估计
S 核估计
密度估计
Z 估计(数学)

密度矩阵重整化群
density matrix renormalization group
O152；O411.1
S 群(数学)*

密度曲线
density curve
O211
D 比重曲线
相对密度曲线
S 匹配*
C F 分布

密封系统
Y 封闭系统

密集度
Y 聚集密度

密聚算子
Y 压缩算子

密率
Y 圆周率

幂
exponent
O122
D 乘方
乘幂
次方
幂数
S 算术运算
F 不可幂
超幂
方幂
高次幂
混合幂
卷积幂
立方
幂零
平方
C 幂等元秩
同余
Z 运算

幂 LCM 矩阵
power LCM matrix
O151.21；O151.22
S 矩阵*
C 整除

幂等
Y 幂等元

幂等变换
idempotent transformation
O151.21
S 线性变换
C Dirac 方程
Z 数学变换

幂等矩阵
idempotent matrix
O151.21；O177
D 立方幂等矩阵
幂等阵
射影矩阵
投影矩阵
正交投影矩阵
S 特殊矩阵
C Gauss-Markov 模型
互素
直和空间
Z 矩阵

幂等生成元
idempotent generator
O153.3；O157.4
S 幂等元
生成元
C 分式环
Z 元

幂等算子
idempotent operator
O177
S 算子*
C 有限维空间

幂等性
idempotence
O151
S 数学性质*
C 线性子空间

幂等元
idempotent
O153.3；O177
D 幂等
幂等元素
S 元*
F 本原幂等元
幂等生成元
C π-正则环
稠密集
矩阵幂级数
双理想

幂等元半环
idempotent semiring
O153.3
S 半环*
C 分布函数

幂等元素
Y 幂等元

幂等元秩
idempotent rank
O177
S 秩*
C 广义内导子
幂

幂等阵
Y 幂等矩阵

幂法
power method
O241.6
D 乘幂法
S 数学方法*
C 幂函数

幂分布
Y 幂律分布

幂函数
power function
O174.4
S 函数*
F 幂效用函数
幂指函数
C 阶梯算符
幂法
幂图

幂函数模型
power function model
O212
S 函数模型
C 误差平方和
Z 数学模型

幂和
power sum
O122；O156.1
D 方幂和
S 和(数学)*
F 等幂和
自然数幂和
C 递推关系
杨辉三角形
因子指数

幂和公式
power sum formula
O156.1
S 公式(数学)*
C Bernoulli 数

幂环
power ring
O153.3
S 环(数学)*
F 幂级数环
C 子集

幂级数
power series
O171；O173.1；O174
S 函数项级数
F Laurent 级数
矩阵幂级数
随机幂级数
形式幂级数
C 顶点算子
级数求和
Z 级数(数学)

幂级数法
power series method
O175.2
S 微分方程解法*
C 极限计算
相似约化

幂级数环
power series ring
O153.3
D 广义幂级数环
斜幂级数环
S 幂环
C Morita 对偶
上三角矩阵
同调维数
Z 环(数学)

幂级数解
power series solution
O175.1
S 级数解
C 幂级数展开
Z 解

幂级数展开
power series expansion
O173
D 幂级数展开式
S 级数展开
C Wilker 不等式
幂级数解
随机幂级数
Z 展开(数学)

幂级数展开式
Y 幂级数展开

幂集
power set
O144
S 集合*

C Hasse 图

幂敛指数
Y 收敛指数

幂零
nilpotent
O152；O153.3
S 幂
F P-幂零
蕴含幂零
C 可解
Z 运算

幂零根
nilpotent radical
O152；O153.3
D Levitzki 根
局部幂零根
S 根(数学)*
C 半单环
结合环

幂零根基
Y 根基

幂零矩阵
nilpotent matrix
O151.2；O177
D 幂零阵
S 特殊矩阵
Z 矩阵

幂零李代数
nilpotent Lie algebra
O152.5
S 李代数
Z 代数

幂零群
nilpotent group
O152.1
S 有限群
F p-幂零群
P-群
π-幂零群
极小非幂零群
内幂零群
正则 P-群
Z 群(数学)

幂零性
nilpotency
O177
S 数学性质*
C 可解性

幂零元
nilpotent element
O153.3
S 元*
C 半交换环
直和

幂零阵
Y 幂零矩阵

幂零指数
Y 幂指函数

幂零子群
nilpotent subgroup
O152
S 子群
Z 群(数学)

幂律分布
power law distributions
O173
D 幂分布
幂指数分布
S 分布*

幂平均
power mean
O177
S 平均数*
C Newton-Cotes 求积公式
schur 凹函数
单调递减

幂平均不等式
power mean inequality
O178
S 均值不等式
C Lp 空间
Z 不等式

幂权
power weights
O174；O177
S 权(数学)*
C 线性算子

幂群
power group
O152；O157.5
S 群(数学)*
F Fuzzy 幂群
一致幂群

幂剩余
power residues
O156
D 三次剩余
S 剩余(数学)*
C 可解群

幂数
Y 幂

幂图
power graph
O157.5
S 图表*
C 幂函数

幂效用函数
power utility
O174.4
S 幂函数
C 分数布朗运动
Z 函数

幂幺矩阵
Y 对合矩阵

幂指函数
power exponential function
O174.4；O177.91
D 幂零指数
幂指数
S 幂函数
C 对数求导法
主子式
Z 函数

幂指数
Y 幂指函数

幂指数分布
Y 幂律分布

面分布
surface distribution
ZT72
S 分布*

面积*
area
O123.3
F 表面积
侧面积
单位面积
底面积
积分面积
截面面积
曲面面积
投影面积
有向面积
有效面积
最大面积

面积变化
area change
ZT5
S 形状变化
Z 变化

面积定理
area theorem
O174；O41
S 数学定理*
C 勾股定理

面积法
area method
O123.1
S 数学方法*
C 相似三角形

面积分
Y 曲面积分

面积公式
area formula
O181
S 基本公式
C 平行线
正方形
Z 公式(数学)

面积函数
Y 面积积分

面积积分
area integral
O172.2
D 面积函数
S 积分*

C 正规化子

面角
Y 平面角

面调和函数
Y 球谐函数

面元法
panel method
O241.6
D 鳞片法
S 数学方法*
C 升力系数 →(2)

描述函数
describing functions
O174.11
S 函数*
C 非线性系统
数值方法

描述函数法
Y 谐波平衡法

灭比乌斯函数
Y M(o)bius 函数

闵科夫斯基定理
Y Minkowski 定理

闵可夫斯基不等式
Y Minkowski 不等式

闵可夫斯基泛函
Minkowski functional
O177
D Minkowski 泛函
S 泛函*
C Minkowski 定理
Minkowski 空间 →(2)

敏感问题
Y 敏感性问题

敏感性分析
Y 灵敏度分析

敏感性分析法
Y 灵敏度分析

敏感性问题
sensitive questions
O212
D 敏感问题
S 数学问题*

名词术语
Y 术语

命名
nomenclature
ZT0
D 命名法
正式命名
C 定义
术语

命名法
Y 命名

命题*
proposition
O141.1
D 命题证明
F 等价命题
否命题
几何命题
简单命题
矛盾命题
逆否命题
逆命题
全称命题
中值命题
C 猜想(数学)
规律

命题代数
Y 布尔代数

命题公式
propositional formula
O141
S 公式(数学)*
F 合取范式
重言式

命题逻辑
Y 命题演算

命题演算
propositional calculus
O141.1
D 命题逻辑
S 演算*
C 布尔值模型
谓词演算
演绎系统

命题证明
Y 命题

摸球模型
fetching-ball model
O211
S 数学模型*
C 组合数

摹拟
Y 仿真

模
Y 模(数学)

模(数学)*
modules (mathematics)
O153；O156；O174
D 模
模形式
F Hilbert C*-模
Hopf 模
Noether 模
R-模
S 模
t-模
Verma 模
w-模
半模
不可分解模
乘法模
对偶模
分次模
可除模
扩张模
连续模
平坦模
倾斜模
三角模
素子模
随机赋范模
随机内积模
特征模
凸性模
无挠模
有限生成模
诱导模
余模
正则模
忠实模
子模
自反模
自由模
最大模

模代数
module algebra
O153.3
S 代数*
F 余模代数

模度格
Y 模空间

模范畴
modular category
O154.1
D Yetter-Drinfeld 模范畴
S 范畴(数学)*
C 双代数

模格
Y 模空间

模估计
norm estimates
O232；O241.82
D 最大模估计
S 估计(数学)*
C 卷积算子

模函数
modular function
O156；O174.1
S 亚纯函数
F 次模函数
内在模函数
下模函数
C 拟共形映射
Z 函数

模和图
mod sum graph
O157.5
S 图表*
C 同余

模糊*
ambiguity
ZT5
F 模糊散度

模糊 Lyapunov 方法
Y 模糊 Lyapunov 函数

模糊 Lyapunov 函数
fuzzy Lyapunov function
O151.2；O174.1；O175.1
D 模糊 Lyapunov 方法
S Lyapunov 函数
模糊函数
C H∞控制理论
Z 函数

模糊 T-S 模型
Y Takagi-Sugeno 模糊模型

模糊半群
fuzzy semigroup
O152.7
D Fuzzy 半群
S 半群
Z 群(数学)

模糊变量
fuzzy variable
O141
D Fuzzy 变量
S 变量*
C 可信性测度
模糊级数
区间运算

模糊博弈
fuzzy game
O225
D Fuzzy 博弈
S 博弈*
F 模糊合作博弈

模糊测度
fuzzy measure
O144；O159
D Fuzzy 测度
S 测度(数学)*
F K-拟可加模糊测度
λ 模糊测度
集值模糊测度
正则 Fuzzy 测度
C 测度论
模糊积分
模糊散度

模糊策略
fuzzy strategy
O177
S 策略(数学)*
C 模糊多目标规划

模糊代数
fuzzy algebra
O159
D Fuzzy 代数
S 代数*
F Fuzzy 蕴涵代数
C 模糊理论
模糊域

模糊等价
fuzzy equal
O177；O187
S 等价*

模糊等价关系
fuzzy equivalence relation
O159
S 等价关系
模糊关系
C 模糊映射
Z 关系(数学)

模糊等价矩阵
fuzzy equivalence matrix
O159
S 模糊矩阵
C 模糊聚类分析
Z 矩阵

模糊点
fuzzy points
O159
D Fuzzy 点
S 点(数学)*
C If 集
弱理想

模糊动态 AHP
fuzzy dynamic AHP
O159；O223
S 分析法(数学)*
C 层次分析

模糊动态聚类
Y 模糊数学综合评判

模糊动态模型
fuzzy dynamic model
TP273.4
S 模糊模型*
C 高阶微分

模糊度
Y 模糊性

模糊度函数
Y 模糊函数

模糊度函数法
ambiguity function method
O174；O24
S 函数法
C 整周模糊度 →(4)
Z 数学方法

模糊度量空间
fuzzy metric spaces
O159；O189.11
S 度量空间
模糊空间
C 模糊性
Z 空间(数学)

模糊对策
fuzzy game
O159；O225
D 模糊合作对策
S 对策论*
C 模糊矩阵

模糊多目标规划
fuzzy multiple objective programming
O159；O221.6；O224
D 多目标模糊优化
S 多目标规划
C 多目标优化方法
模糊不确定性 →(4)
模糊策略
Z 数学规划

模糊多目标决策
fuzzy multiobjective decision making
O211.62；O223
S 模糊决策
Z 决策论

模糊多属性决策
fuzzy multiple attribute decision making
O211.62；O223
S 模糊决策
Z 决策论

模糊多元决策
Y 模糊决策分析

模糊二元运算
fuzzy binary operation
O159
S 二元运算
C 直觉模糊集
Z 运算

模糊方差
fuzzy variance
O159
S 方差*
C 模糊数

模糊方程
fuzzy equation
O159
S 方程(数学)*
F 模糊关系方程
模糊微分方程
C 模糊区间

模糊仿真
Y 模糊模拟

模糊分析
fuzzy analysis
O159
S 数学分析*
F 集对分析
模糊风险分析
模糊故障树分析
模糊回归分析
模糊聚类分析
模糊决策分析
C 模糊函数

模糊风险分析
fuzzy risk analysis
O159
D 风险模糊分析
S 模糊分析
C Hausdroff 距离
主观概率
Z 数学分析

模糊概率
fuzzy probability

O159；O211.9
S 概率*
C 故障树分析

模糊格
Y 模糊空间

模糊故障树分析
fuzzy fault tree analysis
O159
S 模糊分析
Z 数学分析

模糊关系
fuzzy relation
O144；O159
D Fuzzy 关系
Vague 关系
S 关系(数学)*
F 模糊等价关系
模糊偏好关系
模糊偏序关系
模糊同余关系
模糊相似关系
直觉模糊关系
C Galois 联络

模糊关系方程
fuzzy relation equation
O122.2；O159
D Fuzzy 关系方程
S 关系方程
模糊方程
C 极小解
Z 方程(数学)

模糊关系矩阵
fuzzy relation matrix
O159
S 模糊矩阵
C 模糊综合评判
Z 矩阵

模糊规划
Y 模糊线性规划

模糊规划论
Y 模糊线性规划

模糊规划模型
fuzzy planning model
O221
S 模糊模型*
C 模糊线性规划

模糊函数
fuzzy function
O159；O174
D Fuzzy 函数
模糊度函数
S 函数*
F 模糊 Lyapunov 函数
模糊数值函数
模糊似然函数
模糊选择函数
C 模糊分析

模糊合作博弈
fuzzy cooperative game
O225
D Fuzzy 合作博弈
S 模糊博弈
Z 博弈

模糊合作对策
Y 模糊对策

模糊互补判断矩阵
fuzzy complementary judgement matrix
O159
S 模糊判断矩阵
C 群决策
Z 矩阵

模糊划分熵
Y 模糊熵

模糊环
fuzzy rings
O153.3；O159
D Fuzzy 环
S 环(数学)*
F 模糊子环
C 模糊理想

模糊灰关联度
fuzzy grey relation grade
N941.5
S 灰色关联度*

模糊回归
fuzzy regression
O212.1
S 回归(数学)*
F 模糊线性回归
C 模糊数

模糊回归分析
fuzzy regression analysis
O159；O212.1
S 回归分析
模糊分析
Z 数学分析
统计分析

模糊机会约束规划
fuzzy chance-constrained programming
O221
S 机会约束规划
C 随机模拟
最优解集
Z 数学规划

模糊积分
fuzzy integral
O159；O172.2
D Fuzzy 积分
F 积分
广义 F 积分
S 积分*
F Sugeno 模糊积分
C Fatou 定理
K-拟可加模糊测度
Sugeno 测度
变权向量
截断函数
模糊测度

模糊基
fuzzy base
O159
S 模糊向量
C 判定定理
Z 向量

模糊级数
fuzzy series
O173
S 级数(数学)*
C 模糊变量

模糊集
fuzzy set
O159
D Fuzzy 集
Fuzzy 集合
Fuzzy 子集
经典集合
模糊集合
模糊子集
清晰集
S 集合*
F L-模糊集
粗糙模糊集
动态模糊集
二型模糊集
模糊可变集合
模糊软集
区间值模糊集
双枝模糊集
凸模糊集
直觉模糊集
C Wigner 分布
笛卡尔积
关联熵
控制曲面
扩展原理
模糊集理论
模糊拓扑空间
三角模
同态映射
蕴涵算子

模糊集对分析
Y 集对分析

模糊集合
Y 模糊集

模糊集合理论
Y 模糊集理论

模糊集理论
fuzzy set theory
O144；O159
D Fuzzy 集论
模糊集合理论
模糊集论
S 集合论
模糊理论
C 第二类 Stirling 数
加权马尔可夫链
模糊集
Z 数学理论

模糊集论
Y 模糊集理论

模糊假设

fuzzy hypothesis
O212.8
S 假设(数学)*

模糊结构元
fuzzy structure element
O159
S 元*
C 单调函数

模糊近似空间
fuzzy approximation space
O159；O189
S 近似空间
模糊空间
C 近似精度
Z 空间(数学)

模糊矩阵
fuzzy matrices
O159
D Fuzzy 矩阵
S 矩阵*
F 模糊等价矩阵
模糊关系矩阵
模糊判断矩阵
模糊相似矩阵
模糊一致矩阵
C 模糊对策
模糊向量

模糊距离
fuzzy distance
O159；O223
D 直觉模糊距离
S 距离*
C 上确界

模糊聚类
Y 模糊聚类分析

模糊聚类分析
fuzzy clustering
O159；O212.4
D Fuzzy 聚类
Fuzzy 聚类分析
模糊聚类
S 聚类分析
模糊分析
C GHM 多小波
动态模糊集
法向量
模糊等价矩阵
模糊时间序列
模糊图
模糊相似关系
正交最小二乘算法
Z 数学分析
统计分析

模糊聚类分析法
method of fuzzy cluster analysis
O159；O177
S 分析法(数学)*

模糊决策
Fuzzy decision
O211.62；O223
D Fuzzy 决策
S 决策论*
F 多准则模糊决策
模糊多目标决策
模糊多属性决策

模糊决策分析
fuzzy decision analysis
O159
D 模糊多元决策
S 决策分析
模糊分析
Z 数学分析

模糊可变集合
variable fuzzy set
O144；O159
S 模糊集
Z 集合

模糊空间
fuzzy spaces
O153.1；O159
D Fuzzy 格
模糊格
S 空间(数学)*
F 模糊度量空间
模糊近似空间
模糊拓扑空间
C Dα-闭集
既约分解
模糊区间
模糊拓扑
正规空间

模糊理论
fuzzy theory
O159；O177
D 模糊数学理论
模糊性理论
S 数学理论*
F 模糊集理论
C 半轴
模糊代数
模糊振动 →(2)(5)

模糊理想
fuzzy ideal
O152；O153.3
D Fuzzy 理想
S 理想(数学)*
F L-Fuzzy 理想
C 模糊环
直觉模糊滤子

模糊隶属度函数
Y 隶属度函数

模糊滤子
fuzzy filter
O142；O159
S 滤子*
F 直觉模糊滤子
C 极大元

模糊逻辑算子
fuzzy logic operator
O141.1；O177
S 逻辑算子
Z 算子

模糊逻辑推理
fuzzy logic inference
TP18；TP301
S 模糊推理
Z 推理

模糊模拟
fuzzy simulation
O242.1
D 模糊仿真
S 数学模拟*
F 模糊随机模拟

模糊模式识别
fuzzy pattern recognition
O235
D Fuzzy 模式识别
S 模式识别
C 模糊分类 →(4)
Z 识别

模糊模型*
fuzzy model
O159
D C-R 模糊模型
Fuzzy 模型
模糊数学模型
模糊推理模型
F Takagi-Sugeno 模糊模型
非线性模糊模型
模糊动态模型
模糊规划模型
模糊评判模型
模糊优化模型
模糊优选模型
模糊综合模型
C 平面运动 →(2)

模糊拟阵
fuzzy matroid
O159
S 拟阵*

模糊排序
fuzzy ordering
O159；O223
S 排序(数学)*
F 模糊数排序
C 判断矩阵

模糊判断矩阵
fuzzy comparison matrix
O159
D Fuzzy 判断矩阵
S 模糊矩阵
F 模糊互补判断矩阵
Z 矩阵

模糊偏好关系
fuzzy preference relations
O159
S 模糊关系
偏好关系
Z 关系(数学)

模糊偏序关系
fuzzy partial ordering relation
O159
S 模糊关系

偏序关系
C 自反性
Z 关系(数学)

模糊评定
fuzzy evaluation
ZT0
D 模糊评分
S 评估*
F 模糊综合评判

模糊评分
Y 模糊评定

模糊评判模型
blurring evaluation model
O156；TN91
S 模糊模型*

模糊期望
fuzzy expectation
O159；O211
S 数学期望*
C 期望值

模糊区间
fuzzy interval
O159
S 区间*
C 模糊方程
模糊空间
区间概率

模糊群
fuzzy group
O152；O159
D Fuzzy 群
S 群(数学)*
F 直觉模糊群

模糊群决策
fuzzy group decision
O211.62；O223
S 群决策
C 判断矩阵
Z 决策论

模糊软集
fuzzy soft set
O159
S 模糊集
软集
Z 集合

模糊散度
fuzzy divergence
O159
S 模糊*
C 模糊测度

模糊熵
fuzzy entropy
O159
D Fuzzy 熵
广义 Fuzzy 熵
广义模糊熵
模糊划分熵
S 熵(数学)*
F 模糊信息熵
最大模糊熵

C Vague 集
几何结构
相对优属度

模糊时间序列
fuzzy time series
O211.61
S 模糊序列
时间序列*
C 模糊聚类分析
Z 序

模糊事件
fuzzy event
O159；O211
S 事件*
C 模糊优化模型

模糊树自动机
fuzzy tree automata
O23
S 模糊自动机
Z 自动机

模糊数*
fuzzy number
O159
D Fuzzy 数
模糊数模型
F L-R 模糊数
复模糊数
三角形模糊数
梯形模糊数
正态模糊数
直觉模糊数
C 模糊方差
模糊回归
模糊微分方程

模糊数模型
Y 模糊数

模糊数排序
ranking fuzzy numbers
O159；O223
S 模糊排序
C 核算子
上界
Z 排序(数学)

模糊数学
fuzzy mathematics
O159
D Fuzzy 数学
模糊数学原理
S 数学*
C L-Fuzzy 理想
方阵
良紧性
统计分析
组合分析法

模糊数学理论
Y 模糊理论

模糊数学模型
Y 模糊模型

模糊数学原理
Y 模糊数学

模糊数学综合评判
fuzzy mathematics synthetical judgement
O159
D 模糊动态聚类
S 模糊综合评判
Z 评估

模糊数值函数
fuzzy-valued functions
O159
D 模糊值函数
S 模糊函数
C 模糊微分方程
Z 函数

模糊似然函数
fuzzy likelihood function
O159
S 模糊函数
似然函数
Z 函数

模糊算子
fuzzy operator
O159；O177
D Fuzzy 算子
广义模糊算子
S 算子*
F 模糊蕴涵算子
C 隶属函数
因素集

模糊随机
Y 模糊随机过程

模糊随机变量
fuzzy random variable
O211.5
D 随机模糊变量
S 随机变量
Z 变量

模糊随机过程
fuzzy stochastic process
O159；O211.63
D 模糊随机
S 随机过程*

模糊随机可靠性
fuzzy random reliability
O211
S 随机可靠性
C 随机变化 →(2)
Z 可靠性

模糊随机模拟
fuzzy stochastic simulation
O221；O242.1
S 模糊模拟
随机模拟
C 机会约束
Z 数学模拟

模糊同余
fuzzy congruence
O152.7；O156.1
S 同余*
C 群同余

模糊同余关系

fuzzy congruence relation
O141；O159
D Fuzzy 同余关系
S 模糊关系
同余关系
C 子集
Z 关系(数学)

模糊统计
fuzzy statistic
O159；O212
S 统计*
C 隶属函数

模糊图
fuzzy graph
O177
S 图表*
C 模糊聚类分析

模糊推断
Y 模糊推理

模糊推理
fuzzy reasoning
O159
D Fuzzy 推断
Fuzzy 推理
不确定推理
不确定性估计
不确定性推理
近似推理方法
可能推理
模糊推断
模糊推论
S 推理*
F Sugeno 模糊推理
模糊逻辑推理
区间值模糊推理
自适应神经模糊推理
C 上确界
蕴涵算子
主观概率
最大熵原理

模糊推理模型
Y 模糊模型

模糊推论
Y 模糊推理

模糊拓扑
fuzzy topology
O189
D Fuzzy 拓扑
模糊拓扑学
S 拓扑*
F I-fuzzy 拓扑
不分明化拓扑
C 闭包算子
底空间
模糊空间
数学系统
远域

模糊拓扑空间
fuzzy topological spaces
O159；O189.1
D Fuzzy 拓扑空间
S 模糊空间
拓扑空间
C 模糊集
Z 空间(数学)

模糊拓扑学
Y 模糊拓扑

模糊微分方程
fuzzy differential equation
O159
S 模糊方程
C 模糊数
模糊数值函数
Z 方程(数学)

模糊系数
fuzzy coefficient
O159
S 系数*

模糊系统
fuzzy system
O159
D Fuzzy 系统
S 系统*
F Mamdani 模糊系统
可加性模糊系统
C 非线性系统
灰色系统

模糊线性方程组
fuzzy linear equations
O159；O241.6
S 线性方程组
C 区间分析
Z 方程组

模糊线性规划
fuzzy linear programming
O159；O221.1
D 模糊规划
模糊规划论
S 线性规划
C 模糊规划模型
Z 数学规划

模糊线性回归
fuzzy linear regression
O212.2
S 模糊回归
线性回归
C 回归参数
Z 回归(数学)

模糊线性回归模型
Y 线性回归模型

模糊相关
fuzzy correlation
ZT4
S 相关*

模糊相似关系
fuzzy similarity relation
O159
S 模糊关系
C 模糊聚类分析
Z 关系(数学)

模糊相似矩阵
fuzzy proximity matrix
O159
S 模糊矩阵
C 相似性
Z 矩阵

模糊向量
fuzzy vector
O183
S 向量*
F 模糊基
C 模糊矩阵

模糊信息
fuzzy information
N950；TP14
S 信息*

模糊信息熵
fuzzy information entropy
O159
S 模糊熵
信息熵
C 相似矩阵
Z 熵(数学)

模糊性
ambiguity
ZT4
D Fuzzy 度
Fuzzy 性
暧昧度
模糊度
疑义度
S 特性*
C 模糊度量空间
随机性
信息论

模糊性理论
Y 模糊理论

模糊序列
fuzzy sequence
O211.61
S 序*
F 模糊时间序列

模糊选择函数
fuzzy choice function
O159
S 模糊函数
选择函数
Z 函数

模糊一致矩阵
fuzzy consistent matrix
O159
D 模糊一致性矩阵
S 模糊矩阵
C 群决策
Z 矩阵

模糊一致性矩阵
Y 模糊一致矩阵

模糊映射
fuzzy mapping
O159；O177.91；O189.1；O223

D Fuzzy 映射
fuzzy 映象
模糊映象
S 映射*
F L-fuzzy 映射
凸模糊映射
C L-模糊集
模糊等价关系
似变分不等式

模糊映象
Y 模糊映射

模糊优化模型
fuzzy optimal model
O159；O224
S 模糊模型*
C 模糊事件
相对隶属函数

模糊优选理论
fuzzy optimization theory
C934；N945.25
S 理论*

模糊优选模型
fuzzy optimal selection model
O159
S 模糊模型*
C 相对隶属度

模糊有限元
fuzzy finite element
O241.82
S 有限元*

模糊有限自动机
fuzzy finite automata
O159；O23
D Fuzzy 有限状态自动机
S 模糊自动机
有限状态机
C Fuzzy 正则语言
完备空间
Z 自动机

模糊语言
Y Fuzzy 语言

模糊预测
fuzzy forecasting
[N945.24]
S 预测*
C 时间序列

模糊域
fuzzy field
O159
D Fuzzy 域
S 域*
C 模糊代数

模糊约束
fuzzy constraint
O159
S 约束(数学)*

模糊蕴涵
fuzzy implication
O159
D Fuzzy 蕴涵
C t-模

模糊蕴涵算子
fuzzy implication operator
O159
S 模糊算子
C 泛逼近性
Z 算子

模糊正则语言
Y Fuzzy 正则语言

模糊值函数
Y 模糊数值函数

模糊子代数
fuzzy subalgebra
O159
S 子代数
Z 代数

模糊子环
fuzzy subring
O153.3
D L-fuzzy 子环
S 模糊环
子环
C L-fuzzy 子群
直积
Z 环(数学)

模糊子集
Y 模糊集

模糊子群
fuzzy subgroup
O152；O159
D Fuzzy 子群
S 子群
F L-fuzzy 子群
反模糊子群
直觉模糊子群
Z 群(数学)

模糊自动机
fuzzy automata
O159
D Fuzzy 自动机
S 自动机*
F 模糊树自动机
模糊有限自动机

模糊综合决策
Y 模糊综合评判

模糊综合模型
fuzzy comprehensive model
O159
S 模糊模型*

模糊综合评判
fuzzy comprehensive evaluation
O159
D Fuzzy 综合评判
模糊综合决策
S 模糊评定
F 二级模糊综合评判
灰色模糊综合评判
模糊数学综合评判
C 合成算子
模糊关系矩阵
权重集
Z 评估

模化
Y 模型理论

模化理论
Y 模型理论

模空间
modular space
O153.1；O175
D Dedekind 格
Riemann 空间
黎曼空间
模度格
模格
S 空间(数学)*
F 混合模空间
球面空间
C 积分和
曲线坐标

模块化建模
modularized modeling
O14
S 建模*

模李超代数
modular Lie superalgebras
O152.5
S 李超代数
Z 代数

模量传递函数
Y 调制传递函数

模律
modular law
O153.1
S 定律(数学)*
C 数值模拟分析

模拟
Y 仿真

模拟法
Y 仿真

模拟仿真
Y 仿真

模拟分析
simulation analysis
O242.1
D 模拟分析法
S 数学分析*
F 数值模拟分析
C 模拟精度
少数者博弈

模拟分析法
Y 模拟分析

模拟记录
Y 数值模拟

模拟精度
simulation accuracy

O241.1；P122
S 精度*
C 模拟分析

模拟理论
simulation theory
N032
S 理论*
C 控制
控制理论

模拟量
analog quantity
N032
S 数量*

模拟模型
Y 数值模拟

模拟评估
simulation assessment
ZT5
S 评估*

模拟数据
simulated data
TP391
D 仿真数据
模拟资料
S 数据*

模拟数据处理
Y 数值模拟

模拟条件
simulated condition
ZT84
S 条件*
C 仿真
水下模拟 →(4)

模拟系统
Y 系统仿真

模拟研究法
Y 仿真

模拟资料
Y 模拟数据

模匹配
Y 模式匹配

模式*
pattern
ZT71
D 程式
F 伴随模式
符号模式
活动模式
评价模式
区域模式
替代模式
优化模式
组合模式

模式本征方程
Y 模式特征方程

模式方程
Y 模型方程

模式模拟
Y 模型模拟

模式匹配
pattern matching
O211.61
D 模匹配
S 匹配*

模式评估
model evaluation
ZT5
S 评估*

模式识别
pattern recognition
O235
S 识别*
F 模糊模式识别
C 支持向量机

模式搜索
pattern search
O224；O229；O241
D 模式搜索法
S 搜索*
C 优化

模式搜索法
Y 模式搜索

模式特征方程
modal characteristic equation
O175
D 模式本征方程
S 模型方程
特征方程
C 解析解法
偏心率
Z 方程(数学)

模式预测
pattern prediction
ZT0
S 预测*

模数
modulus
ZT3

模态
mode
ZT5
C 振型 →(2)(5)

模态解耦
modal decoupling
TP273
S 解耦*

模态展开法
modal expansion method
O151.21；O302
S 展开(数学)*
C 重特征值

模特正标
Y Brauer 特征标

模同态
module homomorphism
O153.3
S 同态*
C hopf 代数
伴随函子

模形式
Y 模(数学)

模型*
model
ZT0
D 模型研究
F 迟滞模型
动力系统模型
多因子模型
多主体模型
二维模型
分析模型
空间模型
理论模型
三维模型
三维数字模型
试验模型
数据模型
数值模型
网络模型
系统模型
一维模型
应用模型
优化模型
C 建模
模拟器 →(4)
模型理论

模型(数学)
Y 数学模型

模型辨识
Y 模型识别

模型参考自适应系统
model reference adaptive system
N948
S 自适应系统
Z 系统

模型参数
model parameters
O212
S 参数*

模型法
model method
O231
S 数学方法*
C 仿真

模型方程
model equation
O122.2；O151
D 模式方程
S 方程(数学)*
F 模式特征方程
C 速度矢量 →(2)

模型构造
Y 布尔值模型

模型函数
model function

O174
S 函数*

模型化
Y 建模

模型假设
model assumption
O141.4；O212
S 假设(数学)*
C 数学模型
约化

模型解算
model solution
O175
S 解算*

模型理论
model theory
O141.4
D 建模理论
模化
模化理论
模型论
S 数学理论*
C 模型
柔性多体系统 →(2)

模型论
Y 模型理论

模型描述
model description
N032

模型模拟
model simulation
N032
D 模式模拟
S 仿真*

模型拟合
model fitting
O242.1
S 数学拟合*
C 渗透率模型 →(2)

模型识别
model recognition
O213；O235
D 模型辨识
S 识别*
C 系统模型

模型适用性
model applicability
ZT4
S 适宜性
Z 特性

模型误差
model error
O241.1
D DEM 误差
S 误差*

模型修正
model correction
ZT0
S 校正*
C 修正矩阵

模型研究
Y 模型

模型优化
model optimization
O141.4
D 最优模型
S 优化*

模型原理
model principle
ZT0
S 原理*

模型约束
model constraints
TP312.8
S 约束(数学)*

模型重建
model reconstruction
N945.12
S 建模*

模余代数
module coalgebra
O153.3
S 余代数
C 代数余子式
Z 代数

摩尔-彭罗斯逆
Y 广义逆

磨光函数
smoothing function
O174
S 函数*
C 互补

末离时
last exit time
O211.9
S 事件时间*
C 首出时

莫比乌斯带
Mobius strip
O186.1
S 区间*
C 微分几何

莫比乌斯第二基本形式
Y Moebius 第二基本形式

莫比乌斯第二形式
Y Moebius 第二基本形式

莫比乌斯形式
Y Moebius 形式

莫尔斯理论
Y Morse 理论

莫尔斯指标
Y Morse 指标

莫朗集
Y Moran 集

莫雷小波变换
Y Morlet 小波变换

莫里塔等价
Y Morita 等价

莫利定理
Morley theorem
O123.1
S 数学定理*
C 正弦定理

墨西哥帽小波
Mexican hat wavelet
O17
D Mexican Hat 小波
S 小波变换*

默比乌斯变换
Y M(o)bius 变换

母函数
generating function
O157.1；O174
D 发生函数
生成函数
S 函数*
F 概率母函数
矩母函数
小波母函数
指数型函数
C Stirling 数
离散时间排队
牛顿公式 →(2)
休假排队

母函数法
parent function method
O157
S 函数法
C 整数分拆
Z 数学方法

母图
Y 超图

目标
target
ZT

目标规划
goal programming
O221.1
D 目的规划
S 线性规划
F 单目标规划
多目标规划
线性目标规划
C 修正单纯形法
Z 数学规划

目标函数
objective function
O17；O22
S 函数*
F 综合目标函数
C 表上作业法
反演
非光滑优化
数学规划

条件极值

目标集
object set
O144；O211
S 集合*
C 向量函数

目标约束
goal constraint
ZT84
S 约束(数学)*
C 偏差函数

目标值
goal value
O212.1
S 值(数学)*
C 多目标规划模型

目的规划
Y 目标规划

纳什博弈
Y Nash 博弈

纳什平衡
Nash equilibrium
O225
D Nash 平衡
S 统计平衡
C 物质循环 →(5)
Z 平衡

奈望林纳理论
Y Nevanlinna 理论

南云方程
Y Fitzhugh-Nagumo 方程

挠除子
Y 除子

挠理论
torsion theory
O177
S 数学理论*
C 范畴等价

挠率
torsion
O186
S 比率*
C 黎曼曲率张量

挠模
Y 无挠模

挠群
torsion group
O152.2
S 交换群
F 挠自由群
有界挠群
Z 群(数学)

挠自由
Y 挠自由群

挠自由群
torsion free group
O152.2；O177
D 挠自由
无挠群
S 挠群
自由群
C 素近环
无挠模
Z 群(数学)

内 P-集合
Y P-集合

内摆线
hypocycloid
O181
D 外摆线
圆内旋轮线
圆外旋轮线
S 摆线
C 参数方程
Z 匹配

内部对称性
internal symmetry
ZT5
S 对称*

内部算子
interior operator
O177
D 开核算子
S 算子*
C 序同构

内部稳定性
internal stability
O231
D 外部稳定性
S 稳定性(数学)*
C 稳定系数 →(2)

内测度
inner measure
O174.12；O189.11
S 测度(数学)*
C 随机集
外测度

内插
Y 插值法

内插不等式
interpolating inequality
O178
S 不等式*

内插定理
Y 插值定理

内插法
Y 插值法

内插空间
interpolation spaces
O177
S 空间(数学)*

内惩罚函数
Y 障碍函数

内导数
interior derivative
O172.1；O175.2
D 切导数
切向导数
S 导数*
C 严有效点

内导子
inner derivation
O153.3；O177
S 导子*
F 广义内导子
C 三角代数
素环

内点
Y 内心

内点法
interior point method
O177；O224；O241
D 内点方法
S 数学方法*
C 半定规划
拟法锥条件
信赖域子问题
最优收敛速度

内点方法
Y 内点法

内点算法
interior-point algorithm
O221；O224
S 单纯形法
F 不可行内点算法
势下降内点算法
C 单调线性互补问题
多项式复杂性
光滑牛顿法
原始-对偶
Z 最优化方法

内函数
inner function
O174
S 函数*

内核密度估计
Y 密度核估计

内积
inner product
O152；O154；O156；O177
D Peterson 内积
半标量积
半内积
彼得松内积
标量积
S 积*
F 向量内积
C 累次积分
外积
自由积

内积空间
inner product space
O175.3；O177.3
D 不定度规空间

不定内积空间
S 欧氏空间
线性空间
F 希尔伯特空间
Z 空间(数学)

内交换群
internal commutative group
O152.2
S 交换群
Z 群(数学)

内角平分线
inner angular bisector
O123
S 角平分线
C 最大值
Z 直线

内接
inscribe
O182
S 关系(数学)*
C 接触角 →(3)

内接三角形
inscribed triangle
O123
S 三角形
C 圆锥曲线
Z 多边形

内幂零群
inner nilpotent groups
O152.1
S 幂零群
Z 群(数学)

内切
interior contact
O181
S 相切*
C 内切圆

内切球半径
inradius
O184
S 半径*
C 正则单形

内切圆
incircle
O186
S 圆*
C 内切
三角形

内切圆半径
apothem
O123.1
S 半径*
C 外接矩形

内射模
injective module
O153.3
S 可除模
F Gorenstein 内射模
GP-内射模
P-内射模
拟内射模
C 非奇异环
投射模
形式三角矩阵环
正则环
自内射环
Z 模(数学)

内射维数
injective dimension
O154
S 维数*
C 包络

内生滞后变量模型
Y 自回归模型

内心
incenter
O123
D 内点
S 几何点
C 四面体
Z 点(数学)

内在模函数
intrinsic mode function
TB11
D 内在模态函数
S 模函数
Z 函数

内在模态函数
Y 内在模函数

内在随机性
Y 随机性

内自同构
inner automorphism
O153.3
S 自同构
C 极大环面
Z 同构

能辨识性
Y 可辨识性

能达集
Y 可达集

能达性
Y 可达性

能带结构算法*
band structure calculation
O48
F 增强平面波算法
正交化平面波算法

能观测性
Y 可观测性

能观性
Y 可观测性

能检测性
Y 可检测性

能控性矩阵
Y Gram 矩阵

能力*
capacity
ZT4
F 监测能力

能量泛函
energy functional
O186.12
S 泛函*
C Hardy-Sobolev 临界指数
第一性原理 →(2)
密度泛函理论 →(2)(3)

能量估计
energy estimation
O172.2；O175.2
D 能量积分
S 估计(数学)*
C 差分格式
记忆核

能量归一化
energy normalization
O143
S 归一化*

能量积分
Y 能量估计

能量随机分析
energy random analysis
O211.6
D 能量随机分析理论
S 随机分析
C 概率
Z 数学分析

能量随机分析理论
Y 能量随机分析

能量信息
energy information
N950
S 信息*

能行域
Y 可行域

尼尔森数
Y Nielsen 数

拟 Bent 函数
quasi-Bent function
O174
S 拟函数
C 级联理论 →(2)
拟解
Z 函数

拟 Monte Carlo 方法
Y 拟蒙特卡罗方法

拟 Newton 法
Y 拟牛顿法

拟凹函数
quasi-concave function
O174
S 凹函数
拟函数
Z 函数

拟变分包含
quasi-variational inclusion
O177
S 变分包含
F 广义集值拟变分包含
C 单调算子
Z 不等式

拟变分不等式
quasi-variational inequality
O178
S 变分不等式
C 容许集
Z 不等式

拟变量
Y 人工变量

拟插值
quasi interpolation
O177
S 插值*
C 曲线拟合

拟常曲率
quasi-constant curvature
O186.1
S 常曲率
Z 曲率

拟常曲率黎曼流形
Y 拟常曲率流形

拟常曲率流形
quasi-constant curvature manifold
O186.12
D 拟常曲率黎曼流形
S 流形*
C 超曲面
平行平均曲率

拟单调
quasi-monotone
O175.2；O177
S 单调(数学)*
C 时滞抛物型方程
一致收敛
最佳逼近

拟对称
pseudosymmetry
ZT5
S 对称*

拟对称函数
Y 对称函数

拟法锥条件
pseudo cone condition
O177
S 条件(数学)*
C 内点法

拟范数
quasi-norm
O177.5
D 准范数
S 范数*
C 锥体

拟弗罗贝尼乌斯环
quasi-Frobenius ring
O153.3
D QF 环
QF-环
Quasi-Frobenius 环
S 弗罗贝尼乌斯环
C 有限生成
Z 环(数学)

拟赋范空间
Y 拓扑线性空间

拟赋范线性空间
Y 拓扑线性空间

拟共形扩张
quasiconformal extension
O177
S 扩张(数学)*

拟共形延拓
quasiconformal extension
O175
S 延拓
C 对数导数
Z 数学方法

拟共形映射
quasiconformal mapping
O174.55；O189.1
D K 拟共形映射
K-拟共形映射
调和拟共形映照
极值拟共形映射
拟共形映照
S 保角映射
C Teichmuller 空间
单位圆
单叶性内径
等价类
极值
模函数
一致域
Z 函数论

拟共形映照
Y 拟共形映射

拟函数
improper function
O174
S 函数*
F 拟 Bent 函数
拟凹函数
拟可微函数
拟凸函数
C 拟圆

拟合*
fitting
TP37
F 二次拟合
曲面拟合

拟合法
fitting method
O241
S 数学方法*
F 最小二乘拟合
C 协方差函数

拟合方程
fitting function
O122.2
S 方程(数学)*
C 拟上下解

拟合分析
fitting analysis
O241
S 数值分析*
C 拟合检验
双曲函数

拟合函数
fitting function
O122.2；O174
S 函数*

拟合检验
fitting test
O212.1
S 统计检验
F 分布拟合检验
C 拟合分析
Z 检验

拟合精度
fitting accuracy
O241；P207
S 数学精度*
C 变异算子
回归拟合

拟合模型
fitting models
O212.1；O241
S 数学模型*

拟合误差
fitting error
O212
S 误差*
C 最小二乘法曲线拟合

拟合优度
goodness of fit
O24
S 测度（数学）*

拟合优度检验
goodness of fit test
O212.1
S 假设检验*
F χ^2 拟合优度检验
C 次序统计量

拟环
near-ring
O153.3
D 近环
准环
S 环(数学)*
C 导子

拟极大似然估计
quasi-maximum likelihood estimate
O212.1

S 极大似然估计
C 线性回归
Z 估计(数学)

拟极限集
likely limit set
O189
S 极限集
C Feigenbaum 映射
Z 集合

拟解
pseudo-solution
O122.2
S 解*
F 拟上下解
拟周期解
C 拟 Bent 函数

拟紧空间
Y 紧致空间

拟可微函数
quasi-differentiable function
O174.1；O241
S 可微函数
拟函数
Z 函数

拟拉普拉斯矩阵
quasi-Laplacian matrix
O151.21
S 矩阵*
C Laplacian 矩阵
特征多项式

拟理想
quasi-ideal
O153.3
S 理想(数学)*

拟连续
quasi-continuous
O174.3；O211.6
D 拟左连续
拟左连续的
S 连续*
C 连续模
拟线性

拟连续 Domain
Y 拟连续域

拟连续域
quasicontinuous domain
O153.1
D 拟连续 Domain
S 连续域
C 序同态
Z 域

拟蒙特卡罗方法
quasi-Monte Carlo method
O242.2
D 拟 Monte Carlo 方法
S 蒙特卡罗方法
C 置信度
Z 数学模拟

拟内射模
quasi-injective module
O153.3
S 内射模
C noether 环
Z 模(数学)

拟牛顿
Y 拟牛顿法

拟牛顿法
quasi-Newton method
O177；O224；O241；O242.23
D 广义拟牛顿算法
拟 Newton 法
拟牛顿
拟牛顿方法
拟牛顿算法
准牛顿法
S 牛顿法
最优化方法*
F BFGS 方法
C Duffing 方程
KKT 点
步进应力加速寿命试验
共轭梯度法
极小化问题
无约束优化
周期解
Z 数学方法

拟牛顿方法
Y 拟牛顿法

拟牛顿算法
Y 拟牛顿法

拟平衡问题
Y 均衡问题

拟谱方法
pseudo spectral method
O175
S 微分方程解法*
C 泊松方程

拟群
quasi-group
O152.7
S 群(数学)*

拟弱连续映射
Y hemi 连续映射

拟三角 Hopf 代数
quasitriangular Hopf algebra
O153
S hopf 代数
Z 代数

拟上下解
quasi upper and lower solutions
O122.2
S 拟解
上下解
F L-拟上下解
C 拟合方程
Z 解

拟生灭过程
quasi-birth-death process
O177；O227
D 拟生灭链
S 生灭过程
Z 马尔可夫链

拟生灭链
Y 拟生灭过程

拟双曲度量
quasihyperbolic metric
O174.5
S 双曲度量
Z 度量

拟似然估计
quasi-likelihood estimate
O212.1
S 似然估计
C 局部线性方法
Z 估计(数学)

拟素
pseudo-prime
O177
S 素数
Z 复数

拟随机数
Y 伪随机数

拟凸
quasi-convex
O174；O22
S 凸性*

拟凸泛函
Y 凸泛函

拟凸函数
quasi-convex function
O174.13
D 强拟凸函数
严格拟凸函数
S 拟函数
凸函数
C 零集
Z 函数

拟凸域
quasiconvex domain
O174
D 强拟凸域
S 凸域
C 参数化
积分表示
Z 域

拟微分
Y 拟微分方程

拟微分方程
pseudo differential equation
O175.3；O177
D 拟微分
伪微分方程
S 微分方程
Z 方程(数学)

拟微分算子
Y 伪微分算子

拟无爪图
quasi claw free graph
O157.5
S 无爪图
Z 图表

拟线性
quasilinear
O151.2
S 数学性质*
C 混合初边值问题
拟连续
双曲型方程组

拟线性波动方程
quasilinear wave equation
O122.2
S 拟线性方程
数理方程
C 平均曲率流
Z 方程(数学)

拟线性方程
quasilinear equation
O122.2
S 非线性方程
F 拟线性波动方程
拟线性椭圆方程
C 拟线性系统
Z 方程(数学)

拟线性抛物方程
Y 拟线性抛物型方程

拟线性抛物型方程
quasilinear parabolic equation
O175.26
D 拟线性抛物方程
S 抛物型方程
Z 方程(数学)

拟线性双曲方程
Y 拟线性双曲型方程

拟线性双曲方程组
Y 拟线性双曲型方程组

拟线性双曲型方程
quasilinear hyperbolic equation
O175.27
D 拟线性双曲方程
S 双曲型方程
Z 方程(数学)

拟线性双曲型方程组
quasilinear hyperbolic system
O175.27
D 拟线性双曲方程组
S 双曲型方程组
C 双曲型方程
Z 方程组

拟线性双曲组
quasilinear hyperbolic systems
O241.82
S 群组*
C 矩阵初等变换

拟线性椭圆方程
quasilinear elliptic equations
O175.25
S 拟线性方程
椭圆方程
C 广义解
弱解
正则分布
Z 方程(数学)

拟线性椭圆方程组
quasilinear elliptic systems
O175.25
S 椭圆方程组
Z 方程组

拟线性椭圆型方程
quasilinear elliptic equation
O175.25
S 椭圆型方程
Z 方程(数学)

拟线性椭圆型方程组
quasilinear elliptic systems
O175.25
S 椭圆型方程组
Z 方程组

拟线性微分方程
quasilinear differential equation
O175.1
S 线性微分方程
Z 方程(数学)

拟线性系统
quasilinear system
O175
S 数学系统*
C 拟线性方程

拟相似
quasi-similarity
O177；O242.2
S 相似变换
C Cowen-Douglas 算子
Z 数学变换

拟小波
quasi-wavelets
O174.41；O175.8
S 小波变换*
C 泊松积分
一致收敛
再生核
再生核空间

拟协调元
Y 有限元

拟序
Y 拟序关系

拟序关系
quasi-ordering relation
O159
D 拟序
前序关系
伪序关系
S 二元关系
C 直接数值模拟
Z 关系(数学)

拟压缩映射
quasi contractive mapping
O154.2；O189.22
S 压缩映射
C 序列收敛
Z 映射

拟亚纯映射
quasi meromorphic mapping
O174.52
D K-拟亚纯映射
S 亚纯映射
C 型函数
Z 映射

拟鞅
quasi-martingale
O211.6
S 鞅
Z 随机过程

拟移位映射
Y 移位映射

拟遗传代数
quasi-hereditary algebras
O153
S 遗传代数
Z 代数

拟圆
quasicircle
O174.55；O175.8
S 圆*
C 拟函数

拟阵*
matroid
O157.5
D 广义拟阵
矩阵胚
F 模糊拟阵
偏序集拟阵
C 全局收敛

拟正规
quasi normal
O152.1
S 正规性*
F S-拟正规
π-拟正规
弱拟正规

拟正规子群
quasinormal subgroup
O152
S 正规子群
F s-拟正规子群
弱拟正规子群
Z 群(数学)

拟正则半群
quasi-regular semigroup
O152.7
S 正则半群
Z 群(数学)

拟正则映射
quasiregular mapping
O174.52

D 正则映射
S 全纯映射
C Hodge 分解
拟正则模 →(4)
逆 Holder 不等式
伪线性
Z 映射

拟中性极限
quasineutral limit
O171；O175.2
S 极限(数学)*
C 欧拉方程 →(2)(4)

拟周期
quasi-periodicity
O175
S 周期*
C 吸引域

拟周期解
quasi-periodic solution
O175.1；O192
S 拟解
周期解*
C Hopf 分支
Z 解

拟左连续
Y 拟连续

拟左连续的
Y 拟连续

逆 H(o)lder 不等式
Y 逆 Holder 不等式

逆 Holder 不等式
reverse Holder inequality
O178
D 逆 H(o)lder 不等式
S Holder 不等式
逆向不等式
C 拟正则映射
Z 不等式

逆 M 矩阵
Y 逆 M-矩阵

逆 M-矩阵
inverse M-matrix
O151.21
D 逆 M 矩阵
S 逆矩阵
C 上界
Z 矩阵

逆 p-集合
Y P-集合

逆 P-推理
P-inverse inference
TP18
S P-推理
Z 推理

逆半群
inverse semigroup
O152.7
S 半群
F 对称逆半群
C 同余对
Z 群(数学)

逆比较定理
converse comparison theorem
O211.6
S 比较定理
逆定理
Z 数学定理

逆变换
inverse transform
O177.6
D 反变换
反演公式
S 积分变换*
F Laplace 逆变换
可逆变换
小波逆变换
C 反演
逆式

逆插值
Y 反插值

逆抽样
inverse sampling
C81
S 采样*

逆迭代法
inverse iteration method
O241.6
S 迭代法*
C 结构动力学 →(2)

逆定理
inverse theorem
O172.1
S 数学定理*
F 逆比较定理
C 钝角
勾股定理

逆断面
inverse transversal
O152.7
S 截面(数学)*
C 正则半群

逆范畴
Y 对偶范畴

逆方阵
Y 逆矩阵

逆否命题
converse-negative proposition
O172.2
S 命题*
C 级数(数学)

逆傅里叶变换
Y 傅里叶变换

逆概率公式
Y 贝叶斯模型

逆高斯分布
inverse Gaussion distribution
O212.1
D 逆正态分布
沃尔德分布
S 正态分布
C 置信区间
Z 概率分布

逆函数
inverse functions
O174
S 函数*
F 对合函数

逆回归
inverse regression
O212.1
S 回归(数学)*
C 经验似然

逆极限
inverse limit
O171；O189.11
S 极限(数学)*
C λ-仿紧
遗传正规

逆极限空间
inverse limit space
O189
S 空间(数学)*
C 移位映射

逆矩估计
inverse moment estimate
O212
S 矩估计
C Lomax 分布
Z 估计(数学)

逆矩阵
inverse matrix
O151.2；O177
D 广义逆矩阵
逆方阵
S 矩阵*
F 逆 M-矩阵
C 伴随矩阵
除环
反三角函数
特征值
一次不定方程
子结构法 →(2)

逆命题
inverse proposition
O141.1；O171
D 反命题
S 命题*
C 柯西准则
严格单调

逆强单调映射
Y 逆映射

逆散射问题
inverse scattering problem
O175；O241.82；O431.2
S 数学问题*
C 半空间 →(2)

逆式
invert
O178
S 表达式*
C 逆变换

逆事件
Y 对立事件

逆算符
Y 逆算子

逆算子
inverse operator
O177.6
D 可逆算子
逆算符
S 算子*
C Adomian 分解法
Fock 空间
黎曼面
全纯映射

逆特征值
reciprocal eigenvalue
O175.9
D 逆特征值问题
S 特征值*
C 特征对

逆特征值问题
Y 逆特征值

逆问题
Y 反问题

逆系统
inverse system
N948
S 系统*
C 解耦

逆向不等式
inverse inequalities
O178
S 不等式*
F 逆 Holder 不等式
强逆不等式
C 实对称矩阵

逆向模拟
Y 反向模拟

逆向问题
Y 反问题

逆向形式
inverse form
O171；O178
S 数学形式*
C 等价式

逆象
Y 逆映射

逆序
inverted sequence
O177
D 反序
S 算法*
C 拓扑度理论

逆序数
inverted sequence number
O144
S 序数*
C 递推公式

逆映射
inverse mapping
O144；O189.1
D 逆强单调映射
逆象
S 映射*
C 同态
映射

逆元
inverse element
O153.3
D 可逆元
S 元*
C 结合律

逆正态分布
Y 逆高斯分布

年变化率
annual gradient
ZT3
S 变化率
Z 比率

年度预测
annual prediction
ZT0
S 预测*

粘弹性方程
viscoelastic equation
O122.2
S 方程(数学)*
C 积分恒等式

粘性逼近
Y 黏性逼近

粘性解
viscosity solution
O122.2
D 黏性解
S 解*
C Hamilton-Jacobi 方程
黏性逼近
粘滞系数 →(2)

粘滞逼近
Y 黏性逼近

黏性逼近
viscosity approximation
O177.91
D 粘性逼近
粘滞逼近
S 逼近*
C 闭凸子集
粘性解

黏性解
Y 粘性解

涅克拉索夫矩阵
Y Nekrasov 矩阵

凝聚点
Y 聚点

凝聚函数
coherence function
O224
S 函数*
C 非线性规划

凝聚环
coherent ring
O153.3
D n-凝聚环
π-凝聚环
S 环(数学)*
C 投射模

凝聚算子
condensing operator
O177
S 算子*
C 存在性
非紧性测度

凝聚映射
condensing mapping
O175.3；O177.91；O192；O223
D 凝聚映象
S 映射*

凝聚映象
Y 凝聚映射

牛顿插值
Newton interpolation
O174.42；O241
D Newton 插值
牛顿插值法
S 插值*
C 牛顿法

牛顿插值法
Y 牛顿插值

牛顿迭代
Y 牛顿迭代法

牛顿迭代法
Newton iteration method
O221.2；O241.6；O242.23
D Newton-Raphson 迭代
Newton-Raphson 法
Newton-Raphson 方法
Newton-Raphson 算法
Newton 迭代
Newton 迭代法
牛顿迭代
牛顿迭代算法
牛顿-拉弗森方法
S 迭代法*
C 牛顿法

牛顿迭代算法
Y 牛顿迭代法

牛顿二项式公式
Y 二项式定理

牛顿法

Newton method
O177；O242.23
D Newton 法
Newton 方法
广义牛顿法
牛顿方法
牛顿算法
切线法
S 数学方法*
F 不精确牛顿法
高斯-牛顿法
光滑牛顿法
拟牛顿法
牛顿切线法
修正牛顿法
阻尼牛顿法
C 半局部收敛性
半线性发展方程
牛顿插值
牛顿迭代法

牛顿方法
Y 牛顿法

牛顿-卡特斯求积公式
Y Newton-Cotes 求积公式

牛顿-科茨公式
Y Newton-Cotes 求积公式

牛顿-拉弗森方法
Y 牛顿迭代法

牛顿-莱布尼茨公式
Y 微积分基本定理

牛顿-莱布尼兹公式
Y 微积分基本定理

牛顿切线法
Newton tangent method
O242.23
S 牛顿法
Z 数学方法

牛顿算法
Y 牛顿法

牛朗特一尼伦伯格定理
Y 可积条件

扭波解
kink wave solution
O175.2
S 波解*
C Boussinesq 方程 →(4)

扭除子
Y 除子

扭结
knot
O175
D 纽结
S 闭曲线
C 环链
Z 匹配

扭模
Y 无挠模

扭转点
Y 拐点

扭转定理
twist theorem
O175.1；O192
S 数学定理*
C 工程力学 →(2)

纽结
Y 扭结

纽结理论
knot theory
O177
S 数学理论*
C 纽结群

纽结群
knot group
O152
D 结群
S 群(数学)*
C 纽结理论

诺曼问题
Y Neumann 边值问题

诺谟图
nomograph
O243
D 算图
S 图表*

诺普-柯吉马方法
Y Knopp-Kojima 方法

诺特尔环
Y noether 环

诺特环
Y noether 环

诺特模
Y Noether 模

诺伊曼边界条件
Y Neumann 边界条件

诺伊曼级数
Y Neumann 级数

诺伊曼问题
Y Neumann 边值问题

诺依曼边界
Y Neumann 边界

诺依曼级数
Y Neumann 级数

欧尔数
Y 调和数

欧几里得几何
Y 初等几何

欧几里得几何学
Y 初等几何

欧几里得空间
Y 欧氏空间

欧几里得向量
Y 向量

欧几里德定理
Y 射影定理

欧几里德范数
Y 欧氏范数

欧几里德空间
Y 欧氏空间

欧几里德算法
Euclidean algorithm
O156.1
D 辗转相除法
S 数学算法*
C 最大公因数

欧拉变换
Euler transformation
O172.2；O241
D Euler 变换
S 数学变换*
C 无理函数

欧拉不等式
Y Euler 不等式

欧拉常数
Y Euler 常数

欧拉定理
Euler theorem
O156
D Euler 定理
S 数学定理*

欧拉多项式
Y Euler 多项式

欧拉法
Euler method
O175.1；O211.6
D Euler 法
Euler 方法
Euler 折线法
半隐式 Euler 方法
半隐式欧拉方法
欧拉算法
欧拉折线法
隐式 Euler 法
S 一步法
C 渐近稳定性
拉格朗日法 →(2)(4)
随机泛函微分方程
最大公因数
Z 数学方法

欧拉公式
Euler formula
O12；O174.5；O186.1；O189
D Euler-Maclaurin 公式
Euler 公式
Maclaurin 公式
麦克劳林公式
S 泰勒公式
F Euler-Maclaurin 求和公式
C 测地曲率
等价无穷小代换

法曲率
双曲函数
Z 公式(数学)

欧拉轨迹
Y 欧拉迹

欧拉函数
Y Euler 函数

欧拉回路
Y Euler 回路

欧拉迹
Eulerian trail
O157.5
D 欧拉轨迹
S 轨迹*

欧拉积分
Euler integral
O174.66
D Euler 积分
S 含参变量积分
C 欧拉方程 →(2)(4)
Z 积分

欧拉-麦克劳林求和公式
Y Euler-Maclaurin 求和公式

欧拉生成子图
Eulerian subgraph
O157.5
S 欧拉图
子图
C 收缩 →(2)
Z 图表

欧拉矢量
Euler vector
O151.24
S 向量*

欧拉示性数
Euler characteristic
O157.5
D Euler 示性数
S 示性数
Z 数

欧拉数
Y Euler 数

欧拉算法
Y 欧拉法

欧拉图
Euler graph
O157
D Euler 图
S 图表*
F 超欧拉图
欧拉生成子图
C 离散数学

欧拉-丸山方法
Y Euler-Maruyama 方法

欧拉因子
Y Euler 因子

欧拉有向图
Y 有向图

欧拉折线法
Y 欧拉法

欧氏范数
Euclidean norm
O156.1
D 欧几里德范数
S 范数*
C 内相容性 →(3)
外相容性 →(3)

欧氏环
Euclidean ring
O153.3
D Euclid 整环
S 主理想整环
F 高斯整数环
C 旋转群
正交群
Z 交换环
结合环

欧氏几何
Y 初等几何

欧氏距离法
Euclidean distance method
O177
S 数学方法*
C L2 范数
回归建模

欧氏空间
Euclidean space
O186.1；O189
D Euclidean 空间
Euclid 空间
n 维欧氏空间
欧几里得空间
欧几里德空间
平直空间
S 拓扑空间
F 内积空间
C Gram 矩阵
超球面
钝角
广义解
平直时空 →(2)
数量场
数学形式
正交补
Z 空间(数学)

欧式距离
Y L2 范数

偶
Y 对

偶对
Y 对

偶函数
even function
O174；O177.4
D 广义偶函数
S 广义函数

奇偶函数
Z 函数

偶匹配
bipartite matching
O157.5
S 匹配*
C 简单图

偶然事件
Y 事件

偶然误差
Y 随机误差

偶数
even number
O121
S 自然数
C 顶点标号
奇数
Z 复数

偶数阶
even order
O175.2
S *n* 阶
F 二阶
四阶
C 对偶数
Z 阶(数学)

偶完全数
even perfect number
O156.1
S 完全数
C 素数
Z 复数

耦合*
coupling
O43；O44
D 耦合方法
耦合模式
耦合问题
耦合状态
耦联
藕合
F 可积耦合
C 耦合(力学) →(2)(5)
耦合常数 →(2)
耦合振动 →(2)
耦合作用 →(5)

耦合 KdV 方程组
coupled KdV equations
O175.2
S 耦合方程组
C 行波解
Z 方程组

耦合边界条件
coupled boundary condition
O175
S 边界条件*
C 特征值不等式

耦合波方程
coupled wave equation
O175

S 耦合方程
C 线性组合模型
Z 方程(数学)

耦合不动点
couple fixed point
O177.91
S 不动点
C 序 Banach 空间
Z 点(数学)

耦合单元
coupling element
ZT
S 单元*

耦合方程
coupled equations
O175
S 方程(数学)*
F 耦合波方程
C 耦合解

耦合方程组
coupled equations
O175.2
S 方程组*
F 耦合 KdV 方程组
C 仿微分算子
流固耦合 →(2)

耦合方法
Y 耦合

耦合函数
coupling function
O174
S 函数*

耦合解
coupled solutions
O122.2
S 解*
C 耦合方程
随机算子方程

耦合模拟
coupled simulation
N032
S 仿真*

耦合模式
Y 耦合

耦合数学模型
coupled mathematical model
O141.4
S 数学模型*
C 流固耦合 →(2)
温度场 →(4)

耦合问题
Y 耦合

耦合系统
coupled system
N948
D 强耦合系统
弱耦合系统
S 系统*
F 非线性耦合系统
柔性耦合系统

耦合映象格子
coupled map lattices
O19
S 动力系统模型
C 时空混沌 →(2)
Z 模型

耦合状态
Y 耦合

耦联
Y 耦合

藕合
Y 耦合

爬山法
climbing method
O224
D 爬山搜索算法
爬山算法
S 优选法
C 自动调焦 →(2)
Z 最优化方法

爬山搜索算法
Y 爬山法

爬山算法
Y 爬山法

帕德逼近
Y Padé 逼近

帕雷托分布
Y Pareto 分布

帕累托分布
Y Pareto 分布

帕普斯定理
Y Pappus 定理

帕塞瓦尔恒等式
Y Parseval 等式

帕斯卡定理
Y Pascal 定理

帕斯卡尔矩阵
Y Pascal 矩阵

帕斯卡分布
Y 负二项分布

帕斯卡矩阵
Y Pascal 矩阵

排队
Y 排队论

排队分析
queueing analysis
O226
S 数学分析*
C 性能分析 →(2)

排队规则
Y 排队论

排队论*
queuing theory
O226
D 等待线
公用服务系统理论
排队
排队规则
随机服务系统
F M/G/1 排队
M/M/1 排队
N-策略排队
多服务台排队
可修排队
离散时间排队
休假排队
重试排队
C 向量马氏过程

排队模型
queueing model
O226
D M/M/C 模型
S 数学模型*
F M/G/1 排队模型
M/M/1 排队模型
C 可变输入率

排队系统
queue system
O226
D 循环排队系统
S 系统*
F 串联排队系统
C N-策略
等待时间
强占优先权

排列(数学)*
permutation(mathematics)
O151
F 圆排列
重复排列
C 二项式定理

排列矩阵
permutation matrix
O151.21
S 矩阵*

排列组合
permutation and combination
O122.4
S 组合(数学)*
C 乘法原理
单射
二项式定理

排序(数学)*
scheduling(mathematics)
O223
D 排序规则
排序问题
F 单机排序
分批排序
模糊排序
平行机排序
区间数排序
在线排序

最优排序
C 运筹学

排序不等式
compositor inequality
O178
S 不等式*
F 柯西不等式
切比雪夫不等式
C Abel 变换

排序定理
arranging sequence theorem
O171
S 数学定理*

排序规则
Y 排序(数学)

排序集抽样
ranked set sampling
C81
S 采样*

排序模型
scheduling model
O223
S 数学模型*

排序问题
Y 排序(数学)

排序向量
ordering vector
O183
S 向量*
C L-R 模糊数

排中律
excluded middle law
O141
D 不容间位律
拒中律
S 定律(数学)*

潘勒韦分析
Y Painlevé 分析

盘式空间
Y 桶型空间

判别
Y 判别法(数学)

判别定理
criteria theorem
O123
S 数学定理*

判别法
Y 判别法(数学)

判别法(数学)*
criterion(mathematics)
O173；O235
D 辩别
判别
判别法
判别方法
判别式法
判别算法
判定法
判定方法
F Bayes 判别
Dirichlet 判别法
Eisenstein 判别法
比较判别法
达朗贝尔判别法
对数判别法
距离判别
柯西判别法
拉贝判别法
稳定性判别
逐步判别法
C 绝对收敛
判别分析
判定条件
系数公式

判别方法
Y 判别法(数学)

判别分析
discriminant analysis
O212.5；P315.0
D 辨别分析
分类分析
广义判别分析
鉴别分析
判别函数分析
S 统计分析*
F Fisher 判别分析
多元判别分析
偏最小二乘判别分析
线性判别分析
C 判别法(数学)

判别规则
Y 判据

判别函数
Y 准则函数

判别函数分析
Y 判别分析

判别矩阵
Y 判断矩阵

判别式
discriminant
O156
S 表达式*
C 分式函数

判别式法
Y 判别法(数学)

判别算法
Y 判别法(数学)

判别条件
Y 判定条件

判别指标
Y 判定指标

判别准则
Y 判据

判定定理
decision theorem
O123
S 数学定理*
C 模糊基

判定法
Y 判别法(数学)

判定方法
Y 判别法(数学)

判定规则
Y 判据

判定函数
Y 决策函数

判定矩阵
Y 判断矩阵

判定条件
judging criteria
O151.21
D 判别条件
S 条件(数学)*
C 判别法(数学)
行空间

判定问题
decision problem
O14
S 数学问题*

判定指标
identification index
ZT3
D 判别指标
判识指标
识别指标
S 指标*

判定准则
Y 判据

判断函数
Y 准则函数

判断矩阵
comparison matrix
O151.21
D 广义判断矩阵
判别矩阵
判定矩阵
S 矩阵*
F AHP 判断矩阵
比较判断矩阵
残缺互补判断矩阵
区间数判断矩阵
属性判断矩阵
C 不确定层次分析法
调整原理
模糊排序
模糊群决策
综合评判

判据
decision rules
ZT82
D 判别规则
判别准则
判定规则

判定准则
判决规则
判异准则
S 准则*
F 预测判据
C 严格预不变凸函数

判决规则
Y 判据

判决函数
Y 决策函数

判识指标
Y 判定指标

判异准则
Y 判据

庞加莱不变量
Y Poincare 定理

庞加莱不等式
Y Poincare 不等式

庞加莱猜想
Poincaré conjecture
O189
S 猜想(数学)*
C 基本群

庞加莱定理
Y Poincare 定理

庞加莱一本迪克松环域定理
Y Poincare-Bendixson 环域定理

庞加莱映射
Y Poincaré 映射

旁集
Y 陪集

旁切圆
escribed circle
O123
S 圆*
C 等边三角形

旁切圆半径
radius of escribed circle
O123
S 半径*

旁向倾角
Y 倾角

抛物插值
parabolic interpolation
O174.42；O241.3
S 插值*
C 半线性抛物方程
抛物型方程

抛物方程
Y 抛物型方程

抛物方程组
parabolic system
O175.26
S 方程组*

抛物化稳定性方程
parabolic stability equations
O175.26；O317
S 抛物型方程
C 抛体运动 →(2)
Z 方程(数学)

抛物缓坡方程
Y 抛物型缓坡方程

抛物积分微分方程
Y 抛物型积分微分方程

抛物面
paraboloid
O123.2；O182
S 二次曲面
F 抛物柱面
双曲抛物面
椭圆抛物面
旋转抛物面
C 几何非线性
Z 曲面

抛物微分方程
Y 抛物型微分方程

抛物问题
parabolic problem
O175
S 数学问题*
C Crouzeix-Raviart 元
瀑布型多重网格法

抛物系统
parabolic systems
O175.26
D 抛物型系统
S 数学系统*
C 最终正解

抛物线
parabola
O174；O182；O241
D 抛物线模型
S 圆锥曲线
F 三次抛物线
C 中点弦
Z 匹配

抛物线插补
Y 曲线插补

抛物线法
parabolic method
O174.42；O241.3
D Muller 方法
二次插值法
米拉法
米勒方法
S 插值法
C 抛物型方程
Z 数学方法

抛物线方程
parabolic equation
O175.26
S 方程(数学)*

抛物线模型
Y 抛物线

抛物型二次曲面
Y 二次曲面

抛物型方程
parabolic equation
O175.26
D 抛物方程
抛物型偏微分方程
S 偏微分方程
F Fokker-Planck 方程
Monge-Ampere 方程
半线性抛物方程
二维抛物型方程
非线性抛物型方程
高阶抛物型方程
扩散方程
拟线性抛物型方程
抛物化稳定性方程
抛物型缓坡方程
抛物型积分微分方程
抛物型微分方程
三维抛物型方程
时滞抛物型方程
四阶抛物型方程
退化抛物方程
伪抛物型方程
线性抛物型方程
一维抛物型方程
C Harnack 不等式
超收敛
高精度差分格式
连续有限元
抛物插值
抛物线法
Z 方程(数学)

抛物型方程组
parabolic equations
O175.26
D 抛物型偏微分方程组
S 偏微分方程组
F Navier-Stokes 方程组
反应扩散方程组
非线性抛物型方程组
退化抛物型方程组
C 存在性
压缩原理
整体古典解
Z 方程组

抛物型缓坡方程
parabolic mild-slope equation
O175.26
D 抛物缓坡方程
双曲型缓坡方程
S 抛物型方程
C 双曲型守恒律
Z 方程(数学)

抛物型积分微分方程
parabolic integrodifferential equations
O151.1；O175.26
D 抛物积分微分方程
抛物型积分-微分方程
S 抛物型方程
Z 方程(数学)

抛物型积分-微分方程

Y 抛物型积分微分方程

抛物型偏微分方程
Y 抛物型方程

抛物型偏微分方程组
Y 抛物型方程组

抛物型微分方程
parabolic differential equation
O175
D 抛物微分方程
S 抛物型方程
Z 方程(数学)

抛物型系统
Y 抛物系统

抛物柱面
parabolic cylinder
O182
S 抛物面
柱面
Z 曲面

泡利矩阵
Y Pauli 矩阵

陪集
coset
O144；O152
D 傍系
旁集
双陪集
重陪集
S 集合*
F 分圆陪集
C 正规子群

佩尔方程
Y Pell 方程

佩龙根
Y Perron 根

佩亚诺公理
Y Peano 公理

配丛
Y 纤维丛理论

配分函数
partition functions
O174.1；O642.1
D 统计和
S 函数*
C 广义分形维数

配极变换
polar transformation
O182
S 射影变换
C 卵形线
圆锥曲线
Z 数学变换

配置法
Y 配置方法

配置方法
collocation method
O241
D 配置法
S 数学方法*

配准误差
registration error
TP391
S 误差*
C 配准 →(4)

喷泉定理
Y 对偶喷泉定理

膨胀映射
Y 提升映射

碰壁函数
Y 障碍函数

批量问题
lot sizing problem
O227
S 运筹问题
C 时间周期解
Z 数学问题

皮卡德-富克斯方程
Y Picard-Fuchs 方程

皮卡德例外值
Y Picard 例外值

皮卡定理
Y Picard 定理

疲劳寿命分布
fatigue life distribution
O211
S 寿命分布
C 隶属度
Z 概率分布

匹配*
matching
O181；O187.1；ZT5
D 对集
匹配问题
曲线族
数学曲线
F Ball 曲线
Gompertz 曲线
Hilbert 曲线
OC 曲线
PH 曲线
S 型曲线
摆线
包络
保形曲线
闭曲线
边界曲线
不变曲线
参数匹配
参数曲线
插值曲线
代数曲线
导出匹配
等距曲线
对称曲线
对数曲线
多项式曲线
分形曲线
概率曲线
光滑曲线
函数曲线
积分曲线
既有曲线
渐近曲线
连续曲线
卵形线
螺旋曲线
玫瑰线
密度曲线
模式匹配
偶匹配
球面曲线
曲率线
双纽线
特征线
投影曲线
完美匹配
细分曲线
隐式曲线
正则曲线
指数曲线
坐标曲线
C 竞赛图
立地指数 →(4)
失配 →(2)(3)
数学模拟
完全偶图
相似性准则
最小特征值

匹配 Fourier 变换
Y 匹配傅里叶变换

匹配等价
matching equivalence
O187
S 等价*
C 匹配多项式

匹配多项式
matching polynomial
O157.5
S 多项式*
C 匹配等价

匹配法
matching method
O212.1
S 数学方法*
C 渐近解

匹配傅里叶变换
match Fourier transform
O174.22
D 匹配 Fourier 变换
匹配傅立叶变换
S 傅里叶变换
Z 积分变换

匹配傅立叶变换
Y 匹配傅里叶变换

匹配渐近展开法
matched asymptotic expansion
O175.8
S 渐近展开

C 一致有效性
Z 展开(数学)

匹配精度
matching precision
TP391
S 精度*

匹配数
matching number
O157.5
C 谱半径

匹配算子
matching operator
O159；O235
S 算子*
C 形态学算子

匹配唯一
Y 匹配唯一性

匹配唯一性
matching unique
O157
D 匹配唯一
S 数学性质*
C 非负整数解

匹配问题
Y 匹配

匹配相关
matching correlation
ZT4
S 相关*

匹配因子
match factor
O157
S 因子*
C 完美匹配

偏 t 分布
skewed-t distribution
O212
S t 分布
C 空间效应 →(3)
Z 概率分布

偏差*
bias
O174.56；O241.1
D 偏差度
F 大偏差
负偏差
强偏差
熵密度偏差
中偏差
最小偏差
C 误差

偏差变元
deviating argument
O175
S 元*
F 分布偏差变元
复杂偏差变元
连续偏差变元
C 延拓定理

偏差定理
distortion theorem
O174.56
S 数学定理*
F 大偏差定理
强偏差定理
小偏差定理
C 单叶函数
星形映照

偏差度
Y 偏差

偏差分方程
partial difference equation
O155
S 差分方程
Z 方程(数学)

偏差估计
Y 有偏估计

偏差函数
deviation function
O174
S 函数*
C 目标约束

偏差矩阵
deviation matrix
O151.21
S 矩阵*
C 液相 →(3)

偏差系数
Y 变异系数

偏差原理
deviation principle
O211.5；O241
D Morozov 偏差原理
S 数学原理*
F 大偏差原理
C 非线性不适定问题

偏导
Y 偏导数

偏导数
partial derivative
O171；O172.1
D 方向偏导数
高阶偏导数
偏导
偏微商
S 导数*
F 二阶偏导数
混合偏导数
C 多元复合函数
二元函数
累次极限
偏微分算子

偏导数矩阵
partial derivative matrix
O172.1
S 矩阵*

偏泛函微分方程
partial functional differential equation
O175
D 偏泛函微分方程系统
S 泛函微分方程
偏微分方程
Z 方程(数学)

偏泛函微分方程系统
Y 偏泛函微分方程

偏分方程
Y 偏微分方程

偏好关系
preference relation
O159
S 关系(数学)*
F 模糊偏好关系
C 随机决策

偏好函数
preference functions
O174
S 函数*

偏好锥
preference cone
O242.1
S 锥体*

偏回归系数
partial regression coefficient
O212.1
S 系数*

偏积分微分方程
partial integro-differential equation
O175.6
S 方程(数学)*

偏离系数
Y 变异系数

偏态分布
Y 对称分布

偏微分
partial differential
O175；O231
D 不完全微分
S 微分*
C 二元函数
复合函数

偏微分方程
partial differential equations
O175.2
D 偏分方程
S 微分方程
F Beltrami 方程
Black-Scholes 方程
FPK 方程
Hasegawa-Mima 方程
Lorenz 方程
P-laplacian 方程
电报方程
发展方程
非线性偏微分方程
高阶偏微分方程
高斯方程
抛物型方程

偏泛函微分方程
曲面方程
双曲型方程
椭圆方程
椭圆型方程
线性偏微分方程
一阶偏微分方程
C Dirichlet 边值问题
多维系统
区域分裂
伸张函数
守恒律方程组 →(2)
数值积分
双线性泛函
同伦摄动法
Z 方程(数学)

偏微分方程数值解
Y 微分方程数值解

偏微分方程系统
Y 偏微分方程组

偏微分方程组
partial differential equation system
O175.2
D 偏微分方程系统
S 方程组*
F 麦克斯韦方程组
抛物型方程组
双曲型方程组
C 非线性

偏微分算子
partial differential operator
O175.3
D 弱双曲算子
弱双曲型算子
S 微分算子
C 偏导数
Z 算子

偏微商
Y 偏导数

偏相关
partial correlation
O212.1
D 纯相关
净相关
条件相关
S 相关*
C 自回归模型

偏相关函数
Y 偏自相关函数

偏相关系数
partial correlation coefficient
O212.1
S 相关系数
Z 系数

偏斜直线
Y 异面直线

偏心率
eccentricity
O123
D 离心率
S 比率*
C 简化运算
模式特征方程

偏序
Y 偏序关系

偏序半群
partially ordered semigroup
O152.7
S 序半群
C 格群
Z 群(数学)

偏序关系
partial ordering relation
O153；O159
D 半序
偏序
S 关系(数学)*
F 模糊偏序关系
C 分布函数
格群
全序集

偏序集
partially ordered set
O144；O153.1
D 半序集
S 集合*
F Z-连续偏序集
定向集
几何格
连续偏序集
C 单向函数
正锥

偏序集拟阵
poset matroid
O151.21
S 拟阵*
C 组合数学

偏移*
excursion
ZT5
F 水平偏移
C 漂移 →(2)(3)(4)(5)

偏移法
Y 位移法

偏正态分布
partial normal distribution
O211.1；O211.3
S 正态分布
Z 概率分布

偏自相关函数
partial autocorrelation function
O212.1
D 偏相关函数
S 相关函数
C 贝叶斯动态模型
多维自回归模型
中间变量
自相关系数
Z 函数

偏最小二乘
Y 偏最小二乘法

偏最小二乘法
partial least square method
O212；O241.5
D 偏最小二乘
S 最小二乘法*
C 典型相关分析
多元回归
偏最小二乘回归分析
主成分分析

偏最小二乘法判别分析
Y 偏最小二乘判别分析

偏最小二乘分析
partial least squares regression
O241.6
S 数值分析*
C 统计学

偏最小二乘回归分析
partial least squares regression analysis
O212.1
S 回归分析
C 多重相关
偏最小二乘法
Z 统计分析

偏最小二乘判别分析
partial least squares discriminant analysis
O212.5
D 偏最小二乘法判别分析
S 判别分析
Z 统计分析

漂移系数
drift coefficient
O175
S 系数*

拼接曲面
blending surface
O241
S 曲面*
C 二次多项式

拼图
puzzle
TP391.41

贫信息
poor information
N950
S 信息*

频度分布
Y 频率分布

频发期
frequent occurrence period
ZT73
S 时期*

频率*
frequency
ZT3
D 频率参数
F 采样频率
相对频率

C 脉动 →(2)(4)(5)
频率方程 →(2)

频率参数
Y 频率

频率测度
frequency measure
O174.12
S 测度(数学)*

频率分布
frequency distribution
O212.2
D 次数分布
频度分布
频数分布
S 概率分布*
C 较差(气象) →(4)

频率谱
Y 频谱

频率直方图
frequency histogram
O212.1
S 直方图
C 概率统计
正态分布
Z 图表

频谱*
frequency spectrum
O456；P631
D 频率谱
频谱分析
频谱图
F 离散频谱
C 二维傅里叶变换
频谱成像 →(5)
频谱宽度 →(2)
频谱密度 →(2)
频谱特性 →(3)
频谱仪 →(4)
频散 →(2)(4)(5)

频谱分析
Y 频谱

频谱图
Y 频谱

频数分布
Y 频率分布

平摆线
Y 摆线

平凡解
Y 非平凡解

平凡扩张
trivial extension
O177
S 代数扩张
C 非平凡解
Z 扩张(数学)

平凡子空间
Y 不变子空间

平方
second power
O121；O151
D 二次乘方
二次乘方.
S 幂
C 根号
误差界
Z 运算

平方逼近
quadratic approximation
O241.5
S 最佳逼近
F 最佳平方逼近
C 加权算术平均
Z 逼近

平方补数
square complement
O156.4
S 补数
C 复合函数
伪 Smarandache 函数
Z 数

平方根
square root
O151.21
D 二次方根
S 根(数学)*

平方根法
square root method
O241.6
D Cholesky 方法
S 数学方法*
C 不可微项
正定矩阵

平方函数
square function
O174
S 函数*
F Smarandache 平方余函数
平方损失函数
平方凸函数

平方和
quadratic sum
O156.1；O212.4
D 离差平方和
组间平方和
S 和(数学)*
F 误差平方和
C 植被归一化指数 →(4)
自由度
最大值

平方可积性
quadratic integrability
O177
S 可积性
Z 数学性质

平方可积鞅
square integrable martingale
O211.6
S 鞅
F 局部平方可积鞅
C 随机积分
Z 随机过程

平方剩余
Y 二次剩余

平方收敛
Y 二次收敛

平方数
Y 完全平方数

平方损失
Y 平方损失函数

平方损失函数
quadratic loss function
O156.4
D 平方损失
S 平方函数
损伤函数
C Pareto 分布
Z 函数

平方凸函数
square convex function
O174.13
S 平方函数
凸函数
C 归纳推理
同变估计
Z 函数

平方图
square graph
O177
S 图表*
F 部分平方图
C 点荫度

平方因子
Y 无平方因子数

平分线
bisector
O123
S 直线*
F 角平分线
C 外角

平衡*
equilibrium
O312.2
D 均衡
均衡状态
平衡过程
平衡态
平衡状态
平衡状态(热力学)
F 多平衡态
竞争均衡
局部平衡
随偶平衡
统计平衡
线平衡
准平衡
C 大气现象 →(2)(4)
化学平衡 →(2)(3)(4)
平衡条件 →(2)

平衡位置 →(2)
平衡稳定性 →(2)
稳定

平衡标号
balanced labeling
O157.5
S 标号算法
C 链图
平衡性质 →(2)
Z 最优化方法

平衡不完全区组设计
balanced incomplete block design
O212.6
D BIB 设计
S 平衡区组设计
C 奇素数
Z 设计

平衡策略
Y 最优策略

平衡多小波
balanced multiwavelets
TP391.9
S 多小波变换
C 数据矢量化 →(4)
Z 小波变换

平衡二分图
balanced bipartite graph
O157.5；O23
S 二分图
Z 图表

平衡分布
equilibrium distribution
O212
S 数学分布*
C 剩余寿命

平衡分布函数
equilibrium distribution function
O174；O241.8
D 平衡态分布函数
S 分布函数
C 差分格式
最优收获
Z 函数

平衡过程
Y 平衡

平衡解
equilibrium solution
O122.2
S 解*
F 非常数正解
正平衡解
C 原根

平衡区组设计
balanced block design
O212.6
S 区组设计
F 平衡不完全区组设计
C 正交表
Z 设计

平衡时间
equilibrium time
ZT73
S 事件时间*
C 平衡潮 →(4)(5)
平衡条件 →(2)

平衡损失
Y 平衡损失函数

平衡损失函数
balanced loss function
O174
D 平衡损失
S 损伤函数
C 序贯估计
Z 函数

平衡态
Y 平衡

平衡态分布函数
Y 平衡分布函数

平衡微分方程
S 微分方程
Z 方程(数学)

平衡系统
equilibrium system
N948
S 系统*
C 平衡原理

平衡原理
balance principle
O174.3
S 数学原理*
C 平衡系统

平衡状态
Y 平衡

平衡状态(热力学)
Y 平衡

平截圆锥体
Y 圆台

平均
Y 平均数

平均遍历定理
Y 遍历定理

平均不等式
Y 均值不等式

平均差
mean deviation
O212；P468
D 平均绝对变率
平均绝对差
气候平均差
S 气候值*
算术平均值
C 多重插补
Z 平均数

平均法
averaging method
O241；P13
S 数学方法*
F 算术平均法
随机平均法

平均方法
averaging method
O175.1
S 微分方程解法*

平均函数
average function
O174
S 函数*
C 区间振动 →(2)
区间准则

平均截面测度
Y 均质积分

平均距离
average distance
O186.5
S 距离*
C 距离和
正则图

平均绝对变率
Y 平均差

平均绝对差
Y 平均差

平均宽度
average width
O174
S 宽度*
C 高斯测度

平均年限折旧法
Y 直线法

平均曲率
mean curvature
O186.11
D 中曲率
S 曲率*
F 常平均曲率
平行平均曲率
C 类时曲面
体积元

平均曲率流
mean curvature flow
O186.1
S 曲率流*
C 闭曲线
拟线性波动方程

平均曲率向量
mean curvature vector
O183
S 向量*
F 平行平均曲率向量
C 极小子流形

平均剩余寿命
mean residual life
O22
S 平均寿命

剩余寿命
F 离散递减平均剩余寿命
Z 寿命

平均收敛
Y 均方收敛

平均收敛速率
Y 收敛率

平均寿命
mean life
O22
S 寿命*
F 平均剩余寿命

平均数*
average
O156.4；O212
D 均值
平均
平均值
F Cesàro 平均
Heron 平均
Riesz 平均
Seiffert 平均
调和平均数
对称平均
对数平均
过程均值
滑动平均
混合均值
积分平均
集合平均
几何平均
加权平均
均方值
幂平均
日平均
算术平均值
统计平均
网格平均
样本均值
月平均
指数平均
总体平均值
C 平均运行长度

平均算子
averaging operator
O177
S 算子*
C 图像融合 →(4)

平均运行长度
average run length
O211.6；O212
S 长度*
C 平均数

平均折旧法
Y 直线法

平均值
Y 平均数

平均值不等式
Y 均值不等式

平均值法
mean value process
O172.2
D 均值法
十字交叉法
S 数学方法*
C 大数定理

平均秩
average rank
O15；O177
S 秩*

平均最短路径
average shortest path
O233
S 最短路径
Z 路径

平面*
plane pencil
O186
F 半平面
超平面
对称平面
复平面
空间平面
平面束
切平面
射影平面
无穷远平面
相平面
斜面
直角平面
中垂面
坐标平面
C 数值模型

平面闭折线
plane closed folding line
O123
S 折线
Z 线段

平面地图
Y 平面图

平面动力系统
plane dynamic system
O19
S 动力系统(数学)*
C 微分系统

平面多边形
Y 多边形

平面方程
plane equation
O122.2
S 方程(数学)*
C 异面直线

平面几何
plane geometry
O123.1；O18
D 平面几何问题
平面几何学
S 初等几何
F 平面解析几何
C 立体几何
Z 几何
数学

平面几何问题
Y 平面几何

平面几何学
Y 平面几何

平面角
plane angle
O181
D 面角
S 角(数学)*
C 立体角
球面距离

平面解析几何
plane analytic geometry
O182
D 平面坐标几何
S 解析几何
平面几何
Z 几何
数学

平面曲线
plane curve
O157.3
S 代数曲线
F 三次曲线
圆锥曲线
C 积分计算
微分公式
Z 匹配

平面三角
Y 三角形

平面三角学
Y 三角形

平面束
plane pencil
O182
S 平面*
C 直线方程

平面图*
planar graph
P283.3
D 平面地图
F 极大平面图
外平面图
C 平面投影 →(4)

平面系统
planar system
O175.12
S 数学系统*

平面有限元
Y 二维有限元分析

平面有限元分析
lamellar element analysis
O175.2；O241.82；O242.2
D 薄层单元
薄层单元有限元
S 有限元分析

Z 数值分析

平面展开图
Y 几何图

平面直角坐标
plane rectangular coordinate
O181；P21
S 直角坐标
C 高斯正形投影 →(4)
Z 坐标

平面直角坐标系
plane rectangular coordinate system
O123；P226
S 直角坐标系
C 基向量
坐标表象 →(2)
坐标轴
Z 坐标系

平面坐标几何
Y 平面解析几何

平面坐标系
plane coordinate system
O18；P226
D 高斯平面坐标系
平面坐标系统
S 坐标系*

平面坐标系统
Y 平面坐标系

平模
Y 平坦模

平坦模
flat module
O153.3
D 平模
S 模(数学)*
F Gorenstein 平坦模
P-平坦模
投射模

平坦维数
flat dimension
O153.3
S 维数*
C 黎曼流形

平图
plane graph
O157.5
S 图表*
C 曲面

平稳点
Y 临界点

平稳分布
stationary distribution
O211.62
S 概率分布*
C 马尔可夫链

平稳高斯过程
stationary Gaussian process
O211
S 高斯过程
平稳随机过程
C 极集
Z 随机过程

平稳过程
stationary process
O211.61
D 非平稳过程
齐次非平稳过程
S 随机过程*
F 宽平稳随机过程
平稳随机过程

平稳模型
stationary model
O175.1；O232
S 数学模型*
C 变分方程
随机微分方程

平稳期
stationary phase
ZT73
D 静止期
S 时期*

平稳时间序列
stationary time series
O151
S 时间序列*

平稳随机过程
stationary random process
O211.61；O241.1
D 非平稳随机过程
稳态随机过程
狭义平稳过程
严平稳随机过程
S 平稳过程
F 平稳高斯过程
C 随机分析
Z 随机过程

平稳小波变换
stationary wavelet transform
O213
S 小波变换*
F 离散平稳小波变换

平稳序列
stationary sequence
O211.3；O211.61
D 非平稳序列
S 序*
F 相关系数平稳序列
C 小波变换

平稳振荡
stationary oscillation
O175.13
S 振荡*
C 时滞系统
系统论

平稳状态
Y 稳定

平行
parallel
O186
D 直线平行
S 关系(数学)*
C 截面曲率

平行单位平均曲率向量
Y 平行平均曲率向量

平行公理
fifth postulate
O181
D Euclid 公理
第五公设
S 公理*
C 直线

平行机排序
parallel machine sequencing
O223
S 排序(数学)*
C 近似法

平行六面体
parallelepiped
O174.4
S 六面体
F 长方体
正方体
C 圆柱面
Z 几何体

平行平均曲率
parallel mean curvature
O181
D 平行中曲率
S 平均曲率
C 拟常曲率流形
Z 曲率

平行平均曲率向量
parallel mean curvature vector
O183；O186.12
D 平行单位平均曲率向量
S 平均曲率向量
C 曲率线
曲率因子 →(4)
Z 向量

平行射影
parallel projection
O182
D 平行投影
透视仿射对应
S 投射(数学)*

平行四边形
parallelogram
O181
S 四边形
F 矩形
菱形
C 基向量
平行四边形定则 →(2)
Z 多边形

平行算法
Y 并行算法

平行投影
Y 平行射影

平行系统
Y 并联系统

平行线
parallel
O184；O186
S 直线*
C 面积公式

平行移动群
Y 平移群

平行因子分析
parallel factor analysis
O212.1
S 因子分析
Z 数学分析

平行中曲率
Y 平行平均曲率

平行坐标
parallel coordinates
O182
S 坐标*
C 多维数据 →(4)

平移变换
translation transformation
O123.1
D 直移
S 相似变换
Z 数学变换

平移群
parallel translation group
O152；O18；O76
D 平行移动群
S 群(数学)*

平移算子
translation operator
O177
S 算子*
C 连续模

平直空间
Y 欧氏空间

评定
Y 评估

评估*
evaluation
ZT0
D 估算
估算方法
评定
评价
F 不确定度评定
定量评估
灰色评估
精度评估
模糊评定
模拟评估
模式评估
统计评估
综合评判
C 数学方法

评价
Y 评估

评价程序
evaluation procedure
ZT
S 流程*
C 评价指标 →(4)

评价函数
evaluation functions
O174
S 函数*

评价函数法
evaluation function method
O241
S 函数法
F 理想点法
C 多目标规划
Z 数学方法

评价矩阵
evaluation matrix
O151.21
D 评判矩阵
S 矩阵*
C 二级模糊综合评判
因素集

评价模式
evaluation mode
ZT71
S 模式*

评判矩阵
Y 评价矩阵

屏蔽数据
mask data
O213.2
S 数据*
C 贝叶斯分析

迫迹
Y 轨迹

迫敛性
squeeze theorem
O13；O171
S 数学性质*
C 数列极限

破产概率
ruin probability
O213
S 概率*
F 有限时间破产概率
最终破产概率
C Erlang(2)过程
Lundberg 上界
递推方程
调节系数
负风险和
复合 Poisson 过程
联合分布

破裂孤子方程
breaking soliton equation
O122.2；O175.29
S 孤子方程
C 类孤子解
Z 方程(数学)

剖分*
dissection
O157.5
F 对偶剖分
三角剖分
自动剖分

剖分图
subdivision graph
O157.5
S 图表*

剖面*
profile
ZT6
D 剖面形态
F 垂直剖面
横剖面
纵剖面

剖面形态
Y 剖面

朴素 Bayesian 模型
Y 朴素贝叶斯模型

朴素 Bayes 模型
Y 朴素贝叶斯模型

朴素贝叶斯
Y 朴素贝叶斯模型

朴素贝叶斯模型
naive Bayesian model
O212.8
D 朴素 Bayesian 模型
朴素 Bayes 模型
朴素贝叶斯
S 贝叶斯模型
C 离散化方法 →(2)
Z 数学模型

普适规律
universal law
ZT0
S 规律*
C 等效电阻 →(2)
普适公式 →(2)

普适性
universality
ZT4
D 通用性
S 适宜性
C 双峰映射
Z 特性

普通摆线
Y 摆线

普通旋轮线
Y 摆线

谱*
spectrum
O177；O433；O57；O65；P413
D 谱分析

谱分析方法
谱型
F Hilbert 谱
Laplacian 谱
Toda-Smith 谱
本质谱
点谱
广义谱
邻接谱
熵谱
剩余谱
重量谱
C 磁圆振二向色性 →(3)
反射光谱 →(2)
分光光度测量 →(3)(4)
分光计 →(2)(4)
光谱强度 →(2)
光子回波 →(2)
朗德 g 因子 →(2)
谱线宽度 →(2)
溶剂效应 →(2)(3)
色彩 →(2)(4)
受激发射 →(2)
受激散射 →(2)

谱半径
spectral radius
O175.3；O177
S 半径*
F Laplace 谱半径
联合谱半径
C Gauss-Seidel 迭代法
Laplacian 矩阵
多色 Ramsey 数
匹配数
相容次序矩阵
星色数

谱包含域
spectral inclusion
O174
S 域*
C H-矩阵

谱表示
spectral representation
O175.3
S 表示(数学)*

谱测度
spectral measure
O174.12；O175.3
S 测度(数学)*
C 谱算子

谱对
spectral pair
O174.12
S 对*
C 谱方法
谱理论

谱范数
spectral norm
O212
S 范数*

谱方法
spectral method
O241
S 数学方法*
C Fourier 拟谱方法
谱对
上随体 Maxwell 流体 →(2)

谱分布
spectrum distribution
O231
S 数学分布*

谱分布函数
Y 谱函数

谱分解
spectral factorization
O175.3
D 基本集分解
S 数学分解*
C 闭值域
随机效应模型
正规算子

谱分解估计
spectral decomposition estimate
O212.1
S 统计估计
Z 估计(数学)

谱分析
Y 谱

谱分析方法
Y 谱

谱共轭梯度法
spectral conjugate gradient method
O241.6
S 共轭梯度法
Z 数学方法

谱函数
spectral function
O174
D 谱分布函数
谱密度函数
S 密度函数
C 对流速度 →(4)
谱估计 →(2)
Z 函数

谱集
spectral set
O177.7
S 集合*
C 对称矩阵

谱空间
spectral space
O177.5
S 空间(数学)*
C 拓扑分子格

谱理论
spectral theory
O177.7
D 谱论
谱问题
S 数学理论*
C 谱对

谱论
Y 谱理论

谱密度函数
Y 谱函数

谱扰动
Y 谱摄动

谱任意
Y 谱任意模式

谱任意模式
spectrally arbitrary pattern
O151.21；O24
D 谱任意
S 数学形式*

谱熵
spectral entropy
O236
D 功率谱熵
S 信息熵
Z 熵(数学)

谱摄动
perturbation of spectrum
O151.21；P133；P433
D 谱扰动
S 摄动*
C 波流相互作用 →(2)(4)
算子矩阵

谱算子
spectral operator
O175.3；O177.1
S 算子*
C 单位分解
谱测度

谱条件数
Y 2-范数

谱图*
spectrum
O157.5；O657
F 同谱图

谱问题
Y 谱理论

谱系理论
Y 分层理论

谱系图
Y 树图

谱型
Y 谱

谱序列
spectral sequence
O154；O189.2
S 序*
F Adams 谱序列
May 谱序列

谱映射定理
spectral mapping theorem
O175.3
S 数学定理*

谱有限元
Y 谱元法

谱有限元法
Y 谱元法

谱元法
spectral element methods
O175；O302
D 谱有限元
谱有限元法
谱元方法
S 有限元分析
C 极坐标
线性粘弹性 →(2)(3)
预条件
Z 数值分析

谱元方法
Y 谱元法

瀑布型多重网格法
cascadic multigrid method
O157.5
S 多重网格法
C 抛物问题
Z 数学方法

七桥问题
Qiqiao matter
O157.5
S 数学问题*
C 欧拉 →(4)

期
Y 时期

期望
Y 数学期望

期望向量
Y 均值向量

期望折现罚金函数
Y 罚金折现期望函数

期望值
expected value
ZT3
S 数值*
C 本征函数
模糊期望

期望值模型
expected value model
O221
S 数学模型*
C 随机规划

齐次
Y 齐次方程

齐次 Cantor 集
homogeneous Cantor set
O174.1
D 齐次康托尔集
S Cantor 集
C Hausdorff 测度
Z 集合

齐次 Moran 集
homogeneous Moran set
O174.1
D 齐次莫朗集
S Moran 集
C 凸性方法
Z 分形

齐次 Morrey-Herz 空间
homogeneous Morrey-Herz space
O177.6
S Morrey-Herz 空间
C 不等式
Z 空间(数学)

齐次边界
homogeneous boundary
O175.29
S 边界(数学)*
C 非线性扩散方程

齐次边界条件
Y 非齐次边界条件

齐次多项式
homogeneous polynomial
O174.14；O174.21
S 多项式*
C 三角恒等式

齐次方程
homogeneous equation
O151.2；O175.1；O175.2
D 非齐次
非齐次方程
齐次
齐次方程(组)
齐次化
S 方程(数学)*
F 非齐次线性微分方程
齐次状态方程
C SIR 模型
初等变换法
特征函数
微分算子级数法
线性最小二乘法
正负系数
指数矩阵运算

齐次方程(组)
Y 齐次方程

齐次非平稳过程
Y 平稳过程

齐次函数
homogeneous function
O174
S 函数*
C 高斯公式

齐次化
Y 齐次方程

齐次化原理
Y Duhamel 积分

齐次康托尔集
Y 齐次 Cantor 集

齐次马尔可夫链
Y 齐次马氏链

齐次马氏链
homogeneous Markov chain
O211.62
D 非齐次马氏链
齐次马尔可夫链
S 马尔可夫链*
F 生灭过程
C 二阶常系数非齐次线性微分方程
齐次线性方程组
转移概率

齐次莫朗集
Y 齐次 Moran 集

齐次平衡
Y 齐次平衡法

齐次平衡法
homogeneous balance method
O175.29
D 齐次平衡
齐次平衡方法
齐次平衡原则
S 数学方法*
C Broer-Kaup 方程
Fisher 方程
广义 Camassa-Holm 方程
精确解

齐次平衡方法
Y 齐次平衡法

齐次平衡原则
Y 齐次平衡法

齐次群
homogeneous group
O152
S 群(数学)*

齐次微分方程
Y 非齐次微分方程

齐次系统
homogeneous system
O175
S 数学系统*

齐次线性方程组
homogeneous linear equations
O155
D 非齐次线性方程组
S 线性方程组
C 零解
齐次马氏链
Z 方程组

齐次线性微分方程
Y 非齐次线性微分方程

齐次性
homogeneity
O174.53
S 数学性质*

齐次状态方程
homogeneous state equation
O151.2
S 齐次方程

Z 方程(数学)

齐次坐标
homogeneous coordinates
O182
D 非齐次坐标
S 坐标*
C 几何变换
周期解

齐型空间
homogeneous spaces
O177.3
D 非齐型空间
S 空间(数学)*
C 分数次积分算子
奇异积分
双线性算子

齐性
Y 方差齐性

齐性检验
homogeneity test
O212.1
D 同质性检验
S 假设检验*
F 方差齐性检验

齐性空间
homogeneous space
O152.4；O186；O187
D 齐性流形
S 空间(数学)*
C 仿射群

齐性流形
Y 齐性空间

奇(异)核
Y 奇异核

奇怪吸引子
strange attractor
O177；O192；P43
D 怪引子
S 吸引子*
C Lyapunov 指数
非线性系统建模

奇摄动
singular perturbation
O175.8；P133；P433
D 奇异扰动
奇异摄动
S 摄动*
C Robin 问题
半线性
渐近式
渐近性
正则摄动 →(4)
中国数学

奇摄动系统
Y 奇异摄动系统

奇异边值问题
singular boundary value problem
O175.8
S 边值问题*
F 奇异非线性三点边值问题
C 奇异边界 →(2)

奇异变换半群
singular transformation semigroup
O152.7
S 变换半群
Z 群(数学)

奇异常微分方程
curious differential equation
O175.1
S 常微分方程
奇异微分方程
C 正周期解
Z 方程(数学)

奇异初值问题
singular initial value problems
O175.8；O241.8；O302
S 奇异问题
Z 数学问题

奇异单元
Y 奇异元

奇异点
Y 奇点

奇异方程
singular equation
O175.1
S 方程(数学)*
F 超奇异积分方程
奇异迁移方程
奇异椭圆方程
奇异微分方程
C 奇异系数

奇异方向
singular direction
O174.5
S 方向*
C 重值

奇异非线性三点边值问题
singular nonlinear three point boundary value prob
O175.8
S 奇异边值问题
C 奇解
Z 边值问题

奇异核
singular kernel
O175.5
D 奇(异)核
奇核
弱奇异核
S 核函数
C 实验数据拟合
Z 函数

奇异混合单调算子
singular mixed monotone operator
O175.7；O175.8
S 混合单调算子
Z 算子

奇异积分
singular integral
O172.2
D 考尔德伦-赞格蒙奇异积分算子
S 积分变换*
F 超奇异积分
多线性奇异积分
高阶奇异积分
几乎奇异积分
强奇异积分
振荡奇异积分
C 单层位势
多复变数
复 Clifford 分析
齐型空间
移动最小二乘近似

奇异积分方程
singular integral equation
O175.5；O175.8
S 积分方程
F Abel 方程
Wiener-Hopf 方程
C Petrov-Galerkin 方法
Schwarz 积分公式
变量核
Z 方程(数学)

奇异积分方程组
singular integral equations
O175.5；O175.8
S 积分方程组
Z 方程组

奇异积分算子
singular integral operator
O175.3；O177.1；O177.6
D Hilbert 型奇异积分算子
强奇异积分算子
S 积分算子
F 多线性奇异积分算子
C Ap 权
极大函数
加权不等式
Z 算子

奇异解
Y 奇解

奇异矩阵
Y 非奇异矩阵

奇异扩散
Y 奇异扩散方程

奇异扩散方程
singular diffusion
O175
D 奇异扩散
S 扩散方程
C 奇异系数
Z 方程(数学)

奇异迁移方程
singular transport equations
O175.1
S 奇异方程
C 二阶余项
Z 方程(数学)

奇异扰动
Y 奇摄动

奇异摄动
Y 奇摄动

奇异摄动法
singular perturbation method
O175
D 奇异摄动理论
S 近似法*
C 后继函数

奇异摄动理论
Y 奇异摄动法

奇异摄动问题
singular perturbation problems
O241
S 奇异问题
C 边界层 →(2)(4)
Z 数学问题

奇异摄动系统
singularly perturbed system
O175
D 奇摄动系统
S 奇异系统
C 同宿分支
Z 数学系统

奇异椭圆方程
singular elliptic equation
O175.1
S 奇异方程
椭圆方程
C 临界指数
Z 方程(数学)

奇异微分方程
singular differential equations
O175.1
S 奇异方程
F 奇异常微分方程
C 正解存在性
Z 方程(数学)

奇异问题
singular problems
O241.7
S 数学问题*
F 奇异初值问题
奇异摄动问题
C Broyden 方法

奇异系数
singular coefficient
O175.25
S 系数*
C 奇异方程
奇异扩散方程
椭圆算子

奇异系统
singular system
O175
S 数学系统*
F 离散奇异系统
奇异摄动系统

奇异线性模型
singular linear model
O212.1；O241.5
S 线性模型*
C 相对效率
最佳线性无偏估计

奇异项
singular terms
O15；O175.25
S 项(数学)*
F 随机项
C 半线性椭圆方程
临界增长
一阶差分

奇异性
singularity
O17
S 数学性质*
C 函数
连续性

奇异性理论
singularity theory
O175；P14
D 奇点理论
S 理论*
C 霍金 →(4)
奇点
小波有限元
宇宙奇点 →(4)

奇异元
singular element
O153；O177
D 奇异单元
S 元*
C 有限单元 →(5)

奇异值
singular value
O151.2
S 值(数学)*
C 线性代数
酉矩阵
正常值
正规乘积 →(2)

奇异值分解
singular value decomposition
O122；O151.21；P456.7
D SVD
SVD 分析
SVD 技术
矩阵的奇异值分解
矩阵奇异值分解
奇值分解
S 数学分解*
F 广义奇异值分解
截断奇异值分解
商奇异值分解
C Hankel 矩阵
Riccati 代数方程
多维数据 →(4)
非奇异矩阵
广义逆
连续小波变换

奇值分解
Y 奇异值分解

脐点
umbilical point
O186
S 几何点
C 球面曲线
Z 点(数学)

旗传递
flag-transitive
O152.1
C 点本原

启发式搜索
heuristic search
O221
S 搜索*
C 算法分析

起点-终点矩阵
Y OD 矩阵

起讫点矩阵
Y OD 矩阵

起义人员
Y 人员

气候过渡区
Y 过渡区

气候频率
Y 气候值

气候频数
Y 气候值

气候平均差
Y 平均差

气候统计评估
Y 统计评估

气候值*
climatic value
P459；P468
D 气候频率
气候频数
F 平均差
C 气候参数 →(3)(4)(5)
气候统计 →(4)
气候指标 →(4)

契贝谢夫多项式
Y Chebyshev 多项式

恰当方程
Y 全微分方程

迁移方程
transport equation
O175.5
S 积分微分方程
Z 方程(数学)

迁移函数
Y 传递函数

迁移算子
transfer operators

O177
S 算子*
C 广义边界条件

前 n 项和
sum of preceding n terms
O122.1
S 和(数学)*
C 通项

前馈补偿解耦
feed-forward compensation decoupling
TP2
S 补偿解耦
Z 解耦

前提信息
Y 条件信息

前向-后向算法
forward-backward algorithm
O211.62
S 数学算法*
C 二阶

前序关系
Y 拟序关系

潜无穷
Y 潜无限

潜无限
potential infinity
O141
D 潜无穷
S 无限*

欠拟合
Y 过拟合

嵌入 Markov 链
Y 嵌入马尔可夫链

嵌入定理
embedding theorem
O189.3
S 数学定理*
F Sobolev 嵌入定理
紧嵌入定理
C p-调和映射
Triebel-Lizorkin 空间

嵌入零树小波
Y 嵌入式零树小波

嵌入马尔可夫链
embedded markov chain
O211.62；O226
D 嵌入 Markov 链
S 马尔可夫链*
F 随机环境中马氏链
C 随机分解

嵌入式零树小波
embedded zero tree wavelet
O17
D 嵌入零树小波
S 零树小波
C 压缩比
Z 小波变换

嵌入式隐马尔可夫模型
Y 隐马尔可夫模型

腔
Y 空腔

强 Markov 性
Y 强马氏性

强 P-同余
strong P congruence
O152.7；O156.1
S 强同余
Z 同余

强 Wolfe 线性搜索
strong Wolfe line search
O221；O224
S Wolfe 线搜索
Z 搜索

强 wrpp 半群
strongly wrpp semigroup
O152.7
S 半群
Z 群(数学)

强半开集
Y 半开集

强保序
strong rank preservation
O223
S 保序
C 对数最小二乘法
Z 群(数学)

强暴露点
Y 暴露点

强逼近
strong approximation
O173；O211.5
S 逼近*
C 等收敛算子
强函数
强检验

强边色数
strong edge-chromatic number
O157.5
S 边色数
F 邻强边色数
Z 色数

强遍历
Y 强遍历性

强遍历性
strong ergodicity
O177
D 强遍历
S 遍历性
C Brusselator 模型
正常返
Z 数学性质

强不可约
strongly irreducible
O177
S 不可约
C Cowen-Douglas 算子
Z 数学性质

强不可约算子
strongly irreducible operator
O177
S 算子*
C 极大理想

强常返
strong recurrence
O211.62
S 常返*
C 随机矩阵

强超收敛
Y 强收敛

强次线性
strongly sub linear
O177
S 数学性质*
C 振动性 →(2)

强大数定理
strong large number theorem
O211.4
S 大数定理
C 全局收敛
Z 数学定理

强大数定律
strong law of large number
O211.1
D 强大数律
弱大数定律
S 大数定律
C φ-混合序列
充要条件
渐近均分割性
两两 NQD 阵列
两两独立
马氏环境
三级数定理
随机环境
震级-频度比值 →(5)
最大值不等式
Z 定律(数学)

强大数律
Y 强大数定律

强单调
strongly monotone
O177
S 单调(数学)*
C 广义集值变分包含
可解性
邻近点算法
拓扑关系 →(4)

强单调映象
strongly monotone mapping
O178；O189
S 单射
C 均衡问题
Z 映射

强对偶
Y 弱对偶

强对偶定理
strong duality theorem
O151.24；O241
S 对偶定理
Z 数学定理

强对偶性
Y 弱对偶

强非线性动力系统
Y 非线性动力系统

强非线性系统
strongly non-linear system
N948
S 线性系统
C 自由振动 →(2)
Z 系统

强函数
dominant function
O141.3；O174
D 控制函数
S 递归函数
F 符号控制函数
C 强逼近
Z 函数

强混合
strong mixing
O211
S 拓扑混合
C 位移算子
Z 数学性质

强混合序列
strongly mixing sequence
O211.4
S 混合序列
Z 序

强极限
strong limit
O174；O177
D 弱极限
S 极限(数学)*
C Fatou 定理

强极限定理
strong limit theorems
O174
S 极限定理
C Borel-Cantelli 引理
Z 数学定理

强检验
strong test
O212.1
S 检验*
C 强逼近

强解
strong solutions
O175.2；O177
S 解*
C 随机微分方程

强连通
strongly connected
O157；O189
D 强连通性
S 连通*
C 整循环图

强连通图
strongly connected graph
O189
S 连通图
Z 图表

强连通性
Y 强连通

强连续
Y 弱连续

强连续半群
strongly continuous semigroup
O152.7
S 半群
Z 群(数学)

强马尔可夫性
Y 强马氏性

强马氏性
strong Markov property
O211.62
D 强 Markov 性
强马尔可夫性
S 马氏性
C 停时
Z 数学性质

强拟凸函数
Y 拟凸函数

强拟凸域
Y 拟凸域

强逆不等式
strong converse inequalities
O178
S 逆向不等式
C K-泛函
Z 不等式

强耦合系统
Y 耦合系统

强偏差
strong deviation
O177.6；O241.1
S 偏差*
C 指数分布

强偏差定理
strong deviation theorem
O157.5
S 偏差定理
C 微分熵
Z 数学定理

强迫项
forcing term
O175.29
S 项(数学)*

强奇异积分
strongly singular integrals
O172.2；O241.83
S 奇异积分
C 积分算子
Z 积分变换

强奇异积分算子
Y 奇异积分算子

强收敛
strong convergence
O151.21；O173.1；O177；O189.1；O211
D 强超收敛
强收敛性
强一致收敛
弱收敛
弱收敛性
依分布收敛
S 一致收敛
C Opial 条件
不变原理
非扩张映射
几何重数
距离投影
密度函数
随机变量
序列二次规划法
有限集
Z 收敛(数学)

强收敛定理
strong convergence theorem
O211.6
S 收敛定理
C Banach 极限
φ-伪压缩映象
稳态队长
Z 数学定理

强收敛速度
strong convergence rate
O177
S 收敛速度
C 相合性
Z 速度

强收敛性
Y 强收敛

强双曲微分算子
Y 微分算子

强双曲型微分算子
Y 微分算子

强同余
strong congruence
O152.7；O156.1
S 同余*
F 强 P-同余
C 群同余

强凸
strong convex
O174
S 凸性*

强凸函数
Y 强预不变凸函数

强椭圆微分算子
Y 椭圆算子

强椭圆型微分算子
Y 椭圆算子

强拓扑
Y 弱拓扑

强伪压缩算子
strongly pseudo-contractive operator
O177.91；O241
S 压缩算子
C 方程解
一致光滑性
Z 算子

强伪压缩映射
Y 强伪压缩映象

强伪压缩映象
strongly pseudo-contractive mapping
O154.2；O177；O189.22
D Φ-强伪压缩映射
强伪压缩映射
S 伪压缩映射
C 算子方程
Z 映射

强相合
Y 强相合性

强相合估计
strong consistency estimation
O121；O177
S 相合估计
Z 估计(数学)

强相合性
strong consistency
O177；O211
D 强相合
弱相合
弱相合性
S 相合性
F α-混合
ρ-混合
φ-混合
ψ-混合
一致强相合性
C 强鞅
收敛速度
稳态概率分布
Z 数学性质

强协调图
strongly harmonious graph
O177
S 协调图
C 协调方程 →(2)
Z 图表

强鞅
strong martingale
O177；O211.6
S 鞅
F 局部平方可积强鞅
C 强相合性
Z 随机过程

强一致收敛
Y 强收敛

强影响点
influence case
O213
S 点(数学)*
C 影响函数

强预不变凸函数
strongly pre invariant convex function
O174.13
D 强凸函数
S 预不变凸函数
C 控制不等式
Z 函数

强增生算子
strongly accretive operators
O177
S 增生算子
F φ-强增生算子
C Ishikawa 迭代
Z 算子

强增生映射
Y 增生映射

强增生映象
strongly accretive mapping
O177
S 增生映射
F Φ-强增生映象
C 变分包含
Z 映射

强占优先权
preemptive priority
O22
C 排队系统

强正则环
strongly regular ring
O153.3
S 正则环
C 直和项
Z 交换环
结合环

强正则图
strongly regular graph
O157.5
S 正则图
C 区组设计
Z 图表

乔丹标准型
Y Jordan 标准形

乔丹同构
Y Jordan 同构

桥函数
bridge function
O174
S 函数*
C 周期点

切比雪夫不等式
Chebyshev inequality
O178；O212.1
D Chebyshev 不等式
S 排序不等式
C 切比雪夫函数
Z 不等式

切比雪夫多项式
Y Chebyshev 多项式

切比雪夫多项式拟合
Chebyshev polynomial fitting
O174.14；P209
S 多项式拟合
C 坐标计算 →(4)
Z 数学拟合

切比雪夫函数
Chebyshev function
O122.2；O174
D Chebyshev 基函数
S 函数*
C 切比雪夫不等式

切比雪夫级数展开
Y 级数展开

切触插值
osculating interpolation
O182；O241.3
S 插值*
F 切触有理插值
C 插值公式

切触有理插值
osculatory rational interpolation
O182；O241.3
S 切触插值
有理插值
Z 插值

切丛
tangent bundle
O189.2
D 余切丛
S 向量丛*
C 积分曲线
拓扑流形
向量场 →(2)

切导数
Y 内导数

切点
tangent point
O182
D 割点
S 几何点
C 切点单形
切线
Z 点(数学)

切点单形
tangent points simplex
O182
S 单形*
C 切点

切点弦
multi-objective decision
O182
D 切弦
S 弦(数学)*
C 圆锥曲线

切割函数
cutting function
O174
S 函数*

切割面
cutting hyperplane
O185
S 截面(数学)*
C 数值模拟

切割线
cutting line
O182
S 线段*

切割线定理
theorem of tangent and secant
O182
S 数学定理*

切空间
tangent space
O186
S 线性空间
C 联合分布函数
Z 空间(数学)

切面
Y 切平面

切平面
tangent plane
O182
D 切面
S 平面*
C 空间曲线

切弦
Y 切点弦

切线
tangent
O181；O182
D 切线问题
S 直线*
F 公切线
曲线切线
C 二次曲面
切点

切线多边形
tangent polygon
O174.41；O182
S 多边形*
C 保形曲线
三角曲线
形状
样条曲线

切线法
Y 牛顿法

切线方程
tangential equation
O122.2
S 方程(数学)*
C 微分关系

切线曲面
tangent surface
O186
S 曲面*
C 直母线

切线问题
Y 切线

切向导数
Y 内导数

切向量
tangent vector
O186
S 向量*
C B 样条

切趾函数
Y 脉冲函数

切锥
tangent cone
O177
S 锥体*
F 正规锥
C 非光滑分析

亲和数
amicable number
O156
D 互完数
相亲数
S 正整数
Z 复数

琴生不等式
Y Jensen 不等式

琴生型不等式
Y Jensen 不等式

倾角
inclination
ZT2
D 旁向倾角
S 观测角*

倾向率
trend rate
ZT3
S 比率*

倾斜模
tilting modules
O153.3
S 模(数学)*
C 代数表示

清晰集
Y 模糊集

情报
Y 信息

情报存贮与检索系统
Y 信息系统

情报熵
Y 信息熵

情报系统
Y 信息系统

情报信息
Y 信息

情报资料
Y 信息

情景演算
situation calculus
O141.1；P467
D 情境演算
情形演算
S 演算*
C 气候 →(4)(5)

情境演算
Y 情景演算

情形演算
Y 情景演算

穷竭法
Y 穷举法

穷举法
method of exhaustion
O157.5
D 穷竭法
穷举算法
S 数学方法*
C 条件

穷举算法
Y 穷举法

求导
derivation
O172.1
D 求导法
求导方法
S 数学方法*
F 对数求导法
逐项求导
C 反函数
求积法

求导法
Y 求导

求导法则
derivation rule
O172.1
S 法则(数学)*
C 复合函数
求解公式

求导方法
Y 求导

求法
Y 求解

求根
Y 求解

求根公式
radical formula
O122.2；O151.1
S 公式(数学)*
C 一元二次方程根

求和

Y 求和法

求和定则
sum rule
O174.52
D 求和规则
S 定律(数学)*

求和法
summation method
O156.1；O171
D 求和
求和问题
作和
S 数学方法*
F 级数求和
数列求和
C 逼近定理
级数(数学)

求和公式
summation formula
O171；O241
D 数列求和公式
S 公式(数学)*
F Euler-Maclaurin 求和公式
加法公式
C 初等方法

求和规则
Y 求和定则

求和问题
Y 求和法

求和因子
summation-factor
O13；O173
S 因子*
C 插值
权系数 →(4)

求迹公式
Y 迹公式

求积法
mensuration
O171
D 作积
S 数学方法*
F 微分求积法
C 求导

求积公式
quadrature formula
O172.2；O241.4
D 复合求积公式
S 公式(数学)*
F Gauss 型求积公式
Newton-Cotes 求积公式
Simpson 公式
C 数值积分
正交投影
中立型延迟积分微分方程

求解*
solve
O122.2；O151.2
D 求法
求根
求解法
求解方法
求值方法
F 并行求解
参数求解
精确求解
快速求解
同步求解
线性方程组求解
优化求解
直接求解
C 代数分析
代数式
哥古猜想(二素数猜想)
压力方程

求解定理
solving theorem
O171；O175
S 数学定理*

求解法
Y 求解

求解方法
Y 求解

求解公式
solution formula
O175.1；O241.8
S 公式(数学)*
C 函数迭代法
求导法则

求解精度
solving precision
O241；P207
S 数学精度*

求解模型
solving model
O242.1
S 数学模型*

求逆*
inverse
O151.21；O241
F {1}-逆
Drazin 逆
g-逆
广义逆
数值逆
右逆
左逆

求逆公式
inversion formula
O151.2
S 公式(数学)*
C 右逆

求值方法
Y 求解

球
Y 球体

球对称
spherical symmetry
O186.1
D 球形对称
S 对称*
C 椭圆方程

球对称解
spherically symmetric solution
O122.2
S 对称解
C 对称方程
Z 解

球覆盖
ball-covering
O177
S 覆盖(数学)*
C 正则单形

球函数
Y 球谐函数

球极投影
polar stereographic projection
O177.3
S 投射(数学)*
C 黎曼度量

球极坐标
Y 球坐标

球面
spherical surface
O181；O43
D 非球面
S 椭球面
F 超球面
C 参数方程
Z 曲面

球面函数
Y 球谐函数

球面几何
spherical geometry
O186
D 球面几何学
S 几何*
C 球面天文学 →(4)

球面几何学
Y 球面几何

球面距离
spherical distance
O123.2
S 距离*
C 平面角
余弦定理

球面空间
spherical space
O184
S 模空间
C 非球面光学 →(2)
非球面检测 →(2)
非球面镜 →(2)
非球面透镜 →(2)
球面天文学 →(4)
Z 空间(数学)

球面拟合

sphere surface fitting
TP391
S 曲面拟合
C 超球面
Z 拟合

球面曲线
spherical curve
O182
S 匹配*
C 脐点

球面三角
Y 球面三角形

球面三角形
spherical triangle
O124
D 球面三角
S 三角形
C 星下点轨迹 →(4)
Z 多边形

球面调和
Y 球谐函数

球面调和函数
Y 立体调和函数

球面网格模式
Y 网格模式

球面稳定同伦群
stable homotopy group of sphere
O152；O189.23
S 稳定同伦群
Z 群(数学)

球面小波
spherical wavelets
O17；P312.1
S 小波变换*
C 多尺度结构 →(4)

球面坐标
Y 球坐标

球矢量波函数
spherical vector wave function
O174
S 波函数
C 各向异性等离子体 →(2)
Z 函数

球体*
sphere
O123.2
D 球
球型
圆球
F 半球体
单位球
椭球体

球体波函数
Y 球谐函数

球体函数
Y 球谐函数

球调和
Y 球谐函数

球调和函数
Y 球谐函数

球谐函数
spherical harmonics function
O174.5；O174.6；O186.5
D 带调和函数
面调和函数
球调和
球调和函数
球函数
球面调和
球面函数
球体波函数
球体函数
椭球函数
S 特殊函数
F 立体调和函数
Z 函数

球形对称
Y 球对称

球型
Y 球体

球坐标
spherical coordinate
O182；P121
D 空间极坐标
球极坐标
球面坐标
天球坐标
S 坐标*
C 球面天文学 →(4)
球面坐标系 →(4)
天球 →(4)
天球构造 →(4)
天球仪 →(4)
天球坐标系 →(4)
最大值

区传递
block-transitive
O157.2
D 区-传递
C 区组设计
射影平面

区-传递
Y 区传递

区划分析
zoning analysis
ZT0
S 空间分析*

区间*
interval
O177.5
D 闭区间
开区间
无穷区间
无限区间
F 单调区间
短区间
对称区间
概率区间
积分区间
矩形带
可变抽样区间
模糊区间
莫比乌斯带
权重区间
生命区间
收敛区间
特征区间
序区间
有限区间
正规带
正则带
置信区间
C 无穷边值问题

区间 B 样条小波
B-spline wavelet on the interval
O174.2
S B 样条小波变换
区间小波变换
C 张量积
Z 小波变换

区间参数
interval parameters
O241.5
S 参数*
C 区间有限元

区间长度
interval length
O212.1
S 长度*
C 区间估计

区间动力系统
interval dynamical system
O19；O231
S 动力系统(数学)*

区间多项式
interval polynomial
O174.14
S 多项式*
C 有理曲面

区间分析
interval analysis
O241
S 分析*
C 模糊线性方程组
区间可靠性

区间概率
interval probability
O211.67
S 概率*
C 模糊区间
区间估计
区间规划

区间估计
interval estimation
O211.67；O212
D 区域估计
S 统计估计
F 贝叶斯区间估计

置信区间估计
C Behrens-Fisher 问题
恒加试验
区间长度
区间概率
误差方差
Z 估计(数学)

区间规划
interval programming
O221
S 数学规划*
C 区间概率

区间集
interval set
O141；O153.1
S 集合*
F 区间直觉模糊集
区间值模糊集
C 区间图

区间矩阵
interval matrix
O151.21
S 矩阵*
C 鲁棒绝对稳定性

区间可靠性
interval reliability
TB114.3
S 可靠性*
C 区间分析

区间扩张
interval extension
O177
S 扩张(数学)*

区间模型
interval model
O211.1；O213.2
S 数学模型*
C 凸域

区间判断矩阵
Y 区间数判断矩阵

区间数
interval number
O157.5；O159
D 三参数区间数
S 数*
C 残缺互补判断矩阵
规范矩阵
区间预测
算术运算
一致性矩阵
指派博弈
综合评判模型

区间数互补判断矩阵
interval number complementary judgement matrix
O223
S 区间数判断矩阵
Z 矩阵

区间数据
interval data
O157.5
S 数据*
C 协变量

区间数排序
ranking interval numbers
O226
S 排序(数学)*
C 三角模

区间数判断矩阵
interval number judgement matrix
O223
D 区间判断矩阵
S 判断矩阵
F 区间数互补判断矩阵
Z 矩阵

区间数线性规划
Y 区间线性规划

区间数学
interval mathematics
O241
S 数学*

区间套
Y 区间套定理

区间套定理
interval sequence theorem
O144；O172；O189.13
D 区间套
S 数学定理*
F 闭区间套定理
C 子序列

区间图
interval graph
O157.5
S 图表*
C 区间集

区间线性规划
interval linear programming
O221.1
D 区间数线性规划
S 线性规划
Z 数学规划

区间小波
Y 区间小波变换

区间小波变换
interval wavelet transform
O17
D 区间小波
S 小波变换*
F 区间 B 样条小波

区间映射
interval mapping
O189
S 映射*

区间优化
interval optimization
O224
S 优化*

区间有限元
interval finite element
O241.82
S 有限元*
C 区间参数

区间预测
interval prediction
O211.67；O212.1
D 预测期限
预测区间
S 数学预测*
C 区间数
预测分布

区间运算
interval arithmetic
O241.6
S 运算*
C 模糊变量

区间振动准则
Y 区间准则

区间直觉模糊集
interval valued intuitionistic fuzzy set
O159
D 区间值直觉模糊集
S 区间集
C 矩阵对策
Z 集合

区间直觉梯形模糊数
interval valued intuitionistic trapezoidal fuzzy numbers
O159
S 梯形模糊数
直觉模糊数
C 灰色关联分析
Z 模糊数

区间值函数
interval valued function
O174
S 函数*
C 多准则模糊决策

区间值模糊集
interval valued fuzzy set
O144；O159
D 区间值模糊集合
S 模糊集
区间集
C Kullback-Leibler 距离
Sugeno 积分
三参数
线性插值
Z 集合

区间值模糊集合
Y 区间值模糊集

区间值模糊推理
interval valued fuzzy reasoning
O159
S 模糊推理
C 三 I 算法
Z 推理

区间值直觉模糊集
Y 区间直觉模糊集

区间准则
interval criteria
O175
D 区间振动准则
S 准则*
C 二阶线性微分方程
平均函数

区域*
region
ZT74
F 过渡区
临界区
盲区
实验区
投影区域

区域调查
regional survey
ZT5
S 调查*

区域分解
domain decomposition
O175.2
S 数学分解*
C 分裂外推
各向异性问题

区域分解法
domain decomposition method
O241
S 数值方法
C Robin 边界条件
Z 数学方法

区域分裂
domain-splitting
O175
S 分裂法*
C 偏微分方程

区域估计
Y 区间估计

区域划分
geographic division
ZT5
S 划分*

区域模式
regional model
ZT71
S 模式*

区域相关
region correlation
ZT4
S 相关*

区域性分布
regional distribution
ZT72
S 分布*

区组设计
block design
O157.2
S 设计*
F 平衡区组设计
循环区组设计
C Hadamard 矩阵
结合律
强正则图
区传递
异方差模型

曲边梯形
curved trapezoid
O123
S 梯形
Z 多边形

曲率*
curvature
O171；O186
D 曲率属性
F S-曲率
表面曲率
测地曲率
常曲率
法曲率
非负曲率
高斯曲率
平均曲率
相对曲率
C 向量

曲率半径
radius of curvature
O186；O435
D 主曲率半径
S 半径*
C 复数矢量
高斯曲率
回旋线
曲率圆
曲率中心
三次样条曲线

曲率流*
curvature flow
O186.1
F 平均曲率流
C 布尔函数

曲率属性
Y 曲率

曲率线
curvature line
O186
S 匹配*
C 平行平均曲率向量

曲率圆
curvature circle
O186
S 圆*
C 二维均匀分布
曲率半径

曲率张量
curvature tensor
O186
S 张量(数学)*
F 黎曼曲率张量

曲率中心
curvature centre
O186.1
D 弯度中心
S 中心*
C 曲率半径

曲面*
curved surface
O181
F Coons 曲面
Weingarten 曲面
闭曲面
不可压缩曲面
参数曲面
插值曲面
超曲面
代数曲面
等距曲面
对称曲面
二次曲面
分形曲面
覆盖面
光滑曲面
过渡曲面
极小曲面
可展曲面
控制曲面
类空曲面
类时曲面
离散曲面
黎曼面
螺旋面
拼接曲面
切线曲面
特征曲面
凸曲面
旋转曲面
样条曲面
隐式曲面
有理曲面
直纹曲面
组合曲面
C 亏函数
联图
平图
曲线

曲面逼近
surface approximation
O186.11；O241.82
S 逼近*
C 曲面方程

曲面重构
curved surface reconstruction
TP391
S 图像处理*
C B 样条

曲面方程
surface equation
O175.2
S 偏微分方程
C Nielsen 数
曲面逼近
中心坐标
Z 方程(数学)

曲面积分
surface integral
O175
D 第一类曲面积分
　面积分
S 积分*
F 第二型曲面积分
C 边界曲线

曲面面积
curve surface area
O182
S 面积*
C 积分中值定理

曲面拟合
surface fitting
O213
D 曲面拟合法
S 拟合*
F 高斯曲面拟合
　球面拟合
　移动曲面拟合
C 点云数据处理 →(4)
　三棱柱
　样条函数

曲面拟合法
Y 曲面拟合

曲面样条函数
surface spline function
O241.5
S 样条函数
Z 函数

曲面展开
surface flattening
O186.1
S 展开(数学)*

曲线*
curve
O123
D 曲线类型
F 凹曲线
　变化曲线
　波形曲线
　泊松曲线
　二维曲线
　非线性曲线
　共轭曲线
　关系曲线
　回旋线
　降温曲线
　理论曲线
　三维曲线
　试验曲线
　衰减曲线
　特性曲线
　凸曲线
　误差曲线
　响应曲线
　异常曲线
　运算曲线
C 曲面

曲线边界
curved boundary
O211.6
S 边界(数学)*
C 标准布朗运动

曲线插补
curve interpolation
O241.3
D 抛物线插补
S 补*

曲线方程
curvilinear equation
O122.2
S 方程(数学)*
F 二次曲线方程
　曲线回归方程
C 关系式

曲线回归
Y 线性回归

曲线回归方程
curve regression equation
O212.1
S 回归方程
　曲线方程
C 速度曲线 →(2)
Z 方程(数学)

曲线积分
curvilinear integral
O172.2；O174
D 积分路径
　连续积分
　路径积分
　线积分
S 积分*
F 第二类曲线积分
　第一型曲线积分
C 波函数
　单连通域
　连续函数
　奇偶函数
　凸函数
　微元法 →(2)

曲线校正
curvature correction
ZT5
S 校正*

曲线类型
Y 曲线

曲线拟合
curve fitting
O241
D MATLAB 曲线拟合
　典型曲线拟合
　曲线拟合法
　曲线拟和
　实测曲线拟合法
　双曲线拟合
S 数学拟合*
F 多项式拟合
　非线性拟合
　最小二乘法曲线拟合
C Gompertz 曲线
　拟插值
　样条函数

曲线拟合法
Y 曲线拟合

曲线拟和
Y 曲线拟合

曲线切线
curve tangent
O181
S 切线
Z 直线

曲线搜索
curve detection
O224
D 曲线搜索法
S 搜索*
C 全局收敛

曲线搜索法
Y 曲线搜索

曲线图
Y 线图

曲线相关
curvilinear correlation
ZT4
S 相关*

曲线元
curved element
TB23
S 图元*
C 线元

曲线正交坐标
Y 非正交曲线坐标

曲线族
Y 匹配

曲线坐标
curvilinear coordinate
O182；O241
D 贴体曲线坐标
　正交曲线坐标
S 坐标*
F 非正交曲线坐标
C 模空间

曲线坐标系
curvilinear coordinate system
O18
S 坐标系*
F 椭球坐标系
　旋转坐标系
　正交曲线坐标系
　正交坐标系
　柱面坐标系

驱动轴
Y 半轴

趋势变化
tendency variation
ZT5
S 变化*

趋势方程
tendency equation
O122.2
S 方程(数学)*
C 波动周期 →(2)

趋势分析
trend analysis
N34；ZT86
D 发展趋势分析
趋势分析法
S 分析*
F 趋势估计

趋势分析法
Y 趋势分析

趋势分析图
Y 趋势图

趋势估计
trend estimation
N34
D 趋势预估
S 趋势分析
Z 分析

趋势模型
trend model
O212
S 数学模型*

趋势图
tendency chart
ZT86
D 趋势分析图
趋势图分析
S 图表*

趋势图分析
Y 趋势图

趋势项
trend term
O171；O174.41
S 项(数学)*

趋势异常
trend anomaly
ZT5
S 异常*

趋势预测模型
trend prediction model
N945.12
S 预测模型*

趋势预估
Y 趋势估计

取向
orienting
ZT74
D 取向参数
C 位形空间 →(2)

取向参数
Y 取向

取向分布
orientation distribution
ZT6
S 分布*

取样
Y 采样

取样方法
Y 采样

取样函数
Y 抽样函数

取样技术
Y 采样

取样间隔
Y 采样密度

取样间距
Y 采样密度

取样区间
Y 采样密度

取样速度
Y 采样速率

取样速率
Y 采样速率

取样误差
Y 抽样误差

取整函数
bracket function
O174.1
S 特殊函数
C 严格单调
Z 函数

取值范围问题
range of value
O122
S 数学问题*
C 被开方数
格子 BGK 模型

圈
Y 环(数学)

圈长分布
cycle length distribution
O157.5
S 数学分布*
C 分布图 →(4)

圈代数
Y loop 代数

圈覆盖
circuit covering
O157
S 覆盖(数学)*
C 递归构造

圈积
wreath product
O152
S 积*

圈基
cycle basis
O157.5
D 最小圈基
S 解*
C 邻接矩阵
射影平面

圈图
circle graph
O157.5
S 图表*
F 单圈图
泛圈图
三圈图
双圈图
C 质量矩阵 →(2)

权(数学)*
weight (mathematics)
O177；O211
D 权重
F Jacobi 权
幂权

权函数
weight function
O174；O241
D 权重函数
S 函数*
C Hilbert 不等式
积分因子
拉盖尔多项式
权重因子
无网格伽辽金法

权函数法
weight function method
O174
D 热权函数法
S 函数法
C 裂纹深度 →(2)
移动最小二乘近似
应力强度因子 →(2)
Z 数学方法

权函数估计
weighted function estimate
O212.2
D 加权函数估计
S 非参数估计
F 核估计
最近邻估计
Z 估计(数学)

权集
Y 权重集

权矩阵
weight matrix
O151.21；O241.6
D 权重矩阵
S 系数矩阵
Z 矩阵

权马尔可夫链
Y 加权马尔可夫链

权向量
weight vector
O183；O241
D 权重向量

S 向量*
F 变权向量
C 权重因子

权重
Y 权(数学)

权重分布
weight distribution
O157.4
S 数学分布*
C 分圆域
权重区间

权重函数
Y 权函数

权重集
weighted set
O144；O224
D 权集
S 集合*
C 模糊综合评判

权重矩阵
Y 权矩阵

权重区间
weight interval
O212.1
S 区间*
C 权重分布

权重向量
Y 权向量

权重因子
weighting factor
ZT6
S 因子*
C 权函数
权向量

全变差
total variation
O174.3
S 差值*

全部解
Y 全局解

全测地
Y 全测地子流形

全测地子流形
totally geodesic submanifold
O186.12
D 全测地
S 子流形
C 对称空间
局部对称空间
Z 流形

全称命题
universal proposition
O142
D 全称判断
S 命题*

全称判断
Y 全称命题

全纯
Y 正则性

全纯函数
holomorphic function
O174.1；O174.52
S 解析函数
F 有界平均振动解析函数
C Hankel 算子
乘子算子
Z 函数

全纯截曲率
holomorphic sectional curvature
O174.56
S 截面曲率
C 超 Cartan 域
Z 曲率

全纯映射
holomorphic mapping
O174.52
D 解析映射
全纯映照
S 映射*
F 拟正则映射
双全纯映照
亚纯映射
C 变换公式
从属链
复流形
逆算子
有界性

全纯映照
Y 全纯映射

全纯自同构群
holomorphic automorphism group
O151.21；O152
S 同构群
Z 群(数学)

全等
congruence
O124；O157
S 二元关系
C 等腰三角形
Z 关系(数学)

全等变换
Y 正交变换

全对称
holohedral symmetry
O157
D 全对称性
全反对称
S 对称*
C 对称矩阵
裂项相消法

全对称性
Y 全对称

全反对称
Y 全对称

全符号控制数
signed edge total domination number
O157.5
S 符号控制数
C 上确界
Z 控制数

全概率
Y 全概率公式

全概率公式
total probability formula
O211.1
D 全概率
S 概率公式
C 边缘分布
对立事件
风险评估
Z 公式(数学)

全截面
total cross-section
O185
S 截面(数学)*
C 承载力 →(2)

全局 Hopf 分叉
Y 全局 Hopf 分支

全局 Hopf 分支
global Hopf bifurcation
O189
D 全局 Hopf 分叉
S Hopf 分支
C 极限环
正平衡点
Z 分支

全局存在
Y 整体存在性

全局存在性
Y 整体存在性

全局分歧
global bifurcation
O189
S 分歧理论
Z 数学理论

全局分析
Y 整体分析

全局极大值
Y 局部极小值

全局极小
Y 局部极小值

全局极小点
global minimum point
O224；O231.1；O231.2
S 极小点
C 填充函数
Z 点(数学)

全局极小值
Y 局部极小值

全局极值
Y 极大极小问题

全局渐近稳定

globally asymptotically stable
TP183
D 全局渐近稳定的
S 稳定*
C 离散动力系统

全局渐近稳定的
Y 全局渐近稳定

全局渐近稳定性
global asymptotic stability
O175.2；O189
D 局部渐近稳定
局部渐近稳定性
全局渐进稳定
全局渐进稳定性
S 渐近稳定性
C SIRS 模型
二次曲面
极限环
时滞神经网络
Z 稳定性(数学)

全局渐近性
Y 渐近性

全局渐进稳定
Y 全局渐近稳定性

全局渐进稳定性
Y 全局渐近稳定性

全局结构
global structure
O175.12
S 数学结构*
C 三阶微分方程

全局解
global solution
O122.2
D 全部解
S 解*
F 全局有效解
全局最优解
C 全局最优化
全序集

全局收敛
global convergence
O177；O189；O211；O241
D 大范围收敛性
局部收敛
局部收敛性
全局收敛性
整体收敛
整体收敛性
整体性收敛
S 收敛(数学)*
F 半局部收敛性
C Hesse 矩阵
不等式约束
不等式约束优化
非光滑方程组
高阶非线性差分方程
记忆梯度法
拟阵
强大数定理
曲线搜索

全局收敛性
Y 全局收敛

全局同胚
global homeomorphic
O189
D 全局同胚映射
S 同胚映射
C 吸引盆 →(2)
指数稳定性
Z 映射

全局同胚映射
Y 全局同胚

全局凸
global convexity
O174
S 凸性*

全局稳定
Y 全局稳定性

全局稳定性
global stability
O231
D 全局稳定
S 稳定性(数学)*
C Lotka-Volterra 系统
SEIS 模型
后向分支
全局最优化

全局误差
Y 综合误差

全局吸引
Y 全局吸引子

全局吸引性
global attractiveness
O175
S 特性*

全局吸引子
global positive attractor
O189
D 全局吸引
S 吸引子*
C 差分
二阶非线性
算子分解
吸收集
正向不变集

全局相图
global phase portrait
O189
S 图表*
C 无穷远奇点

全局优化
Y 系统优化

全局有效解
global efficient solution
O122.2
S 全局解
Z 解

全局预测
global forecast
ZT0
S 预测*

全局指数同步
generalized index synchronization
O157.5；O231
S 指数同步
Z 同步

全局指数稳定
Y 全局指数稳定性

全局指数稳定性
global exponential stability
O175
D 全局指数稳定
S 稳定性(数学)*
C Lyapunov 泛函
变时滞

全局指数吸引集
globally exponentially attractive set
O175
S 吸引集
指数集
C 非负矩阵
Z 集合

全局中心
global center
O175.12；O189
S 中心*
C Hopf 分支
广义 Liénard 系统

全局主成分
Y 主成分分析

全局最优
Y 系统优化

全局最优化
global optimization
O224；O241
D 总体优化
总体最优化
S 优化*
C 全局解
全局稳定性

全局最优解
global optimal solution
O122.2
S 全局解
最优解
C 选择算子
Z 解

全矩阵环
total matrix ring
O153.3
S 结合环*
C 矩阵代数

全空间
total space
O189.2
S 空间(数学)*
C 空间分布

全空间解析势能函数
full spatial analytical potential energy function
O174
S 势能函数
Z 函数(物理)

全控制集
Y 控制集

全控制数
total domination number
O157.5
S 控制数*
C 树图

全离散
Y 半离散

全离散格式
fully discrete scheme
O175
S 离散格式
C 动边界问题
各向异性 →(2)(3)(4)(5)
Z 数学方法

全连续
completely continuous
O172.2；O174
S 连续*
C 不动点指数
诱导算子

全连续算子
Y 紧算子

全连续线性算子
Y 紧线性算子

全脐
Y 全脐子流形

全脐超曲面
totally umbilical hypersurface
O186
S 超曲面
C 爱因斯坦空间 →(2)
Z 曲面

全脐子流形
totally umbilic submanifold
O186.12；O186.16；O189.3
D 全脐
S 子流形
C 常曲率空间
Z 流形

全染色
total-coloring
O177；O189；O22
S 染色问题*
F 邻点可区别全染色
C 全色数

全色数
total chromatic number
O157.5
S 色数*
F 第一类弱全色数
点可区别全色数
点强全色数
均匀全色数
邻点可区别全色数
星全色数
C 邻点可区别全染色
全染色
图染色

全身炎症反应综合征模型
Y SIRS 模型

全实极小子流形
Y 全实子流形

全实子流形
totally real submanifold
O186.12
D 全实极小子流形
S 子流形
C 复射影空间
旋转矢量法
Z 流形

全微分
total differential
O174；O186
D 全微分形式
S 微分*

全微分方程
total differential equation
O175.1
D 恰当方程
S 微分方程
Z 方程(数学)

全微分形式
Y 全微分

全线性群
Y 一般线性群

全相关系数
total correlation coefficient
C8
S 相关系数
Z 系数

全信息
perfect information
N950
S 信息*
C 部分信息
全息谱分析技术 →(2)

全序
total order relation
O153.1
D 简单序
全序关系
线性序
S 二元关系
Z 关系(数学)

全序关系
Y 全序

全序集
totally ordered set
O144
D 良序
良序集
良序集合
S 集合*
F 格序
C 动态方程 →(2)
偏序关系
全局解

全序群
totally ordered group
O152.4；O152.5；O411；O412.3
D O 群
S 群(数学)*

全样本
full sample
O212
S 样本*
C 子样本

全转置矩阵
full-transposed matrix
O151.21
S 转置矩阵
C 正交矩阵
Z 矩阵

全着色
total coloring
O157.5
S 着色问题
C 完全图
Z 数学问题

缺数
Y 亏数

缺项
lacunarity
O172.2
S 项(数学)*

缺项定理
Y 空隙定理

缺项级数
lacunary series
O173.1；O174
S 级数(数学)*
C 空隙定理

确定方程
determining equations
O122.2
S 方程(数学)*
C Noether 对称性 →(2)

确定系统
Y 定常系统

确定型算法多项式时间可解问题
Y P 问题

确定性系统
Y 定常系统

确定性需求
deterministic demand
O17

S 需求*

确界
Y 确界原理

确界定理
Y 确界原理

确界原理
supremum and infimum principle
O156；O171
D 确界
确界定理
S 数学原理*

群
Y 群(数学)

群(数学)*
group(mathematics)
O152
D 群
F Chevalley 群
Dedekind 群
FC-群
Galois 群
Grothendieck 群
Heisenberg 群
H 型群
K0 群
K2 群
LA-群
L-群
M-群
r 重传递群
Steinberg 群
Vilenkin 群
Weyl 群
Whitehead 群
π-群
半群
编辫群
变换群
表象群
超群
乘法群
粗糙群
代数群
单值群
多重传递群
二面体群
仿射群
非初等群
广群
基本群
交错群
交换群
矩形群
可迁群
亏群
扩群
类群
离散群
李群
链群
量子群
临界群
密度矩阵重整化群
幂群
模糊群
拟群
纽结群
平移群
齐次群
全序群
商群
双传递群
同调群
同构群
同伦群
拓扑群
完全群
无限群
线性群
辛群
序群
幺模群
有限群
正交群
重整化群
子群
自由群
C 数据拟合

群表示
group representations
O152.6
S 表示(数学)*
F 伴随表示
不可约表示
复表示
正则表示
置换表示
C 群不变解

群不变解
group-invariant solution
O122.2
S 不变解
C 群表示
Z 解

群代数
Y 群环

群的阶
Y 群阶

群分析
Y 聚类分析

群构造
group structure
O177
S 结构*

群环
group ring
O152.4；O153.3
D 群代数
S 结合环*
F 整群环
C 素域

群集性
gregariousness
ZT4
S 特性*
C 均匀性

群阶
group order
O152
D 群的阶
S 阶(数学)*
C 不可约特征标
连续正整数
有限群

群决策
group decision
O211.62；O223
S 决策论*
F 多目标群体决策
模糊群决策
C 加权平均算子
模糊互补判断矩阵
模糊一致矩阵

群扩张
group extension
O152.1
S 扩张(数学)*
C 半群

群论
group theory
O152；O411；O451
D 群论方法
旋量群
旋子群
S 数学理论*
C 量子群
群元

群论方法
Y 群论

群逆
group inverse
O151.21；O177
S 半群
Z 群(数学)

群胚
Y 广群

群体博弈
group game
O225
S 博弈*
C 半连续性

群同构
group isomorphism
O152
S 同构*
C 同态核

群同态
group homomorphism
O152；O189
S 同态*
F 反同态
自然同态
C 自同构

群同余
group congruence
O152.7；O156.1
S 同余*
F 最小群同余
C 模糊同余
强同余

群元
group element
O152.7
S 元*
C 群论

群组*
group(mathematics)
ZT6
F 变分包含组
极大无关组
拟线性双曲组
适定结点组
同余式组
完备事件组
向量组
最优性组

群作用
group action
O152
S 作用*
C 正则覆盖

染色(数学)
Y 染色问题

染色问题*
coloring(mathematics)
O157.5；O189
D 染色(数学)
F 边染色
列表染色
全染色
图染色
星边染色
圆染色
C 近似法

扰动*
disturbance
O17；P133；P433
D 扰动性
F 算子扰动

扰动法
Y 扰动方法

扰动方程
perturbation equation
O175.1；O175.2；P43
D 摄动方程
S 方程(数学)*
C 摄动解

扰动方法
perturbation method
O175.25
D 扰动法
S 数学方法*
C 薛定谔方程 →(2)

扰动分析
perturbation analysis
O151.21；O171
D 离散分析
S 数学分析*
C 正交投影

扰动函数
disturbing function
O174.1；P13；P228
D 摄动函数
S 函数*
C 扰动能量 →(4)
受摄轨道 →(4)

扰动机制
Y 微扰理论

扰动界
perturbation bound
O151.2；O241.6
S 界(数学)*
F 绝对扰动上界
相对扰动界

扰动理论
Y 微扰理论

扰动问题
perturbation problem
O177
S 数学问题*
C 下半连续

扰动系统
perturbed system
O175
S 数学系统*
C 伪谱法 →(5)

扰动项
disturbing term
O177
S 项(数学)*

扰动性
Y 扰动

扰动因素
Y 微扰理论

绕积马氏链
skew product markov chain
O211.62
S 马尔可夫链*
C 常返
随机环境

热传导反问题
inverse heat conduction problem
O241.82；O411.1；O551
S 数学问题*
C 热传导方程 →(2)

热平衡积分法
heat balance integral method
O172.2
S 积分法
C 热流密度 →(4)(5)
Z 数学方法

热权函数法
Y 权函数法

人工边界条件
artificial boundary condition
O175；O241.82
S 边界条件*
C 多次透射边界 →(5)

人工变量
artificial variable
O241
D 拟变量
人造变量
S 变量*

人工系统
artificial systems
N948
S 系统*

人口发展方程
population evolution equation
O122.2
S 发展方程
Z 方程(数学)

人为误差
personal error
TH161
S 随机误差
Z 误差

人员
personnel
ZT88
D 来华人员
起义人员

人造变量
Y 人工变量

任意实 Banach 空间
arbitrary real Banach space
O177.2；O177.91
S 实 Banach 空间
C 唯一解
增生算子
Z 空间(数学)

日平均
daily mean
O212；P413
D 日平均值
S 平均数*
C 平均海面 →(4)
日平均流量 →(5)

日平均值
Y 日平均

容斥原理
inclusion-exclusion principle
O157
D 包除原理
逐步淘汰原则
S 数学原理*
C 组合数

容错直径

fault tolerant diameter
O157.5
S 直径*
C 限制边连通度

容度
Y 容量

容积
Y 容量

容量*
capacity
ZT3
D 容度
容积
有限容量
F 信息容量
样本容量
有效容量

容量扩张
capacity expansion
O227
S 扩张(数学)*
C 随机规划

容量维
Y 容量维数

容量维数
capacity dimension
O189.12
D 容量维
S 维数*

容忍区间
Y 统计覆盖区间

容忍误差
Y 限差

容限
Y 公差

容许估计
Y 容许决策函数

容许函数
admissible function
O241
S 函数*

容许集
admissible set
O144
D 可容许集
可允许集
允许集
S 集合*
C 拟变分不等式

容许解
Y 可行解

容许决策函数
admissible decision function
O121；O177
D 可容许估计
容许估计
S 决策函数
Z 函数

容许误差
Y 限差

融合算子
fusion operator
O177
S 算子*

冗余
redundancy
ZT5
D 冗余度
C 可靠性
冗余信息
数据
信息论

冗余度
Y 冗余

冗余函数
redundant function
O174.2
S 函数*

冗余小波变换
redundant wavelet transform
TP391
S 小波变换*

冗余信息
redundant information
TP391
D 多余信息
S 信息*
C 冗余

冗余约束
Y 多余约束

柔性耦合系统
flexible coupled system
N948
S 耦合系统
柔性系统
Z 系统

柔性系统
flexible system
N948
S 系统*
F 柔性耦合系统

茹利亚方向
Y Julia 方向

茹利亚集
Y Julia 集

软代数
soft algebra
O153
S 代数*
C 中理想

软集
soft sets
O153.1
D 软集合
S 集合*
F 模糊软集
C 半环

软集合
Y 软集

锐角
acute angle
O181
S 角(数学)*

锐角三角形
acute triangle
O123.1
S 三角形
F 等边三角形
C 垂心
Z 多边形

锐角原理
acute angle principle
O177；O181
S 数学原理*
C 拓扑度理论
相对紧集

瑞利分布
Rayleigh distribution
O211.3
D Rayleigh 分布
瑞利-赖斯分布
S 威布尔分布
C 瑞利散射 →(2)
误差分析
Z 概率分布

瑞利-赖斯分布
Y 瑞利分布

瑞利商
Y Rayleigh 商

瑞利数
Rayleigh number
O242；O303
D Rayleigh 数
S 数*
无量纲数*
C 对流传热 →(2)
多孔介质方程
格拉斯霍夫数 →(2)
量纲分析 →(2)
数值模拟分析
自然对流 →(2)(4)(5)

润滑方程
lubrication equation
O241
S 方程(数学)*
C 弹性流体 →(2)

润湿方程
Y 杨氏方程

若当标准形
Y Jordan 标准形

若当标准型
Y Jordan 标准形

若当链
jordan chain
O151.21；O175.3
D Jordan 链
S 随机过程*
C 过渡矩阵
亏损矩阵

若尔当分解
Y Jordan 分解

若尔当曲线定理
Y Jordan 曲线定理

弱*拓扑
Y 弱拓扑

弱 c-正规子群
weakly c normal subgroup
O152
S 子群
Z 群(数学)

弱 Hardy 空间
weak Hardy space
O177.8
S Hardy 空间
C 交换子
有界算子
有界性
Z 空间(数学)

弱 Herz 空间
weak Herz space
O177
S Herz 空间
Z 空间(数学)

弱 Hopf 代数
weak Hopf algebra
O189.2
S hopf 代数
Z 代数

弱 s-置换子群
weakly s-permutable subgroup
O152
S 子群
Z 群(数学)

弱半连续
weak semi-continuity
O189.11
S 半连续
弱连续
F 弱下半连续
C 紧性
均衡问题
Z 连续

弱常返
weakly recurrence
O211.62
S 常返*
C 示性数

弱大数定律
Y 强大数定律

弱对偶
weak duality
O189
D 强对偶
强对偶性
S 对偶*
C 奇偶性

弱对偶定理
weak duality theorem
O151.24；O241
S 对偶定理
Z 数学定理

弱非线性
small nonlinearity
N93
S 非线性
C δ 函数
Z 数学性质

弱估计
Y 弱型估计

弱混合
weak mixing
O211
S 拓扑混合
Z 数学性质

弱混合性
Y 拓扑不变性

弱混性
Y 拓扑不变性

弱基
weak bases
O189.11
S 弱解
C 商映射
Z 解

弱极限
Y 强极限

弱解
weak solution
O175.2；O177
D 很弱解
S 解*
F 非负弱解
弱基
弱有效解
C A-调和方程
分数布朗运动
可压缩 Navier-Stokes 方程
拟线性椭圆方程
弱紧性
退化椭圆方程
正则性准则

弱紧
Y 弱紧性

弱紧集
weakly compact set
O177.2
S 紧集
C Banach 空间
弱连续
Z 集合

弱紧算子
weak compact operator
O177
S 紧算子
Z 算子

弱紧性
weak compactness
O177；O189.1
D 弱紧
S 紧性*
C 等价范数
弱解

弱理想
weak ideal
O153.3
S 理想(数学)*
C 模糊点

弱连续
weakly continuous
O177.5
D 强连续
S 连续*
F 弱半连续
C 弱紧集

弱连续性
weak continuity
O174
S 函数连续性
C 无穷远元素
Z 函数性质

弱拟正规
weakly quasi normal
O152.1
S 拟正规
C π-可解群
Z 正规性

弱拟正规子群
weakly quasinormal subgroup
O152
S 拟正规子群
Z 群(数学)

弱耦合系统
Y 耦合系统

弱平稳过程
Y 宽平稳随机过程

弱奇异核
Y 奇异核

弱收敛
Y 强收敛

弱收敛定理
weak convergence theorem
O211.6
S 收敛定理
Z 数学定理

弱收敛性
Y 强收敛

弱双曲算子
Y 偏微分算子

弱双曲型算子
Y 偏微分算子

弱条件
weak condition
O177
S 条件(数学)*
C 迭代法

弱拓扑
weak topology
O189.11
D 强拓扑
弱*拓扑
S 拓扑*
C 闭包算子

弱下半连续
weakly lower semi-continuous
O175.14
S 弱半连续
下半连续
C 周期解
Z 连续

弱线性退化
weak linear degeneracy
O177
S 线性退化*

弱相合
Y 强相合性

弱相合性
Y 强相合性

弱形式
weak formulation
O177
S 数学形式*

弱型估计
weak type estimate
O211.67
D 弱估计
S 估计(数学)*

弱有界集
Y 有界集

弱有界集合
Y 有界集

弱有效解
weakly efficient solution
O241
S 弱解
有效解
C 标量化
理想点
Z 解

弱正则环
weakly regular ring
O153.3
S 正则环
Z 交换环
结合环

塞尔贝格迹公式
Y 迹公式

赛博空间
Y 信息空间

三 I 算法
Y 三 I 算法

三 I 支持算法
Y 三 I 算法

三 I 方法
Y 三 I 算法

三 I 算法
triple I algorithm
O141.1
D 三 I 算法
三 I 支持算法
三 I 方法
S 数学算法*
C 区间值模糊推理
优化

三参数
three parameters
O156；O175.14
S 参数*
C 区间值模糊集

三参数 Weibull 分布
Y 三参数威布尔分布

三参数对数正态分布
three parameter lognormal distribution
O211.1
S 对数正态分布
C 最小二乘法
Z 概率分布

三参数区间数
Y 区间数

三参数威布尔分布
three parameter Weibull distribution
O213.2
D 三参数 Weibull 分布
S 威布尔分布
C 极大似然法
Z 概率分布

三重迭代
three-step iterations
O177
S 迭代法*
C 增生映射

三重积分
triple integral
O172.2
S 重积分
C 雅可比行列式
Z 积分

三重微分截面
triple differential cross section
O184
S 截面(数学)*

三重相关
triple correlation
ZT4
S 多重相关
Z 相关

三垂线定理
three vertical line theorem
O182
S 数学定理*

三次 Bezier 曲线
Y 三次 Bézier 曲线

三次 Bézier 曲线
cubic Bézier curve
O174.61；O231
D 三次 Bezier 曲线
S 贝塞尔曲线
三次曲线
C 最小二乘法曲线拟合
Z 匹配

三次 B 样条
cubic B-spline
O174.41；O186.1
D C-B 样条
C-B 样条曲线
三次 B-样条
三次 B 样条曲线
三次 B-样条曲线
S B 样条
三次样条曲线
F 三次均匀 B 样条
Z 样条曲线

三次 B-样条
Y 三次 B 样条

三次 B 样条曲线
Y 三次 B 样条

三次 B-样条曲线
Y 三次 B 样条

三次 Diophantine 方程
cubic Diophantine equation
O122.2
D 三次丢番图方程
S 不定方程
三次方程
Z 方程(数学)

三次参数样条曲线
cubic parametric spline curve
O186.11
S 三次样条曲线
Z 样条曲线

三次插值
cubic interpolation
O241
S 插值*
F 三次样条插值
双三次插值
C 三次样条

三次丢番图方程
Y 三次 Diophantine 方程

三次方程

cubic equation
O122.2；O156；O174
S 非线性代数方程
F 三次 Diophantine 方程
一元三次方程
C 对称多项式
Z 方程(数学)

三次均匀 B 样条
cubic uniform B spline
O174.41；O241
S 三次 B 样条
C 双参数
Z 样条曲线

三次抛物线
cubic parabola
O174；O182；O241
D 立方抛物线
S 抛物线
Z 匹配

三次曲线
cubic curve
O187
S 平面曲线
F 三次 Bézier 曲线
C 误差函数
Z 匹配

三次剩余
Y 幂剩余

三次微分系统
three order differential system
O175
S 微分系统
C 极限环分支
Z 数学系统

三次系统
cubic system
O175.12
S 数学系统*
C 可积性

三次样条
cubic spline
O241.5
D 三元样条
S 多元样条
C Steiner 三连系
边界元法
三次插值
Z 样条曲线

三次样条插值
cubic spline interpolation
O174.42
D 三次样条插值法
S 三次插值
样条插值
Z 插值

三次样条插值法
Y 三次样条插值

三次样条插值函数
Y 三次样条函数

三次样条函数
cubic spline function
O174.42；O241.5
D 三次样条插值函数
S 插值函数
样条函数
C 柱面
Z 函数

三次样条曲线
cubic spline curve
O186.11
S 样条曲线*
F 三次 B 样条
三次参数样条曲线
C 复合形法
曲率半径

三次元
cubic element
O241.82
S 多元
C 特征有限元
Z 元

三等分角
trisection of an angle
O181
D 三等分角问题
S 角(数学)*
C 正多边形

三等分角问题
Y 三等分角

三点边值
Y 三点边值问题

三点边值问题
three-point boundary value problem
O175.8
D 三点边值
S 多点边值问题
F 二阶三点边值问题
C p-Laplace 算子
反向上下解
三点法 →(4)
Z 边值问题

三对角方程组
tridiagonal system
O241
S 方程组*
F 三对角线性方程组

三对角矩阵
tridiagonal matrix
O151.2
D 三对角阵
S 对角矩阵
F 块三对角矩阵
Z 方阵

三对角线性方程组
tridiagonal linear system
O241
S 三对角方程组
线性方程组
C 线性代数
Z 方程组

三对角阵
Y 三对角矩阵

三分 Cantor 集
Y Cantor 三分集

三分子模型
Y Brusselator 模型

三级数定理
three series theorem
O172
S 数学定理*
C 强大数定律

三角
Y 三角形

三角(形)分解
Y 三角分解

三角板
set square
O18
S 绘图工具*

三角不等式
triangle inequality
O122.3；O178
D Gerretsen 不等式
Klamkin 不等式
S 几何不等式
C 非线性对流扩散方程 →(2)
辅助函数
类 Wilson 元
特征不变量
凸多边形
Z 不等式

三角插值
trigonometric interpolation
O241
S 插值*
C 三角点 →(4)

三角插值多项式
trigonometric interpolation polynomial
O241.3
S 插值多项式
C 逼近
Z 多项式

三角代换
Y 三角代换法

三角代换法
trigonometrical substitution method
O243
D 三角代换
S 数学方法*

三角代数
triangular algebra
O153.3
S 代数*
C 极大代数
内导子

三角多项式

trigonometric polynomial
O174.21
S 多项式*
C 凸曲线

三角范畴
triangulated category
O154.1
S 范畴(数学)*
C 自同构群

三角范数
Y 三角模

三角方程
trigonometric equation
O124
S 超越方程
C 正周期解
Z 方程(数学)

三角分布
triangular distribution
O211.3
D 辛普森分布
S 连续分布
C 置信概率
Z 概率分布

三角分解
triangular decomposition
O151.21
D 三角(形)分解
三角分解法
三角形分解
S 数学分解*
C 张量积

三角分解法
Y 三角分解

三角函数
trigonometric function
O122.2；O124；O171；O174
D sinc 函数
三角函数问题
S 周期函数
F 双曲正弦函数
余弦函数
正切函数
正矢函数
C 三角函数值
三角模
余弦
Z 函数

三角函数法
trigonometric function method
O124
S 函数法
C 灰度值
Z 数学方法

三角函数解
triangle function solutions
O122.2
S 函数解
C 三角函数有理式
Z 解

三角函数式
trigonometric function formula
O174
S 函数表达式
C 有理式
Z 表达式

三角函数图象
triangle function image
O1-0
S 函数图像
Z 图像

三角函数问题
Y 三角函数

三角函数有理式
trigonometric function rational integral formula
O124
S 有理分式
C 三角函数解
原函数
Z 表达式

三角函数值
trigonometric func-tion value
O174；O241
S 函数值
C 三角函数
Z 值(数学)

三角和
Y 指数和

三角恒等式
trigonometric identity
O124
S 恒等式*
C 齐次多项式

三角换元
Y 三角换元法

三角换元法
triangular element method
O172.2
D 三角换元
S 换元积分法
Z 数学方法

三角基函数
triangle basis functions
O174
S 函数*
基函数

三角级数
Y 傅里叶级数

三角级数法
Y 傅里叶级数

三角矩阵
triangular matrix
O151.21
D 三角形矩阵
S 方阵*
特殊矩阵
F 对称三对角矩阵
上三角矩阵
下三角矩阵
Z 矩阵

三角矩阵环
triangular matrix ring
O153.3；O154
S 环(数学)*
F 上三角矩阵环
形式三角矩阵环
C 指数和

三角模
triangular norm
O159；O24
D 三角范数
三角余模
S 模(数学)*
C 集对分析
模糊集
区间数排序
三角函数

三角模算子
triangle module operator
O124；O141.1
S 算子*
C 边界点

三角剖分
triangulation
O187
D 三角形剖分
S 剖分*
F Delaunay 三角剖分
三角网格剖分
C Bezout 定理
凹多边形
二元样条
凸包

三角曲线
trigonometric curve
O181
S 函数曲线
F 余弦曲线
正弦曲线
C 切线多边形
Z 匹配

三角数
triangular numbers
O156
D 三角形数
S 多角数
C 方程解
Z 数

三角网格剖分
triangular mesh generation
O241.82
S 三角剖分
C 代数曲面
单纯复形
三角网模型 →(4)
Z 剖分

三角形
triangle

O123.1；O124；O157
D 平面三角
平面三角学
三角
三角学
S 多边形*
F Fibonacci 三角形
等腰三角形
焦点三角形
内接三角形
球面三角形
锐角三角形
杨辉三角形
直角三角形
C 地面三角形 →(4)
迭代初值
顶点坐标
内切圆
因素空间
中位线

三角形分解
Y 三角分解

三角形结构
triangular structure
O157.5；O241
S 数学结构*

三角形矩阵
Y 三角矩阵

三角形隶属函数
triangle membership function
O174
S 隶属函数
Z 函数

三角形模糊数
triangular fuzzy number
O159
S 模糊数*
F 对称三角模糊数

三角形剖分
Y 三角剖分

三角形数
Y 三角数

三角学
Y 三角形

三角余模
Y 三角模

三角域
triangular domain
O174
D 三角域伯恩斯坦一贝济埃曲面片
S 代数曲面
C Legendre 函数
Z 曲面

三角域伯恩斯坦一贝济埃曲面片
Y 三角域

三角圆
Y 单位圆

三阶
third order
O175.12
S 高阶
奇数阶
Z 阶(数学)

三阶边值问题
third-order boundary value problems
O175.8
S 边值问题*
F 三阶两点边值问题
三阶三点边值问题
C 三阶微分方程

三阶常微分方程
third-order ordinary differential equation
O175.1
S *n* 阶常微分方程
三阶微分方程
Z 方程(数学)

三阶段抽样
three-stage sampling
C81
S 多阶段抽样
Z 采样

三阶非线性方程
third-order nonlinear equation
O175
S 非线性方程
F 三阶非线性微分方程
C 渐近估计
上下解
Z 方程(数学)

三阶非线性微分方程
third-order nonlinear differential equation
O175
S 非线性微分方程
三阶非线性方程
三阶微分方程
C 伪概周期解
Z 方程(数学)

三阶幻方
third-order magic square
O157
D 九宫格
S 幻方
C 对角线
构造法
Z 方阵

三阶两点边值问题
third-order two-point boundary value problem
O175.8
S 三阶边值问题
C 存在性定理
Z 边值问题

三阶三点边值问题
third-order three point boundary value problem
O175.8
S 三阶边值问题
Z 边值问题

三阶微分方程
third-order differential equation
O175
S *n* 阶微分方程
F 三阶常微分方程
三阶非线性微分方程
C 全局结构
三阶边值问题
Z 方程(数学)

三阶相关
triple correlation
ZT4
S 相关*

三进制
ternary
O156.4；O241.5
S 进制*
C 插值

三棱柱
triangular prism
O181
S 棱柱
C 曲面拟合
Z 几何体

三棱锥
Y 四面体

三连系
Y 三元系

三临界点定理
three critical points theorem
O175.8
S 数学定理*

三明治定理
Y 夹逼准则

三圈图
tricyclic graphs
O157.5
S 圈图
C 特征多项式
Z 图表

三素数定理
Y 素数定理

三维变分
three-dimensional variational
O176；P456.7
S 变分问题
Z 数学问题

三维参数化建模
three-dimensional parametric modeling
TP391
D 参数化三维建模
S 参数化建模
C 三维地形模型 →(4)
Z 建模

三维对流扩散方程
S 扩散方程
三维扩散方程
Z 方程(数学)

三维非结构网格
three-dimensional unstructured grid
TP393.028
S 非规则网格
Z 网格

三维非线性
Y 三维非线性有限元分析

三维非线性分析
Y 三维非线性有限元分析

三维非线性有限元
Y 三维非线性有限元分析

三维非线性有限元法
Y 三维非线性有限元分析

三维非线性有限元分析
three-dimensional nonlinear finite element analysis
O175.2；O177.91；O241.82；O242.2
D 三维非线性
三维非线性分析
三维非线性有限元
三维非线性有限元法
S 非线性分析
非线性有限元分析
Z 数学分析
数值分析

三维分布
three-dimensional distribution
ZT72
S 分布*
C 二维分布

三维结构
three-dimensional structure
ZT6
S 结构*
C 三维速度结构 →(5)

三维解析解
three-dimensional analytic solution
O173
S 解析解
Z 解

三维空间曲线
Y 三维曲线

三维空间矢量
Y 三维矢量

三维扩散方程
three-dimensional diffusion equation
O122.2；O241.82
S 扩散方程
F 三维对流扩散方程
Z 方程(数学)

三维离散小波变换
three dimensional discrete wavelet transform
O17
S 离散小波变换
三维小波变换
Z 小波变换

三维离散余弦变换
three-dimension dct
O17
S 余弦变换
Z 数学变换

三维流形
three-dimensional manifold
O189
D 3-流形
S 流形*
C Heegaard 分解

三维模拟
three dimensional simulation
N032
D 3 维仿真
S 仿真*

三维模型
three-dimensional model
O141.4
D 3 维模型
S 模型*
F 三维数学模型
三维数字模型
C 四维模型 →(5)
一维模型

三维欧几里得几何学
Y 立体几何

三维欧氏几何
Y 立体几何

三维抛物方程
Y 三维抛物型方程

三维抛物型方程
three-dimension parabolic equation
O175.26
D 三维抛物方程
S 抛物型方程
Z 方程(数学)

三维曲线
three dimension curves
TP391
D 三维空间曲线
S 曲线*
C 特征向量

三维矢量
three-dimensional vector
O183
D 三维空间矢量
S *n* 维向量
Z 向量

三维数学模型
three-dimensional mathematical model
O141.4
S 三维模型
数学模型*
C 3 维空间
三维景观 →(4)
四维模型 →(5)
一维数学模型
Z 模型

三维数值仿真
Y 三维数值模拟

三维数值分析
three-dimensional numerical analysis
O241
S 数值分析*

三维数值模拟
three-dimensional numerical simulation
O242.1
D 三维数值仿真
三维数值模式
S 数值模拟
F 三维有限元数值模拟
C 计算流体力学 →(2)
Z 数学模拟

三维数值模式
Y 三维数值模拟

三维数字模型
three-dimensional digital model
TP391
S 模型*
三维模型

三维问题
Y 3 维空间

三维物体
three-dimensional objects
TP39
S 物体*

三维小波
Y 三维小波变换

三维小波变换
three-dimensional wavelet transform
O17
D 3D 小波变换
三维小波
S 小波变换*
F 三维离散小波变换

三维信息
3D information
TP391
S 信息*

三维有限元数值仿真
Y 三维有限元数值模拟

三维有限元数值模拟
three-dimensional finite element numerical modelin
O241.82
D 三维有限元数值仿真
S 三维数值模拟
C 响应预测
Z 数学模拟

三维转动
three-dimensional rotation
TP391.414
S 运动*

三项式
trinomial
O174.14；O174.21
S 多项式*
C 递推关系式

三元函数
unit triplet function
O174.1
S 多元函数
C 极大极小问题
Z 函数

三元数
three-ary number
O156
S 数*
C 特征变换 →(4)

三元系
ternary systems
O152；O157；O792
D 三连系
三组分体系
S 图表*
F Mendelsohn 三元系
Steiner 三连系

三元系统
ternary system
N948
S 系统*

三元样条
Y 三次样条

三值逻辑
three-valued logic
O141.1
S 数理逻辑
Z 逻辑

三组分体系
Y 三元系

三组元
three component
ZT4
S 元*

散度定理
Y 高斯公式

散乱点插值
Y 散乱数据插值

散乱点集
scattered point-cloud
O144；O186.11
S 点集
C 边界曲线
单纯复形
散乱数据插值
Z 集合

散乱数据插值
scattered data interpolation
O241.3
D 散乱点插值
S 插值*
C 散乱点集

散射分解
scattered partition
O189.11
S 数学分解*
C 紧致空间

散射算子
scattering operator
O177；O431.2
S 算子*
C 整体解

散射问题
scattering problem
O175.2
S 数学问题*
C 积分算子

散体单元法
discrete element method
O241.8
S 数学方法*
C 边界方程 →(2)

散逸性
dissipativity
O241.8
S 数学性质*
C 线性 θ-方法

散布图
Y 相关图

色等价
chromatically equivalent
O157.5
S 等价*
C 色唯一性
最小根

色等价图
chromatically equivalent graph
O157.5
S 图表*

色等价性
chromatically equivalence
O157.5
S 数学性质*
C 色多项式

色多项式
chromatic polynomial
O157.5
S 多项式*
C 色等价性
色划分
完全三部图

色划分
color-partition
O157
S 划分*
C 色多项式

色数*
chromatic number
O157.5
D 简单色数
着色数
F 2-距离色数
边色数
点色数
分数色数
关联色数
均匀色数
全色数
上色数
星色数
C 完全图

色唯一
Y 色唯一性

色唯一图
chromatically unique graph
O157.5
D 非色唯一图
S 图表*
C 最小根

色唯一性
chromatically uniqueness
O157.5
D 色唯一
S 数学性质*
C 色等价

森田对偶
Y Morita 对偶

筛法
Y 筛选法

筛选法
sieve method
O156.4
D Eratosthenes 筛法
埃拉托斯特尼筛法
筛法
筛选算法
S 数论方法
F 大筛法
C 素数
应用研究
Z 数学方法

筛选算法
Y 筛选法

山脊回归
Y 岭回归

山路定理
mountain pass theorem
O175.25
S 数学定理*

山路引理
mountain pass lemma
O175.3；O192
S 引理*
C Cerami 条件

山农信息论
Y 香农信息论

删失*
censoring
O212.1
F 随机删失
右删失

删失样本
Y 截尾样本

扇图
fan graph
O157.5
S 图表*
C 可图序列

扇形
sector
O181
D 圆扇形
S 圆*

商(数学)*
quotient (mathematics)
O241
D 商数
F Rayleigh 商
差商

商测度
Y 熵测度

商代数
quotient algebra
O153.3
S 代数*

商范畴
quotient category
O154
S 范畴(数学)*
C 直和项

商高定理
Y 勾股定理

商环
Y 分式环

商集
quotient set
O144.5
S 集合*
C 商群
映射

商空间
quotient space
O151.2
D 商线性空间
剩余类空间
S 拓扑空间
F 轨道空间
C 同态映射
Z 空间(数学)

商奇异值分解
quotient singular value decomposition
O151.21
S 奇异值分解
C 自仿射集
Z 数学分解

商群
quotient group
O152
S 群(数学)*
F 增广商群
C 商集

商数
Y 商(数学)

商线性空间
Y 商空间

商映射
quotient mapping
O189.1
S 映射*
C 弱基

熵(数学)*
entropy(mathematics)
O236
F Kolmogorov 熵
测度熵
关联熵
联合熵
联系熵
模糊熵
条件熵
拓扑熵
微分熵
信息熵
最大熵

熵(信息论)
Y 联合熵

熵测度
quotient measure
O174.12
D 商测度
S 测度(数学)*
F 最小熵鞅测度
C 信息熵

熵函数
entropy function
O174；O551
S 函数*
F 调节熵函数
极大熵函数
熵损失函数
C 熵 →(2)(3)(4)
约束变尺度法
最大熵

熵函数法
entropy function method
O174；O23
S 函数法
C 投影映射
Z 数学方法

熵解
entropy solution
O122.2
S 解*
C 熵方程 →(2)

熵率
entropy rate
O123
S 比率*

熵密度偏差
entropy density deviation
O211.4；O241.1
S 偏差*
C 二元函数

熵谱
entropy spectrum
O177.7；O211
S 谱*

熵损失
Y 熵损失函数

熵损失函数
entropy loss function
O174；O212；O241
D 熵损失
S 熵函数
损伤函数
F 对称熵损失函数
C 置信限
Z 函数

熵条件
entropy condition
O24；O35
S 条件*
F 边界熵条件
C 熵 →(2)(3)(4)

熵原理
entropy principle
O241
S 数学原理*
F 最大熵原理
C 多目标规划
熵 →(2)(3)(4)

上、下解
Y 上下解

上、下解方法
Y 上下解方法

上半连续
upper semi-continuous
O174.13
S 半连续
Z 连续

上半连续函数
Y 下半连续函数

上半连续性
upper semi-continuity
O174.1；O175.3
D 下半连续性
S 半连续性
C 水平集
Z 函数性质

上半连续映射
upper semicontinuous mapping
O153.2；O189.1
S 连续映射
C 凸空间
Z 映射

上半平面
upper half-plane
O174
S 半平面

C 带形区域
Z 平面

上采样
up-sampling
N3
S 采样*

上代数
Y 余代数

上积
Y 杯积

上极限
upper limit
O154；O171；O174
D 上限
上限值
下极限
正向极限
S 单侧极限
C 微积分
Z 极限(数学)

上解
supersolution
O175.2
S 上下解
C 下解
Z 解

上解和下解
Y 上下解

上界
upper bound
O144；O151.21；O171
S 界(数学)*
F Lundberg 上界
绝对扰动上界
上确界
C {1}-逆
Goormaghtigh 猜想
等价类
对数平均
矩阵范数
邻点可区别全色数
模糊数排序
逆 M-矩阵
严格对角占优矩阵

上界估计
upper bound estimate
O175
S 边界估计
C Ramsey 数
Z 估计(数学)

上近似
upper approximate
O159；O212
D 下近似
S 近似法*
C 负域
覆盖粗糙集
逻辑算子

上可嵌入
Y 上可嵌入性

上可嵌入性
upper embeddability
O157.5
D 上可嵌入
S 数学性质*
C Betti 亏数

上确界
least upper bound
O144；O171；O174
D 最小上界
S 上界
C 2-调和子流形
Lawson 拓扑
分数色数
加权 Herz 型 Hardy 空间
模糊距离
模糊推理
全符号控制数
收敛指数
四棱柱
约束度
正算子
Z 界(数学)

上三角矩阵
upper triangular matrix
O151.21
S 三角矩阵
C 导子
幂级数环
Z 方阵
矩阵

上三角矩阵代数
upper triangular matrix algebra
O153.3
S 矩阵代数
Z 代数

上三角矩阵环
upper triangular matrix ring
O153.3
S 三角矩阵环
C 中心元
Z 环(数学)

上色数
upper chromatic number
O157.5
S 色数*
C 稳定集

上升时间
rise time
ZT73
S 事件时间*
C 上升运动 →(2)(4)

上调和解
Y 次调和解

上同调
cohomology
O154；O157；O187
D Etale 上同调
Galois 上同调
艾达尔上同调
伽罗瓦上同调
S 同调*
C 李代数

上同调群
cohomology group
O152；O154；O189.22
S 同调群
F Hochschild 上同调群
Z 群(数学)

上凸密度
upper convex density
O23
S 密度*

上图
epigraph
O157.5
S 图表*

上下解
upper and lower solution
O122.2
D 上、下解
上解和下解
S 解*
F 反向上下解
拟上下解
上解
下解
C 合成展开法
互惠模型
三阶非线性方程
四阶奇异边值问题
有限爆破

上下解方法
lower-upper solution method
O175
D 上、下解方法
S 数学方法*
C 比较原理
水平集

上限
Y 上极限

上限分析
upper-bound analysis
O175.8；O344.5
S 极限分析
C 下限分析
Z 数学分析

上限函数
upper limit function
O174
S 函数*
F 变上限函数
积分上限函数

上限值
Y 上极限

上协边类
Y 协边类

上鞅
supermartingale
O211.6

D 下鞅
S 鞅
F 集值上鞅
C Doob 分解
Riesz 分解
Z 随机过程

少数者博弈
minority game
O225
S 博弈*
C 模拟分析

邵德尔不动点定理
Y Schauder 不动点定理

邵德尔基
Y Schauder 基

绍德尔估计
Y Schauder 估计

绍凯积分
Y choquet 积分

舍弃域
rejection region
O153.4
D 拒绝域
S 域*
C 尺度参数
非参数检验
零假设

舍入
Y 四舍五入

舍入法
Y 四舍五入

舍入误差
rounding error
O241.1
S 误差*
C 本原单位根
最佳逼近

舍位误差
Y 截断误差

舍项误差
Y 截断误差

舍选抽样法
acceptance rejection sampling method
C81
D 舍选抽样方法
S 采样*

舍选抽样方法
Y 舍选抽样法

设备*
equipment
TB4
F 实验室设备
C 设施

设计*
design
ZT0
D 规划方法
设计方案
设计方法
设计技术
F Pooling 设计
对称设计
方案设计
复合设计
固定设计
均匀设计
可分组设计
裂区设计
区组设计
实验设计
统计设计
图设计
析因设计
系统设计
优化设计
正交设计
组合设计
C 极限分析

设计变量
Y 决策变量

设计方案
Y 设计

设计方法
Y 设计

设计技术
Y 设计

设计矩阵
design matrix
O212
S 矩阵*

设计效应
design effect
O23
S 效应*

设施*
facility
ZT81
F 试验设施
C 设备

社会动力学
Y 系统动力学

射
Y 同态

射影
Y 投射(数学)

射影变换
projective transformation
O185；P209；P91
S 数学变换*
F 配极变换
直射变换
C 圆锥曲线

射影不变量
projective invariant
O186.11
D 投影不变量
S 不变量*
C 圆锥曲线

射影丛
projective bundle
O189.2
S 投射(数学)*
C 子流形

射影簇
projective variety
O187.2
D 射影代数簇
射影线性簇
S 代数簇
C 光滑点
Z 簇

射影代数簇
Y 射影簇

射影定理
projection theorem
O185
D 欧几里德定理
投影定理
S 数学定理*

射影对应
projective correspondence
O189.1
S 对应*
F 透视对应

射影法
Y 投影法

射影几何
projective geometry
O185
D 射影几何学
投影几何
S 几何*
C Pappus 定理
画法几何
透视轴
完全四点形

射影几何学
Y 射影几何

射影矩阵
Y 幂等矩阵

射影空间
projective space
O189.11；O189.2
S 空间(数学)*
F 复射影空间
C 有理曲线

射影理论
projection theory
O185
S 数学理论*
C 三维测量 →(2)

射影模

Y 投射模

射影平面
projective plane
O157.2；O185
D 二维射影空间
S 平面*
C 点传递图
区传递
圈基
双曲线型

射影平坦
projectively flat
O185
S 空间(数学)*
C Finsler 度量

射影算子
Y 投影算子

射影线性簇
Y 射影簇

射影线性群
projective linear group
O152.3
S 线性群
F 特殊射影线性群
Z 群(数学)

射影坐标
projective coordinates
O182
S 坐标*
C 椭圆曲线

射影坐标系
Y 投影坐标系

摄动*
perturbation
P133；P135；P433
D 摄动性
受摄运动
微扰
微扰法
微扰方法
F 边界摄动
参数摄动
谱摄动
奇摄动
C 三体问题 →(4)
受摄坐标 →(4)

摄动方程
Y 扰动方程

摄动函数
Y 扰动函数

摄动解
perturbation solution
O122.2
S 解*
C δ 函数
扰动方程

摄动矩阵
perturbation matrix
O231
S 矩阵*
C 摄动法 →(4)
线性摄动 →(2)(4)

摄动理论
Y 微扰理论

摄动随机有限元
perturbation stochastic finite element
O241.82
D 摄动随机有限元法
S 随机有限元
Z 有限元

摄动随机有限元法
Y 摄动随机有限元

摄动微分方程
differential equation with damping
O175
S 微分方程
Z 方程(数学)

摄动性
Y 摄动

摄动因素
Y 微扰理论

摄影坐标系
Y 投影坐标系

伸缩变换
dilation transformation
O182
D 坐标伸缩变换
S 数学变换*
C 径向解

伸缩矩阵
dilation matrix
O174.2
S 矩阵*
C 双正交多小波
双正交性

伸张函数
dilatation function
O174
S 函数*
C Beurling-Ahlfors 扩张
偏微分方程

深度
depth
ZT2
C 短正合列
局部环

深度分布
depth distribution
O157.4
S 数学分布*

深度函数
depth function
O174
S 函数*
C 深度基准 →(4)

深度优先搜索
depth-first search
O229
D 深度优先搜索法
纵向优先搜索
纵向优先搜索法
S 搜索*

深度优先搜索法
Y 深度优先搜索

神经网络*
neural network (mathematics)
O175
F BAM 神经网络
BP 神经网络
Cohen-Grossberg 神经网络
离散神经网络
时滞神经网络
C 反演
智能预报 →(4)(5)

升阶法
ascending order methods
O151.22；O177
D 加边法
S 数学方法*
C p 型有限元 →(2)
行列式

生产过程控制
Y 工艺过程控制

生产理论
production theory
O177
D 生产论
S 数学理论*

生产论
Y 生产理论

生成定理
generating theorem
O177
S 数学定理*

生成多项式
generator polynomial
O174.14；O174.21
S 多项式*
C 一致收敛

生成关系
generated relations
O152.1
S 关系(数学)*
C 同余

生成函数
Y 母函数

生成集
spanning set
O152.7
S 子集
C 变换半群
Z 集合

生成矩阵

generator matrix
O151
S 矩阵*

生成元
generating element
O152；O153；O177
S 元*
F 幂等生成元
投射生成元
无穷小生成元
C 安全素数
概率赋范空间
首次积分
向量丛
有限生成模

生成子
generators
O152；O153.3
S 抽象代数
Z 代数

生存函数
Y 残存函数

生灭过程
birth and death process
O211.6
D 纯灭过程
纯生过程
S 齐次马氏链
F 拟生灭过程
C 随机环境
游程理论 →(5)
Z 马尔可夫链

生命区间
life interval
O175.27
S 区间*
C 波动方程

生态流行病模型
Y 生态-流行病模型

生态-流行病模型
eco-epidemiological model
O175
D 生态流行病模型
S 传染病模型
C 正向不变集
Z 数学模型

生物数学
biomathematics
O1-0
S 数学*
C 信息学

生长算子
Y 增生算子

省类型
Y 布尔值模型

剩余
Y 剩余(数学)

剩余(数学)*
residual(mathematics)
O152.7；O153.1；O156.1
D 剩余
F 二次剩余
幂剩余

剩余标准差
residual standard deviation
O241.1
S 标准差*

剩余定理
Y 中国剩余定理

剩余格
residuated lattice
O141.1
S 抽象代数
Z 代数

剩余集
residual set
O144；O189.11
D 残集
S 集合*
F 剩余系
C 闭映射

剩余类
residue class
O153.3；O156
D 同余类
S 类(数学)*

剩余类环
Y 分式环

剩余类空间
Y 商空间

剩余疲劳寿命
residual fatigue life
O21；O346.2
S 剩余寿命
寿命*
C 剩余强度 →(2)

剩余平方和
Y 误差平方和

剩余谱
residual spectrum
O177.7
D 残谱
S 谱*
C 无穷维 Hamilton 算子

剩余寿命
residual life
O22
S 寿命*
F 平均剩余寿命
剩余疲劳寿命
C 平衡分布
剩余强度 →(2)

剩余数
Y 余数

剩余系
residue system
O156
D 同余域
S 剩余集
F 完全剩余系
C Kloosterman 和
同余式
余数
Z 集合

失拟检验
lack of fit test
O212.1
S 统计检验
Z 检验

失调误差
disorder error
TH161
S 误差*

失效
failure
ZT5
D 失效形式
C 断裂性能 →(2)(5)
疲劳 →(2)(4)
失效物理 →(2)

失效分布
Y 寿命分布

失效分析
Failure analysis
ZT0
D 失效检测
失效检验
S 分析*
F 失效树分析
C 贝叶斯区间估计
接触疲劳 →(2)
强度失效 →(2)
失效函数
应力腐蚀开裂 →(2)

失效函数
failure function
O174
D 失效率函数
S 函数*
C 可靠性模型
失效分析
寿命分布

失效机理
failure mechanism
ZT0
S 机理*

失效检测
Y 失效分析

失效检验
Y 失效分析

失效率函数
Y 失效函数

失效时间
failure time
ZT73

S 事件时间*

失效树分析
failure tree analysis
TB11
S 失效分析
树分析
Z 分析

失效形式
Y 失效

施笃兹定理
Y Stolz 定理

施拉夫利积分表示
Y 积分表示

施密特正交化
Schimidt orthogonalization
O15
D Schmidt 正交化
S 正交化
C 基向量
正交基
Z 数学方法

施坦流形
Y Stein 流形

施图姆-刘维尔边值问题
Y Sturm-Liouville 边值问题

施瓦茨不等式
Y Schwarz 不等式

施瓦茨导数
Y Schwarz 导数

施瓦茨积分公式
Y Schwarz 积分公式

施瓦茨交替法
Y Schwarz 交替法

施瓦茨引理
Y Schwarz 引理

施瓦兹空间
Y Schwartz 空间

十二面体
dodecahedron
O18；O71
S 多面体
F 正十二面体
Z 几何体

十分位
deciles
O121
D 十分位数
S 数位*

十分位数
Y 十分位

十进位值制
Y 十进制

十进位制
Y 十进制

十进小数
Y 小数

十进制
decimal system
O156.1
D 十进位值制
十进位制
S 多进制
C 几何平均
Z 进制

十六进制
hexadecimal system
O156.3
D 16 进制
S 多进制
Z 进制

十字交叉法
Y 平均值法

石川迭代
Y Ishikawa 迭代

石川迭代序列
Y Ishikawa 迭代序列

时
hours
ZT73
D 惯性时
光行时
S 时间单位*

时变
time varying
O21
D 时变环境
时变条件
S 变化*
C 泛容许性
时相关变形 →(2)
最短路径

时变 ARMA 模型
Y ARMA 模型

时变 Fourier 级数
Y 时变傅里叶级数

时变参数
time-varying parameter
TP27
S 参数*
C ARMA 模型
参数稳定性
双线性模型
现代时间序列分析

时变傅里叶级数
time-varying fourier coefficients
O174.22
D 时变 Fourier 级数
时变傅立叶级数
S 傅里叶级数
C 傅里叶变换
Z 级数(数学)

时变傅立叶级数
Y 时变傅里叶级数

时变环境
Y 时变

时变离散系统
time-varying discrete systems
N948
S 离散系统
时变系统
Z 系统

时变特征
time varying characteristic
O231
S 时空特征*

时变条件
Y 时变

时变系数
time-varying coefficient
ZT3
S 系数*
C 二阶变系数线性微分方程

时变系统
time-varying system
O231
D 非定常系统
时间变化系统
S 不确定系统
F 时变离散系统
时变线性系统
时变种群系统
C 定常系统
时变力学系统 →(2)
时滞系统
Z 系统

时变线性系统
time-varying linear systems
N948
S 时变系统
线性系统
Z 系统

时变种群系统
time-varying population system
N948
D 随机种群系统
S 时变系统
C Poisson 跳
Z 系统

时不变系统
Y 定常系统

时程积分法
time-integration method
O175.3
S 积分法
C 多项式拟合
Z 数学方法

时段
Y 时间间隔

时间*
time

ZT73
F 标准时间
持续日数
绝对时间
实时
随机时间
特征时间
相对时间
C 空间
时差 →(2)(4)(5)
时间单位
事件时间

时间比例同步算法
Y 时间运算

时间变化系统
Y 时变系统

时间变异系数
time variation coefficient
ZT3
S 时间参数*

时间标尺
Y 时间尺度

时间标记
time stamp
ZT5

时间不变系统
Y 定常系统

时间步长法
time marching method
O21；O22
S 时间运算*

时间参数*
time parameter
P127；P19
D 时间指标
时间指数
F 时间变异系数
时间区间
C 时间测量 →(2)
时间尺度
时间函数
时间运算

时间测度链
Y 时间尺度

时间尺度
time scale
ZT73
D 时间标尺
时间测度链
时间模
S 时空尺度*
F 多时间尺度
特征时间尺度
C 测度论
多时间尺度分析 →(4)
空间尺度
内尺度律 →(2)
时间标准 →(4)
时间参数

时间单位*
time unit
TB939
D 时间计量单位
F 时
小时
C 时间
时间标准 →(4)
时间测量 →(2)
时间序列

时间导数
time derivative
O174
S 导数*
C 间断 Galerkin 有限元

时间的
Y 时间学

时间分布
temporal distribution
ZT72
D 时间分布规律
S 时间学*

时间分布规律
Y 时间分布

时间分布特征
time distribution character
ZT6
S 时空分布特征
C 时间序列
Z 时空特征

时间分步
Y 时间分裂法

时间分步法
Y 时间分裂法

时间分裂法
time splitting method
O241
D 时间分步
时间分步法
S 分裂法*

时间函数
time function
O174；P315；P413
D 布容时间函数
S 函数*
F 时间响应函数
C 时间参数
时间测量 →(2)

时间积分
time integration
O17
D 时间积分步骤
时间积分强度
S 时间运算*

时间积分步骤
Y 时间积分

时间积分强度
Y 时间积分

时间计量单位
Y 时间单位

时间间隔
time interval
ZT73
D 时段
S 时间学*

时间离散
time discretization
O241.82
S 离散*
C 时间分辨 →(2)

时间连续性
temporal continuity
ZT4
S 连续性
Z 特性

时间逻辑
time logic
B81；TN911.2
S 时间学*

时间模
Y 时间尺度

时间模式
temporal patterns
ZT73
D 时间平均模式
S 时间学*

时间平均模式
Y 时间模式

时间区间
temporal interval
ZT73
S 时间参数*
C 离散风险模型

时间数列
Y 时间序列

时间推移
time lapse
ZT73
S 时间学*

时间维
temporal dimension
ZT73
D 时间维度
S 时间学*

时间维度
Y 时间维

时间系列
Y 时间序列

时间相关法
time-dependent method
O241；O351.2
D 不定常法
不定常方法
S 数值方法
Z 数学方法

时间响应
time response
ZT5
D 时间域响应
S 时间学*

时间响应函数
time response function
O174
S 时间函数
响应函数
C 离散模型
Z 函数

时间序列*
time series
O151
D 时间数列
时间系列
时序
F 多元时间序列
模糊时间序列
平稳时间序列
一元时间序列
C 残差分析
插值法
递推数列
滑动平均模型
模糊预测
时间单位
时间分布特征
信息维数

时间序列模型
time series model
O211.61
S 数学模型*
F 滑动模型
时间序列预测模型
C 自回归模型

时间序列预测模型
time series forecast model
O211.61
S 时间序列模型
预测模型*
C 最小二乘拟合
Z 数学模型

时间学*
time science
P19
D 时间的
F 时间分布
时间间隔
时间逻辑
时间模式
时间推移
时间维
时间响应
时间研究
时间因素

时间延迟
Y 时滞

时间延缓
Y 时滞

时间研究
time study
ZT73
S 时间学*

时间因素
time factors
ZT73
S 时间学*
C 尺度效应 →(4)

时间映射
time mapping
O175.1
S 映射*

时间域分析
Y 时域分析

时间域响应
Y 时间响应

时间运算*
time operation
TN911；TP301
D 时间比例同步算法
F 时间步长法
时间积分
C 时间参数

时间指标
Y 时间参数

时间指数
Y 时间参数

时间滞后
Y 时滞

时间滞后系统
Y 时滞系统

时间周期解
time-periodic solution
O175
S 周期解*
C 批量问题

时空变化特征
Y 时空特征

时空尺度*
spatial and temporal scale
ZT2
F 空间尺度
时间尺度
C 尺度

时空动态模拟
spatial-temporal dynamic simulation
N032
S 时空模拟
Z 仿真

时空对象
Y 空间对象

时空分布
Y 时空分布特征

时空分布规律
Y 时空分布特征

时空分布特征
spatiotemporal distribution
ZT6
D 时空分布
时空分布规律
S 时空特征*
F 空间分布特征
时间分布特征
C 时空演化特征 →(5)
水资源分布 →(4)

时空分解
Y 经验正交函数

时空关联
Y 时空相关

时空关系
time-space relations
ZT99
S 时空理论*

时空规律
Y 时空理论

时空过程
Y 时空理论

时空几何
Y 时空拓扑

时空理论*
space-time theory
O412.1
D 时空规律
时空过程
时空论
时空束缚
时空问题
时空延展
F 时空关系
C 时间理论 →(2)
时空 →(2)(4)
时空结构 →(2)(4)
时空特征

时空论
Y 时空理论

时空模拟
space-time simulation
N032
S 仿真*
F 时空动态模拟

时空属性
Y 时空特征

时空束缚
Y 时空理论

时空特点
Y 时空特征

时空特性
Y 时空特征

时空特征*
spatial-temporal feature
ZT73；ZT74
D 时空变化特征

时空特点
时空特性
时空性质
时空演变特征
时空属性
F 等时性
时变特征
时空分布特征
C 时空结构 →(2)(4)
时空理论
阵列

时空拓扑
spatio temporal topology
O189；P159
D 时空几何
S 拓扑*
C 空间对象

时空问题
Y 时空理论

时空相关
space time correlation
ZT99
D 空时相关
时空关联
时空相关性
S 相关*

时空相关性
Y 时空相关

时空性质
Y 时空特征

时空延展
Y 时空理论

时空演变特征
Y 时空特征

时空有限元
space-time finite element
O241.82
D 流线扩散有限元
流线扩散有限元方法
时空有限元方法
S Galerkin 有限元
C 后验误差
Z 有限元

时空有限元方法
Y 时空有限元

时期*
period
ZT73
D 阶段
期
F 发展期
过渡期
开始期
临界期
频发期
平稳期
晚期
有效期
中期
C 日期 →(4)
周期

时相分析
temporal analysis
O211.61
S 数学分析*
F 非线性时间序列分析
符号时间序列分析
现代时间序列分析

时效
aging
ZT4
D 时效[处理]
时效处理
S 效应*
C 沉淀硬化 →(3)
冷变形 →(2)

时效[处理]
Y 时效

时效处理
Y 时效

时序
Y 时间序列

时序立体数据表
sequential solid datasheet
O1-64；O212
S 图表*
C 组合地图 →(4)

时序预报方法
Y 预报

时延
Y 时滞

时延系统
Y 时滞系统

时域电场积分方程
time domain electric field integral equation
O172.2
S 电场积分方程
时域积分方程
Z 方程(数学)

时域方法
Y 时域分析

时域分析
time domain analysis
ZT5
D 步步积分法
时间域分析
时域方法
S 分析*
C 时间序列分析 →(2)
时频分析 →(2)

时域积分方程
time domain integral equation
O175.5
S 积分方程
F 时域电场积分方程
Z 方程(数学)

时域显式有限元方法
explicit finite element method
O241.82
S 显式有限元法
Z 数值分析

时域有限元
time-domain finite element
O241.82
D 时域有限元法
S 有限元*
C 电场强度因子 →(2)

时域有限元法
Y 时域有限元

时滞*
time delay
ZT73
D 时间延迟
时间延缓
时间滞后
时延
时滞后
F 变时滞
多时滞
非局部时滞
分布时滞
混合时滞
离散时滞
状态依赖时滞
C 时滞系统
延迟时间
滞后效应

时滞差分方程
delay difference equation
O175
S 差分方程
时滞方程
F 非线性时滞差分方程
脉冲时滞差分方程
中立型时滞差分方程
C 布尔差分
Z 方程(数学)

时滞差分系统
delay difference systems
O241.3
S 数学系统*

时滞动力方程
delay dynamic equation
O19；O302
S 动力方程*
C 时滞动力系统

时滞动力系统
delayed dynamic system
O19；O313
D 延时动力系统
S 动力系统(数学)*
C 时滞动力方程

时滞泛函微分方程
retarded functional differential equations
O175
S 函数方程
时滞微分方程
Z 方程(数学)

时滞方程
delay equation
O175
S 方程(数学)*
F 时滞差分方程
时滞抛物型方程
时滞微分方程
C 近似解

时滞非线性系统
time-delay nonlinear system
N93；N948
S 非线性系统
时滞系统
Z 系统

时滞惯性流形
inertial manifold with delay
O175
S 惯性流形
Z 流形

时滞广义系统
generalized time-delay system
N948
D 滞后广义系统
S 时滞系统
Z 系统

时滞后
Y 时滞

时滞理论
time lag theory
O211
S 数学理论*

时滞抛物型方程
delay parabolic equation
O175
S 抛物型方程
时滞方程
C 拟单调
Z 方程(数学)

时滞神经网络
delayed neural networks
O175；O23
S 神经网络*
C 矩阵测度
全局渐近稳定性

时滞微分不等式
delay differential inequalities
O178
S 微分不等式
C Lyapunov 稳定性定理
Z 不等式

时滞微分方程
delay differential equation
O175
D 时滞微分系统
S 时滞方程
微分方程
F 二阶时滞微分方程
非线性时滞微分方程
时滞泛函微分方程
退化时滞微分方程
中立型时滞微分方程
C Neimark-Sacker 分支
Riccati 变换
多重周期解
Z 方程(数学)

时滞微分系统
Y 时滞微分方程

时滞系统
time-delay system
O231
D 迟延系统
迟滞系统
等待制系统
时间滞后系统
时延系统
系统时延
系统延迟
系统延时
延迟系统
延时系统
滞后系统
S 系统*
F Lurie 时滞系统
时滞非线性系统
时滞广义系统
随机时滞系统
C 平稳振荡
时变系统
时滞

时滞种群模型
delayed model in population
O175
S 种群模型
C 重合度理论
最终正解
Z 数学模型

识别*
recognition
ZT5
D 辨识
识别过程
F 模式识别
模型识别

识别过程
Y 识别

识别指标
Y 判定指标

实 Banach 空间
real Banach space
O177
S Banach 空间
F 任意实 Banach 空间
C 算子方程
Z 空间(数学)

实 Clifford 分析
real Clifford analysis
O151.2
S Clifford 分析
C Clifford 代数
高阶奇异积分
Z 数学分析

实变函数
real variable function
O174.1
D 实变量函数
实变数函数
S 实函数
C 闭集
局部有界
算子范数
Z 函数

实变函数论
real function theory
O174.1
S 函数论*
F 测度论
C Cantor 三分集
泛函分析
依测度收敛
有界闭集

实变量函数
Y 实变函数

实变数函数
Y 实变函数

实部
real part
O174
C 虚部

实测曲线拟合法
Y 曲线拟合

实对称矩阵
real symmetric matrix
O151.21
D 实对称阵
实方阵
S 对称矩阵
方阵*
实矩阵
F Gram 矩阵
半正定矩阵
次正定矩阵
负定矩阵
亚正定矩阵
正定矩阵
C P-集合
QR 方法
逆向不等式
线图
Z 矩阵

实对称阵
Y 实对称矩阵

实对称正定矩阵
Y 正定矩阵

实二次域
Y 虚二次域

实方阵
Y 实对称矩阵

实根
real root
O122

S 方程根
F 有理根
C 线性递归数列
虚根
Z 根(数学)

实函数
real function
O174
S 函数*
F 实变函数
正实部函数
C 函数粗集

实积分
real integral
O174.5
S 积分*
C 参数方程

实际孔径
Y 孔径

实矩阵
real matrix
O151
S 矩阵*
F 实对称矩阵
C 复矩阵
加权范数
数值半径

实离散本征值
real discrete eigenvalues
O177
S 实特征值
Z 特征值

实例分析研究
Y 实例研究

实例研究
case study
G304
D 实例分析研究
S 研究*

实时
real time
ZT73
S 时间*
C 实时观测 →(4)
实时信息
瞬时 →(4)

实时校正
real-time correction
ZT5
D 实时修正
S 校正*

实时控制
Y 动态控制

实时信息
real-time information
N950
S 信息*
C 实时

实时修正
Y 实时校正

实数
real number
O122
S 复数*
F 超越数
负数
无理数
有理数
正数
C 虚数

实数集
real number set
O144；O156
D 实数连续统
实数系
S 复数集
F 有界集
自然数集
C 点对称
实数域
子集和
Z 集合

实数解
real solution
O122.2
S 解*
F 有理解

实数连续统
Y 实数集

实数连续性
continuity of the real numbers
O156
S 连续性
C 等价命题
Z 特性

实数系
Y 实数集

实数域
real number field
O156.2；O174
S 复数域
F 有理数域
C 闭曲线
实数集
Z 域

实特征值
real eigenvalue
O175.9
S 特征值*
F 实离散本征值
C 对称矩阵
特征矩阵

实体
Y 实体对象

实体对象
entity object
ZT
D 空间实体
实体
实体分类
实体类
S 空间对象*

实体分类
Y 实体对象

实体类
Y 实体对象

实体属性
Y 特性

实无穷
actual infinity
O141
D 实无限
S 无限*

实无限
Y 实无穷

实物试验
object tests
N33
S 试验*

实线性空间
real linear space
O151.2
S 线性空间
C 择一定理
Z 空间(数学)

实序列
solid sequence
O174
S 序*

实验
Y 试验

实验报告
laboratory report
N33
D 试验数据
S 实验结果*
C 观测结果 →(4)(5)

实验方法
Y 试验

实验观测
experimental observation
N3；TB462.2
D 观测实验
观测试验
实验观测法
S 观测*

实验观测法
Y 实验观测

实验记录
test protocol
N33
S 记录*
C 物理实验 →(2)

实验检验

Y 试验

实验建模
experiment modelling
N33
S 建模*

实验结果*
experimental result
N33
D 试验结果
F 实验报告
实验数据

实验区
experimental area
N33
S 区域*

实验曲线
Y 试验曲线

实验设计
experimental design
N33
D 实验设计(数学)
试验设计
试验设计(数学)
S 设计*
F 回归设计
C 物理实验 →(2)
效应

实验设计(数学)
Y 实验设计

实验室*
laboratory
G311；N33
D 试验室
F 重点实验室
C 物理实验 →(2)

实验室规模
laboratory scale
N33

实验室设备
laboratory equipment
N33
S 设备*
C 检测
实验仪器 →(2)
试验设施

实验室数据
Y 实验数据

实验室研究
Y 实验研究

实验数据
experimental data
N33
D 实验室数据
S 实验结果*
C 物理实验 →(2)

实验数据拟合
experimental data fitting
O241.5
S 数据拟合*
C 奇异核

实验研究
experimental study
N33
D 实验室研究
实验验证
S 研究*
C 数量方法

实验验证
Y 实验研究

实验站
experimental station
N24
S 台站*

实验证据
experimental evidence
N33

实验值
experimental value
N3
S 数值*

实用化攻关
Y 应用研究

实用化研究
Y 应用研究

实用稳定性
practical stability
O175；O193
S 稳定性(数学)*
C 单位圆

实值函数
real-valued function
O174
S 函数*
F 凹函数
非凸函数
凸函数
伪凸函数
C Pettis 积分
可测空间
连通集

实轴
real axis
O174；P128
D 虚轴
S 轴(数学)*
C 对称函数

食饵-捕食
Y 捕食模型

食饵-捕食者
Y 捕食模型

食饵-捕食者模型
Y 捕食模型

食物链模型
food chain model
O175
S 数学模型*
F 捕食模型

史密斯标准型
Y Smith 标准型

矢丛
Y 向量丛

矢量
Y 向量

矢量(数学)
Y 向量

矢量表示
Y 向量表示

矢量叠加法
Y 矢量法

矢量法
vector method
O76
D Patterson 综合
极小函数法
矢量叠加法
矢量空间法
向量法
F 单位矢量法
矢量分析法
旋转矢量法
C 立体几何
偏差解耦 →(2)
Z 数学方法

矢量分析
vector analysis
O183；O186；P208
D 向量分析
S 数学分析*
C 散度 →(4)
矢量重力测量 →(4)(5)

矢量分析法
vector analysis method
O171
S 矢量法
C 环路积分 →(2)
Z 数学方法

矢量空间法
Y 矢量法

矢量图
vector diagram
ZT99
D 矢量图像
S 图表*
C 矢量数据 →(4)

矢量图像
Y 矢量图

矢量有限元
vector finite-element
O241.82；O411
D 矢量有限元方法
S 有限元*
C 子域积分

矢量有限元方法
Y 矢量有限元

矢量运算
vector operation
O172
S 运算*

矢通量分裂
flux vector splitting
O175
S 通量分裂
Z 分裂法

矢值序列空间
vector-valued sequence space
O177.2
S 序列空间
C 严格单调
Z 空间(数学)

使用年限法
Y 直线法

使用年限折旧法
Y 直线法

示图
Y 示意图

示性函数
characteristic function
O183
D 伯努利变量
S 函数*

示性类
characteristic class
O189
S 类(数学)*
C 对称多项式

示性数
characteristic number
O144；O189.2
D 特征数
S 数*
F 欧拉示性数
C 亏函数
弱常返

示意图
schematic diagram
N3
D 示图
S 图表*

势场
F 保守场

势函数法
potential function methods
O236
S 函数法
C 过渡曲面
Z 数学方法

势论
potential theory
O174.3
D 位势论
S 数学理论*
C 数学分析
位势

势能函数
potential energy functions
O174
S 函数(物理)*
F 解析势能函数
全空间解析势能函数
C 范德华力 →(2)(3)
分子力常数 →(2)
分子振动 →(2)
晶格动力学 →(2)
赝势法 →(2)
正规方程

势问题
potential problem
O241.83；O302
S 数学问题*
C 边节点 →(2)

势下降内点算法
potential-reduction interior-point algorithm
O221
S 内点算法
C 凸规划
Z 最优化方法

事件*
event
ZT
D 概率事件
偶然事件
随机事件
F 必然事件
不可能事件
独立事件
对立事件
互斥事件
基本事件
模糊事件
小概率事件
C 古典概型

事件代数
Y 事件域

事件空间
space of events
ZT74
S 空间*

事件时间*
event time
ZT73
F 采样时间
持续时间
等待时间
服务时间
末离时
平衡时间
上升时间
失效时间
首出时
首中时
随机加工时间
停留时间
停时
响应时间
循环时间
延迟时间
运行时间
终止时间
最大完工时间
C 时间
事件视界 →(2)(4)

事件树分析
event tree analysis
TB11
D 事件树分析法
事件树形图分析
S 树分析
Z 分析

事件树分析法
Y 事件树分析

事件树形图分析
Y 事件树分析

事件域
field of events
O211.62
D 事件代数
S 域*
C 几何概型

试函数
Y 试探函数

试探函数
trial function
O174；O241；O344.3
D 测试函数
试函数
S 函数*

试探函数法
trial function method
O174；O23
S 函数法
C 非线性代数方程
Z 数学方法

试验*
experiment
N33
D 实验
实验方法
实验检验
试验法
试验方法
F 标准参照测验
步进应力加速寿命试验
恒加试验
混料试验
截尾试验
实物试验
数值模拟试验
统计试验
微型实验
C 检测
试验设备 →(2)

试验场

test fields
N33
D 测试场
S 试验设施
Z 设施

试验法
Y 试验

试验方法
Y 试验

试验函数
Y 检验函数

试验基地*
test base
N24
D 试验站
F 中间试验基地

试验架
test stand
N33
S 测试设备*

试验结果
Y 实验结果

试验模型
test model
ZT
S 模型*
C 检验函数

试验曲线
test curve
N3
D 实验曲线
S 曲线*
C 检验函数

试验设计
Y 实验设计

试验设计(数学)
Y 实验设计

试验设施
test facilities
N33
S 设施*
F 试验场
C 实验室设备
太阳模拟器 →(4)

试验室
Y 实验室

试验数据
Y 实验报告

试验站
Y 试验基地

试样
Y 样品

适定结点组
properly posed set of nodes
O175；O241.3
S 群组*
C 插值条件

适定问题
Y 不适定问题

适定性
well-posedness
O171；O175
S 数学性质*
F 局部适定性

适度解
mild solution
O122.2；O175.2
D mild 解
温和解
S 解*
C 发展方程
塞贝克效应 →(2)
收缩核

适体坐标系
Y 贴体坐标系

适宜性
fitness
ZT4
D 适应性
适用性
S 特性*
F 模型适用性
普适性
C 运动

适应过程
adaptive processes
O211.6
S 随机过程*

适应解
adapted solution
O122.2
S 解*
C 适应系数 →(2)

适应网格
Y 自适应网格

适应系统
Y 自适应系统

适应性
Y 适宜性

适应性群团抽样
adaptive cluster sampling
C81
S 采样*

适用性
Y 适宜性

释放
releasing
ZT5

收集
Y 采集

收敛(数学)*
convergence(mathematics)
O171；O211
D 敛散性
收敛性
收敛性质
F a.s.收敛
Kuratowski 收敛
Lp 收敛性
超收敛
大范围收敛
单调收敛
点态收敛
迭代收敛
二次收敛
级数收敛
加速收敛
渐近收敛
绝对收敛
均方收敛
全局收敛
水平收敛
算法收敛性
条件收敛
统计收敛
完全收敛
稳定收敛
线性收敛
序列收敛
一致收敛
依测度收敛
依概率收敛
指数收敛
C Jacobi 迭代法
p-级数
Ritz 向量
等价代换
奇异值分解法 →(5)
有限元离散

收敛半径
convergence radius
O174
S 半径*
C 迭代微分方程
非负整数解
收敛域

收敛定理
convergence theorem
O171；O211.6
D 收敛性定理
S 数学定理*
F 控制收敛定理
强收敛定理
弱收敛定理
鞅收敛定理
C 变分包含
迭代数列
极大 η-单调映象
下降法
预解方程

收敛分析
Y 收敛性分析

收敛横坐标
convergent abscissa
O171；O174

D 绝对收敛横坐标
相关绝对收敛横坐标
相关有界收敛横坐标
S 横坐标
C Lebesgue 积分
广义 Dirichlet 级数
随机系数
一致收敛
整函数
Z 坐标

收敛级数
convergent series
O122.7
S 级数(数学)*
F 小波级数
C Wallis 公式
收敛率

收敛加速
Y 加速收敛

收敛阶
convergence order
O177；O241
S 阶(数学)*
C 迭代法

收敛率
convergence rate
O173.1
D 渐近收敛速率
平均收敛速率
收敛速率
S 比率*
C BAM 神经网络
收敛级数

收敛率估计
convergence rate estimate
O211
S 估计(数学)*
C 严格伪压缩映象
增生算子

收敛区间
convergence interval
O173.1
S 区间*
C 收敛条件

收敛速度
convergence rate
O177.4；O211.4
S 速度*
F 强收敛速度
指数收敛速度
最优收敛速度
C 变异算子
迭代公式
概率型逼近
极限分布
刻度指数族
强相合性
一元方程
一致强相合性

收敛速率
Y 收敛率

收敛条件
convergence condition
O173.1
S 条件(数学)*
C 收敛区间

收敛性
Y 收敛(数学)

收敛性定理
Y 收敛定理

收敛性分析
convergence analysis
O151.21
D 收敛分析
S 数学分析*
C DFP 算法
Helmholtz 方程
不可微规划
非凸规划

收敛性加速
Y 加速收敛

收敛性质
Y 收敛(数学)

收敛序列
convergent sequence
O177.92
S 序*
C 紧覆盖映射
开映射

收敛因子
convergence factor
O173.1；O241
S 因子*
C 迭代法
线性方程组

收敛域
convergence domain
O177.6
S 域*
C 收敛半径

收敛指数
convergence exponent
O174；O177.91；O241
D 幂敛指数
S 指数*
F 二级收敛指数
零点收敛指数
C 布尔矩阵
复振荡理论
上确界

收敛准则
convergence criterion
O171
S 准则*
F 柯西收敛准则
C 交错级数

收缩核
retract
O189.2
S 核函数

C 适度解
Z 函数

收缩算子
Y 压缩算子

收缩映射
shrinking mapping
O175.3
S 映射*

收益函数
revenue function
O174
S 函数*

守恒重映
conservative remapping
O174
S 映射*

守恒格式
conservation scheme
O241；P43
D 守恒形式
守恒型
守恒型差分格式
S 差分格式*
C 流动方程 →(2)

守恒积分
conservation integral
O175.2
S 积分*

守恒形式
Y 守恒格式

守恒型
Y 守恒格式

守恒型差分格式
Y 守恒格式

首出时
first exit time
O211.9
S 事件时间*
C 末离时
鞅

首次积分
first integral
O172.2；O175.2
D 第一积分
首次积分法
S 积分*
C 不动点
常微分方程组
生成元
通解公式
拓扑度理论
周期解

首次积分法
Y 首次积分

首达时
Y 首中时

首达时间

Y 首中时

首中时
first hitting time
O211.9；O226
D 首达时
首达时间
S 事件时间*
C 遍历性

寿命*
lifetime
ZT4
D 寿命期限
F 平均寿命
剩余疲劳寿命
剩余寿命
系统寿命
C 半衰期 →(2)
持续时间
年龄 →(4)(5)
有效期

寿命分布
life distribution
O213.2
D 失效分布
S 概率分布*
F 对数正态分布
伽玛分布
截尾分布
疲劳寿命分布
威布尔分布
C 失效函数

寿命分布函数
life distribution function
O174
S 分布函数
Z 函数

寿命期限
Y 寿命

受控自回归滑动平均模型
Y ARMA 模型

受摄运动
Y 摄动

舒尔补
Y Schur 补

舒尔定理
Y Schur 定理

舒尔稳定
Y Schur 稳定性

疏朗集
Y 稠密集

疏失误差
Y 粗差

输出反馈
output feedback
O231
S 反馈*
F 负反馈
正反馈
C 反馈矩阵
状态反馈

输出函数
output function
O174
S 函数*

输出解耦
output decoupling
O231
S 输入输出解耦
Z 解耦

输出向量
Y 输入向量

输入输出解耦
input output decoupling
O231
S 解耦*
F 输出解耦

输入态
Y 输入向量

输入向量
input vector
O183
D 输出向量
输入态
S 向量*

输送
Y 转移

输运
Y 转移

输运方程
transport equation
O175.24
D Boltzmann 输运方程
玻尔兹曼方程
玻尔兹曼积分微分方程
S 数理方程
C 等离子体扩散 →(2)
输运理论 →(2)
转移
Z 方程(数学)

输运过程
Y 转移

输运机理
Y 转移

输运机制
Y 转移

输运趋势
Y 转移

输运现象
Y 转移

输运行为
Y 转移

输运性能
Y 转移

属性
Y 特性

属性测度
attribute measure
O174.12
S 测度(数学)*

属性层次模型
attribute hierarchical model
O223
S 数学模型*
C 特征向量导数

属性定义
Y 特性

属性矩阵
attributive matrix
O151.21
S 矩阵*

属性判断矩阵
attribute judgment matrix
O151.21
S 判断矩阵
C 直觉模糊集
Z 矩阵

属性坐标系
attribute coordinate system
N94
S 坐标系*

属种关系
Y 包含关系

术语*
D 名词术语
F 数学术语
C 定义
命名

树分析
tree analysis
TB11
S 分析*
F 故障树分析
失效树分析
事件树分析

树宽
tree-width
O157.5；O23

树算法
Y 树形算法

树图
tree graph
O157.5
D 谱系图
树形图
树状图
S 图表*
C 全控制数
无圈边色数

树形神经
Y 树状网络

树形算法
tree algorithm
O24
D 树算法
S 算法*

树形图
Y 树图

树型小波
Y 树状小波

树映射
tree mapping
O189.11
S 映射*
C 拓扑熵

树状图
Y 树图

树状网络
tree structured networks
O157.5；O212
D 树形神经
S 网络结构*
C 指数稳定性

树状小波
tree-structured wavelet
O17
D 树型小波
S 小波变换*
F 双树复小波变换
C 图像检索 →(4)

竖式
portrait mode
O171
S 表达式*
C 积分法

数*
number
O143
D 数概念
数字
F Euler 数
Genocchi 数
Lucas 数
Nielsen 数
Ramsey 数
Stirling 数
补数
对偶数
多复变数
多角数
二进制数
分圆数
勾股数
孤立数
灰数
检验数
简单数
交叉数
亏数
联结数
留数
区间数
瑞利数
三元数
示性数
素变数
随机数
尾数
未确知数
无平方因子数
有效数字
整和数
众数
重数
组合数

数(数学运算)*
number (mathematical operations)
O143；O241
F 被开方数
乘数
除数
倒数
减数
余数

数表
numerical table
O156；O1-64
S 图表*

数概念
Y 数

数集
number set
O143；O144；O156
D 参数集
代数集
数系
S 集合*
F 复数集
指数集
C 参数函数
代数函数
多项式
数域

数据*
data
ZT99
D 记录数据
记录资料
数据定义
数据记录
F 方向数据
聚集数据
可靠性数据
模拟数据
屏蔽数据
区间数据
统计数据
完全数据
无失效数据
纵向数据
C 冗余
数据采集
文献 →(4)(5)
信息
资料 →(4)(5)

数据采集
data acquisition
N951.1；TP391
D 采集(数据)
数据获得
数据获取
数据收集
数据搜集
资料采集
S 采集*
C 分步法
数据

数据采样
Y 数据取样

数据插补
data interpolation
O241.3
S 补*

数据抽样
Y 数据取样

数据处理*
data processing
TB391
D 数据处理方法
数据处理与解释
F 轮廓矢量化
脉冲输入
数据对比分析

数据处理方法
Y 数据处理

数据处理与解释
Y 数据处理

数据定义
Y 数据

数据对比分析
data comparison analysis
N34；N37
S 数据处理*

数据分析
data analysis
O171
S 数学分析*
F 函数型数据分析
探索性数据分析
相关分析
C Kalman 滤波方法

数据获得
Y 数据采集

数据获取
Y 数据采集

数据记录
Y 数据

数据检验
data check
O212.1
S 检验*

数据解释

data interpretation
N37
D 资料解释
S 解释*

数据精确度
Y 正确度

数据库完整性
database integrity
TP311
S 完整性
C 信息系统
Z 特性

数据模型
data model
TP311
S 模型*
F 网状数据模型
C SPSS 统计分析
空间信息模型 →(4)
随机效应模型

数据内插
Y 插值法

数据拟合*
data fitting
O213；O241.5
D 数据拟合法
F 非线性数据拟合
实验数据拟合
C 群(数学)
线性插值
子群

数据拟合法
Y 数据拟合

数据取样
data sampling
O21
D 数据采样
数据抽样
S 采样*
C 时间序列分析 →(2)
数据统计

数据收集
Y 数据采集

数据搜集
Y 数据采集

数据统计
data statistic
TP391
S 统计*
C 数据取样

数据完整性
data integrity
TP311
S 完整性
Z 特性

数据修正
data correction
ZT5
S 校正*

数据序列
data sequence
O211.67
S 序*
C 时间序列分析 →(2)

数理方程
mathematical equation
O175.24；O411.1
S 方程(数学)*
F Dirac 方程
Helmholtz 方程
Klein-Gordon 方程
stokes 方程
拟线性波动方程
输运方程
四阶波动方程

数理科学
mathematical science
O
S 自然科学*
C 数学
物理学 →(2)(3)(4)(5)

数理逻辑
mathematical logic
O141
D 不可判定理论
递归理论
递推理论
符号逻辑
理论逻辑
S 逻辑*
F 二值逻辑
格值逻辑
可拓逻辑
连续值逻辑
三值逻辑
一阶逻辑
直觉主义逻辑
中介逻辑
C 唯一性定理

数理统计
mathematical statistic
O212
D 数理统计学
S 统计*
C 概率论
概率统计
概率统计分析
回归(数学)
序贯分析
样本方差
正交分析

数理统计学
Y 数理统计

数理统计预报
Y 预报

数量*
quantity
ZT3
D 量
F 鞍点量
独立数
焦点量
模拟量
奇点量
增量

数量场
scalar field
O156
C 欧氏空间
梯度分布
线性变换
坐标系

数量方法
quantitative method
O241
S 数学方法*
C 实验研究

数量化理论
quantitative theory
O21
S 数学理论*

数量积
quantity product
O15
S 积*
C 代数式
交叉积
坐标运算

数量曲率
scalar curvature
O151.2
D 纯量曲率
S ricci 曲率
F 常数量曲率
C 完备子流形
线性关系
Z 曲率

数量三重积
Y 混合积

数量指标
quantitative index
ZT3
S 指标*

数列*
sequence
O141.3；O171
F Bell 数
Catalan 数
Lucas 数列
单调数列
等比数列
等差数列
递归数列
递推数列
迭代数列
函数列
有穷数列
周期数列

数列不等式

series inequality
O178
S 不等式*
C 归纳推理

数列和
Y 数列求和

数列极限
sequence limit
O171
S 极限(数学)*
C 单调有界原理
迫敛性

数列求和
sum of sequence
O143；O171
D 数列和
S 求和法
C 变化速度
运算法则
Z 数学方法

数列求和公式
Y 求和公式

数列通项
general term of sequence
O171；O174.41
S 通项
Z 项(数学)

数列通项公式
Y 通项公式

数论
number theory
O1-0；O156；O411
D 数论问题
S 数学理论*
F 初等数论
代数数论
计算数论
C 杯积
整数解

数论变换
number theory transform
O156
S 数学变换*
C 卷积定理

数论方法
number-theoretic method
O156
S 数学方法*
F Baker 方法
筛选法
圆法
C 统计模拟

数论函数
arithmetic function
O156
D 算术函数
S 函数*
F Euler 函数
Gamma 函数
M(o)bius 函数
zeta 函数
β 函数
除数函数
加性函数
C 格点
渐近估计
均值分布
有理解

数论问题
Y 数论

数模分析
Y 数值模拟分析

数位*
digit
O121
F 百分位
十分位

数系
Y 数集

数项级数
Y 级数(数学)

数形结合法
symbolic-graphic combination method
O13；O172
S 数学方法*
C 初等代数
点坐标
空集

数学*
mathematics
O1-0
D 数学分支
数学观
数学观念
数学科学
数学研究
F 变量数学
初等数学
泛灰数学
高等数学
构造性数学
古代数学
灰色数学
基础数学
计算数学
近代数学
经典数学
可靠性数学
可拓数学
离散数学
理论数学
模糊数学
区间数学
生物数学
数学教育学
数学美学
随机数学
未确知数学
西方数学
应用数学
元数学
中国数学
组合数学
C 数理科学
统计学

数学奥林匹克问题
mathematical Olympiad problem
O1-0
S 数学问题*

数学悖论
mathematical paradox
O144.2
S 数学理论*
F 贝克莱悖论
罗素悖论
芝诺悖论

数学边界条件
Y 边界条件

数学变换*
mathematical transformations
O172
F Abel 变换
Backlund 变换
Berezin 变换
Box-Cox 变换
Cayley 变换
Darboux 变换
Esscher 变换
Girsanov 变换
hartley 变换
Householder 变换
M(o)bius 变换
Riccati 变换
Riesz 变换
保角变换
比例变换
参数变换
测度变换
初等变换
代数变换
等积变换
等价变换
等距变换
对换
对数变换
共轭变换
广义 S 变换
函数变换
恒等变换
霍夫变换
几何变换
洛伦兹变换
欧拉变换
射影变换
伸缩变换
数论变换
双变换
拓扑变换
物元变换
线性变换
鞅变换
幺正变换
映射变换
正弦变换
正则变换

指数变换
C 积分变换
数学法
数学分析

数学表达式
Y 关系式

数学表述
Y 关系式

数学不等式
Y 不等式

数学导数
Y 导数

数学定理*
mathematical theorem
O1-0
F Abel 定理
Arzela-Ascoli 定理
Banach-Steinhaus 定理
Bezout 定理
Browder 定理
Burnside 定理
Cayley 定理
Darboux 定理
Desargues 定理
Dini 定理
Dirichlet 定理
Drop 定理
Egoroff 定理
Engel 定理
Fatou 定理
Fejer 定理
Floquet 理论
Frobenius 定理
Fubini 定理
Girsanov 定理
Godel 不完备性定理
Hadamard 定理
Hahn-Banach 定理
Hilbert 零点定理
Jordan 曲线定理
KAM 定理
KKM 定理
Kuhn-Tucker 定理
Leray-Schauder 抉择定理
Levi 定理
Liouville 定理
Lyapunov 定理
Maschke 定理
Mazur-Ulam 定理
Minkowski 定理
Pappus 定理
Parseval 定理
Pascal 定理
Picard 定理
Poincare 定理
Radon-Nikodym 定理
Razumikhin 定理
Riemann 定理
Riesz 定理
Schottky 定理
Schur 定理
Shannon-McMillan 定理
Stolz 定理
Sturm 定理
Sylow 定理
Weyl 定理
Wilson 定理
Wolstenholme 定理
鞍点定理
饱和定理
逼近定理
比较定理
闭图象定理
遍历定理
表示定理
不动点定理
插值定理
除法定理
存在性定理
单调有界定理
单值化定理
德拉姆定理
等价定理
对偶定理
二项式定理
樊畿定理
反函数定理
非空交定理
费马定理
分解定理
分类定理
分离定理
更新报酬定理
共鸣定理
勾股定理
关键定理
关系定理
惯性定理
海涅定理
蝴蝶定理
环绕定理
积分定理
基本定理
畸变定理
极大极小定理
极限定理
计数定理
加法定理
交错定理
结构定理
截口定理
介值定理
紧致性定理
局部化定理
卷积定理
均值定理
可解性定理
空隙定理
扩张定理
连续性定理
零点定理
密度定理
面积定理
莫利定理
逆定理
扭转定理
欧拉定理
排序定理
判别定理
判定定理
偏差定理
谱映射定理
嵌入定理
切割线定理
求解定理
区间套定理
三垂线定理
三级数定理
三临界点定理
山路定理
射影定理
生成定理
收敛定理
斯托克斯定理
四色定理
素数定理
特征定理
停止定理
同构定理
同态定理
托勒密定理
完备性定理
韦达定理
唯一性定理
维数定理
消没定理
性质定理
旋转定理
延拓定理
隐函数定理
映射定理
有限覆盖定理
余弦定理
预备定理
圆盘定理
择一定理
增长定理
展开定理
振动定理
正定理
正逆定理
正弦定理
指标定理
致密性定理
中国剩余定理
中值定理
终值定理
重合定理
逐项微分定理
主理想定理
最大模定理
最值定理
C 定律(数学)

数学定义
mathematical definition
O1
S 定义*

数学法*
mathematical method
P628
F 层次分析
特征值分析
C 概率
数学变换

数学地质 →(5)

数学方法*

mathematical method

O1

D 数学技术

F AOR 方法

Bootstrap 方法

Broyden 方法

CQ 方法

Davenport-Heilbronn 方法

Euler-Maruyama 方法

Fourier 方法

Galerkin 方法

Gel'fond-baker 方法

Hirota 方法

ICM 方法

Kalman 滤波方法

Knopp-Kojima 方法

Lanczos 方法

Level Set 方法

Levenberg-Marquardt 方法

MCMC 方法

Melnikov 方法

Milstein 方法

Q 值法

Schwarz 交替法

SOR 方法

鲍威尔法

贝叶斯方法

比较系数法

变换法

变量代换法

标量化

不等式法

不动点方法

参数法

残值法

插空法

插值法

差分代换

差值法

拆项法

常数 k 值法

初等方法

大 M 法

代数方法

带余除法

待定系数法

单支方法

等分

等价代换

迭加法

对分法

二分法

二阶矩法

非参数法

分步法

符号法

辅助方程法

复数法

割补法

割平面法

割线法

割圆术

格网法

构造法

光滑化方法

广义函数束方法

函数法

化归方法

换元法

混合法

活动标架法

积分法

极大似然法

几何方法

记数法

加权本质无振荡格式

加权法

夹逼法

夹角余弦法

假设方法

检验法

降阶法

交替法

截断展开法

截面法

矩量法

矩阵变换法

快速多极方法

拉格朗日元法

累积法

离散变分方法

离散格式

量词消去方法

裂项相消法

流线扩散法

枚举法

幂法

面积法

面元法

模型法

内点法

拟合法

牛顿法

欧氏距离法

配置方法

匹配法

平方根法

平均法

平均值法

谱方法

齐次平衡法

穷举法

求导

求和法

求积法

扰动方法

三角代换法

散体单元法

上下解方法

升阶法

数量方法

数论方法

数形结合法

数学归纳法

数学模型法

数值方法

双时间步方法

四舍五入

四元术

松弛法

算子解法

随机跳跃法

特征线法

梯度法

梯形法

天元术

同伦方法

同余法

统计方法

凸性方法

图解法

图论方法

推求方法

网格法

网络法

微分法

涡方法

无穷递降法

细分方法

下降法

弦截法

显格式

线性化法

消元法

辛格式

行处理法

序列二次规划法

延拓

一步法

移项

有限体积法

约化

正交化

直接法

直线法

重正化群方法

综合除法

最小一乘法

最小元素法

坐标法

C 逼近

计算数论

解析拟合 →(4)

空间(数学)

评估

数学性质

数值解

微分差分方程

优化

最大熵原理

数学方法论

mathematical methodology

O1-0

S 数学理论*

数学仿真

Y 数学模拟

数学分布*

mathematical distribution

O211.3

F Burr 分布

Gumbel 分布

K 分布

Lomax 分布

Wigner 分布
不变分布
残差分布
队长分布
感度分布
共轭先验分布
距离分布
零点分布
平衡分布
谱分布
圈长分布
权重分布
深度分布
双曲分布
瞬态分布
素数分布
特征值分布
位相型分布
误差分布
线性分布
预测分布
值分布
置信分布
周期分布
C 渐近公式
数学性质

数学分解*
mathematical decomposition
O122
D 分解原理
分解原则
F Bruhat 分解
Cholesky 分解
Doob 分解
Fitting 分解
Heegaard 分解
Hodge 分解
Jordan 分解
LDLT 分解
LDU 分解
LU 分解
qr 分解
Riesz 分解
Schur 分解
UV-分解
半格分解
变分解
标准分解
多项式分解
多元分解
泛分解
广义分解
混沌分解
既约分解
满秩分解
谱分解
奇异值分解
区域分解
三角分解
散射分解
素理想分解
素因子分解
算子分解
随机分解
同余分解
因式分解
正交分解
直和分解
直积分解
重分形分解
准素分解
C 簇
多项式代数

数学分析*
mathematical analysis
O17
D 数学分析法
F Clifford 分析
Painlevé 分析
贝叶斯分析
变分分析
变权分析
参数分析
残差分析
代数分析
单调性分析
递归分析
迭代分析
多重尺度法
泛函分析
非标准分析
非光滑分析
非线性分析
分叉分析
分形分析
复分析
复杂性分析
概率分析
高精度分析
极限分析
几何分析
局部影响分析
矩阵分析
决策分析
拉格朗日分析
模糊分析
模拟分析
排队分析
扰动分析
时相分析
矢量分析
收敛性分析
数据分析
算法分析
随机分析
同伦分析
拓扑分析
现代分析
线形分析
线性分析
相平面分析
序列分析
一致性分析
因子分析
有限分析
张量分析
整体分析
正交分析
重分形分析
主坐标分析
组合分析
C 势论
数学变换
数学性质
突变理论

数学分析法
Y 数学分析

数学分支
Y 数学

数学公式
Y 公式(数学)

数学观
Y 数学

数学观念
Y 数学

数学归纳法
mathematical induction
O141
S 数学方法*
C 广义 Fibonacci 数列

数学规划*
mathematical programming
O221
D 数学规划法
数学规划方法
F 半定规划
半无限规划
参数规划
动态规划
二层规划
非凸规划
非线性规划
交叉规划
交互规划
决策规划
区间规划
随机规划
线性规划
相关机会规划
整数规划
组合规划
C 建模
决策论
目标函数
数学认识论

数学规划法
Y 数学规划

数学规划方法
Y 数学规划

数学规划模型
mathematical programming model
O141.4；O221
S 规划模型
F 多目标规划模型
二层规划模型
非线性规划模型
随机规划模型
整数规划模型
Z 数学模型

数学函数
Y 函数

数学计算模型
Y 计算模型

数学技术
Y 数学方法

数学检验
Y 假设检验

数学建模
mathematical modeling
O141.4
D 建模方法
建模原则
数值建模方法
S 建模*
F 回归建模

数学教育学
mathematics pedagogy
O1-0
S 数学*

数学结构*
mathematical structure
O1-0；O189
D 关系结构
F AFS 结构
Hamilton 结构
Poisson 结构
代数结构
复结构
阶段结构
全局结构
三角形结构
微分结构
辛结构
序结构
延拓结构
一致结构
正规结构
子结构

数学解
Y 解

数学精度*
mathematic precision
O241
F 代数精度
多精度
二阶精度
反演精度
高阶精度
积分精度
解释精度
近似精度
滤波精度
拟合精度
求解精度
双精度

数学科学
Y 数学

数学空间
Y 空间(数学)

数学理论*
mathematical theories
O1-0
F H∞控制理论
K-理论
Morse 理论
Nevanlinna 理论
半序理论
存贮论
定性理论
度理论
二次型理论
范畴论
分层理论
分支理论
复振荡理论
概率论
格论
更新理论
估计理论
极限理论
极值理论
集对论
集合论
矩阵论
可靠性理论
可能性理论
类型论
离散变分理论
临界点理论
率失真理论
盲数理论
模糊理论
模型理论
挠理论
纽结理论
谱理论
群论
射影理论
生产理论
时滞理论
势论
数量化理论
数论
数学悖论
数学方法论
数学认识论
搜索论
算子理论
同余理论
微分不等式理论
位势理论
稳定性理论
纤维丛理论
现代控制论
相空间重构理论
小波理论
效用理论
鞅论
有限理论
证明论
值分布理论
指标理论
指数理论
锥理论
组合论
C 数学模型

数学理论模型
Y 数学模型

数学美学
mathematical aesthetics
O1-0
S 数学*
C 线性方程组

数学描述
Y 数学模型

数学名词
Y 数学术语

数学模拟*
mathematical simulation
O242.1
D 数学仿真
数学模拟试验
F q 模拟
分形模拟
计算模拟
离散模拟
蒙特卡罗方法
模糊模拟
数值模拟
随机模拟
C 仿真
匹配

数学模拟试验
Y 数学模拟

数学模式
Y 数学形式

数学模型*
mathematical model
O141.4；O212.7；O22
D 模型(数学)
数学理论模型
数学描述
F Brusselator 模型
EV 模型
Gauss-Markov 模型
Hammerstein 模型
Hull-White 模型
leslie 模型
Lotka-volterra 模型
贝叶斯模型
变系数模型
布尔值模型
参数模型
插值模型
差分方程模型
传染病模型
代数模型
代谢模型
单指标模型
动力学数学模型
动态数学模型
对偶模型
对数模型
多项式模型
二次模型
二维数学模型

非线性模型
分布模型
复合二项模型
格子 BGK 模型
工程数学模型
固定效应模型
规划模型
函数模型
恒化器模型
互惠模型
混合效应模型
积分模型
集合模型
几何模型
计算模型
加速失效时间模型
降阶模型
降维模型
交错扩散
经典模型
均值漂移模型
可加模型
可靠性模型
离散模型
连续模型
流动模型
蒙特卡罗模型
摸球模型
拟合模型
耦合数学模型
排队模型
排序模型
平稳模型
期望值模型
求解模型
区间模型
趋势模型
三维数学模型
时间序列模型
食物链模型
双重时序模型
算法模型
统计模型
凸集模型
图论模型
威布尔模型
微分方程模型
沃纳模型
物元模型
西蒙斯模型
系统数学模型
一维数学模型
异方差模型
有限元模型
增长曲线模型
指派模型
种群模型
属性层次模型
转换模型
锥模型
子模型
综合评判模型
C 检验
马尔可夫模型
模型假设
数学理论
数学拟合
系统工程
指标

数学模型法
mathematical model method
O242.1
D 数学模型计算
S 数学方法*
C 冻结指数 →(4)

数学模型计算
Y 数学模型法

数学拟合*
mathematical fitting
O174.41；O241
F 边界拟合
插值拟合
多边形拟合
分段拟合
公式拟合
过拟合
函数拟合
回归拟合
模型拟合
曲线拟合
椭圆拟合
样条拟合
圆拟合
直线拟合
最佳拟合
C 数学模型
有限元

数学期望*
mathematical expectation
O211.67
D 期望
F 罚金折现期望
模糊期望
条件期望
C 超几何分布
中值

数学曲线
Y 匹配

数学认识论
mathematical epistemology
O1-0
S 数学理论*
C 数学规划

数学软件
mathematical software
O245
S 应用软件*

数学史
mathematics history
O1-0
S 自然科学史
F 中国数学史
Z 科技史

数学术语
mathematics terms
O1-6
D 数学名词
S 术语*

数学速算法
Y 数学算法

数学算法*
mathematic algorithm
O18；O241
D 数学速算法
F ABS 算法
Broyden 算法
CRI 算法
DFP 算法
Mamdani 算法
Metropolis-Hastings 算法
保结构算法
变邻域
并行算法
不动点算法
多项式算法
非单调算法
基线算法
级联算法
记忆梯度法
矩阵算法
连续算法
邻近点算法
欧几里德算法
前向-后向算法
三 I 算法
数值算法
投影收缩算法
外推算法
信赖域算法
预估-校正算法
整体退火遗传算法

数学特征
Y 数学性质

数学统计模型
Y 统计模型

数学问题*
mathematical problems
O1-0
F Behrens-Fisher 问题
Cauchy 问题
Hilbert 问题
Riemann 问题
Robin 问题
Stokes 问题
Sturm-Liouville 问题
Tingley 问题
Tricomi 问题
Waring-Goldbach 问题
百鸡问题
板弯曲问题
变分问题
病态问题
波尔查问题
不适定问题
参数范围问题
初值问题
等变分歧问题
等谱问题
等周问题

动边界问题
反问题
非局部问题
刚性问题
个数问题
各向异性问题
共振问题
华林问题
化圆为方问题
混合问题
极大极小问题
极值问题
计数问题
矩问题
均衡问题
扩散问题
秘书问题
敏感性问题
逆散射问题
判定问题
抛物问题
七桥问题
奇异问题
取值范围问题
扰动问题
热传导反问题
散射问题
势问题
数学奥林匹克问题
双障碍问题
四色问题
特征值问题
退化问题
线性二次型问题
线性问题
相补问题
斜微商问题
选择问题
运筹问题
正演问题
中值问题
终值问题
追击问题
子问题
最小值问题

数学系统*
mathematical system
O13
F Hamilton 系统
Kolmogorov 系统
Leslie 系统
Liénard 系统
保守系统
闭包系统
不连续系统
代数系统
赌博系统
多目标系统
多项式系统
二阶系统
发展系统
非线性非自治系统
刚性系统
高维系统
格点系统
公理系统
广义区间系统
合作系统
互惠系统
紧致系统
竞争系统
可积系统
扩张系统
六角系统
脉冲混合系统
拟线性系统
抛物系统
平面系统
齐次系统
奇异系统
扰动系统
三次系统
时滞差分系统
双曲系统
四次系统
四角系统
损失制系统
退化系统
椭圆系统
拓扑系统
微分系统
五次系统
线性周期系统
相依回归系统
演绎系统
中立型系统
周期系统
C 模糊拓扑

数学形式*
mathematical form
O1-0；O143；O151.2；O156
D 数学模式
F Moebius 形式
第二基本形式
第一基本形式
函数形式
逆向形式
谱任意模式
弱形式
双线性形式
自守形式
C 欧氏空间
展开(数学)

数学性质*
mathematics characteristics
O1-0
D 数学特征
F Benson 真有效性
D-最优性
NP-困难
NP-完全性
Painlevé 性质
Perron-Frobenius 性质
Radon-Nikodym 性质
半单性
半线性
半正定性
伴随唯一性
保号性
保形性
保序性
闭性
遍历性
不可约
超线性
乘性一致性
存在唯一性
存在性
代数性质
单峰性
单值化
等可能性
调和性
度量性质
对偶性
多解性
泛逼近性
泛容许性
非线性
负相协
复共线性
复杂性
光滑性
轨道唯一性
哈密尔顿性
互异性
回归性
极小性
几何性质
渐近均分割性
渐近线性
渐近正态性
渐近最优性
解析性
介值性
精确渐近性
精确能控性
可解性
连续依赖性
轮换对称性
马氏性
幂等性
幂零性
拟线性
匹配唯一性
迫敛性
齐次性
奇偶性
奇异性
强次线性
散逸性
色等价性
色唯一性
上可嵌入性
适定性
数字特征
算术性质
同伦不变性
统计性质
拓扑混合
拓扑性质
伪轨跟踪性质
伪线性
相关免疫性
相合性
严平稳性

严有效性
一阶线性
一致有效性
异方差性
有界性
有理性
有限交性质
有限决定性
运算性质
整除性
正规增长性
指数型二分性
准线性
自伴性
自反性
C 数学方法
数学分布
数学分析

数学研究
Y 数学

数学引理
Y 引理

数学应用
Y 应用数学

数学优化模型
Y 优化模型

数学预测*
prediction(mathematical)
O211.67
D 预测(数学)
F 贝叶斯预测
马尔科夫预测
区间预测
双样预测
优性组合预测
自回归预测
最优预测

数学原理*
mathematics principle
O1-0
F Leray-Schauder 原理
半闭原理
比较原理
变分原理
不变原理
乘法原理
抽屉原理
单调有界原理
调整原理
动态规划原理
对称性原理
对偶原理
反射原理
幅角原理
辅助原理
极小值原理
极小作用原理
集中紧性原理
嘉量原理
简化原理
扩展原理
逻辑原理
偏差原理
平衡原理
确界原理
容斥原理
锐角原理
熵原理
算法原理
小概率原理
压缩原理
优势原理
转换原理
最大模原理
最大值原理
最优化原理
C 引理
最优化方法

数学证明
mathematical proof
O141.2
S 证明*

数域
number field
O156.2
D 代数数域
S 域*
F p-adic 数域
二次数域
复数域
C Yangian 代数
数集

数阵
numerical matrix
O151.2
S 数字图
C 幻方
杨辉三角形
Z 图表

数直线
Y 数轴

数值*
numerical value
O241
D 数值化
数值结果
F 标称值
分维值
峰值
估计值
灰度值
极端值
记录值
离群值
期望值
实验值
瞬时值
有效值
正常值
C 测量值

数值(数学)
Y 值(数学)

数值半径
numerical
O177
S 半径*
C 实矩阵

数值逼近
numerical approximation
O241.5
D 数值逼近法
数值近似
S 逼近*
F 函数逼近
最小二乘逼近
C 欧拉方法 →(2)

数值逼近法
Y 数值逼近

数值比较
Y 数值分析

数值不稳定性
Y 数值稳定性

数值代数
Y 矩阵计算

数值点
numerical point
O15
S 点(数学)*
F Borel 点
不可导点
插值节点
方差变点
回归点
极值点
矩心
聚点
吸收壁
中值点

数值迭代法
numerical iteration method
O241.6
S 迭代法*
C 数值算法

数值法
Y 数值方法

数值方法
numerical method
O241
D 数值法
数值解法
S 数学方法*
F 边界元法
差分法
区域分解法
时间相关法
数值积分
无网格法
C Newton 多边形
非线性泛函微分方程
描述函数
特征线
特征向量
完全解
阻尼边界条件

数值仿真分析
Y 数值模拟分析

数值分析*
numerical analysis
O211.67；O241
D 数值比较
数值分析法
数值分析方法
数值计算分析
数值解析法
F 非线性数值分析
均值分析
拟合分析
偏最小二乘分析
三维数值分析
数值模拟分析
四元数分析
有限元分析
C 弹塑性数值分析 →(2)
非线性方程
计算流体动力学 →(2)
数值计算

数值分析法
Y 数值分析

数值分析方法
Y 数值分析

数值耗散
numerical dissipation
O175；O3

数值化
Y 数值

数值积分
numerical integration
O172.2；O241.4
D 高维数值积分
机械求积
近似求积
数值积分法
数值积分方法
数值求积分
数值求积公式
数值求面积
S 数值方法
C 单层位势
拟动力方程 →(2)
偏微分方程
求积公式
指数矩阵运算
Z 数学方法

数值积分法
Y 数值积分

数值积分方法
Y 数值积分

数值积分公式
Y 积分公式

数值计算
numerical calculation
O24
D 多重积分近似计算
多重积分数值计算
数值计算法
S 计算*
F 矩阵计算
C 差分离散
逆压梯度 →(2)
数值分析
算法原理
微分差分方程

数值计算法
Y 数值计算

数值计算分析
Y 数值分析

数值计算模型
Y 数值模型

数值检验
numerical examination
TB463.1
S 检验*

数值建模方法
Y 数学建模

数值结果
Y 数值

数值解
numerical solution
O122.2；O241.6
D 数值求解
S 解*
F 微分方程数值解
C CAS 小波
Fredholm 积分方程
打靶法
对流占优扩散方程 →(2)
数学方法
水力学模型 →(5)
梯形公式
外推算法
预估-校正算法

数值解法
Y 数值方法

数值解算
Y 解算

数值解析法
Y 数值分析

数值近似
Y 数值逼近

数值离散
numerical discretization
O241.8
S 离散*
C 极值

数值流形
numerical manifold
O241
S 流形*
C 大变形分析 →(2)

数值模拟
numerical simulation
O241.5
D 计算机模拟
模拟记录
模拟模型
模拟数据处理
数值模拟方法
数值模拟研究
数值拟合
数字模拟
S 数学模拟*
F 二维数值模拟
离散元数值模拟
三维数值模拟
直接数值模拟
C Boussinesq 近似
Melnikov 方法
w-理想
半参数
常曲率
点传递图
切割面
四维变分
随机分布

数值模拟方法
Y 数值模拟

数值模拟分析
numerical simulation analysis
O242.1
D 数模分析
数值仿真分析
数值模态分析
S 模拟分析
数值分析*
C 参数规划
高斯积分
模律
瑞利数
周期小波变换
Z 数学分析

数值模拟模型
Y 数值模型

数值模拟实验
Y 数值模拟试验

数值模拟试验
numerical simulation experiment
N33
D 数值模拟实验
S 试验*
C 覆盖面

数值模拟研究
Y 数值模拟

数值模态分析
Y 数值模拟分析

数值模型
numerical model
O141.4
D 数值计算模型
数值模拟模型
S 模型*
F 二维数值模型
C 碰撞积分 →(2)

平面

数值拟合
Y 数值模拟

数值逆
numerical inversion
O177.2；O241
S 求逆*
C M-矩阵

数值求积分
Y 数值积分

数值求积公式
Y 数值积分

数值求解
Y 数值解

数值求面积
Y 数值积分

数值算法
numerical algorithm
O241.6
S 数学算法*
C 数值迭代法

数值微分
numerical differentiation
O175；O241.4
D DDA 法
数值微分法
数值微分公式
S 微分法
C 代数精度
最佳逼近
Z 数学方法

数值微分法
Y 数值微分

数值微分公式
Y 数值微分

数值稳定
Y 数值稳定性

数值稳定性
numerical stability
ZT5
D 数值不稳定性
数值稳定
S 稳定*
C 微分方程法

数值误差
numerical error
O212.1
S 误差*

数值修约
rounding off for values
O24

数值域
Y 值域

数值值域
Y 值域

数轴
number axis
O122
D 数直线
S 轴(数学)*
C 绝对值

数字
Y 数

数字模拟
Y 数值模拟

数字特征
digital character
O241
S 数学性质*
C 变异系数

数字图
digital image
O157.5
S 图表*
F 数阵

数字序列
digital sequence
O211.6
S 序*
C 数字图像 →(4)

数字正交变换
digital orthogonal transform
O151
S 正交变换
C 次正交矩阵
Z 数学变换

数字自相关
digital autocorrelation
ZT4
S 自相关
Z 相关

刷新周期
Y 更新周期

衰耗
Y 衰减

衰减*
attenuation
ZT5
D 衰耗
衰减规律
衰减过程
F 指数衰减
C 弹性波 →(2)(4)(5)
螺旋流场 →(5)
弥散 →(2)(4)
损耗
吸收 →(2)(3)(4)(5)
振动速度 →(2)

衰减比
Y 衰减率

衰减估计
decay estimates
O175；O211
S 估计(数学)*
C 局部存在性

衰减规律
Y 衰减

衰减过程
Y 衰减

衰减率
attenuation rate
ZT3
D 衰减比
水通量衰减率
S 比率*
C 阻尼 →(2)(4)(5)

衰减曲线
decay curve
ZT86
S 曲线*
C 衰减时间 →(2)

双半环
bi-semiring
O153.3
S 半环*
C 直积

双边不等式
bilateral inequality
O178
S 不等式*
C Wallis 公式
加权几何平均

双边检验
two-sided test
O212.1
S 统计检验
C 双面约束 →(2)
Z 检验

双变换
double transformation
O175
D 双有理变换
双有理对应
S 数学变换*
F 双线性变换
C 非线性常微分方程

双波函数
double wave function
O174
S 波函数
C 双波理论 →(2)
Z 函数

双采样
Y 重采样

双参数
two-parameter
O174；O177.91；O212.1
D 两参数
S 参数*
C 均匀 B 样条
三次均匀 B 样条
双累积曲线 →(5)

双参数半群
two-parameter semigroup
O152.7
S 半群
Z 群(数学)

双参数地基模型
Y 双参数模型

双参数模型
two-parameter model
O141.4
D 双参数地基模型
S 参数模型
C 仿真
临界裂缝尖端开口位移 →(2)
临界应力集中因子 →(2)
Z 数学模型

双参数指数分布
two-parameter exponential distribution
O212.1
S 双指数分布
C 次序统计量
Z 概率分布

双层分布位势
Y 双层位势

双层位势
double layer potential
O174.3；O175
D 双层分布位势
S 位势*
C 虚边界元法 →(2)

双层线性规划
Y 二层线性规划

双尺度方程
double scaling equation
O241
S 方程(数学)*
C 小波函数

双重 Fourier 变换
double Fourier transform
O174.22
D 双重傅里叶变换
S 傅里叶变换
C 平均位移 →(2)
Z 积分变换

双重抽样
two-phase sampling
C81
D 二相抽样
S 采样*

双重傅里叶变换
Y 双重 Fourier 变换

双重时序模型
doubly time series model
O211；O242
S 数学模型*
C 渐近正态性
矩估计
谱估计 →(2)

双重指数函数
Y 双指数函数

双抽样
Y 重采样

双传递群
double transitive group
O152
D 双可迁群
S 群(数学)*

双代数
bialgebra
O153.3
S 结合代数
C 模范畴
Z 代数

双对称
bisymmetry
ZT5
S 对称*

双对称矩阵
bisymmetric matrix
O151.21
S 对称矩阵
C 最佳逼近
Z 矩阵

双对角占优
double diagonally dominant
O151.21
S 对角占优
C M-矩阵
Z 占优

双对角占优矩阵
doubly diagonally dominant matrix
O151.21
S 对角占优矩阵
Z 矩阵

双对数曲线
double logarithmic curve
O156.7；O182
S 对数曲线
Z 匹配

双二项风险模型
Y 二项风险模型

双峰分布
Y 单峰分布

双峰映射
bimodal mapping
O144；O154
S 映射*
C 普适性

双格半群
double lattice-ordered semigroup
O152.7
S 半群
Z 群(数学)

双解析函数
double analytic function
O174.55
S 解析函数
C Riemann 边值问题
Z 函数

双精度
double precision
O241
S 数学精度*

双矩阵博弈
Y 矩阵对策

双矩阵对策
Y 矩阵对策

双可迁群
Y 双传递群

双理想
double ideal
O153.3
S 理想(数学)*
C 幂等元

双连续
bicontinuous
O177
S 连续*
C 半群

双目标规划
bi-objective programming
O221.6
S 多目标规划
C 优化模型
Z 数学规划

双纽线
lemniscate
O182
D 伯努利双扭线
S 匹配*
C 流量系数 →(2)(5)
有限元模型

双陪集
Y 陪集

双曲
Y 双曲线

双曲度量
hyperbolic metric
O174
S 度量*
F 拟双曲度量

双曲方程
Y 双曲型方程

双曲方程组
Y 双曲型方程组

双曲分布
hyperbolic distribution
O213
S 数学分布*
C 正态分布

双曲复数
hyperbolic complex number

O174
S 复数*

双曲函数
hyperbolic function
O122.2；O171；O174
D 双曲线函数
S 超越函数
C S 型曲线
二阶双曲方程
拟合分析
欧拉公式
Z 函数

双曲函数法
hyperbola function method
O174；O175.29
S 函数法
C 显式精确解
Z 数学方法

双曲函数解
hyperbolic function solution
O122.2
S 函数解
C 待定系数法
双曲型方程
Z 解

双曲几何
hyperbolic geometry
O184
D Lobachevski 几何
罗巴切夫斯基几何
罗式几何
双曲几何学
S 非欧几何
Z 几何

双曲几何学
Y 双曲几何

双曲空间
hyperbolic space
O156；O18
S 空间(数学)*
C 等距浸入

双曲面
double curved surface
O174.14；O182；O43
S 二次曲面
F 单叶双曲面
C 特征值分析
Z 曲面

双曲抛物面
hyperbolic paraboloid
O182
D 马鞍面
S 抛物面
直纹曲面
C 渐近曲线
Z 曲面

双曲守恒律
Y 双曲型守恒律

双曲算子
Y 双曲型算子

双曲微分方程
Y 双曲型微分方程

双曲系统
hyperbolic system
O189
S 数学系统*

双曲线
hyperbola
O174；O181；O182
D 双曲
S 圆锥曲线
C 椭圆
Z 匹配

双曲线轨道
hyperbolic orbit
O189；P135
S 轨道*

双曲线函数
Y 双曲函数

双曲线拟合
Y 曲线拟合

双曲线型
hyperbolic form
O186
S 线型*
C 射影平面
直线型

双曲线性映射
Y 线性映射

双曲型方程
hyperbolic equation
O175.27
D 双曲方程
S 偏微分方程
F 波动方程
二阶双曲方程
非线性双曲型方程
拟线性双曲型方程
双曲型偏微分方程
双曲型微分方程
C MmB 差分格式
拟线性双曲型方程组
双曲函数解
双曲型守恒律
Z 方程(数学)

双曲型方程组
system of hyperbolic equations
O175.2
D 双曲方程组
S 偏微分方程组
F 波动方程组
拟线性双曲型方程组
C 差分
拟线性
Z 方程组

双曲型缓坡方程
Y 抛物型缓坡方程

双曲型偏微分方程
hyperbolic partial differential equation
O175.27
S 双曲型方程
Z 方程(数学)

双曲型守恒律
hyperbolic conservation laws
O241.8
D 双曲守恒律
S 定律(数学)*
C 半离散
差分格式
抛物型缓坡方程
双曲型方程
双曲型算子

双曲型算子
hyperbolic operator
O175.2
D 双曲算子
S 算子*
C 双曲型守恒律

双曲型微分方程
hyperbolic differential equation
O122.2
D 双曲微分方程
S 双曲型方程
Z 方程(数学)

双曲正弦函数
hyperbolic sine function
O122.2；O171
S 三角函数
C 二阶矩法
Z 函数

双圈图
double cycle graph
O157.5
S 圈图
C 特征多项式
Z 图表

双全纯映射
Y 双全纯映照

双全纯映照
biholomorphic mapping
O174.52
D 双全纯映射
S 全纯映射
C 多复变数
Z 映射

双三次插值
bicubic interpolation
O241
S 三次插值
Z 插值

双色有向图
two-colored digraph
O157.5
S 有向图
C 本原指数
Z 图表

双射
bijective mapping
O144；O154

S 映射*
C Wirtinger 不等式

双时间步方法
dual time-stepping method
O241.82
S 数学方法*
C 欧拉方程 →(2)(4)

双树复数小波
Y 双树复小波变换

双树复数小波变换
Y 双树复小波变换

双树复小波
Y 双树复小波变换

双树复小波变换
dual-tree complex wavelet transform
O174.2
D 对偶树复小波变换
二元树复小波
二元树复小波变换
双树复数小波
双树复数小波变换
双树复小波
S 复小波变换
树状小波
Z 小波变换

双调和
Y 2-调和

双调和方程
biharmonic equation
O174.3
D 重调和方程
S 椭圆方程
C Galerkin 有限元
Z 方程(数学)

双调和函数
biharmonic function
O174.3
D 重调和函数
S 调和函数
Z 函数

双调和算子
biharmonic operator
O177
D 重调和算子
S Laplace 算子
C 有界域
Z 算子

双随机矩阵
doubly stochastic matrix
O151.21
S 随机矩阵
Z 矩阵

双稳态系统
Y 双稳系统

双稳系统
bistable systems
N948
D 双稳态系统
S 系统*
F 非对称双稳系统
C 随机共振 →(2)

双误差回归
double error regression
O241.1
S 回归(数学)*
C 误差曲线

双弦幂积分
Y 弦幂积分

双线性
Y 双线性形式

双线性变换
bilinear transform
O172
S 双变换
线性变换
C 本原环
Z 数学变换

双线性插值
bilinear interpolation
O174.42；O241；P413
D 双线性内插
双线性内插法
S 线性插值
C 图像处理
Z 插值

双线性泛函
bilinear functional
O174；O177
D 3/2 线性泛函
半双线性泛函
半双线性泛函数
双线性泛函数
S 线性泛函
C 非线性
偏微分方程
双线性方程
Z 泛函

双线性泛函数
Y 双线性泛函

双线性方程
bilinear equation
O122.2
S 线性方程
C 双线性泛函
Z 方程(数学)

双线性方法
bilinear approach
O175.29
S 线性化法
C 多孤子解
Z 数学方法

双线性函数
bilinear function
O156
S 线性函数
Z 函数

双线性模型
bilinear model
O212
S 非线性模型
C 时变参数
自相关系数
Z 数学模型

双线性内插
Y 双线性插值

双线性内插法
Y 双线性插值

双线性算子
bilinear operator
O175.3
S 线性算子
C 光滑函数
紧支集
齐型空间
Z 算子

双线性系统
bilinear system
N948
D 广义双线性系统
S 系统*
C 非线性系统
控制系统理论
线性系统

双线性形式
bilinear form
O151
D 双线性
S 数学形式*

双线性映射
bilinear mapping
O152.2；O156
S 线性映射
C 椭圆曲线
Z 映射

双线性元
bilinear element
O151.2
S 线元
Z 元

双向 S-粗集
Y 单向 S-粗集

双向差分
two-way difference
O241.3
S 差分*

双向反射分布函数
bidirectional reflectance distribution function
O174
D 双向反射率分布函数
S 分布函数
Z 函数

双向反射率分布函数
Y 双向反射分布函数

双向加细函数
two-direction refinable function

O174
S 函数*
C 逼近阶

双向无穷 Turing 机
Y 图灵机

双向小波
two-direction wavelet
O174
S 小波变换*
C 逼近阶
紧支撑函数

双序集
double-order set
O152.7
S 集合*
C 矩形带

双循环半群
bicyclic semigroup
O152.7
S 半群
Z 群(数学)

双样预测
two-sample prediction
O212.8
S 数学预测*
C 贝叶斯方法

双叶双曲面
Y 单叶双曲面

双因素方差分析
double-factor variance analysis
O212
S 方差分析
Z 统计分析

双有理变换
Y 双变换

双有理对应
Y 双变换

双诱导映射
bi-induced mapping
O144；O152.1；O154
S 映射*
C 格同态

双障碍问题
bi-obstacle problems
O175
S 数学问题*
C 超线性
光滑牛顿法

双正交
biorthogonal
O174
D 双正交的
S 正交*
C Riesz 基

双正交的
Y 双正交

双正交多小波
biorthogonal multiwavelet
O174.2
S 双正交小波变换
C 伸缩矩阵
Z 小波变换

双正交小波
Y 双正交小波变换

双正交小波变换
bi-orthogonal wavelet transform
O174.2
D 双正交小波
S 正交小波变换
F 反对称双正交小波
双正交多小波
C 线性相位反演 →(2)
Z 小波变换

双正交小波基
biorthogonal wavelet bases
O174.22
S 正交小波基
C 酉矩阵
Z 解
向量

双正交性
biorthogonality
O177
S 度量性质
C 伸缩矩阵
Z 数学性质

双正则函数
biregular function
O174
S 正则函数
C Clifford 分析
Z 函数

双枝模糊集
both-branch fuzzy set
O159
S 模糊集
C 外积
Z 集合

双指数分布
double exponential distribution
O212.8
S 指数分布
F 双参数指数分布
C Bayes 估计
Z 概率分布

双指数函数
double-exponential function
O175.29
D 双重指数函数
S 指数函数
C 特征参数
Z 函数

双众数分布
Y 单峰分布

双周期解
doubly periodic solution
O175.29
S 周期解*
C Weierstrass 椭圆函数

双子代数
dioid algebra
O242.1
D Dioid 代数
S 代数*
F 极大代数
极小代数

水平集
level set
O186.1
S 集合*
F 积分-水平集
水平截集
C 不精确牛顿法
上半连续性
上下解方法

水平集法
Y Level Set 方法

水平角
horizontal angle
ZT2
S 观测角*

水平截集
level cut set
O159
S 截集
水平集
C 隶属度函数
Z 集合

水平面
horizontal plane
ZT74

水平偏移
horizontal drift
ZT5
S 偏移*

水平收敛
level convergence
O159
S 收敛(数学)*

水平线
horizontal line
ZT74
S 线*

水平线性互补问题
horizontal linear complementarity problem
O221；O241.8
S 线性问题
C 李雅普诺夫稳定性
Z 数学问题

水通量衰减率
Y 衰减率

顺序公理
Y 几何公理

顺序优化
sequential optimization

O224
S 优化*

顺序主子式
order principal minor determinant
O13；O177
S 主子式
C LU 分解
正定矩阵
Z 行列式

瞬变
transient
ZT5
D 瞬变过程
瞬变特性
瞬时特性
瞬态特性
暂态特性
S 变化*

瞬变过程
Y 瞬变

瞬变特性
Y 瞬变

瞬时分布
instantaneous distribution
O226
S 概率分布*
C 分支过程

瞬时可用度
instantaneous availability
O213
S 可用度
C 傅里叶变换
函数模型
Z 概率

瞬时态
Y 瞬态

瞬时特性
Y 瞬变

瞬时值
instantaneous value
ZT3
S 数值*

瞬时自相关
instantaneous autocorrelation
ZT4
S 自相关
Z 相关

瞬态
instantaneous state
ZT5
D 瞬时态
S 状态*

瞬态分布
transient distribution
O226
S 数学分布*
C 随机分解

瞬态解
transient solution
O122.2
S 解*

瞬态特性
Y 瞬变

朔特基定理
Y Schottky 定理

斯蒂尔杰斯积分
Y Lebesgue-Stieltjes 积分

斯蒂夫稳定
Y 刚性稳定

斯蒂夫问题
Y 刚性问题

斯梅尔马蹄
Y Smale 马蹄

斯内德克分布
Y F 分布

斯塔克尔伯格博弈
Y Stackelberg 博弈

斯塔克尔伯格策略
Y Stackelberg 博弈

斯坦纳三元系
Y Steiner 三连系

斯坦因流形
Y Stein 流形

斯特林公式
Y Stirling 公式

斯特林数
Y Stirling 数

斯特姆-利乌维尔问题
Y Sturm-Liouville 问题

斯特姆-刘维尔算子
Y Sturm-Liouville 算子

斯图姆
Y Sturm 定理

斯图姆定理
Y Sturm 定理

斯托克公式
Y 斯托克斯公式

斯托克斯定理
Stokes theorem
O172.2；O186
D Stokes 定理
S 数学定理*

斯托克斯方程
Y stokes 方程

斯托克斯公式
Stokes formula
O172.2；O186
D Stokes 公式
斯托克公式
S 格林公式
C 雷诺数 →(2)(4)
Z 公式(数学)

斯托克斯问题
Y Stokes 问题

四边形
quadrilateral
O181
S 多边形*
F 平行四边形
梯形
圆内接四边形
C 对角线
五边形

四边形单元
quadrilateral element
O241
D 四边形元
S 多边形单元
C 线性变换
正螺旋面
Z 单元

四边形面积坐标
quadrilateral area coordinate
O123；O242
D QAC
S 坐标*
C 内部自由度 →(2)

四边形元
Y 四边形单元

四次 Diophantine 方程
quartic Diophantine equation
O156.7
D 四次丢番图方程
S 不定方程
四次方程
C 完全平方数
Z 方程(数学)

四次丢番图方程
Y 四次 Diophantine 方程

四次方程
quartic equation
O122.2；O174
S 非线性代数方程
F 四次 Diophantine 方程
一元四次方程
C 坐标转换参数 →(4)
Z 方程(数学)

四次系统
quartic system
O175.12
S 数学系统*
C 无穷远元素

四次样条
quartic spline
O174.41；O241
D 四元样条
S 多元样条
C 两点边值问题
Z 样条曲线

四点边值问题

four-point boundary value problem
O175.8
S 多点边值问题
Z 边值问题

四分仪
Y 象限

四尖内摆线
Y 星形线

四角系统
polyomino
O157.1
S 数学系统*

四阶
fourth order
O175.14
S 高阶
偶数阶
Z 阶(数学)

四阶 Runge-Kutta 法
fourth-order Runge-Kutta method
O151
S 龙格-库塔法
C 状态方程 →(2)(4)(5)
Z 迭代法

四阶边值问题
fourth-order boundary value problem
O175.8
S 边值问题*
F 四阶两点边值问题
四阶奇异边值问题
C 不动点指数

四阶波动方程
fourth-order wave equation
O241.82
S 数理方程
四阶方程
C 波动算子
Z 方程(数学)

四阶常微分方程
fourth-order ordinary differential equation
O241.82
S 四阶微分方程
C 非线性边值问题
Z 方程(数学)

四阶方程
four-order equations
O241
S 方程(数学)*
F 四阶波动方程
四阶杆振动方程
四阶抛物型方程
四阶椭圆方程
四阶微分方程
C 超线性

四阶杆振动方程
four-order rod vibration equation
O241.82
S 四阶方程
C 辛算法
Z 方程(数学)

四阶两点边值问题
fourth-order two-point boundary value problem
O175.8
S 四阶边值问题
C 不动点
不动点集
Z 边值问题

四阶抛物方程
Y 四阶抛物型方程

四阶抛物型方程
four-order parabolic equation
O241.82
D 四阶抛物方程
S 抛物型方程
四阶方程
C Galerkin 有限元
Z 方程(数学)

四阶偏微分方程
fourth-order partial differential equation
O175.2
S 高阶偏微分方程
Z 方程(数学)

四阶奇异边值问题
fourth-order singular boundary value problem
O175.8
S 四阶边值问题
C 上下解
Z 边值问题

四阶椭圆方程
fourth-order elliptic equation
O241.82
S 四阶方程
椭圆方程
Z 方程(数学)

四阶微分方程
fourth-order differential equations
O241.82
S *n* 阶微分方程
四阶方程
F 四阶常微分方程
C 共轭梯度法
Z 方程(数学)

四进制
quaternary
O156.4
S 进制*
C 系统参数

四棱柱
quadrangular
O123.2
S 棱柱
C 上确界
Z 几何体

四面体
tetrahedron
O182；O71
D 三棱锥
S 多面体
F 正四面体
C 二面角
内心
外接球半径
异面直线
Z 几何体

四面体单元
tetrahedral element
O242.2；P5
D 四面体元
S 结构单元
Z 单元

四面体元
Y 四面体单元

四色猜想
Y 四色定理

四色定理
four-color theorem
O157.5；O212
D 四色猜想
S 数学定理*
C 点荫度
分数色数
极大平面图
子式

四色问题
four color problem
O157.5；O212
S 数学问题*

四舍五入
rounding off
O212.1
D 舍入
舍入法
四舍五入法
S 数学方法*
C 近似值

四舍五入法
Y 四舍五入

四维变分
four-dimensional variational
O176；P456.7
D 4DVar
S 变分问题
C 数值模拟
Z 数学问题

四元术
four elements algebra
O112
S 数学方法*
C 吴消元法
元数学

四元数
quaternion
O151.2
S 超复数
F 单位四元数
对偶四元数
姿态四元数
C Hermite 矩阵

不可约多项式
次亚正定矩阵
记数法
矩阵乘积
欧拉角 →(2)
正定矩阵
Z 复数

四元数代数
quaternion algebra
O153.3
S 单代数
C 自共轭矩阵
Z 代数

四元数分析
quaternion calculus
O175.8
S 数值分析*
C 有界域

四元数矩阵
quaternion matrix
O151.21
S 矩阵*
C 加权广义逆
近代数学
星序

四元数矩阵方程
quaternion matrix equation
O122.2
S 矩阵方程
C 矩阵对角化
Z 方程(数学)

四元数可除代数
quaternion division algebra
O151.2
D 四元数体
S 可除代数
C 右特征值
Z 代数

四元数体
Y 四元数可除代数

四元样条
Y 四次样条

四则运算
Y 算术运算

四则运算法则
four arithmetic rules
O171
S 运算法则
Z 法则(数学)

似变分不等式
variational like inequalities
O178
S 变分不等式
C 模糊映射
Z 不等式

似然比
likelihood ratio
O151.21；O212.1
D 惩罚似然
广义似然比
似然比序
阳性似然比
一般似然比
诊断的似然比
S 比例*
F 对数似然比
经验似然
最大似然比
C Cook 距离
Score 检验
指数分布

似然比检验
likelihood ratio test
O212.1
D 概率比检验
S 假设检验*
C 极限分布

似然比统计量
likelihood ratio statistic
O212.1
S 统计量*
C P 值
非线性再生散度模型
极大似然估计

似然比序
Y 似然比

似然估计
likelihood estimation
O211
S 统计估计
F 极大似然估计
拟似然估计
Z 估计(数学)

似然函数
likelihood function
O174；O414.2
S 函数*
F 模糊似然函数
最大似然函数

似然距离
likelihood distance
O212.1
S 距离*
C 近似公式

松弛*
relaxation
O344
D 弛豫
弛豫过程
弛豫现象
弛豫效应
驰豫
驰豫速率
松驰
张弛
张弛法
F 波形松弛
线性松弛
C 松弛函数 →(2)
粘塑性 →(2)(5)
滞弹性 →(2)

松弛变量
slack variable
O221.1
S 变量*
C 弛豫时间 →(2)
分片线性函数

松弛迭代
relaxation iteration
O241.6
S 迭代法*
F 超松弛迭代
C 松弛法

松弛法
relaxation method
O242.26
D 弛豫法
松弛技术
松驰法
S 数学方法*
C 松弛迭代

松弛技术
Y 松弛法

松弛问题
relaxed problem
O221
S 运筹问题
C 单纯形法
邻域
Z 数学问题

松弛因子
relaxing factor
O241
D 松驰因子
S 因子*
C 格子 BGK 模型

松驰
Y 松弛

松驰法
Y 松弛法

松驰因子
Y 松弛因子

搜索
F 禁忌搜索
路径搜索
模式搜索
启发式搜索
曲线搜索
深度优先搜索
随机搜索
线搜索
最优搜索

搜索方向
search direction
O22；O241
S 方向*
F 可行方向

搜索论
search theory
O229

S 数学理论*

素变数
prime variables
O156
S 数*
C 丢番图逼近

素环
prime ring
O153.3
D 质环
S 结合环*
C 反同态
内导子

素近环
prime near-ring
O153.3
S 环(数学)*
C 挠自由群

素理想
prime ideal
O153.3
S 理想(数学)*
F 半素理想
准素理想
C 理想扩张
准素分解

素理想分解
prime ideal decomposition
O156
S 数学分解*
C 有理数域

素滤子
prime filter
O153
S 滤子*

素数
prime number
O156.2
D 质数
S 正整数
F 安全素数
大素数
孪生素数
梅森素数
拟素
奇素数
C Eisenstein 多项式
Eisenstein 判别法
Wilson 定理
分数 k-因子
孪生素数猜想
偶完全数
筛选法
素数定理
素性检验
同余
Z 复数

素数定理
prime number theorem
O156
D 三素数定理
S 数学定理*
C Hadamard 定理
哥德巴赫猜想
互反律
素数

素数方幂
prime power
O156
S 方幂
C 孪生素数
正规指数
Z 运算

素数分布
prime number distribution
O156.1
S 数学分布*
F 素数数列分布
C 费马数
均值估计

素数阶循环图
prime order cyclic graph
O157.5
S 循环图
C 量词消去方法
自同构群
Z 图表

素数数列分布
prime number sequence distribution
O156
S 素数分布
C 哥德巴赫猜想
Z 数学分布

素性测定
Y 素性检验

素性检测
Y 素性检验

素性检验
primality test
O156.4
D 素性测定
素性检测
素性判定
S 检验*
C 素数

素性判定
Y 素性检验

素因数
prime factor
O144；O152.1
D 素因子
质因子
S 因数*
C 标准分解
指数 diophantine 方程

素因子
Y 素因数

素因子分解
canonical factorization
O153
S 数学分解*

素域
prime field
O152；O174
S 有理数域
C 群环
Z 域

素元
prime element
O153；O159；O241.6
S 元*
C 分式环

素元分解整环
Y 高斯整环

素子模
prime submodule
O153.3
S 模(数学)*
C 结构模型 →(2)
遗传环

速度*
velocity
O311
D 速度函数
速率
F 变化速度
采样速率
迭代速度
收敛速度
C 波速结构 →(5)
超布朗运动
加速度 →(2)(4)(5)
速度测量 →(2)
速度控制 →(2)
运动学 →(2)

速度分布函数
velocity distribution function
O174
S 分布函数
Z 函数

速度函数
Y 速度

速度约束
Y 非完整约束

速率
Y 速度

速率方程
rate equation
O17
S 方程(数学)*

速率分布函数
speed distribution function
O174
S 分布函数
C 归一化条件 →(2)
Z 函数

速算
rapid calculation

O121
D 简便运算
S 运算*

算法*
algorithm
TP312.8
F 不完全微分 PID
迭代级
仿生算法
降序
逆序
树形算法
增长级
字典序

算法分析
algorithm analysis
O224；O241
S 数学分析*
C 公倍数
启发式搜索

算法复杂性
algorithm complexity
O224；O241
S 度量*
C 降阶法

算法理论
Y 算法原理

算法模型
algorithm model
O242.1
S 数学模型*
F 乘积模型

算法收敛性
algorithmic convergency
O221
S 收敛(数学)*

算法稳定性
algorithm stability
O212.1；O241
S 稳定性(数学)*
C 理论分析 →(2)

算法原理
algorithm principle
O141.3；O24
D 算法理论
S 数学原理*
C 数值计算

算符*
operator
O175
F 变换算符
厄米算符
阶梯算符
投影算符

算盘
abacus
O1-8

算术
arithmetic
O121
D 二阶算术
S 初等数学
F 九章算术
珠算
C 算术运算
Z 数学

算术表达式
arithmetic expression
O121；O122.1
S 表达式*

算术代数几何
Y 代数几何

算术根
arithmetic root
O122.2；O153.3
S 根(数学)*
C 恒等变形 →(2)
一元微积分

算术函数
Y 数论函数

算术基本定理
arithmetic fundamental theorem
O156
S 基本定理
C 自然数
Z 数学定理

算术级数
arithmetical series
O122.7；O156
D 等差级数
S 级数(数学)*
C 代数几何
最小公倍数

算术平均
Y 算术平均值

算术平均法
arithmetic mean method
O213
S 平均法
C 无偏性
Z 数学方法

算术平均数
Y 算术平均值

算术平均值
arithmetic mean
O122；O156.1；O156.3；O174；O213
D 算术平均
算术平均数
S 平均数*
F 加权算术平均
平均差
C 调和图
完全椭圆积分
样本

算术数列
Y 等差数列

算术图
arithmetic graph
O157.5
S 图表*

算术性质
arithmetic property
O121
S 数学性质*

算术运算
arithmetical operation
O121；O151
D 四则运算
S 代数运算
F 乘法
除法
加法
减法
幂
C 区间数
算术
Z 运算

算图
Y 诺谟图

算图法
Y 图解法

算子*
arithmetic operator
O177
F Bernstein 算子
Beta 算子
Bochner-Riesz 算子
Calderón-Zygmund 算子
Casimir 算子
Cesàro 算子
Cowen-Douglas 算子
Delta 算子
Dirac 算子
Dziok-Srivastava 算子
Fredholm 算子
Gamma 算子
Hamilton 算子
Hankel 算子
Hardy 算子
IOWGA 算子
IOWHA 算子
Lipschitz 算子
Littlewood-Paley 算子
Meyer-K(o)nig-Zeller 算子
Roper-Suffridge 算子
Salagean 算子
Schr(o)dinger 算子
Sobel 算子
Sturm-Liouville 算子
Toeplitz 算子
T 算子
δ 算子
τ-可测算子
凹算子
伴随算子
闭包算子
边缘算子
变异算子
波动算子
插值算子

差分算子
超循环算子
乘法算子
乘子算子
初等算子
单调算子
单位算子
等距算子
等收敛算子
顶点算子
对称算子
多值算子
二元算子
方向算子
非游荡算子
复合算子
共轭算子
关联算子
广义算子
耗散算子
合成算子
核算子
积分算子
极大算子
集成算子
集值算子
加权平均算子
减算子
交叉算子
交换子
近似算子
卷积算子
框架算子
类算子
连续算子
逻辑算子
幂等算子
模糊算子
内部算子
逆算子
凝聚算子
匹配算子
平均算子
平移算子
谱算子
迁移算子
强不可约算子
融合算子
三角模算子
散射算子
双曲型算子
随机算子
梯度算子
投影算子
微分算子
位移算子
无穷小算子
线性算子
形态学算子
选择算子
压缩算子
移位算子
有界算子
有限秩算子
酉算子
诱导算子
蕴涵算子
杂交算子
增生算子
增算子
正定算子
正规算子
正算子
正则算子
秩一算子
转移算子
自伴算子
自适应算子
C 量子场论 →(2)
有界函数

算子半群
operator semigroup
O152.7
S 半群
F 线性算子半群
C BBM 方程
M/M/1 排队
解的爆破
特征值分布
Z 群(数学)

算子逼近
operator approximation
O174.41；O177
S 逼近*
C 多元分解
算子函数

算子补
operator completion
O177
S 补*
C 算子矩阵

算子代数
operator algebra
O175.3；O177.5
S 代数*
F C*代数
Neumann 代数
标准算子代数
顶点算子代数
空间算子代数

算子法
Y 算子解法

算子范数
operator norm
O152
S 范数*
C 实变函数
余弦算子函数

算子方程
operator equation
O175.3；O177.6
S 方程(数学)*
F 非线性算子方程
随机算子方程
C Ishikawa 迭代
Ishikawa 迭代序列
不变子空间
加速收敛
强伪压缩映象
实 Banach 空间
算子函数
伪压缩映射

算子方程组
operator equation system
O175.3；O177.6
S 方程组*

算子方法
Y 算子解法

算子分解
operator decomposition
O175
S 数学分解*
C 全局吸引子

算子分裂
operator splitting
O175
D 算子分裂法
S 分裂法*

算子分裂法
Y 算子分裂

算子函数
operator function
O174
S 函数*
C 算子逼近
算子方程

算子环
Y Neumann 代数

算子解法
operator solution
O177；O241.82
D 算子法
算子方法
S 数学方法*
C Delta 算子
常微分方程
多目标线性规划

算子矩阵
operator matrix
O151.21
S 矩阵*
C 谱摄动
算子补
正交投影

算子空间
operator space
O177
S 子空间
F Lω-空间
C 远域
张量积
Z 空间(数学)

算子理论
operator theory
O175.3
S 数学理论*
C 边缘检测 →(4)

准希尔伯特空间

算子理想
operator ideal
O153.3
S 理想(数学)*
C 有限维空间

算子权移位
operator weighted shifts
O177
S 移位*

算子扰动
perturbation of operator
O17
D 算子摄动
S 扰动*

算子摄动
Y 算子扰动

算子演算
operational calculus
O177.6
S 演算*

随机
Y 随机性

随机 Dirichlet 级数
random Dirichlet series
O174
D 随机狄里克莱级数
S Dirichlet 级数
C Knopp-Kojima 方法
Z 级数(数学)

随机半闭 1-集压缩算子
random semiclosed 1-set-contractive operator
O177.91
S 半闭 1-集压缩算子
随机算子
C 不动点指数
Z 算子

随机逼近
stochastic approximation
O174.41；O241.5
S 逼近*
C 随机变化 →(2)

随机比较
Y 随机分析

随机边界条件
stochastic boundary condition
O17
S 边界条件*

随机变量
random variable
O211.5；O212.1
D 随机变数
S 变量*
F 0-1 变量
B 值随机变量
NA 随机变量
独立随机变量
二维随机变量
离散型随机变量
模糊随机变量
正态随机变量
C Erlang(2)风险模型
ρ-混合序列
独立(数学)
古典概型
广义方差
强收敛
随机场
随机加权法
随机序列
条件期望
稳态概率分布
重对数律

随机变量的函数
Y 随机变量函数

随机变量函数
random variable function
O174
D 随机变量的函数
S 随机函数
C 随机样本
Z 函数

随机变量函数分布
Y 抽样分布

随机变量和
Y 随机和

随机变量列
Y 随机变量序列

随机变量序列
random variable sequence
O211.4
D 随机变量列
S 随机序列
C 复合二项模型
Z 序

随机变量组
Y 随机向量

随机变数
Y 随机变量

随机不动点
random fixed point
O177.91
S 不动点
C σ-代数
随机真度
Z 点(数学)

随机不动点指数
random fixed-point index
O177.91
S 不动点指数
C 随机算子方程
压缩算子
Z 指数

随机不确定性
random uncertainty
ZT4
S 不确定性
C 随机动力系统
随机样本
Z 特性

随机采样
Y 随机抽样

随机参数
random parameter
O21
S 参数*
F 非正态随机参数
C 随机发展方程
随机规划模型
随机模拟
随机样本
随机优化
系统论
响应分析 →(2)
样条配点法 →(2)

随机测度
random measure
O174.12；O21
S 测度(数学)*
F 随机拓扑测度
鞅测度
C 随机可靠性
随机模拟
随机时间
随机优化
跳扩散过程

随机差错
Y 随机误差

随机场*
random field
O211.5
F Gibbs 随机场
C Neumann 展开
离散
随机变量
随机过程
随机有限元

随机抽样
random sampling
O21；O242.28
D 随机采样
随机抽样法
随机取样
S 采样*
F 简单随机抽样
C 随机干扰

随机抽样法
Y 随机抽样

随机狄里克莱级数
Y 随机 Dirichlet 级数

随机动力系统
random dynamical systems
O19
S 动力系统(数学)*
C 随机不确定性
随机吸引子

随机动力预报

Y 预报

随机度量空间
Y 随机逻辑度量空间

随机发展方程
stochastic evolution equation
O175
S 发展方程
C 随机参数
Z 方程(数学)

随机法
Y 随机过程

随机泛函微分方程
stochastic functional differential equations
O175
S 函数方程
随机微分方程
F 中立型随机泛函微分方程
C 欧拉法
Z 方程(数学)

随机方程
stochastic equations
O211.63
S 方程(数学)*
F 随机积分方程
随机算子方程
随机微分方程
C 隐函数定理

随机仿真
Y 随机模拟

随机非线性系统
stochastic nonlinear systems
O175；O211.6；O231
S 非线性系统
随机系统
Z 系统

随机分布
random distribution
O211.1；O212.2
S 概率分布*
C 数值模拟

随机分解
stochastic decomposition
O157.5
S 数学分解*
F 条件随机分解
C 多重休假
嵌入马尔可夫链
瞬态分布

随机分析
stochastic analysis
O211.5；O211.6
D 随机比较
随机分析法
S 数学分析*
F 能量随机分析
C 不变流形
内禀随机性 →(2)
平稳随机过程
随机干扰
随机模型
随机平均 →(2)
随机载荷 →(2)
随机振动响应 →(2)
位相型分布

随机分析法
Y 随机分析

随机分形
random fractal
O189.32；O211.6
S 分形*

随机服务系统
Y 排队论

随机赋范模
random normed module
O177
S 模(数学)*

随机赋权法
Y 随机数学模型

随机干扰
random disturbance
O231
S 干扰*
C 随机抽样
随机分析

随机格斗
stochastic duel
O21

随机规划
stochastic programming
O221.5；O241；O411
S 数学规划*
F 多目标随机规划
概率约束规划
机会约束规划
随机线性规划
C 机会约束
期望值模型
容量扩张

随机规划模型
stochastic programming model
O221.5
D 机会约束规划模型
S 数学规划模型
C 多目标优化方法
随机参数
Z 数学模型

随机过程*
stochastic process
O211.6
D 随机法
随机现象
随机影响
F Erlang 过程
闭链
不等式链
不确定过程
测度链
从属链
单位根过程
点过程
独立增量过程
非零元素链
分支过程
复合二项过程
高斯过程
更新过程
环链
集值随机过程
节点链
模糊随机过程
平稳过程
若当链
适应过程
随机游动
跳跃过程
稳定过程
鞅
再生过程
增广链
占位时过程
自相似过程
C 蒙特卡罗方法
随机场
随机时间
随机系统

随机过程模型
stochastic process model
O211.63；O225
S 随机模型*
C 马尔可夫链
随机积分方程

随机函数
random functions
O122.2；O174；O211.5
D 统计函数
S 函数*
F 随机变量函数
C 概率
随机集

随机和
random sum
O211.5；O211.6
D 随机变量和
S 和(数学)*
C M/M/1 排队模型
大偏差
对称分布
二项分布
概率分布
重尾分布

随机化回答
Y 随机化回答模型

随机化回答技术
Y 随机化回答模型

随机化回答模型
randomized response models
O212.1
D 随机化回答
随机化回答技术
S 随机模型*
C 无偏估计

随机化检验

randomized test
O212.1
D 随机检验
S 假设检验*

随机化均匀设计
Y 均匀设计

随机环境
random environment
O22
D 随机条件
S 环境*
C 常返
大数定律
对偶公式
分支过程
零常返
强大数定律
绕积马氏链
生灭过程
停留时间

随机环境马氏链
Y 随机环境中马氏链

随机环境中的马氏链
Y 随机环境中马氏链

随机环境中马氏链
markov chains in random environment
O211.62
D 随机环境马氏链
随机环境中的马氏链
S 嵌入马尔可夫链
Z 马尔可夫链

随机混合单调算子
random mixed monotone operator
O177
S 混合单调算子
Z 算子

随机积分
stochastic integral
O172.2；O211.6
D Ito 积分
Stratonovich 积分
伊藤积分
S 积分*
C 比较定理
局部平方可积强鞅
平方可积鞅

随机积分方程
stochastic integral equation
O211.63
S 随机方程
C 随机过程模型
Z 方程(数学)

随机级数
random series
O173
S 级数(数学)*
C 亏函数

随机集
random set
O144；O211.6
S 集合*
C 内测度
随机函数

随机几何
stochastic geometry
O157.5；O21
S 几何*

随机加工时间
random processing time
ZT73
S 事件时间*

随机加权
Y 随机加权法

随机加权法
random weighting method
O211；O212
D 随机加权
S 加权法
C 随机变量
小子样
Z 数学方法

随机检验
Y 随机化检验

随机解
random solution
O122.2
S 解*
C 畸变差 →(2)(4)

随机矩阵
stochastic matrix
O151.2
S 矩阵*
F 双随机矩阵
C 强常返

随机矩阵理论
random matrix theory
O151.21
S 矩阵论
Z 数学理论

随机决策
stochastic decision
O211.62；O223
S 决策论*
C 偏好关系

随机可靠性
stochastic reliability
TB114.3
S 可靠性*
F 模糊随机可靠性
C 随机测度

随机利率模型
stochastic interest rate model
O211.63
S 随机模型*
C 有限时间破产概率

随机逻辑度量空间
randomized logic metric space
O141.1
D 随机度量空间
S 逻辑度量空间
Z 空间(数学)

随机幂级数
random power series
O211.5
S 幂级数
C 幂级数展开
Z 级数(数学)

随机模糊变量
Y 模糊随机变量

随机模拟
stochastic simulation
O211.6；O411.3
D 计算机随机模拟
随机仿真
S 数学模拟*
F 模糊随机模拟
C 模糊机会约束规划
随机参数
随机测度
随机期望值模型

随机模式
Y 随机模型

随机模型*
stochastic model
O211.6
D 随机模式
F 随机过程模型
随机化回答模型
随机利率模型
随机期望值模型
随机数学模型
随机系数模型
C 概率分布
随机分析

随机内积模
random inner product module
O211；O23
S 模(数学)*
C 变分不等式

随机徘徊
Y 随机游动

随机偏微分方程
stochastic partial differential equations
O175.2；O211.63
S 随机微分方程
C 逼近
Z 方程(数学)

随机平均法
stochastic averaging method
O173
S 平均法
C 最优控制问题
Z 数学方法

随机期望值模型
stochastic expected value models
O211.67；O212
S 随机模型*
C 随机模拟

随机区组设计
randomized block design
C8
S 统计设计
C 统计学
Z 设计

随机取样
Y 随机抽样

随机删失
random censorship
O212.1
S 删失*
C Berry-Esseen 界
经验 Bayes 估计

随机时间
random time
O21
S 时间*
C 随机测度
随机过程

随机时间序列
stochastic time series
O211
S 随机序列
Z 序

随机时滞系统
stochastic time-delay system
O211.6
S 时滞系统
随机系统
Z 系统

随机矢量
Y 随机向量

随机事件
Y 事件

随机试验
random experiment
C81；N33
D 概率试验
S 统计试验
Z 试验

随机试验法
Y 蒙特卡罗方法

随机数
random number
O211.6
D 乱数
S 数*
F 伪随机数
C 同余法

随机数据
Y 随机信息

随机数学
random mathematics
O221.5
S 数学*

随机数学模型
random mathematical model
O211.63；O29
D 随机赋权法
S 随机模型*

随机搜索
random search
O229
S 搜索*
C 极小点

随机算子
random operator
O177
S 算子*
F 随机半闭 1-集压缩算子
C 闭凸子集
可分空间

随机算子方程
stochastic operator equations
O177；O211
S 算子方程
随机方程
C 可测空间
耦合解
随机不动点指数
Z 方程(数学)

随机特性
Y 随机性

随机特征
Y 随机性

随机条件
Y 随机环境

随机跳跃
Y 随机跳跃法

随机跳跃法
random jump method
O211.63
D 随机跳跃
S 数学方法*
C 异方差性

随机图
random graph
O157.5
S 图表*
C 相变理论 →(2)

随机拓扑测度
random topological degree
O189
D 随机拓扑度
S 随机测度
C 结构拓扑优化 →(2)
Z 测度(数学)

随机拓扑度
Y 随机拓扑测度

随机微分博弈
Y 随机微分对策

随机微分对策
stochastic differential game
O225；O231
D 随机微分博弈
S 微分对策
C 极小化问题
均值-方差准则
Z 对策论

随机微分方程
stochastic differential equation
O211.63
S 随机方程
微分方程
F 倒向随机微分方程
朗之万方程
随机泛函微分方程
随机偏微分方程
随机延迟微分方程
C g-期望
O-U 过程
半鞅
标准布朗运动
迭代收敛
轨道唯一性
局部 β-凸空间
平稳模型
强解
Z 方程(数学)

随机稳定性
stochastic stability
O211.5
S 稳定性(数学)*
C Markov 跳跃系统
不变测度
随机 Hopf 分岔 →(2)
随机分岔 →(2)

随机误差
random error
O241.1
D 偶然误差
随机差错
S 误差*
F 局部误差
人为误差
C 贝塞尔公式
粗差剔除 →(4)
系统误差
正规方程

随机吸引子
random attractor
O17
S 吸引子*
C 随机动力系统

随机系数
stochastic coefficient
O232
S 系数*
C 回归模型
收敛横坐标

随机系数模型
random coefficient model
O211.61；O212.6
S 随机模型*
C 重复观测 →(4)

随机系统
stochastic systems

O211.6；O231
S 不确定系统
F 随机非线性系统
随机时滞系统
线性随机系统
C 朗之万方程
随机过程
Z 系统

随机现象
Y 随机过程

随机线性规划
stochastic linear programming
O221.1；O221.5
S 随机规划
线性规划
Z 数学规划

随机线性互补问题
stochastic linear complementarity problem
O211；O221
S 线性问题
Z 数学问题

随机线性系统
Y 线性随机系统

随机向量
random vector
O183；O241.1
D 随机变量组
随机矢量
S 向量*
C 间断系数

随机向量的分布函数
Y 联合分布函数

随机向量概率分布
Y 联合分布

随机项
random entry
O175
S 奇异项
Z 项(数学)

随机效应
random effect
O211
S 效应*
C Poisson 回归模型
线性混合模型

随机效应模型
random effect model
O211
S 线性模型*
C 谱分解
数据模型

随机信息
random information
N95
D 随机数据
S 信息*

随机性
randomness
ZT4
D 内在随机性
随机
随机特性
随机特征
S 特性*
C 均匀设计
模糊性

随机需求
stochastic demands
O221.5
S 需求*
C Stackelberg 博弈
车辆路线问题

随机序列
random sequence
O211
S 序*
F Bernoulli 序列
随机变量序列
随机时间序列
C 随机变量
伪随机序列

随机选择
random selection
O21
S 选择*

随机延迟微分方程
stochastic delay differential equations
O175
S 随机微分方程
C Milstein 方法
θ-方法
Z 方程(数学)

随机样本
random sample
O212
S 样本*
F 简单随机样本
C 随机变量函数
随机不确定性
随机参数

随机影响
Y 随机过程

随机优化
random optimization
O211；O224；O241
D 随机最优化
S 优化*
C 随机参数
随机测度

随机游动
random walk
O211.6
D 随机徘徊
随机游走
S 随机过程*
C 吸收壁

随机游走
Y 随机游动

随机有限元
random finite element
O241.82；O302
D 递推随机有限元
递推随机有限元方法
概率有限元法
随机有限元法
随机有限元方法
S 有限元*
F 摄动随机有限元
C 结构有限元分析
随机场
泰勒展开

随机有限元法
Y 随机有限元

随机有限元方法
Y 随机有限元

随机预报
Y 预报

随机元
random element
O177；O211.4
S 元*
F B 值随机元
C 可测空间
完全收敛

随机增长
stochastic growth
O157.5
S 增长
C 效用函数
Z 变化

随机真度
randomized truth degree
O141.1
S 概率真度*
C 随机不动点

随机种群系统
Y 时变种群系统

随机转移矩阵
Y 概率转移矩阵

随机最优化
Y 随机优化

随偶平衡
arbitrary equilibrium
O241.1
D 中性平衡
S 平衡*

随体导数
material derivative
O172
D 物质导数
S 导数*

孙子定理
Y 中国剩余定理

孙子剩余定理
Y 中国剩余定理

损耗*
loss
ZT5
D 亏损
F 低损耗
C 破损 →(2)
衰减
衰减测量 →(2)

损伤函数
damage function
O174；O346.5
D 损失函数
S 函数*
F Huber 函数
LINEX 损失函数
对称损失函数
二次损失函数
非对称损失函数
矩阵损失函数
平方损失函数
平衡损失函数
熵损失函数
田口质量损失函数
向量损失函数
C 共轭先验分布
回归参数
损伤 →(2)
损伤力学 →(2)

损失函数
Y 损伤函数

损失率
loss rate
ZT3
S 比率*

损失制系统
loss system
O226
D 消失服务系统
S 数学系统*

缩系
Y 简化剩余系

索贝尔算子
Y Sobel 算子

索伯列夫不等式
Y Sobolev 不等式

索伯列夫空间
Y Sobolev 空间

索博尔序列
Y Sobol 序列

索博列夫临界指数
Y Sobolev 临界指数

台站*
station
P112；P315.73；P41
F 实验站
研究站
C 台网 →(4)(5)
台址勘选 →(4)(5)

太阳集
sun set
O144
S 集合*
C 线性子空间

态函数
Y 状态函数

态射
Y 同态

泰尔不等系数
Y Theil 不等系数

泰勒(Taylor)级数
Y 泰勒级数

泰勒定理
Y 泰勒公式

泰勒多项式
Taylor polynomial
O174.14
D Taylor 多项式
S 多项式*
C 极限

泰勒公式
Taylor formula
O172；O174；P404
D Taylor 定理
Taylor 公式
泰勒定理
S 公式(数学)*
F 欧拉公式
C Bernoulli 不等式
不定式极限
泰勒展开

泰勒级数
Taylor series
O173.1；O174
D Tailor 级数
Taylor 级数
泰勒(Taylor)级数
S Laurent 级数
F 麦克劳林级数
C Beta 分布
广义线性反演 →(5)
泰勒展开
Z 级数(数学)

泰勒级数展开
Y 泰勒展开

泰勒扩展
Y 泰勒展开

泰勒展开
Taylor expansion
O171；O173.1；O175.2
D Taylor 级数展开
Taylor 展开
Taylor 展开法
Taylor 展开式
Taylor 展式
泰勒级数展开
泰勒扩展
泰勒展开法
泰勒展开式
泰勒展式
S 展开(数学)*
C Richardson 外推法
Wallis 不等式
反正切函数
随机有限元
泰勒公式
泰勒级数

泰勒展开法
Y 泰勒展开

泰勒展开式
Y 泰勒展开

泰勒展式
Y 泰勒展开

泰勒中值定理
Taylor mean value theorem
O172.2；O174
D Taylor 中值定理
S 拉格朗日中值定理
C 凸性
Z 数学定理

泰森多边形
Thiessen polygon
O181
D k 阶 Voronoi 图
Voronoi 单元
Voronoi 分布
Voronoi 图
加权 Voronoi 图
S 多边形*
C 空间插值

弹塑性有限元
elasto-plastic finite element
O241.82；O344.3
D 弹—塑性有限元法
S 有限元*
C 挤压力 →(2)
强度折减法 →(2)
韧性断裂 →(2)

弹—塑性有限元法
Y 弹塑性有限元

弹性半平面
Y 半平面

弹性梁方程
elastic beam equation
O122.2；O175.1
S 梁方程
C 单调正解
Z 方程(数学)

探测效率
detection efficiency
ZT3
S 效率*

探索性数据分析
exploratory data analysis
O171
S 数据分析
C 统计学

Z 数学分析

套代数
nest algebra
O152
D nest 代数
S 代数*
F 套子代数
C 有限秩算子
秩一算子
中心化子

套索回归
Y Lasso 回归

套子代数
nest subalgebra
O177.5
S 套代数
子代数
Z 代数

特点
Y 特性

特解
particular solution
O175.1
S 方程解
Z 解

特里科米问题
Y Tricomi 问题

特普利茨算子
Y Toeplitz 算子

特殊半鞅
special semi-martingale
O211.6
S 半鞅
Z 随机过程

特殊泛包络代数
Y 包络代数

特殊服务时间
Y 服务时间

特殊根
special radical
O153.3
S 根(数学)*
C 亚直不可约环

特殊函数
special function
O174.6
S 超越函数
F Gamma 函数
Legendre 函数
β 函数
δ 函数
贝塞尔函数
超几何函数
单调函数
对数函数
费用函数
球谐函数
取整函数
椭圆函数
柱函数
C Schottky 定理
保角变换法
超奇异积分
高阶 Euler 多项式
Z 函数

特殊矩阵
special matrices
O151.21
S 矩阵*
F 对合矩阵
分块矩阵
幂等矩阵
幂零矩阵
三角矩阵
转置矩阵

特殊普遍包络代数
Y 包络代数

特殊射影线性群
projective special linear group
O152.3
D PSL 群
S 射影线性群
Z 群(数学)

特殊线性群
special linear group
O152.4
S 线性群
F SL(2,R)
Z 群(数学)

特殊形貌
Y 形貌

特殊元
special elements
O153.1
S 元*
C 积分边值条件
极小素子群

特殊值
particular value
O151；O241
S 值(数学)*
C 极小条件

特性*
characteristics
ZT4
D 对象特性
关键属性
实体属性
特点
特征
性能
性质
主属性
属性
属性定义
F 边界性质
不可预测性
不确定性
独立性
方差齐性
方向性
分离性
分形性质
规范性
互斥性
极端性
极限性质
间歇性
渐近性
静态特性
局域性
均匀性
可变性
可辨识性
可达性
可观测性
可计算性
可检测性
可交换性
可逆性
可容许性
可数性
可行性
连续性
临界性质
模糊性
全局吸引性
群集性
适宜性
随机性
替代性
同步性
外延性
完整性
唯一性
无偏性
显著性
相似性
选择性
依赖性
异质性
有效性
增长性
重复性
周期性
C 地图特性 →(4)
化学性质 →(2)(3)(5)
属性融合 →(4)

特性方程
Y 特征方程

特性矩阵
Y 特征矩阵

特性曲线
characteristic curve
N37
D 特征曲线
性能曲线
S 曲线*

特征
Y 特性

特征变化
Y 变化

特征标*
character tables
O152
D 广义特征
广义特征标
F Brauer 特征标
不可约特征标
线性特征标
C Frobenius 群
伴随多项式

特征标表
character table
O152
S 图表*

特征标和
Y 特征和

特征不变量
feature invariant
O174
S 不变量*
C 三角不等式

特征参数
characteristic parameter
O175.3
S 参数*
C 双特征参数法 →(2)
双指数函数
应力奇点

特征差分
characteristic difference
O241.3
S 差分*
C 稳定化方法 →(2)

特征差分法
characteristic difference method
O175.2
D 特征差分方法
S 差分法
C 对流扩散方程 →(2)
Z 数学方法

特征差分方法
Y 特征差分法

特征长度
characteristic length
ZT2
S 长度*

特征尺度
Y 尺度

特征抽取
Y 特征选择

特征定理
characterization theorem
O152
S 数学定理*

特征对
characteristic pair
O151.21
S 对*

C 逆特征值

特征多边形
characteristic polygon
O186.11
S 多边形*

特征多项式
characteristic polynomial
O174.14
S 多项式*
C Cayley 定理
不变因子
不变子空间
卡氏积
拟拉普拉斯矩阵
三圈图
双圈图
图式流形

特征方程
characteristic equation
O151.2；O175
D 特性方程
S 方程(数学)*
F 模式特征方程
C 病毒模型
特征线
稳定域
直线法

特征方向
characteristic direction
O175
S 方向*

特征根
Y 特征值

特征根分析
Y 特征值分析

特征规律
Y 规律

特征函数
characteristic function
O174.6；O175.3
D 特征函数法
特征函数方法
特征函数系
S 函数*
F 经验特征函数
C Born 近似
Lucas 多项式
更新方程
齐次方程
凸模糊集
微分算子

特征函数法
Y 特征函数

特征函数方法
Y 特征函数

特征函数系
Y 特征函数

特征行列式
characteristic determinant
O175.2
S 行列式*
C 耗散算子

特征和
character sums
O156.4
D 特征标和
S 和(数学)*
C 短区间
渐近公式
均值分布
可除性

特征混合有限元
Y 混合有限元

特征集
characteristic set
O175；O241
D 特征集合
特征列
特征列集
S 集合*
C 多边形逼近

特征集合
Y 特征集

特征解
Y 特征值解

特征矩阵
characteristic matrix
O151.21
D 特性矩阵
特征矩阵法
S 矩阵*
C 经验特征函数
实特征值

特征矩阵法
Y 特征矩阵

特征空间
characteristic space
O175.3
D 本征空间
广义特征空间
主子空间
S 空间(数学)*
C 次酉矩阵
主元

特征理论
Y 特征线法

特征列
Y 特征集

特征列集
Y 特征集

特征模
character module
O189
S 模(数学)*

特征区间
characteristic interval

O151
S 区间*
C 迭代根

特征曲面
characteristic surface
O175.2
S 曲面*
C 节点矢量

特征曲线
Y 特性曲线

特征射锥面
Y 锥面

特征时间
characteristic time
ZT73
S 时间*

特征时间尺度
characteristic time scale
ZT73
S 时间尺度
Z 时空尺度

特征矢量
Y 特征向量

特征数
Y 示性数

特征条件
Y 条件

特征问题
Y 特征值问题

特征线
characteristic line
O175.2；O175.9
D 次特征
次特征线
S 匹配*
C 数值方法
特征方程
有限体积元

特征线法
characteristic method
O175.9；O241.6
D Cauchy 法
柯西法
特征理论
特征线方法
S 数学方法*
微分方程解法*
C 对流占优
激波拟合法 →(2)
水锤波 →(2)
特征值分析
自然坐标系

特征线方法
Y 特征线法

特征向量
eigenvector
O183
D 本征矢
本征矢量
本征向量
广义特征向量
特征矢量
特征向量法
特征向量方法
S 向量*
F 次特征向量
最大特征向量
C 对称三对角矩阵
多分辨率小波分析
广义 Hermite 矩阵
核空间
矩阵对角化
三维曲线
数值方法
隐马尔可夫模型

特征向量导数
eigenvector derivatives
O172.1
S 导数*
C 属性层次模型

特征向量法
Y 特征向量

特征向量方法
Y 特征向量

特征选择
feature selection
ZT5
D 特征抽取
S 选择*
C 多重假设检验
联合熵

特征要素
Y 要素

特征有限元
characteristic finite element
O241.82；O302
D 特征有限元法
特征有限元方法
S 有限元*
C L2 模误差估计
两重网格算法 →(2)
三次元

特征有限元法
Y 特征有限元

特征有限元方法
Y 特征有限元

特征展开
characteristic expansion
O173.1；O175.1；O175.2
S 展开(数学)*

特征正交矩阵
Y 正交矩阵

特征值*
eigenvalue
O151.21；O175.9；O177
D 本征值
本征值(数学)
固有值
广义本征值
广义特征值
矩阵特征值
特征根
特征值(数学)
特征值法
F 次特征值
第一特征值
非线性特征值
复特征值
逆特征值
实特征值
右特征值
重特征值
主特征值
最小特征值
C 轨迹
矩阵计算
逆矩阵
线性递归数列
右逆
圆盘定理

特征值(数学)
Y 特征值

特征值不等式
eigenvalue inequality
O178
S 不等式*
C 耦合边界条件

特征值法
Y 特征值

特征值反问题
inverse eigenvalue problem
O151.21
S 特征值问题
C 范数
Z 数学问题

特征值分布
eigen distribution
O175.9
S 数学分布*
C 算子半群

特征值分析
eigenvalue analysis method
O241
D 特征根分析
S 数学法*
C 双曲面
特征线法

特征值估计
eigenvalue estimates
O211
S 估计(数学)*
C Jordan 标准形

特征值解
eigenvalue solution
O151.21
D 特征解
S 解*
C 互惠模型

特征值问题
eigenvalue problem
O151.21；O175.9；O177
D 本征值问题
广义特征值问题
特征问题
S 数学问题*
F 二次特征值问题
特征值反问题

特征指数
characteristic exponent
O175.1
S 指数*
C 周期系数

特征周期
characteristic period
ZT73
S 周期*
C 卓越周期 →(5)

特征组分
Y 组分

特种球多项式
Y 盖根堡多项式

梯度
Y 梯度分布

梯度法
gradient method
O241.6
D 梯度方法
S 数学方法*
F 共轭梯度法
广义简约梯度法
梯度投影法

梯度方法
Y 梯度法

梯度分布*
gradient distribution
ZT72
D 梯度
F 次梯度
功能梯度
广义梯度
C 分布
数量场

梯度估计
gradient estimate
O211
S 估计(数学)*

梯度路径
gradient path
O224
S 路径*
C 最优化方法

梯度算子
potential operator
O175.3；O177.6
D 位势算子
S 算子*

梯度投影法
gradient projection method
O224；O241.6
D 投影梯度
投影梯度法
S 梯度法
C 非线性规划
混合互补
数值试验 →(4)
有约束优化
Z 数学方法

梯度系统
gradient system
N948
S 系统*

梯度下降法
Y 最速下降法

梯度项
gradient term
O175.26
S 项(数学)*

梯矩阵
echelon matrix
O151.21
S 标准形矩阵
Z 矩阵

梯形
trapezoid
O187
S 四边形
F 等腰梯形
曲边梯形
直角梯形
Z 多边形

梯形法
trapezoidal method
O241.4
D 梯形方法
S 数学方法*
C 多元回归

梯形方法
Y 梯形法

梯形公式
trapezoid formula
O241
S Newton-Cotes 求积公式
C 数值解
Z 公式(数学)

梯形模糊数
trapezoidal fuzzy number
O159
S 模糊数*
F 区间直觉梯形模糊数
C 理想解

提升方案小波
Y 提升小波变换

提升小波
Y 提升小波变换

提升小波包
Y 提升小波变换

提升小波变换
lifting wavelet transform
O174.2
D 提升方案小波
提升小波
提升小波包
S 小波变换*
C 图像融合 →(4)
自适应法 →(2)

提升映射
inflation mapping
O154
D 膨胀映射
S 映射*

体
Y 除环

体积*
volume
O181
D 体积问题
F 旋转体体积
有效体积

体积公式
volume formula
O181
S 基本公式
C 圆锥
Z 公式(数学)

体积问题
Y 体积

体积元
volume element
O186；O192；O241.8
D 体积元素
S 元*
F 有限体积元
C 平均曲率

体积元素
Y 体积元

体积增长
volume growth
O181；O186.1
S 增长
C 截面曲率
紧子集
黎曼流形
Z 变化

体位势
volume distribution
O17；O241.82；O343.1
S 位势*
C 边界积分方程 →(2)

体系
Y 系统

体锥
solid cone

O175.3
S 锥体*
C 对偶映射

替代模式
alternative models
ZT71
S 模式*

替代性
substitutability
ZT4
S 特性*
C 互补

替代性指标
Y 替代指标

替代指标
substitute index
ZT
D 替代性指标
S 指标*

替换环
Y exchange 环

天球坐标
Y 球坐标

天元术
Tianyuan operation
O112
S 数学方法*
C 割圆术

田口质量损失函数
Taguchi quality loss function
O174；O212
S 损伤函数
Z 函数

填充测度
packing measure
O174.12
S 测度(数学)*
C 填充函数

填充函数
filled function
O174
S 函数*
C 全局极小点
填充测度

填充函数法
filled function method
O174
S 函数法
Z 数学方法

填充维数
Y Packing 维数

条件*
condition
ZT84
D 特征条件
约束条件
F 背景条件
参数条件
插值条件
存在条件
定解条件
极限条件
可行性条件
控制条件
临界条件
模拟条件
熵条件
形成条件
最佳条件
C 车辆路线问题
可行点
内部约束 →(2)
穷举法

条件(数学)*
condition(mathematics)
O171
F (Ps)条件
Caratheodory 条件
Cerami 条件
C-R 条件
dini 型条件
Inf-Sup 条件
K-T 条件
LBB 条件
Nagumo 条件
Opial 条件
必要条件
超二次条件
充分条件
等价条件
度条件
非局部条件
非线性边值条件
积分边值条件
矩条件
开集条件
可积条件
可解性条件
连续条件
链条件
拟法锥条件
判定条件
弱条件
收敛条件
同余条件
完全重构条件
线性约束条件
线性增长条件
压缩条件
一致性条件
预条件
正则条件
中心条件
转换条件
最优化条件

条件 g-期望
conditional g-expectation
O211.67
S g-期望
Z 数学期望

条件 Monte Carlo 方法
Y 条件蒙特卡罗方法

条件不等式
conditional inequality
O174
S 不等式*
C GIMMS NDVI →(4)

条件独立
conditional independent
O211
S 独立(数学)*

条件分布
Y 条件概率分布

条件分位数
conditional quantile
O212.7
S 分位数*
C 核估计
经验似然

条件概率
conditional probability
O211.1
S 概率*
C 边界方程 →(2)
测量条件 →(2)
概率分布函数

条件概率分布
conditional probability distribution
O211.3
D 条件分布
条件概率密度
条件概率模型
条件密度
S 联合分布
C χ^2 拟合优度检验
二值命题逻辑
滑动平均模型
几何概率
正态分布函数
Z 概率分布

条件概率密度
Y 条件概率分布

条件概率模型
Y 条件概率分布

条件函数
condition function
O174
D 条件矩母函数
S 函数*
C 构造函数法
条件熵
网微分法

条件极值
conditional extremum
O122.5；O172.1
D 无条件极值
S 极值*
C 目标函数

条件矩
conditional moments
O211.3
S 矩(数学)*

C 极值分布

条件矩母函数
Y 条件函数

条件蒙特卡罗方法
conditional Monte Carlo method
O242.1；O242.2；P413；P456.7
D 条件 Monte Carlo 方法
S 蒙特卡罗方法
Z 数学模拟

条件密度
Y 条件概率分布

条件模拟
conditional simulation
N032
S 仿真*

条件期望
conditional expectation
O211.67；O212.1
D 条件数学期望
S 数学期望*
F g-期望
集值条件期望
C 不完全 LU 分解
随机变量
网微分法

条件熵
conditional entropy
O159；O236
S 熵(数学)*
C 条件函数

条件收敛
conditional convergence
O172.2；O173；O175；O241
D 无条件收敛
S 收敛(数学)*
C 绝对收敛
无条件基

条件数
Y 矩阵范数

条件数学期望
Y 条件期望

条件随机分解
conditional stochastic decomposition
O122
S 随机分解
C 多服务台排队
Z 数学分解

条件稳定
Y 条件稳定性

条件稳定性
conditional stability
O17
D 条件稳定
S 稳定性(数学)*
C 绝对稳定性 →(2)

条件相关
Y 偏相关

条件信息
conditional information
N95；TP14；TP391
D 前提信息
条件信息量
S 信息*

条件信息量
Y 条件信息

条件真度
conditional truth degree
O141.1
S 概率真度*
C 真空度测量 →(2)

调合比
Y 交比

调和单叶函数
Y 单叶调和函数

调和点列
Y 调和共轭

调和方程
harmonic equation
O122.2；O175.2
D laplace 方程
拉普拉斯潮汐方程
拉普拉斯方程
S 椭圆型方程
F A-调和方程
多重调和方程
C 调和函数
调和解
拉普拉斯系数 →(4)
Z 方程(数学)

调和分析
harmonic analysis
O151；O174.22
S 傅里叶分析
F 准调和分析
Z 数学分析

调和共轭
harmonic conjugate
O185
D 调和点列
S 共轭(数学)*
C 共点
交比
透视中心

调和函数
harmonic functions
O174.3；P43
D 谐和函数
S 函数*
F 次调和函数
单叶调和函数
立体调和函数
双调和函数
C 次调和解
调和方程
调和矩阵
调和性

调和级数
harmonic series
O173
S 无穷级数
F 交错级数
C 绝对收敛
Z 级数(数学)

调和解
harmonic solution
O175.1
S 解*
F 次调和解
C 调和方程

调和矩阵
mediation matrix
O151.21
S 矩阵*
C 调和函数

调和拟共形映照
Y 拟共形映射

调和平均
Y 调和平均数

调和平均数
harmonic average
O156
D 倒数平均数
调和平均
调和平均值
S 平均数*
C 倒数和
最值压缩定理

调和平均值
Y 调和平均数

调和势
harmonic potential
O175.2
S 位势*
C 方程解

调和数
harmonic number
O156
D Ore 数
欧尔数
S 正整数
C 不等式约束平差 →(4)
不等式约束优化
Z 复数

调和算子
Y Laplace 算子

调和图
harmonic graphs
O157.5
S 图表*
C 算术平均值

调和性
harmonicity
O157.5
S 数学性质*
C 调和函数

调和序列
harmonic sequence
O177
S 序*

调和映射
harmonic mapping
O189；O192
D 调和映照
S 映射*
F 2-调和映射
p-调和映射
C 可积系统
组合曲面

调和映照
Y 调和映射

调节参数
adjustable parameter
O174.41；O212.1
S 参数*
C 插值函数

调节函数
Y 调节熵函数

调节熵函数
adjustable entropy function
O174
D 调节函数
S 熵函数
C 二次规划
非等温动力学 →(3)
极大极小问题
Z 函数

调节系数
accommodation coefficient
ZT3
D Lundberg 指数
S 系数*
C 复合 Poisson 过程
矩母函数
破产概率
有限时间破产概率
最终破产概率

调整原理
adjustive principle
O122.3
S 数学原理*
C 判断矩阵

调制传递函数
modulation transfer function
O174
D 反差传递函数
模量传递函数
S 传递函数
F 大气调制传递函数
动态调制传递函数
C 回转半径 →(2)
Z 函数(物理)

跳点网格
Y 交错网格

跳过程
Y 跳跃过程

跳扩散
Y 跳扩散过程

跳扩散过程
jump-diffusion process
O175.6；O211.6
D 跳扩散
跳扩散模型
跳-扩散模型
跳跃扩散过程
跳跃-扩散过程
跳跃扩散模型
跳跃-扩散模型
S 跳跃过程
C 分数布朗运动
随机测度
微分方程数值解
值函数
Z 随机过程

跳扩散模型
Y 跳扩散过程

跳-扩散模型
Y 跳扩散过程

跳跃过程
jump process
O177；O211.6
D 跳过程
S 随机过程*
F 跳扩散过程

跳跃扩散过程
Y 跳扩散过程

跳跃-扩散过程
Y 跳扩散过程

跳跃扩散模型
Y 跳扩散过程

跳跃-扩散模型
Y 跳扩散过程

贴体曲线坐标
Y 曲线坐标

贴体坐标系
body-fitted coordinate system
O18
D 适体坐标系
S 坐标系*

铁磁链方程
ferro-magnetic chain equation
O175.14
S 非线性偏微分方程
C 向量函数
Z 方程(数学)

廷利问题
Y Tingley 问题

停留时间
residence time
ZT73
D 逗留时
逗留时间
海洋中元素逗留时间
滞留时间
滞时
驻留时间
S 事件时间*
C 等待时间
海洋地球化学 →(4)
随机环境

停时
stopping time
O211
S 事件时间*
F 最优停时
C 强马氏性
停止定理
最优收获策略

停止定理
stopping theorem
O211
S 数学定理*
C 停时

通分
reduction
O122；O241.6
S 分数运算
C 分数
Z 运算

通解
general solution
O122.2；O175
D 一般解
S 方程解
F 独立通解
C 级数(数学)
一般线性群
Z 解

通解公式
general solution formula
O122.2；O175.1；O241.81
S 公式(数学)*
C 首次积分

通径分析
path analysis
O212.1
S 统计分析*
C 相关分析

通量分裂
flux splitting
O174
S 分裂法*
F 矢通量分裂
C 差分

通项
general term
O171；O174.41
S 项(数学)*
F 数列通项
C 前 n 项和

通项公式
general term formula
O141.3；O173
D 数列通项公式

S 公式(数学)*
C Fibonacci 多项式
Fibonacci 矩阵
Fibonacci 数列
方幂
线性递推关系
有穷数列

通用计算模型
Y 计算模型

通用开折
versal unfolding
O177

通用克里金法
Y 克里金插值

通用性
Y 普适性

通有连续
generic continuous
O189.11
D 一般连续
S 连续*

通有稳定性
generic stability
O177.91；O241
S 稳定性(数学)*
C 极大元

同变估计
equivariant estimation
O212
D 不变估计
最小风险同变估计
S 统计估计
C 平方凸函数
Z 估计(数学)

同步*
synchronization
ZT5
F 反同步
完全同步
指数同步
C 混沌同步 →(2)
时间测量 →(2)
同步泵浦 →(2)
相位测量 →(2)
协调图

同步求解
synchronous solving
O122.2；O151.2
S 求解*
C 初等行变换
过渡矩阵
极大无关组

同步性
synchronism
ZT4
S 特性*
C 指数同步

同单调
comonotonicity
O177；O211.9
S 单调(数学)*
C 复合函数

同方差性
Y 方差齐性

同分布
same distribution
O211.4
S 概率分布*
F 独立同分布
C NA 序列

同构*
isomorphism
O152；O157.5；O189
D 不同构
同构分类
拓扑等价
F Jordan 同构
代数同构
等距同构
反同构
格同构
群同构
图同构
序同构
自同构
C 不动点方法
可逆线性变换
正则*-断面

同构定理
isomorphism theorem
O152
S 数学定理*
C 粗糙同态

同构分类
Y 同构

同构群
isomorphic group
O151.21；O152
S 群(数学)*
F 全纯自同构群
自同构群

同构图
isomorphic graph
O189
S 图表*

同构映射
isomorphic mapping
O151.21
S 映射*
C 可分组设计
自同构群

同解
same solution
O122.2
S 解*

同类项
like terms
O122；O171；O174.41
S 项(数学)*

同伦
Y 同伦方法

同伦不变性
homotopy invariance
O189
S 数学性质*
C 重合度理论

同伦法
Y 同伦方法

同伦方法
homotopy method
O189.2
D 同伦
同伦法
同伦分析方法
同伦算法
S 数学方法*
F 同伦内点法
同伦摄动法
C 映射

同伦分析
homotopy analysis
O189
S 数学分析*
C 杂质分布 →(2)

同伦分析法
homotopy analysis method
O175.2
S 分析法(数学)*
C 非线性方程
近似解

同伦分析方法
Y 同伦方法

同伦内点法
combined homotopy interior point method
O189
S 同伦方法
C 非凸规划
Z 数学方法

同伦群
homotopy groups
O152；O189.23
S 群(数学)*
F 稳定同伦群

同伦摄动法
homotopy perturbation method
O189
S 同伦方法
C 偏微分方程
Z 数学方法

同伦算法
Y 同伦方法

同伦映射
homotopic mapping
O189.2
S 映射*
C 打靶法

同胚

Y 同胚映射

同胚映射
homeomorphism mapping
O157.5；O174.55；O189
D 同胚
S 映射*
F 全局同胚
微分同胚
C 隐函数定理

同谱图
cospectral graphs
O157.5
S 谱图*

同时爆破
simultaneous blow up
O175
S 解的爆破*
C 整体存在性

同时逼近
simultaneous approximation
O174.41
S 逼近*
C Baskakov 算子
等价定理

同时对角化
simultaneous diagonalization
O151.21
S 对角化
C 像空间
Z 数学变换

同宿分岔
Y 同宿分支

同宿分支
homoclinic bifurcation
O177
D 同宿分岔
同宿轨分支
S 分支*
C Hamilton 系统
泛函微分方程
奇异摄动系统
同宿轨
同宿解

同宿轨
homoclinic orbit
O153.3；O175；O189
D 分界线环
同宿轨道
同宿轨线
同宿环
S 轨道*
C 同宿分支
异宿轨道

同宿轨道
Y 同宿轨

同宿轨分支
Y 同宿分支

同宿轨线
Y 同宿轨

同宿环
Y 同宿轨

同宿解
homoclinic solution
O122.2
S 解*
C 同宿分支

同态*
homomorphism
O151.2；O152
D 广义同态
射
态射
F 粗糙同态
代数同态
单同态
格同态
环同态
满同态
模同态
群同态
自同态
C 半环同余
集合套
逆映射
正合序列
最小群同余

同态定理
homomorphism theorem
O152.4
S 数学定理*

同态核
homomorphic kernel
O153.3
S 核函数
C 群同构
Z 函数

同态象
Y 同态映射

同态像
Y 同态映射

同态映射
homomorphic mapping
O152；O153；O189
D 同态象
同态像
S 映射*
C 布尔代数
模糊集
商空间
线性空间

同调*
homology
O154
F 上同调
C 拓扑

同调代数
homological algebra
O154.2
S 代数*

同调群
homology group
O152；O154；O189.22
S 群(数学)*
F 上同调群

同调维数
homological dimensions
O154；O189.12
S 维数*
C 导子
李代数
幂级数环

同心圆
concentric circles
O186
S 圆*
C 极坐标

同异反
Y 同异反系统

同异反系统
identical discrepancy contrary system
O177
D 同异反
S 系统*

同余*
congruence
O152.7；O153.1；O156.1
D 同余的
同余格
同余数
同余性质
F 半环同余
模糊同余
强同余
群同余
正规同余
主同余
C 短正合列
互素
幂
模和图
生成关系
素数
无平方因子数
正则半群

同余的
Y 同余

同余对
congruence pair
O152.7
S 对*
C 逆半群

同余法
congruence method
O211
S 数学方法*
C 随机数

同余方程
congruence equation
O156.1

S 方程(数学)*
F 同余式
C 原根
增函数
中国剩余定理

同余方程组
congruence equations
O156.1
D 同余式方程组
S 方程组*

同余分解
congruence decomposition
O156.1
S 数学分解*
C Lucas 数
N(2,2,0)代数
同余理论

同余格
Y 同余

同余关系
congruence relation
O156.1
S 关系(数学)*
F 模糊同余关系
主同余关系
C 核映射
同余式组

同余类
Y 剩余类

同余理论
congruence theory
O156.1
S 数学理论*
C 不定方程
互反律
同余分解

同余理想
congruence ideal
O153.1
S 理想(数学)*

同余式
congruence expression
O156.1
S 同余方程
F 一次同余式
C Jacobi 符号
剩余系
Z 方程(数学)

同余式方程组
Y 同余方程组

同余式组
congruence group
O156.1
S 群组*
C 同余关系

同余数
Y 同余

同余条件
congruence condition
O152.7
S 条件(数学)*
C 奇素数
正则半群

同余性质
Y 同余

同余域
Y 剩余系

同质性检验
Y 齐性检验

瞳函数
Y 光瞳函数

统筹法
overall planning method
O223
D 关键路方法
关键路线法
网络计划技术
S 最优化方法*
C 计划评审法

统筹图
Y 网络图

统计*
statistics
O21
D 统计工作
统计过程
F Fuzzy 统计
贝叶斯统计
多变量统计
非参数统计
概率统计
灰统计
极值统计
集值统计
可靠性统计
模糊统计
数据统计
数理统计
稳健统计
误差统计

统计比较
Y 统计分析

统计不相关
Y 统计相关

统计参数
statistical parameter
C81
S 参数*
C 统计平衡

统计独立事件
Y 独立事件

统计方法
statistical calculation method
O212.1；O241
D 统计计算方法
S 数学方法*
F 因子分解法

统计分布
statistical distribution
O212.2
D 统计经验分布
S 概率分布*

统计分布函数
statistical distribution function
O174
S 分布函数
Z 函数

统计分析*
statistical analysis
O212.1
D 统计比较
统计技术
F SPSS 统计分析
白噪声分析
单变量分析
对照分析
多元分析
方差分析
非参数统计
概率统计分析
回归分析
结构可靠性分析
聚类分析
判别分析
通径分析
系统可靠性分析
序贯分析
C K-S 检验
模糊数学
特征分析 →(5)
推理

统计分析模型
statistic analysis model
O212
S 分析模型
统计模型
Z 模型
数学模型

统计覆盖区间
statistical coverage interval
O21
D 容忍区间
S 置信区间
C 覆盖率 →(4)
Z 区间
置信

统计工作
Y 统计

统计估计
statistical estimation
O211.67；O212
D 参量估计
参数估计
抽检方案
抽样方案
抽样估计
抽样检验方案
抽样推断

概率估算
统计推断
S 估计(数学)*
F Minimax 估计
点估计
根方估计
两步估计
谱分解估计
区间估计
似然估计
同变估计
无偏估计
线性估计
相合估计
序贯估计
压缩估计
有偏估计
自适应估计
最大熵谱估计
最小二乘估计
最小方差估计
最小距离估计
最小一乘估计
C 概率
完全数据
小波逆变换
轴对称

统计规律
statistical law
C81
S 规律*

统计过程
Y 统计

统计函数
Y 随机函数

统计和
Y 配分函数

统计回归分析
statistical regression analysis
O212.1
S 回归分析
Z 统计分析

统计回归模型
statistical regression model
O212.1；O221
S 回归模型*

统计计算方法
Y 统计方法

统计技术
Y 统计分析

统计假设检验
Y 显著性检验

统计检验
statistical test
O212.1
S 检验*
F Bootstrap 检验
K-S 检验
Score 检验
t 检验
Wald 检验
贝叶斯检验
参数检验
残差检验
方差检验
非线性检验
分布检验
后验差检验
均一性检验
均值检验
柯尔莫哥洛夫检验
拟合检验
失拟检验
双边检验
误差检验
一致性检验
异常值检验
中位数检验

统计解释
statistical interpretation
C8
S 解释*

统计经验分布
Y 统计分布

统计决策函数
Y 决策函数

统计控制图
statistical control chart
O213.1
S 控制图*
C 过程控制

统计理论
Y 统计学

统计量*
statistics(mathematics)
O212
F F-统计量
score 统计量
U-统计量
次序统计量
广义 Cook 统计量
似然比统计量

统计量分布
Y 抽样分布

统计流形
statistical manifold
O186.12
S 流形*
C 参数法

统计模拟
statistical simulation
C81；N032
S 仿真*
C 数论方法

统计模拟方法
Y 蒙特卡罗方法

统计模式
Y 统计模型

统计模型
statistical model
O212
D 数学统计模型
统计模式
S 数学模型*
F 概率模型
经验模型
统计分析模型

统计平衡
statistical equilibrium
O212
S 平衡*
F 纳什平衡
C 统计参数

统计平均
statistical average
O212
S 平均数*
C 正态分布

统计评估
statistical assessment
N32
D 气候统计评估
S 评估*

统计设计
statistical design
C8
S 设计*
F 拉丁方设计
随机区组设计

统计试验
statistical test
C81；N33
S 试验*
F 伯努利试验
抽样试验
随机试验

统计试验法
Y 蒙特卡罗方法

统计试验方法
Y 蒙特卡罗方法

统计收敛
statistical convergence
O159
S 收敛(数学)*

统计数据
statistical data
O212
D 统计信息
S 数据*

统计数学
Y 统计学

统计特性
Y 统计性质

统计特征
Y 统计性质

统计图

cartogram
O212
S 图表*
F 立体图
线图
直方图
柱状图

统计推断
Y 统计估计

统计误差
statistical error
O241.1
S 误差*

统计相关
statistical correlation
O212；P413
D 统计不相关
S 相关*
C 相关系数

统计信息
Y 统计数据

统计性
Y 统计性质

统计性能
Y 统计性质

统计性质
statistical property
O154；O212
D 统计特性
统计特征
统计性
统计性能
S 数学性质*
C 几何分布
线性预测模型
一阶自回归模型

统计学*
statistics
C8
D 统计理论
统计数学
统计原理
F 空间统计学
C 符号(数学)
高斯函数
加权函数
偏最小二乘分析
数学
随机区组设计
探索性数据分析
统计力学 →(2)
运筹学

统计样本
Y 样本

统计原理
Y 统计学

统计自相似集
statistics-selfsimilar set
O211.6
D 统计自相似性
S 自相似集
C 压缩映射
Z 集合

统计自相似性
Y 统计自相似集

统计总体
statistical population
C8
D 样本总体

统一 *n*+2 状态马尔可夫模型
Y 隐马尔可夫模型

桶式空间
Y 桶型空间

桶型空间
barreled space
O177.3；O189.1
D 盘式空间
桶式空间
S 局部凸线性空间
F 自反空间
Z 空间(数学)

头相关变换函数
Y 头相关传递函数

头相关传递函数
head-related transfer function
O212.1
D 头相关变换函数
S 相关函数
Z 函数

投入产出方程
input-output equation
O177.91
S 方程(数学)*
C 非线性分析

投射
Y 投射(数学)

投射(数学)*
projection(mathematics)
O151；O153.3；O185
D 射影
投射
F 度量投影
广义投影
距离投影
平行射影
球极投影
射影丛
向量投影
正交投影
最近点投影
C Smash 积
非线性规划

投射的基座
Y PS 环

投射模
projective module
O153.3；O177
D Gorenstein 投射模
射影模
S 平坦模
C 内射模
凝聚环
张量积
自由模
Z 模(数学)

投射生成元
progenerator
O152；O153；O177
S 生成元
Z 元

投射维数
projective dimension
O153
S 维数*
C 张量积

投影不变量
Y 射影不变量

投影定理
Y 射影定理

投影法
projection method
O241；O243
D 射影法
投影方法
斜投影法
正投影法
S 图解法
F 投影寻踪法
C 第二类曲线积分
投影 →(2)(4)
投影改正 →(4)
Z 数学方法

投影方法
Y 投影法

投影几何
Y 射影几何

投影矩阵
Y 幂等矩阵

投影面积
projected area
O123.3
S 面积*

投影区域
projection region
ZT74
S 区域*

投影曲线
projected curve
O182
S 匹配*
C 数字图像处理 →(4)

投影矢量
projection vector
O183；O185
D 投影向量

S 向量*

投影收缩算法
projection contraction algorithm
O178
S 数学算法*

投影算符
projection operator
O177
S 算符*
C 本征函数

投影算子
projection operator
O175.3；O177
D 射影算子
正交投影算子
S 算子*
F 广义投影算子
C 代数精度
加权广义逆
希尔伯特空间

投影梯度
Y 梯度投影法

投影梯度法
Y 梯度投影法

投影向量
Y 投影矢量

投影型插值
projection interpolation
O241.3
S 插值*
C 变系数模型
负系数

投影寻踪法
projection pursuit method
O241
S 投影法
Z 数学方法

投影映射
projection mapping
O177.1
S 映射*
C 熵函数法

投影指标
projection index
O241
S 指标*

投影中心
Y 透视中心

投影坐标系
projective coordinate system
O18；P21
D 射影坐标系
摄影坐标系
S 坐标系*

透镜空间
lens space
O189.11
S 流形*

透视对应
perspective correspondence
O182
S 射影对应
C 透视轴
Z 对应

透视仿射对应
Y 平行射影

透视中心
perspective center
O185；O243
D 投影中心
中心投射
S 中心*
C 调和共轭
共线点
透视轴

透视轴
perspective axis
O182
S 轴(数学)*
C 射影几何
透视对应
透视中心

凸
Y 凸性

凸凹二元函数
Y 凹凸函数

凸凹函数
Y 凹凸函数

凸半径
convexity radius
O186
S 半径*
C 单叶函数

凸包
convex hull
O174.13；P282
D 凸壳
S 凸集
C 三角剖分
凸多边形
Z 集合

凸度
Y 凸性

凸度量空间
convex metric space
O189.11
S 度量空间
凸空间
F L-凸度量空间
超凸度量空间
完备凸度量空间
C 序列收敛
Z 空间(数学)

凸多边形
convex polygon
O174.13；O187
S 简单多边形
F 正多边形
C 三角不等式
凸包
有限点集
Z 多边形

凸多面体
convex polyhedron
O189
S 多面体
C 对偶模型
矩阵范数
Z 几何体

凸二次规划
Y 非凸二次规划

凸泛函
convex functional
O177
D 凹泛函
拟凸泛函
凸泛函数
S 泛函*
C Banach 空间
闭线性算子
变分不等式

凸泛函数
Y 凸泛函

凸分析
Y 非光滑分析

凸规划
convex programming
O221.2
D 凸性规划
S 离散规划
F 多目标凸规划
非凸二次规划
C 势下降内点算法
Z 数学规划

凸函数
convex function
O174.13
S 实值函数
F B-凸函数
E-凸函数
GA-凸函数
h 凸函数
P-凸函数
r-凸函数
Schur 凸函数
S-凸函数
不变凸函数
对数凸函数
广义凸函数
几何凸函数
近于凸函数
拟凸函数
平方凸函数
严格凸函数
一致凸函数
C 代数运算
多目标分式规划
曲线积分
凸集

Z 函数

凸化
Y 凸性

凸集
convex set
O174.13；O241.5
D Γ-凸子集
S 子集
F E-凸集
闭凸集
不变凸集
紧凸集
凸包
凸模糊集
凸锥
C Mycielski 图
P-凸函数
等周不等式
分离定理
凸函数
下半连续函数
Z 集合

凸集分离定理
convex set separation theorem
O177
S 分离定理
C 集值优化
Z 数学定理

凸集模型
convex model
O141.4
D 凸模型
S 数学模型*

凸壳
Y 凸包

凸空间
convex space
O177.91；O189.1
D 广义凸空间
一般化凸空间
S 空间(数学)*
F G-凸空间
L-凸空间
超凸空间
抽象凸空间
局部 β-凸空间
局部凸线性空间
凸度量空间
严格凸空间
一致凸空间
C 上半连续映射
线性等式约束

凸面
Y 凸曲面

凸模糊集
convex fuzzy set
O159
S 模糊集
凸集
C 特征函数
直觉模糊数
Z 集合

凸模糊映射
convex fuzzy mapping
O159；O189.1
S 模糊映射
Z 映射

凸模型
Y 凸集模型

凸区域
Y 凸域

凸曲面
convex surface
O186.1；O187.1
D 凹曲面
凸面
S 曲面*

凸曲线
convex curve
O123.3
S 曲线*
C 三角多项式

凸算子
Y 凹算子

凸体
convex body
O174.13
S 闭凸子集
C Lp 范数
离散几何
拓扑线性空间
弦幂积分
Z 集合

凸象函数
Y 近于凸函数

凸像函数
Y 近于凸函数

凸性*
convexity
O174.13；O177；O182
D 非凸
广义凸性
凸
凸度
凸化
F Schur 凸性
凹凸性
保凸性
不变凸性
抽象凸
广义次似凸
局部凸
拟凸
强凸
全局凸
严格凸
一致凸性
锥拟凸
C Banach 空间几何
Caratheodory 条件
Lω-空间
不等式
极小化问题
泰勒中值定理
凸锥

凸性方法
concavity method
O177
S 数学方法*
C 齐次 Moran 集

凸性规划
Y 凸规划

凸性模
convexity modulus
O174
S 模(数学)*

凸序
convex order
O177
S 序*

凸域
convex domain
O174；O177；O221
D 非凸区域
凸区域
S 域*
F 拟凸域
C 区间模型

凸约束
convex constraints
O241
S 约束(数学)*

凸锥
convex cone
O177.91
S 回收锥
凸集
F 闭凸锥
C 凸性
Z 集合
锥体

凸子格
Y 子空间

凸组合
convex combination
O177
S 组合(数学)*

突变
mutation
[N941.92]
D 突变事件
突变现象
S 变化*

突变理论
catastrophe theory
O192
D 突变论
S 理论*
F 燕尾突变
C 失稳 →(2)

数学分析

突变论
Y 突变理论

突变事件
Y 突变

突变特征
Y 突变性

突变现象
Y 突变

突变性
mutagenicity
Q-0
D 突变特征
S 可变性
Z 特性

图
Y 图形

图(数学)
Y 图表

图标号
graph labelling
O157.5
D 图的标号
S 标号算法
C 向量表示
Z 最优化方法

图表*
diagram
ZT0
D 图(数学)
图构形
图解
F Cayley 图
cordial 图
Dynkin 图
Halin 图
Hamilton 图
Hasse 图
Kautz 图
Mycielski 图
n-可扩图
Petersen 图
Ramsey 图
倍图
本原图
变换图
标号图
补图
不可约图
残差图
超边幻和图
超图
乘法表
乘积图
单纯形表
点传递图
调和图
定向图
对称图
对偶图
多重图
二分图
分岔图
分支图
分子图
赋权图
格图
合成图
和图
混合图
极图
几何图
简单图
箭图
交错图
交换图
竞赛图
九宫图
距离图
决策表
空间图
块图
框图
连通图
联图
链图
临界图
流程图
轮图
幂图
模和图
模糊图
诺谟图
欧拉图
平方图
平图
剖分图
区间图
趋势图
圈图
全局相图
三元系
色等价图
色唯一图
扇图
上图
时序立体数据表
矢量图
示意图
树图
数表
数字图
算术图
随机图
特征标表
同构图
统计图
完全图
网络图
位图
无向图
无爪图
系列平行图
弦图
相关图
消去图
协调图
星形图
循环图
因果关系图
优美图
有向图
真值表
整和图
正交表
正则图
直观图
周期图
主逻辑图
子图
C 图像

图的标号
Y 图标号

图的奇优美性
Y 奇优美图

图厄系统
Y 可计算性

图构形
Y 图表

图解
Y 图表

图解法
graphics
O241；O243
D 算图法
图示法
S 数学方法*
F 投影法
C 解析方法 →(5)
卷积积分
直方图

图林机
Y 图灵机

图灵机
Turing machine
O23
D Turing 机
标准 Turing 机
双向无穷 Turing 机
图林机
S 无限自动机
Z 自动机

图论
graph theory
O157.5
S 集合论
F Euler 回路
Hamilton 圈
C 图同构
Z 数学理论

图论方法
graph theoretic approach
O211；O242.1
S 数学方法*
F 最大延误
最优路由

最优收获
最优停止
C 离散数学

图论模型
graph theoretic models
O157.5
S 数学模型*
C 网络图
有向图

图染色
graph coloring
O157.5
S 染色问题*
C 全色数

图上作业法
graphic operation method
O157.5
S 最优化方法*
C 有向图
运输问题
最短路径

图设计
graph design
O157.5
S 设计*

图示法
Y 图解法

图式
schema
ZT71
D 地图图式
S 测绘标准*
C 图例 →(4)
注记 →(4)

图式流形
graphlike manifolds
O175.6
S 流形*
C 伴随矩阵
特征多项式

图同构
isomorphism of graphs
O157.5
S 同构*
C 图论

图象
Y 图像

图象处理
Y 图像处理

图象处理方法
Y 图像处理

图像*
image
O438
D 图象
镶嵌照片
F 函数图像
异常图像
C 图表
图像测量 →(4)
图像处理
图像传输 →(2)
图像分类 →(4)
图像分析 →(2)(4)
图像识别 →(4)
图形
像片 →(2)(4)
影像 →(2)(3)(4)(5)

图像处理*
image processing
P23
D 图象处理
图象处理方法
图像与信息处理
F 哈达玛变换
灰度相关
曲面重构
主成分变换
C 高斯-拉普拉斯算子
双线性插值
图像
图像分辨率 →(4)
信息处理

图像代数
image algebra
TP391
S 代数*

图像归一化
image normalization
O143
S 归一化*

图像与信息处理
Y 图像处理

图形*
pattern
TP391.41
D 图
F 不规则图形
几何图形
相似形
C 底图 →(4)
几何
流程图
图像
向量
原图 →(4)
状态方程 →(2)(4)(5)

图形解析
graphical analysis
N37
S 解析*

图元*
primitive
TP391
F 几何基元
曲线元

图着色
Y 着色问题

图着色问题
Y 着色问题

图子式
Y 子式

图坐标
Y 坐标

途径
Y 路径

兔子数列
Y Fibonacci 数列

推测
Y 猜想(数学)

推迟格林函数
retarded Green function
O174
S 格林函数
Z 函数(物理)

推导公式
Y 推理公式

推断
Y 推理

推理*
inference
O17；O21
D 推断
推理策略
推理过程
推理机制
推理问题
推论
F P-推理
贝叶斯推理
归纳推理
近似推理
逻辑推理
模糊推理
演绎推理
因果推断
自然推理
C 统计分析
相关
证明

推理策略
Y 推理

推理公式
rational formula
O141
D 推导公式
S 公式(数学)*

推理过程
Y 推理

推理机制
Y 推理

推理问题
Y 推理

推论

Y 推理

推求方法
rational solution method
O29
S 数学方法*

退化方程
degenerate equation
O175
S 方程(数学)*
F 退化抛物方程
退化时滞微分方程
退化椭圆方程
C 退化解

退化解
degenerate solution
O122.2
S 解*
C 退化方程

退化抛物方程
degenerate parabolic equations
O151；O175.26
D 退化抛物型方程
退缩抛物型方程
S 抛物型方程
退化方程
C 存在性定理
Z 方程(数学)

退化抛物方程组
Y 退化抛物型方程组

退化抛物型方程
Y 退化抛物方程

退化抛物型方程组
degenerate parabolic equations
O151；O175.26
D 退化抛物方程组
S 抛物型方程组
Z 方程组

退化时滞微分方程
degenerate differential equation with delay
O175
D 退化时滞微分系统
S 时滞微分方程
退化方程
C 分支方向
Z 方程(数学)

退化时滞微分系统
Y 退化时滞微分方程

退化椭圆方程
degenerate elliptic equation
O175.2
D 退化椭圆型方程
S 退化方程
椭圆方程
C 弱解
Z 方程(数学)

退化椭圆型方程
Y 退化椭圆方程

退化问题
degradation problem
O151；O221
S 数学问题*
C 基变量

退化系统
degenerate system
O175.12
S 数学系统*
C 主成分分析

退缩抛物型方程
Y 退化抛物方程

托勒密定理
Ptolemy theorem
O181
S 数学定理*

椭球
Y 椭球体

椭球等高分布
elliptically contoured distribution
O212.4
S 概率分布*
C 转换

椭球函数
Y 球谐函数

椭球面
ellipsoidal surface
O182；O187
D 椭圆面
椭圆曲面
旋转椭球面
S 二次曲面
F 球面
C 标高差改正 →(4)
Z 曲面

椭球体
ellipsoid
O123.2；O351
D 椭球
S 球体*
F 扁椭球
惯量椭球
旋转椭球体
C 地球椭球 →(4)
二次曲面

椭球约束
ellipsoidal restriction
O241
S 约束(数学)*
F 不完全椭球约束
C 影响函数

椭球坐标系
ellipsoidal coordinate system
O18；P21；P226.3
S 曲线坐标系
C 椭球参数 →(4)
Z 坐标系

椭圆
ellipse
O181
D 变形椭圆
椭圆问题
椭圆形
S 圆*
C 长度变形 →(4)
长轴
焦点弦
面积变形 →(4)
双曲线
张角

椭圆边值问题
elliptic boundary value problems
O175.8
S 边值问题*
C 径向解

椭圆方程
elliptic equation
O175.25
S 偏微分方程
F Helmholtz 方程
半线性椭圆方程
泊松方程
二阶椭圆方程
非线性椭圆方程
拟线性椭圆方程
奇异椭圆方程
双调和方程
四阶椭圆方程
退化椭圆方程
C Hardy 位势
Levi 定理
Pohozaev 恒等式
对偶剖分
非负曲率
非光滑边界
极小化问题
临界增长
球对称
椭圆函数解
Z 方程(数学)

椭圆方程组
elliptic equations
O175.25
S 方程组*
F 拟线性椭圆方程组

椭圆轨道
elliptical orbit
O189；P135
S 圆轨道
C 相对运动 →(2)
Z 轨道

椭圆函数
elliptic function
O174.54
S 特殊函数
F Jacobi 椭圆函数
Weierstrass 椭圆函数
C Broer-Kaup 方程
多线性分离变量法
Z 函数

椭圆函数解
elliptic function solution

O122.2
S 函数解
F Jacobi 椭圆函数解
C mBBM 方程
非线性 Klein-Gordon 方程
椭圆方程
完全椭圆积分
Z 解

椭圆环
elliptical ring
O153.3；O186
S 环(数学)*
F 圆环

椭圆积分
elliptic integral
O172.2
D 广义椭圆积分
S Abel 积分
F 完全椭圆积分
C Gauss 超几何函数
凹凸性
单调性分析
Z 积分

椭圆几何
Y 黎曼几何

椭圆面
Y 椭球面

椭圆拟合
ellipse fitting
O242.1
S 数学拟合*
C 边缘检测 →(4)

椭圆抛物面
elliptic paraboloid
O185
S 抛物面
C 切向量场 →(2)
Z 曲面

椭圆曲面
Y 椭球面

椭圆曲线
elliptic curve
O123.1；O187.1
S 圆锥曲线
F 超椭圆曲线
C 标量乘法
超奇异积分
公因数
离散对数
射影坐标
双线性映射
Z 匹配

椭圆曲线离散对数
elliptic curve discrete logarithm
O122.6
S 离散对数
C 有限域
Z 对数

椭圆算子
elliptic operator
O152；O177
D 强椭圆微分算子
强椭圆型微分算子
椭圆型算子
S 微分算子
F 椭圆微分算子
C 变分公式
奇异系数
Z 算子

椭圆微分方程
Y 椭圆型微分方程

椭圆微分算子
elliptic differential operator
O175.25
D 椭圆型微分算子
S 椭圆算子
Z 算子

椭圆问题
Y 椭圆

椭圆系统
elliptical system
O175.25
S 数学系统*

椭圆形
Y 椭圆

椭圆型方程
elliptical equation
O175.25
S 偏微分方程
F Cauchy-Riemann 方程
半线性椭圆型方程
调和方程
二阶椭圆型方程
非线性椭圆型方程
拟线性椭圆型方程
椭圆型偏微分方程
椭圆型微分方程
Z 方程(数学)

椭圆型方程组
elliptic system
O175.25
S 方程组*
F 拟线性椭圆型方程组

椭圆型偏微分方程
elliptic partial differential equation
O241.8
S 椭圆型方程
C 本征解 →(2)
Z 方程(数学)

椭圆型算子
Y 椭圆算子

椭圆型微分方程
elliptic differential equation
O175
D 椭圆微分方程
S 椭圆型方程
Z 方程(数学)

椭圆型微分算子
Y 椭圆微分算子

椭圆柱
Y 椭圆柱体

椭圆柱面
elliptic cylinder surface
O182
S 柱面
F 圆柱面
C 齐明面 →(2)
Z 曲面

椭圆柱体
elliptic cylinder
O123.3
D 椭圆柱
S 圆柱
C 牛顿流体 →(2)
儒可夫斯基变换 →(2)
Z 几何体

椭圆锥
elliptic cone
O181
S 锥体*

拓扑*
topology
O18
D 拓扑方法
拓扑学
F Lawson 拓扑
LF 拓扑
Scott 拓扑
Vietoris 拓扑
点集拓扑
几何拓扑
紧开拓扑
局部凸向量拓扑
克鲁尔拓扑
模糊拓扑
弱拓扑
时空拓扑
一般拓扑
一致收敛拓扑
C FC-度量空间
残差分析
同调
拓扑映射
向量
组合数学

拓扑半共轭
topological semi-conjugacy
O189
S 拓扑共轭
Z 共轭(数学)

拓扑半群
topological semigroup
O152.7
S 半群
Z 群(数学)

拓扑变化
Y 拓扑变换

拓扑变换
topological transformation
O189.11

D 拓扑变化
S 数学变换*
C 拓扑性质

拓扑遍历
topological ergodicity
O189
S 遍历*
C 最小能量路径

拓扑不变量
topological invariant
O189.1
S 不变量*

拓扑不变性
topological invariance
O189.1
D 弱混合性
弱混性
S 拓扑性质
C Devaney 混沌
几乎周期点
位移算子
Z 数学性质

拓扑传递
topological transitivity
O189
D 拓扑传递性
拓扑可迁
S 拓扑性质
C 伪轨跟踪性质
Z 数学性质

拓扑传递性
Y 拓扑传递

拓扑代数
topological algebra
O177.5
S 代数*
F 赋范代数
C 拓扑指标

拓扑等价
Y 同构

拓扑动力系统
topological dynamical system
O192
D 抽象动力系统
S 动力系统(数学)*
C ω-极限集

拓扑度理论
topological degree theory
O189
S 度理论
C k-集压缩算子
概率度量空间
紧连续算子
逆序
锐角原理
首次积分
拓扑系统
Z 数学理论

拓扑方法
Y 拓扑

拓扑分析
topological analysis
O189.1
S 数学分析*
C 拓扑规则 →(4)
拓扑指标

拓扑分子格
topological molecular lattice
O189
S 拓扑空间
C 谱空间
Z 空间(数学)

拓扑格
Y 拓扑空间

拓扑共轭
topological conjugacy
O189
S 共轭(数学)*
F 拓扑半共轭
C LF 拓扑
符号动力系统
移位映射

拓扑混合
topological mixing
O189.1
S 数学性质*
F 强混合
弱混合
C 连续映射
周期点

拓扑基
topological base
O152.5；O189.11
S 解*
C 分离性

拓扑矩阵
topological matrix
O151.21
S 矩阵*

拓扑可迁
Y 拓扑传递

拓扑空间
topological space
O153.1；O189.11；P208
D 拓扑格
S 空间(数学)*
F H-空间
L-smooth 拓扑空间
L-拓扑空间
M 空间
S-闭空间
wppl-空间
度量空间
仿紧 Hausdorff 空间
和空间
积空间
紧致空间
可分空间
离散空间
连通空间
零维空间
模糊拓扑空间
欧氏空间
商空间
拓扑分子格
拓扑线性空间
序列空间
一致空间
预拓扑空间
正规空间
正则空间
C 第二纲集
多值映象
分离公理
紧性

拓扑流形
topological manifold
O157；O189.3
D 定向流形
S 流形*
C 切丛

拓扑群
topological group
O152.4
S 群(数学)*
F Hausdorff 拓扑群
泛覆盖群
C 可度量化
一致空间

拓扑熵
topological entropy
O189
S 熵(数学)*
F 拓扑序列熵
C 非游荡集
分离集
李-约克混沌
树映射

拓扑树
Y 线段复形

拓扑特征
Y 拓扑性质

拓扑系统
topological system
O189
S 数学系统*
C 拓扑度理论

拓扑线性空间
topological linear space
O177.31；O189.1
D 拟赋范空间
拟赋范线性空间
拓扑向量空间
线性度量空间
线性距离空间
线性拟赋范空间
线性拓扑空间
S 拓扑空间
线性空间
F 局部凸拓扑线性空间
C 稠密子集
凸体
网络拓扑关系 →(4)

线性算子
Z 空间(数学)

拓扑向量空间
Y 拓扑线性空间

拓扑性质
topological property
O189
D 拓扑特征
S 数学性质*
F 拓扑不变性
拓扑传递
C 拓扑变换

拓扑序列
topological orders
O189
S 序*

拓扑序列熵
topological sequence entropy
O189.1
S 拓扑熵
C 伪度量
Z 熵(数学)

拓扑学
Y 拓扑

拓扑压
topological pressure
O189
C 分离集

拓扑映射
topological mapping
O189.1
S 映射*
C 点集
拓扑

拓扑预测
topological prediction
C934
S 灰色预测
Z 预测

拓扑指标
topological indices
O157.5
S 指标*
F Morse 指标
C 拓扑代数
拓扑分析

拓扑指数
topological index
O157.5
S 指数*
C 协方差矩阵

蛙跳格式
leap-frog scheme
O241
S 差分格式*

瓦尔什变换
Y Walsh 变换

瓦尔什函数
Y Walsh 函数

外摆线
Y 内摆线

外边值问题
exterior boundary value problem
O175.8
S 边值问题*

外部稳定性
Y 内部稳定性

外测度
exterior measure
O174.12；O189.11
S 测度(数学)*
C 不可测集
内测度

外层
exosphere
ZT74
D 外界
S 分层*

外插
Y 外推法

外插法
Y 外推法

外惩罚函数法
Y 罚函数法

外代数
exterior algebra
O151.2
D Grassmann 代数
格拉斯曼代数
S 代数*

外导数
Y 外微分

外点法
Y 罚函数法

外尔定理
Y Weyl 定理

外积
outer product
O154；O183
S 积*
C 内积
双枝模糊集

外角
exterior angle
O181
S 角(数学)*
C 平分线

外接矩形
bounding rectangle
O181
S 矩形
C 内切圆半径
Z 多边形

外接球半径
circumradius
O123.1；O184
D 外接圆半径
S 半径*
C 海伦公式
四面体
正弦定理

外接圆
circumcircle
O181；O186
S 圆*
C 外心

外接圆半径
Y 外接球半径

外界
Y 外层

外平面图
outerplane graph
O157.5
S 平面图*
C 邻点可区别全染色

外切
exterior contact
O181
S 相切*

外推
Y 外推法

外推插值
Y 外推法

外推法
extrapolation method
O174.42
D 外插
外插法
外推
外推插值
外推方法
S 近似法*
F Richardson 外推法
分裂外推
C 测量误差
超收敛
高精度分析
函数逼近
鞅不等式

外推方法
Y 外推法

外推算法
extrapolation algorithm
O174.2；O241.82
S 数学算法*
C 数值解

外微分
exterior differentiation
O172.1
D 外导数
外微分算子
S 微分*
F η-次微分

C Kahler 流形

外微分算子
Y 外微分

外微分形式
Y 微分

外心
circumcenter
O181
S 几何点
C 外接圆
Z 点(数学)

外延性
extensionality
O14
S 特性*
C 外延 →(2)(3)

弯度中心
Y 曲率中心

完备*
complete
O153.1；O177；O189.1
D 不完备
完备的
完备化
完全
完全的
F NP-完备
极大完备

完备的
Y 完备

完备度量空间
complete metric space
O177；O189.11
S 度量空间
完备空间
F 完备凸度量空间
C 公共不动点
Z 空间(数学)

完备赋范代数
Y Banach 代数

完备赋范空间
Y Banach 空间

完备格
Y 完备空间

完备格同构
complete lattice isomorphic
O177
S 格同构
C 格值逻辑
Z 同构

完备化
Y 完备

完备集
perfect set
O158
S 集合*
C 闭区间套定理

完备空间
complete space
O153.1；O189.1
D 完备格
完备一致空间
完全格
有补格
有余格
S 一致空间
F 完备度量空间
C If 集
解集
模糊有限自动机
压缩映射
自对偶
Z 空间(数学)

完备李代数
complete Lie algebra
O152.5
S 李代数
Z 代数

完备匹配
Y 完美匹配

完备群
Y 完全群

完备事件组
complete event group
O212
S 群组*
C 乘法公式

完备凸度量空间
complete convex metric spaces
O177.91
S 凸度量空间
完备度量空间
C 公共不动点
Z 空间(数学)

完备线性度量空间
Y Frechet 空间

完备性
Y 完整性

完备性定理
complete theorem
O141
S 数学定理*
C 完整性
一阶逻辑

完备一致空间
Y 完备空间

完备映射
complete mapping
O159
D 完全映射
S 映射*
C 紧子集

完备子流形
complete submanifold
O186.12；O186.16
S 子流形
C 数量曲率
Z 流形

完好性
Y 完整性

完满数
Y 完全数

完美对集
perfect matching
O144
S 集合*

完美幻方
perfect magic square
O157；O177
D 纯幻方
泛对角线幻方
S 幻方
C 构造法
Z 方阵

完美匹配
perfect matching
O157.5
D 1-因子
完备匹配
S 匹配*
C *n*-可扩图
变换图
极大平面图
六边形
匹配因子

完美数
Y 完全数

完美图
Y 奇优美图

完全
Y 完备

完全重构条件
perfect reconstruction condition
O177
S 条件(数学)*
C 小波变换

完全单半群
completely simple semigroup
O152.7
S 单半群
Z 群(数学)

完全的
Y 完备

完全等二部图
complete balanced bipartite graph
O157.5
S 完全图
C 均匀全色数
Z 图表

完全多部图
complete multipartite graph
O157.5
S 完全图
Z 图表

完全方幂
perfect power
O156
S 方幂
C 自然数幂和
Z 运算

完全非线性
full nonlinearity
N93
S 非线性
Z 数学性质

完全分裂
complete splitting
O152
S 分裂法*

完全覆盖
complete cover
O171
S 覆盖(数学)*

完全格
Y 完备空间

完全环
perfect ring
O153.3
S 结合环*
C 半完全环
忠实模

完全解
complete solution
O175
S 解*
C 数值方法

完全偶图
complete bipartite graph
O177
S 完全图
C 匹配
Z 图表

完全平方公式
complete square formula
O156
S 基本公式
C 直角三角形
Z 公式(数学)

完全平方数
perfect square number
O212
D 平方数
S 有理数
C Fibonacci 三角形
四次 Diophantine 方程
线性递推数列
余函数
Z 复数

完全群
full group
O152；O175.3
D 完备群
S 群(数学)*

完全三部图
complete tripartite graph
O157.5
S 完全图
C 色多项式
Z 图表

完全剩余系
complete system of residues
O156.1
D 完系
S 剩余系
F 简化剩余系
C 唯一解
Z 集合

完全收敛
complete convergence
O177
D 完全收敛性
S 收敛(数学)*
F 矩完全收敛性
C φ-混合
加权和
慢变化函数
随机元
行为 NA 的随机变量阵列

完全收敛性
Y 完全收敛

完全数
perfect number
O156.1；O187
D 完满数
完美数
S 正整数
F 偶完全数
奇完全数
C 因数
Z 复数

完全数据
complete data
O212.1
S 数据*
C 统计估计

完全四点形
complete quadrangle
O181
S 多边形*
C 射影几何

完全条件置换子群
completely conditionally permutable subgroup
O152
S 子群
Z 群(数学)

完全同步
complete synchronization
O231
S 同步*

完全图
complete graph
O151.2；O157.5；O23
D 完全图 Kn
S 图表*
F 完全等二部图
完全多部图
完全偶图
完全三部图
完全子图
C 点荫度
割边
邻点可区别 E-全色数
邻强边染色
全着色
色数

完全图 Kn
Y 完全图

完全椭圆积分
complete elliptic integral
O172.2
D 第一类完全椭圆积分
S 椭圆积分
C 几何平均
算术平均值
椭圆函数解
Z 积分

完全稳定
Y 完全稳定性

完全稳定性
complete stability
O175.1
D 完全稳定
S 稳定性(数学)*

完全性
Y 完整性

完全映射
Y 完备映射

完全正矩阵
Y 正矩阵

完全正则半群
completely regular semigroup
O152.7
S 正则半群
Z 群(数学)

完全正则空间
completely regular space
O189.1
S 正则空间
C 广义 Zadeh 型函数
Z 空间(数学)

完全正则性
complete regularity
O175
S 正则性*

完全子图
complete subgraph
O157.5
S 完全图
子图
Z 图表

完系
Y 完全剩余系

完整性
integrity
TP311
D 完备性
完好性
完全性
S 特性*
F 数据库完整性
数据完整性
C 完备性定理

完整约束
Y 非完整约束

晚期
late stage
ZT73
S 时期*

万有 Teichmuller 空间
Y Teichmuller 空间

万有包络代数
Y 包络代数

万有覆盖群
Y 泛覆盖群

网格*
grid
TP393.028
D 格距
格栅
网格距
F 非规则网格
C 地理网格 →(4)

网格(数学)*
grid(mathematics)
O157.5；O175.2；O241.82
F Shishkin 网格
背景网格
非均匀网格
各向异性网格
交错网格
精细网格
自适应网格

网格尺度
grid scale
ZT2
S 尺度*
F 次网格尺度

网格法
grid method
O157.5；O348
S 数学方法*
F 多重网格法
移动网格方法
有限元重合网格法
质点网格法

网格函数
Y 网络函数

网格距
Y 网格

网格模式
grid model
O241；P456.7
D 可移动细网格模式
球面网格模式
有限区细网格模式
有限区域套网格模式
有限区域细网格模式
S 预报模型*

网格平均
grid average
O177
S 平均数*
C Riemann 问题

网格自动剖分
automatic mesh generation
O241.82
D 网格自动生成
自动网格生成
S 自动剖分
Z 剖分

网格自动生成
Y 网格自动剖分

网路解算
Y 网络解算

网络法
network method
O157.5
S 数学方法*

网络分析
network analysis
O157.5；P91
S 分析*
C 传递函数
可达性
网络函数

网络函数
net function
O241
D 网格函数
S 函数*
C 网络分析

网络计划技术
Y 统筹法

网络结构*
network structure
ZT6
F 树状网络
有向网络

网络解算
network solution
O175
D 网路解算
S 解算*

网络理论
Y 系统分析

网络模型
network model
N945.12
S 模型*
F 无标度网络模型

网络图
network chart
O15
D 工序流程图
统筹图
网状图
线路图
S 图表*
C 计划评审法
图论模型

网微分法
differentiation on a net
O172.1；O189
S 微分法
C 条件函数
条件期望
Z 数学方法

网形结构
Y 网状结构

网状结构
net-shaped structure
ZT6
D 网形结构
S 结构*

网状模型
Y 网状数据模型

网状数据模型
network data model
TP391
D 网状模型
S 数据模型
Z 模型

网状图
Y 网络图

危险函数
hazard function
O174
D 危险率函数
S 函数*

危险率函数
Y 危险函数

威布尔分布
Weibull distribution
O213.2
D Weibull 分布
韦伯分布
韦布尔分布
维布尔分布
伟布尔分布
S 寿命分布
F 混合威布尔分布
瑞利分布
三参数威布尔分布
指数分布
C 环境因子 →(4)
加速失效时间模型

威布尔模型
序贯数论优化法
Z 概率分布

威布尔模型
Weibull modelling
O212
D 韦布尔模型
S 数学模型*
C 威布尔分布

威尔科克森检验
Y wilcoxon 检验

威尔科克逊符号秩检验
Y 符号检验

威尔科克逊检验
Y 秩和检验

威尔森定理
Y Wilson 定理

威纳指数
Y Wiener 指数

微分*
differential
O172.1
D 外微分形式
微分形式
微分学
F 次微分
分数阶微分
高阶微分
偏微分
全微分
外微分
协变微分
逐项微分
C 微积分

微分 Monte Carlo 方法
Y 微分蒙特卡罗方法

微分包含
Y 多值泛函微分方程

微分变换法
differential transform method
O172.1
S 微分法
C 微分动力系统
Z 数学方法

微分不变量
differential invariant
O186.1；O189.1
D Hopf 不变量
郝普夫不变量
霍普夫不变量
S 不变量*
C Hopf 分支
概周期解

微分不等式
differential inequality
O178
S 不等式*
F 时滞微分不等式
C 二阶
微分不等式理论

微分不等式理论
differential inequality theory
O175.8
S 数学理论*
C Nagumo 条件
微分不等式

微分差分方程
differential-difference equation
O175.1；O175.7
D 差分微分方程
微分-差分方程
S 差分方程
微分方程
F 伴随方程
C 辅助方程法
数学方法
数值计算
Z 方程(数学)

微分-差分方程
Y 微分差分方程

微分从属
differential subordination
O174
C 积分算子

微分代数
differential algebra
O155
S 代数*

微分代数方程
differential algebraic equations
O13；O155；O175.1
D 代数微分方程
微分-代数方程
微分代数系统
微分-代数系统
S 微分方程
C 代数解
有界性
Z 方程(数学)

微分-代数方程
Y 微分代数方程

微分代数方程组
Y 代数微分方程组

微分代数模型
differential algebraic model
O141.4
S 代数模型
C 微分环
Z 数学模型

微分代数系统
Y 微分代数方程

微分-代数系统
Y 微分代数方程

微分单项式
differential monomial
O172.1
S 单项式
Z 表达式

微分动力系统
differentiable dynamical system
O193
S 动力系统(数学)*
F 离散动力系统
C 微分变换法
中立型随机泛函微分方程

微分对策
differential game
O225
S 对策论*
F 随机微分对策
C 微分求积法

微分多项式
differential polynomial
O155；O174.52
S 多项式*
F 线性微分多项式
C Picard 例外值
例外集
亚纯函数
值分布

微分法
differentiation
O172.1；O174
D 微分方法
S 数学方法*
F 凑微分
数值微分
网微分法
微分变换法
微分方程法
微分求积法
微分容积法
微分算子级数法
微分形式吴方法
微积分法
C 倒向重随机微分方程
积分法
微分系统

微分方程
differential equation
O175
S 方程(数学)*
F Duffing 方程
Hill 方程
Kurzweil 方程
n 阶微分方程
变系数微分方程
常微分方程
泛函微分方程
非齐次微分方程
非线性微分方程
分数微分方程
复微分方程
高阶微分方程
灰色微分方程
控制微分方程
脉冲方程
拟微分方程
偏微分方程

平衡微分方程
全微分方程
摄动微分方程
时滞微分方程
随机微分方程
微分差分方程
微分代数方程
线性微分方程
隐式微分方程
阻尼微分方程
C Galerkin 方法
Lipschitz 连续性
L-拟上下解
超记忆梯度法
二阶
非线性积分不等式
拉盖尔多项式
拉普拉斯变换法
微分矩阵
旋转椭球体

微分方程法
differential equation method
O172.1；O175
S 微分法
C 二次收敛
分布曲线
理性有限元
数值稳定性
Z 数学方法

微分方程解法*
differential equation solution
O175.1；O241
D 微分方程数值解法
F Adomian 分解法
WKB 方法
θ-方法
常数变易法
打靶法
分离变量法
渐近方法
交换变量位置法
李雅普诺夫方法
幂级数法
拟谱方法
平均方法
特征线法
微分算子级数法
小参数法
谐波平衡法

微分方程模型
differential equation model
O175
D 微分模型
S 数学模型*
C 倒向重随机微分方程
极大值函数

微分方程数值解
differential equation numerical solution
O122.2；O241
D 偏微分方程数值解
S 数值解
C Daubechies 小波变换
非线性双曲型方程
菲涅耳积分
近似解析解
跳扩散过程
Z 解

微分方程数值解法
Y 微分方程解法

微分方程组
differential system
O175
S 方程组*
F 常微分方程组
代数微分方程组
积分微分方程组
线性微分方程组

微分方法
Y 微分法

微分公式
differential formula
O172.1；O186.15
D 微分式
S 公式(数学)*
C 平面曲线

微分关系
differential relation
O172.2
S 关系(数学)*
C 切线方程

微分恒等式
differential identity
O175
S 恒等式*
C 非线性微分方程

微分环
differential ring
O153.3
D Δ环
S 环(数学)*
C 微分代数模型

微分积分方程
Y 积分微分方程

微分-积分方程
Y 积分微分方程

微分几何
differential geometry
O186.1
D 微分几何学
S 几何*
F 仿射微分几何
辛几何
C Frenet 标架
Frenet 公式
积分几何
莫比乌斯带
微分结构

微分几何学
Y 微分几何

微分结构
differential structure
O189.3
S 数学结构*
C 微分几何

微分矩阵
differential matrix
O151.21
S 矩阵*
C 微分方程

微分力一程定性理论
Y 定性理论

微分流形
differential manifold
O177.91；O189.3；O192
D Banach 流形
Hilbert 流形
巴拿赫流形
光滑流形
可微分流形
希尔伯特流形
S 流形*
F Finsler 流形
复流形
辛流形
子流形
C C-R 条件
Hilbert 核
保角变换
单位分解
微分同胚

微分蒙特卡罗方法
differential Monte Carlo method
O242.1；O242.2；P413；P456.7
D 微分 Monte Carlo 方法
S 蒙特卡罗方法
Z 数学模拟

微分模型
Y 微分方程模型

微分求积单元法
Y 微分求积法

微分求积法
differential quadrature method
O172.1；O342
D DQ 法
广义微分求积法
微分求积单元法
微分求积方法
S 求积法
微分法
C 微分对策
Z 数学方法

微分求积方法
Y 微分求积法

微分容积法
differential cubature method
O172.1
S 微分法
C 自由振动 →(2)
Z 数学方法

微分熵
differential entropy

O211；O236
S 熵(数学)*
C 强偏差定理

微分式
Y 微分公式

微分算子
differential operator
O172.1；O175.2
D 强双曲微分算子
强双曲型微分算子
S 算子*
F Laplace 算子
常微分算子
仿微分算子
积分微分算子
偏微分算子
椭圆算子
伪微分算子
C 2-上循环
Yosida 逼近
离散频谱
特征函数
辛几何

微分算子法
Y 微分算子级数法

微分算子级数法
differentiator series method
O172.1；O175.1
D 微分算子法
S 微分法
微分方程解法*
C 紧支撑小波
齐次方程
Z 数学方法

微分算子样条
differential operator spline
O175.3
S 样条曲线*
C 紧支撑小波
再生核空间

微分同胚
diffeomorphisms
O189.3
S 同胚映射
C 微分流形
Z 映射

微分系统
differential system
O175
S 数学系统*
F 多项式微分系统
三次微分系统
C 平面动力系统
微分法

微分形式
Y 微分

微分形式不变性
differential form invariance
O172.1
D 形式不变性
S 不变性*

微分形式吴方法
differential form Wu's method
O172.1
S 微分法
Z 数学方法

微分学
Y 微分

微分中值定理
differential intermediate value theorem
O172.1
S 中值定理
F 柯西中值定理
拉格朗日中值定理
罗尔定理
C 常数 k 值法
等价系统
个数问题
Z 数学定理

微分中值问题
Y 中值问题

微观尺度
microscale
ZT2
S 空间尺度
C 宏观尺度 →(4)(5)
中观尺度 →(4)
Z 时空尺度

微积分*
calculus
O172
D 微积分思想
微积分学
F 分数微积分
一元微积分
C 积分
上极限
微分

微积分法
calculus method
O172
D 微积分方法
S 微分法
Z 数学方法

微积分方程
Y 积分微分方程

微积分方法
Y 微积分法

微积分基本定理
calculus fundamental theorem
O172.2
D Newton-Leibniz 公式
莱布尼兹公式
牛顿-莱布尼茨公式
牛顿-莱布尼兹公式
S 公式(数学)*
基本定理
C 变限积分
Z 数学定理

微积分思想
Y 微积分

微积分学
Y 微积分

微积分元
Y 微元

微扩散方程
microscopic diffusion equation
O175
S 扩散方程
Z 方程(数学)

微扰
Y 摄动

微扰法
Y 摄动

微扰方法
Y 摄动

微扰理论
perturbation theory
O17；P133；P135；P433
D 扰动机制
扰动理论
扰动因素
摄动理论
摄动因素
微扰论
S 理论*

微扰论
Y 微扰理论

微商
Y 导数

微型实验
microexperiment
N33
D 细观实验
S 试验*

微元
infinitesimal
O172.2；O241
D 积分元素
微积分元
S 元*

韦伯分布
Y 威布尔分布

韦伯函数
Weber function
O174
D 龙梅尔-韦伯函数
S 函数*
C 韦伯模型 →(4)

韦布尔分布
Y 威布尔分布

韦布尔模型
Y 威布尔模型

韦达定理
Vieta theorem

O122.2
S 数学定理*
C 对称多项式
广义 Vandermonde 行列式
无理方程

韦伊配对
Y Weil 配对

围长
girth
O123；O157.5
S 长度*
C 系列平行图

围道积分
Y 围线积分

围墙函数
Y 障碍函数

围线积分
contour integral
O172.2
D 围道积分
S 积分*
C 渐近估计
矩量法

唯一
Y 唯一性

唯一分解定理
Y 唯一性定理

唯一分解环
unique factorization ring
O153.3
S 交换环*
F 唯一分解整环
C 不可约

唯一分解整环
unique factorization domain
O153.3
D UFD
S 唯一分解环
整数环
C 有理根
Z 交换环

唯一解
unique solution
O122.2；O175.8
D 惟一解
S 解*
C Inf-Sup 条件
任意实 Banach 空间
完全剩余系

唯一析因整环
Y 高斯整环

唯一性
uniqueness
ZT4
D 唯一
惟一性
S 特性*
C 唯一性定理

唯一性定理
uniqueness theorem
O175；O441.1
D 唯一分解定理
惟一性定理
S 数学定理*
F 存在唯一性定理
C MKdV-Burgers 方程
数理逻辑
唯一性
相似定理 →(2)
相似律 →(2)
亚纯映射

唯一因子分解整环
Y 高斯整环

惟一解
Y 唯一解

惟一性
Y 唯一性

惟一性定理
Y 唯一性定理

维
Y 维数

维布尔分布
Y 威布尔分布

维度
Y 维数

维格纳分布
Y Wigner 分布

维格纳分布函数
Wigner distribution function
O174
D Wigner 分布函数
Wigner 函数
维格纳函数
魏格纳函数
S 分布函数
C 坐标变换矩阵
Z 函数

维格纳函数
Y 维格纳分布函数

维纳测度
Y Wiener 测度

维纳过程
Y 布朗运动

维纳信息论
Wiener information theory
N950
S 信息论*

维纳—霍普夫方程
Y Wiener-Hopf 方程

维数*
dimensionality
O14；O189.12
D 广义维数
维
维度
F Hausdorff 维数
K-维数
Packing 维数
本征维数
二维
分数维
分数维数
分形维数
局部维数
内射维数
平坦维数
容量维数
同调维数
投射维数
一维
余维数
整体维数
C 分次环
维数定理

维数定理
dimension theorem
O189.12
S 数学定理*
C 超布朗运动
维数
自相似集

维数公式
dimension formula
O151.2；O241
S 公式(数学)*
C 线性空间
子空间

维数估计
dimension estimation
O212
S 估计(数学)*
C 自仿射集

维希特分布
Y Wishart 分布

维夏分布
Y Wishart 分布

伟布尔分布
Y 威布尔分布

伪 Smarandache 函数
pseudo Smarandache function
O156.4；O174
D 伪 Smarandache 无平方因子函数
S Smarandache 函数
C 渐近公式
平方补数
Z 函数

伪 Smarandache 无平方因子函数
Y 伪 Smarandache 函数

伪 t-模
Y t-模

伪单调
pseudo-monotone
O177
D 伪单调性

S 单调(数学)*
C 均衡问题
伪单调映射

伪单调算子
pseudo-monotone operator
O177
S 单调算子
C 变分不等式
Z 算子

伪单调性
Y 伪单调

伪单调映射
pseudo-monotone mapping
O177.91
S 映射*
C 伪单调

伪度量
pseudo-metric
O189.1
S 度量*
C 度量空间
逻辑度量空间
拓扑序列熵

伪度量空间
Y 度量空间

伪概周期函数
pseudo almost periodic functions
O174.23；O211.3
S 概周期函数
C 逐段常变量
Z 函数

伪概周期解
pseudo almost periodic solution
O175
S 概周期解
C 三阶非线性微分方程
Z 周期解

伪轨跟踪
Y 伪轨跟踪性质

伪轨跟踪性质
pseudo-orbit tracing property
O193
D 伪轨跟踪
S 数学性质*
C 拓扑传递

伪紧空间
Y 紧致空间

伪距离
pseudo-distance
O141.1；O189.1
S 距离*
C 相似性

伪黎曼流形
pseudo-Riemannian manifold
O186.12
S Finsler 流形
F 黎曼流形
C 2-调和映射

Z 流形

伪抛物方程
Y 伪抛物型方程

伪抛物型方程
pseudo-parabolic equations
O175.26
D 伪抛物方程
S 抛物型方程
Z 方程(数学)

伪脐子流形
pseudo-umbilical submanifold
O186.1
S 子流形
C 共形平坦
Z 流形

伪素数
pseudo-prime number
O156.2
S 正整数
Z 复数

伪随机码
Y 伪随机序列

伪随机数
pseudo-random number
O211.5
D 拟随机数
S 随机数
Z 数

伪随机序列
pseudo-random sequence
O156；O174.14；O211.5
D PN 码
二元周期序列
伪随机码
S 序*
C 分圆数
随机序列

伪凸函数
pseudo-convex function
O174.13
S 实值函数
Z 函数

伪微分方程
Y 拟微分方程

伪微分算子
pseudo-differential operator
O175.3
D 拟微分算子
S 微分算子
C 尺度函数
周期函数
Z 算子

伪线性
pseudo-linear function
O175
S 数学性质*
C 拟正则映射

伪辛几何
pseudo-symplectic geometry
O177
S 辛几何
C 线性空间
Z 几何

伪辛空间
pseudo-symplectic space
O187
S 辛空间
C 有限域
Z 空间(数学)

伪辛群
pseudo-symplectic group
O152
S 辛群
Z 群(数学)

伪序关系
Y 拟序关系

伪压缩映射
pseudo-contractive mapping
O154.2；O177.91；O189.22
D 伪压缩映象
伪压缩映像
S 压缩映射
F φ-伪压缩映象
渐近伪压缩映象
强伪压缩映象
严格伪压缩映象
C 算子方程
一致光滑性
Z 映射

伪压缩映象
Y 伪压缩映射

伪压缩映像
Y 伪压缩映射

尾部指数
tail index
O211
D 尾指数
S 指数*
C Hill 估计

尾分布
tail distribution
O212
S 概率分布*
F 重尾分布
C 部分和

尾概率
tail probability
O212
S 概率*
C 风险模型
极值理论
线性增长

尾数
mantissa
O156
S 数*
C 周期变化

尾指数
Y 尾部指数

未定式
Y 不定式

未定系数法
Y 待定系数法

未确知数
unascertained number
O174
S 数*

未确知数学
unascertained mathematics
O159
S 数学*

未确知信息
Y 不确定性信息

未确知有理数
unascertained rational number
O122
S 有理数
Z 复数

未知参数
unknown parameter
ZT3
S 参数*
C 半参数模型
异方差模型

位级
Y 因素水平

位距
Y 距离

位矢
Y 位置向量

位势*
scalar potential
O174.3
F Hardy 位势
单层位势
调和势
临界位势
双层位势
体位势
C 势论

位势函数
potential function
O174.3
S 函数*
C 位势问题 →(2)

位势理论
potential theory
O177
S 数学理论*
C 边界元法

位势论
Y 势论

位势算子
Y 梯度算子

位图
bitmap
TP391
S 图表*

位相型分布
phase-type distribution
O177；O211.67
D Phase-type 分布
S 数学分布*
C 矩估计
随机分析

位移*
displacement
O241；O243；O311.1
D 变位
变位量
位移模式
移动量
F 函数平移
C 断距 →(5)
滑动速率 →(2)
卡氏第二定理 →(2)
位置误差 →(2)(4)
走滑断层 →(5)

位移法
displacement method
O241.82；O242.2；O342
D 变位法
刚度法
劲度法
偏移法
S 分析法(数学)*
C 结构力学 →(2)
位移不连续 →(2)
线位移 →(2)

位移模式
Y 位移

位移算子
displacement operator
O177
D 加权移位算子
S 算子*
C 差分方程
强混合
拓扑不变性

位值计数法
Y 进制

位置*
position
ZT74
D 位置参数
位置点
F 边界点
会聚点
几何位置
接触点
空间位置
相对位置
坐标位置

位置参数
Y 位置

位置点
Y 位置

位置函数
position function
O174；P229.2
D 坐标函数
S 函数*
C 位置差分 →(4)

位置计数法
Y 进制

位置矢量
Y 位置向量

位置相关
position correlation
ZT4
S 相关*

位置向量
position vector
O151.2；O183
D 位矢
位置矢量
S 向量*
C 闭曲线

位置向量场
S 向量场

位置约束
Y 非完整约束

位置坐标
position coordinate
ZT
D 方位坐标
S 坐标*

谓词演算
predicate calculus
O141.1
D 狭谓词演算
一阶谓词演算
S 演算*
C 归纳推理
函数极限
命题演算

魏恩加滕曲面
Y Weingarten 曲面

魏尔斯特拉斯函数
Y Weierstrass 函数

魏格纳函数
Y 维格纳分布函数

温和解
Y 适度解

文档文件
Y 文件

文件
file
TP391

D 文档文件

稳定*
stabilization
ZT5
D 安定状态
不稳定
不稳定状态
定常态
定态
非定态
非稳定状态
基态
基态结构
计算不稳定
绝对不稳定
平稳状态
稳定态
稳定状态
稳态
稳态结构
线性计算不稳定
致稳
状态稳定性
F 全局渐近稳定
数值稳定性
整体稳定
C 过渡态
平衡
状态

稳定(数学)
Y 稳定性(数学)

稳定策略
Y 最优策略

稳定度参数
stability parameter
ZT3
S 参数*

稳定分布
Y 稳态概率分布

稳定过程
stable process
O211.61；O241.1
S 随机过程*

稳定化有限元
stabilized finite element
O241；O317
D 稳定化有限元方法
S 有限元*
C 共轭梯度法

稳定化有限元方法
Y 稳定化有限元

稳定极限环
Y 极限环

稳定集
stable set
O225
D 不稳定集
S 集合*
C 初值问题
非线性波动方程 →(2)
上色数

稳定解
Y 稳态解

稳定矩阵
stable matrix
O151.21
D 正稳定矩阵
S 矩阵*

稳定流形
stable manifold
O186.12；O189.11；O189.3；O192
D 不稳定流形
非稳定流形
S 流形*
C 非游荡集

稳定区域
Y 稳定域

稳定收敛
stable convergence
O177.2
S 收敛(数学)*
C Lyapunov 函数

稳定态
Y 稳定

稳定同伦群
stable homotopy group
O152；O189.23
S 同伦群
F 球面稳定同伦群
Z 群(数学)

稳定性(数学)*
stability (mathematics)
O175.13
D 稳定(数学)
稳定性问题
F Hyers-Ulam-Rassias 稳定性
Lagrange 稳定性
Schur 稳定性
半稳定性
参数稳定性
超稳定性
代数稳定性
非线性稳定性
刚性稳定
关联稳定性
轨道稳定
恒稳定
几乎必然指数稳定性
计算稳定性
渐近稳定性
局部稳定性
均方稳定性
李雅普诺夫稳定性
鲁棒绝对稳定性
内部稳定性
全局稳定性
全局指数稳定性
实用稳定性
算法稳定性
随机稳定性
条件稳定性
通有稳定性
完全稳定性
无条件稳定性
线性稳定性
一致稳定性
有限时间稳定性
指数稳定性
C 线性周期系统

稳定性理论
stability theory
O175；O317
D 稳定性原理
运动稳定性理论
S 数学理论*
C 理论力学 →(2)(3)

稳定性判别
stability discrimination
O175.6；O212.5
S 判别法(数学)*
C 稳定性分析 →(2)
严平稳性

稳定性区域
Y 稳定域

稳定性问题
Y 稳定性(数学)

稳定性原理
Y 稳定性理论

稳定映射
stable mapping
O153.1
S 映射*

稳定域
stability region
O153.4；O175；O241.8
D 稳定区域
稳定性区域
S 域*
C 特征方程

稳定状态
Y 稳定

稳定子
Y 稳定子群

稳定子空间
Y 不变子空间

稳定子群
stable subgroup
O152；O177
D 稳定子
S 子群
Z 群(数学)

稳固集
Y 极大独立集

稳健统计
robust statistics
O212
S 统计*

稳态

Y 稳定

稳态队长
steady queue length
O226
S 队长
C 强收敛定理
Z 长度

稳态分布
Y 稳态概率分布

稳态概率分布
equilibrium probability distribution
O211.3；O317
D 稳定分布
稳态分布
稳态概率密度
S 概率分布*
C 强相合性
随机变量
稳态解

稳态概率密度
Y 稳态概率分布

稳态结构
Y 稳定

稳态解
stable solution
O175.1；O192；O241
D 定态解
稳定解
S 解*
C 稳态概率分布

稳态可用度
steady-state availability
O213.2
S 可用度
C 可修排队
Z 概率

稳态随机过程
Y 平稳随机过程

稳态特性
Y 静态特性

稳态误差
steady state error
O24
S 理论误差
Z 误差

稳态性能
Y 静态特性

稳态指标
steady-state index
O223；O231
S 指标*
C 静态特性

涡方法
vortex method
O241；O351.3
D 表面涡方法
S 数学方法*
C 大涡模拟 →(2)

沃尔德分布
Y 逆高斯分布

沃尔什变换
Walsh transform
O151.1；O17
D 沃希变换
S 正交变换
F Walsh-Hadamard 变换
快速沃尔什变换
C 协方差矩阵
Z 数学变换

沃尔什-哈达玛变换
Y Walsh-Hadamard 变换

沃尔什函数
Y Walsh 函数

沃利斯公式
Y Wallis 公式

沃纳模型
Warner model
O211.9
D Warner 模型
S 数学模型*
C 简单随机样本
样本容量

沃特拉方程
Y 伏尔特拉方程

沃希变换
Y 沃尔什变换

渥尔特拉方程
Y 伏尔特拉方程

无标度网络模型
scale-free network model
N945.12
D BA 模型
S 网络模型
Z 模型

无病周期解
disease free periodic solution
O175
S 周期解*
C 阈值

无单元方法
Y 有限元分析

无单元伽辽金法
Y 无网格伽辽金法

无反射边界条件
Y 反射边界条件

无分布检验
Y 非参数检验

无固次数
Y 无量纲数

无界函数
Y 有界函数

无界函数逼近
approximation of unbounded continuous functions
O174.41
S 函数逼近
C 线性正算子
Z 逼近

无界解
Y 有界解

无界区域
Y 有界域

无界时滞
Y 无穷时滞

无界域
Y 有界域

无理不等式
irrational inequality
O178
S 代数不等式
Z 不等式

无理方程
irrational equation
O122.2
D 根式方程
S 方程(数学)*
C 韦达定理

无理函数
irrational function
O174
S 代数函数
C 欧拉变换
Z 函数

无理数
irrational number
O122
S 实数
Z 复数

无量纲数*
dimensionless number
O303
D 无固次数
无量纲值
无维数
无因次量
无因次数
无因次数值
F 瑞利数
C 磁流体动力学 →(2)
流体粘度 →(2)
努赛尔数 →(2)
平均自由程 →(2)
无量纲方程 →(2)(4)
物理力学 →(2)
稀薄气流 →(2)(4)
稀薄气体动力学 →(2)

无量纲值
Y 无量纲数

无零因子环
rings without zero divisor
O153.3
S 环(数学)*

C 伴随矩阵

无模型控制律
model free control law
O17；O231
S 控制律
Z 定律(数学)

无挠模
torsion-free module
O153.3
D 挠模
扭模
无扭模
S 模(数学)*
C 挠度 →(2)
挠自由群

无挠群
Y 挠自由群

无扭模
Y 无挠模

无扭周期解
unlinked periodic solutions
O175.12
S 周期解*
C Duffing 方程

无偏
Y 无偏性

无偏 GM(1，1)模型
Y 无偏灰色模型

无偏估计
unbiased estimate
O211.67
S 统计估计
F 线性无偏估计
有效估计
最小范数二次无偏估计
最小方差无偏估计
C 随机化回答模型
有偏估计
Z 估计(数学)

无偏灰色模型
unbiased grey model
N945.12
D 无偏 GM(1,1)模型
无偏灰色预测模型
S 灰色预测模型
Z 预测模型

无偏灰色预测模型
Y 无偏灰色模型

无偏检验
unbiased test
O212
S 假设检验*

无偏性
unbiasedness
O21
D 不偏性
无偏
S 特性*

C 算术平均法
线性模型

无平方因子数
square free number
O156.4；O177
D 平方因子
S 数*
C 不定方程
可解性
同余
误差项

无穷
Y 无限

无穷边值问题
infinite boundary value problem
O175.8
S 边值问题*
F 无穷多点边值问题
C 级数(数学)
区间
无穷矩阵

无穷乘积
infinite product
O173.1；O174
S 乘积
C Wallis 公式
级数(数学)
极限
Z 积

无穷大
Y 无限

无穷大量
infinitely large quantity
O17
S 无限*

无穷的
Y 无限

无穷递降法
infinite decreasing method
O156
S 数学方法*
F Fermat 无穷递降法
C 整除

无穷多点边值问题
infinite-point boundary value problems
O175.8
S 多点边值问题
无穷边值问题
C 无穷多解
Z 边值问题

无穷多解
infinite solutions
O122.2
S 解*
C 无穷多点边值问题

无穷分布时滞
Y 无穷时滞

无穷和

Y 有限和

无穷积分
infinite integral
O172.2
D 无穷限广义积分
无穷限积分
S 广义积分
C Dirichlet 判别法
Z 积分

无穷级
infinite order
TP312
D 无限级
有限级
S 增长级
C 例外值
Z 算法

无穷级数
infinite series
O122.7；O173
S 级数(数学)*
F 调和级数

无穷集合
Y 有限集

无穷矩阵
infinite matrix
O151.21；O23
D 无限方阵
S 矩阵*
C 无穷边值问题

无穷区间
Y 区间

无穷时滞
infinite delays
O241.8
D 无界时滞
无穷分布时滞
无限时滞
有限时滞
S 分布时滞
C 先验界
有界解
指数型二分性
Z 时滞

无穷守恒律
infinite conserved law
O175.5
S 定律(数学)*
C 非线性发展方程
孤波解
可积条件

无穷维
Y 有限维空间

无穷维 Hamilton 算子
infinite dimensional Hamiltonian operators
O177
D 无穷维汉密尔顿算子
S Hamilton 算子
C 剩余谱
Z 算子

无穷维的
Y 有限维空间

无穷维汉密尔顿算子
Y 无穷维 Hamilton 算子

无穷维系统
infinite dimensional systems
N948
S 多维系统
C mKdV 方程
鞅
Z 系统

无穷限广义积分
Y 无穷积分

无穷限积分
Y 无穷积分

无穷小
infinitely small
O141；O177
D 无穷小量
S 无限*
F 等价无穷小
高阶无穷小
C 不定式极限
极限公式
右极限
芝诺悖论

无穷小量
Y 无穷小

无穷小生成元
infinitesimal generator
O152；O153；O177
S 生成元
Z 元

无穷小算子
infinitesimal operator
O177
S 算子*

无穷远点
Y 理想点

无穷远平面
plane at infinity
O189
D 假平面
理想平面
S 平面*

无穷远奇点
critical point at infinity
O175
S 奇点
C 全局相图
Z 点(数学)

无穷远元素
infinite far element
O17
S 元*
C 弱连续性
四次系统

无圈边色数
acyclic edge chromatic number
O157.5
S 边色数
C 树图
Z 色数

无失效数据
no-failure data
O213.2
S 数据*
C Bayes 估计

无条件基
unconditional basis
O177
S 解*
C 条件收敛

无条件极值
Y 条件极值

无条件收敛
Y 条件收敛

无条件稳定
Y 无条件稳定性

无条件稳定性
unconditional stability
O175
D 无条件稳定
S 稳定性(数学)*
C 连续分布时滞

无网格法
non-mesh method
O241
S 数值方法
F 无网格伽辽金法
C 高速冲击 →(2)
Z 数学方法

无网格伽辽金法
element free Galerkin method
O175.1；O176
D 无单元伽辽金法
无网格伽辽金方法
S Galerkin 方法
无网格法
C 权函数
Z 数学方法

无网格伽辽金方法
Y 无网格伽辽金法

无维数
Y 无量纲数

无限*
infinity
O141；O143；O171
D 无穷
无穷大
无穷的
无限的
F 潜无限
实无穷
无穷大量
无穷小
C 极限

无限 Weyl 群
infinite Weyl group
O152
S Weyl 群
Z 群(数学)

无限边界
infinite boundary
ZT84
S 边界（数学）*

无限插值
Y 超限插值

无限的
Y 无限

无限方阵
Y 无穷矩阵

无限级
Y 无穷级

无限集
Y 有限集

无限接近
infinite approach
O171
S 关系(数学)*

无限区间
Y 区间

无限群
infinite group
O152
S 群(数学)*
F 多重传递无限群

无限时滞
Y 无穷时滞

无限维
Y 有限维空间

无限维空间
Y 有限维空间

无限域
infinite domain
O153.4；O242.2
S 域*
C 半无限域

无限元
Y 有限元分析

无限元法
Y 有限元分析

无限状态自动机
Y 无限自动机

无限自动机
infinite automata
O23
D 无限状态自动机
S 自动机*
F 图灵机
C 有限状态机

无限族

Y 有限集

无向图
undirected graph
O157.5
S 图表*
F 简单无向图
C 并行算法
有向图

无向网络
Y 有向网络

无心二次曲面
Y 二次曲面

无信息先验分布
non-informative prior distribution
O212.8
S 先验分布
C Behrens-Fisher 问题
Z 概率分布

无序
disorder
ZT5
D 无序态
S 状态*
C 有序

无序态
Y 无序

无因次量
Y 无量纲数

无因次数
Y 无量纲数

无因次数值
Y 无量纲数

无约束优化
unconstrained optimization
O221.1；O221.2；O224
D 无约束优化问题
无约束最优化
无约束最优化问题
S 优化*
C 二次模型
共轭梯度法
拟牛顿法
数值试验 →(4)

无约束优化问题
Y 无约束优化

无约束最优化
Y 无约束优化

无约束最优化问题
Y 无约束优化

无爪图
claw-free graph
O157.5
S 图表*
F 半无爪图
拟无爪图
C 独立集

吴文俊消元法
Y 吴消元法

吴消元法
Wu-elimination method
O112；O175.24
D 吴文俊消元法
S 消元法
C KdV-Burgers 方程
四元术
Z 数学方法

蜈蚣博弈
centipede game
O225
D Centipede 博弈
S 博弈*
C 异质性

五边形
pentagon
O187
S 多边形*
C 四边形

五次多项式
quintic polynomial
O175.12
S 多项式*
C 插值条件

五次系统
fifth system
O175
S 数学系统*
C 奇点量

物理成分
Y 组分

物理细胞自动机
physical cellular automata
O23
S 自动机*

物流分布
Y logistic 分布

物体*
object
ZT81
F 分形体
三维物体
C 物质 →(2)(3)(4)(5)

物元
matter-element
O177
S 元*
C 可拓集

物元变换
matter element transformation
O189
S 数学变换*
C 可拓域

物元模型
matter element model
O231
S 数学模型*

物质成分
Y 组分

物质导数
Y 随体导数

物质组成
Y 组分

物质组分
Y 组分

误差*
error
O241.1
D 误差问题
误差值
F 逼近误差
标准误差
插值误差
传播误差
粗差
二次误差
估计误差
后验误差
或然误差
基本误差
计数误差
计算误差
建模误差
截断误差
近似误差
绝对误差
均方误差
累积误差
理论误差
模型误差
拟合误差
配准误差
舍入误差
失调误差
数值误差
随机误差
统计误差
系统误差
显著误差
限差
相对误差
向后误差
预测误差
原始误差
中误差
综合误差
最大误差
最小误差
C 测量误差
等距对应
渐近伪压缩映象
精度
可靠性
偏差
误差分析
校正
滞后

误差比较

Y 误差分析

误差成因
Y 误差分析

误差传播
Y 传播误差

误差传播定律
error propagation law
O241.1
S 定律(数学)*
C 精度分析 →(4)
中误差

误差传递
Y 传播误差

误差方差
error variance
O212
S 方差*
F 误差协方差
C 区间估计

误差方程
error equation
O241.1
S 方程(数学)*
C 误差源分析

误差分布
error distribution
O212.1
S 数学分布*
C 传播误差
线性回归模型

误差分析
error analysis
O241.1
D 误差比较
误差成因
S 分析*
F 误差源分析
系统误差分析
C 精度分析 →(4)
瑞利分布
误差
误差估计
误差检验
误差椭圆 →(4)

误差公式
error formula
O241
S 公式(数学)*
C 有理插值

误差估计
error estimate
O211.67；O212；O241
D 误差估算
S 估计(数学)*
F L2 模误差估计
后验误差估计
最优误差估计
C Hermite 多项式
Sobolev 空间
包络
边界积分 →(2)
差分法
二元算子
分段连续
误差分析
圆轨道
直接数值模拟
自适应网格
最小二乘有限元

误差估算
Y 误差估计

误差函数
error function
O241.1
D 拉普拉斯函数
S 函数*
C 三次曲线

误差检验
error test
O241.1
S 统计检验
C 误差分析
Z 检验

误差校验
error checking
ZT5
D 错误校验
S 检测*

误差界
error bounds
O143；O241
D 误差限
S 界(数学)*
C 互补
平方

误差矩阵
error matrix
O241.1
S 矩阵*
F 均方误差矩阵

误差均方差
Y 标准误差

误差控制
error control
N96；TP273
S 控制*

误差理论
error theory
O241.1
D 误差论
S 概率论
Z 数学理论

误差论
Y 误差理论

误差平方和
error square sum
O212
D 残差平方和
剩余平方和
S 平方和
C 幂函数模型
Z 和(数学)

误差曲线
error curve
O241.1
S 曲线*
C 双误差回归
预测均方误差

误差统计
error statistics
O24
S 统计*

误差问题
Y 误差

误差限
Y 误差界

误差项
error term
O177
S 项(数学)*
C 单位根过程
迭代法
反正切函数
无平方因子数

误差协方差
error covariance
O212.1
S 误差方差
协方差
C 权系数 →(4)
Z 方差

误差源分析
error source analysis
O241.1
S 误差分析
C 误差方程
Z 分析

误差值
Y 误差

误判概率
probability of misclassification
O212
S 概率*

西尔维斯特公式
Y Sylvester 公式

西方数学
western mathematics
O113/117
S 数学*

西罗定理
Y Sylow 定理

西洛子群
Y Sylow 子群

西蒙斯模型
Simmons model
O212；O242.1

D Simmons 模型
S 数学模型*

吸收壁
absorbing barrier
O211.3
S 数值点
C 随机游动
Z 点(数学)

吸收边界条件
absorbing boundary condition
O241.82；O343
S 边界条件*

吸收概率
absorption probability
O212
S 概率*

吸收集
absorbing set
O157.5；O225
S 子集
C 渐近吸引子
全局吸引子
Z 集合

吸收项
absorption term
O189
S 项(数学)*

吸引场
attractive field
O189
C 黎曼几何

吸引集
attract set
O175.13；O193
S 集合*
F 全局指数吸引集
C 加权 Sobolev 空间

吸引区域
Y 吸引域

吸引域
attraction region
O153.4；O224
D 吸引区域
S 域*
C mKdV 方程
不变集
拟周期

吸引子*
attractor
O17；O415.5
D 引子
F 渐近吸引子
拉回吸引子
奇怪吸引子
全局吸引子
随机吸引子
一致吸引子
整体吸引子
指数吸引子
周期吸引子

C 分形空间
混沌理论 →(2)
混沌系统
排斥子 →(2)
整体维数

希尔伯特 C*-模
Y Hilbert C*-模

希尔伯特变换
Y Hilbert-Huang 变换

希尔伯特黄变换
Y Hilbert-Huang 变换

希尔伯特-黄变换
Y Hilbert-Huang 变换

希尔伯特空间
Hilbert space
O177.1；O41
D hilbert 空间
装备希尔伯特空间
S 内积空间
F 有限维希尔伯特空间
再生核 Hilbert 空间
准希尔伯特空间
C Kantorovich 不等式
投影算子
正周期解
Z 空间(数学)

希尔伯特零点定理
Y Hilbert 零点定理

希尔伯特流形
Y 微分流形

希尔伯特曲线
Y Hilbert 曲线

希尔伯特-施密特型核
Y Hilbert 核

希尔伯特-史米特算子
Y 紧算子

希尔伯特问题
Y Hilbert 问题

希尔方程
Y Hill 方程

希尔式方程
Y Hill 方程

希伦公式
Y 海伦公式

希罗公式
Y 海伦公式

希什金网格
Y Shishkin 网格

析因设计
factorial design
O212.6
D 因子设计
S 设计*

稀疏逼近
sparse approximation
O174.41
S 逼近*
C 稀疏矩阵

稀疏采样
sparse sampling
N31
S 采样*

稀疏矩阵
sparse matrix
O151.2
D 稠密矩阵
S 矩阵*
C 不精确牛顿法
稀疏逼近

稀疏效应
rarefaction effect
O17
S 效应*

稀有事件
Y 小概率事件

席位分配
seat distribution
O221.4
S 指派问题
F 席位公平分配
C 整数规划
Z 数学问题

席位公平分配
fair allocation of seats
O212.1；O221
S 席位分配
C 品质因数 →(2)
Z 数学问题

系列平行图
series-parallel graph
O157.5
S 图表*
C 围长

系数*
coefficient
ZT3
F Fourier 系数
Theil 不等系数
变系数
不均匀系数
不确定系数
常系数
待定系数
调节系数
多项式系数
非线性扩散系数
分布系数
峰度系数
负系数
复系数
惯性系数
广义相关系数
换算系数
回归系数
间断系数
模糊系数

偏回归系数
漂移系数
奇异系数
时变系数
随机系数
线性吸收系数
相关系数
相邻系数
相似系数
响应系数
校准系数
影响系数
有效非线性系数
折算系数
振动系数
整系数
正负系数
正系数
滞后系数
置信系数
周期系数
C 项数

系数不等式
coefficient inequality
O178
S 不等式*

系数公式
coefficient formula
O174
S 公式(数学)*
C 判别法(数学)

系数估计
coefficient estimates
O174
S 估计(数学)*

系数行列式
coefficient determinant
O151
S 行列式*
C 零解

系数矩阵
coefficient matrix
O151.21; O211.6
S 矩阵*
F 权矩阵
协方差矩阵

系统*
systems
N94
D 基本系统
体系
一般系统
F Lagrange 系统
Markov 跳跃系统
Newton-Leipnik 系统
不确定系统
参数系统
大系统
定常系统
对称系统
多变量系统
多维系统
二维系统
非对称系统
非光滑系统
非线性系统
非自治系统
分级系统
封闭系统
复合系统
复杂系统
过程系统
耗散系统
宏观系统
互联系统
灰色系统
混杂系统
静态系统
巨系统
开放系统
可修复系统
离散系统
连续系统
劣化系统
临界系统
逻辑系统
模糊系统
逆系统
耦合系统
排队系统
平衡系统
人工系统
柔性系统
三元系统
时滞系统
双稳系统
双线性系统
梯度系统
同异反系统
线性系统
相互作用系统
协调系统
形式系统
影响系统
子系统
自适应系统
自治系统
C 系统分析

系统不确定性
Y 不确定系统

系统参数
system parameters
N945
S 参数*
C 四进制

系统差
Y 系统误差

系统抽样
systematic sampling
C81
D 等距抽样
机械抽样
周期系统抽样
S 采样*

系统传递函数
system transfer function
O174
S 传递函数
Z 函数(物理)

系统动力学
system dynamics
N941.3
D 社会动力学
系统动态学
S 系统科学*
C 水资源承载力 →(4)
系统仿真

系统动态学
Y 系统动力学

系统法
Y 系统方法

系统方程
system equation
O122.2
S 方程(数学)*
C 状态变量

系统方法
systems approach
N94
D 系统法
S 方法*

系统仿真
system simulation
N945.13
D 模拟系统
系统模拟
S 仿真*
C 动力学蒙特卡罗模拟 →(4)
动态模型
系统动力学
系统设计

系统分析
systems analysis
N945.1
D 网络理论
线性体系理论
S 决策分析
C 方法论
系统
系统工程
Z 数学分析

系统复杂性
system complexity
N94
S 复杂性
C 系统优化
Z 数学性质

系统工程
system engineering
N945
C 决策论
数学模型
系统分析
系统科学
系统设计

系统效率

系统工程学
systems engineering
N945
S 系统科学*

系统建模
Y 建模

系统结构
system architecture
TP303
D 总体结构
S 结构*

系统解耦
system decoupling
O231
S 解耦*
C 二阶系统

系统矩阵
system matrix
N94；TP13
S 矩阵*

系统聚类
hierarchical clustering
O212.2
S 聚类分析
Z 统计分析

系统决策
systematic decision
C934；N945.25
S 决策*

系统科学*
system science
N94
D 系统学
F 系统动力学
系统工程学
C 控制理论
系统工程
系统论
协同论 →(2)

系统可靠度
Y 系统可靠性

系统可靠性
system reliability
TB114.3
D 工程可靠性
系统可靠度
S 可靠性*
C 多元指数分布
渐近稳定性
序列二次规划

系统可靠性分析
system reliability analysis
O213.2
S 统计分析*

系统理论
Y 系统论

系统论*
system theory
N941
D 系统理论
F 超循环理论
大系统理论
多体系统理论
泛系理论
广义系统理论
耗散结构理论
灰色系统理论
控制系统理论
线性系统理论
一般系统论
自组织理论
C 大尺度系统 →(4)
建模
控制
控制理论
平稳振荡
随机参数
系统科学
信息论

系统模拟
Y 系统仿真

系统模型
system model
N945.12
S 模型*
F 动态模型
C 模型识别

系统偏差
Y 系统误差

系统设计
system design
N945.23
S 设计*
C 系统仿真
系统工程

系统时延
Y 时滞系统

系统寿命
system lifetime
O22
S 寿命*
C 可靠性模型

系统数学模型
system mathematic model
N945.12
S 数学模型*

系统误差
systematic error
O24
D 系统差
系统偏差
系统性误差
S 误差*
C 差值法
随机误差
仪器误差 →(4)
周期误差 →(4)

系统误差分析
system error analysis
O241.1
S 误差分析
Z 分析

系统效率
system effectiveness
N945.16
S 效率*
C 系统工程
系统优化

系统性误差
Y 系统误差

系统选择
system selection
N94
S 选择*

系统学
Y 系统科学

系统延迟
Y 时滞系统

系统延时
Y 时滞系统

系统演化
phylogeny
N94
D 演化系统
S 演变*

系统优化
system optimization
N945.15
D 全局优化
全局最优
系统最优
系统最优化
优化系统
总体最优
最优系统
S 优化*
C 凹规划
系统复杂性
系统效率
优化
优化模型

系统最优
Y 系统优化

系统最优化
Y 系统优化

细胞自动机
Y 元胞自动机

细分方法
subdivision scheme
O143；O151.21
D 细分格式
S 数学方法*
C 整数矩阵

细分格式
Y 细分方法

细分曲线
subdivision curve
O186.11
S 匹配*
C 最小二乘法

细观实验
Y 微型实验

细焦点
fine focus
O175
S 点(数学)*

狭谓词演算
Y 谓词演算

狭义平稳过程
Y 平稳随机过程

瑕积分
defect integral
O172.2
S 反常积分
广义积分
C 比较判别法
原函数
Z 积分

下半连续
lower semicontinuous
O174.13
S 半连续
F 弱下半连续
C E-凸函数
矩阵对策
扰动问题
正不动点
Z 连续

下半连续函数
lower semicontinuous function
O174.5
D 上半连续函数
S 半连续函数
C 次微分
可测选择
凸集
Z 函数

下半连续性
Y 上半连续性

下半连续映射
lower semicontinuous mapping
O153.2；O189.1
S 连续映射
Z 映射

下侧二重 Dirichlet 级数
Y 二重 Dirichlet 级数

下侧二重狄利克雷级数
Y 二重 Dirichlet 级数

下极限
Y 上极限

下降法
descent method
O22；O241
D 下降算法
下山法
S 数学方法*
F 最速下降法
C 收敛定理
线性收敛

下降方向
descent direction
O22；O241
S 方向*
C 信赖域

下降流不变集
Y 不变集

下降算法
Y 下降法

下解
subsolution
O175.2
S 上下解
C 上解
Z 解

下界
lower bound
O144；O151.21；O171
S 界(数学)*
F Cramer-Rao 下界
下确界
信息论下界

下界估计
lower bound estimate
O175
S 边界估计
Z 估计(数学)

下近似
Y 上近似

下料问题
cutting stock problems
O221
S 运筹问题
Z 数学问题

下模函数
lower module function
O156
S 模函数
F 下模集函数
Z 函数

下模集函数
submodular set function
O156
S 下模函数
C 粗糙集代数
Z 函数

下确界
infimum
O144；O171；O174
D 最大下界
S 下界
Z 界(数学)

下三角矩阵
lower triangular matrix
O151.21
S 三角矩阵
Z 方阵
矩阵

下山法
Y 下降法

下调和函数
Y 次调和函数

下推自动机
pushdown automata
O23
D 叠加自动机
S 自动机*
C 有限状态机

下限分析
lower bound analysis
O175.8；O344.5
S 极限分析
C 上限分析
Z 数学分析

下鞅
Y 上鞅

先验分布
prior distribution
O211；O212.8
D 后验分布
验前分布
S 概率分布*
F 无信息先验分布
C Bayes 判别
贝叶斯因子
多源验前信息
光滑参数
后验风险
均值漂移模型
应力-强度模型 →(2)

先验概率
prior probability
O211；O212.8
D 古典概率
S 概率*
C 贝叶斯方法
基本事件

先验估计
priori estimate
O175.2；O211.67；O212
D 一致先验估计
S 估计(数学)*
C Tricomi 问题
插值误差
非线性 Galerkin 方法
连续依赖性
整体吸引子

先验界
a priori bounds
O212
S 界(数学)*
C 可解性定理

无穷时滞

先验中误差
Y 中误差

纤维丛
Y 纤维丛理论

纤维丛理论
fibre bundle
O154；O189.2
D 副丛
配丛
纤维丛
S 数学理论*
C 传递函数

弦(数学)*
chord(mathematics)
O157.5；O182
D 弦线
F 焦点弦
切点弦
中点弦

弦长公式
chord formula
O181
S 公式(数学)*

弦截法
chord cutting method
O151.1
S 数学方法*
C 方程根
非均匀有理 B 样条

弦幂积分
chord-power integral
O172.2；O186.5
D 双弦幂积分
S 积分*
C 凸体

弦切角
chord-tangent angle
O181
S 角(数学)*

弦图
chord graph
O181
S 图表*
C 中国古代数学

弦线
Y 弦(数学)

显格式
explicit scheme
O175.26；O241
D 显示格式
显式格式
S 数学方法*
F 半显式格式
C 显式行波解

显函数
Y 隐函数

显示格式
Y 显格式

显示解
Y 显式解

显示精确解
Y 显式精确解

显式表示
explicit representation
O241
S 表示(数学)*
C 隐式差分法

显式差分格式
Y 隐式差分法

显式动力有限元
dynamic explicit finite element
O241；O302
D 动力显式有限元
动力显式有限元法
显式动力有限元法
S 显式有限元
Z 有限元

显式动力有限元法
Y 显式动力有限元

显式法
Y 预估-校正算法

显式格式
Y 显格式

显式公式
explicit formula
O151.21；O241
S 公式(数学)*
C 隐函数

显式函数
Y 隐函数

显式解
explicit solution
O122.2
D 显示解
S 解*
F 显式精确解
显式行波解
C 隐函数

显式精确解
explicit exact solution
O122.2
D 显示精确解
S 显式解
C 双曲函数法
Z 解

显式行波解
explicit traveling wave solution
O122.2
S 显式解
C 显格式
Z 解

显式有限元
explicit finite element
O241.82；O242
S 有限元*
F 显式动力有限元
C 非线性动力分析 →(2)

显式有限元法
explicit finite element method
O241.82；O242
D 显式有限元方法
显式有限元分析
S 有限元分析
F 时域显式有限元方法
C 波 →(2)(3)(4)(5)
Z 数值分析

显式有限元方法
Y 显式有限元法

显式有限元分析
Y 显式有限元法

显著误差
appreciable error
O241.1
S 误差*
C 显著相关
显著性差异

显著相关
significant correlation
C8
S 相关*
C 显著误差

显著性
significance
ZT4
S 特性*

显著性差异
significant difference
C8
C 显著误差

显著性检验
significance test
O189；O212.1
D 统计假设检验
S 假设检验*
F 差异显著性检验
多重比较
C 集对论

显著性水平
significance level
O21
S 因素水平*
C F-统计量
t 检验

现场分析
field analysis
ZT5
D 原位分析
S 分析方法*

现代分析
modern analysis
O177
S 数学分析*

现代控制论
modern cybernetics
O231
S 数学理论*
C 控制

现代时间序列分析
modern time series analysis
TP1
D 现代时序分析
S 时相分析
序列分析
C 时变参数
Z 数学分析

现代时序分析
Y 现代时间序列分析

现代自然科学
Y 自然科学

限差
limit error
ZT
D 极限误差
容忍误差
容许误差
允许误差
S 误差*
C 测量规范 →(4)
分段逼近

限弦函数
restricted chord function
O174
S 函数*
C 包含测度

限制边连通度
restricted edge-connectivity
O13；O189
D 限制性边连通度
S 边连通度
C 容错直径
Z 连通度

限制变分
constrained variation
O176；O316
S 变分问题
C 对偶互补 →(2)
Z 数学问题

限制李超代数
restricted Lie super algebras
O152.5
S 李超代数
Z 代数

限制性边连通度
Y 限制边连通度

限制直积
Y 直积

线*
line
ZT2
F 交线
刻度线
水平线
虚线
最速降线

线丛
line bundle
O186；O189.2
C 有界域

线段*
line segment
O181
D 直线段
F 垂线
对角线
割线
极线
切割线
有向线段
折线

线段复形
line segment complex
O174
D 拓扑树
S 复形*

线共点
Y 共线点

线积分
Y 曲线积分

线间距
interval between lines
O187
D 股道间距
S 距离*
C 偏角 →(4)(5)

线路图
Y 网络图

线面角
plane angle
O181
S 角(数学)*
C 坐标法

线平衡
line balance
O22
S 平衡*
C 运筹学

线谱
Y 离散频谱

线搜索
linear search
O224；O229；O241.5
D 线搜索法
线搜索方法
线性搜索
一维搜索
S 搜索*
F Wolfe 线搜索
非单调线搜索
非精确线搜索
C Padé 逼近
非线性共轭梯度法

线搜索法
Y 线搜索

线搜索方法
Y 线搜索

线素场
Y 方向场

线特征
Y 线性关系

线图
line graph
O157.5；O189；P455
D 曲线图
有向线图
S 统计图
C 实对称矩阵
有效性
Z 图表

线线角
line angle
O181
S 角(数学)*
C 圆锥

线形
Y 线型

线形分析
line profile analysis
O17
S 数学分析*

线形回归
Y 线性回归

线形拟合
Y 线性回归

线型*
lineshape
ZT2
D 线形
F 高斯线型
双曲线型
直线型
C 绘图 →(4)(5)
图层 →(4)

线型函数
line shape function
O174
S 函数(物理)*

线性
Y 线性关系

线性 EV 模型
linear EV model
O212.1
S EV 模型
Z 数学模型

线性 θ-方法
linear θ-method
O241.81

S 线性化法
C 散逸性
Z 数学方法

线性逼近
linear approximation
O174.41；O242.2
D 非线性逼近
线性化近似
线性近似
S 逼近*
C 二阶非线性微分方程
非线性数据拟合

线性逼近法
linear approximation method
O224；O241
S 逼近方法
Z 最优化方法

线性比式和
Y 比式和

线性变参数模型
linear discrete-time system
O141.4
D 线性时变模型
S 可变参数模型
Z 数学模型

线性变化
Y 线性变换

线性变换
linear transformation
O151.2；O172；O437
D 非线性变换
线性变化
一次变换
S 数学变换*
F 对称变换
对角化
分式线性变换
可逆线性变换
幂等变换
双线性变换
辛变换
酉变换
正交变换
直接线性变换
主成分变换
C Lyapunov 指数
回归因子 →(4)
数量场
四边形单元
协变微分

线性变换环
Y 矩阵代数

线性变换群
Y 矩阵群

线性辨别分析
Y 线性判别分析

线性表示
Y 线性组合

线性不等式
linear inequality
O178
S 不等式*
F 线性矩阵不等式
C 空间关系 →(4)

线性不等式约束
linear inequality constraint
O221；O241
S 不等式约束
线性约束
Z 约束(数学)

线性不等式组
linear inequalities
O178
D 非线性不等式组
S 不等式组*
C 线性规划

线性不定方程
Y 一次不定方程

线性不稳定性
Y 线性稳定性

线性插值
linear interpolation
O174.42；O241
D 线性插值法
S 插值*
F 双线性插值
C 区间值模糊集
数据拟合
线性多步法
线性方程

线性插值法
Y 线性插值

线性差分方程
linear difference equation
O155
S 差分方程
Z 方程(数学)

线性常微分方程
linear ordinary differential equation
O175.1
S 常微分方程
线性方程
F 贝塞尔方程
勒让德方程
C 精确积分
Z 方程(数学)

线性代数
linear algebra
O151.2
S 代数*
F 矩阵代数
向量代数
C 变换矩阵
病态方程
对角化
矩阵方程
奇异值
三对角线性方程组

线性代数方程
linear algebraic equation
O151.2
S 代数方程
C 多项式除法
Z 方程(数学)

线性代数方程组
system of linear algebraic equations
O151.2
S 代数方程组
线性方程组
Z 方程组

线性代数计算法
Y 矩阵计算

线性单元
Y 线元

线性的
Y 线性关系

线性等价
linear equivalence
O187
D 一次等价
S 等价*
C 优势集

线性等式约束
linear equality constraints
O221；O241
S 等式约束
线性约束
C 非线性预测
凸空间
Z 约束(数学)

线性递归数列
linear recursion sequence
O141.3；O171
S 递归数列
C 实根
特征值
Z 数列

线性递归序列
shift register sequence
O156；O157.4
D 移位寄存器序列
S 递归序列
Z 序

线性递推关系
linear recurrence relation
O159
S 递推关系
线性关系
C 通项公式
Z 关系(数学)

线性递推式
linear recurrence mode
O151.2
S 递推关系式
C 递推关系
Z 表达式

线性递推数列
linear recurrence sequence

O122.7；O171
S 递推数列
C 完全平方数
Z 数列

线性迭加
linear superposition
O175.24
S 加法
Z 运算

线性度量空间
Y 拓扑线性空间

线性多步法
linear multistep method
O241
D 线性多步方法
S 多步法
线性化法
C 常微分方程
线性插值
Z 数学方法

线性多步方法
Y 线性多步法

线性二层规划
Y 二层线性规划

线性二次高斯问题
linear quadric Gauss problems
O231
D LQG 问题
线性二次型 Gauss 问题
线性二次型高斯问题
S 线性二次型问题
C δ 算子
解耦
Z 数学问题

线性二次型 Gauss 问题
Y 线性二次高斯问题

线性二次型高斯问题
Y 线性二次高斯问题

线性二次型问题
linear quadratic problem
O156
D LQ 问题
S 数学问题*
F 线性二次高斯问题

线性反馈
Y 非线性反馈

线性泛函
linear functional
O177
D 乘法线性泛函
乘法线性泛函数
乘性线性泛函
线性泛函数
正线性泛函数
S 泛函*
F 连续线性泛函
双线性泛函
有界线性泛函

线性泛函数
Y 线性泛函

线性方程
linear equation
O122.2
D 线性化方程
一次方程
S 代数方程
F Fuchs 方程
病态方程
二阶线性方程
双线性方程
线性常微分方程
线性回归方程
一次不定方程
一阶线性方程
一元一次方程
C 存贮策略
线性插值
线性组合
相似标准形
预处理共轭梯度法
Z 方程(数学)

线性方程组
linear simultaneous equations
O241.6
S 方程组*
F 病态方程组
超定线性方程组
大型稀疏线性方程组
非对称线性方程组
模糊线性方程组
齐次线性方程组
三对角线性方程组
线性代数方程组
线性微分方程组
序列线性方程组
C Broyden 算法
SOR 迭代法
对角矩阵
多项式理想
高斯消元法
矩阵分裂
收敛因子
数学美学
主理想整环

线性方程组求解
linear equation group resolving
O122.2；O151.2
S 求解*
C 非零元素链

线性分布
linear distribution
O177.3
S 数学分布*
C 指数稳定性

线性分式变换
Y 分式线性变换

线性分式规划
linear fractional programming
O212；O221.1
S 线性规划
Z 数学规划

线性分析
linear analysis
O171
S 数学分析*
F 线性判别分析

线性赋范空间
Y 赋范线性空间

线性估计
linear estimation
O212
S 统计估计
F 局部线性估计
线性无偏估计
C 非线性
矩阵损失函数
Z 估计(数学)

线性关系
linear relation
O151.2
D 非线性性
线特征
线性
线性的
线性规律
线性过程
线性模式
线性趋势
线性形式
S 关系(数学)*
F 线性递推关系
线性相关
C 数量曲率
线性化法
线性空间

线性规划
linear programming
O221.1
D 线性规划法
线性规划问题
线性规则
线性最优化
S 数学规划*
F 参数线性规划
大规模线性规划
对偶线性规划
二层线性规划
模糊线性规划
目标规划
区间线性规划
随机线性规划
线性分式规划
序列线性规划
C 表上作业法
单纯形法
分枝定界法
线性不等式组
线性约束条件
序列二次规划法

线性规划法
Y 线性规划

线性规划松弛

linear programming relaxation
O221
S 线性松弛
C 割平面法
Z 松弛

线性规划问题
Y 线性规划

线性规律
Y 线性关系

线性规则
Y 线性规划

线性过程
Y 线性关系

线性函数
linear function
O171；O174
S 有理函数
F 分片线性函数
双线性函数
线性判别函数
C 函数拟合
Z 函数

线性互补
linear complementarity
O221.1；O221.2；O241
D 非线性互补
非线性互补问题
线性互补问题
S 互补*
C 非单调线搜索
间隙函数
绝对值方程

线性互补问题
Y 线性互补

线性化
Y 线性化法

线性化多项式
linearized polynomial
O151.2
S 多项式*
C 有限域

线性化法
linearization method
O151；O212；O241.6
D 线性化
线性化方法
线性化技术
一般线性方法
S 数学方法*
F 多线性分离变量法
局部线性方法
双线性方法
线性 θ-方法
线性多步法
线性加权和法
C 泛函微分方程
非线性
非线性稳定性
几何规划
线性关系

线性化方程
Y 线性方程

线性化方法
Y 线性化法

线性化技术
Y 线性化法

线性化近似
Y 线性逼近

线性化模型
Y 线性模型

线性化数学模型
Y 线性模型

线性回归
linear regression
O212.1
D 广义线性回归
曲线回归
线形回归
线形拟合
S 回归(数学)*
F 多元回归
局部线性回归
模糊线性回归
C 渐近正态性
拟极大似然估计
线性模型

线性回归方程
linear regression equation
O122.2
D 非线性回归方程
S 回归方程
线性方程
F 一元线性回归方程
C 线性回归模型
Z 方程(数学)

线性回归分析
linear regression analysis
O212.1
S 回归分析
Z 统计分析

线性回归模型
linear regression model
O212.1；O241.5
D 非线性回归模型
模糊线性回归模型
S 回归模型*
F 一元线性回归模型
C 方差比
误差分布
线性回归方程

线性回归系数
Y 逐步回归模型

线性混合模型
linear mixed model
O212.1
D 广义线性混合模型
混合线性模型
线性混合效应模型
S 线性模型*
C 方差分量
方差分析估计
连续函数
随机效应

线性混合效应模型
Y 线性混合模型

线性积分方程
Y 非线性积分方程

线性计算不稳定
Y 稳定

线性加权
Y 线性加权和法

线性加权和法
linear weight sum method
O221.6；O241
D 线性加权
S 线性化法
C 多目标规划
Z 数学方法

线性鉴别分析
Y 线性判别分析

线性结构
linear structure
ZT6
D 线性体系
S 结构*

线性近似
Y 线性逼近

线性矩阵不等式
linear matrix inequality
O151.21
D LMI
LMIs
线性矩阵不等式方法
S 矩阵不等式
线性不等式
Z 不等式

线性矩阵不等式方法
Y 线性矩阵不等式

线性矩阵方程
Y 非线性矩阵方程

线性距离空间
Y 拓扑线性空间

线性可预测变量
linear predictable variable
O212.4
S 变量*

线性空间
linear space
O177.3
D 半序线性空间
度量线性空间
度量向量空间
格序线性空间
向量格
向量空间
一维空间

有限维线性空间
有限维向量空间
S 空间(数学)*
F 赋范线性空间
解空间
局部凸线性空间
内积空间
切空间
实线性空间
拓扑线性空间
线性子空间
辛空间
酉空间
张量空间
真子空间
C 阿丁环
代数分析
广义导子
环和
可逆变换
同态映射
维数公式
伪辛几何
线性关系
正交基
中心扩张
锥体

线性流形
Y 自仿射集

线性模式
Y 线性关系

线性模型*
linear model
O212.1
D GLM
部分线性模型
广义线性模型
线性化模型
线性化数学模型
线性数学模型
线性统计模型
F 变系数部分线性模型
动态线性模型
多元线性模型
方差分量模型
奇异线性模型
随机效应模型
线性混合模型
线性预测模型
线性组合模型
约束线性模型
C 贝叶斯因子
负定矩阵
观测变量
近似法
矩(数学)
均方误差矩阵准则
无偏性
线性回归
协方差
最小二乘回归

线性目标规划
linear goal programming
O221.1
S 目标规划
Z 数学规划

线性拟赋范空间
Y 拓扑线性空间

线性判别分析
linear discriminant analysis
O212.5
D 线性辨别分析
线性鉴别分析
线性判别分析法
线性判别式分析
S 判别分析
线性分析
F 二维线性鉴别分析
Z 数学分析
统计分析

线性判别分析法
Y 线性判别分析

线性判别函数
linear discriminant function
O171；O174
S 线性函数
Z 函数

线性判别式分析
Y 线性判别分析

线性抛物方程
Y 线性抛物型方程

线性抛物型方程
linear parabolic equation
O175.26
D 线性抛物方程
S 抛物型方程
C 爆破集
Z 方程(数学)

线性偏微分方程
linear partial differential equation
O175.2
S 偏微分方程
Z 方程(数学)

线性齐次微分方程
Y 非齐次线性微分方程

线性趋势
Y 线性关系

线性群
linear group
O152.3
S 群(数学)*
F 射影线性群
特殊线性群
一般线性群

线性时变模型
Y 线性变参数模型

线性收敛
linear convergence
O174.41；O241
S 收敛(数学)*
F 超线性收敛
C 下降法

线性数学模型
Y 线性模型

线性双层规划
Y 二层线性规划

线性松弛
linear relaxation
O22
S 松弛*
F 线性规划松弛

线性搜索
Y 线搜索

线性算子
linear operator
O175.3；O177.1
S 算子*
F Hecke 算子
闭线性算子
次线性算子
多线性算子
连续线性算子
双线性算子
线性微分算子
线性正算子
有界线性算子
正线性算子
C CRI 算法
Drazin 逆
P 叶函数
闭图象定理
次范整线性空间
单值化
广义逆
幂权
拓扑线性空间
线性映射

线性算子半群
linear operator semigroup
O152.7；O175.3
S 算子半群
F C0 半群
C 度量广义逆
张量空间
Z 群(数学)

线性随机系统
linear stochastic systems
O211.6
D 随机线性系统
S 随机系统
线性系统
Z 系统

线性特征
Y 线性特征标

线性特征标
linear character
O152
D 线性特征
S 特征标*
C π-Hall 子群

线性体系

Y 线性结构

线性体系理论
Y 系统分析

线性同余方程
Y 一次同余式

线性统计模型
Y 线性模型

线性退化*
linear degeneracy
O22
F 弱线性退化

线性拓扑空间
Y 拓扑线性空间

线性微分多项式
linear differential polynomial
O155；O174.52
S 微分多项式
Z 多项式

线性微分方程
linear differential equation
O175.1
D 线性微分系统
S 微分方程
F 半线性微分方程
变系数线性微分方程
常系数线性微分方程
二阶线性微分方程
非齐次线性微分方程
高阶线性微分方程
拟线性微分方程
一阶线性微分方程
C 常系数
Z 方程(数学)

线性微分方程组
linear differential equations
O175.1
D 非线性微分方程组
S 微分方程组
线性方程组
Z 方程组

线性微分算子
linear differential operator
O175
S 线性算子
C 直接积分
Z 算子

线性微分系统
Y 线性微分方程

线性稳定性
linear stability
O175.3；O317
D 线性不稳定性
线性稳定性理论
S 稳定性(数学)*
C 界面变形 →(2)

线性稳定性理论
Y 线性稳定性

线性问题
linear problem
O241
S 数学问题*
F 单调线性互补问题
水平线性互补问题
随机线性互补问题
C 矩阵

线性无关
Y 线性相关

线性无偏估计
linear unbiased estimator
O212
S 无偏估计
线性估计
F Bayes 线性无偏估计
线性无偏最小方差估计
最佳线性无偏估计
Z 估计(数学)

线性无偏最小方差估计
linear unbiased minimum variance estimation
O212
S 线性无偏估计
最小方差估计
Z 估计(数学)

线性吸收系数
linear absorption coefficient
ZT3
S 系数*

线性系统
linear system
N948
S 系统*
F 分段线性系统
广义线性系统
离散线性系统
强非线性系统
时变线性系统
线性随机系统
C 非线性系统
离散系统
双线性系统

线性系统理论
linear system theory
N941；N960
S 系统论*

线性纤维映射
Y 线性映射

线性相关
linear correlation
O151.2
D 线性无关
线性相关性
线性依赖关系
直线相关
S 线性关系
相关*
C *n* 维向量
Schur 分解
真子空间
子集
Z 关系(数学)

线性相关性
Y 线性相关

线性形式
Y 线性关系

线性序
Y 全序

线性依赖关系
Y 线性相关

线性荫度
linear arboricity
O157.5
S 荫度*

线性映射
linear mapping
O152.2；O156
D 半线性映射
伴随线性映射
多重线性映射
双曲线性映射
线性纤维映射
右伴随线性映射
左伴随线性映射
S 映射*
F 仿射映射
分段线性映射
双线性映射
帐篷映射
C 半线性方程
对称算子
线性算子

线性优化
Y 非线性规划

线性有限自动机
linear finite automata
O23
S 有限状态机
Z 自动机

线性预测模型
linear prediction model
O211.67
S 线性模型*
C 统计性质

线性元
Y 线元

线性约束
linear constraint
O241
S 约束(数学)*
F 线性不等式约束
线性等式约束
C 广义梯度投影

线性约束条件
linear constraint condition
O221.1
S 条件(数学)*
C 线性规划

线性约束最小方差
linearly constrained minimum variance

O231
D 线性约束最小方差算法
S 最小方差
Z 方差

线性约束最小方差算法
Y 线性约束最小方差

线性运算
linear operation
O151
S 运算*

线性增长
linear growth
O174.1
D 非线性增长
S 增长
C 尾概率
Z 变化

线性增长条件
linear growth condition
O211
S 条件(数学)*
C 正解

线性整数规划
Y 整数规划

线性正算子
linear positive operator
O177
S 线性算子
C 无界函数逼近
Z 算子

线性周期系统
linear periodic system
O151.21
S 数学系统*
C 稳定性(数学)

线性子空间
linear subspaces
O177.3
D 向量子空间
S 线性空间
子空间
C 幂等性
太阳集
Z 空间(数学)

线性组合
linear combination
O122.4；O152.4
D 线性表示
S 组合(数学)*
C Bernstein 算子
Euler 多项式
Jacobi 权
极大右商环
可交换矩阵
线性方程
楔形基函数

线性组合模型
linear combination model
O213.2
S 线性模型*
C 耦合波方程

线性最小二乘法
linear least square method
O212.1；O411.1
S 最小二乘法*
C 齐次方程

线性最小均方误差
linear minimum mean square error
O241.1
S 最小均方误差
Z 误差

线性最优化
Y 线性规划

线元
line element
O241
D 线性单元
线性元
S 元*
F 双线性元
C 曲线元

陷门单向函数
Y 单向陷门函数

相伴函子
Y 伴随函子

相伴函子对
Y 伴随函子

相伴矩阵
associated matrix
O151.21
S 矩阵*

相补问题
complementarity problem
O189
S 数学问题*
C Banach 空间

相等
equality
O141；O159
D 不等关系
S 二元关系
C 混合偏导数
中值定理
Z 关系(数学)

相等距离
Y 等距

相对变率
relative variability
ZT3
S 变化率
Z 比率

相对标准差
relative standard deviation
O241.1
D 相对标准偏差
S 标准差*

相对标准偏差
Y 相对标准差

相对不对称
Y 不对称

相对乘积空间
Y 积空间

相对非扩张映射
relatively non expansive mapping
O175；O192
S 非扩张映射
C 变分不等式
Z 映射

相对辐射归一化
relative radiation normalization
O143
S 归一化*

相对紧
relatively compact
O189.1
S 紧性*
C 非紧性测度
渐近概周期函数

相对紧集
relatively compact set
O144；O175.8
S 紧集
C 等度连续
锐角原理
Z 集合

相对距离
relative distance
O156.2；O181
D 绝对距离
S 距离*
C 观测方程 →(4)

相对宽度
relative width
O174.4
S 宽度*
C 可微函数

相对隶属度
relative membership degree
O159
S 隶属度*
F 相对优属度
C 模糊优选模型

相对隶属函数
relative dependence function
O159
S 隶属函数
C 模糊优化模型
Z 函数

相对密度曲线
Y 密度曲线

相对偏差
Y 相对误差

相对频率
relative frequency
ZT3

S 频率*

相对曲率
relative curvature
O181
S 曲率*
C 拐点

相对扰动界
relative perturbation bound
O171；O241.6
S 扰动界
C Frobenius 范数
矩阵范数
Z 界(数学)

相对熵
Y Kullback-Leibler 距离

相对熵密度
relative entropy density
O17
S 密度*

相对时间
relative time
ZT73
S 时间*
C 绝对时间

相对位置
relative position
ZT74
S 位置*

相对误差
relative error
O241.1
D 相对偏差
S 误差*
C 绝对误差
块对角占优

相对效率
relative efficiency
ZT84
S 效率*
C PRPC 准则
奇异线性模型

相对优属度
relative optimal membership degree
O159；O221.6
S 相对隶属度
C 模糊熵
Z 隶属度

相对增益矩阵
related gain matrix
O17
S 增益矩阵
Z 矩阵

相对增益阵列
relative gain array
O151.2；O241.6
S 阵列*
C Hadamard 积

相干传递函数
coherent transfer function
O174
S 传递函数
Z 函数(物理)

相干函数
Y 相关函数

相干矩阵
coherency matrix
O151.21
S 矩阵*
C 相干态 →(2)

相关*
related
O21
D 不相关
不相关的
关联
相关技术
F 变量相关
波形相关
尺度相关
典型相关
多重相关
非线性相关
负相关
极性相关
距平相关
零相关
模糊相关
匹配相关
偏相关
区域相关
曲线相关
三阶相关
时空相关
统计相关
位置相关
显著相关
线性相关
秩相关
自相关
C 推理

相关 Monte Carlo 方法
Y 相关蒙特卡罗方法

相关参数
correlation parameter
ZT3
S 参数*

相关方程
correlation equation
O122.2
S 方程(数学)*
C 加权最小二乘法

相关方法
correlation method
O24
S 方法*
C 光子相关光谱 →(2)
相关理论
优化

相关分析
correlation analysis
O212.1；P628
S 数据分析
F 典型相关分析
多元相关分析
秩相关分析
自相关分析
C 回归分析
通径分析
相关系数
Z 数学分析

相关函数
correlation function
O174.1；O212.1
D 关联函数
相干函数
S 函数*
F 对称相关函数
二阶相关函数
互相关函数
偏自相关函数
头相关传递函数
相关免疫函数
C Kirchhoff 近似
自相关

相关机会规划
dependent chance programming
O211
S 数学规划*

相关技术
Y 相关

相关矩阵
Y 协方差矩阵

相关绝对收敛横坐标
Y 收敛横坐标

相关理论
correlation theory
O21
S 信息论*
C 相关方法

相关蒙特卡罗方法
correlated Monte Carlo method
O242.1；O242.2；P413；P456.7
D 相关 Monte Carlo 方法
S 蒙特卡罗方法
Z 数学模拟

相关免疫函数
correlation immunite function
O174；O212.1
S 相关函数
C 计数问题
Z 函数

相关免疫性
correlation immunity
O157.4
S 数学性质*
F 小样本性质
C 布尔函数

相关图
correlogram

O18
D 点聚图
散布图
S 图表*
C 气象要素 →(4)
天气图 →(4)

相关系数
correlation coefficient
O21
D 关联系数
相关系数检验
S 系数*
F 典型相关系数
复相关系数
偏相关系数
全相关系数
秩相关系数
自相关系数
C 统计相关
相关分析
相关系数平稳序列
影响度量
指数函数法
自相关

相关系数检验
Y 相关系数

相关系数矩阵
Y 协方差矩阵

相关系数平稳序列
correlation coefficient stationary series
O211
S 平稳序列
C 相关系数
Z 序

相关因子
correlation factor
ZT6
S 因子*

相关有界收敛横坐标
Y 收敛横坐标

相关预报
Y 预报

相轨道
Y 相轨迹

相轨迹
phase trajectory
O189；O231；O31
D 相轨道
相轨线
S 轨迹*
C 非线性标量化函数
相平面法 →(2)
相平面分析

相轨线
Y 相轨迹

相合估计
consistent estimate
O212
D 相容估计
一致估计
一致性估计
S 统计估计
F 强相合估计
C Stein 流形
均方收敛
Z 估计(数学)

相合性
consistency
O211
S 数学性质*
F 均方相合性
强相合性
C 负相协
固定设计
强收敛速度
鞅差

相互独立
mutual independence
O211
S 独立(数学)*
C Behrens-Fisher 问题
不可能事件

相互独立事件
Y 独立事件

相互作用体系
Y 互联系统

相互作用系统
interactive system
N948
D 互作用系统
S 系统*

相加
Y 加法

相交
intersection
O181
D 交
S 关系(数学)*
C 补
对顶角

相交数
Y 交叉数

相近性
Y 相似性

相邻系数
consecutive coefficient
O174.51
S 系数*
C 单叶函数
星形函数

相切*
contact
O181
F 内切
外切

相亲数
Y 亲和数

相容
compatibility
ZT5
D 互不相容
相容度
C 发散度 →(2)

相容次序矩阵
consistently ordered matrix
O151.21
S 矩阵*
C 谱半径

相容度
Y 相容

相容范数
Y 矩阵范数

相容估计
Y 相合估计

相容条件
Y 一致性条件

相容映射
compatible mapping
O177；O189.2
D 相容映象
S 映射*
C 合成 →(3)

相容映象
Y 相容映射

相容映象对
compatible mapping pair
O177.91
D 非相容映象对
S 对*
F 次相容映象对
C 不动点
度量空间
公共不动点

相似
Y 相似变换

相似变换
similarity transformation
O181；O241；P231
D 相似
相似法
相似方法
相似算法
S 仿射变换
F 拟相似
平移变换
C 相似变换矩阵
相似函数
相似预报 →(4)(5)
Z 数学变换

相似变换矩阵
similar transformation matrix
O151.21
S 变换矩阵
C 相似变换
有理函数模型 →(4)
Z 矩阵

相似标准形
equiform normal form
O151.21
S 标准形矩阵
C 线性方程
Z 矩阵

相似度
Y 相似性

相似度函数
similarity function
O174.4
S 相似函数
Z 函数

相似多边形
similar polygons
O123
S 相似形
Z 图形

相似法
Y 相似变换

相似方法
Y 相似变换

相似函数
similar function
O174.4；P413；P456.7
D 相似性函数
S 函数*
F 相似度函数
相似核函数
相位结构函数
C 相似变换
相似解
中心矩

相似核函数
similar kernel function
O174.4
S 相似函数
Z 函数

相似接近度
Y 相似性

相似解
similarity solution
O175.2；O35
D 相似性解
S 解*
F 自相似解
C 相似函数

相似矩阵
similar matrices
O151.2
S 矩阵*
C 模糊信息熵
直觉模糊关系

相似三角形
similar triangle
O123
S 相似形
C 面积法
Z 图形

相似算法
Y 相似变换

相似系数
similar coefficient
ZT3
S 系数*
C 聚类分析

相似形
similar figures
O123
S 图形*
F 相似多边形
相似三角形

相似性
similarity
ZT4
D 相近性
相似度
相似接近度
相似指数
S 特性*
C 混合型多属性决策
模糊相似矩阵
伪距离

相似性函数
Y 相似函数

相似性解
Y 相似解

相似性准则
similarity criterion
ZT82
S 准则*
C 匹配

相似约化
similarity reductions
O175.29
S 约化
C 李群
幂级数法
Z 数学方法

相似指数
Y 相似性

相协样本
Y NA 样本

相依
Y 依赖性

相依导数
contingent derivative
O172.1
S 导数*
C 极值函数

相依回归模型
dependent regression model
O212.1
S 回归模型*
C 均方误差
协方差改进估计

相依回归系统
seemingly unrelated regression system
O151.21
S 数学系统*
F 半相依回归系统
C 回归系数

相依性
Y 依赖性

相宇
Y 相空间

相左直线
Y 异面直线

香农理论
Y 香农信息论

香农熵
Y 信息熵

香农信息论
Shannon information theory
N950
D 山农信息论
香农理论
S 信息论*

镶嵌照片
Y 图像

响应*
responses
ZT5
F 阶跃响应

响应比
response ratio
ZT3
S 比率*

响应函数
response function
O174；O414.2；O551
S 函数*
F 时间响应函数
C 参数分析
结构模型 →(2)
灵敏度分析

响应曲线
response curve
TP2
D 反应曲线
S 曲线*

响应时间
response time
ZT73
S 事件时间*
C 虚等待时间

响应系数
response factor
ZT3
S 系数*

响应预报
Y 响应预测

响应预测

response prediction
ZT0
D 响应预报
S 预测*
C 三维有限元数值模拟

向后差分
backward difference
O241.3
S 差分*
C 交替方向法

向后误差
backward error
O241.1
S 误差*
C 矩阵范数

向量*
vector
O151.24；O183
D 几何向量
欧几里得向量
矢量
向量形式
F *n* 维向量
Perron 向量
Ritz 向量
并矢
布尔向量
初始向量
得分向量
对偶向量
方向向量
复数矢量
概率向量
观测向量
基向量
极大向量
加权向量
节点矢量
精化向量
均值向量
控制向量
列向量
零向量
模糊向量
欧拉矢量
排序向量
平均曲率向量
奇偶向量
切向量
权向量
输入向量
随机向量
特征向量
投影矢量
位置向量
行向量
正交向量
正则函数向量
状态向量
C 垂直
亥姆霍兹定理 →(2)
几何体
曲率
图形
拓扑
向量运算
有向面积

向量 Lyapunov 函数
vector Lyapunov function
O151.2；O174.1；O175.1
D 向量李雅普诺夫函数
S Lyapunov 函数
向量函数
C 条件稳定常数 →(3)
Z 函数

向量 Monte Carlo 方法
Y 向量蒙特卡罗方法

向量变分不等式
vector variational inequality
O178
S 变分不等式
C 黎曼流形
Z 不等式

向量表示
vector representation
O182
D 矢量表示
S 表示(数学)*
C 图标号

向量测度
vector measure
O177
S 测度(数学)*
F 向量值测度
C 向量函数

向量场
F Jacobi 场
位置向量场

向量丛*
vector bundle
O189.2；O189.3
D 矢丛
F 法丛
切丛
C 生成元
拓扑荷 →(2)

向量代数
vector algebra
O183
S 线性代数
Z 代数

向量的范数
Y 向量范数

向量法
Y 矢量法

向量范数
vector norm
O174.5
D 向量的范数
S 范数*
C 范德蒙行列式
行列式

向量分析
Y 矢量分析

向量格
Y 线性空间

向量函数
vector function
O174
D 向量值函数
S 函数*
F 向量 Lyapunov 函数
向量损失函数
向量值尺度函数
C 目标集
铁磁链方程
向量测度
向量值多分辨分析
逐段常变量

向量积
Y 交叉积

向量极值
vector extremal
O122.5；O177.3；O183
D 向量极值问题
S 极值*
C 积空间

向量极值问题
Y 向量极值

向量夹角
vector included angle
O181
S 夹角
C 余弦
Z 角(数学)

向量夹角余弦
vector included angle cosine
O183
S 夹角余弦
C 多目标决策
Z 余弦

向量均衡问题
vector equilibrium problem
O156；O183
D 向量平衡问题
S 均衡问题
C 锥连续
Z 数学问题

向量空间
Y 线性空间

向量李雅普诺夫函数
Y 向量 Lyapunov 函数

向量马氏过程
vector Markov precess
O211.62
S Markov 过程
C 排队论
Z 随机过程

向量蒙特卡罗方法
vectorized Monte Carlo method

O242.1；O242.2；P413；P456.7
D 向量 Monte Carlo 方法
S 蒙特卡罗方法
Z 数学模拟

向量内积
vector inner product
O183
S 内积
Z 积

向量平衡问题
Y 向量均衡问题

向量损失函数
vector loss function
O174；O212
S 损伤函数
向量函数
C 增长曲线模型
Z 函数

向量投影
projected vector
O177.1；O183
S 投射(数学)*

向量小波
Y 向量小波变换

向量小波变换
vector wavelet transform
O174.2
D 向量小波
向量值小波
S 小波变换*
C 影像压缩 →(4)

向量形式
Y 向量

向量映射
vector mapping
O177.3
S 映射*

向量优化
vector optimization
O211；O22；O241
D 向量优化问题
向量最优化
S 优化*

向量优化问题
Y 向量优化

向量运算
vector operation
O121
S 运算*
C 向量

向量值测度
vector-valued measures
O174.12
S 向量测度
Z 测度(数学)

向量值尺度函数
vector-valued scaling functions
O174
S 尺度函数
向量函数
C 加细方程
Z 函数

向量值多分辨分析
vector-valued multiresolution analysis
O174.2
S 多分辨率小波分析
C 向量函数
正交分解
Z 小波变换

向量值函数
Y 向量函数

向量值连分式
vector-valued continued fractions
O183
S 分式
C 参数
Z 表达式

向量值小波
Y 向量小波变换

向量子空间
Y 线性子空间

向量组
vector group
O151.2；O183
S 群组*
C 钝角

向量最优化
Y 向量优化

项(数学)*
term(math)
O177
F Hardy 项
不可微项
对流项
非局部项
非线性项
极小项
扩散项
奇异项
强迫项
趋势项
缺项
扰动项
梯度项
通项
同类项
误差项
吸收项
修正项
余项
直和项
阻尼项
最大项

项目
item
C93

项数
number of terms
O175.5
S 正整数
C 系数
Z 复数

项数有限
Y 有穷数列

相函数
phase function
O174；O411
S 函数(物理)*
C 无量纲参数 →(4)
行星大气 →(4)

相空间
phase space
O186.14；O41
D Γ 空间
相宇
增广相空间
S 多维空间
C 相平面法 →(2)
Z 空间(数学)

相空间重构理论
phase space reconstruction theory
O177
S 数学理论*

相平面
phase plane
O175.1；O175.2
S 平面*
C 稳定性判据 →(2)

相平面分析
phase plane analysis
O175.8
S 数学分析*
C 相轨迹

相位传递函数
phase transfer function
O174
S 光学传递函数
Z 函数(物理)

相位归一化
phase normalization
O143
S 归一化*
C 相位 →(2)(4)

相位结构函数
phase structure function
O174.4
S 相似函数
C 相位起伏 →(2)
Z 函数

相位奇点
phase singularity
O175；O411；O45
S 奇点
Z 点(数学)

象函数
transform function
O174

S 函数*
C 像集

象集
Y 像集

象限
quadrant
O1-0
D 四分仪
C 周期函数

像方
Y 像空间

像集
image set
O144；O177.91
D 象集
S 集合*
C 象函数

像空间
image side
O174.2
D 像方
S 空间(数学)*
C 同时对角化

肖德尔不动点
Y Schauder 不动点

消费函数
Y Excess 函数

消没定理
vanishing theorem
O174；O187
D 消灭
消灭定理
S 数学定理*
C 子流形

消灭
Y 消没定理

消灭定理
Y 消没定理

消去法
Y 消元法

消去律
cancellation law
O1-0
S 定律(数学)*

消去图
deleted graph
O157.5
S 图表*
C 联结数

消失服务系统
Y 损失制系统

消失矩
vanishing moments
O241
S 矩(数学)*
C 对称
滑动平均模型
最优化计算

消息
Y 信息

消元
Y 消元法

消元法
elimination
O241.6
D 消去法
消元
S 数学方法*
F 代入法
高斯消元法
吴消元法
追赶法
C 恒等变形 →(2)
结构参数

小波
Y 小波变换

小波-Contourlet 变换
wavelet-Contourlet transform
TP391
S Contourlet 变换
Z 小波变换

小波包变换
wavelet package transform
O174.2
D 小波包分析
S 小波变换*
F 正交小波包变换
C 最优基

小波包多分辨率分析
Y 多分辨率小波分析

小波包分析
Y 小波包变换

小波逼近
wavelet approximation
O156；O174.41
S 逼近*

小波边缘检测
wavelet edge detection
TP399
S 检测*
小波检测

小波变换*
wavelet transformation
O241
D Wavelet 变换
小波
小波变换分析
小波法
小波方法
小波分析
小波分析法
小渡变换
F CAS 小波
Daubechies 小波变换
Gabor 小波变换
Haar 小波变换
Laplace 小波
Legendre 小波
MARR 小波
Meyer 小波
Morlet 小波变换
m 带小波变换
Shannon 小波
插值小波变换
超小波
单小波
第二代小波变换
多尺度小波变换
多分辨率小波分析
多进制小波变换
多小波变换
二维小波变换
方向小波变换
非线性小波变换
高斯小波变换
交叉小波变换
解析小波变换
紧支撑小波
静态小波变换
快速小波变换
离散小波变换
连续小波变换
零树小波
墨西哥帽小波
拟小波
平稳小波变换
球面小波
区间小波变换
冗余小波变换
三维小波变换
树状小波
双向小波
提升小波变换
向量小波变换
小波包变换
谐波小波变换
形态小波变换
样条小波变换
整数小波变换
正交小波变换
周期小波变换
子波变换
自适应小波变换
C Besov 空间
Parseval 定理
非张量积
离散序列
平稳序列
时频特征 →(2)
完全重构条件
小参数
最小二乘配点法

小波变换分析
Y 小波变换

小波插值
wavelet interpolation
O241.3
S 插值*

小波多尺度分析

Y 多尺度小波变换

小波多分辨分析
Y 多分辨率小波分析

小波多分辨率分析
Y 多分辨率小波分析

小波法
Y 小波变换

小波方差
wavelet variance
O151.21；O211.5
S 方差*
C 小波级数

小波方法
Y 小波变换

小波分析
Y 小波变换

小波分析法
Y 小波变换

小波估计
wavelet estimation
O212.1
S 估计(数学)*

小波函数
wavelet function
O174.2
D 凌波函数
S 函数*
F 小波核函数
小波基函数
小波母函数
C 降维模型
双尺度方程

小波核函数
wavelet kernel function
O174.2
S 小波函数
Z 函数

小波基
wavelet basis
O174.22
S 解*
F 正交小波基
最优小波基

小波基函数
wavelet base function
O174.2
S 小波函数
Z 函数

小波级数
wavelet series
O174.2
S 收敛级数
C 小波方差
Z 级数(数学)

小波检测
wavelet detection
TP399
S 检测*
F 小波边缘检测

小波框架
wavelet frames
O174.2
S 框架(数学)*
C 正交小波变换

小波理论
wavelet theory
O174.22
D 小波模型
S 数学理论*

小波模型
Y 小波理论

小波母函数
wavelet mother function
O157.1；O174.2
S 母函数
小波函数
C 红外光谱法 →(3)
Z 函数

小波逆变换
inverse wavelet transformation
O174.41
S 逆变换
C 统计估计
Z 积分变换

小波有限元
wavelet finite element
O241.8
D 小波有限元法
S 有限元*
C 奇异性理论

小波有限元法
Y 小波有限元

小参数
small parameter
O175
S 参数*
C 小波变换

小参数法
small parameter-method
O175.1
S 微分方程解法*
C 二阶流体 →(2)

小渡变换
Y 小波变换

小概率的实际不可能性原理
Y 小概率原理

小概率事件
small probability event
O211
D 罕见事件
稀有事件
S 事件*
C 小概率原理

小概率事件原理
Y 小概率原理

小概率原理
small probability principle
O211
D 小概率的实际不可能性原理
小概率事件原理
S 数学原理*
C 概率统计
小概率事件

小函数
small function
O174
S 函数*

小偏差
Y 大偏差

小偏差定理
small derivation theorem
O212
S 偏差定理
C 马尔可夫链
Z 数学定理

小时
hour
ZT73
S 时间单位*

小数
decimal
O121
D 十进小数
S 有理数
F 循环小数
Z 复数

小数点
point
O121
S 符号(数学)*
C 有效数字

小旋转椭球
Y 旋转椭球体

小样本性质
small sample properties
O212
S 相关免疫性
Z 数学性质

小域估计
small area estimation
O212
S 估计(数学)*

小子样
small sample
C8
S 子样本
C 随机加权法
Z 样本

效果*
effect
ZT84
F 预测效果

效率*

efficiency
ZT84
F 抽样效率
估计效率
探测效率
系统效率
相对效率
C 比率
除子

效率函数
efficiency function
O174
S 函数*
C 信息矩阵

效能系数
Y 影响系数

效应*
effect
ZT84
F Allee 效应
边缘效应
非局部效应
吉布斯效应
几何效应
交互效应
设计效应
时效
随机效应
稀疏效应
因果效应
滞后效应
总体平均处理效应
C 实验设计

效应代数
effect algebra
O153
S 抽象代数
Z 代数

效应系数
Y 影响系数

效用函数
utility function
O241
S 函数*
C 随机增长
效用理论
正倒向随机微分方程
指数变换
资源分配

效用理论
utility theory
O225
D 效用论
S 数学理论*
C 效用函数

效用论
Y 效用理论

楔形
wedge
ZT2
S 形状*

楔形基函数
ridge basis function
O174
S 型函数
C 线性组合
Z 函数

歇威茨不等式
Y Cauchy-Schwartz 不等式

协边类
cobordism class
O189.3；O23
D 上协边类
S 类(数学)*
C 多项式代数

协变导数
covariant derivative
O18；O41
D 共变导数
S 导数*
C 不变凸函数

协变量
covariant
O212.1
S 变量*
C 渐近正态性
区间数据
协变性 →(2)

协变微分
covariant differential
O186.12
S 微分*
C 线性变换

协差阵
Y 协方差矩阵

协方差
covariance
O177.7；O212.1
S 方差*
F 分数低阶协方差
误差协方差
自协方差
C 半相依回归系统
线性模型

协方差传播
Y 传播误差

协方差分析
covariance analysis
O212.4
S 方差分析
C 半方差图 →(5)
谐波平衡法
Z 统计分析

协方差改进估计
covariance-improved estimator
O212.1
S 方差估计
C 相依回归模型
Z 估计(数学)

协方差函数
covariance function
O212.4
S 方差函数
C 拟合法
Z 函数

协方差矩阵
covariance matrix
O151.21；O212
D 相关矩阵
相关系数矩阵
协差阵
协方差阵
S 系数矩阵
C 多项分布
拓扑指数
沃尔什变换
协方差阵扰动 →(4)
Z 矩阵

协方差阵
Y 协方差矩阵

协克里金法
Y 克里金插值

协调图
coordination graph
O177
S 图表*
F 奇强协调图
强协调图
C 同步

协调系统
coherent system
N948
S 系统*

协调元
Y 非协调元

协同作用
synergistic action
ZT5
S 作用*

挟挤定理
Y 夹逼准则

斜笛卡儿坐标系
Y 笛卡尔坐标系

斜对称矩阵
skew-symmetric matrix
O151.21；O241.6
S 对称矩阵
Z 矩阵

斜多项式环
Y 多项式环

斜角坐标
Y 直角坐标

斜角坐标系
Y 斜坐标系

斜率
percent slope

O123.1
S 比率*
C 回归系数

斜幂级数环
Y 幂级数环

斜面
inclined plane
O175.14
S 平面*
C 斜距 →(4)

斜投影法
Y 投影法

斜微商边值问题
oblique derivative boundary value problem
O175.8
S 边值问题*
C 斜微商问题

斜微商问题
oblique derivative problem
O175.2
S 数学问题*
C 斜微商边值问题

斜坐标
Y 直角坐标

斜坐标系
oblique coordinates system
O18；P25
D 斜角坐标系
S 直角坐标系
C 变量数学
Z 坐标系

谐波平衡法
harmonic balance method
O175.12
D 描述函数法
S 函数法
微分方程解法*
C 协方差分析
Z 数学方法

谐波小波
Y 谐波小波变换

谐波小波包
Y 谐波小波变换

谐波小波变换
harmonic wavelet transform
O17；O302
D 谐波小波
谐波小波包
S 小波变换*

谐和函数
Y 调和函数

谢尔宾斯基地毯
Y Sierpinski 地毯

辛变换
symplectic transformation
O152.4
S 线性变换
C 亏数
辛群
Z 数学变换

辛差分格式
symplectic difference scheme
O241；O35；P43
S 差分格式*
辛格式
Z 数学方法

辛代数
Y 辛三代数

辛格式
symplectic scheme
O177
S 数学方法*
F 多辛格式
辛差分格式

辛几何
symplectic geometry
O175；O186；O192
D 辛几何法
辛几何理论
辛几何算法
S 微分几何
F 伪辛几何
C 常微分方程
几何拓扑
精确解
理论力学 →(2)(3)
面积测量 →(4)
微分算子
佯谬
Z 几何

辛几何法
Y 辛几何

辛几何理论
Y 辛几何

辛几何算法
Y 辛几何

辛结构
symplectic structures
O152.5；O186.1
S 数学结构*

辛矩阵
symplectic matrix
O151.21
S 矩阵*
C 有限域

辛空间
symplectic space
O153；O177
S 线性空间
F 伪辛空间
C 不对称
Z 空间(数学)

辛流形
symplectic manifolds
O186；O189.3
S Poisson 流形
微分流形
C 回归性
Z 流形

辛浦生公式
Y Simpson 公式

辛普森分布
Y 三角分布

辛群
symplectic group
O152.4
S 群(数学)*
F 伪辛群
C 局部环
辛变换

辛三代数
symplectic ternary algebra
O152
D 辛代数
S 代数*

辛算法
symplectic algorithm
O175.7；O241.3
S 差分法
C 四阶杆振动方程
Z 数学方法

新范畴
Y 范畴(数学)

新息
innovation
O151.2
C 序

信度估计
Y 可靠性估计

信度函数
belief functions
O174
S 函数*

信赖域
trust region
O153.4
S 域*
C 下降方向

信赖域法
Y 信赖域方法

信赖域方法
trust region method
O224
D 信赖域法
S 最优化方法*
C 二次插值

信赖域算法
trust region algorithm
O224
S 数学算法*
F 非单调信赖域算法

信赖域子问题
trust region subproblem

O224
S 子问题
C Lagrange 对偶
非凸二次规划
内点法
Z 数学问题

信息*
information
N95
D 记录情报
情报
情报信息
情报资料
消息
资讯
F 不确定性信息
部分信息
多源验前信息
广义信息
互信息
灰信息
客观信息
量化信息
盲信息
模糊信息
能量信息
贫信息
全信息
冗余信息
三维信息
实时信息
随机信息
条件信息
异常信息
有效信息
增量信息
主观信息
自然信息
自信息
C 数据
文献 →(4)(5)
信息传播
信息论下界
信息系统
资料 →(4)(5)

信息处理*
information processing
N951.3；TP391
F 信息压缩
信息隐藏
C 图像处理
信息服务 →(4)(5)
影像处理 →(4)(5)

信息处理系统
information processing system
N951.3；TP391
D 资料收集平台
S 信息系统*

信息传播
information dissemination
G20；N951.2
D 信息传递
信息传输
信息传送
信息发布
信息分发
信息扩散
信息扩散法
C 信息

信息传递
Y 信息传播

信息传输
Y 信息传播

信息传送
Y 信息传播

信息动力学
information dynamics
N95
S 信息学*

信息发布
Y 信息传播

信息分发
Y 信息传播

信息几何
information geometry
O186.12；O236
S 几何*

信息矩阵
information matrix
O159
S 矩阵*
C 效率函数

信息科学
Y 信息学

信息空间
cyberspace
TP39
D 赛博空间
S 空间*
C 网络地理信息系统 →(4)

信息扩散
Y 信息传播

信息扩散法
Y 信息传播

信息扩散理论
information diffusion theory
G20；N950；N951.2
S 信息论*

信息理论
Y 信息论

信息率失真函数
Y 率失真函数

信息论*
information theory
N950
D 信息理论
信息论模型
F 维纳信息论
相关理论
香农信息论
信息扩散理论
C 决策论
控制理论
模糊性
冗余
系统论
信息系统
信息学

信息论模型
Y 信息论

信息论下界
information-theoretic lower bound
O23
S 下界
C 信息
Z 界(数学)

信息屏蔽
Y 信息隐藏

信息容量
information capacity
G2；N95
D 二进制数容量
S 容量*
C 二进制数

信息散度
information divergence
N950

信息熵
information entropy
O211.5；O236
D K 值
Shannon 熵
Shannon 信息熵
情报熵
香农熵
S 熵(数学)*
F 粗糙熵
负熵
加权熵
模糊信息熵
谱熵
最大信息熵
C 决策分析
熵测度
向量场 →(2)

信息维
Y 信息维数

信息维数
information dimension
O189.3
D 信息维
S 分形维数
C 时间序列
Z 维数

信息伪装
Y 信息隐藏

信息系统*
information system
G255；N951.3

D 情报存贮与检索系统
情报系统
F 信息处理系统
C 数据库完整性
信息
信息论
资源信息 →(4)

信息学*
information science
N95
D 信息科学
F 信息动力学
C 生物数学
信息论

信息压缩
information compression
N951.3；TP391
S 信息处理*

信息隐蔽
Y 信息隐藏

信息隐藏
information hiding
N951.3；TP391
D 信息屏蔽
信息伪装
信息隐蔽
隐蔽信息
S 信息处理*

信息准则
information criterion
N950
S 准则*

星边染色
star-edge coloring
O157.5
S 染色问题*

星边色数
star chromatic index
O157.5
S 边色数
星色数
Z 色数

星全色数
star total chromatic number
O157.5
S 全色数
星色数
Z 色数

星色数
star chromatic number
O157.5
D 圆色数
S 色数*
F 星边色数
星全色数
C 丢番图逼近
谱半径
循环图
子式

星象函数
Y 星形函数

星像函数
Y 星形函数

星形
starlike
ZT2
S 形状*

星形函数
starlike function
O174.55
D 星象函数
星像函数
S 解析函数
F P 叶函数
α 次星形函数
C 相邻系数
Z 函数

星形图
star graph
ZT2
S 图表*
C 星式沙丘 →(4)

星形线
astroid
O182
D 四尖内摆线
S 摆线
C 圆柱面
Z 匹配

星形映照
starlike mapping
O177
S 映射*
C 从属链
偏差定理

星序
star ordering
O151.21
S 序*
C 四元数矩阵

行波解
plane wave solution
O175.29
S 波解*
C 变换法
多项式完全判别系统
非局域非线性薛定谔方程 →(2)
耦合 KdV 方程组
组合 KdV 方程

行为 NA 的随机变量阵列
behavior NA random variable array
O211.5
S 阵列*
C 完全收敛

形成环境
Y 形成条件

形成机制
formation mechanism
ZT
S 机理*

形成条件
formation conditions
ZT84
D 形成环境
S 条件*

形成演变
formation and evolution
ZT5
S 演变*

形函数
Y 型函数

形貌*
morphology
ZT2
D 特殊形貌
F 表面微形貌
表面形貌

形貌转变
morphology change
ZT5
S 转变*

形式不变性
Y 微分形式不变性

形式级数
formal series
O193
S 级数(数学)*
C 形式解

形式解
formula solution
O122.2；O175.1
D 公式解
S 解*
C 公式拟合
形式级数

形式幂级数
formal power series
O173.1
S 幂级数
C 函数恒等式
Z 级数(数学)

形式三角矩阵环
formal triangular matrix ring
O153.3
D 广义三角矩阵环
S 三角矩阵环
C 内射模
Z 环(数学)

形式系统
formal system
B81
S 系统*

形态*
form
ZT5
F 异常形态

形态函数

morphic function
O122.2；O174
S 函数*

形态算子
Y 形态学算子

形态小波
Y 形态小波变换

形态小波变换
morphological wavelet transform
O241
D 形态小波
S 小波变换*
C 特征提取 →(4)

形态学矩阵
morphological matrix
TB11
S 矩阵*

形态学算子
morphological operators
TP391
D 形态算子
S 算子*
C 匹配算子

形状*
shape
ZT2
D 形状参数
F 楔形
星形
柱形
C Bernstein 多项式
Bernstein 基函数
切线多边形
位形空间 →(2)
延伸 →(2)

形状变化
shape change
ZT5
S 变化*
F 面积变化

形状参数
Y 形状

形状分析
shape analysis
TP391
S 分析*

形状函数
Y 型函数

型函数
shape function
O122.2；O174.1；O241
D 广义形函数
形函数
形状函数
S 函数*
F β型螺形函数
分形插值函数
楔形基函数
指数型函数

C 超球级数
拉普拉斯变换
拟亚纯映射
移动最小二乘近似

性能
Y 特性

性能曲线
Y 特性曲线

性质
Y 特性

性质定理
property theorem
O177
S 数学定理*
C 简化剩余系

匈牙利法
Hungarian method
O224；O241
S 最优化方法*
C 指派问题

休假排队
vacation queue
O226
S 排队论*
F 多重休假
C 母函数

修复
repair
ZT5
D 裱糊

修正
Y 校正

修正单纯形法
revised simplex method
O224；O241
S 单纯形法
C 目标规划
优化设计
Z 最优化方法

修正方案
Y 修正极大似然估计

修正方程
correction equation
O122.2
D 校正方程
S 方程(数学)*
C 直角坐标网 →(4)

修正共轭梯度法
modified conjugate gradients method
O241.6
S 共轭梯度法
Z 数学方法

修正极大似然估计
modified maximum likelihood estimation
O212；O225
D 修正方案
S 极大似然估计
C 优化设计

Z 估计(数学)

修正矩阵
modified matrix
O151.21
S 矩阵*
C 模型修正

修正牛顿法
modified Newton method
O224；O242.23
S 牛顿法
Z 数学方法

修正项
correction term
O171；O174.41
S 项(数学)*

虚部
imaginary part
O174
C 第一性原理 →(2)
光子晶体 →(2)
实部

虚等待时间
virtual waiting time
O21；O22
S 等待时间
C 响应时间
Z 事件时间

虚二次域
imaginary quadratic field
O153.4；O156
D 实二次域
S 二次数域
C 广义 Ramanujan-Nagell 方程
理想类群
Z 域

虚根
imaginary root
O153
S 方程根
C 实根
Z 根(数学)

虚功方程
virtual work equation
O122.2
S 方程(数学)*
C 复数矢量

虚拟假设
Y 零假设

虚数
imaginary number
O122
S 复数*
F 纯虚数
C 实数

虚线
dashed line
ZT2
S 线*

虚轴
Y 实轴

需求*
demand
ZT0
F 确定性需求
随机需求

序*
order
O14；O211；O221
D 序列(数学)
自然序
F Bessel 序列
Cauchy 序列
De Bruijn 序列
Faure 序列
Halton 序列
MSS 序列
M 序列
NA 序列
Sobol 序列
本原序列
递归序列
调和序列
迭代序列
动态序列
度序列
二元序列
非等间距序列
高斯序列
混合序列
极小化序列
简单半序
渐近概周期序列
解序列
矩阵序列
可图序列
离散序列
模糊序列
平稳序列
谱序列
实序列
收敛序列
数据序列
数字序列
随机序列
凸序
拓扑序列
伪随机序列
星序
循环序列
鞅差序列
优序列
正合序列
指数序列
钟控序列
子序列
自然偏序
C 新息

序 Banach 空间
ordered Banach space
O177.91
S Banach 空间
C 耦合不动点
Z 空间(数学)

序半群
ordered semigroup
O152.7
S 半群
F S-系
偏序半群
C 理想扩张
Z 群(数学)

序贯 Monte Carlo 方法
Y 序贯蒙特卡罗方法

序贯采样
Y 序贯抽样

序贯抽样
sequential sampling
O212.2
D 序贯采样
序贯取样
S 采样*
C 序贯检验

序贯方法
Y 序贯寻优法

序贯分析
sequential analysis
O212.3
S 统计分析*
C 数理统计

序贯概率比检验
sequential probability ratio test
O212.1
D 序贯似然比检验
S 序贯检验
C 序贯网图检验
Z 假设检验

序贯估计
sequential estimation
O212
S 统计估计
C 平衡损失函数
Z 估计(数学)

序贯检验
sequential test
O212
S 假设检验*
F 序贯概率比检验
C 序贯抽样

序贯决策
sequential decision making
O225
S 决策论*
C 动态规划
序贯寻优法

序贯蒙特卡罗方法
sequential Monte Carlo method
O242.1；O242.2；P413；P456.7
D 序贯 Monte Carlo 方法
S 蒙特卡罗方法
Z 数学模拟

序贯取样
Y 序贯抽样

序贯数论优化法
sequential number theoretic optimization method
O224
S 最优化方法*
C 威布尔分布

序贯似然比检验
Y 序贯概率比检验

序贯搜索法
Y 序贯寻优法

序贯网图检验
sequential mesh test
O212.3
S 检验*
C 序贯概率比检验

序贯寻优
Y 序贯寻优法

序贯寻优法
sequential search
O224；O241
D 序贯方法
序贯搜索法
序贯寻优
S 最优化方法*
C 序贯决策

序集
Y 有序集

序结构
order structure
O177
S 数学结构*
C 不可约元

序连续
Y 序列连续

序列*
sequences
ZT6
D 序列类型
F 符号序列

序列(数学)
Y 序

序列标号
sequential labeling
O157.4
S 标号算法
C 邻接矩阵
最大值
Z 最优化方法

序列二次规划
sequential quadratic programming
O221.2
D SQP
逐步二次规划
逐次二次规划
S 二次规划
C 系统可靠性

Z 数学规划

序列二次规划法
sequential quadratic programming method
O221.2；O224
D SQP 方法
SQP 算法
序列二次规划方法
序列二次规划算法
S 数学方法*
C 强收敛
线性规划

序列二次规划方法
Y 序列二次规划法

序列二次规划算法
Y 序列二次规划法

序列分布
sequence distribution
ZT72
S 分布*

序列分析
sequence analysis
O211.61
S 数学分析*
F 非线性时间序列分析
符号时间序列分析
符号序列分析
现代时间序列分析
C 包含关系
度序列
分支

序列复盖映射
Y 序列覆盖映射

序列覆盖映射
sequence covering mappings
O152.4；O187
D 1-序列覆盖映射
序列复盖映射
S 覆盖映射
C 序列空间
序列商映射
Z 映射

序列空间
sequence space
O177.3
S 拓扑空间
F Frechet 空间
Orlicz 序列空间
矢值序列空间
C 序列覆盖映射
序列连续
Z 空间(数学)

序列类型
Y 序列

序列连续
sequentially continuous
O177.91
D 序连续
S 连续*
C Z-连续偏序集
序列空间

序列商映射
sequence quotient mapping
O189.11
S 映射*
C cs*覆盖
序列覆盖映射

序列收敛
sequential convergence
O159；O241
S 收敛(数学)*
C Score 检验
拟压缩映射
凸度量空间
一般拓扑

序列线性方程组
sequential linear equations
O224
S 线性方程组
Z 方程组

序列线性规划
sequential linear programming
O212；O221.1
S 线性规划
Z 数学规划

序区间
ordinal interval
O212
S 区间*
C 不确定性

序群
ordered group
O152
D 有序群
S 群(数学)*
F Abel 序群
格群
C Toeplitz 代数

序数*
ordinal
O144
F 逆序数

序同构
order isomorphism
O153
S 同构*
C 内部算子

序同态
order homomorhism
O144；O152.1；O153
D 广义序同态
S 格同态
C L-fuzzy 保序算子空间
L-闭包空间
函子
拟连续域
正态分布
Z 同态

序约束
order constrained
O241
S 约束(数学)*
C 对称熵损失函数

悬链线方程
catenary equation
O122.2
S 方程(数学)*
C 坐标计算 →(4)

旋波近似
Y 旋转波近似

旋量表示
Y 张量表示

旋量群
Y 群论

旋轮线
Y 摆线

旋转 Q1 元
rotated Q1 element
O242.2
S 元*
C 超收敛

旋转波近似
rotating wave approximation
O242.2
D 旋波近似
S 近似法*
C 极化矢量 →(2)

旋转超曲面
rotational hypersurface
O186.11
S 超曲面
旋转曲面
C 存在性定理
Z 曲面

旋转定理
rotation theorem
O174
S 数学定理*

旋转二次曲面
rotational quadric surface
O182
S 二次曲面
旋转曲面
C 聚焦参数 →(2)
Z 曲面

旋转方向法
rotating direction method
O224；O241
S 最优化方法*
C 各向异性 →(2)(3)(4)(5)

旋转经验正交函数
Y 旋转经验正交展开

旋转经验正交展开
rotated empirical orthogonal function
O174；P456.7；P468.0
D REOF 分析
旋转经验正交函数
S 经验正交函数
正交展开

C 正交阵列
Z 函数
展开(数学)

旋转矩阵
rotation matrix
O151.21
S 正交矩阵
C 单位四元数
Z 矩阵

旋转面
Y 旋转曲面

旋转抛物面
spinning paraboloid
O182
S 抛物面
旋转曲面
C 高斯光学 →(2)
Z 曲面

旋转曲面
rotation surface
O181
D 回转面
旋转面
S 曲面*
F 环面
旋转超曲面
旋转二次曲面
旋转抛物面
圆柱面
圆锥面
C 几何模型
截交线
位置向量场 →(2)
旋转体体积

旋转群
rotation group
O152.4；O152.5
D 常正交群
S 典型群
C 欧氏环
Z 群(数学)

旋转矢量法
rotation vector algorithm
O18
S 矢量法
C 全实子流形
Z 数学方法

旋转体
revolving body
O123.3
D 回转体
S 几何体*
F 圆台
圆柱
圆锥
C 截面面积
微元法 →(2)
压缩失稳 →(2)

旋转体体积
rotating object volume
O181
S 体积*
C 多面体
旋转曲面

旋转椭球
Y 旋转椭球体

旋转椭球面
Y 椭球面

旋转椭球体
rotary ellipsoid object
O123.2
D 小旋转椭球
旋转椭球
S 椭球体
C 地球椭球 →(4)
度量性质
微分方程
Z 球体

旋转柱面
Y 圆柱面

旋转坐标
rotating coordinate
TH11
S 坐标*

旋转坐标系
rotating coordinates
O18
S 曲线坐标系
Z 坐标系

旋子群
Y 群论

选权迭代法
selecting power iteration method
O241.6
S 迭代法*
C 数据探测法 →(4)

选样
sampling
N33

选择*
selection
ZT5
D 选择过程
F 参数选择
可测选择
随机选择
特征选择
系统选择

选择公理
choice axiom
O143
S 公理*
C 决定性公理
选择函数

选择过程
Y 选择

选择函数
choice function
O144
S 函数*
F 模糊选择函数
自相关函数
C 选择公理

选择集
choice set
O144
S 集合*
C 样条曲线

选择算子
selection operator
O211.9；O241
S 算子*
C 全局最优解

选择问题
selection problem
O157.5
S 数学问题*

选择性
selectivity
ZT4
S 特性*

选址问题
location problem
O221.7
S 运筹问题
C 最短路径
Z 数学问题

薛定谔算子
Y Schr(o)dinger 算子

学会
society
N2
S 组织机构*
F 中国数学会

学生分布
Y t 分布

学生式分布
Y t 分布

学术研究
Y 科学研究

雪堆博弈
snowdrift game
O225
D Snowdrift 博弈
S 博弈*

寻优
Y 优化

寻优数学模型
Y 优化模型

巡回售货员问题
Y 旅行商问题

循环*
cycle
ZT5
D 循环过程

F 不可逆循环
可逆循环
C 循环时间

循环(拓扑学)*
cycles(topology)
O189
F 2-上循环
逻辑循环
有向循环
C 等价

循环差集
cyclic difference set
O144；O157
S 差集
C 二元序列
组合设计
Z 集合

循环对称
cyclic symmetry
ZT5
S 对称*

循环公式
Y 递推公式

循环过程
Y 循环

循环行列式
cyclic determinant
O153.3
S 行列式*
C 多项式函数

循环环
cyclic ring
O153.3
S 交换环*
C 循环群

循环节
recurring period
O156
C 循环小数

循环矩阵
cyclic matrix
O151.21
D 反循环矩阵
S 矩阵*
F r-循环矩阵
对称循环矩阵
分块循环矩阵
鳞状因子循环矩阵
C 矩阵相乘
准对角矩阵

循环连分数
recurring continued fraction
O156
D 周期连分数
S 连分数
Z 复数

循环模
cyclic module
O153.3
S 有限生成模
Z 模(数学)

循环排队系统
Y 排队系统

循环排列
Y 圆排列

循环区组设计
cyclic block deign
O157
D 循环设计
S 区组设计
Z 设计

循环群
cyclic group
O152.2
S 交换群
F 多重循环群
亚循环群
C 循环环
组合数
Z 群(数学)

循环设计
Y 循环区组设计

循环时间
circulation time
ZT73
S 事件时间*
C 同步传输 →(2)
循环

循环图
cyclic graph
O157.5
S 图表*
F 素数阶循环图
整循环图
C 导出匹配
笛卡尔积
多色 Ramsey 数
星色数

循环小数
recurring decimal
O121
S 小数
F 纯循环小数
C 循环节
Z 复数

循环序列
cyclic sequence
O175
S 序*

循环置换
cyclic permutation
O152.1

循环子群
cyclic subgroup
O152
S 子群
Z 群(数学)

循环自相关函数
cyclic autocorrelation function
O174
D 周期自相关函数
S 自相关函数
Z 函数

压比值
Y 压缩比

压力方程
pressure equation
O122.2
S 方程(数学)*
C 求解

压缩*
compression
O34；O369
D 压缩参数
压缩过程
压缩力
压缩作用
F 严格伪压缩
C 体积收缩 →(2)
弯曲载荷 →(2)
压力 →(2)(3)(4)(5)
压缩变形 →(2)
压缩系数 →(2)
压应力 →(2)

压缩比
compression ratio
ZT3
D 压比值
压缩率
S 比率*
C 嵌入式零树小波
升阻比 →(2)
压力传递 →(2)
压力系数 →(2)
压缩回弹 →(2)

压缩参数
Y 压缩

压缩估计
shrinkage estimate
O212.1
D 压缩型估计
S 统计估计
Z 估计(数学)

压缩过程
Y 压缩

压缩力
Y 压缩

压缩率
Y 压缩比

压缩算子
contractive operator
O177；O211
D 非扩张算子
密聚算子
收缩算子
S 算子*
F k-集压缩算子

Φ-半压缩算子
半闭 1-集压缩算子
强伪压缩算子
C 随机不动点指数
酉等价

压缩条件
contractive condition
O177
S 条件(数学)*
C Banach 极限
Banach 空间几何
不动点定理
脉冲积分微分方程

压缩型估计
Y 压缩估计

压缩型映象
Y 压缩映射

压缩因子
compressibility factor
ZT3
S 因子*

压缩映射
contraction mapping
O154.2；O177.2；O177.91；O189.1；O189.22
D Lipschitz 映射
广义压缩映射
利普希茨映射
压缩型映象
压缩映象
压缩映像
S 映射*
F Banach 压缩映像原理
k-集压缩映射
Φ-压缩映象
拟压缩映射
伪压缩映射
C Picard 迭代
开集条件
统计自相似集
完备空间
一致光滑 Banach 空间

压缩映射原理
contraction mapping principle
O177
D 压缩映象原理
压缩映像原理
S 压缩原理
C 抽象空间
Z 数学原理

压缩映象
Y 压缩映射

压缩映象原理
Y 压缩映射原理

压缩映像
Y 压缩映射

压缩映像原理
Y 压缩映射原理

压缩原理
contraction principle
O177
S 数学原理*
F 压缩映射原理
C 抛物型方程组

压缩作用
Y 压缩

雅各布森根
Y Jacobson 根

雅可比迭代
Y Jacobi 迭代法

雅可比迭代法
Y Jacobi 迭代法

雅可比多项式
Y Jacobi 多项式

雅可比法
Y Jacobi 迭代法

雅可比方法
Y Jacobi 迭代法

雅可比符号
Y Jacobi 符号

雅可比函数
Y Jacobi 函数

雅可比行列式
Jacobian determinant
O174
D Jacobi 行列式
函数行列式
S 行列式*
C 三重积分

雅可比矩阵
Jacobian matrix
O151.1；O175.3
D Jacobi 矩阵
广义 Jacobi 矩阵
广义雅可比矩阵
雅克比矩阵
雅克比式
雅克比行列式
S 矩阵*
C 运动学 →(2)

雅可比椭圆函数
Y Jacobi 椭圆函数

雅可比椭圆函数展开法
Y Jacobi 椭圆函数展开法

雅克比行列式
Y 雅可比矩阵

雅克比矩阵
Y 雅可比矩阵

雅克比式
Y 雅可比矩阵

亚半正定矩阵
weak positive semidefinite matrices
O151.21；O241.6
S 半正定矩阵
亚正定矩阵
Z 方阵
矩阵

亚泊松分布
sub Poisson distribution
O211.3
S 泊松分布
C 泊松括号
Z 概率分布

亚纯函数
meromorphic function
O122.2；O174.52
D 半纯函数
S 解析函数
F 超越亚纯函数
模函数
C 复平面
微分多项式
亚纯解
Z 函数

亚纯解
meromorphic solution
O122.2
S 解*
C 亚纯函数

亚纯映射
meromorphic mappings
O174.52
S 全纯映射
F 拟亚纯映射
C 唯一性定理
Z 映射

亚当斯谱序列
Y Adams 谱序列

亚紧空间
Y 紧致空间

亚系统
Y 子系统

亚循环群
metacyclic group
O152.2
S 循环群
Z 群(数学)

亚正定矩阵
metapositive definite matrix
O151；O177
D 亚正定阵
S 实对称矩阵
F 次亚正定矩阵
亚半正定矩阵
C Oppenheim 不等式
Z 方阵
矩阵

亚正定阵
Y 亚正定矩阵

亚直不可约环
subdirectly irreducible ring
O153.3
S 环(数学)*
C 特殊根

直和

亚直和
Y 直和

亚直积
Y 次直积

延长线
extended line
O181
S 直线*

延迟
Y 滞后

延迟函数
delay function
O122.2；O174
S 函数*

延迟积分方程
delay integral equations
O175.5
S 积分方程
Z 方程(数学)

延迟积分微分方程
delay integro-differential equations
O175.6
S 积分微分方程
Z 方程(数学)

延迟时间
delay time
ZT73
D 迟延时间
迟滞时间
延时时间
延误时间
延滞时间
滞后时间
S 事件时间*
C 时滞

延迟特性
Y 滞后

延迟微分方程
delay differential equation
O175.1
D 延时微分方程
S 常微分方程
F 比例延迟微分方程
多延迟微分方程
C Rosenbrock 方法
单支方法
Z 方程(数学)

延迟系统
Y 时滞系统

延迟效应
Y 滞后效应

延迟作用
Y 滞后

延伸误差
Y 传播误差

延时动力系统
Y 时滞动力系统

延时时间
Y 延迟时间

延时微分方程
Y 延迟微分方程

延时系统
Y 时滞系统

延时效应
Y 滞后效应

延拓
continuation
O175；O189
D 延拓方法
S 数学方法*
F 等距延拓
解析延拓
景深延拓
拟共形延拓
自伴延拓
C 可积性
连续函数

延拓定理
extension theorem
O174
S 数学定理*
F Mawhin 延拓定理
C 偏差变元

延拓方法
Y 延拓

延拓结构
continuation structure
O241.82
S 数学结构*
C 李代数

延拓矩阵
prolongation matrix
O151.21
S 矩阵*

延误时间
Y 延迟时间

延滞时间
Y 延迟时间

严格单调
strictly monotone
O171；O172.1
D 严格单调性
S 单调(数学)*
C 减函数
逆命题
取整函数
矢值序列空间
增函数

严格单调性
Y 严格单调

严格对角占优
strictly diagonal dominance
O151.21；O241.6
S 对角占优
C 范数
Z 占优

严格对角占优矩阵
strictly diagonally dominant matrix
O151.21
D 广义严格对角占优矩阵
S 对角占优矩阵
C 上界
Z 矩阵

严格解
Y 精确解

严格解析解
exact analytical solution
O175.11
S 解析解
精确解
Z 解

严格拟凸函数
Y 拟凸函数

严格凸
strictly convex
O174.13；O22
D 本质严格凸
S 凸性*
F k-严格凸
C Orlicz-Sobolev 空间
最佳逼近元

严格凸巴拿赫空间
Y 严格凸空间

严格凸函数
strictly convex function
O174.13
S 凸函数
C 广义 Orlicz 范数
精确解
Z 函数

严格凸空间
strictly convex space
O177.3
D 严格凸巴拿赫空间
S 凸空间
C 对偶映射
Z 空间(数学)

严格伪压缩
strictly pseudocontractive
O177
S 压缩*

严格伪压缩映射
Y 严格伪压缩映象

严格伪压缩映象
strictly pseudo contractive mapping
O154.2；O177；O189.22
D 严格伪压缩映射
严格伪压缩映像
S 伪压缩映射
C 公共不动点
收敛率估计

Z 映射

严格伪压缩映像
Y 严格伪压缩映象

严格预不变凸函数
strictly preinvex function
O174.13
S 预不变凸函数
F r-预不变凸函数
C 判据
Z 函数

严格占优本征值
strictly dominant eigenvalue
O177
S 主特征值
C 紧算子
Z 特征值

严平稳随机过程
Y 平稳随机过程

严平稳性
strict stationarity
O211.61
S 数学性质*
C 稳定性判别

严有效点
strictly efficient point
O221
S 点(数学)*
C 内导数

严有效性
strict efficiency
O189；O224
S 数学性质*

研究*
research
ZT0
D 研究方法
F 科学技术研究
实例研究
实验研究
应用研究
综合研究

研究方法
Y 研究

研究机构
research organization
ZT87
S 组织机构*
F 研究所

研究计划
research program
N8
D 科研计划

研究所
research institute
ZT87
S 研究机构
Z 组织机构

研究站
research station
N24
S 台站*

衍变
Y 演变

演变*
evolution
ZT5
D 变迁
衍变
演变特性
演变特征
演化
演化模式
演化特性
演化特征
F 长期演化
非线性演化
系统演化
形成演变
C 后退演化 →(5)

演变规律
Y 演化规律

演变特性
Y 演变

演变特征
Y 演变

演化
Y 演变

演化方程
evolution equation
O175.29
S 方程(数学)*
F 非线性演化方程
C 五阶非线性 →(2)
信息熵压缩 →(2)

演化规律
evolution law
ZT82
D 演变规律
演化规则
S 规律*

演化规则
Y 演化规律

演化矩阵
Y 过渡矩阵

演化模式
Y 演变

演化特性
Y 演变

演化特征
Y 演变

演化系统
Y 系统演化

演算*
calculus
O141.1
F 逻辑演算
命题演算
情景演算
算子演算
谓词演算

演绎法
Y 演绎推理

演绎推理
deductive reasoning
B81；TP18
D 演绎法
S 推理*

演绎系统
deductive system
O141.1
S 数学系统*
C 命题演算

验后概率公式
Y 贝叶斯模型

验前分布
Y 先验分布

验算
Y 检测

验证
verification
ZT5
C 证明

燕尾
Y 燕尾突变

燕尾突变
swallowtail catastrophe
O192
D 燕尾
燕尾型突变
S 突变理论
C 控制变量
Z 理论

燕尾型突变
Y 燕尾突变

鞅
martingale
O211.6
D 鞅问题
S 随机过程*
F B 值鞅
Teugels 鞅
半鞅
集值鞅
渐近鞅
局部鞅
拟鞅
平方可积鞅
强鞅
上鞅
C 布朗单
首出时
无穷维系统

鞅变换
martingale transform
O177
S 数学变换*
C P 一致光滑性

鞅表示定理
martingale representation theorem
O174.5
S 表示定理
Z 数学定理

鞅不等式
martingale inequality
O178
S 不等式*
C 外推法

鞅测度
martingale measure
O211.5
S 随机测度
F 等价鞅测度
最小熵鞅测度
C 分数布朗运动
Z 测度(数学)

鞅差
martingale difference
O156.1；O211.5
S 差值*
C 相合性

鞅差序列
martingale difference sequence
O174.5
S 序*
C 非参数回归
回归模型

鞅空间
martingale space
O174.5；O177
S 空间(数学)*
C 震级-频度比值 →(5)

鞅论
martingale theory
O174.5
S 数学理论*

鞅收敛定理
martingale convergence theorem
O211.6
S 收敛定理
F 半鞅收敛定理
Z 数学定理

鞅问题
Y 鞅

阳性似然比
Y 似然比

杨—巴克斯特方程
Y Yang-Baxter 方程

杨辉三角
Y 杨辉三角形

杨辉三角形
Yang Hui triangle
O151.22；O156；O157
D 贾宪三角
杨辉三角
S 三角形
C 加法
幂和
数阵
Z 多边形

杨乐不等式
Yang Le inequality
O178
S 不等式*

杨氏不等式
Y Young 不等式

杨氏方程
Young's equation
O122.2；O175.24
D 润湿方程
S 方程(数学)*
C 力学平衡条件 →(2)

佯谬
paradox
O144.2
C 辛几何

仰角
elevation angle
O181；P221
S 观测角*
C 高度角 →(4)
角度测量 →(4)

样本*
sample
O212.2
D 统计样本
F NA 样本
独立样本
截尾样本
全样本
随机样本
子样本
C 算术平均值

样本标准差
sample standard deviation
O241.1
S 标准差*
C 样本方差

样本大小
Y 样本容量

样本点
Y 基本事件

样本方差
sample variance
O212.1
S 方差*
C 数理统计
样本标准差

样本分布
Y 抽样分布

样本分配
Y 抽样分布

样本分位数
sample quantile
O211.4
S 分位数*
C 柯西分布

样本规模
Y 样本容量

样本轨道
sample path
O189
S 轨道*
C 布朗单

样本函数
Y 抽样函数

样本均值
sample mean
O212
D 样本平均值
S 平均数*
C 正态性检验

样本空间
sample space
O211
D 基本事件空间
S 空间(数学)*
C 基本事件

样本理论
Y 采样

样本量
Y 样本容量

样本平均值
Y 样本均值

样本容量
sample size
O21
D 样本大小
样本规模
样本量
S 容量*
F 可变样本容量
C 抽样误差
沃纳模型

样本统计量分配
Y 抽样分布

样本值
Y 基本事件

样本总体
Y 统计总体

样带
Y 样条曲线

样品*
sample
ZT81
D 试样

F 有序样品
C 采样
样品处理 →(3)
月岩 →(4)

样条
Y 样条曲线

样条逼近
spline approximation
O223；O241.5
S 逼近*
C Hammerstein 模型
样条插值

样条插值
spline interpolation
O174.42；O241.3
S 插值*
F 三次样条插值
样条函数插值
C 样条逼近
样条估计

样条估计
spline estimation
O212.1
D 多项式样条估计
S 估计(数学)*
C FAR 模型
样条插值

样条函数
splines function
O174；O241.5
S 函数*
F B 样条函数
曲面样条函数
三次样条函数
C 插值法
多项式
拉格朗日插值公式
曲面拟合
曲线拟合

样条函数插值
spline function interpolation
O174.42
S 样条插值
F B 样条插值
Z 插值

样条函数法
splines method
O174.6
S 函数法
C 空间插值
Z 数学方法

样条拟合
spline fitting
O242
S 数学拟合*
F B 样条拟合

样条曲面
spline surface
O241
S 曲面*
F B 样条曲面
C 几何连续

样条曲线*
spline curve
O174.41；O241
D 样带
样条
F Bézier 样条曲线
B 样条
Cardinal 样条
Catmull-Rom 样条
P-样条
参数样条曲线
插值样条
多结点样条
多元样条
光滑样条
基样条
三次样条曲线
微分算子样条
有理样条
圆弧样条
C C2 连续
几何作图法
简单多边形
切线多边形
选择集

样条小波
Y 样条小波变换

样条小波变换
spline wavelet transform
O174.21
D 样条小波
S 小波变换*
F B 样条小波变换
C 渐近展开
支集

样条有限元
spline finite element
O241.5；O241.82
D 样条有限元法
S 有限元*
C 互联系统

样条有限元法
Y 样条有限元

幺半群
monoid
O152.7
D 有(1)半群
有<1>半群
S 半群
F 自同态幺半群
自由幺半群
C Bruhat 分解
半群环
广义 Petersen 图
Z 群(数学)

幺变换
Y 恒等变换

幺矩阵
Y 单位矩阵

幺模
Y 幺模群

幺模的
Y 幺模群

幺模群
unimodular group
O152.4
D 幺模
幺模的
S 群(数学)*

幺元
Y 单位元

幺正变换
unitary transformation
O24
S 数学变换*
C 幺正算符 →(2)

幺正基
Y 标准正交基

幺正矩阵
Y 酉矩阵

要素
feature
ZT3
D 特征要素
要素分类
要素类
要素特征
C 地理要素 →(4)
地图要素 →(4)

要素变化
Y 变化

要素分类
Y 要素

要素类
Y 要素

要素特征
Y 要素

业务预报
Y 预报

叶戈洛夫定理
Y Egoroff 定理

一般代数
Y 泛代数

一般递归函数
Y 递归函数

一般化凸空间
Y 凸空间

一般解
Y 通解

一般连续
Y 通有连续

一般似然比
Y 似然比

一般拓扑
general topology
O189.1
D 点集拓扑(学)
点集拓扑学
一般拓扑(学)
一般拓扑学
S 拓扑*
C 序列收敛

一般拓扑(学)
Y 一般拓扑

一般拓扑学
Y 一般拓扑

一般系统
Y 系统

一般系统论
general system theory
N941.1
S 系统论*

一般线性方法
Y 线性化法

一般线性群
general linear group
O152.3；O152.4
D 全线性群
S 线性群
C 通解
Z 群(数学)

一步法
one-step method
O241
D 单步法
S 数学方法*
F 欧拉法

一重积分 Wiener 空间
Y Wiener 空间

一次变换
Y 线性变换

一次不定方程
linear non-definite equation
O122.2
D 线性不定方程
S 不定方程
线性方程
C 逆矩阵
Z 方程(数学)

一次等价
Y 线性等价

一次方程
Y 线性方程

一次同余方程
Y 一次同余式

一次同余式
linear congruence
O156
D 线性同余方程
一次同余方程
S 同余式
C 中国剩余定理
Z 方程(数学)

一阶
first order
O175.1
S 奇数阶
Z 阶(数学)

一阶必要条件
first order necessary condition
O22
S 必要条件
Z 条件(数学)

一阶差分
first order difference
O241.3
S 差分*
C 奇异项

一阶常微分方程
first order ordinary differential equation
O175.1
S n 阶常微分方程
Z 方程(数学)

一阶导数
first derivative
O171
S 导数*

一阶非线性微分方程
first order nonlinear differential equation
O175
S 非线性微分方程
Z 方程(数学)

一阶矩
first moment
O211.5
S 矩(数学)*
C 最小路集

一阶逻辑
first order logic
O141.1
S 数理逻辑
C 完备性定理
Z 逻辑

一阶偏微分方程
first order partial differential equation
O175.22
S 偏微分方程
F 拉格朗日方程
C 高阶偏微分方程
Z 方程(数学)

一阶微分方程
first order differential equation
O175
S n 阶微分方程
F 变量分离方程
Z 方程(数学)

一阶谓词演算
Y 谓词演算

一阶线性
first order nonlinear
O177
S 数学性质*
C 可积判据

一阶线性方程
first order linear equation
O175
S 线性方程
C 闭线性算子
Z 方程(数学)

一阶线性微分方程
first order linear differential equation
O172.1；O175.1
S 线性微分方程
Z 方程(数学)

一阶自回归
first order autoregression
O212
S 回归(数学)*
C 离散时间风险模型

一阶自回归模型
first order autoregressive model
O212
S 自回归模型
C 统计性质
Z 回归模型

一维
one dimension
O177.3
S 维数*

一维空间
Y 线性空间

一维模拟
one dimensional modeling
N032
S 仿真*

一维模型
one dimensional model
O141.4
S 模型*
F 一维数学模型
C 三维模型
四维模型 →(5)

一维抛物型方程
one dimension parabolic equation
O175.26
S 抛物型方程
Z 方程(数学)

一维数学模型
one dimensional mathematical model
O141.4
S 数学模型*
一维模型
C 三维数学模型
四维模型 →(5)
Z 模型

一维搜索
Y 线搜索

一一对应
monogamy
O144
S 对应*

一元多项式
polynomial of one indeterminate
O174.14；O174.21
S 多项式*
F 多元多项式

一元二次方程
unary quadratic equation
O122.2
S 二次方程
一元方程
Z 方程(数学)

一元二次方程根
two-variable linear equation
O122
S 方程根
C 求根公式
Z 根(数学)

一元二次函数
Y 一元函数

一元方程
simple equation
O122.2
S 代数方程
F 一元二次方程
一元三次方程
一元四次方程
一元线性回归方程
一元一次方程
C 收敛速度
Z 方程(数学)

一元函数
unary function
O174.1
D 一元二次函数
S 函数*
C 二次三项式
一元一次方程

一元回归
simple regression
O212.1
S 回归(数学)*

一元回归分析
simple regression analysis
O212.1
S 回归分析
Z 统计分析

一元三次方程
univariate cubic equation
O122.2；O156；O174
S 三次方程
一元方程
Z 方程(数学)

一元时间序列
univariate time series
O151
S 时间序列*

一元四次方程
quartic equation
O122.2；O174
S 四次方程
一元方程
Z 方程(数学)

一元微积分
single variable calculus
O172
S 微积分*
C 算术根

一元线性回归方程
unary linear regression equation
O122.2
S 线性回归方程
一元方程
C 自然正交函数
Z 方程(数学)

一元线性回归模型
unitary linear regression model
O212.1
D 简单线性回归模型
S 线性回归模型
Z 回归模型

一元一次方程
linear equation with one unknown
O122.2
S 线性方程
一元方程
C 一元函数
Z 方程(数学)

一致 Gateaux 可微范数
uniformly Gateaux differentiable norm
O177.2
S 范数*

一致逼近
uniform approximation
O177
S 逼近*
F 最佳一致逼近

一致分布
Y 均匀分布

一致估计
Y 相合估计

一致光滑
Y 一致光滑性

一致光滑 Banach 空间
uniformly smooth Banach space
O177.91
S Banach 空间
一致空间
C 压缩映射
Z 空间(数学)

一致光滑性
uniform smooth
O177
D 一致光滑
S 光滑性
F P 一致光滑性

C 强伪压缩算子
伪压缩映射
一致凸性
Z 数学性质

一致渐近稳定
Y 一致渐近稳定性

一致渐近稳定性
uniformly asymptotic stability
O175；O212
D 一致渐近稳定
S 渐近稳定性
C 中立型泛函微分方程
Z 稳定性(数学)

一致结构
uniform structure
O189.1
S 数学结构*
F 一致正规结构
C 连续映射

一致矩阵
Y 一致性矩阵

一致绝对连续
Y 绝对连续

一致绝对连续的
Y 绝对连续

一致可积
uniformly integrable
O173
S 可积性
C B 值随机元
Z 数学性质

一致可微
uniform differentiability
O173
S 可微性
Z 数学性质

一致空间
uniform space
O189.1
S 拓扑空间
F 完备空间
一致光滑 Banach 空间
一致凸空间
C 拓扑群
Z 空间(数学)

一致连续
uniformly continuous
O174；O177
D 非一致连续
一致连续的
S 连续*
C Φ-半压缩算子
指数集

一致连续的
Y 一致连续

一致连续函数
uniformly continuous function
O174.5

S 连续函数
C 证明
Z 函数

一致连续性
uniform continuity
O174
S 函数连续性
C 非标准分析
含参变量积分
Z 函数性质

一致幂群
uniform hypergroup
O157.5
S 幂群
Z 群(数学)

一致强相合
Y 一致强相合性

一致强相合估计
Y 一致强相合性

一致强相合性
uniformly strong consistency
O212
D 一致强相合
一致强相合估计
S 强相合性
C 收敛速度
Z 数学性质

一致收敛
uniform convergence
O172；O174
D 非一致收敛
一致收敛性
S 收敛(数学)*
F 几乎处处收敛
近一致收敛
局部一致收敛
强收敛
C Fock 空间
含参变量积分
拟单调
拟小波
生成多项式
收敛横坐标
逐项微分定理
最佳逼近阶

一致收敛拓扑
uniform convergence topology
O189.1
S 拓扑*
C 有界集

一致收敛性
Y 一致收敛

一致凸
Y 一致凸性

一致凸 Banach 空间
uniformly convex Banach space
O177.2
S Banach 空间
一致凸空间
C 闭凸子集
Z 空间(数学)

一致凸巴拿赫空间
Y 一致凸空间

一致凸函数
uniformly convex function
O174.13
S 凸函数
Z 函数

一致凸空间
uniformly convex space
O177.2
D 一致凸巴拿赫空间
S 凸空间
一致空间
F 一致凸 Banach 空间
C 范数不等式
Z 空间(数学)

一致凸性
uniform convexity
O177.2
D 一致凸
S 凸性*
F K 一致凸
局部一致凸
中点局部一致凸
C m-增生算子
一致光滑性

一致稳定
Y 一致稳定性

一致稳定性
uniform stability
O19
D 一致稳定
S 稳定性(数学)*

一致吸引子
uniform attractor
O17
S 吸引子*
C Hausdorff 维数

一致先验估计
Y 先验估计

一致性测试
Y 一致性检验

一致性分析
coherence analysis
O171
S 数学分析*

一致性估计
Y 相合估计

一致性检验
consistent test
O212.1
D 一致性测试
一致性校验
S 统计检验
Z 检验

一致性校验
Y 一致性检验

一致性矩阵
consistent matrix
O159；O233
D 一致矩阵
S 矩阵*
C 区间数

一致性条件
consistency condition
O173；O213
D 相容条件
S 条件(数学)*
C 有限元解

一致性指标
coincidence indicator
O223；O231
S 指标*

一致有界
uniform boundness
O175.2
S 有界
F 一致最终有界
C demi 连续映射
Hermite 流形
Z 界(数学)

一致有界定理
Y 共鸣定理

一致有界性
uniform boundedness
O175.12
S 有界性
C 参数不确定系统
Z 数学性质

一致有效
Y 一致有效性

一致有效性
uniform validity
O175
D 一致有效
S 数学性质*
C 匹配渐近展开法

一致域
uniform domain
O174
S 域*
C 拟共形映射

一致正规结构
uniform normal structure
O177
S 一致结构
正规结构
C 迭代逼近
Z 数学结构

一致最小方差无偏估计
uniformly minimum variance unbiased estimate
O212
S 最小方差无偏估计
C 方差分量模型
最小范数二次无偏估计
Z 估计(数学)

一致最终有界
uniform ultimate boundedness
O175.1；O231.2
S 一致有界
Z 界(数学)

伊藤公式
Y Ito 公式

伊藤积分
Y 随机积分

依变量
Y 因变量

依测度收敛
convergence in measure
O177；O211
S 收敛(数学)*
C τ-可测算子
实变函数论

依分布收敛
Y 强收敛

依概率收敛
probability convergence
O211
S 收敛(数学)*
C 子序列

依赖
Y 依赖性

依赖性
dependence
ZT4
D 相依
相依性
依赖
S 特性*
F 比率依赖

移动量
Y 位移

移动平均
Y 滑动平均

移动平均过程
Y 滑动平均模型

移动曲面法
Y 移动曲面拟合

移动曲面拟合
mobile camber fitting
TU19
D 移动曲面法
移动曲面拟合法
S 曲面拟合
Z 拟合

移动曲面拟合法
Y 移动曲面拟合

移动网格方法
moving mesh method
O157.5；O177
S 网格法
C 多介质流体 →(2)
Z 数学方法

移动最小二乘
Y 移动最小二乘法

移动最小二乘法
moving least square method
O241.5
D 复变量移动最小二乘法
移动最小二乘
S 最小二乘法*
C 基函数

移动最小二乘近似
moving least squares approximation
O241.5
S 近似法*
C 奇异积分
权函数法
型函数
有限元逼近

移位*
shifting
O12
D 移位术
F 算子权移位
子移位

移位寄存器序列
Y 线性递归序列

移位术
Y 移位

移位算子
shift operator
O175.3
S 算子*
C 关联色数
色散介质 →(2)

移位映射
shift mapping
O189.11
D 拟移位映射
S 映射*
C Smale 马蹄
逆极限空间
拓扑共轭

移项
transposition of terms
O171；O174.41
S 数学方法*

遗传策略
genetic strategy
O227
S 策略(数学)*

遗传代数
genetic algebras
O153.3
S 非结合代数
F 拟遗传代数
C 关联色数
Z 代数

遗传环
hereditary ring
O153.3；O154
D 左遗传环
S 结合环*
C 素子模
子模

遗传正规
genetic normal
O189.11
S 正规性*
C 逆极限

遗忘因子
forgetting factor
N945.14
S 因子*

疑义度
Y 模糊性

异常*
abnormality
ZT5
D 反常性
异常反映
异常模式
异常现象
F 波形异常
动态异常
趋势异常
C 变化

异常变化
abnormal variation
ZT5
S 变化*
C 群体异常 →(5)

异常成因
Y 异常分析

异常反映
Y 异常

异常分布
singular distribution
ZT5
S 分布*

异常分析
anomaly analysis
ZT0
D 异常成因
异常频次
异常强度
异常特征
异常提取
异常指数
S 分析*

异常机理
Y 异常机制

异常机制
anomalous mechanism
ZT84
D 异常机理
S 机理*

异常模式
Y 异常

异常频次
Y 异常分析

异常强度
Y 异常分析

异常曲线
abnormal curve
ZT5
S 曲线*

异常特征
Y 异常分析

异常提取
Y 异常分析

异常图像
extraordinary image
TP391.41
S 图像*

异常现象
Y 异常

异常信息
abnormal information
N95
S 信息*

异常形态
anomalous shape
ZT5
S 形态*
C 突变异常 →(5)

异常值
abnormal value
O241
S 测量值*
C 回归诊断
正态分布

异常值检验
outlier test
O212.1
S 统计检验
Z 检验

异常指标
anomalous index
ZT3
S 指标*

异常指数
Y 异常分析

异方差
Y 异方差性

异方差回归分析
heteroscedasticity regression analysis
O212.1
S 回归分析
C 单指标模型
方差齐性检验
异方差检验
Z 统计分析

异方差检验
difference variance test
O212.1
S 方差检验
C 混合效应模型
异方差回归分析
异方差模型
Z 检验

异方差模型
heteroscedastic model
O212
S 数学模型*
C 变异系数
方差齐性检验
渐近正态性
区组设计
未知参数
异方差检验

异方差性
heteroscedasticity
O211.61；O212
D 异方差
S 数学性质*
C 波动性 →(2)
随机跳跃法

异面直线
different surface beeline
O182
D 交错直线
偏斜直线
相左直线
S 空间直线
C 棱柱
平面方程
四面体
Z 直线

异宿轨
Y 异宿轨道

异宿轨道
heteroclinic orbit
O153.3；O175；O189
D 异宿轨
异宿轨线
异宿环
S 轨道*
C Melnikov 函数
同宿轨

异宿轨线
Y 异宿轨道

异宿环
Y 异宿轨道

异质性
heterogeneity
ZT4
S 特性*
C 半变异函数
蜈蚣博弈

役使原理
slaving principle
N94
D 从属原理
S 原理*

诣零根
nil radical
O153.3
S 根(数学)*
C 子代数
左理想

因变量
dependent variable
O174
D 依变量
S 变量*

因果关系图
causal relation graph
ZT84
S 图表*

因果推断
causal inference
O212；O224
S 推理*
C 中间变量

因果效应
causal effect
O212；O224
S 效应*

因式
factor
O151.2
S 代数式
F 公因式
Z 表达式

因式分解
factorization
O174.14
D 分解因式
因数分解
因子分解
S 数学分解*
C 伴随等价
伴随唯一性
不可约多项式
二元多项式
恒等变换

因数*
factor
O122；O144
D 约数
F 公因数
素因数
C 完全数
约数和

因数分解
Y 因式分解

因素集
factor set
O144
S 集合*
C 模糊算子
评价矩阵

综合评判模型

因素空间
factor space
TP39
S 空间*
C 三角形

因素水平*
level of factor
C8
D 位级
F 显著性水平
C 正交分析

因子*
factor
ZT3
F [a,b]-因子
2-因子
Euler 因子
k 因子
贝叶斯因子
本原素因子
标定因子
不变因子
初等因子
罚因子
非线性因子
分数因子
关联因子
积分因子
积累因子
可靠性因子
零因子
匹配因子
求和因子
权重因子
收敛因子
松弛因子
相关因子
行列式因子
压缩因子
遗忘因子
优先因子
增长因子
置信因子
自适应因子
最佳因子
C 精度衰减因子 →(4)

因子分解
Y 因式分解

因子分解法
factorization method
O241；O35
D Birstow 法
近似因式分解法
近似因子分解法
林士谔法
S 统计方法
C 紧致差分格式
Z 数学方法

因子分析
factor analysis
O212.1；O241
D 因子分析法
S 数学分析*
F R 型因子分析
平行因子分析
主成分分析
主因子分析
C 多指标

因子分析法
Y 因子分析

因子和
factor plus
O156.1；O173.1
S 和(数学)*

因子设计
Y 析因设计

因子隐 Markov 模型
factor hidden Markov model
O141.4
S 隐马尔可夫模型
Z 马尔可夫模型

因子指数
factor index
O156.1
S 指数*
C 幂和

荫度*
arboricity
O157.5
F 点荫度
线性荫度

引导方法
Y Bootstrap 方法

引理*
lemma
O1-0
D 数学引理
F Borel-Cantelli 引理
Farkas 引理
Gronwall 引理
Hensel 引理
Kronecker 引理
Lovász 局部引理
Schanuel 引理
Schwarz 引理
Zorn 引理
山路引理
C 连续自然数
数学原理

引子
Y 吸引子

隐 Markov 模型
Y 隐马尔可夫模型

隐蔽信息
Y 信息隐藏

隐变量
hidden variable
O212.1
D 隐性变量法
S 变量*

隐藏马尔可夫模型
Y 隐马尔可夫模型

隐迭代序列
implicit iteration process
O177.91
S 迭代序列
Z 序

隐格式
Y 隐式差分法

隐含 Markov 模型
Y 隐马尔可夫模型

隐含马尔可夫模型
Y 隐马尔可夫模型

隐函数
implicit function
O174
D 显函数
显式函数
S 函数*
C 显式公式
显式解

隐函数存在定理
Y 隐函数定理

隐函数定理
implicit function theorem
O174；O177.91；O192
D 隐函数存在定理
S 数学定理*
C 随机方程
同胚映射

隐马尔柯夫模型
Y 隐马尔可夫模型

隐马尔科夫模型
Y 隐马尔可夫模型

隐马尔科夫树模型
Y 隐马尔可夫树模型

隐马尔可夫模型
hidden Markov model
O141.4
D HMM 模型
嵌入式隐马尔可夫模型
统一 n+2 状态马尔可夫模型
隐 Markov 模型
隐藏马尔可夫模型
隐含 Markov 模型
隐含马尔可夫模型
隐马尔柯夫模型
隐马尔科夫模型
隐马尔科夫模型(HMM)
隐马氏模型
隐式马尔科夫模型
隐式马尔可夫模型
隐性马尔可夫模型
S 马尔可夫模型*
F 二阶隐马尔可夫模型
连续隐马尔可夫模型
因子隐 Markov 模型

隐马尔可夫树模型
C 和(数学)
特征提取 →(4)
特征向量

隐马尔可夫树模型
hidden Markov tree model
O211.62
D HMT 模型
隐马尔科夫树模型
S 隐马尔可夫模型
Z 马尔可夫模型

隐马氏模型
Y 隐马尔可夫模型

隐枚举法
implicit enumeration method
O221
S 分枝定界法
枚举法
C 二进制
Z 数学方法
最优化方法

隐式 Euler 法
Y 欧拉法

隐式差分
implicit finite difference
O241.3
S 差分*

隐式差分法
implicit difference method
O241.3；O241.82；P43
D 显式差分格式
隐格式
隐式差分格式
隐式格式
S 差分法
C 显式表示
Z 数学方法

隐式差分格式
Y 隐式差分法

隐式常微分方程
implicit ordinary differential equation
O175
S 隐式方程
C 等度连续性
Z 方程(数学)

隐式迭代
implicit iterative
O241.6
D 隐式迭代法
S 迭代法*

隐式迭代法
Y 隐式迭代

隐式法
Y 预估-校正算法

隐式方程
implicit equation
O122.2
S 方程(数学)*
F 隐式常微分方程

隐式格式
Y 隐式差分法

隐式交替方向法
Y 分步法

隐式马尔科夫模型
Y 隐马尔可夫模型

隐式马尔可夫模型
Y 隐马尔可夫模型

隐式曲面
implicit surface
O186.1
S 曲面*
C 紧支径向基函数

隐式曲线
implicit curve
O187.1
S 匹配*
C 最小距离

隐式微分方程
implicit differential equation
O175.1
S 微分方程
Z 方程(数学)

隐性变量法
Y 隐变量

隐性马尔可夫模型
Y 隐马尔可夫模型

迎风差分
Y 迎风格式

迎风差分格式
Y 迎风格式

迎风差格式
Y 迎风格式

迎风格式
upwind scheme
O241；P43
D 风格式
迎风差分
迎风差分格式
迎风差格式
S 差分格式*
F 迎风紧致格式
中心迎风格式
C 对流扩散方程 →(2)
迎风坡 →(4)
迎风有限元法 →(2)

迎风紧致格式
upwind compact scheme
O241；P43
S 迎风格式
Z 差分格式

影响度量
influence measures
O212
S 度量*
C 相关系数

影响函数
influence function
O174；O177.4
D 广义影响函数
S 广义函数
C 强影响点
椭球约束
Z 函数

影响系数
influence coefficient
ZT3
D 效能系数
效应系数
S 系数*
C 应力分析 →(2)

影响系统
influence system
N948
S 系统*

应力奇点
stress singularity
O153.4；O343.4
S 奇点
C 特征参数
Z 点(数学)

应用模型
application model
N945.12
S 模型*

应用软件*
application software
TP317
F 数学软件

应用数学
applied mathematics
O29
D 工程数学
数学应用
S 数学*
F 保险数学
经济数学
应用统计数学
运筹学
C 基础数学

应用统计数学
applied statistical mathematics
O29
S 应用数学
C 灰色关联度
Z 数学

应用研究
applied research
ZT0
D 实用化攻关
实用化研究
运用研究
S 研究*
C 筛选法

映射*

mapping
O144
D 映射度
F Feigenbaum 映射
KKM 映射
Lorenz 映射
m-增生映象
Poincaré 映射
s 映射
π 映射
胞映射
保序映射
闭映射
标准映射
乘法映射
单峰映射
单射
调和映射
对偶映射
多项式映射
多值映象
二维映射
反交换映射
非扩张映射
非线性映射
复合映射
覆盖映射
高斯映射
共轭映射
核映射
集值映射
紧映射
开映射
可加映射
可降映射
连续映射
模糊映射
逆映射
凝聚映射
区间映射
全纯映射
商映射
时间映射
收缩映射
守恒重映
树映射
双峰映射
双射
双诱导映射
提升映射
同构映射
同伦映射
同胚映射
同态映射
投影映射
拓扑映射
完备映射
伪单调映射
稳定映射
线性映射
相容映射
向量映射
星形映照
序列商映射
压缩映射
移位映射
原象
圆映射
增生映射
指数映射
锥映射
自相似映射
自映射
C 抽象凸空间
逆映射
商集
同伦方法
原象

映射变换
mapping transformation
O172；O177
S 数学变换*
C 精确孤立波解

映射定理
mapping theorem
O177；O189.2
S 数学定理*
F 开映射定理

映射度
Y 映射

映射法
Y 不动点方法

映射方法
Y 不动点方法

映射函数
mapping function
O174
S 函数*
C 开映射定理

映射空间
Y 函数空间

映射芽
mapping germ
O174；O189
D 函数芽
S 等价类
C 有限决定性
主成分分析
Z 类(数学)

永假式
Y 矛盾命题

永真式
Y 重言式

用户坐标系
user coordinate system
O18
S 坐标系*

优对角阵
Y 对角占优矩阵

优函数
major function
O174
S 函数*
C 不可微项

优化*
optimization
O224
D 寻优
优化问题
最佳化
最佳化控制
最优
最优化
最优化(数学)
最优化问题
最优问题
F Pareto 最优
不等式约束优化
不确定优化
参数优化
递阶优化
动态最优化
多变量优化
非光滑优化
过程系统优化
极小化
集值优化
局部优化
局部最优化
模型优化
区间优化
全局最优化
顺序优化
随机优化
无约束优化
系统优化
向量优化
有约束优化
约束最优化
C ABS 算法
互补
极值理论
模式搜索
三 I 算法
数学方法
系统优化
相关方法
资源优化利用 →(4)
最速下降法

优化 GM(1, 1)模型
optimization GM(1,1) model
N941.5
D 改进 GM(1,1)模型
S 优化模型
Z 模型

优化法
Y 最优化方法

优化解题过程
Y 优化求解

优化模式
optimization model
ZT71
S 模式*

优化模型
optimization model
O22
D 数学优化模型

寻优数学模型
优化设计数学模型
优化数学模型
最优化模型
S 模型*
F 非线性优化模型
优化 GM(1,1)模型
C 单目标规划
双目标规划
系统优化

优化求解
optimization
O24
D 优化解题过程
S 求解*

优化设计
optimum design
ZT0
D 最优设计
S 设计*
F 非线性优化设计
C 步进应力加速寿命试验
参数规划
参数化建模
修正单纯形法
修正极大似然估计
正交分析
最优化方法
最优化条件

优化设计数学模型
Y 优化模型

优化数学模型
Y 优化模型

优化问题
Y 优化

优化系统
Y 系统优化

优级数
majorant series
O173
S 级数(数学)*
C 多复变数

优美图
graceful graph
O157.5
S 图表*
F 奇优美图

优美指数
graceful index
O156
S 指数*
C 除数函数

优势本征值
Y 主特征值

优势比
dominance ratio
O212.1
D 比值比
交叉乘积比
S 比例*
C 逐步回归

优势集
dominate set
O144；O221.6
S 集合*
C 线性等价

优势特征值
Y 主特征值

优势原理
domination principle
O17
D 控制原理
S 数学原理*

优先策略
preference strategy
O224
S 策略(数学)*

优先因子
priority factor
O224
D 优先因子法
S 因子*

优先因子法
Y 优先因子

优先约束
precedence constraints
O223
S 约束(数学)*
C 遗传算法 →(5)

优性组合预测
superior combination forecasting
O157；O211.67
S 数学预测*
C 灰色关联分析
几何平均

优序列
majorizing sequences
O241
S 序*

优选法
optimum seeking method
O224
S 最优化方法*
F 黄金分割法
矩形法
爬山法
C 变分法 →(2)

优值
Y 最优值

邮递员问题
postman problem
O221
S 运筹问题
F 中国邮路问题
Z 数学问题

游程检验
run test
O212.1
D 串检验
S 假设检验*
C 中值

游荡点
Y 非游荡集

游荡域
wandering domain
O174
S 域*

游路问题
Y 旅行商问题

友矩阵
companion matrix
O151.21
D 伴侣矩阵
S 矩阵*

有(1)半群
Y 幺半群

有<1>半群
Y 幺半群

有补格
Y 完备空间

有界
bounded
O174
D 有界的
S 界(数学)*
F 单调有界
局部有界
一致有界
有限时间有界
C 极限

有界闭集
bounded closed set
O144；O174.12
S 闭集
有界集
C 实变函数论
有界变差解
Z 集合

有界变差
bounded variation
O175；O211.5
S 差值*
C 等收敛算子

有界变差函数
bounded variation functions
O174.1
S 有界函数
C Gamma 算子
Jordan 分解
Z 函数

有界变差解
bounded variation solution
O122.2
S 有界解
F φ-有界变差解

C 连续依赖性
有界闭集
Z 解

有界的
Y 有界

有界对称域
bounded symmetric domain
O174.51
S 对称区域
有界域
C 混合模空间
Z 域

有界格
Y 有界函数

有界函数
bounded function
O153.1；O159；O174
D 无界函数
有界格
S 函数*
F 局部有界函数
有界变差函数
有界平均振动函数
有界平均振动解析函数
C Teichmuller 空间
算子

有界集
bounded set
O144；O174.3；O189.1
D 弱有界集
弱有界集合
S 实数集
F 有界闭集
C φ-有界变差解
赋准范空间
概周期函数
极大元
一致收敛拓扑
诱导极限
Z 集合

有界解
bounded solution
O122.2；O175.2
D 无界解
S 解*
F 有界变差解
有界正解
C 估计(数学)
矩阵微分方程
无穷时滞
有界线性泛函

有界挠群
bounded torsion group
O152.2
D 有界扭群
S 挠群
Z 群(数学)

有界扭群
Y 有界挠群

有界平均振动函数
bounded mean oscillation function
O174
D BMO 函数
S 有界函数
Z 函数

有界平均振动解析函数
analytic function of bounded mean oscillation
O15；O174.55；O177
D BMOA
BMOA 函数
S 全纯函数
有界函数
Z 函数

有界平均振动空间
Y BMO 空间

有界区域
Y 有界域

有界算子
bounded operator
O177
D 正有界算子
S 算子*
F 有界线性算子
C Herz 型 Hardy 空间
分数次积分
弱 Hardy 空间
振荡奇异积分

有界线性泛函
bounded linear functional
O177
D 有界线性泛函数
S 线性泛函
C 泛函分析
泛函微分方程
有界解
正则算子
Z 泛函

有界线性泛函数
Y 有界线性泛函

有界线性算子
bounded linear operator
O175.3；O177
S 线性算子
有界算子
C 局部凸向量拓扑
Z 算子

有界性
boundeaness
O175.12
S 数学性质*
F 加权有界性
一致有界性
C Ap 权
差分不等式
复模糊数
加权 Sobolev 空间
径向基函数
全纯映射
弱 Hardy 空间
微分代数方程
振荡奇异积分

有界域
bounded domain
O153.4；O174.56；O241.8
D 无界区域
无界域
有界区域
S 域*
F 有界对称域
C 吊桥方程
复 Finsler 流形
积分公式
双调和算子
四元数分析
线丛

有界正解
bounded positive solution
O122.2
S 有界解
Z 解

有理 Bezier 曲线
Y 有理 Bézier 曲线

有理 Bézier 曲线
rational Bézier curve
O174.61；O186.1；O231；O241
D 有理 Bezier 曲线
S 贝塞尔曲线
有理曲线
F 有理二次 Bézier 曲线
Z 匹配

有理 B 样条
rational B-spline
O174.41；O241.5
D 有理 B 样条曲线
S B 样条
有理样条
F 非均匀有理 B 样条
C 逼近方法
Z 样条曲线

有理 B 样条曲线
Y 有理 B 样条

有理逼近
rational approximation
O174.41；O175.1；O241.81
S 逼近*
F Padé 逼近
丢番图逼近
C 有理插值
有理解

有理插值
rational interpolation
O151.21；O241
S 插值*
F 切触有理插值
重心有理插值
C 误差公式
有理逼近

有理差分方程
rational difference equation
O155

S 差分方程
Z 方程(数学)

有理多项式
rational polynomial
O174.14
S 多项式*

有理二次 Bezier 曲线
Y 有理二次 Bézier 曲线

有理二次 Bézier 曲线
quadric rational Bézier curve
O174.61；O231
D 有理二次 Bezier 曲线
S 二次 Bézier 曲线
有理 Bézier 曲线
Z 匹配

有理分式
rational fraction
O174
S 分式
F 三角函数有理式
有理真分式
Z 表达式

有理分式函数
rational fractional function
O174
S 函数*
C 插值公式

有理根
rational root
O156
S 实根
C 唯一分解整环
整系数多项式
Z 根(数学)

有理函数
rational function
O171；O174
S 代数函数
F 线性函数
Z 函数

有理函数插值
rational function interpolation
O174.41；O174.42；O241.3
S 函数插值
C 有理函数解
Z 插值

有理函数解
rational function solution
O122.2
S 有理解
C 有理函数插值
Z 解

有理解
rational solution
O122.2
D 有理数解
S 实数解
F 有理函数解
整数解
C Hirota 双线性方法
数论函数
有理逼近
Z 解

有理曲面
rational surface
O187
S 曲面*
C 区间多项式

有理曲线
rational curve
O174；O186.1；O241.5
S 光滑曲线
F 有理 Bézier 曲线
C Bezout 矩阵
射影空间
Z 匹配

有理式
rational expression
O151.2
S 代数式
F 分式
整式
C 三角函数式
Z 表达式

有理数
rational number
O122
S 实数
F Bernoulli 数
分数
完全平方数
未确知有理数
小数
整数
Z 复数

有理数解
Y 有理解

有理数域
rational number field
O156.2
S 实数域
F 素域
C 素理想分解
Z 域

有理性
rationality
O122；O156
S 数学性质*
C 分数

有理样条
rational spine
O187.1；O241
S 样条曲线*
F 有理 B 样条
C 等距曲面

有理真分式
rational proper fraction
O174
S 有理分式
Z 表达式

有理整式
Y 整式

有偏估计
biased estimation
O211.6
D 偏差估计
S 统计估计
F stein 估计
岭估计
主成分估计
C Cook 距离
无偏估计
最小二乘法
Z 估计(数学)

有穷数列
finite series
O171；O173.1
D 项数有限
S 数列*
C 通项公式

有穷自动机
Y 有限状态机

有限 Abel 群
Y 有限阿贝尔群

有限 p-群
finite p-group
O152.1
S 有限群
Z 群(数学)

有限 Walsh 变换
Y Walsh 变换

有限阿贝尔群
finite Abelian groups
O152.1；O152.2
D 有限 Abel 群
S 交换群
有限群
Z 群(数学)

有限爆破
finite blow-up
O175.29
S 解的爆破*
F 有限时刻爆破
C 上下解

有限边界
finite boundary
ZT84
S 边界（数学）*
C 有限区间

有限差分
finite difference
O175.7；O241.3
D 有限差分算法
S 差分*
C 有限差分法

有限差分法
finite difference method
O241；P43；P456.7
D 有限差分方法

有限差分分析
有限差分格式
有限差分理论
S 差分法
F 交替方向隐格式
C 二维热传导方程
有限差分
有限元分析
Z 数学方法

有限差分方程
finite difference equation
O155
S 差分方程
Z 方程(数学)

有限差分方法
Y 有限差分法

有限差分分析
Y 有限差分法

有限差分格式
Y 有限差分法

有限差分理论
Y 有限差分法

有限差分模拟
finite-difference modeling
O242.1
S 差分模拟
C 程函方程
Z 仿真

有限差分算法
Y 有限差分

有限单群
finite simple group
O152.1
S 单群
Z 群(数学)

有限单元法(FEM)
Y 有限元分析

有限单元分析
Y 有限元分析

有限单元模型
Y 有限元模型

有限点集
finite point set
O181；O241
S 点集
有限集
C 费马点
几何不等式
凸多边形
Z 集合

有限分条法
Y 有限条法

有限分条法分析
Y 有限条法

有限分析
finite analysis
O157.2
S 数学分析*
F 结构有限元分析
C 渗透系数 →(2)(5)

有限分析法
Y 有限元分析

有限覆盖
finite covering
O171
S 覆盖(数学)*
C 柯西收敛准则
数值流形方法 →(2)

有限覆盖定理
finite covering theorem
O171
D 波莱尔-勒贝格
波莱尔-勒贝格定理
海涅-波莱尔定理
S 数学定理*

有限和
finite sums
O157；O171
D 无穷和
S 和(数学)*
C 多项式函数
有限集
有限区间

有限环
finite rings
O153.3
S 结合环*
F 有限局部环

有限积分变换
finite integral transform
O172.2；O177.6
S 积分变换*
C Cayley-Hamilton 定理

有限级
Y 无穷级

有限集
finite set
O144；O157.5
D 无穷集合
无限集
无限族
有限集合
S 集合*
F 空集
有限点集
C 强收敛
有限和
有序对

有限集合
Y 有限集

有限几何
finite geometry
O157.3
S 组合几何
C 结合律
Z 几何

有限交性质
finite intersection property
O189.1
S 数学性质*
C 准开集

有限局部环
finite local ring
O153.3
S 局部环
有限环
C 分步有限元法
间断有限元
Z 结合环

有限决定性
finite determinacy
O172
S 数学性质*
C 映射芽

有限理论
finite theory
O141.3
S 数学理论*

有限连续空间
Y FC-度量空间

有限链环
Y 链环

有限两人零和对策
Y 矩阵对策

有限区间
finite interval
O177
S 区间*
C 有限边界
有限和

有限区细网格模式
Y 网格模式

有限区域套网格模式
Y 网格模式

有限区域细网格模式
Y 网格模式

有限群
finite group
O152.1
S 群(数学)*
F Klein 群
单群
多重传递有限群
可解群
幂零群
有限 p-群
有限阿贝尔群
有限生成
置换群
C 群阶

有限容积法
Y 有限体积法

有限容量
Y 容量

有限生成
finitely generated
O152.1
S 有限群
C 拟弗罗贝尼乌斯环
Z 群(数学)

有限生成模
finitely generated module
O153.3
S 模(数学)*
F 循环模
C 生成元

有限时间爆破
Y 有限时刻爆破

有限时间破产概率
finite time ruin probability
O211.67
S 破产概率
C Cox 风险模型
调节系数
随机利率模型
Z 概率

有限时间稳定性
stability in finite time
O175.13
S 稳定性(数学)*

有限时间有界
finite time boundedness
O231
S 有界
Z 界(数学)

有限时间镇定
finite time stabilization
O175

有限时刻爆破
finite time blow-up
O175
D 有限时间爆破
S 有限爆破
C 强耦合理论 →(2)
Z 解的爆破

有限时滞
Y 无穷时滞

有限体积法
finite volume method
O192；O241.82；P456.7
D 控制体积法
有限容积法
有限体积方法
有限体积格式
有限体积元法
有限体积元方法
S 数学方法*

有限体积方法
Y 有限体积法

有限体积格式
Y 有限体积法

有限体积元
finite volume element
O241.8
S 体积元
C 特征线
Z 元

有限体积元法
Y 有限体积法

有限体积元方法
Y 有限体积法

有限条法
finite strip method
O241.82；O242.2；O302
D 有限分条法
有限分条法分析
有限条法分析
有限条分析
S 有限元分析
C 稳定性分析 →(2)
Z 数值分析

有限条法分析
Y 有限条法

有限条分析
Y 有限条法

有限维
Y 有限维空间

有限维 Hilbert 空间
Y 有限维希尔伯特空间

有限维代数
finite dimensional algebra
O153.3
S 结合代数
C B-BBM 方程
环面
渐近吸引子
Z 代数

有限维空间
finite dimensional space
O189.12
D 无穷维
无穷维的
无限维
无限维空间
有限维
S 空间(数学)*
F 有限维希尔伯特空间
C KP 方程
mKdV 方程
半局部环
黎曼面
幂等算子
算子理想

有限维希尔伯特空间
finite dimensional Hilbert space
O177.1
D 有限维 Hilbert 空间
S 希尔伯特空间
有限维空间
C 湮没算符 →(2)
Z 空间(数学)

有限维系统
Y 多维系统

有限维线性空间
Y 线性空间

有限维向量空间
Y 线性空间

有限域
finite field
O153.4；O242.2
D Galois 域
S 域*
F 伽罗华域
C Jordan 标准形
边界元
超椭圆曲线
代数扩张
分圆陪集
椭圆曲线离散对数
伪辛空间
线性化多项式
辛矩阵

有限元*
finite element
O241.82；O242
D 单元(有限元)
广义有限元
拟协调元
F ALE 有限元
Galerkin 有限元
Hermite 型有限元
mortar 有限元
半解析有限元
半离散有限元
比例边界有限元
弹塑性有限元
等参有限元
动态有限元
非线性有限元
混合有限元
间断有限元
扩展有限元
理性有限元
连续有限元
模糊有限元
区间有限元
时域有限元
矢量有限元
随机有限元
特征有限元
稳定化有限元
显式有限元
小波有限元
样条有限元
杂交有限元
自适应有限元
最小二乘有限元
C 二维模型
计算
计算模拟
数学拟合

有限元逼近
finite element approximation
O241.8

S 逼近*
C J积分 →(2)
mortar 有限元
移动最小二乘近似
子模型

有限元重合网格法
finite element superposition mesh method
O157.5
S 网格法
C 应力强度因子 →(2)
Z 数学方法

有限元迭代
Y 有限元迭代法

有限元迭代法
finite element iteration method
O241.6
D 有限元迭代
S 迭代法*

有限元法
Y 有限元分析

有限元法分析
Y 有限元分析

有限元方程
finite element equation
O122.2
S 方程(数学)*
C 二维数学模型
圆环
子模型

有限元方法
Y 有限元分析

有限元分析
finite element analysis
O17；O24
D FEMOL
单元分析
无单元方法
无限元
无限元法
有限单元法(FEM)
有限单元分析
有限分析法
有限元法
有限元法分析
有限元方法
有限元分析方法
有限元格式
有限元后处理
有限元计算分析
有限元解法
有限元素分析
有限元算法
有限元线法
S 数值分析*
F ANSYS 有限元分析
参数化有限元分析
二维有限元分析
非线性有限元分析
分步有限元法
平面有限元分析
谱元法
显式有限元法
有限条法
有限元数值分析
C 边界元法
泛函分析
函数逼近
有限差分法
圆环

有限元分析方法
Y 有限元分析

有限元分析模型
Y 有限元模型

有限元格式
Y 有限元分析

有限元后处理
Y 有限元分析

有限元计算分析
Y 有限元分析

有限元计算模型
Y 有限元模型

有限元建模
Y 有限元模型

有限元结构分析
Y 结构有限元分析

有限元解
finite element solution
O122.2
S 解*
C 一致性条件

有限元解法
Y 有限元分析

有限元离散
finite element discretization
O241.82；O343
S 离散*
C 时间项法 →(5)
收敛(数学)

有限元模拟
Y 有限元模型

有限元模型
finite element model
O141.4；O302；O411.3
D FEM
FEM 模型
有限单元模型
有限元分析模型
有限元计算模型
有限元建模
有限元模拟
S 数学模型*
C 边界拟合
复合设计
双纽线
约束方程

有限元数值分析
finite element numerical analysis
O175.2；O241.82；O242.2
S 有限元分析
Z 数值分析

有限元素分析
Y 有限元分析

有限元算法
Y 有限元分析

有限元线法
Y 有限元分析

有限远奇点
finite singular point
O175.12
S 奇点
C 功能性反应函数
Z 点(数学)

有限正规扩张
finite normalizing extension
O153.3
S 扩张(数学)*

有限值函数
Y 阶跃函数

有限秩算子
finite rank operator
O177
S 算子*
C 套代数

有限状态机
finite-state machine
O23
D 有穷自动机
有限状态自动机
有限自动机
S 自动机*
F 广义有限自动机
模糊有限自动机
线性有限自动机
C 可计算性
无限自动机
下推自动机

有限状态自动机
Y 有限状态机

有限自动机
Y 有限状态机

有向边
directed edge
O157.5
S 边(数学)*
C 自然数

有向集
Y 定向集

有向距离
directed distance
O182；O221
S 距离*
C 绝对测距 →(4)

有向面积
directed area
O182

S 面积*
C 向量

有向图
digraph
O157.5；O411
D Euler 有向图
欧拉有向图
S 图表*
F Cayley 有向图
伴随有向图
本原有向图
定号有向图
双色有向图
C 非负不可约矩阵
符号模式矩阵
立方
图论模型
图上作业法
无向图
有向网络

有向网络
directed network
O157.5；O189
D 无向网络
S 网络结构*
C 有向图

有向线段
directed line segment
O189
D 有序点偶
S 线段*

有向线图
Y 线图

有向循环
oriented cycle
O189
S 循环(拓扑学)*

有效半径
effective radius
ZT2
S 半径*

有效除子
Y 除子

有效非线性系数
effective nonlinear coefficient
ZT3
S 系数*

有效估计
efficient estimate
O21
S 无偏估计
F 渐近有效估计
Z 估计(数学)

有效厚度
effective thickness
ZT3
D 净厚度
S 厚度*

有效解
efficient solution
O171；O241
D 非劣解
S 解*
F Henig 有效解
超有效解
弱有效解
真有效解
锥有效解
C α 次星形函数
鞍点逼近
半 B-(E,F)-凸函数

有效解集
efficient solution set
O224
S 解集
C 多目标凸规划
Z 集合

有效介质近似
effective medium approximation
O242.2
S 近似法*

有效面积
effective area
ZT2
S 面积*

有效期
effective period
ZT73
S 时期*
C 寿命

有效容量
available capacity
ZT3
S 容量*

有效数字
significant figure
O174
S 数*
C 小数点

有效算法
Y 多项式算法

有效体积
active volume
ZT2
S 体积*

有效信息
useful information
N95
S 信息*

有效性
validity
ZT4
D 有效性质
S 特性*
C 线图

有效性质
Y 有效性

有效域
effective domain
O144
S 定义域
C 最小多项式
Z 域

有效直径
effective diameter
ZT2
S 直径*
C 垂直度测量 →(2)

有效值
effective value
ZT3
D RMS 值
S 数值*

有心二次曲面
Y 二次曲面

有序
ordered state
ZT5
D 有序态
S 状态*
C 无序

有序点偶
Y 有向线段

有序对
ordered pair
O144；O158
S 对*
C 可分组设计
有限集

有序集
ordered set
O152
D 序集
S 集合*

有序加权平均算子
induced ordered weighted averaging operator
O177
D IOWA 算子
S 加权平均算子
F 诱导有序加权平均算子
Z 算子

有序群
Y 序群

有序态
Y 有序

有序样品
ordered sample
O21
S 样品*
C 聚类分析

有余除法
Y 带余除法

有余格
Y 完备空间

有约束非线性规划
Y 约束非线性规划

有约束优化
constrained optimization
O174
S 优化*
C 梯度投影法

酉变换
unitary transform
O151.2；O172；O189
D 么正变换
S 线性变换
C 酉表示
质心系 →(2)
Z 数学变换

酉表示
unitary representation
O152.4；O177.3
S 表示(数学)*
C 酉变换
酉矩阵
酉群

酉不变范数
unitarily invariant norm
O151.2
S 范数*
C 奇异值分解法 →(5)

酉等价
unitary equivalence
O177
S 等价*
C 压缩算子

酉几何
unitary geometry
O157.4
S 几何*

酉矩阵
unitary matrix
O151.21；O413.1
D 广义酉矩阵
幺正矩阵
S 复矩阵
F 次酉矩阵
仿酉矩阵
C 奇异值
双正交小波基
酉表示
酉空间
Z 矩阵

酉空间
unitary space
O151.2
S 线性空间
C 酉矩阵
Z 空间(数学)

酉群
unitary group
O152.5
D U 群
S 典型群
C Bruhat 分解
酉表示
Z 群(数学)

酉算子
unitary operators
O177.1
S 算子*
C 自伴延拓

又典型系统
Y Hamilton 系统

右 Noether 环
Y noether 环

右伴随线性映射
Y 线性映射

右单位元
Y 左单位元

右导数
right derivative
O172.1
S 单侧导数
Z 导数

右分式环
Y 分式环

右极限
right limit
O171；O174
D 左极限
S 单侧极限
C 无穷小
Z 极限(数学)

右理想
right ideal
O153.3
S 理想(数学)*

右连续
right continuity
O177
S 连续*
C 间断点
重言式

右逆
right inverse
O151.21
S 求逆*
C 求逆公式
特征值

右删失
right censoring
O212.1
S 删失*
C 经验 Bayes 检验

右商环
Y 分式环

右特征值
right characteristic value
O175.9；O177
S 特征值*
C 四元数可除代数

右幺元
Y 左单位元

诱导极限
inductive limits
O177
S 极限(数学)*
C 有界集

诱导模
induced module
O152；O153.3；O154
S 模(数学)*

诱导算子
induced operator
O177
S 算子*
F 诱导有序加权平均算子
C 全连续

诱导有序加权平均算子
induce induced ordered weighted averaging operator
O177
S 有序加权平均算子
诱导算子
Z 算子

余 Noether 环
Y noether 环

余摆线
Y 摆线

余半单环
Y 半单环

余代数
coalgebra
O153.3
D 上代数
S 结合代数
F π-余代数
模余代数
Z 代数

余函数
cofunction
O154；O174
D 余核
S 函数*
C 完全平方数

余核
Y 余函数

余积
coproduct
O153.3
S 积*
F Smash 余积
交叉余积

余积分
cointegral
O153.5；O172.2
S 积分*
C 余模代数

余集
Y 补集

余模
comodule
O153.3
S 模(数学)*

余模代数
comodule algebra
O153.3
S 模代数
C 变分解
余积分
Z 代数

余切丛
Y 切丛

余切上图导数
contingent epiderivative
O172.1；O177.91
S 导数*

余式
remainder
O151.2
S 表达式*
C 插值节点

余数
remainder
O142
D 剩余数
S 数(数学运算)*
C 范德蒙行列式
渐近公式
剩余系

余维
Y 余维数

余维数
codimension
O189.12
D 余维
S 维数*
C 分岔 →(2)
子流形

余弦*
cosine
O182
F 方向余弦
夹角余弦
C 三角函数
向量夹角
正弦

余弦变换
cosine transform
O174
S 正交变换
F 改进离散余弦变换
局部余弦变换
块离散余弦变换
离散余弦变换
三维离散余弦变换
整数离散余弦变换
C 朗伯余弦定律 →(2)(4)
Z 数学变换

余弦定理
cosine theorem
O18
D 第二余弦定理
余弦定律
S 数学定理*
C 海伦公式
球面距离
余弦公式

余弦定律
Y 余弦定理

余弦公式
cosine formula
O171
S 基本公式
C 朗伯余弦定律 →(2)(4)
余弦定理
Z 公式(数学)

余弦函数
cosine function
O122.2；O171
S 三角函数
F 正余弦函数
C 朗伯余弦定律 →(2)(4)
余弦曲线
Z 函数

余弦级数
cosine series
O174.21
S 傅里叶级数
C 正交展开
Z 级数(数学)

余弦曲线
cosine curve
O171；O174
S 三角曲线
C 余弦函数
Z 匹配

余弦算子函数
cosine operator function
O122.2；O171
S 函数*
C 算子范数

余项
remainder term
O173
S 项(数学)*
F 插值余项
二阶余项

余项估计
remainder estimation
O173；O174.52
S 估计(数学)*

余子空间
Y 补子空间

余子式
cofactor
O241
S 子式
F 代数余子式
C Cramer 法则
不对称
Z 行列式

预包络
preenvelope
O152.5；O187.1
S 包络
C 预覆盖
Z 匹配

预报*
forecast
P315.75；P338；P45；P731.3
D 持续性预报
多因子相关预报法
惯性预报
可用预报
理想预报
两分类预报
时序预报方法
数理统计预报
随机动力预报
随机预报
相关预报
业务预报
预报方法
预报分析
预报工作
预报技术
预报经验
预报思路
预报研究
预报业务
预报应用
预报预测
预报预警
F 概率预报
C 经验预报 →(4)(5)
统计天气预报 →(4)
预报方案 →(4)(5)
预报服务 →(4)(5)
预报理论 →(4)(5)
预报流程 →(4)(5)
预报平台 →(4)
预报系统 →(4)(5)
预报指标 →(4)(5)
预测
灾害预警 →(4)(5)

预报方法
Y 预报

预报分析
Y 预报

预报工作
Y 预报

预报技术
Y 预报

预报经验
Y 预报

预报模式
Y 预报模型

预报模型*
forecasting model
P338；P45；P731.3
D 预报模式
F 网格模式
C 大气模型 →(4)
多层递阶方法 →(4)
预报建模 →(4)(5)

预报思路
Y 预报

预报研究
Y 预报

预报业务
Y 预报

预报应用
Y 预报

预报预测
Y 预报

预报预警
Y 预报

预备定理
preparation theorem
O174
S 数学定理*

预不变拟凸函数
prequasi-inves function
O174.13
D 预拟不变凸函数
S 预不变凸函数
Z 函数

预不变凸函数
preinvex function
O174.13
S 不变凸函数
F B-预不变凸函数
强预不变凸函数
严格预不变凸函数
预不变拟凸函数
Z 函数

预不变凸性
preinvariant convexity
O159
S 不变凸性
Z 凸性

预测*
prediction
ZT0
D 预测法
预测方法
预测技术
F 变化预测
定量预测
定性预测
非线性预测
灰色预测
技术预测
科学预测
模糊预测
模式预测
年度预测
全局预测
响应预测
中期预测
C 预报
预测模型

预测(数学)
Y 数学预测

预测法
Y 预测

预测方法
Y 预测

预测分布
predictive distribution
O213.2
S 数学分布*
C 可靠性估计
区间预测

预测技术
Y 预测

预测均方误差
mean square prediction error
O241.1
S 均方误差
C 误差曲线
Z 误差

预测理论
prediction theory
ZT0
S 理论*
C 预测模型

预测模型*
prediction model
N945.12
F 动态预测模型
非线性预测模型
概率预测模型
灰色预测模型
马尔可夫预测模型
趋势预测模型
时间序列预测模型
综合预测模型
C 预测
预测理论
预测效果

预测判据
prediction criterion
ZT0
S 判据
Z 准则

预测期限
Y 区间预测

预测区间
Y 区间预测

预测误差
prediction error
O241.1
S 误差*
C 近红外光谱 →(2)

预测效果
prediction effect
ZT84
D 预测效能
预测有效度
S 效果*
C 预测模型

预测效能
Y 预测效果

预测有效度
Y 预测效果

预处理共轭梯度法
pre-conditioned conjugate-gradient approach
O175.2；O241；O312
D PCG
S 共轭梯度法
C 并行算法
线性方程
Z 数学方法

预处理矩阵
preconditioned matrix
O241.6
S 矩阵*
C 单小波

预覆盖
precover
O153.3
S 覆盖(数学)*
C 预包络

预估
Y 估计(数学)

预估校正法
Y 预估-校正算法

预估-校正法
Y 预估-校正算法

预估校正算法
Y 预估-校正算法

预估-校正算法
predictor-corrector algorithm
O221.2；O224；O241
D 显式法
隐式法
预估校正法
预估-校正法
预估校正算法
S 数学算法*
C 数值解

预估式
Y 估计(数学)

预加法范畴
preadditive category
O154；O24
D 预加性范畴
S 加法范畴
C 泛分解
可逆性
Z 范畴(数学)

预加性范畴
Y 预加法范畴

预解方程
resolvent operator
O175.3；O177；O21；O24；O41
D 预解式
预解算子
预解算子技巧
豫解式
豫解算子
S 方程(数学)*
C 变分不等式
存在性
存在性定理
收敛定理

预解集
resolvent set
O177.7
D 豫解集
S 解集
C 连续线性算子
Z 集合

预解式
Y 预解方程

预解算子
Y 预解方程

预解算子技巧
Y 预解方程

预开集
Y 准开集

预拟不变凸函数
Y 预不变拟凸函数

预条件
fore condition
O193
S 条件(数学)*
C 谱元法

预条件迭代法
preconditioned iterative method
O241.6
S 迭代法*
C 非奇异矩阵

预条件矩阵
preconditioned matrices
O241.6
S 矩阵*
C 共轭梯度法

预条件子
preconditioner
O241.6
S 矩阵代数
Z 代数

预拓扑空间
pre-topological space
O189.11
S 拓扑空间
F L-预拓扑空间
Z 空间(数学)

域*
domain
ZT72
F Cartan 域
pk 元域
σ 域
半无限域
闭值域
乘积域
代数闭域
带形区域
典型域
对称区域
分裂域
分圆域
负域
函数域
华罗庚域
积分区域
角域
局部域
矩形域
可拓域
可行域
扩域
赖因哈特域
连通域
连续域
邻域
临界域
论域
模糊域
谱包含域
舍弃域
事件域
收敛域
数域
凸域
稳定域
无限域
吸引域
信赖域
一致域
游荡域
有界域
有限域
圆域
远域
值域
重域
子域

域扩张
field extension
O152.5
S 扩张(数学)*
F Galois 扩张
C 层序 →(5)

阈
Y 阈值

阈值*
threshold value
ZT3
D 临界值
门限值
阈
阈值数据
阈值条件
F 非线性阈值
临界阈值
C Pareto 分布
单位根
多分辨率小波分析
无病周期解

阈值函数
threshold function
O174
D 门限函数
S 函数*

阈值数据
Y 阈值

阈值条件
Y 阈值

豫解集
Y 预解集

豫解式
Y 预解方程

豫解算子
Y 预解方程

元*
element
O241
D 格子
F Crouzeix-Raviart 元
Wilson 元
板元
本原元
边界元
不可约元
部分变元
代数元
单位元
等参元
多元
二次元
非协调元
固有元
换元
极大元
极小元
零元素
幂等元
幂零元
模糊结构元
逆元
偏差变元
奇异元
群元
三组元
生成元
素元
随机元
特殊元
体积元
微元
无穷远元素
物元

线元
旋转 Q1 元
杂交应力元
正元
中心元
主元
组合杂交元
最佳逼近元
C 元素测定 →(3)

元胞自动机
cellular automata
O23
D 细胞自动机
原胞自动机
S 自动机*
F 地理元胞自动机
C 临界概率

元数学
metamathematics
O1-0
S 数学*
C 四元术

原胞自动机
Y 元胞自动机

原点*
initial point
ZT74
F 格网原点
坐标原点
C 地心基准 →(4)
起算点 →(4)

原点矩
origin moment
O211
S 矩(数学)*
C 概率分布

原根
primitive root
O153；O156.1
D 本原根
S 根(数学)*
C Kloosterman 和
平衡解
同余方程
整除性

原函数
source function
O174.1
D 源函数
S 函数*
C 三角函数有理式
瑕积分

原理*
principle
ZT0
F 模型原理
役使原理

原始递归函数
Y 递归函数

原始对偶
Y 原始-对偶

原始-对偶
primal dual
O159；O224；O241
D 原始对偶
原始对偶法
S 对偶*
C 内点算法

原始对偶法
Y 原始-对偶

原始误差
original error
TH16
S 误差*
C 精度分析 →(4)

原位分析
Y 现场分析

原象
inverse image
O144；O189
S 映射*
C 映射

原子格
Y 子空间

原子命题
Y 简单命题

圆*
circle
O123.3；O156；O186
D 圆问题
圆周
F 半圆
充满圆
单位圆
盖尔圆
极限圆
空间圆
内切圆
拟圆
旁切圆
曲率圆
扇形
同心圆
椭圆
外接圆

圆的内接角
Y 圆周角

圆法
circle method
O156
D Hardy-Littlewood 法
哈代-李特伍德方法
S 数论方法
C Dirichlet 特征
Z 数学方法

圆轨道
circular orbit
O189；P135
D 圆形轨道
S 轨道*
F 近圆轨道
椭圆轨道
C 误差估计

圆弧
Y 边(数学)

圆弧样条
arc splines
O174.41；O241
S 样条曲线*

圆环
circular rings
O123.3；O153.3
S 椭圆环
C 有限元方程
有限元分析
Z 环(数学)

圆环面
Y 环面

圆积问题
Y 化圆为方问题

圆角
fillet
O123
S 角(数学)*
C Catmull-Rom 样条

圆截面
Y 圆形截面

圆内接四边形
cyclic quadrilateral
O181
S 四边形
Z 多边形

圆内旋轮线
Y 内摆线

圆拟合
circle fitting
O241.5
S 数学拟合*

圆排列
circular permutation
O157
D 环排列
环状排列
循环排列
S 排列(数学)*
C 对称群

圆盘*
disk
O174.5
F 单位圆盘
多圆盘

圆盘定理
disc theorem
O151.21；O174
S 数学定理*
C 特征值

圆球
Y 球体

圆染色
circular coloring
O157.5；O224
S 染色问题*
C 相位优化 →(2)

圆色数
Y 星色数

圆扇形
Y 扇形

圆台
round table
O181
D 平截圆锥体
正圆台
S 旋转体
C 静平衡方程 →(2)(4)
Z 几何体

圆外旋轮线
Y 内摆线

圆问题
Y 圆

圆心
peripheral core
O182
S 几何点
Z 点(数学)

圆心角
central angle
O181
D 中心角
S 角(数学)*
C 非线性分析

圆形轨道
Y 圆轨道

圆形截面
circular section
O123.3；O182
D 圆截面
S 截面(数学)*
C 解析解

圆型域
Y 圆域

圆映射
circle mapping
O189
D 圆周映射
S 映射*
C 符号序列分析

圆域
circular region
O186.5
D 圆型域
S 域*

圆周
Y 圆

圆周角
inscribed angle
O181
D 圆的内接角
S 角(数学)*

圆周率
circular constant
O123.3
D 密率
S 比率*
C 祖冲之 →(4)

圆周映射
Y 圆映射

圆柱
cylinder
O123.3
D 圆柱体
圆柱形
S 旋转体
柱体
F 多圆柱
椭圆柱体
C 自锁
Z 几何体

圆柱函数
Y 柱函数

圆柱螺线
cylindrical spiral
O186.1
D 圆柱螺旋线
S 螺旋曲线
C 坐标平面
Z 匹配

圆柱螺旋线
Y 圆柱螺线

圆柱面
circular cylinder
O187
D 回旋柱面
旋转柱面
S 椭圆柱面
旋转曲面
C 几何连续
平行六面体
星形线
Z 曲面

圆柱体
Y 圆柱

圆柱形
Y 圆柱

圆柱坐标
Y 柱坐标

圆锥
circular cone
O181
D 圆锥结构
圆锥体
S 旋转体
锥体*
C 侧面积
体积公式
线线角
Z 几何体

圆锥结构
Y 圆锥

圆锥截线
Y 圆锥曲线

圆锥面
circular conical surface
O181；O182
D 圆锥曲面
S 旋转曲面
锥面
Z 曲面

圆锥曲面
Y 圆锥面

圆锥曲线
conic curve
O184；O185；O186.11
D 二次曲线
二阶曲线
圆锥截线
圆锥曲线问题
S 平面曲线
F 抛物线
双曲线
椭圆曲线
C Pascal 定理
二次型理论
交替方向迭代法
内接三角形
配极变换
奇点
切点弦
射影变换
射影不变量
Z 匹配

圆锥曲线问题
Y 圆锥曲线

圆锥体
Y 圆锥

源函数
Y 原函数

远域
remote domain
O174
D ω-远域
S 域*
C 闭集
模糊拓扑
算子空间
置换环

约旦标准型
Y Jordan 标准形

约旦导子
Y Jordan 导子

约当标准形

Y Jordan 标准形

约当标准型
Y Jordan 标准形

约当分解
Y Jordan 分解

约分
Y 化简

约化
reduction
O152.5；O186；O187
D 约化方法
S 数学方法*
F Lyapunov-Schmidt 约化
对称约化
相似约化
C 模型假设

约化波动方程
Y Helmholtz 方程

约化波方程
Y Helmholtz 方程

约化方法
Y 约化

约化环
reduced rings
O153.3
D Reduced 环
S 环(数学)*
C 多项式
分段光滑

约化子空间
reducing subspace
O151.21；O177
S 子空间
C 基本集
Z 空间(数学)

约束(数学)*
constraint(math)
O241
F 不等式约束
等式约束
对称约束
多余约束
二次约束
方差约束
非负约束
非完整约束
非线性约束
概率约束
界约束
链约束
模糊约束
模型约束
目标约束
凸约束
椭球约束
线性约束
序约束
优先约束
子矩阵约束

约束 Hamilton 系统
constrained Hamiltonian system
O19
D 约束哈密顿系统
S Hamilton 系统
C 对称
Z 数学系统

约束变尺度法
constrained variable metric method
O241.5
S 最优化方法*
C 熵函数

约束插值
constrained interpolation
O241.3
S 插值*

约束度
constraint degree
O22；O231
D 约束度分析
约束度理论
约束度算法
C 上确界

约束度分析
Y 约束度

约束度理论
Y 约束度

约束度算法
Y 约束度

约束方程
constraint equation
O122.2
S 方程(数学)*
F 约束矩阵方程
C 有限元模型

约束非线性规划
constrained nonlinear programming
O221.2
D 非线性约束优化
非线性约束优化问题
有约束非线性规划
S 非线性规划
Z 数学规划

约束规范
Y 约束规格

约束规格
constraint qualification
O178；O224；O241
D 约束规范
约束品性
C 最优性必要条件

约束哈密顿系统
Y 约束 Hamilton 系统

约束集
constraint set
O144；O241
S 点集
C 经验似然
Z 集合

约束矩阵方程
restricted matrix equation
O122.2
S 矩阵方程
约束方程
C 置换矩阵
Z 方程(数学)

约束品性
Y 约束规格

约束条件
Y 条件

约束问题
constrained problem
O231
S 波尔查问题
Z 数学问题

约束线性模型
restricted linear model
O212
S 线性模型*
C 可估函数

约束状态
confinement regime
ZT5
S 状态*

约束锥
restraint cone
O177
S 锥体*

约束最小二乘估计
restricted least square estimation
O212.1
S 最小二乘估计
Z 估计(数学)

约束最优化
constrained optimization
O221.1；O221.2；O224
S 优化*

约数
Y 因数

约数和
sum of divisors
O156
S 和(数学)*
C 因数

月平均
monthly mean
O212；P413
D 月平均值
S 平均数*
C 平均海面 →(4)

月平均值
Y 月平均

匀质性
Y 均匀性

允许集
Y 容许集

允许误差
Y 限差

允许域
Y 可行域

运筹问题
operations research problem
O22
S 数学问题*
F NP 问题
P 问题
车辆路线问题
定位问题
坏硬币问题
旅行商问题
批量问题
松弛问题
下料问题
选址问题
邮递员问题
运输问题
障碍问题
指派问题
转运问题
资源分配
最大流问题
最大匹配问题
最短路问题
最优控制问题
C 最佳条件

运筹学
operations research
O22
S 应用数学
F 军事运筹学
C 层矩阵
分形
排序(数学)
统计学
线平衡
折线法 →(4)
Z 数学

运动*
motion
O311
D 运动(力学)
F 三维转动
C 动量 →(2)
轨迹
适宜性
运动线法 →(4)

运动(力学)
Y 运动

运动测度
kinematic measure
O186.5
S 测度(数学)*
C 几何概率

运动积分
moving integral
O175.2；O211.63
S 积分*
C 运动微分方程 →(2)

运动空间
kinematic spaces
TP24
S 空间*

运动群
Y 正交群

运动稳定性理论
Y 稳定性理论

运输问题
transportation problem
O221
S 运筹问题
C 表上作业法
图上作业法
Z 数学问题

运算*
operation
O121
D 运算规则
运算过程
F 代数运算
迭代运算
二元运算
分数运算
复合运算
复数运算
函数运算
化简
积分运算
基本运算
极限运算
集合运算
检验功效
简化运算
矩阵运算
开平方
区间运算
矢量运算
速算
线性运算
向量运算
指数运算
坐标运算

运算法则
operation rule
O171
D 运算规律
S 法则(数学)*
F 四则运算法则
C 泛灰数
集成算子
数列求和
运算性质

运算方法
Y 计算

运算方式
Y 计算

运算规律
Y 运算法则

运算规则
Y 运算

运算过程
Y 运算

运算量
Y 计算复杂性

运算曲线
operational curve
O24
S 曲线*

运算性质
operation properties
O121
S 数学性质*
C 运算法则

运行时间
running time
ZT73
S 事件时间*

运移
Y 转移

运移过程
Y 转移

运移机理
Y 转移

运移机制
Y 转移

运移趋势
Y 转移

运用研究
Y 应用研究

蕴含幂零
potentially nilpotent
O177
S 幂零
Z 运算

蕴涵算子
implication operator
O177
D LukasieWicz 蕴涵算子
S 算子*
C 模糊集
模糊推理
直积分解

杂凑算法
Y 哈希函数

杂交算子
operator of crossover
TP301
S 算子*

杂交应力有限元
Y 杂交有限元

杂交应力元

hybrid stress element
O241；O343.4
S 元*
C 轴对称问题 →(2)

杂交有限元
hybrid finite elements
O241.82；O242.2；O343.4
D 杂交应力有限元
杂交有限元法
S 有限元*
C 简单迭代法

杂交有限元法
Y 杂交有限元

再采样
Y 重采样

再抽样
Y 重采样

再生过程
regenerative process
O211.6
S 随机过程*

再生核
reproducing kernel
O177
S 核函数
C Toeplitz 算子
拟小波
Z 函数

再生核 Hilbert 空间
reproducing kernel Hilbert space
O177.1
D 再生核希尔伯特空间
S 希尔伯特空间
再生核空间
C 插值函数
Z 空间(数学)

再生核空间
reproducing kernel space
O175；O177
S 核空间
F 再生核 Hilbert 空间
C 绝对连续函数
拟小波
微分算子样条
Z 空间(数学)

再生核希尔伯特空间
Y 再生核 Hilbert 空间

再现性
Y 重复性

在线排序
online scheduling
O223
S 排序(数学)*

载体
carrier material
ZT

暂态
Y 过渡态

暂态特性
Y 瞬变

造形
Y 建模

择一定理
alternating theorem
O174.13；O177.31
D 择一性定理
S 数学定理*
C Farkas 引理
集值优化
实线性空间

择一性定理
Y 择一定理

增广 Lagrange 函数
Y 增广拉格朗日函数

增广矩阵
augmented matrix
O151.21
D 扩增矩阵
扩展矩阵
S 矩阵*
C 初等变换
反问题
特征提取 →(4)
总体最小二乘法

增广拉格朗日函数
augmented Lagrangian function
O174；P13；P413
D 增广 Lagrange 函数
S 拉格朗日函数
C Ekeland 变分原理
Z 函数

增广理想
augmentation ideal
O153.3；O154
S 理想(数学)*

增广链
augmenting chain
O157.5
S 随机过程*
C 矩阵算法

增广平面波计算
Y 增强平面波算法

增广商群
augmentation quotient group
O152
S 商群
C 增解
Z 群(数学)

增广相空间
Y 相空间

增函数
increasing function
O174.1
D 单调递增函数
S 单调函数
C 同余方程
严格单调
增解
Z 函数

增解
extraneous solution
O122.2
S 解*
C 增广商群
增函数

增宽
Y 宽度

增量
increment
ZT3
S 数量*
F 独立增量

增量信息
incremental information
N95
D 差异信息
S 信息*
C 基态修正模型 →(4)

增强平面波算法
APW calculation
O24
D APW 计算
增广平面波计算
S 能带结构算法*

增生算子
accretive operator
O175.3；O177
D M 生长算子
M 增生算子
集值增生算子
生长算子
S 算子*
F k-次增生算子
m-增生算子
强增生算子
C 任意实 Banach 空间
收敛率估计

增生映射
accretive mapping
O177.91
D 强增生映射
S 映射*
F 强增生映象
C φ-强增生算子
单调算子
三重迭代

增算子
increasing operator
O177
S 算子*
C 锥理论

增益*
gain
O4-0
F 概率增益

增益函数

gain function
O174
S 函数*
C 增益误差 →(2)

增益矩阵
gain matrix
O17
S 矩阵*
F 反馈增益矩阵
相对增益矩阵

增长
growth (mathematics)
ZT5
S 变化*
F 临界增长
随机增长
体积增长
线性增长
指数增长

增长定理
growth theorem
O174.5
S 数学定理*

增长级
growth order
TP312
S 算法*
F 零级
无穷级
C 零点收敛指数

增长率
growth rate
ZT3
S 比率*

增长曲线模型
growth curve model
O212.7
S 数学模型*
C 分段拟合
向量损失函数

增长性
growth property
ZT4
S 特性*
C 函数

增长因子
growth factor
ZT6
S 因子*

扎哈罗夫 -库兹涅佐夫方程
Y ZK 方程

闸函数
Y 障碍函数

詹森不等式
Y Jensen 不等式

展开(数学)*
expansion(mathematics)
O17
D 展开法
展开式
F (G'/G)-展开法
Edgeworth 展开
F-展开法
K-L 展开
MSE 展开法
Neumann 展开
函数展开
合成展开法
级数展开
模态展开法
曲面展开
泰勒展开
特征展开
正交展开
C 抽象发展方程
数学形式
线性摄动 →(2)(4)

展开定理
expansion theorem
O151.1；O157
D Laplace 展开定理
拉普拉斯展开定理
S 数学定理*

展开法
Y 展开(数学)

展开式
Y 展开(数学)

展宽
Y 宽度

辗转相除法
Y 欧几里德算法

占位时过程
occupation time process
O211.4；O211.61
S 随机过程*

占优*
dominant
O151.2；O224；O225
F 对角占优
对流占优
二阶随机占优
C 滤子

占优本征值
Y 主特征值

张弛
Y 松弛

张弛法
Y 松弛

张角
flare angle
O181
S 角(数学)*
C 椭圆

张量(数学)*
tensor (mathematics)
O183
F Blaschke 张量
Ricci 张量
曲率张量
C 张量 →(2)(5)
张量表示

张量表示
tensor representation
O152；O183
D 旋量表示
S 表示(数学)*
C Dirac 方程
狄拉克符号 →(2)
张量(数学)

张量代数
tensor algebra
O151.24
S 结合代数
Z 代数

张量分量
tensor component
O183
S 分量*

张量分析
tensor analysis
O183
S 数学分析*

张量积
tensor product
O183
D Kronecker 积
克罗内克积
S 积*
F 半张量积
非张量积
C 交换图
紧线性算子
区间 B 样条小波
三角分解
算子空间
投射模
投射维数
正规带
忠实模

张量空间
tensor space
O183
S 线性空间
C 线性算子半群
Z 空间(数学)

帐篷形映射
Y 帐篷映射

帐篷映射
tent mapping
O174
D 帐篷形映射
S 线性映射
C 哈希函数
Z 映射

障碍函数
barrier function

O174.3；O175.2；O241
D 内惩罚函数
碰壁函数
围墙函数
闸函数
S 函数*
C 障碍物 →(2)

障碍问题
barrier problem
O224
S 运筹问题
C 可积性
Z 数学问题

折点
Y 顶点

折算系数
reduction factor
ZT3
S 系数*

折现罚金函数
discounted penalty function
O174
S 罚金函数
F 罚金折现期望函数
C Cox 风险模型
Z 函数

折线
broken line
O174.4
S 线段*
F 平面闭折线

折线逼近
polygonal approximation
O186；O211.63
S 逼近*
C 折线函数

折线函数
polygonal function
O174
S 函数*
C 折线逼近

褶积
Y 卷积

真/假隶属函数
true / false membership function
O159
S 隶属函数
C 近似推理
Z 函数

真包含关系
Y 包含关系

真分数
proper fraction
O121
S 分数
Z 复数

真假值
Y 真值

真空波函数
vacuum wave function
O174；O4
S 波函数
C 标度行为 →(2)
Z 函数

真确度
Y 正确度

真有效解
proper efficient solution
O177；O224
D Benson 真有效解
S 有效解
C B-预不变凸函数
有效基线 →(2)
Z 解

真值
truth value
O241；P207
D 真假值
S 测量值*
C 真误差 →(4)

真值表
truth table
O141；O1-64
S 图表*
C 真值函数
组合逻辑函数

真值函数
truth-value function
O141；O174
D 真值函项
S 值函数
C 真值表
Z 函数

真值函项
Y 真值函数

真子集
Y 子集

真子空间
proper subspace
O177.3
S 线性空间
子空间
C 并集
线性相关
Z 空间(数学)

诊断的似然比
Y 似然比

诊断矩阵
diagnostic matrix
O151.21
S 矩阵*

阵列*
array
O151.2；O211.4
D 阵列(数学)
F B 值随机元阵列
两两 NQD 阵列
相对增益阵列
行为 NA 的随机变量阵列
正交阵列
C 矩阵
时空特征

阵列(数学)
Y 阵列

振荡*
oscillation
O32
D 固有振荡
振荡现象
自然振荡
F 平稳振荡
C 摆 →(2)(4)(5)
波 →(2)(3)(4)(5)
共振 →(2)(3)(4)(5)
振幅 →(2)(4)(5)

振荡函数
oscillating function
O174
D 振动函数
S 函数*
C 振荡阈值 →(2)
振荡周期 →(4)

振荡积分
oscillatory integral
O172.2；O174.2
D 多线性振荡积分
S 积分*
C 表面积分方程
类算子

振荡解
Y 振动解

振荡奇异积分
oscillatory singular integral
O177.6；O241
S 奇异积分
C 有界算子
有界性
Z 积分变换

振荡现象
Y 振荡

振动定理
oscillation theorem
O175
S 数学定理*

振动函数
Y 振荡函数

振动解
oscillating solution
O122.2
D 非振动解
振荡解
S 解*
C 振动方程 →(2)

振动系数
oscillating coefficient
O175

S 系数*
C 振动方程 →(2)

振动准则
oscillation criteria
O17
S 准则*
C 中立型时滞微分方程

振型函数
mode shape function
O174
S 函数(物理)*

整除
divisible
O121；O156
D 整除问题
S 除法
C 幂 LCM 矩阵
无穷递降法
最小群同余
Z 运算

整除问题
Y 整除

整除性
divisibility
O156
S 数学性质*
C 原根

整代数体函数
Y 代数体函数

整点
Y 格点

整函数
entire function
O174.52
D Entire function
S 解析函数
F 超越整函数
指数型整函数
C 分担值
公共值集
迹公式
收敛横坐标
Z 函数

整和数
integral sum number
O157.5
S 数*
C 整和图

整和图
integral sum graph
O157.5
S 图表*
C 不定方程
整和数

整环
integral ring
O153.3
S 结合环*
F 高斯整环
主理想整环
C 伴随矩阵

整解
Y 整体解

整群环
integral group ring
O152；O153.3
S 群环
Z 结合环

整式
integral expression
O151.2
D 有理整式
S 有理式
F 单项式
Z 表达式

整式方程
Y 多项式方程

整数
integer
O121
S 有理数
F 代数整数
零
自然数
Z 复数

整数 DCT 变换
Y 整数离散余弦变换

整数部分函数
Y 高斯函数

整数点
Y 格点

整数非线性规划
Y 非线性整数规划

整数分拆
integer partition
O157
C 母函数法

整数规划
integer programming
O221.4
D 线性整数规划
整数线性规划
S 数学规划*
F 0-1 整数规划
非线性整数规划
混合整数规划
C 分枝定界法
割平面法
席位分配

整数规划模型
integer programming model
O221.4
S 数学规划模型
F 混合整数规划模型
C 回归方程
Z 数学模型

整数环
integral ring
O153.3；O156
D 代数整数环
S 交换环*
F 唯一分解整环
主理想整环
C p-adic 数域

整数解
integer solution
O122.2
S 有理解
F 非负整数解
C 2-因子
Diophantus 不等式
Tijdeman 猜想
递归序列
二次剩余
混合幂
数论
Z 解

整数矩阵
integer matrix
O151.21
S 矩阵*
C 细分方法

整数距离图
Y 距离图

整数离散小波变换
integer discrete wavelet transform
O17；O241
D 整数提升小波变换
整数小波包变换
S 离散小波变换
整数小波变换
Z 小波变换

整数离散余弦变换
integer discrete cosine transform
O17
D 整数 DCT 变换
S 余弦变换
Z 数学变换

整数幂
Y 方幂

整数提升小波变换
Y 整数离散小波变换

整数线性规划
Y 整数规划

整数小波
Y 整数小波变换

整数小波包变换
Y 整数离散小波变换

整数小波变换
integer to integer wavelet transform
O17
D 整数小波
整型小波变换
S 小波变换*
F 整数离散小波变换
C 直方图调整 →(4)

整体逼近
global approximation
O174.41
S 逼近*
C B 样条
整体弱解

整体不存在性
Y 整体存在性

整体存在
Y 整体存在性

整体存在性
global existence
O189；O241.8
D 全局存在
全局存在性
整体不存在性
整体存在
S 存在性
C 同时爆破
遗传算法 →(5)
整体古典解
整体光滑解
Z 数学性质

整体对称
global symmetry
ZT5
D 整体对称性
S 对称*

整体对称性
Y 整体对称

整体分析
integral analysis
O176.3；O192；O415
D 大范围分析
全局分析
S 数学分析*

整体估计
global estimate
O175；O212
S 估计(数学)*
C 整体弱解

整体古典解
global classical solution
O122.2
D 整体经典解
S 古典解
整体解
C 抛物型方程组
整体存在性
Z 解

整体光滑解
global smooth solution
O122.2
S 整体解
C 整体存在性
Z 解

整体广义解
Y 整体解

整体截断误差
global truncated error
O241.1
S 截断误差
C 欧拉方法 →(2)
Z 误差

整体解
entire solutions
O122.2
D 公解
整解
整体广义解
S 解*
F 整体古典解
整体光滑解
整体弱解
正整体解
C 半线性热方程
反应扩散方程组
高斯函数
截集
散射算子

整体经典解
Y 整体古典解

整体强解
Y 整体弱解

整体弱解
global weak solution
O122.2
D 整体强解
S 整体解
C 半导体方程
半线性拟抛物方程
势阱 →(2)
整体逼近
整体估计
Z 解

整体适定性
Y 局部适定性

整体收敛
Y 全局收敛

整体收敛性
Y 全局收敛

整体退火遗传算法
whole annealing genetic algorithm
O224；O241
S 数学算法*
C 最优解集

整体维数
global dimension
O153.3
S 维数*
C 吸引子

整体稳定
global stability
O175.13；O317
D 整体稳定性
总体稳定性
S 稳定*

整体稳定性
Y 整体稳定

整体误差
Y 综合误差

整体吸引子
global attractor
O17
S 吸引子*
C BBM 方程
近似惯性流形
先验估计
指数吸引子
周期初值问题

整体性收敛
Y 全局收敛

整系数
integer coefficient
O174.14
S 系数*
C 截断展开法

整系数多项式
integral coefficient polynomial
O174.14
S 多项式*
C 拉格朗日插值公式
有理根

整型小波变换
Y 整数小波变换

整循环图
cyclogram
O157.5
S 循环图
C 强连通
Z 图表

正[向]极限
Y 极值

正 C0-半群
positive C0-semigroup
O152.7
S C0 半群
Z 群(数学)

正 n 边形
Y 正多边形

正八面体
regular octahedron
O18
S 多面体
正多面体
C 多项式环
正二十面体
Z 几何体

正不变集
Y 正向不变集

正不动点
positive fixed point
O177.91
S 不动点
C 下半连续
Z 点(数学)

正常返
positive recurrent
O211.62
S 常返*
C 强遍历性

正常解
Y 正解

正常算子
Y 正规算子

正常态
Y 正常状态

正常正交矩阵
Y 正交矩阵

正常值
normal value
ZT3
D 标准值
S 数值*
C 奇异值

正常状态
normal state
ZT5
D 正常态
S 状态*

正除子
Y 除子

正倒向随机微分方程
forward-backward stochastic differential equations
O175
S 倒向随机微分方程
C 效用函数
Z 方程(数学)

正等角中心
Y 费马点

正定 Hermite 矩阵
Y Hermite 正定矩阵

正定复矩阵
Y 复正定矩阵

正定函数
positive definite function
O177
S 行列式函数
C 正定算子
Z 函数

正定解
definite solutions
O122.2；O151.21
D 对称正定解
S 定解
C 对称导数
非线性矩阵方程
Z 解

正定矩阵
positive definite matrix
O151.21；O241.6
D 对称正定矩阵
广义正定矩阵
实对称正定矩阵
正定性
正定阵
S 实对称矩阵
F Hermite 正定矩阵
Toeplitz 矩阵
C F-范数
Khatri-Rao 积
Kullback-Leibler 距离
多李亚普诺夫函数
矩阵不等式
零解渐近稳定
平方根法
顺序主子式
四元数
子式
Z 方阵
矩阵

正定理
positive theorem
O174.41
S 数学定理*
C Bernstein 算子

正定算子
positive definite operator
O177
S 算子*
C 正定函数

正定性
Y 正定矩阵

正定阵
Y 正定矩阵

正对称算子
Y 正算子

正对角矩阵
positive diagonal matrix
O151.21
D 正对角阵
S 对角矩阵
C 不可约
非零元素链
广义对角占优
Z 方阵

正对角阵
Y 正对角矩阵

正对径解
Y 正径向解

正多边形
regular polygon
O157.5；O186.5
D 正 *n* 边形
S 凸多边形
F 正方形
正六边形
C 费马数
三等分角
Z 多边形

正多面体
regular polyhedron
O189
S 多面体
F 正八面体
正二十面体
正方体
正十二面体
正四面体
Z 几何体

正二十面体
icosahedra
O174.4；O18；O71
S 二十面体
正多面体
C 正八面体
Z 几何体

正反馈
positive feedback
O231
S 输出反馈
C 负反馈
Z 反馈

正方体
cube
O18
D 立方体
S 平行六面体
正多面体
F 幻立方
空间立方体
C Cayley 图
Z 几何体

正方形
square
O187
S 矩形
正多边形
C 面积公式
周长
Z 多边形

正负系数
positive-negative coefficient
O175
S 系数*
C 齐次方程
中立型时滞差分方程

正概周期解
positive almost periodic solution
O175.14；O193
S 概周期解
正周期解
C 定性分析 →(3)
Z 周期解

正贡献 Monte Carlo 方法
Y 正贡献蒙特卡罗方法

正贡献蒙特卡罗方法
positive contribution Monte Carlo method
O242.1；O242.2；P413；P456.7
D 正贡献 Monte Carlo 方法
S 蒙特卡罗方法
Z 数学模拟

正规
Y 正规性

正规 Cayley 图
normal Cayley graph
O157.5
D 正规凯莱图
S Cayley 图
Z 图表

正规闭包
normal closure
O152.4
S 闭包
C 对称群
正规子群
置换群
Z 集合

正规变化函数
Y 正则变化函数

正规带
normal band
O154
S 区间*
C 张量积

正规单代数
Y 单代数

正规定则
normal criterion
O174.52
S 定律(数学)*

正规对偶映射
Y 正规对偶映象

正规对偶映象
normalized duality mapping
O177.91；O192
D 正规对偶映射
S 对偶映射
C 非线性
Z 映射

正规方程
normal equation
O175；O241
S 方程(数学)*
C 势能函数
随机误差

正规方程组
normal equations
O175；O241
S 方程组*

正规分布
Y 正则分布

正规函数
Y 正则函数

正规化子
normalizer
O153
D 正则化子
S 集合*
C 不适定问题
面积积分

正规基
normal basis
O156.2
S 正解
Z 解

正规集
regular set
O144；O152.7；O153；O177.2
D 正规列
正规群列
正规族
正则集
S 集合*
F 正则开集
C 公共值集
正则矩阵
主因子分析

正规结构
normal structure
O177
S 数学结构*
F 一致正规结构

正规解
Y 正解

正规矩阵
normal matrix
O151.2
S 矩阵*
F 对称矩阵
正交矩阵

正规凯莱图
Y 正规 Cayley 图

正规空间
normal space
O189.11
S 拓扑空间
C 模糊空间
Z 空间(数学)

正规列
Y 正规集

正规群列
Y 正规集

正规算法
Y 可计算性

正规算子
normal operator
O175.3；O177.1
D 正常算子
S 算子*
C 谱分解

正规同余
normal congruence
O152.7；O156.1
S 同余*
C 等价关系

正规性*
normal
O152.1；O153
D 正规
F c-正规
半正规
次正规
拟正规
遗传正规
C 半开集

正规增长
Y 正规增长性

正规增长性
regular growth
O156.4；O174.52
D 正规增长
S 数学性质*

正规正交基
Y 标准正交基

正规指数
normal index
O152.1
S 指数*
C 素数方幂

正规锥
normal cone
O123.3；O189.2
D 法锥
S 对偶锥
切锥
Z 锥体

正规子半群
normal subsemigroup
O152.7
S 子半群
Z 群(数学)

正规子群
normal subgroup
O152
D 不变子群
非正规子群
自共轭子群
S 子群
F c-正规子群
M-正规子群
s-正规子群
半正规子群
次正规子群
拟正规子群
C Brauer 特征标
L-fuzzy 映射
次理想
卷积幂
陪集
正规闭包
Z 群(数学)

正规族
Y 正规集

正号
Y 负号

正合列
Y 正合序列

正合序列
exact sequence
O152；O154.2；O189.2
D 长正合上同调列
长正合上同调序列
长正合同调列
长正合同调序列
正合列
S 序*
F 短正合列
C 同态

正互反矩阵
reciprocal matrices
O151.21
S 正矩阵
Z 矩阵

正交*
orthogonal
O151.2；O177；O224
D 正交的
直交
F Birkhoff 正交
等腰正交
双正交
自正交
C 方阵

正交变换
orthogonal transformation
O151
D 合同变换
全等变换
S 线性变换
F 哈达玛变换
数字正交变换
沃尔什变换
余弦变换
准正交变换
C 快速解耦 →(2)
Z 数学变换

正交变换法
orthogonal transformation method
O174.5
S 变换法
C 标准形矩阵
Z 数学方法

正交变换群
Y 正交群

正交表
orthogonal table
O21
S 图表*
C 拉丁方设计
平衡区组设计
正交设计

正交补
orthogonal complement
O151.2；O177
S 补*
C 欧氏空间

正交尺度函数
orthogonal scaling function
O174
S 尺度函数
Z 函数

正交的
Y 正交

正交对称
rhombic symmetry
O187
S 对称*

正交多项式
orthogonal polynomial
O174.21；O241
D 正交多项式系
S 多项式*
F 拉盖尔多项式
C Gauss 型求积公式

正交多项式回归
orthogonal polynomial regression
O212.1
D 正交回归
S 多项式回归
C 正交设计
Z 回归(数学)

正交多项式拟合
orthogonal polynomial fitting
O174.14
S 多项式拟合
C 最小二乘估计
Z 数学拟合

正交多项式系
Y 正交多项式

正交多小波
Y 正交小波包变换

正交分解
orthogonal decomposition
O151.21；O177；O312.1
S 数学分解*
F 正交因子分解
C 差集
降阶模型
向量值多分辨分析

正交分析
orthogonal analysis
O212.1
D 正交回归分析
正交统计分析
S 回归分析
数学分析*
C 数理统计
因素水平
优化设计
正交设计
Z 统计分析

正交关系
orthogonality relation
O157
S 关系(数学)*
F 垂直
C 对偶向量

正交函数
orthogonal function
O173；O174
D 正交函数系
S 行列式函数
F 经验正交函数
自然正交函数
C 板弯曲问题
常微分方程
度量性质
Z 函数

正交函数系
Y 正交函数

正交化
orthogonalization
O15
S 数学方法*
F 施密特正交化

正交化方法
Y 正交优化法

正交化平面波算法
OPW calculation
O24
D OPW 计算
正交平面波计算
S 能带结构算法*

正交回归
Y 正交多项式回归

正交回归分析
Y 正交分析

正交回归设计
orthogonal regression design
O212
S 回归设计
正交设计
C 回归分析
Z 设计

正交基
orthogonal basis
O151.21
S 正交向量
F 标准正交基
正交小波基
准正交基
C 标架
补子空间
施密特正交化
线性空间
Z 向量

正交几何
orthogonal geometry
O13；O181
S 几何*

正交矩阵
orthogonal matrix
O151.2；O174.21
D 特征正交矩阵
正常正交矩阵
正交条件
正交阵

S 正规矩阵
F 次正交矩阵
反对称正交反对称矩阵
旋转矩阵
C 哈达玛变换
链式法则
全转置矩阵
转置
Z 矩阵

正交拉丁方
orthogonal Latin squares
O157
S 拉丁方
Z 方阵

正交模格
orthomodular lattice
O152
S 布尔代数
C T 算子
Z 代数

正交平面波计算
Y 正交化平面波算法

正交曲线坐标
Y 曲线坐标

正交曲线坐标系
orthogonal curvilinear coordinate system
O18；O411
S 曲线坐标系
Z 坐标系

正交群
orthogonal group
O152；O411；O412.3
D 运动群
正交变换群
S 群(数学)*
C 欧氏环

正交设计
orthogonal design
O212
D 正交试验设计
S 设计*
F 正交回归设计
C SN 比
多指标
正交表
正交多项式回归
正交分析
正交优化法

正交射影
Y 正交投影

正交矢量
Y 正交向量

正交试验设计
Y 正交设计

正交条件
Y 正交矩阵

正交统计分析
Y 正交分析

正交投影
orthogonal projection
O175.3；O177.1
D 正交射影
正射影
正投影
S 投射(数学)*
C Ritz 值
仿射变换
均质积分
求积公式
扰动分析
算子矩阵

正交投影矩阵
Y 幂等矩阵

正交投影算子
Y 投影算子

正交向量
orthogonal vectors
O151.21
D 正交矢量
S 向量*
F 正交基
C 正交子空间

正交小波
Y 正交小波变换

正交小波包
Y 正交小波变换

正交小波包变换
orthogonal wavelet packet transform
O174.2
D 正交多小波
S 小波包变换
正交小波变换
C 多尺度函数
Z 小波变换

正交小波变换
orthogonal wavelet transform
O174.2
D 正交小波
正交小波包
正交子波变换
S 小波变换*
F 半正交小波
离散正交小波变换
双正交小波变换
正交小波包变换
C 滑动平均模型
紧支集
小波框架
最小二乘平差 →(4)

正交小波基
orthogonal wavelet basis
O174.22
S 小波基
正交基
F 双正交小波基
C 阻尼最小二乘法
Z 解
向量

正交性
Y 度量性质

正交性质
Y 度量性质

正交因子分解
orthogonal factorizations
O157.5
S 正交分解
C 归纳推理
Z 数学分解

正交优化法
orthogonal optimization method
O224
D 正交化方法
S 最优化方法*
C 非线性优化设计
正交设计

正交展开
orthogonal expansion
O174.21
S 展开(数学)*
F 旋转经验正交展开
C 余弦级数
正项级数

正交阵
Y 正交矩阵

正交阵列
orthogonal array
O157.2；O224
S 阵列*
C 旋转经验正交展开

正交子波变换
Y 正交小波变换

正交子空间
orthogonal subspace
O177.3
S 子空间
C 正交向量
Z 空间(数学)

正交最小二乘算法
orthogonal least square algorithm
O241.6
S 最小二乘法*
C 模糊聚类分析

正交坐标
Y 直角坐标

正交坐标系
orthogonal coordinate system
O181；P21
D 非正交坐标系
S 曲线坐标系
F 自然坐标系
Z 坐标系

正解
proper solution
O122.2
D 正常解
正规解

S 解*
F 单调正解
多重正解
非常数正解
正规基
C Caffarelli-Kohn-Nirenberg 不等式
L-拓扑空间
多点边值问题
互惠模型
连续线性泛函
线性增长条件

正解存在性
positive solution existence
O177
S 解的存在性
C 极小作用原理
奇异微分方程
Z 数学性质

正径向解
positive radial solution
O122.2
D 正对径解
S 解*
C 半线性椭圆方程
径向波函数

正矩阵
positive matrix
O151.21
D 完全正矩阵
S 非负矩阵
F 正互反矩阵
Z 矩阵

正六边形
regular hexagon
O181
S 六边形
正多边形
Z 多边形

正螺面
Y 正螺旋面

正螺旋面
right helicoid
O186
D 正螺面
S 螺旋面
C 四边形单元
Z 曲面

正逆定理
direct and converse theorems
O177
S 数学定理*
C Baskakov 算子

正偏差
Y 负偏差

正平衡点
positive balance point
O175.1
S 状态点*
C 捕食模型
局部稳定性
全局 Hopf 分支

正平衡解
positive equilibrium solution
O122.2
S 平衡解
C 捕食模型
化学平衡 →(2)(3)(4)
Z 解

正切
Y 正切函数

正切函数
tangent function
O122.2；O14；O171
D 反正切
正切
S 三角函数
Z 函数

正确度
trueness
O241.1
D 不精确度
精确度
数据精确度
真确度
S 精度*
C 准确度

正三角形
Y 等边三角形

正射影
Y 正交投影

正十二面体
normal dodecahedron
O181
S 十二面体
正多面体
Z 几何体

正实部函数
positivereal part functions
O174
S 实函数
Z 函数

正矢
Y 正矢函数

正矢函数
versine
O171
D 正矢
S 三角函数
Z 函数

正式命名
Y 命名

正数
positive number
O122
S 实数
C 负号
Z 复数

正四面体
regular tetrahedral
O181
S 四面体
正多面体
C 自相似分形
Z 几何体

正算子
positive operator
O175.3；O177
D 正对称算子
S 算子*
C Furuta 不等式
负系数
极分解
上确界

正态
Y 正态分布

正态变换
normal transformation
O29
S 转换*

正态分布
normal distribution
O211.1；O211.3
D Gauss 分布
常态分布
常态曲线
非正态
非正态分布
高斯分布
广义高斯分布
正态
正态概率分布
正态性
S 连续分布
F 标准正态分布
对数正态分布
多维正态分布
多元正态分布
混合正态分布
截断正态分布
矩阵正态分布
逆高斯分布
偏正态分布
C Box-Cox 变换
超高斯光束 →(2)
频率直方图
双曲分布
统计平均
序同态
异常值
正态近似
Z 概率分布

正态分布函数
normal distribution function
O211.3
D 标准正态分布函数
S 函数*
C 回归诊断
截距
条件概率分布
正态分布曲线

正态分布检验
Y 正态性检验

正态分布曲线
normal distribution curve
O186.1；O211.3；P467
D 高斯曲线
S 分布曲线
C 高斯曲率
正态分布函数
Z 匹配

正态概率分布
Y 正态分布

正态过程
Y 高斯过程

正态检验
Y 正态性检验

正态近似
normal approximation
O212.2；O242.2
S 近似法*
C 正态分布

正态模糊数
normal fuzzy number
O159
S 模糊数*

正态随机变量
normal random variable
O211.5
D 非正态随机变量
S 随机变量
C 中心极限定理
Z 变量

正态随机过程
Y 高斯过程

正态性
Y 正态分布

正态性检验
normality test
O212.1
D 正态分布检验
正态检验
S 假设检验*
C 样本均值
综合鉴别函数

正投影
Y 正交投影

正投影法
Y 投影法

正稳定矩阵
Y 稳定矩阵

正问题
Y 正演问题

正系数
positive coefficients
O143
S 系数*

正弦
sine
O182
C 傅里叶变换
余弦

正弦 Gordon 方程
sine-Gordon equation
O175.24
D 正弦戈登方程
正弦-哥登方程
S 方程(数学)*

正弦变换
sine transform
O241
D 反正弦变换
角变换
S 数学变换*
F 离散正弦变换

正弦定理
sine theorem
O123.1
D 正弦定律
S 数学定理*
C 莫利定理
外接球半径

正弦定律
Y 正弦定理

正弦戈登方程
Y 正弦 Gordon 方程

正弦-哥登方程
Y 正弦 Gordon 方程

正弦函数
Y 周期函数

正弦级数
sine series
O174.21
S 傅里叶级数
Z 级数(数学)

正弦量
sinusoidal quantity
O174
S 变量*

正弦曲线
sinusoid
O171；O174
S 三角曲线
C 直角坐标系
Z 匹配

正线性泛函数
Y 线性泛函

正线性算子
positive linear operator
O177
S 线性算子
C 逼近阶
Z 算子

正相协样本
Y NA 样本

正向不变集
positively invariant set
O144；O175
D 正不变集
S 不变集
C 全局吸引子
生态-流行病模型
Z 集合

正向极限
Y 上极限

正项级数
positive series
O174.21
S 级数(数学)*
F p-级数
C 裂项相消法
正交展开

正项几何规划
posynomial geometric programming
O241
S 几何规划
Z 数学规划

正形变换
Y 保角变换

正形置换多项式
Y 置换多项式

正性
Y 正则性

正演
Y 正演问题

正演问题
forward problem
O174.51
D 正问题
正演
S 数学问题*
C 反问题
正演模拟 →(5)

正有界算子
Y 有界算子

正余弦函数
sine cosine function
O122.2；O171
S 余弦函数
Z 函数

正元
positive element
O177.1
S 元*

正圆台
Y 圆台

正则
Y 正则性

正则*-半群
Y 正则半群

正则*-断面

regular*-section
O153
S 截面(数学)*
C 同构

正则 Fuzzy 测度
regular Fuzzy measure
O174.12
S 模糊测度
Z 测度(数学)

正则 p 群
Y 正则 P-群

正则 P-群
regular P-group
O152.1
D 正则 p 群
S 幂零群
Z 群(数学)

正则半群
regular semigroup
O152.7
D 正则*-半群
S 半群
F P-正则半群
π-正则半群
拟正则半群
完全正则半群
C 逆断面
同余
同余条件
Z 群(数学)

正则闭集
Y 正则开集

正则变化
Y 正则变换

正则变化函数
regular variation function
O174
D 正规变化函数
S 正则函数
Z 函数

正则变换
canonical transformation
O175
D 正则变化
S 数学变换*
F 点正则变换

正则表示
regular representation
O152.6
S 群表示
C 正则矩阵
Z 表示(数学)

正则不可数基数
regular uncountable cardinal
O144
S 正则基数
C 子空间
Z 基数

正则参数
regular parameter
O177；O241
S 参数*
C Cramer-Rao 下界

正则带
regular band
O153
S 区间*
F 左正则带
C 半格分解

正则单形
regular simplex
O153
S 单形*
C 内切球半径
球覆盖

正则的
Y 正则性

正则方程
Y 法方程

正则分布
canonical distribution
O212.2
D 正规分布
S 概率分布*
C 范德瓦尔斯方程 →(2)
拟线性椭圆方程

正则分裂
regular splitting
O153
S 分裂法*

正则覆盖
regular covering
O157.5
S 覆盖(数学)*
C 群作用

正则函数
regular function
O174；O187
D 正规函数
S 行列式函数
F k-正则函数
超正则函数
双正则函数
正则变化函数
C 分担值
正则开集
Z 函数

正则函数向量
regular function vector
O177.4；O183
D 广义双正则函数向量
S 向量*
C 法方程
非线性边值问题

正则化
Y 正则性

正则化方法
Y 正则性

正则化子
Y 正规化子

正则环
regular ring
O151.21
S noether 环
F *n*-正则环
von Neumann 正则环
π-正则环
强正则环
弱正则环
C 内射模
正则模
Z 交换环
结合环

正则基数
regular cardinal number
O144
S 基数*
F 正则不可数基数

正则集
Y 正规集

正则解
regular solution
O175.14
S 解*
C 病态方程
正则矩阵

正则矩阵
regular matrix
O151.2；O152
S 方阵*
C 正规集
正则表示
正则解

正则开集
regular open set
O174；O189
D 正则闭集
S 开集
正规集
C 正则函数
Z 集合

正则空间
regular space
O189.11
S 拓扑空间
F 完全正则空间
C 半闭集
拓扑关系 →(4)
Z 空间(数学)

正则模
regular module
O153.3
S 模(数学)*
C 拟正则模 →(4)
正则环

正则曲线
regular curve
O189

S 匹配*
C 方向场

正则算子
regular operator
O177
S 算子*
F 正则蕴涵算子
C Riesz 空间
有界线性泛函

正则条件
regularity conditions
O153
D 正则性条件
S 条件(数学)*

正则图
regular graph
O157.5
S 图表*
F 3-正则图
k-正则图
强正则图
C 平均距离

正则系统
Y Hamilton 系统

正则形式
Y 正则性

正则性*
regularity
O153；O174；O175；O177
D 非正则
全纯
正性
正则
正则的
正则化
正则化方法
正则形式
F Tikhonov 正则化
局部正则性
完全正则性
C 超分辨率 →(2)
图像复原 →(4)
图像重建 →(2)(4)(5)
自然推理

正则性条件
Y 正则条件

正则性准则
regularity criterion
O175
S 准则*
C 零维空间
弱解

正则映射
Y 拟正则映射

正则元
Y 单位元

正则蕴涵算子
regular implication operator
O189
S 正则算子
Z 算子

正则锥
regular cone
O177
S 锥体*
C Zorn 引理

正整解
Y 正整数解

正整数
positive integer
O121；O224
S 自然数
F Mersenne 数
调和数
费马数
合数
连续正整数
亲和数
素数
完全数
伪素数
项数
Z 复数

正整数解
positive entire solution
O122.2
D 正整解
S 非负整数解
C 指标集
重合度理论
Z 解

正整体解
positive entire solution
O122.2
S 整体解
C 整体平差 →(4)
Z 解

正值
positive value
ZT3
S 值(数学)*

正周期解
positive periodic solutions
O175.12
D 反周期解
周期正解
S 周期解*
F 正概周期解
C 捕食模型
奇异常微分方程
三角方程
希尔伯特空间
中立型泛函微分方程

正锥
positive cone
O153.1；O177.91；O221
S 锥体*
C 不动点指数
偏序集

证
Y 证明

证法
Y 证明

证明*
proof
O141.2
D 证
证法
证明方法
证明过程
证题方法
F 初等证明
定理证明
归纳证明
逻辑证明
数学证明
C 鉴定
推理
验证
一致连续函数
证明论

证明方法
Y 证明

证明过程
Y 证明

证明论
proof theory
O141.2
S 数学理论*
C 证明

证认
identification
ZT5

证题方法
Y 证明

支撑泛函
supporting functional
O177
S 泛函*
C 暴露点

支撑函数
support function
O174.13
D 支持度函数
支持函数
S 函数*
F 紧支撑函数

支撑集
Y 支集

支持度函数
Y 支撑函数

支持函数
Y 支撑函数

支持向量机
support vector machine
TP391
C 回归分析

模式识别
时间序列分析 →(2)

支付函数
payoff function
O174；O225
S 函数*
C 超模博弈
零和对策
支付矩阵

支付矩阵
payoff matrix
O225
D 支付阵
S 矩阵*
C 支付函数

支付阵
Y 支付矩阵

支集
support set
O174.3；O177
D 支撑集
S 集合*
F 紧支集
C 样条小波变换

支路
Y 分支

芝诺悖论
Zeno's paradox
O144.2
S 数学悖论
C 等边三角形
无穷小
Z 数学理论

直方图
histogram
O21
S 统计图
F 频率直方图
C 离散分布
图解法
Z 图表

直观图
illustrative diagram
O157.5
S 图表*
C 可视化 →(4)(5)

直和
direct sum
O144；O153.3
D 亚直和
直接和
S 和(数学)*
C 幂零元
亚直不可约环

直和分解
direct sum decomposition
O151.2
S 数学分解*
C 半单李代数
半完全环
非游荡算子

直和空间
direct sum spaces
O189.1
S 和空间
C 幂等矩阵
Z 空间(数学)

直和项
direct summand
O157.4
S 项(数学)*
C pp 环
强正则环
商范畴

直积
direct product
O152
D 限制直积
S 积*
F 半直积
次直积
C 模糊子环
双半环

直积分解
direct product decomposition
O152
S 数学分解*
C 蕴涵算子

直积图
Y 乘积图

直交
Y 正交

直角
right angle
O181
S 角(数学)*
C 直角三角形

直角平面
right angle plane
O186
S 平面*
C 多极坐标

直角三角形
right triangle
O123.1
D 勾股形
S 三角形
C 勾股定理
勾股数
极坐标方程
完全平方公式
直角
Z 多边形

直角梯形
right-angled trapezoid
O187
S 梯形
C 自相似分形
Z 多边形

直角坐标
rectangular coordinate
O182；O186；O241；P282.2
D Descartes 坐标
笛卡儿坐标
斜角坐标
斜坐标
正交坐标
S 角坐标
F 平面直角坐标
C 差分方程
最短路径
Z 坐标

直角坐标系
rectangular coordinate system
O18；P226
D 笛卡儿直角坐标系
S 坐标系*
F 笛卡尔坐标系
平面直角坐标系
斜坐标系
C 惯量积 →(2)
球面坐标系 →(4)
正弦曲线

直接抽样
direct sampling
C81
D 直接抽样方法
S 采样*

直接抽样方法
Y 直接抽样

直接迭代
Y 直接迭代法

直接迭代法
direct iterative method
O241.6
D 直接迭代
S 简单迭代法
Z 迭代法

直接法
direct method
O241
S 数学方法*
F 直接积分

直接和
Y 直和

直接积分
direct integration
O172.2；O175.5
D 直接积分法
直接积分方法
S 积分*
直接法
C 线性微分算子
Z 数学方法

直接积分法
Y 直接积分

直接积分方法
Y 直接积分

直接解
direct solution
O122.2
S 解*

直接解法
Y 直接求解

直接求解
direct solution
O122.2
D 直接解法
S 求解*

直接数值模拟
direct numerical simulation
O241.8
S 数值模拟
C Stokes 数 →(2)
拟序关系
误差估计
Z 数学模拟

直接线性变换
direct linear transformation
O172
S 线性变换
C 共线方程 →(4)
Z 数学变换

直径*
diameter
O157.5；O186.12
F 单叶性内径
共轭直径
宽直径
容错直径
有效直径
C 半圆

直觉模糊粗糙集
intuitionistic fuzzy rough sets
O159
S 粗糙模糊集
直觉模糊集
C 直觉模糊数
Z 集合

直觉模糊关系
intuitionistic fuzzy relations
O159
S 模糊关系
C 传递闭包
相似矩阵
直觉模糊集
Z 关系(数学)

直觉模糊集
intuitionistic fuzzy set
O144；O159
D 多值直觉模糊集
直觉模糊集合
S 模糊集
F 直觉模糊粗糙集
C 模糊二元运算
直觉模糊关系
属性判断矩阵
子空间
Z 集合

直觉模糊集合
Y 直觉模糊集

直觉模糊距离
Y 模糊距离

直觉模糊滤子
intuitionistic fuzzy filter
O159
S 模糊滤子
C 模糊理想
Z 滤子

直觉模糊群
intuitionistic fuzzy group
O152
S 模糊群
C 直觉主义逻辑
Z 群(数学)

直觉模糊数
intuitionistic fuzzy number
O159
S 模糊数*
F 区间直觉梯形模糊数
C 凸模糊集
直觉模糊粗糙集

直觉模糊子群
intuitionistic fuzzy subgroup
O152
S 模糊子群
Z 群(数学)

直觉主义逻辑
intuitionist logic
O141
S 数理逻辑
C 直觉模糊群
Z 逻辑

直母线
straight-line generator
O182
S 直线*
C 切线曲面

直射变换
collineatory transformation
O185；O43
S 射影变换
Z 数学变换

直纹面
Y 直纹曲面

直纹曲面
ruled surface
O186；O187
D 直纹面
S 曲面*
F 单叶双曲面
双曲抛物面
柱面

直线*
straight line
O123.3
F 不变直线
法线
渐近线
截线
空间直线
平分线
平行线
切线
延长线
直母线
直线束
中位线
准线
C 长轴
夹角
平行公理

直线垂直
Y 垂直

直线段
Y 线段

直线法
linear method
O241
D 平均年限折旧法
平均折旧法
使用年限法
使用年限折旧法
S 数学方法*
C Burgers 方程
特征方程

直线方程
straight-line equation
O122.2
S 方程(数学)*
F 回归直线方程
C 对称平面
平面束
直线束

直线拟合
line fitting
O185
D 直线拟合法
S 数学拟合*
C 边界拟合
霍夫变换

直线拟合法
Y 直线拟合

直线平行
Y 平行

直线束
pencil of line
O182
D 直线系
S 直线*
C 法向量
直线方程

直线系
Y 直线束

直线相关
Y 线性相关

直线形

Y 直线型

直线型
linear type
O123.3
D 直线形
S 线型*
C 双曲线型

直移
Y 平移变换

值(数学)*
value (mathematical)
O241
D 数值(数学)
F Cauchy 主值
Hadamard 主值
P 值
Ritz 值
S 值
边界值
标定值
初始值
分担值
函数值
近似值
绝对值
亏值
例外值
目标值
奇异值
特殊值
正值
中值
重值
转移紧闭值
最大值
最优值

值的分布
Y 值分布

值分布
value distribution
O174.52
D 值的分布
S 数学分布*
C 加性函数
微分多项式

值分布理论
value distribution theory
O174
D 值分布论
S 数学理论*
C 温度场 →(4)

值分布论
Y 值分布理论

值函数
value function
O174
S 函数*
F 多值函数
复值函数
赋值密度函数
极值函数
绝对值函数
真值函数
最优值函数
C Bochner 积分
choquet 积分
跳扩散过程

值域
range
O144；O174；O175.3
D 数值域
数值值域
S 域*
C 不等式法
反函数
自伴算子

纸
F 概率纸

指标*
index
ZT3
F Hosoya 指标
Kirchhoff 指标
Merrifield-Simmons 指标
Z2 不变群指标
变指标
不动点指标
多指标
分级指标
极值指标
精度指标
临界指标
判定指标
数量指标
替代指标
投影指标
拓扑指标
稳态指标
一致性指标
异常指标
中心指标
C 数学模型

指标定理
index theorem
O174；O192
D 指数定理
S 数学定理*
C 反序律
指标理论

指标函数
indicator function
O174
S 函数*

指标集
index set
O144
S 集合*
C 正整数解

指标理论
index theory
O177
S 数学理论*
C 指标差 →(4)
指标定理

指派博弈
assignment game
O225
D assignment 博弈
S 博弈*
C 区间数

指派模型
assignment model
O224
S 数学模型*
C 最小元素法

指派问题
assignment problem
O221.1；O224
D 分配问题
S 运筹问题
F 可靠度分配
席位分配
最优资源分配
C 匈牙利法
Z 数学问题

指数*
index
O122.6
D 指数标度
F Lyapunov 指数
R 指数
scrambling 指数
Wiener 指数
本原指数
变指数
标度指数
不动点指数
传递指数
分形指数
共轭指数
基指数
极值指数
矩阵指数
亏指数
临界指数
奇点指数
收敛指数
特征指数
拓扑指数
尾部指数
因子指数
优美指数
正规指数
综合指数
C 本原矩阵
标度 →(2)

指数 diophantine 方程
exponential diophantine equation
O175.1
D 指数不定方程
指数丢番图方程
S 不定方程
指数方程
C 素因数
Z 方程(数学)

指数 O-U 过程
exponential O-U process
O211.62
S O-U 过程
Z 随机过程

指数变换
exponential transform
O175.5；O241.8
S 数学变换*
C 差分法
效用函数

指数标度
Y 指数

指数不等式
exponential inequality
O178
S 不等式*
C NA 序列

指数不定方程
Y 指数 diophantine 方程

指数定理
Y 指标定理

指数丢番图方程
Y 指数 diophantine 方程

指数对
exponent pair
O156
S 对*
C 指数和

指数二分性
Y 指数型二分性

指数方程
exponential equation
O156；O175.1
S 超越方程
F 指数 diophantine 方程
C 二次剩余
Z 方程(数学)

指数分布
exponential distribution
O211.67；O212.8；O213.2
D Laplace 分布
负指数分布
广义指数分布
拉普拉斯分布
拉普拉斯率
S 威布尔分布
F 超指数分布
次指数分布
多元指数分布
二元指数分布
非对称 Laplace 分布
刻度指数族
双指数分布
C Pearson-χ^2 距离
SIS 模型
恒加试验
交替更新过程
强偏差
似然比
置信上限
置信下限
最短置信区间
Z 概率分布

指数公式
index formula
O152.7；O177.2
S 基本公式
C 参数优化
指数型函数
Z 公式(数学)

指数估计
exponential estimate
O211
S 估计(数学)*

指数关系
exponential relation
O143
S 关系(数学)*

指数规律
Y 指数律

指数函数
exponent function
O171；O174
S 指数型函数
F 矩阵指数函数
双指数函数
C 超越数
指数曲线
Z 函数

指数函数法
exp-function method
O175.2
S 函数法
C 相关系数
Z 数学方法

指数和
exponential sums
O156.1
D 三角和
S 和(数学)*
C Waring-Goldbach 问题
迹表示
三角矩阵环
指数对

指数回归
exponential regression
O212.1
S 回归(数学)*
C 灰色系统理论

指数级数
Y Dirichlet 级数

指数集
exponent set
O144；O157.5
S 数集
F 全局指数吸引集
C 本原图
一致连续
Z 集合

指数加权移动平均模型
Y EWMA 控制图

指数矩阵
exponential matrix
O151.21；O175.1
S 矩阵*
C 指数稳定性

指数矩阵运算
index matrix operation
O151.21
S 矩阵运算
指数运算
C 高斯积分
齐次方程
数值积分
Z 运算

指数理论
exponential theory
O177
S 数学理论*

指数律
exponential rate
O122.6
D 指数规律
S 定律(数学)*
C 马尔萨斯模型 →(4)

指数拟合
exponential fitting
O174.41；O241.8
S 函数拟合
C 传递函数法 →(2)
刚性方程
广义函数束方法
Z 数学拟合

指数平均
exponential average
O156.1
S 平均数*
C 贝塞尔曲线

指数曲线
exponential curve
O171
S 匹配*
C 指数函数

指数生成函数
Y 指数型函数

指数收敛
exponential convergence
O175；O211
D 指数收敛性
S 收敛(数学)*
C 滑动平均模型

指数收敛速度
exponential convergence rate
O212
S 收敛速度
C 高阶
Z 速度

指数收敛性

Y 指数收敛

指数衰减
exponential decay
O175
S 衰减*

指数同步
exponential synchronization
O231
S 同步*
F 全局指数同步
C 同步性

指数稳定
Y 指数稳定性

指数稳定性
exponentially stable
O17
D 指数稳定
S 稳定性(数学)*
C Gronwall 引理
Halanay 不等式
LaSalle 不变原理
半鞅收敛定理
标量乘法
全局同胚
树状网络
线性分布
指数矩阵

指数吸引子
exponential attractors
O17
S 吸引子*
C Davey-Stewartson 方程
广义 Ginzburg-Landau 方程
广义对称正则长波方程
整体吸引子

指数效用函数
exponential utility function
O171
S 指数型函数
Z 函数

指数型二分性
exponential dichotomy
O175
D 指数二分性
S 数学性质*
C 非线性时滞微分方程
无穷时滞

指数型函数
exponential function
O157.1；O171；O174
D 指数生成函数
指数型母函数
指数型生成函数
S 超越函数
母函数
型函数
F 指数函数
指数效用函数
指数型整函数
C 阶跃函数
指数公式
Z 函数

指数型母函数
Y 指数型函数

指数型生成函数
Y 指数型函数

指数型整函数
entire function of the exponential type
O174.52
S 整函数
指数型函数
C Sobolev 类
Z 函数

指数序列
index series
O156；O157
S 序*

指数映射
exponential mapping
O152.4；O186
S 映射*
C 插值曲线

指数运算
exponential computing
O122.6
S 运算*
F 指数矩阵运算

指数增长
exponential growth
O177
D Logistic 增长
指数增长模型
S 增长
C 计算
Z 变化

指数增长模型
Y 指数增长

指向性函数
directional function
O174
S 函数(物理)*

质点网格法
particle-in-cell method
O157.5；O351.3
S 网格法
C 物质点法 →(2)
物质密度 →(2)
Z 数学方法

质环
Y 素环

质量分析
quality analysis
O213
S 分析*

质量管理图
Y 控制图

质量流函数
mass stream function
O122.2；O171
S 函数*

质量评估图
Y 控制图

质数
Y 素数

质因子
Y 素因数

致宽
Y 宽度

致密性定理
bolzano-weierstrass theorem
O171；O174
D Weierstrass 定理
S 数学定理*
C Weierstrass 函数
Weierstrass 椭圆函数
逼近

致稳
Y 稳定

秩*
rank
O15；O177
F 矩阵秩
幂等元秩
平均秩
最小秩

秩等式
rank equality
O151.21
S 等式
C 初等行变换
Z 表达式

秩估计
rank estimation
O211
S 非参数估计
Z 估计(数学)

秩函数
ranking function
O174
S 函数*
C 秩和检验

秩和检验
rank sum test
O189
D 等级检验
威尔科克逊检验
秩检验
S 非参数检验
C 差积曲线 →(5)
秩函数
中位数检验
Z 假设检验

秩检验
Y 秩和检验

秩相关
rank correlation

O17
D 等级相关
S 相关*

秩相关分析
rank correlation analysis
O212.1
S 相关分析
Z 数学分析

秩相关系数
rank correlation coefficient
C8
D 等级相关系数
S 相关系数
Z 系数

秩一算子
rank one operator
O177
S 算子*
C 套代数

滞迟特性
Y 滞后

滞后*
hysteresis
ZT5
D 迟滞现象
延迟
延迟特性
延迟作用
滞迟特性
滞后现象
F 动态滞后
C 误差
阻尼 →(2)(4)(5)

滞后广义系统
Y 时滞广义系统

滞后时间
Y 延迟时间

滞后系数
lag coefficient
ZT3
S 系数*

滞后系统
Y 时滞系统

滞后现象
Y 滞后

滞后效应
hysteresis effect
ZT72
D 延迟效应
延时效应
滞回效应
S 效应*
C 时滞
水热条件 →(4)(5)
延迟估计 →(4)

滞回效应
Y 滞后效应

滞量*
delay quantity
O175
F 变滞量
多滞量
连续分布滞量

滞留时间
Y 停留时间

滞时
Y 停留时间

置换表示
permutation representation
O152.6
S 群表示
Z 表示(数学)

置换多项式
permutation polynomial
O177
D 正形置换多项式
S 多项式*
C 多项式环
多项式回归
多项式拟合
多项式算法
奇素数

置换环
displacement loop
O153.3
D D-环
S 环(数学)*
C 远域

置换检验
permutation test
O212.1
S 假设检验*
C 渐近理论

置换矩阵
permutation matrix
O151.2
S 矩阵*
C 对角占优
约束矩阵方程

置换群
permutation group
O152.1
S 有限群
F Frobenius 群
对称群
非传递置换群
可迁置换群
C 根基
函子
正规闭包
Z 群(数学)

置信*
confidence
O212
F 置信度
置信区间
置信限
C 不确定性

置信带
Y 置信区间

置信度
confidence level
O212
D 置信水平
S 置信*
C 拟蒙特卡罗方法
子集

置信度准则
confidence criterion
O159
S 准则*
C 置信概率

置信分布
confidence distribution
O211.3
D Fiducial 分布
基准分布
S 数学分布*
C P 值

置信概率
confidence probability
O211
S 概率*
C 三角分布
置信度准则
置信区间估计
置信限
置信因子

置信界
Y 置信限

置信界限
Y 置信限

置信区间
confidence interval
O211；O212
D 广义置信区间
置信带
置信区域
置信域
S 区间*
置信*
F 统计覆盖区间
最短置信区间
C 非线性模型
分位数
逆高斯分布

置信区间估计
confidence interval estimation
O212
S 区间估计
C SI 模型
置信概率
Z 估计(数学)

置信区域
Y 置信区间

置信上限
confidence upper limit
O213

S 置信限
C 指数分布
Z 置信

置信水平
Y 置信度

置信系数
confidence coefficient
O211；O212
S 系数*

置信下限
confidence lower limit
O213；O221
D 单侧置信下限
S 置信限
C 指数分布
Z 置信

置信限
confidence limits
O212
D 置信界
置信界限
S 置信*
F 置信上限
置信下限
C 熵损失函数
置信概率

置信因子
confidence factor
O159；O21
S 因子*
C 置信概率

置信域
Y 置信区间

中垂面
mid vertical plane
O123.2
S 平面*

中垂线
perpendicular bisector
O189
S 垂线
Z 线段

中点
midpoint
O182
D 中间点
S 几何点
Z 点(数学)

中点局部一致凸
midpoint locally uniformly convex
O189
S 一致凸性
C 端点
Z 凸性

中点弦
middle point chord
O189
S 弦(数学)*
C 抛物线

中国传统数学
Y 中国古代数学

中国古代数学
ancient Chinese mathematics
O112
D 中国传统数学
S 古代数学
中国数学
C 弦图
Z 数学

中国剩余定理
Chinese remainder theorem
O156.1
D 剩余定理
孙子定理
孙子剩余定理
S 数学定理*
C 同余方程
一次同余式
主同余

中国数学
Chinese mathematics
O112
S 数学*
F 中国古代数学
C 奇摄动

中国数学会
Chinese Mathematical Society
O212.6
S 学会
Z 组织机构

中国数学史
history of Chinese mathematics
O112
D 中算史
S 数学史
C 和算
Z 科技史

中国邮路问题
Chinese postman problem
O221
S 邮递员问题
Z 数学问题

中间变量
intermediate variable
O172.1
D 机体变量
中间目标
中介目标
S 变量*
C 偏自相关函数
因果推断

中间点
Y 中点

中间目标
Y 中间变量

中间试验基地
intermediate test base
N24
D 中试基地
S 试验基地*

中间态
intermediate state
ZT5
S 状态*
C 过渡态

中间值
Y 中值

中间值定理
Y 介值定理

中介逻辑
medium logic
O141.1
D 中介逻辑演算系统 ML
S 数理逻辑
C 公理集合论
Z 逻辑

中介逻辑演算系统 ML
Y 中介逻辑

中介目标
Y 中间变量

中理想
middle ideal
O153.3
S 理想(数学)*
C 软代数

中立微分方程
Y 中立型微分方程

中立型差分方程
neutral difference equations
O175.7
S 中立型方程
F 非线性中立型差分方程
中立型时滞差分方程
C 差分算子
Z 方程(数学)

中立型泛函微分方程
neutral functional differential equation
O175
S 函数方程
中立型微分方程
F 中立型随机泛函微分方程
C 一致渐近稳定性
正周期解
Z 方程(数学)

中立型方程
neutral equations
O122.2
S 方程(数学)*
F 中立型差分方程
中立型微分方程
C 测度链

中立型时滞差分方程
neutral delay difference equation
O175.7
S 时滞差分方程
中立型差分方程
C 正负系数

Z 方程(数学)

中立型时滞微分方程
neutral delay differential equation
O175
S 时滞微分方程
中立型微分方程
C 振动准则
Z 方程(数学)

中立型随机泛函微分方程
neutral stochastic functional differential equations
O175
S 随机泛函微分方程
中立型泛函微分方程
C 微分动力系统
Z 方程(数学)

中立型微分方程
neutral differential equation
O175
D 中立微分方程
中立型微分系统
S 中立型方程
F 非线性中立型微分方程
中立型泛函微分方程
中立型时滞微分方程
中立型延迟微分方程
C 振动性 →(2)
Z 方程(数学)

中立型微分系统
Y 中立型微分方程

中立型系统
neutral system
O175.13
S 数学系统*

中立型延迟积分微分方程
neutral delay integro-differential equations
O175
S 中立型延迟微分方程
C 求积公式
Z 方程(数学)

中立型延迟微分方程
neutral type delay differential equation
O175
S 中立型微分方程
F 中立型延迟积分微分方程
C 渐近稳定性
Z 方程(数学)

中偏差
moderate deviations
O175.29；O241.1
S 偏差*
C 重对数律

中期
metaphase
ZT73
S 时期*

中期预测
medium-term prediction
ZT0
S 预测*

中曲率
Y 平均曲率

中试基地
Y 中间试验基地

中数
Y 中值

中算史
Y 中国数学史

中位数
Y 中值

中位数检验
median test
O212.1
S 统计检验
C 秩和检验
中值
Z 检验

中位线
median line
O123；O181
D 中线
中心线
S 直线*
C 超曲面
单形
三角形

中位值
Y 中值

中误差
mean square error
O241.1；P207
D 均方根差
先验中误差
S 误差*
F 测角中误差
点位中误差
C 误差传播定律

中线
Y 中位线

中心*
center
ZT74
F p-中心
测度中心
等时中心
局部中心
曲率中心
全局中心
透视中心
C 满同态

中心差分
central difference
O241.3
S 差分*

中心差分法
central difference method
O175；O241.3；O241.82
D 中心差分格式
中央差分法
S 差分法
Z 数学方法

中心差分格式
Y 中心差分法

中心单代数
Y 单代数

中心对称
central symmetry
O187；O71
D 非中心对称
S 对称*
C 均质积分
中心对称矩阵
最佳逼近

中心对称矩阵
centro-symmetric matrices
O151.21；O241.6
D 反中心对称矩阵
广义中心对称矩阵
S 对称矩阵
C 中心对称
Z 矩阵

中心二次曲面
Y 二次曲面

中心法
centre method
O224；O241
S 最优化方法*
C 弹性中心法 →(2)

中心化子
centralisateur
O152
D 换位
S 集合*
C 套代数
中心条件

中心极限定理
central limit theorem
O211.4
S 极限定理
F 几乎处处中心极限定理
C logistic 分布
部分和乘积
独立随机变量
正态随机变量
Z 数学定理

中心角
Y 圆心角

中心矩
central moment
O212.1
S 矩(数学)*
C 相似函数
最小二乘估计

中心扩张
central extension
O152；O154
S 扩张(数学)*

F 泛中心扩张
C 单李代数
线性空间

中心流形
centre manifold
O175；O192
D 中心流形定理
S 流形*

中心流形定理
Y 中心流形

中心条件
center condition
O175.13
S 条件(数学)*
C 中心化子

中心投射
Y 透视中心

中心线
Y 中位线

中心迎风格式
central-upwind difference scheme
O241；P43
S 迎风格式
F 半离散中心迎风格式
Z 差分格式

中心元
central element
O152.1
S 元*
C 交换群
上三角矩阵环

中心指标
central index
O174.53
S 指标*

中心坐标
center coordinate
O123
S 坐标*
C 曲面方程

中性平衡
Y 随偶平衡

中央差分法
Y 中心差分法

中值
median
O212
D 中间值
中数
中位数
中位值
S 值(数学)*
C 间断点
数学期望
游程检验
中位数检验

中值点
median point
O172.2
S 数值点
C 积分中值公式
中值定理
Z 点(数学)

中值定理
intermediate value theorem
O171；O174.5
S 数学定理*
F 积分中值定理
微分中值定理
C 凹凸性
不等式组
测度空间
连续曲线
相等
中值点
中值公式

中值公式
intermediate value formula
O171；O241.6
S 公式(数学)*
F 积分中值公式
C 中值定理

中值命题
medium-value proposition
O141.1
S 命题*
C 积分等式

中值问题
median problem
O225
D 微分中值问题
S 数学问题*
C 罗尔定理

忠实模
faithful module
O153.3
S 模(数学)*
C 完全环
张量积

终态
terminal state
ZT5
S 状态*

终值定理
final value theorem
O175
S 数学定理*

终值问题
terminal value problems
O24
S 数学问题*
C 非紧性测度

终止时间
finish time
ZT73
S 事件时间*

钟控序列
clock controlled sequence
O157.4
D 采样序列
S 序*

种群模型
population model
O175.2；O242.1
S 数学模型*
F 单种群模型
时滞种群模型
C 极小化问题

众数
thickest value
O177.5；O212
S 数*

重点实验室
Key laboratory
N33
S 实验室*
F 国家重点实验室

重级数
double series
O122.7
D 二重级数
S 级数(数学)*
F 二重 Dirichlet 级数

重量*
weight
TB93
F 广义 Hamming 重量
C 分子量 →(2)(3)

重量谱
weight hierarchy
O24
S 谱*
C 遗传算法 →(5)

重心 Lagrange 插值
barycentric Lagrange interpolation
O241.3
S 拉格朗日插值
Z 插值

重心有理插值
barycentric rational interpolation
O241.3
S 有理插值
Z 插值

重心坐标
barycentric coordinates
O182
S 坐标*
C 点估计

重要极限
important limit
O171
S 极限(数学)*
C 洛必达法则

重要性采样
importance sampling
C81
D 重要性抽样

重要性抽样法
重要性抽样方法
S 采样*

重要性抽样
Y 重要性采样

重要性抽样法
Y 重要性采样

重要性抽样方法
Y 重要性采样

周
Y 周长

周长
perimeter
O123
D 周
S 长度*
C 半无爪图
正方形

周期*
circle
ZT73
D 周期化
F 变化周期
长周期
更新周期
活动周期
基本周期
拟周期
特征周期
自然周期
最小正周期
C 分数 k-因子
时期
周期变化

周期边界
periodic boundary
O175.8；O241
S 边界(数学)*
C 周期边值问题

周期边界条件
periodic boundary conditions
O152.7；O175；O481
D 周期性边界条件
S 边界条件*

周期边值
Y 周期边值问题

周期边值问题
periodic boundary value problem
O175.8
D 反周期边值问题
周期边值
S 边值问题*
C 单调迭代方法
二阶微分方程
周期边界
周期常数
周期分析 →(4)

周期变化
periodic variation
ZT73
C 尾数
周期
周期分析 →(4)
周期函数
周期结构
周期模型 →(2)

周期波解
periodic wave solution
O175.2
S 周期解*
F 周期孤立波解
周期行波解
C Davey-Stewartson 方程
Jacobi 椭圆函数
高阶非线性薛定谔方程 →(2)

周期长度
cycle length
ZT2
S 长度*

周期常数
periodic constant
O174
S 常数*
C 等时中心
周期边值问题

周期初值问题
periodic initial value problem
O175.2；O24
S 初值问题
C 整体吸引子
Z 数学问题

周期点
periodic point
O189.3
S 点(数学)*
F 几乎周期点
渐近周期点
C Julia 集
稠密集
混沌集
极限集
桥函数
拓扑混合

周期点集
periodic points set
O189.11
S 点集
C 周期性
Z 集合

周期分布
periodic distribution
O157.4
S 数学分布*

周期孤波解
Y 周期孤立波解

周期孤立波解
periodic solitary wave solutions
O175.29
D 周期孤波解
S 周期波解
C 非线性弦振动方程 →(2)
Z 周期解

周期轨
Y 周期轨道

周期轨道
periodic orbit
O189；P135
D 极地轨道
周期轨
S 轨道*
C 局部坐标
周期轨道理论 →(4)

周期函数
periodic function
O122.2；O174
D 反周期函数
正弦函数
S 超越函数
F 反三角函数
非周期自相关函数
三角函数
C 高阶差分
伪微分算子
象限
周期变化
Z 函数

周期化
Y 周期

周期环
periodic ring
O175
S 环(数学)*
C Hopf 分支

周期结构
periodic structure
ZT6
D 周期体系
S 结构*
C 周期变化

周期解*
periodic solution
O175.1；O192
F 多重周期解
非平凡周期解
概周期解
阶一周期解
拟周期解
时间周期解
双周期解
无病周期解
无扭周期解
正周期解
周期波解
C Fredholm 算子
ZK 方程
多线性分离变量法
非线性振荡 →(2)
竞争扩散系统
拟牛顿法
齐次坐标
弱下半连续

首次积分

周期连分数
Y 循环连分数

周期数列
periodic series
O171；O173
S 数列*

周期体系
Y 周期结构

周期图
periodogram
ZT99
S 图表*

周期吸引子
periodic attractor
O17
S 吸引子*

周期系数
periodic coefficient
O175
S 系数*
C 特征指数

周期系统
periodic system
O175.1；O192
S 数学系统*

周期系统抽样
Y 系统抽样

周期小波
Y 周期小波变换

周期小波变换
periodic wavelet transform
O174.2
D 周期小波
S 小波变换*
C 数值模拟分析

周期行波解
periodic traveling wave solution
O175
S 周期波解
C Boussinesq 方程 →(4)
Z 周期解

周期性
periodicity
ZT4
D 周期性规律
S 特性*
F 非周期性
准周期性
C 光周期 →(4)
周期点集

周期性边界条件
Y 周期边界条件

周期性规律
Y 周期性

周期正解
Y 正周期解

周期自相关函数
Y 循环自相关函数

轴(数学)*
axis (mathematics)
O189
F 半轴
长轴
对称轴
横轴
实轴
数轴
透视轴
坐标轴

轴比
axial ratio
ZT3
S 比率*

轴对称
axial symmetry
O181；O187
D 非轴对称
镜面对称
镜像对称
轴对称性
轴向不对称性
轴向对称
S 对称*
C 各向异性 →(2)(3)(4)(5)
离散傅里叶变换
统计估计
轴 →(2)(4)

轴对称性
Y 轴对称

轴向
axial direction
ZT74
S 方向*

轴向不对称性
Y 轴对称

轴向对称
Y 轴对称

珠算
rockoning by the abacus
O121
D 筹算
S 算术
C 补数
Z 数学

逐步逼近
Y 逐次逼近

逐步逼近法
Y 逐次逼近

逐步二次规划
Y 序列二次规划

逐步回归
stepwise regression
O212.1
D 逐步回归方法
逐步回归分析
S 回归分析
C 多元相关分析
滚动预报 →(4)(5)
优势比
逐步回归模型
Z 统计分析

逐步回归方程
Y 回归方程

逐步回归方法
Y 逐步回归

逐步回归分析
Y 逐步回归

逐步回归模型
stepwise regression model
O212.1
D 线性回归系数
S 回归模型*
C 逐步回归

逐步判别
Y 逐步判别法

逐步判别法
stepwise discrimination
O141.2；O212.5
D 逐步判别
S 判别法(数学)*
C 准则函数

逐步淘汰原则
Y 容斥原理

逐次逼近
successive approximation
O175.1；O211.63
D 逐步逼近
逐步逼近法
逐次逼近型
S 逼近*
F 多边形逼近

逐次逼近法
Y 迭代法

逐次逼近算法
Y 迭代法

逐次逼近型
Y 逐次逼近

逐次二次规划
Y 序列二次规划

逐次积分
Y 累次积分

逐次极限
Y 累次极限

逐点
Y 聚点

逐点估计
pointwise estimates
O175.2
S 估计(数学)*

逐段常变量
piecewise constant argument
O175.7
D 分段常数变量
分段常数变元
S 变量*
C 渐近概周期解
伪概周期函数
向量函数

逐项积分
Y 累次积分

逐项求导
termwise derivation
O172.1
S 求导
C 级数求和
逐步积分 →(2)
Z 数学方法

逐项微分
termwise differentiation
O173；O211
S 微分*
C Euler 常数

逐项微分定理
termwise differentiation theorem
O172.1
S 数学定理*
C 一致收敛

主本征值
Y 主特征值

主不可分解模
principal indecomposable module
O153.3
S 不可分解模
Z 模(数学)

主成分
Y 主成分分析

主成分变换
principal component transformation
O177；P237
D K—I 变换
主分量变换
S 图像处理*
线性变换
Z 数学变换

主成分法
Y 主成分分析

主成分分析
principal component analysis
O212.1
D PCA 方法
第一主成分
分量分析
全局主成分
主成分
主成分法
主成分分析(PCA)
主成分分析法
主成份分析
主分量分析
主要成分分析
主元分析
主轴分析
总体主成分
S 因子分析
F 二维主成分分析
非线性主成分分析
概率主成分分析
C Fisher 判别分析
偏最小二乘法
退化系统
映射芽
Z 数学分析

主成分分析(PCA)
Y 主成分分析

主成分分析法
Y 主成分分析

主成分估计
principal component estimation
O211.67
S 有偏估计
F 岭型主成分估计
Z 估计(数学)

主成份分析
Y 主成分分析

主方程
master equation
O175.2；O552.2
D 广义主方程
S 方程(数学)*
C 马尔可夫链

主方向
principal direction
O186
S 方向*
C 主应力 →(2)

主分量
principal component
TP11
S 分量*

主分量变换
Y 主成分变换

主分量分析
Y 主成分分析

主观概率
subjective probability
O211
D 客观概率
S 概率*
C 风险函数
风险评估
模糊风险分析
模糊推理
最优停止

主观信息
subjective information
N95
S 信息*

主合取范式
principal conjunctive normal form
O141
S 合取范式
C 极小项
Z 公式(数学)

主截面
principal section
O182
S 截面(数学)*

主矩阵
Y 主子矩阵

主理想
principal ideal
O153.3
S 理想(数学)*

主理想定理
principal ideal theorem
O156
D 单项化定理
S 数学定理*

主理想环
Y 主理想整环

主理想整环
principal ideal domain
O153.3
D 主理想环
S 整环
整数环
F 欧氏环
C 线性方程组
Z 交换环
结合环

主逻辑图
master logic diagram
O157.5
S 图表*

主切曲线
Y 渐近曲线

主曲率
principal curvature
O186
S 法曲率
C 等参超曲面
Z 曲率

主曲率半径
Y 曲率半径

主属性
Y 特性

主特征值
dominant eigenvalue
O151.21；O175.9；O241
D 优势本征值
优势特征值
占优本征值
主本征值
S 特征值*
F 严格占优本征值

C 非负不可约矩阵

主同余
principal congruence
O156.1
S 同余*
C 中国剩余定理

主同余关系
principal congruence relation
O153.1
S 同余关系
C 重域
Z 关系(数学)

主要成分分析
Y 主成分分析

主因分析
main cause analysis
N34
S 分析*

主因子分析
principal factor analysis
O212.1；O241
S 因子分析
C 正规集
Z 数学分析

主元
pivot element
O241
S 元*
C 特征空间

主元分析
Y 主成分分析

主元素消去法
Y 高斯消元法

主值积分
principal integral
O174；O241.4
S 积分*
C 极限函数

主轴分析
Y 主成分分析

主子行列式
Y 主子式

主子矩阵
principal sub-matrix
O151.21；O177；O187
D 主矩阵
主子阵
S 子矩阵
Z 矩阵

主子空间
Y 特征空间

主子式
principal minor
O151.2；O241
D 主子行列式
S 行列式*
F 顺序主子式
C 幂指函数

主子阵
Y 主子矩阵

主坐标分析
principal coordinate analysis
O181
S 数学分析*

驻点
Y 临界点

驻定系统
Y 自治系统

驻留时间
Y 停留时间

柱对称
column symmetry
ZT5
S 对称*

柱函数
cylindrical functions
O174.6
D 圆柱函数
S 特殊函数
Z 函数

柱面
cylinder
O186
S 直纹曲面
F 二次柱面
抛物柱面
椭圆柱面
C 三次样条函数
柱面波 →(2)(5)
Z 曲面

柱面坐标
Y 柱坐标

柱面坐标系
cylindrical coordinate system
O123
D 柱坐标系
S 曲线坐标系
Z 坐标系

柱体
cylinder
O123.3
S 几何体*
F 棱柱
圆柱
C 自由扭转 →(2)

柱形
columnar
ZT2
S 形状*

柱形统计图
Y 柱状图

柱状图
bar chart
O212
D 柱形统计图
S 统计图
Z 图表

柱坐标
cylindrical coordinates
O241.8
D 圆柱坐标
柱面坐标
S 坐标*
C 极坐标系 →(4)
累次积分

柱坐标系
Y 柱面坐标系

转变*
transition
ZT5
F 形貌转变

转化程度函数
conversion degree function
O174
S 函数*

转换*
conversion
ZT5
D 变换
F 变量转换
非线性转换
正态变换
C 椭球等高分布

转换公式
transformation formula
O1-0
S 公式(数学)*
C 乘性一致性
广义 Ball 曲线

转换函数
Y 传递函数

转换模型
transformation model
O141.4；O212.1
S 数学模型*
C 七参数转换 →(4)
转换参数 →(4)
坐标匹配 →(4)

转换条件
conversion condition
O172
S 条件(数学)*
C 转换效率 →(3)

转换原理
conversion principle
O172
D 莱布尼茨原理
S 数学原理*
C 坐标转换

转移
transport
ZT5
D 传输

传输方式
传送
输送
输运
输运过程
输运机理
输运机制
输运趋势
输运现象
输运行为
输运性能
运移
运移过程
运移机理
运移机制
运移趋势
转移过程
C 动量定理 →(2)
能量转移 →(2)(3)(4)(5)
输送通量 →(4)
输运方程
输运理论 →(2)
输运系数 →(4)
物质迁移 →(2)(3)(4)(5)
运移时间 →(5)

转移概率
transition probability
O211.62
S 概率*
F 状态转移概率
C 对偶公式
概率转移矩阵
几何遍历性
马尔可夫链
齐次马氏链

转移概率矩阵
transition probability matrix
O211.62
D 状态转移概率矩阵
S 概率矩阵
C 状态转移概率
Z 矩阵

转移过程
Y 转移

转移函数
Y 传递函数

转移紧闭值
transfer compactly closed values
O177.2；O241
S 值(数学)*
C 极大极小不等式

转移矩阵
transfer matrix
O21；O302
D 转移矩阵法
转移矩阵方法
S 矩阵*
F 概率转移矩阵
C 景观稳定性 →(4)
蒙特卡罗估计

转移矩阵法
Y 转移矩阵

转移矩阵方法
Y 转移矩阵

转移算子
transition operator
O231；O241
S 算子*

转运问题
transshipment problem
O22
S 运筹问题
Z 数学问题

转置
transpose
O177；O241.6
D 次转置
S 矩阵运算
C 单位矩阵
正交矩阵
Z 运算

转置矩阵
transposed matrix
O151.2
S 特殊矩阵
F 次转置矩阵
全转置矩阵
Z 矩阵

转置映射
Y 对偶映射

装备希尔伯特空间
Y 希尔伯特空间

状态*
state
ZT5
F 标准状态
初始态
过渡态
互斥
静态
临界
瞬态
无序
有序
约束状态
正常状态
中间态
终态
C 稳定

状态变化
state change
ZT5
D 状态演化
S 变化*

状态变量
state variable
ZT3
S 变量*
C 系统方程
正则变量 →(2)
状态空间
状态向量

状态变权
state variable weight
O174；O225
S 变权*

状态变权向量
state variable weight vector
O183
S 变权向量
C 变权系数
Z 向量

状态点*
state point
ZT5
F 临界点
正平衡点

状态反馈
state feedback
O231
S 反馈*
C h 凸函数
离散奇异系统
输出反馈

状态概率
state probability
O212.8
S 概率*
F 状态转移概率
C 概率极限状态设计法 →(2)
可靠度函数

状态函数
state function
O174
D 态函数
S 函数(物理)*

状态空间
state space
TP13
D 状态矢量空间
S 空间*
C 离散准则
状态变量

状态矢量
Y 状态向量

状态矢量空间
Y 状态空间

状态稳定性
Y 稳定

状态向量
status vector
O183
D 状态矢量
S 向量*
C 状态变量
状态方程 →(2)(4)(5)

状态演化
Y 状态变化

状态依赖时滞
state dependent delay

O231
S 时滞*
C 锥不动点

状态转移概率
state transition probability
O211.62
S 转移概率
状态概率
C 马尔科夫预测
马尔可夫链模型
马尔可夫随机场 →(2)
转移概率矩阵
状态转移函数
Z 概率

状态转移概率矩阵
Y 转移概率矩阵

状态转移函数
state transition function
O122.2；O174
S 函数*
C 状态转移概率

追赶法
chase method
O175.1；O241.6
S 消元法
C 参数矩阵
Z 数学方法

追击问题
pursue problem
O156；O245
S 数学问题*
C 动量守恒 →(2)(4)

追踪
tracing
ZT5

追踪策略
pursive strategies
O22

锥
Y 锥体

锥不动点
cone fixed point
O177.91
S 不动点
C 状态依赖时滞
Z 点(数学)

锥不动点定理
cone fixed point theorem
O177
D 锥上不动点定理
锥上的不动点定理
S 不动点定理
Z 数学定理

锥次微分
cone subdifferential
O177
S 次微分
Z 微分

锥度量空间
cone metric spaces
O189.11
S 度量空间
C 近似解
Z 空间(数学)

锥拉伸与压缩不动点定理
Y 锥拉伸与锥压缩不动点定理

锥拉伸与锥压缩不动点定理
the fixed point theorems of cone expansion and com
O177
D 锥拉伸与压缩不动点定理
S 不动点定理
Z 数学定理

锥理论
cone theory
O177
S 数学理论*
C 增算子
锥形体

锥连续
cone continuous
O177.91
S 连续*
C 向量均衡问题

锥面
conical surface
O182
D 二次锥面
渐近锥面
特征射锥面
S 二次曲面
F 圆锥面
C 高精度分析
Z 曲面

锥模型
conic model
O224
S 数学模型*
C 非单调信赖域算法

锥拟凸
cone quasiconvex
O177
S 凸性*
F 近似锥-次类凸

锥上不动点定理
Y 锥不动点定理

锥上的不动点定理
Y 锥不动点定理

锥体*
cone
O123.3
D 锥
锥体结构
F 对偶锥
钝锥
二阶锥
共轭锥
回收锥
尖锥
棱锥
偏好锥
切锥
体锥
椭圆锥
圆锥
约束锥
正则锥
正锥
C 减算子
拟范数
线性空间
锥映射

锥体结构
Y 锥体

锥形体
cone
ZT2
S 几何体*
C 锥理论

锥映射
cone mapping
O177.91
S 映射*
C 锥体

锥有效解
cone efficient solution
O122.2；O221.6
S 有效解
C 半无限规划
Z 解

锥值 Lyapunov 函数
cone valued Lyapunov function
O151.2；O174.1；O175.1
D 锥值李亚普诺夫函数
S Lyapunov 函数
Z 函数

锥值李亚普诺夫函数
Y 锥值 Lyapunov 函数

准 Hilbert 空间
Y 准希尔伯特空间

准闭算子
Y 闭包算子

准度
Y 准确度

准对角矩阵
quasi diagonal matrix
O151.21
D 准对角形矩阵
S 对角矩阵
C 循环矩阵
Z 方阵

准对角形矩阵
Y 准对角矩阵

准范数
Y 拟范数

准环

Y 拟环

准精确惩罚函数
quasi-exact penalty function
O122.2；O174
S 函数*

准开集
pre-open set
O189.11
D 预开集
S 开集
C 有限交性质
Z 集合

准牛顿法
Y 拟牛顿法

准平衡
quasi-equilibrium
ZT5
S 平衡*

准确度
accuracy
ZT4
D 准度
S 精度*
F 测试准确度
C 公差
正确度

准素分解
primary decomposition
O153.3
S 数学分解*
C 交换环
素理想

准素理想
primary ideal
O153.3
S 素理想
C 代数簇
Z 理想(数学)

准调和分析
quasi-harmonic analysis
O174.2
S 调和分析
C 格林函数
Z 数学分析

准椭圆函数
quasi-elliptic
O122.2；O174
S 函数*

准希尔伯特空间
pre-Hilbert space
O175.3；O177.3
D 准 Hilbert 空间
S 希尔伯特空间
C Lotka-Volterra 方程
等腰正交
算子理论
Z 空间(数学)

准线
directrix
O182
S 直线*
C 理想点

准线性
quasi-linearity
O151.2
S 数学性质*

准则*
criterion
ZT82
F Cp 准则
Hurwitz 判据
Pitman 准则
Routh-Hurwitz 准则
代数判据
多准则
夹逼准则
均方误差准则
均值-方差准则
柯西准则
可积判据
离散准则
判据
区间准则
收敛准则
相似性准则
信息准则
振动准则
正则性准则
置信度准则
最大熵准则
最小一乘准则
C 标准规范
规律

准则函数
criterion function
O122.2；O174
D 判别函数
判断函数
S 函数*
C D-最优性
Mahalanobis 距离
函数奇偶性
逐步判别法

准正交变换
almost orthogonal transformation
O151
S 正交变换
C 标准正交基
Z 数学变换

准正交基
almost-orthogonal basis
O151.21；O177.3
S 正交基
C 过渡矩阵
Z 向量

准周期性
quasi-periodicity
ZT4
S 周期性
Z 特性

着色数
Y 色数

着色问题
coloring problem
O157.5
D 图着色
图着色问题
S NP 问题
F 边着色
全着色
Z 数学问题

姿态四元数
attitude quaternion
O151.21
S 四元数
Z 复数

资料采集
Y 数据采集

资料解释
Y 数据解释

资料收集平台
Y 信息处理系统

资讯
Y 信息

资源分配
resource allocation
O225
D 资源分配问题
S 运筹问题
C 网格数据 →(4)
效用函数
Z 数学问题

资源分配问题
Y 资源分配

子半环
subsemiring
O153.3
S 半环*
C 差分方程

子半群
subsemigroup
O152.7
S 半群
F 极大自由幺子半群
正规子半群
C 粗糙理想
Z 群(数学)

子波变换
wavelet transform
O241
D 子波分析
S 小波变换*

子波分析
Y 子波变换

子采样
subsampling
TP37
S 采样*

子代数
subalgebra
O153
S 代数*
F Cartan 子代数
Frattini 子代数
Hecke 代数
模糊子代数
套子代数
C AFS 结构
闭理想
不变子空间
诣零根
重言式
自然同态
自映射

子范畴
subcategory
O154
S 范畴(数学)*
F 反射子范畴
C 可达集

子格
Y 子空间

子行列式
Y 子式

子环
subring
O152；O153.3
S 环(数学)*
F 模糊子环
C 子群

子基
subbase
O189.1
S 解*
C I-fuzzy 拓扑
闭包
仿紧 Hausdorff 空间

子级数
subseries
O173
S 级数(数学)*
C 比较判别法

子集
subset
O144
D 非空子集合
真子集
S 集合*
F 稠密子集
紧子集
列紧集
零集
生成集
凸集
吸收集
最优子集
C 分拆函数
幂环
模糊同余关系
线性相关
置信度

子集和
subset sum
O152.1；O153.1
S 和(数学)*
C 实数集

子结构
substructures
O241.82
S 数学结构*
C 高斯消元法

子矩阵
submatrix
O151.21
S 矩阵*
F 主子矩阵

子矩阵约束
submatrix constraint
O241
S 约束(数学)*
C 矩阵乘法

子空间
subspace
O153.1；O186.14
D 凸子格
原子格
子格
S 空间(数学)*
F FC-子空间
Krylov 子空间
补子空间
不变子空间
根子空间
算子空间
线性子空间
约化子空间
真子空间
正交子空间
C Pooling 设计
半模
超滤子
维数公式
正则不可数基数
直觉模糊集

子空间迭代
Y 子空间迭代法

子空间迭代法
subspace iteration method
O241.6
D 子空间迭代
S 迭代法*
F Krylov 子空间方法
C 自振特性 →(2)

子列
Y 子序列

子流形
submanifold
O189.3
S 微分流形
F 2-调和子流形
半不变子流形
积分流形
极小子流形
紧致子流形
类空子流形
李三系
全测地子流形
全脐子流形
全实子流形
完备子流形
伪脐子流形
C Moebius 形式
局部对称
射影丛
消没定理
余维数
Z 流形

子模
submodule
O153.3
S 模(数学)*
C 加法范畴
遗传环

子模型
submodel
O141.4
S 数学模型*
C Schanuel 引理
有限元逼近
有限元方程

子群
subgroup
O152
S 群(数学)*
F Borel 子群
Fitting 子群
Frattini 子群
Hall 子群
P-子群
Sylow 子群
s-半置换子群
粗糙子群
共轭置换子群
换位子群
极大子群
极小子群
可补子群
可除子群
幂零子群
模糊子群
弱 c-正规子群
弱 s-置换子群
完全条件置换子群
稳定子群
循环子群
正规子群
C 数据拟合
子环

子式
minor
O157；O241
D 图子式
子行列式

S 行列式*
F 余子式
C 四色定理
星色数
正定矩阵

子图
subgraph
O157.5
S 图表*
F 导出子图
禁用子图
欧拉生成子图
完全子图

子问题
subproblem
O176
S 数学问题*
F 信赖域子问题

子系统
subsystem
N948
D 分系统
辅助系统
亚系统
S 系统*
F 独立子系统

子序列
subsequence
O177；O189.1；P315.5
D 子列
S 序*
C 区间套定理
依概率收敛

子样本
subsample
C8
S 样本*
F 小子样
C 仝样本

子移位
subshift
O177
S 移位*

子域
subfield
O172
S 域*
C 遗传算法 →(5)

子域积分
subdomain integration
O241.82
S 积分*
F 子域精细积分
C 差分法
初边值问题
矢量有限元

子域精细积分
sub-domain precise integration
O241.82
S 精细积分
子域积分
C 积分中值公式
Z 积分

子直积
Y 次直积

自伴
Y 自伴算子

自伴算子
self-adjoint operator
O175.3；O177.1；O177.6
D 本质自伴算子
非自伴算子
自伴
自共轭
自共轭算子
S 算子*
C 联络(数学)
值域

自伴性
self-adjointness
O177
S 数学性质*
C Sturm-Liouville 问题

自伴延拓
self-adjoint extension
O175
S 延拓
C 酉算子
Z 数学方法

自变量
argument
O174
S 变量*
F 独立变量

自定义函数
self-defining function
O122.2；O171
S 函数*

自动机*
automation
O23
F 格值自动机
格子气自动机
模糊自动机
无限自动机
物理细胞自动机
下推自动机
有限状态机
元胞自动机
C 可计算性

自动剖分
automatic generation
O241.82；O441.4；P315.6
S 剖分*
F 网格自动剖分
C 断层滑动 →(4)(5)

自动网格生成
Y 网格自动剖分

自对偶
self-dual
O221.1
S 对偶*
C 完备空间

自反 Banach 空间
reflexive Banach space
O177.2
S Banach 空间
自反空间
C 极大极小不等式
Z 空间(数学)

自反函数
self-reciprocal function
O177.6
S 函数*
C 自反空间

自反局部凸空间
Y 局部凸拓扑线性空间

自反矩阵
reflexive matrix
O151.21
D 广义自反矩阵
S 矩阵*
C 最小范数解

自反空间
reflexive space
O177.3
S 桶型空间
F 自反 Banach 空间
C 自反函数
Z 空间(数学)

自反模
reflexive module
O177
S 模(数学)*
C 对偶

自反性
reflexivity
O144；O177
S 数学性质*
C 模糊偏序关系

自仿测度
self-affine measure
O174.12
S 测度(数学)*
C 邻域系

自仿集
Y 自仿射集

自仿射分形
self-affine fractal
O186.11；O189
S 分形*
F 迭代函数系
C 动力学起伏 →(2)

自仿射集
self-affine set
O174；O189；O221.2
D 仿射簇
仿射集

仿射流形
线性流形
自仿集
S 集合*
C Hausdorff 维数
仿射变换
仿射函数
商奇异值分解
维数估计
行列式

自共轭
Y 自伴算子

自共轭矩阵
self-conjugate matrices
O151.21
D 次自共轭矩阵
自共轭四元数矩阵
S 共轭矩阵
C 初等算子
四元数代数
Z 矩阵

自共轭四元数矩阵
Y 自共轭矩阵

自共轭算子
Y 自伴算子

自共轭子群
Y 正规子群

自关联函数
Y 自相关函数

自环
bus back
O157；O242.1
S 环(数学)*
F 自同态环
C 超图

自回归
Y 自回归模型

自回归(AR)模型
Y 自回归模型

自回归分析
autoregression analysis
O212.1
S 回归分析
C 最大熵谱估计
Z 统计分析

自回归过程
autoregressive process
O212
S 宽平稳随机过程
Z 随机过程

自回归滑动平均
autoregressive moving average
O212；P413
D 自回归滑动平均值
S 滑动平均
Z 平均数

自回归滑动平均模型
Y ARMA 模型

自回归-滑动平均模型
Y ARMA 模型

自回归滑动平均值
Y 自回归滑动平均

自回归模型
autoregressive model
O212.1
D AR(p)模型
ARMA
AR 模型
内生滞后变量模型
自回归
自回归(AR)模型
S 回归模型*
F Box-Jenkins 模型
FAR 模型
多维自回归模型
非参数自回归模型
非线性自回归模型
一阶自回归模型
C 贝叶斯推理
偏相关
时间序列模型
自回归预测
最小特征值

自回归移动平均模型
Y ARMA 模型

自回归预测
auto-regressive prediction
O211.67
S 数学预测*
C 自回归模型

自内射环
self-injective ring
O153.3
S 结合环*
C 内射模

自然边界归化
natural boundary reduction
O241.8

自然边界积分方程
natural boundary integral equation
O241.4；O344.3
S 自然方程
Z 方程(数学)

自然边界元
natural boundary element
O175；O241
S 边界元
C Galerkin 逼近
Z 元

自然对数
natural logarithm
O122.6
S 对数*
C 对数变换
对数律

自然方程
natural equation
O186
S 方程(数学)*
F 自然边界积分方程
C 回旋线

自然科学*
natural science
N
D 现代自然科学
F 非线性科学
数理科学
C 化学 →(2)(3)(4)(5)
晶体学 →(2)
天文学 →(4)

自然科学史
history of natural science
N09
S 科技史*
F 发现史
数学史

自然控制论
natural cybernetics
N960
S 控制理论
Z 理论

自然偏序
natural partial order
O152.7
S 序*

自然数
natural number
O121；O224
S 整数
F 连续自然数
偶数
奇数
正整数
C Baer 根
比较判别法
极小值原理
算术基本定理
有向边
Z 复数

自然数方幂和
Y 自然数幂和

自然数集
natural number set
O144
S 实数集
C 单射
点对称
符号空间
绝对连续性
连续统假设
Z 集合

自然数列
sequence of natural numbers
O171
S 等差数列
Z 数列

自然数幂和
power sum of natural number

O156；O174.21
D 自然数方幂和
S 幂和
C 递推公式
递推关系式
完全方幂
Z 和(数学)

自然同态
natural homomorphism
O152；O153.3；O177.5
D 标准同态
典范同态
S 满同态
群同态
C 子代数
Z 同态

自然推理
natural deduction
O14
S 推理*
C 正则性

自然信息
natural information
N957.1
S 信息*

自然序
Y 序

自然振荡
Y 振荡

自然正交函数
natural orthogonal function
O174
S 正交函数
C 一元线性回归方程
Z 函数

自然周期
natural period
ZT73
D 固有周期
S 周期*

自然坐标系
natural coordinate system
O18；P21
S 正交坐标系
C 特征线法
Z 坐标系

自适应非结构网格
adaptive unstructured grid
O24
S 自适应网格
Z 网格(数学)

自适应估计
adaptive estimation
O211.62
S 统计估计
Z 估计(数学)

自适应解耦
adaptive decoupling
O231
S 解耦*

自适应神经模糊推理
adaptive neural-fuzzy inference
TP18；TP301
S 模糊推理
Z 推理

自适应算子
adaptive operator
O241
S 算子*

自适应网格
self-adaptive mesh
O24
D 适应网格
S 网格(数学)*
F 自适应非结构网格
C 误差估计

自适应系统
adaptive systems
N948
D 适应系统
S 系统*
F 模型参考自适应系统

自适应小波
Y 自适应小波变换

自适应小波变换
adaptive wavelet transform
O17
D 自适应小波
S 小波变换*
C 遗传算法 →(5)

自适应因子
adaptive factor
ZT3
S 因子*

自适应有限元
adaptive finite element
O241.82；O242.2
D 自适应有限元法
自适应有限元方法
S 有限元*
C 遗传算法 →(5)

自适应有限元法
Y 自适应有限元

自适应有限元方法
Y 自适应有限元

自守函数
automorphic function
O174.54；O174.55
S 解析函数
C 自守形式
Z 函数

自守形式
automorphic form
O174.54
S 数学形式*
C 自守函数

自锁
self-locking
ZT5
D 自锁定
自锁现象
S 闭锁*
C 圆柱

自锁定
Y 自锁

自锁现象
Y 自锁

自调整函数
auto-adjusting function
O122.2；O171
S 函数*

自同构
automorphism
O153.3；O156；O175.3
D Frobenius 自同构
Kolmogolov 自同构
K 自同构
弗罗贝尼乌斯自同构
柯尔莫哥洛夫自同构
S 同构*
F 反自同构
内自同构
C 乘法映射
华林问题
交换环
柯尔莫哥洛夫检验
群同态

自同构群
automorphism group
O151.21；O152
S 同构群
C Cayley 有向图
Galois 扩张
点本原
多项式环
三角范畴
素数阶循环图
同构映射
Z 群(数学)

自同态
endomorphism
O152
S 同态*
C clean 环

自同态环
endomorphism ring
O153.3；O187
D 加群 G 的自同态环
S 自环
C 自同态幺半群
Z 环(数学)

自同态幺半群
endomorphism monoid
O152.7
S 幺半群
C 自同态环
Z 群(数学)

自相关
autocorrelation
O21
D 自相关性
S 相关*
F 数字自相关
瞬时自相关
C 分圆数
交叉相关 →(4)
相关函数
相关系数

自相关分析
autocorrelation analysis
O212.1
S 相关分析
Z 数学分析

自相关过程
autocorrelation processes
O21
S 过程*

自相关函数
autocorrelation function
O174
D 自关联函数
S 分布函数
选择函数
F 非周期自相关函数
循环自相关函数
C 分段线性映射
Z 函数

自相关系数
autocorrelation coefficient
O21
S 相关系数
C 偏自相关函数
双线性模型
Z 系数

自相关性
Y 自相关

自相似
Y 自相似分形

自相似测度
self-similar measure
O174.12
S 分形测度
Z 测度(数学)

自相似分形
self-similar fractal
O174.12；O242.2
D 自相似
自相似性
S 分形*
F Moran 集
Sierpinski 地毯
C 层次结构
超指数分布
光学傅里叶变换 →(2)
正四面体
直角梯形

自相似过程
self-similar process
O211.6
S 随机过程*

自相似集
self-similar sets
O174.12
S 分形集
F Cantor 三分集
统计自相似集
C 符号空间
维数定理
Z 集合

自相似解
self-similar solution
O175；O302
S 相似解
C 递推公式
复 Ginzburg-Landau 方程
Z 解

自相似性
Y 自相似分形

自相似映射
self-similar mapping
O174
S 映射*

自协方差
autocovariance
O212.1
S 协方差
C 参数选择
Z 方差

自协方差函数
autocovariance function
O212.4
S 方差函数
Z 函数

自信息
self-information
N950
S 信息*
C 互信息

自旋波函数
spin wave function
O174
S 函数(物理)*
C 自旋波 →(2)
自旋波激发 →(2)
自旋波理论 →(2)
自旋轨道 →(2)(3)

自映射
self-mapping
O174
S 映射*
C 子代数

自由边界问题
Y 自由边值问题

自由边值问题
free boundary problem
O175.8；O241.82
D 自由边界问题
S 边值问题*
F Stefan 问题
C 局部解

自由变量
free variable
ZT3
D 自由变项
S 变量*

自由变项
Y 自由变量

自由参数
free parameter
O174
S 参数*
C 近似函数
近似解

自由度
degree of freedom
O21；O31；P401
D 自由度分析
C 平方和
陀螺仪 →(2)
运动曲线 →(2)

自由度分析
Y 自由度

自由积
free product
O152
S 积*
C 内积

自由空间
free space
ZT74
S 空间*

自由模
free module
O152.1；O153.3
S 模(数学)*
C 投射模

自由群
free group
O152.5
S 群(数学)*
F 挠自由群

自由问题
free problem
O231
S 波尔查问题
Z 数学问题

自由幺半群
free monoid
O152.7
S 幺半群
Z 群(数学)

自正交
self-orthogonal
O157

D 自正交的
S 正交*
C 对偶性

自正交的
Y 自正交

自治系统
autonomous system
N948
D 驻定系统
S 系统*
F 非线性自治系统
C 非自治系统

自助法
Y Bootstrap 方法

自助方法
Y Bootstrap 方法

自组织结构
self-organized structure
ZT6
S 结构*

自组织理论
self-organization theory
N941
S 系统论*

自组织临界态
self-organized state
N941
S 临界
Z 状态

字典序
lexicographic order
O224
S 算法*

综合除法
synthetic division
O151.2
D 霍纳方法
S 数学方法*
C 多项式矩阵

综合鉴别函数
synthetic discrimination function
O122.2；O171；O174
D 综合判别函数
综合评价函数
S 函数*
C 多指标
正态性检验

综合目标函数
comprehensive evaluating function
O122.2；O171
S 目标函数
Z 函数

综合判别函数
Y 综合鉴别函数

综合评估模型
Y 综合评判模型

综合评价函数
Y 综合鉴别函数

综合评判
comprehensive evaluation
O159；O242.2
S 评估*
C 隶属函数
判断矩阵

综合评判模型
comprehensive evaluation model
O159；O224
D 综合评估模型
S 数学模型*
C 区间数
因素集

综合误差
combined error
O241.1
D 复合误差
混合误差
混淆误差
全局误差
整体误差
总体误差
总误差
S 误差*
C 均方误差

综合研究
comprehensive study
G304
D 集成研究
S 研究*

综合预测模型
comprehensive prediction model
N945.12
S 预测模型*

综合指数
composite index
ZT3
S 指数*
C 环境质量 →(4)(5)
水质评价 →(4)

总环境
Y 环境

总极值
Y 极大极小问题

总曲率
Y 高斯曲率

总体标准差
population standard deviation
O241.1
S 标准差*
C 检验法

总体方差
population variance
O211.5
S 方差*
C 多阶段抽样

总体极大值
Y 局部极小值

总体极小值
Y 局部极小值

总体极值
Y 极大极小问题

总体结构
Y 系统结构

总体均值
Y 总体平均值

总体平均处理效应
population-averaged treatment effects
O211
S 效应*

总体平均值
population mean
O212
D 总体均值
S 平均数*
C 差异显著性检验

总体稳定性
Y 整体稳定

总体误差
Y 综合误差

总体优化
Y 全局最优化

总体主成分
Y 主成分分析

总体最小二乘法
total least squares
O241.5
S 最小二乘法*
C 增广矩阵

总体最优
Y 系统优化

总体最优化
Y 全局最优化

总误差
Y 综合误差

纵横图
Y 幻方

纵剖面
longitudinal profile
O123.2
S 剖面*
C 横剖面

纵向数据
longitudinal data
O212.1
S 数据*
C 渐近正态性

纵向优先搜索
Y 深度优先搜索

纵向优先搜索法
Y 深度优先搜索

纵轴
Y 横轴

纵坐标
Y 横坐标

纵坐标轴
Y 横轴

阻抗边界
Y 阻尼边界

阻尼边界
damping boundary
O175；O241
D 阻抗边界
S 边界(数学)*
C 逼近方法

阻尼边界条件
impedance boundary con
O241.82；O422
S 边界条件*
C 数值方法

阻尼牛顿法
damped-newton method
O177；O242.23
S 牛顿法
C 二次收敛
Z 数学方法

阻尼微分方程
damped differential equations
O175
S 微分方程
Z 方程(数学)

阻尼项
damping term
O177
S 项(数学)*
C Schwarz 不等式

阻尼最小二乘法
damped least squares method
O241；P315.0
D Levenberg-Marquarat 算法
S 最小二乘法*
C 广义线性反演 →(5)
正交小波基

阻滞增长模型
preventing area increase model
O242.1
D logistic 模型
S Lotka-volterra 模型
Z 数学模型

组成
Y 组分

组成变化
composition change
ZT5
S 变化*

组成分布
composition profile
ZT72
D 组分分布
S 分布*

组分
composition
ZT6
D 成分
成分特征
成份
特征组分
物理成分
物质成分
物质组成
物质组分
组成
组份
C 结构化学 →(3)

组分分布
Y 组成分布

组份
Y 组分

组合(数学)*
combination (mathematics)
O177；O21
D 组合问题
F 排列组合
凸组合
线性组合
C 遗传算法 →(5)

组合 KdV-mKdV 方程
combination KdV-mKdV equation
O175.2
S mKdV 方程
组合 KdV 方程
C 精确孤立波解
Z 方程(数学)

组合 KdV 方程
combination KdV equation
O175
D 组合科特韦格-德弗里斯方程
S KdV 方程
F 组合 KdV-mKdV 方程
C 行波解
Z 方程(数学)

组合多面体
combinatorial polytope
O22
S 多面体
Z 几何体

组合方法
Y 组合分析法

组合分析
combinatorial analysis
O157.1
S 数学分析*

组合分析法
combination analysis method
O212.4
D 组合方法
S 分析法(数学)*
C 模糊数学

组合公式
combinational formula
O211.2
S 公式(数学)*
C 级数求和

组合规划
combinatorial programming
O221.7
D 组合最优化
S 数学规划*
C 分枝定界法

组合和
combinatorial sum
O156.1；O157
S 和(数学)*

组合恒等式
combinatorial identity
O157
S 恒等式*
C Fibonacci 数列
Pascal 矩阵
第一类 Stirling 数
概率分析

组合积分法
combinatorial integralization
O172.2
S 积分法
C 高等数学
Z 数学方法

组合几何
combinatorial geometry
O157.3
S 几何*
F 有限几何
C 组合数学

组合科特韦格-德弗里斯方程
Y 组合 KdV 方程

组合理论
Y 组合数学

组合论
combinatorial theory
O158；O211.2
S 数学理论*
F 粗集理论
C 离散数学

组合逻辑函数
composite logic function
O141；O174
S 逻辑函数
C 真值表
Z 函数

组合模式
combination pattern
ZT71
S 模式*

组合曲面
combined surface
O241.82
S 曲面*

C 调和映射

组合设计
combinatorial design
O157.2
S 设计*
C 循环差集

组合数
combinatorial numbers
O157
S 数*
C 必然事件
摸球模型
容斥原理
循环群

组合数学
combinatorics
O157
D 组合理论
组合学
S 数学*
C 拉丁方设计
邻域完整度
偏序集拟阵
拓扑
组合几何

组合问题
Y 组合(数学)

组合系统
Y 复合系统

组合学
Y 组合数学

组合杂交元
combined hybrid element
O157；O241
S 元*
C 参数优化

组合最优化
Y 组合规划

组间平方和
Y 平方和

组距
class interval
O212.1
S 距离*
C 标准差

组织
texture
ZT6
C 织构 →(2)
组织机构

组织机构*
organization
ZT87
F 国际标准化组织
学会
研究机构
C 单位
组织

组织结构
organizational structure
ZT6
S 结构*

最长路
Y 最短路径

最大独立集
Y 极大独立集

最大概似估计
Y 极大似然估计

最大根
Y 最小根

最大公因式
Y 最大公因数

最大公因数
greatest common divisor
O156.1
D 最大公因式
最大公因子
最大公约数
S 公因数
C 除法
欧几里德算法
欧拉法
Z 因数

最大公因子
Y 最大公因数

最大公约数
Y 最大公因数

最大互信息
maximum mutual information
TN919
S 互信息
Z 信息

最大解
Y 极小解

最大距离
Y 最小距离

最大亏格
maximum genus
O157.5
S 亏函数
C Betti 亏数
Z 函数

最大隶属度
maximum membership degree
O159
D 最大隶属度原则
最大隶属原则
S 隶属度*
C 评价指标 →(4)

最大隶属度原则
Y 最大隶属度

最大隶属原则
Y 最大隶属度

最大流问题
maximal flow problem
O157；O224
S 运筹问题
Z 数学问题

最大面积
maximum area
O182
S 面积*
C 最大值

最大模
maximum norm
O174.51
D 极大模
S 模(数学)*
C 差分格式
广义解

最大模定理
maximum modulus theorem
O174
S 数学定理*

最大模估计
Y 模估计

最大模糊熵
maximum fuzzy entropy
O159
S 模糊熵
Z 熵(数学)

最大模原理
maximum modulus principle
O174.5
S 数学原理*
C 单叶解析函数

最大匹配问题
maximum matching problem
O157；O224
S 运筹问题
C 解空间
Z 数学问题

最大偏差
Y 最小偏差

最大熵
maximum entropy
O211.3；O212.8；O236
D 极大熵
极大熵法
S 熵(数学)*
C 贝叶斯模型
多目标规划
熵函数
最大熵分布 →(4)

最大熵函数
Y 极大熵函数

最大熵谱
Y 最大熵谱估计

最大熵谱估计
maximum entropy spectrum
O24
D 最大熵谱

S 统计估计
C 自回归分析
Z 估计(数学)

最大熵原理
maximum entropy principle
O236；O241；O414
D 极大模糊熵原理
极大熵原理
最大信息熵原理
S 熵原理
C 多目标规划模型
模糊推理
数学方法
最大熵模型 →(4)
Z 数学原理

最大熵准则
maximum entropy criterion
O212.8
S 准则*

最大似然比
maximum likelihood ratio
O151.21；O212.1
S 似然比
Z 比例

最大似然法
Y 极大似然估计

最大似然估计
Y 极大似然估计

最大似然估计法
Y 极大似然估计

最大似然函数
maximum likelihood function
O174
D 极大似然函数
最大似然权函数
S 似然函数
Z 函数

最大似然权函数
Y 最大似然函数

最大特征向量
maximum feature vector
O183
S 特征向量
C 重数
Z 向量

最大特征值
Y 最小特征值

最大完工时间
makespan
O223
S 事件时间*
C 近似法

最大误差
maximum error
O241.1
S 误差*

最大下界
Y 下确界

最大香农熵
Y 最大信息熵

最大项
maximum term
O174.52
D 极大项
S 项(数学)*

最大信息熵
maximum information entropy
O236
D 最大香农熵
S 信息熵
C Bayes 估计
Z 熵(数学)

最大信息熵原理
Y 最大熵原理

最大延误
maximum tardiness
O224
S 图论方法
C 极小化问题
Z 数学方法

最大元
Y 极大元

最大值
maximum
O143；O241
D 最低值
最小值
S 值(数学)*
C 反三角函数
均值不等式
内角平分线
平方和
球坐标
序列标号
最大面积

最大值不等式
maximal inequality
O178；O211.63
D 极大不等式
S 极大极小不等式
C 半鞅
极大向量
极大值函数
强大数定律
Z 不等式

最大值函数
Y 极大值函数

最大值原理
maximum principle
O122.5；O174；O175.2
D 极大值原理
S 数学原理*

最大秩
Y 最小秩

最低公倍式
Y 最小公倍式

最低值
Y 最大值

最短距离法
the shortest distance method
O224
S 最优化方法*
C 变邻域

最短路
Y 最短路径

最短路径
shortest path
O213.2；O22
D 最长路
最短路
最小路径
S 路径*
F 平均最短路径
最短时间路径
最小能量路径
C 时变
图上作业法
选址问题
直角坐标
最小距离
最优路径分析 →(4)

最短路问题
shortest path problem
O157.5；O224
S 运筹问题
Z 数学问题

最短时间路径
shortest time path
O22
S 最短路径
Z 路径

最短置信区间
shortest confidence interval
O212
S 置信区间
C 指数分布
Z 区间
置信

最光滑逼近
Y 逼近

最佳逼近
optimal approximation
O177；O241.6
D 最优逼近
S 逼近*
F 加权逼近
平方逼近
最佳同时逼近
C 不对称
次对称矩阵
二次特征值问题
反问题
拟单调
舍入误差
数值微分
双对称矩阵
中心对称

最佳逼近阶
best approximation order
O174.41；O224
S 逼近阶
C 一致收敛
Z 阶(数学)

最佳逼近解
best approximation solution
O122.2
S 最优解
C 逼近方法
度量广义逆
Z 解

最佳逼近元
best approximation element
O177
S 元*
C Z-空间
严格凸

最佳长度
optimal length
ZT2
S 长度*

最佳常数
best constant
O174
S 常数*
C Hardy-Littlewood 不等式
Sobolev 不等式

最佳常数因子
best constant factor
O224
S 最佳因子
C Hardy-Hilbert 不等式
Z 因子

最佳化
Y 优化

最佳化控制
Y 优化

最佳解
Y 最优解

最佳控制策略
Y 最优收获策略

最佳拟合
best fit
O221；O241.6
D 最优拟合
S 数学拟合*
C S 型曲线

最佳平方逼近
best square approach
O241.5
S 平方逼近
C 平面度误差 →(2)
Z 逼近

最佳实施边界
optimal exercise boundary
O175；O224；O241.82
S 边界(数学)*

最佳条件
optimality condition
ZT84
D 最优性条件
S 条件*
C Farkas 引理
r-凸函数
半定规划
对偶定理
二层决策
广义不变凸
运筹问题

最佳同时逼近
best simultaneous approximation
O174.41
S 最佳逼近
C 最佳一致逼近
Z 逼近

最佳线性无偏估计
best linear unbiased estimate
O212.1
D BLUE
BLU 估计
OLS 估计
最优线性无偏估计
S 线性无偏估计
C 二次损失函数
奇异线性模型
Z 估计(数学)

最佳一致逼近
best uniform approximation
O174.41；O241
S 一致逼近
C 最佳同时逼近
Z 逼近

最佳因子
optimal factor
O224
S 因子*
F 最佳常数因子
C 权系数 →(4)

最佳值
Y 最优值

最佳子集回归
Y 最优子集回归

最简式
minimal art
O151.2
S 表达式*
C 化学式 →(2)(3)
逻辑方程

最近点投影
nearest point projection
O177.91
S 投射(数学)*
C CQ 方法

最近邻估计
nearest neighbor estimate
O211.67；O212.1
D 近邻估计
S 权函数估计
Z 估计(数学)

最近邻密度估计
nearest neighbor density estimate
O212.1
S 密度估计
Z 估计(数学)

最邻近重采样
nearest neighbor resampling
C81
S 重采样
Z 采样

最速降线
brachistochrone
O182
D 捷线
S 线*
C 变分法 →(2)

最速上升法
Y 最速下降法

最速下降
Y 最速下降法

最速下降法
steepest descent method
O171；O22；O24
D 鞍点法
梯度下降法
最速上升法
最速下降
S 下降法
C 动态规划
优化
Z 数学方法

最小边界矩形
minimum bounding rectangle
O224
S 矩形
Z 多边形

最小多项式
minimal polynomial
O174.14；O174.21
D 极小多项式
S 多项式*
C 代数数
有效域

最小二乘逼近
least square approximation
O241.5
D 最小二乘方逼近
S 数值逼近
Z 逼近

最小二乘法*
least square method
O212；O241.5
D GLS
广义最小二乘
广义最小二乘法
最小二乘方法
最小二乘分析

最小二乘算法
最小二乘问题
最小二乘原理
最小平方法
F 惩罚最小二乘法
递推最小二乘算法
对数最小二乘法
滑动最小二乘法
加权最小二乘法
抗差最小二乘法
偏最小二乘法
线性最小二乘法
移动最小二乘法
正交最小二乘算法
总体最小二乘法
阻尼最小二乘法
最小二乘配点法
C 多项式曲线
积分模型
拉格朗日插值
三参数对数正态分布
细分曲线
有偏估计

最小二乘法估计
Y 最小二乘估计

最小二乘法拟合
Y 最小二乘拟合

最小二乘法曲线拟合
least square curve fit
O241.5
D 最小二乘法原理
最小二乘曲线
最小二乘曲线拟合
S 曲线拟合
C 拟合误差
三次 Bézier 曲线
Z 数学拟合

最小二乘法原理
Y 最小二乘法曲线拟合

最小二乘方逼近
Y 最小二乘逼近

最小二乘方法
Y 最小二乘法

最小二乘分析
Y 最小二乘法

最小二乘估计
least square estimation
O212.1；O241.5
D LSE
LS 估计
广义最小二乘估计
最小二乘法估计
S 统计估计
F Profile 最小二乘估计
递推最小二乘估计
加权最小二乘估计
约束最小二乘估计
C D-最优性
Pitman Closeness 准则
Takagi-Sugeno 模糊模型
半参数模型
复共线性
广义 Cook 距离
正交多项式拟合
中心矩
最小方差
Z 估计(数学)

最小二乘回归
least square regression
O212.1；O241.5
D 递阶偏最小二乘回归
S 回归(数学)*
C 线性模型

最小二乘混合有限元
least-squares mixed finite element
O241.82
S 混合有限元
最小二乘有限元
C 存在性定理
Z 有限元

最小二乘解
least square solution
O241
S 极小解
F 极小范数最小二乘解
C Hermite 矩阵
Sylvester 方程
反对称正交反对称矩阵
广义逆
广义奇异值分解
矩阵反演
Z 解

最小二乘拟合
least square fitting
O241.5
D 多项式最小二乘拟合
最小二乘法拟合
S 拟合法
C 空间直线
岭回归
时间序列预测模型
Z 数学方法

最小二乘拟合推估法
Y 最小二乘配点法

最小二乘配点法
least square collocation
O241.5
D 最小二乘拟合推估法
最小二乘配置
最小二乘配置法
S 最小二乘法*
C 小波变换

最小二乘配置
Y 最小二乘配点法

最小二乘配置法
Y 最小二乘配点法

最小二乘曲线
Y 最小二乘法曲线拟合

最小二乘曲线拟合
Y 最小二乘法曲线拟合

最小二乘算法
Y 最小二乘法

最小二乘问题
Y 最小二乘法

最小二乘有限元
least squares limited element
O241.82
S 有限元*
F 最小二乘混合有限元
C 误差估计

最小二乘原理
Y 最小二乘法

最小范数
minimum norm
O177；O241.6
D 最小模
S 范数*
C 递推最小二乘算法

最小范数二次无偏估计
minimum norm quadratic unbiased estimate
O212.1
S 无偏估计
C 一致最小方差无偏估计
Z 估计(数学)

最小范数解
minimum norm solution
O122.2
S 极小解
C 自反矩阵
Z 解

最小方差
minimum variance
O212；O241
D 广义最小方差
S 方差*
F 线性约束最小方差
C 极小解
空间平滑 →(4)
最小二乘估计

最小方差估计
minimum variance estimate
O211.67
S 统计估计
F 线性无偏最小方差估计
最小方差无偏估计
Z 估计(数学)

最小方差无偏估计
minimum variance unbiased estimate
O212
S 无偏估计
最小方差估计
F 一致最小方差无偏估计
Z 估计(数学)

最小风险同变估计
Y 同变估计

最小覆盖
minimal covering
O157
S 覆盖(数学)*

C 逻辑函数

最小割
minimum cut
O157.5
S 割*

最小根
minimum root
O122.2
D 最大根
S 根(数学)*
C 边独立数
结式
色等价
色唯一图

最小公倍式
least common multiple
O151
D 最低公倍式
S 表达式*
C 零化多项式

最小公倍数
lowest common multiple
O156.1
S 公倍数
C 算术级数
Z 倍数

最小解
Y 极小解

最小距离
minimum distance
O156.2
D 最大距离
S 距离*
C 隐式曲线
最短路径

最小距离估计
minimum distance estimate
O212.1
S 统计估计
C 非参数统计
Z 估计(数学)

最小均方差
Y 最小均方误差

最小均方误差
minimum mean square error
O241.1
D 最小均方差
S 标准误差
F 线性最小均方误差
C 均方误差矩阵
马尔可夫预测模型
Z 误差

最小路集
minimal path set
O213
S 集合*
C 不交和
一阶矩

最小路径
Y 最短路径

最小模
Y 最小范数

最小能量路径
minimum energy path
O241
S 最短路径
C 拓扑遍历
Z 路径

最小偏差
minimum deviation
O241.1
D 最大偏差
S 偏差*
C 加权平均

最小平方法
Y 最小二乘法

最小圈基
Y 圈基

最小群同余
minimum group congruence
O152.7；O156.1
S 群同余
C 同态
整除
Z 同余

最小熵鞅测度
minimum entropy martingale measure
O174.12
S 熵测度
鞅测度
C 倒向随机微分方程
Z 测度(数学)

最小上界
Y 上确界

最小数原理
Y 极小值原理

最小特征值
minimum eigenvalue
O175.9
D 最大特征值
S 特征值*
C 匹配
自回归模型

最小误差
minimum error
TG8
S 误差*

最小一乘
Y 最小一乘法

最小一乘法
least absolute deviation
O212
D 最小一乘
S 数学方法*

最小一乘估计
least absolute estimates
O212
S 统计估计
Z 估计(数学)

最小一乘准则
least absolute criteria
O212.1
S 准则*
C 多元回归分析
回归函数

最小元
Y 极小元

最小元素法
minimum element method
O221
S 数学方法*
C 可行集
指派模型

最小正周期
minimum positive period
O171
S 周期*
C Dirichlet 函数
可导函数
离散神经网络

最小值
Y 最大值

最小值问题
minimum problem
O122.5；O174；O175.2
S 数学问题*

最小值原理
Y 极小值原理

最小秩
minimum rank
O177
D 最大秩
S 秩*
C 逼近
符号模式

最优
Y 优化

最优逼近
Y 最佳逼近

最优捕获
Y 最优收获策略

最优捕获策略
Y 最优收获策略

最优参数
optimal parameter
ZT3
S 参数*

最优策略
optimal strategy
O224
D 平衡策略
稳定策略
S 策略(数学)*

F 最优控制策略
最优收获策略
最优投资策略
C 最优化原理

最优插值
optimal interpolation
O174.42；P413；P43
D 最优插值法
S 插值*
F 多元最优插值
C 空间插值

最优插值法
Y 最优插值

最优方程
optimality equation
O122.2
S 方程(数学)*

最优分割
Y 最优分割法

最优分割法
optimal partitioning method
O224
D 最优分割
S 最优化方法*

最优化
Y 优化

最优化(数学)
Y 优化

最优化法
Y 最优化方法

最优化方法*
optimization method
O224；O241
D 优化法
最优化法
最优化技术
最优化算法
最优算法
F Rosenbrock 方法
逼近方法
标号算法
乘子法
单纯形法
多目标优化方法
分枝定界法
复合形法
共轭方向法
共轭下降法
函数迭代法
计划评审法
降维法
可行方向法
拟牛顿法
统筹法
图上作业法
信赖域方法
匈牙利法
序贯数论优化法
序贯寻优法
旋转方向法
优选法
约束变尺度法
正交优化法
中心法
最短距离法
最优分割法
坐标轮换法
C 多准则
矩阵运算
数学原理
梯度路径
优化设计
最优解

最优化计算
optimization calculation
O224
D 最优化计算方法
S 计算*
C 消失矩

最优化计算方法
Y 最优化计算

最优化技术
Y 最优化方法

最优化模型
Y 优化模型

最优化算法
Y 最优化方法

最优化条件
optimality conditions
O224
S 条件(数学)*
C 优化设计

最优化问题
Y 优化

最优化原理
optimality principle
O224
D 最优性原理
S 数学原理*
C 最优策略

最优基
best base
O151
S 最优解
C 小波包变换
Z 解

最优基本可行解
Y 基本可行解

最优阶误差估计
optimal order error estimate
O212；O224
S 最优误差估计
Z 估计(数学)

最优解
optimal solution
O221.2；O241
D 最佳解
S 解*
F ε-最优解
多重最优解
近似最优解
局部最优解
全局最优解
最佳逼近解
最优基
C 表上作业法
乘积
多目标规划模型
二层规划模型
分枝定界法
广义分式规划
混合型对偶
满意解
最优化方法

最优解集
optimal solution set
O144；O224
S 解集
C 混合整数规划模型
零元素
模糊机会约束规划
整体退火遗传算法
最优值
Z 集合

最优控制策略
optimal control strategy
O224
S 最优策略
C 阶段结构
开环
最优值函数
Z 策略(数学)

最优控制问题
optimal control problem
O224
S 运筹问题
C 变分法 →(2)
随机平均法
Z 数学问题

最优路由
optimal routing
O224
S 图论方法
Z 数学方法

最优模型
Y 模型优化

最优拟合
Y 最佳拟合

最优排序
optimal schedule
O223；O224
S 排序(数学)*
C 遗传算法 →(5)

最优设计
Y 优化设计

最优收获
optimal harvesting
O224

S 图论方法
C 平衡分布函数
Z 数学方法

最优收获策略
optimal harvesting policy
O17；O224
D 最佳控制策略
最优捕获
最优捕获策略
S 最优策略
C 极限环
停时
Z 策略(数学)

最优收敛速度
optimal convergence rate
O224
S 收敛速度
C 内点法
Z 速度

最优搜索
optimum search
O229
S 搜索*

最优算法
Y 最优化方法

最优停时
optimal stopping time
O226
S 停时
C Lévy 过程
Z 事件时间

最优停止
optimal stopping
O224
S 图论方法
C 主观概率
Z 数学方法

最优投资策略
optimal investment strategy
O213
S 最优策略
Z 策略(数学)

最优问题
Y 优化

最优误差估计
optimal error estimates
O212；O224
S 误差估计
F 最优阶误差估计
Z 估计(数学)

最优系统
Y 系统优化

最优线性无偏估计
Y 最佳线性无偏估计

最优线性无偏预测
best linear unbiased predictor
O211.67
S 最优预测
Z 数学预测

最优小波基
optimal wavelet bases
O174.22
S 小波基
Z 解

最优性必要条件
necessary condition for optimality
O22；O241
S 必要条件
C 约束规格
Z 条件(数学)

最优性充分条件
optimality sufficient condition
O22；O241
S 充分条件
Z 条件(数学)

最优性条件
Y 最佳条件

最优性原理
Y 最优化原理

最优性组
optimality system
O175；O224
S 群组*
C 广义解析函数

最优预测
optimum prediction
O211.67
S 数学预测*
F 最优线性无偏预测
C 均方误差

最优值
optimal value
ZT3
D 优值
最佳值
S 值(数学)*
C 最优解集

最优值函数
optimal value function
O224
S 值函数
C 最优控制策略
Z 函数

最优资源分配
optimal resource allocation
O224
S 指派问题
C 遗传算法 →(5)
Z 数学问题

最优子集
optimal subset
O242.2
S 子集
C 回归模型
Z 集合

最优子集回归
most superior subset regress
O212.1；P413
D 最佳子集回归
S 回归(数学)*

最值定理
extremum theorem
O172；O211.4
D 极值定理
S 数学定理*
F 最值压缩定理

最值压缩定理
extremum compressive theorem
O178
S 最值定理
C 调和平均数
Z 数学定理

最终负解
Y 最终正解

最终解
final solution
O122.2
S 解*
F 最终正解

最终破产概率
ultimate ruin probability
O211.67
S 破产概率
C 调节系数
复合二项分布
古典风险模型
Z 概率

最终正(负)解
Y 最终正解

最终正解
eventually positive solution
O122.2
D 最终负解
最终正(负)解
S 最终解
C 凹规划
对偶线性规划
非线性中立型差分方程
抛物系统
时滞种群模型
Z 解

左伴随线性映射
Y 线性映射

左单位元
left unit element
O156.2
D 右单位元
右幺元
左幺元
S 单位元
C 代数运算
Z 元

左导数
left derivative
O172.1
S 单侧导数

Z 导数

左对称代数
left-symmetric algebra
O153.3
D 对称代数
S 代数*
C 对称解

左分式环
Y 分式环

左极限
Y 右极限

左理想
left ideal
O153.3
S 理想(数学)*
F 极小左理想
C Baer 环
导子
诣零根

左连续
left continuity
O177
S 连续*

左逆
left inverse
O151.21
S 求逆*

左商环
Y 分式环

左幺元
Y 左单位元

左遗传环
Y 遗传环

左正则带
left regular band
O152.7
S 正则带
C 次直不可约
Z 区间

佐恩引理
Y Zorn 引理

作和
Y 求和法

作积
Y 求积法

作用*
action
ZT5
F 群作用
协同作用
C 二体问题 →(4)
牛顿定律 →(2)

坐标*
coordinate
O123
D 参考坐标
广义坐标
图坐标
坐标框架
F 单坐标
点坐标
多极坐标
仿射坐标
横坐标
混合坐标
极坐标
角坐标
局部坐标
绝对坐标
逻辑坐标
平行坐标
齐次坐标
球坐标
曲线坐标
射影坐标
四边形面积坐标
位置坐标
旋转坐标
中心坐标
重心坐标
柱坐标
C 参照系 →(2)(4)
地球参考系 →(4)
方位角 →(4)(5)
精度分析 →(4)
位形空间 →(2)

坐标变换
Y 坐标转换

坐标变换矩阵
coordinate transformation matrix
O151.21
D 坐标转换矩阵
S 变换矩阵
C 笛卡尔坐标系
极限计算
维格纳分布函数
坐标转换
Z 矩阵

坐标法
coordinate method
O182
D 解析法
S 数学方法*
F 解析解法
解析-数值法
C 断面面积 →(5)
解析性
线面角

坐标方程
coordinate equation
O122.2
S 方程(数学)*
F 极坐标方程
C 坐标值

坐标公式
coordinate formula
O181
S 公式(数学)*

坐标函数
Y 位置函数

坐标框架
Y 坐标

坐标轮换法
coordinate alternation method
O224；O241
S 最优化方法*
C 参数优化

坐标平面
coordinate plane
O181
S 平面*
C OC 曲线
圆柱螺线

坐标曲线
coordinate curves
O182
S 匹配*
C 坐标计算 →(4)

坐标伸缩变换
Y 伸缩变换

坐标位置
coordinate position
ZT74
S 位置*

坐标系*
coordinate system
O18；P22
D 坐标系统
F 参考坐标系
仿射坐标系
平面坐标系
曲线坐标系
贴体坐标系
投影坐标系
用户坐标系
直角坐标系
属性坐标系
C 参考框架 →(4)
数量场
坐标转换

坐标系统
Y 坐标系

坐标系统转换
Y 坐标转换

坐标系转换
Y 坐标转换

坐标旋转
coordinate rotation
O181
D 坐标旋转变换
S 坐标转换*
C 旋转参数 →(4)

坐标旋转变换
Y 坐标旋转

坐标原点
origin of coordinates

O151.2；P20
S 原点*

坐标运算
coordinate operations
O182
S 运算*
C 数量积

坐标值
coordinate value
ZT3
S 测量值*
C 坐标方程

坐标中误差
Y 点位中误差

坐标轴
coordinate axis
O181；P121
S 轴(数学)*
C 假定坐标系 →(4)
平面直角坐标系

坐标转换*
coordinate transformation
O181；P22
D 坐标变换
坐标系统转换
坐标系转换
座标转换
F 极坐标变换
坐标旋转
C 尺度参数
二次曲线方程
广义 Lorenz 系统
基准转换 →(4)
约束平差 →(4)
转换原理
坐标变换矩阵
坐标换算 →(4)
坐标系
坐标转换参数 →(4)

坐标转换矩阵
Y 坐标变换矩阵

座标转换
Y 坐标转换

分类简表

A	**马克思主义、列宁主义、毛泽东思想、邓小平理论**
B	**哲学、宗教**
C	**社会科学总论**
C8	.统计学
C91	.社会学
C92	.人口学
C93	.管理学
C95	.民族学
C96	.人才学
C97	.劳动科学
D	**政治、法律**
E	**军事**
F	**经济**
F0	.经济学
F1	.世界经济
F2	.经济计划、经济管理
F3	.农业经济
F4	.工业经济
F49	.信息产业经济
F5	.交通运输经济
F59	.旅游经济
F6	.邮电通信经济
F7	.贸易经济
F8	.财政、金融
G	**文化、科学、教育、体育**
H	**语言、文字**
I	**文学**
J	**艺术**
K	**历史、地理**
N	**自然科学总论**
N0	.自然科学理论
N01	..科学研究的方针、政策
N02	..科学的哲学原理
N03	..科学方法论
N031	...自然辩证法
N032	...模拟理论
N04	..科学术语规范
N05	..自然科学与其他学科的关系
N06	..自然科学学派
N07	..不明的自然现象与事物
N09	..自然科学史
N1	.自然科学现状
N18	..自然科学专利
N19	..自然科学创造发明、先进经验
N2	.机构、团体、会议
N20	..国际组织
N23	..社会团体
N24	..研究机构
N26	..学术团体
N27	..学术会议
N28	..展览会、展览馆、博物馆
N289	..图书馆、信息服务机构、咨询机构
N29	..企业、生产单位
N3	.自然科学研究方法
N31	..调查方法、工作方法
N32	..统计方法、计算方法
N33	..实验方法、实验设备
N34	..分析研究、测试与鉴定
N35	..技术条件
N36	..组织方法、管理方法
N37	..数据处理
N39	..信息化建设、新技术应用
N4	.自然科学教育与普及
N40	..教育组织、学校
N41	..教学计划、课程研究
N42	..教学法、教学参考书
N43	..教材、课本
N44	..习题、试题与题解
N45	..教学实验
N46	..教学设备
N47	..教育考核、教育评估
N49	..自然科学普及读物
N5	.自然科学丛书、文集、连续性出版物
N51	..丛书、文库

N52 ..全集、选集
N53 ..论文集
N532 ...会议录
N533 ...学位论文、毕业论文
N539 ...杂著、杂文集
N54 ..年鉴、年刊
N55 ..连续性出版物
N56 ..政府出版物、团体出版物
N6 .自然科学参考工具书
N61 ..名词术语、百科全书、辞典
N62 ..手册、名录
N63 ..产品目录
N64 ..图表、数据
N65 ..条例、规程、标准
N66 ..统计资料
N67 ..参考资料
N79 .自然科学非书资料、视听资料
N791 ..缩微制品
N792 ..录音制品
N793 ..感光制品、录像制品
N794 ..机读资料
N795 ..网络资源
N8 .自然科学调查、考察
N91 .自然研究、自然历史
N93 .非线性科学
N94 .系统科学、系统技术
N94-0 ..系统科学理论
N941 ..系统学、现代系统理论
N941.1 ...一般系统论
N941.3 ...系统动力学
N941.4 ...大系统理论
N941.5 ...灰色系统理论
N941.6 ...泛系理论
[N941.7] ...混沌理论、协同学
N941.8 ...超循环理论
[N941.91] ...耗散结构理论
[N941.92] ...突变理论
[N941.94] ...生命系统论
N945 ..系统工程
N945.1 ...系统分析
N945.11 ....环境分析、目标分析、结构分析
N945.12 ....系统模型、系统建模
N945.13 ....系统仿真
N945.14 ....系统辨识
N945.15 ....系统优化
N945.16 ....系统评价
N945.17 ....系统可靠性、系统可行性
N945.2 ...系统技术
N945.21 ....系统的分解、系统协调技术
N945.22 ....系统计划评审技术
N945.23 ....系统设计
[N945.24] ....预测技术
N945.25 ....系统决策
N945.27* ....系统开发
N948* ..各种系统
N949 ..系统科学应用
N95* .信息科学、信息技术
N950* ..信息理论
N950.2* ...信息社会
N950.8* ...信息化、信息化建设
N951* ..信息技术
N951.1* ...信息收集、信息存储
N951.2* ...信息交换、信息传输
N951.3* ...信息处理
N951.4* ...信息管理
N951.47* ....信息服务
N951.48* ....信息安全
N955* ..信息机构
N956* ..信息资源
N957* ..各种信息
N957.1* ...自然信息
N957.2* ...生物信息
N957.4* ...社会信息
N957.5* ...科技信息
N957.6* ...生产信息
N958* ..信息设施、信息设备
N96* .控制论、控制技术
N960* ..控制论
[N960.2]* ...生物控制论
[N960.3]* ...社会控制论
[N960.4]* ...经济控制论
N960.7* ...工程控制论
N965* ..控制技术
N965.1* ...物理控制、化学控制、力学控制
N965.11* ....位置控制
N965.12* ....速度控制
N965.13* ....时间控制
N965.14* ....温度控制
N965.15* ....运动控制
N965.16* ....力学控制
N965.2* ...工程控制
N965.21* ....生产控制
N965.22* ....工艺控制
N965.25* ....质量控制
N965.31* ...模型控制、模态控制
N965.32* ...模糊控制
N965.33* ...预测控制
N965.34* ...闭环控制、开环控制
N965.35* ...动态控制、静态控制
N965.36* ...集中控制、分散控制

N965.37* ...前馈控制、反馈控制
N965.41* ...间接控制、直接控制
N965.42* ...连续控制、断续控制
N965.43* ...数字控制、数值控制
N965.44* ...最优控制
N965.45* ...智能控制
N967* ..控制系统
N967.1* ...线性控制系统
N967.2* ...非线性控制系统
N967.3* ...随机控制系统
N967.4* ...分布控制系统、集中控制系统
N967.5* ...闭环控制系统、开环控制系统
N967.6* ...位置控制系统
N968* .. 控制装置、控制器

O1 数学

O1-0 .数学理论
O1-6 .数学工具书
O1-8 .计算工具
O11 .古典数学
O12 .初等数学
O13 .高等数学
O14 .数理逻辑、数学基础
O15 .代数、数论、组合理论
O17 .数学分析
O18 .几何、拓扑
O19 .动力系统理论
O21 .概率论、数理统计
O22 .运筹学
O23 .控制论、信息论
O24 .计算数学
O29 .应用数学

O3 力学

O301 .牛顿定律、达朗伯原理
O302 .力学中的数学方法
O303 .量纲分析与相似理论
O31 .理论力学
O32 .振动理论
O33 .连续介质力学
O34 .固体力学
O35 .流体力学
O369 .物理力学
O37 .流变学
O38 .爆炸力学
O39 .应用力学

O4 物理学

O4-0 .物理学理论
O4-1 .物理学现状、物理学发展
O4-3 .物理学研究方法
O41 .理论物理学
O42 .声学
O43 .光学
O44 .电磁学、电动力学
O45 .无线电物理学
O46 .真空电子学
O469 .凝聚态物理学
O47 .半导体物理学
O48 .固体物理学
O51 .低温物理学
O52 .高压物理学、高温物理学
O53 .等离子体物理学
O55 .热学、物质分子运动论
O56 .分子物理学、原子物理学
O57 .原子核物理学、高能物理学
O59 .应用物理学

O6 化学

O6-0 .化学原理、化学方法
O6-1 .化学现状、化学发展
O6-3 .化学实验
O6-6 .化学工具书
O61 .无机化学
O62 .有机化学
O63 .高分子化学
O64 .物理化学、化学物理学
O65 .分析化学
O69 .应用化学

O7 晶体学

O71 .几何晶体学
O72 . X射线晶体学
O73 .晶体物理
O74 .晶体化学
O75 .非晶态、类晶态
O76 .晶体结构
O77 .晶体缺陷
O78 .晶体生长
O79 .晶体物理化学过程
O799 .应用晶体学

P1 天文学

P1-0 .天文学理论、天文学方法论
P1-2 .天文机构、团体、会议
P1-4 .天文教育、天文普及
P11 .天文观测设备与观测资料
P12 .天体测量学
P13 .天体力学
P14 .天体物理学
P148 .天体化学
[P149] .天体生物学

P15 .恒星天文学、星系天文学、宇宙学
P16 .射电天文学
P17 .空间天文学
P18 .太阳系
P19 .时间、历法

P2 测绘学
P20 .测绘学概论
P21 .普通测量学、地形测量学
P22 .大地测量学
P229 .海洋测量学
P23 .摄影测量学、测绘遥感
[P24] .测绘仪器
P25 .专业测绘
P27 .地籍学
P28 .地图学

P3 地球物理学
P31 .大地物理学
P33 .水文科学、水界物理学
P35 .空间物理

P4 大气科学（气象学）
P40 .大气科学概论
P41 .大气探测、气象观测
P42 .气象要素、大气现象
P43 .动力气象学
P44 .天气学
P45 .天气预报
P46 .气候学
[P47] .海洋气象学
P48 .人工影响天气
P49 .应用气象学

P5 地质学
P51 .动力地质学
[P52] .古生物学
P53 .地史学、地层学
P54 .构造地质学
P55 .地质力学
P56 .区域地质学
P57 .矿物学
P58 .岩石学
P59 .地球化学
P61 .矿床学
P62 .地质勘探、矿产勘探
P64 .水文地质学、工程地质学
[P65] .地震地质学
[P66] .环境地质学
[P67] .海洋地质学
P68 .宇宙地质学
P691 .行星地质学
P694 .灾害地质学

P7 海洋学
P71 .海洋调查、海洋观测
P72 .区域海洋学
P73 .海洋基础科学
P74 .海洋资源、海洋开发
P75 .海洋工程
[P76] .海洋环境科学
[P79] .军事海洋学

P9 自然地理学
P90 .自然地理概论
P91 .数理地理学
[P92] .古地理学
P93 .部门自然地理学
P94 .区域自然地理学
[P951] .环境地理学
[P954] .灾害地理学
P96 .自然资源学
P97 .地理探险、地理发现
P98 .自然地理图

Q 生物科学
Q1 .普通生物学
Q2 .细胞生物学
Q3 .遗传学
Q4 .生理学
Q5 .生物化学
Q6 .生物物理学
Q7 .分子生物学
Q81 .生物工程学
[Q89] .环境生物学
Q91 .古生物学
Q93 .微生物学
Q94 .植物学
Q95 .动物学
Q96 .昆虫学
Q98 .人类学

R 医药卫生
R1 .预防医学
R2 .中医学
R3 .基础医学
R4 .临床医学
R5 .内科学
R6 .外科学
R71 .妇产科学
R72 .儿科学
R73 .肿瘤学
R74 .神经病学、精神病学
R75 .皮肤病学、性病学

R76 .耳鼻咽喉科学
R77 .眼科学
R78 .口腔科学
R79 .外国民族医学
R8 .特种医学
R9 .药学

S 农业科学

S1 .农业基础科学
S2 .农业工程
S3 .农艺学
S4 .植物保护
S5 .农作物
S6 .园艺
S7 .林业
S8 .畜牧、动物医学
S9 .水产、渔业

TB 工程技术（总论）

TB1 .工程基础科学
TB2 .工程设计、工程测绘
TB3 .材料科学
TB4 .通用技术、通用设备
TB5 .声学工程
TB6 .制冷工程
TB7 .真空技术
TB8 .摄影技术
TB9 .计量学

TD 矿业工程

TD1 .矿山地质、矿山测量
TD2 .矿山建设、矿山设计
TD3 .矿山压力、矿山支护
TD4 .矿山机械
TD5 .矿山运输、矿山运输设备
TD6 .矿山电气
TD7 .矿山安全、矿山劳动保护
TD8 .矿山开采
TD9 .选矿
TD98 .矿产资源综合利用
TD99 .矿山环境保护

TE 石油天然气工业

TE0 .油气能源、油气节能
TE1 .石油天然气地质、石油天然气勘探
TE2 .钻井工程
TE3 .油气田开发
TE4 .油气田建设工程
TE5 .海上油气田开发
TE6 .石油天然气加工
TE8 .石油天然气储运
TE9 .石油机械设备
TE99 .石油天然气综合利用

TF 冶金工业

TF0 .冶金工业概论
TF1 .冶金技术
TF3 .冶金机械
TF4 .钢铁冶炼
TF5 .炼铁
TF6 .铁合金冶炼
TF7 .炼钢
TF79 .其他黑色金属冶炼
TF8 .有色金属冶炼

TG 金属工艺

TG1 .金属学、热处理
TG2 .铸造
TG3 .金属压力加工
TG4 .焊接、金属切割、金属粘接
TG5 .金属切削加工
TG7 .金属加工工具
TG8 .公差测量、技术测量、机械量仪
TG9 .钳工工艺、装配工艺

TH 机械仪表工业

TH11 .机械学
TH12 .机械设计、机械制图
TH13 .机械零件、传动装置
TH14 .机械制造用材料
TH16 .机械制造工艺
TH17 .机械运行、机械维修
TH18 .机械工厂、机械车间
TH2 .起重运输机械
TH3 .泵
TH4 .气体压缩、气体压缩机械
TH6 .专用机械设备
TH7 .仪器仪表

TJ 武器工业

TJ0 .武器概论
TJ2 .枪械
TJ3 .火炮
TJ4 .弹药、引信、火工品
TJ5 .爆破器材、烟火器材
TJ6 .水中武器
TJ7 .军用火箭、导弹技术
TJ8 .战车、战舰、战机、航天武器
TJ9 .特种武器、特种武器防护设备

TK 能源、动力工程

TK0 .能源概论、动力工程概论
TK1 .热力工程、热机
TK2 .蒸汽动力工程

TK3 .热工量测、热工自动控制
TK4 .内燃机
TK5 .特殊热能、特殊热能机械
TK6 .生物能、生物能机械设备
TK7 .水能、水力机械
TK8 .风能、风力机械
TK91 .氢能、氢能利用

TL 原子能技术

TL1 .原子能技术基础理论
TL2 .核燃料、核燃料生产
TL3 .核反应堆工程
TL4 .反应堆、核电厂
TL5 .加速器
TL6 .受控热核反应
TL7 .辐射防护
TL8 .粒子探测技术、辐射探测技术、核仪器仪表
TL91 .核爆炸
TL92 .放射性同位素生产
TL929 .辐射源
TL93 .放射性物质储运
TL94 .放射性废物、放射性废物管理
TL99 .原子能技术应用

TM 电工技术、电力技术

TM0 .电工技术概论
TM1 .电工基础理论
TM2 .电工材料
TM3 .电机
TM4 .变压器、变流器、电抗器
TM5 .电器
TM6 .发电、发电厂
TM7 .输配电工程
TM8 .高电压技术
TM91 .独立电源技术
TM92 .电气化、电能应用
TM93 .电气测量技术、电气测量仪器

TN 电子技术、通信技术

TN0 .电子技术概论
TN1 .真空电子技术
TN2 .光电子技术
TN3 .半导体技术
TN4 .微电子学、集成电路
TN6 .电子元件、电子组件
TN7 .电子电路
TN8 .无线电设备、电信设备
TN91 .通信
TN92 .无线通信
TN93 .广播
TN94 .电视
TN95 .雷达
TN96 .无线电导航
TN97 .电子对抗
[TN98] .无线电、电信测量技术及仪器
TN99 .电子技术应用

TP 自动化技术、计算机技术

TP1 .自动化基础理论
TP2 .自动化技术、自动化技术设备
TP3 .计算技术、计算机技术
TP6 .射流技术
TP7 .遥感技术
TP8 .远动技术

TQ 化学工业

TQ0 .化学工业概论
TQ11 .无机化学工业
TQ12 .非金属元素化学工业、非金属无机化合物化学工业
TQ13 .金属元素无机化合物化学工业
TQ15 .电化学工业
TQ16 .电热工业、高温制品工业
TQ17 .硅酸盐工业
TQ2 .有机化学工业
TQ31 .高分子化合物工业
TQ32 .合成树脂工业、塑料工业
TQ33 .橡胶工业
TQ34 .化学纤维工业
TQ35 .纤维素化学工业
TQ39 .精细化学工业
TQ41 .溶剂生产、增塑剂生产
TQ42 .化学试剂工业
TQ43 .胶粘剂工业
TQ44 .化肥工业
TQ45 .农药工业
TQ46 .制药化学工业
TQ51 .燃料化学工业
TQ52 .炼焦化学工业
TQ53 .煤化学、煤的加工利用
TQ54 .煤气工业
TQ55 .燃料照明工业
TQ56 .爆炸物工业
TQ57 .感光材料工业
TQ58 .磁记录材料工业
TQ59 .光学记录材料工业
TQ61 .染料工业
TQ62 .颜料工业
TQ63 .涂料工业
TQ64 .油脂化学工业
TQ65 .香料工业、化妆品工业

TQ9 .其他化学工业

TS 轻工业、手工业、生活服务业

TS0 .轻工业生产概论
TS1 .纺织工业、染整工业
TS2 .食品工业
TS3 .制盐工业
TS4 .烟草工业
TS5 .皮革工业
TS6 .木材加工工业、家具制造工业
TS7 .造纸工业
TS8 .印刷工业
TS91 .五金制品工业
TS93 .工艺美术品工业
TS94 .服装工业、制鞋工业
TS95 .其他轻工业、手工业
TS97 .生活服务技术

TU 建筑科学

TU-0 .建筑理论
TU-8 .建筑艺术
TU1 .建筑基础科学
TU19 .建筑勘测
TU2 .建筑设计
TU3 .建筑结构
TU4 .地基基础工程
TU5 .建筑材料工业
TU6 .建筑机械
TU7 .建筑施工
TU8 .房屋建筑设备
TU9 .地下建筑
TU97 .高层建筑
TU98 .区域规划、城乡规划
TU99 .市政工程

TV 水利工程

TV1 .水利工程基础科学
TV21 .水利调查、水利规划
TV22 .水工勘测、水工设计
TV3 .水工结构
TV4 .水工材料
TV5 .水利工程施工
TV6 .水利枢纽、水工建筑物
TV7 .水能利用、水电站工程
TV8 .治河工程、防洪工程
[TV91] .运渠(运河、渠道)工程
[TV92] .港湾工程
[TV93] .农田水利工程

U 交通运输工程

U1 .综合运输
U2 .铁路运输工程
U4 .公路运输工程
U6 .水路运输工程

V 航空、航天

V1 .航空航天技术
V2 .航空
V4 .航天

X 环境科学、安全科学

X1 .环境科学基础理论
X2 .社会与环境
X3 .环境管理
X4 .灾害、灾害防治
X5 .环境污染、环境污染防治
X7 .废物处理、废物综合利用
X8 .环境质量管理
X9 .安全科学

ZT* 通用概念

ZT0* .理论、技术、方法、研究、评价、策略
ZT2* .形状、尺寸、尺度
ZT3* .数量、数值、参数
ZT4* .属性、性能
ZT5* .状态、形态、现象、过程
ZT6* .体系、结构、组成
ZT71* .方式、形式、类型
ZT72* .程度、规模、范围、等级
ZT73* .时间、时期
ZT74* .空间、位置、方位
ZT81* .实体、物体、事物
ZT82* .条例、规程、章程
ZT83* .保护、维护、用途
ZT84* .利益、因果、效率、条件
ZT86* .趋势、进展
ZT87* .组织机构、社会团体
ZT88* .人物、人员、人群
ZT99* .其他通用概念

分类详表

01　数学

01-0	.	**数学理论**
01-6	.	**数学工具书**
O1-64	..	数学表
01-8	.	**计算工具**
011	.	**古典数学**
O112	..	中国古典数学
O113/117	..	各国古典数学
012	.	**初等数学**
O121	..	算术
O122	..	初等代数
O122.1	...	代数式
O122.2	...	方程式
O122.3	...	初等数学不等式
O122.4	...	排列、组合、二项定理
O122.5	...	极大、极小
O122.6	...	对数、指数
O122.7	...	级数
O123	..	初等几何
O123.1	...	平面几何
O123.2	...	立体几何
O123.3	...	几何各论
O123.5	...	轨迹、几何作图
O123.6	...	近世几何学
O124	..	三角
013	.	**高等数学**
014	.	**数理逻辑、数学基础**
O141	..	数理逻辑
O141.1	...	命题演算、谓词演算、类演算
O141.2	...	证明论
O141.3	...	递归论
O141.4	...	模型理论
O142	..	应用数理逻辑
O143	..	数学基础
O144	..	集合论
O144.1	...	基本概念
O144.2	...	悖论
O144.3	...	公理集合论
O144.4	...	类型论
O144.5	...	描述集合论（解析集合论）
015	.	**代数、数论、组合理论**
O151	..	代数方程论、线性代数
O151.1	...	代数方程论
O151.2	...	线性代数
O151.21	....	矩阵论
O151.22	....	行列式论
O151.23	....	多线性代数
O151.24	....	向量代数、因子代数、代数不变量论
O151.25	....	线性不等式
O151.26	....	线性代数的应用
O152	..	群论
O152.1	...	有限群论
O152.2	...	交换群论
O152.3	...	线性群论
O152.4	...	拓扑群论
O152.5	...	李群
O152.6	...	群表示论
O152.7	...	群的推广
O152.8	...	群论的应用
O153	..	抽象代数
O153.1	...	偏序集合、格论
O153.2	...	布尔代数
O153.3	...	环论
O153.4	...	域论
O153.5	...	泛代数
O154	..	范畴论、同调代数

O154.1 ... 范畴论
O154.2 ... 同调代数
O154.3 ... 代数 K-理论
O155 .. 微分代数、差分代数
O156 .. 数论
O156.1 ... 初等数论
O156.2 ... 代数数论
O156.21 .... 代数数域、域扩张
O156.22 .... 局部数域
O156.23 .... 分圆域
O156.24 .... 类域论
O156.3 ... 几何数论
O156.4 ... 解析数论
O156.5 ... 二次型
O156.6 ... 超越数论
O156.7 ... 丢番图分析
O157 .. 组合数学
O157.1 ... 组合分析
O157.2 ... 组合设计
O157.3 ... 组合几何
O157.4 ... 编码理论
O157.5 ... 图论
O157.6 ... 图论的应用
O158 .. 离散数学
O159 .. 模糊数学

O17 . 数学分析

O171 .. 数学分析基础
O172 .. 微积分
O172.1 ... 微分学
O172.2 ... 积分学
O173 .. 级数论
O173.1 ... 发散级数、可求和性、收敛因子
O173.2 ... 连分式论
O174 .. 函数论
O174.1 ... 实分析、实变函数
O174.11 .... 描述理论
O174.12 .... 测度论
O174.13 .... 凸函数、凸集理论
O174.14 .... 多项式理论
O174.2 ... 傅里叶分析
O174.21 .... 正交级数（傅里叶级数）
O174.22 .... 傅里叶积分（傅里叶变换）
O174.23 .... 殆周期函数
O174.3 ... 调和函数、位势论
O174.4 ... 函数构造论
O174.41 .... 逼近论
O174.42 .... 插值论
O174.43 .... 矩量问题
O174.5 ... 复分析、复变函数
O174.51 .... 单复变数函数几何理论
O174.52 .... 整数函数论、亚纯函数论
O174.53 .... 代数函数论
O174.54 .... 椭圆函数、阿贝尔函数、自守函数
O174.55 .... 拟共形映射、拟解析函数、广义解析函数
O174.56 .... 多复变数函数
O174.6 ... 特殊函数
O174.61 .... 贝赛尔函数
O174.62 .... 球面调和函数
O174.63 .... 圆柱面调和函数
O174.64 .... 椭圆面调和函数
O174.66 .... 欧拉积分
O175 .. 微分方程、积分方程
O175.1 ... 常微分方程
O175.11 .... 微分方程解析理论
O175.12 .... 微分方程定性理论
O175.13 .... 微分方程稳定性理论
O175.14 .... 非线性常微分方程
O175.15 .... 抽象空间常微分方程
O175.2 ... 偏微分方程
O175.21 .... 偏微分方程稳定性理论
O175.22 .... 一阶偏微分方程
O175.23 .... 二阶偏微分方程
O175.24 .... 数理方程
O175.25 .... 椭圆型方程
O175.26 .... 抛物型方程
O175.27 .... 双曲型方程
O175.28 .... 混合型方程
O175.29 .... 非线性偏微分方程
O175.3 ... 微分算子理论
O175.4 ... 高阶偏微分方程
O175.5 ... 积分方程
O175.6 ... 积分微分方程
O175.7 ... 差分微分方程
O175.8 ... 边值问题
O175.9 ... 特征值、特征值函数问题
O176 .. 变分法
O176.1 ... 极小曲面方程
O176.2 ... 等周问题
O176.3 ... 大范围变分法
O177 .. 泛函分析
O177.1 ... 希尔伯特空间
O177.2 ... 巴拿赫空间
O177.3 ... 线性空间理论
O177.31 .... 拓扑线性空间

O177.32 .... 半序线性空间
O177.39 .... 其他线性空间
O177.4 ... 广义函数论
O177.5 ... 巴拿赫代数、拓扑代数、抽象调和分析
O177.6 ... 积分变换
O177.7 ... 谱理论
O177.8 ... 积分论（基于泛函分析观点的）
O177.91 ... 非线性泛函分析
O177.92 ... 泛函分析的应用
O177.99 ... 其他泛函分析
O178 .. 不等式

O18 . 几何、拓扑

O181 .. 几何基础
O182 .. 解析几何
O183 .. 向量分析、张量分析
O184 .. 非欧几何、多维空间几何
O185 .. 射影几何、画法几何
O186 .. 微分几何、积分几何
O186.1 ... 微分几何
O186.11 .... 古典微分几何
O186.12 .... 黎曼几何
O186.13 .... 射影微分几何
O186.14 .... 广义空间（一般空间）
O186.15 .... 微分形式（外微分形式）
O186.16 .... 大范围微分几何
O186.17 .... 直接微分几何
O186.5 ... 积分几何
O187 .. 代数几何
O187.1 ... 代数曲线、代数曲面
O187.2 ... 簇（代数簇）
O187.3 ... 域上多胞形和其他环
O189 .. 拓扑
O189.1 ... 一般拓扑
O189.11 .... 拓扑空间（空间拓扑）
O189.12 .... 维论
O189.13 .... 模糊拓扑学（不分明拓扑学）
O189.2 ... 代数拓扑
O189.21 .... 组合拓扑
O189.22 .... 同调和上同调群
O189.23 .... 同伦论
O189.24 .... 纽结理论
O189.25 .... 拓扑 K-理论
O189.3 ... 解析拓扑学
O189.31 .... 流形的几何
O189.32 .... 微分拓扑
O189.33 .... 微分流形
O189.34 .... 纤维丛（纤维空间）

O19 . 动力系统理论

O192 .. 整体分析、流形上分析、突变理论
O193 .. 微分动力系统
O194 .. 非线性动力系统

O21 . 概率论、数理统计

O211 .. 概率论（几率论、或然率论）
O211.1 ... 概率基础
O211.2 ... 几何概率、组合概率
O211.3 ... 分布理论
O211.4 ... 极限理论
O211.5 ... 随机变量
O211.6 ... 随机过程
O211.61 .... 平稳过程、二阶矩过程
O211.62 .... 马尔可夫过程
O211.63 .... 随机微分方程
O211.64 .... 过程统计理论
O211.65 .... 分支过程
O211.66 .... 描述性概率
O211.67 .... 期望过程、预测过程
O211.9 ... 概率论的应用
O212 .. 数理统计
O212.1 ... 一般数理统计
O212.2 ... 抽样理论、频率分布
O212.3 ... 序贯分析
O212.4 ... 多元分析
O212.5 ... 判决函数（决策函数）
O212.6 ... 试验分析、试验设计
O212.7 ... 非参数统计
O212.8 ... 贝叶斯统计
O213 .. 应用统计数学
O213.1 ... 质量控制的数学理论
O213.2 ... 可靠性理论
O213.9 ... 其他统计方法

O22 . 运筹学

O221 .. 规划论
O221.1 ... 线性规划
O221.2 ... 非线性规划
O221.3 ... 动态规划
O221.4 ... 整数规划
O221.5 ... 随机规划
O221.6 ... 多目标规划
O221.7 ... 组合规划
O221.8 ... 参数规划
O223 .. 统筹方法
O224 .. 最优化的数学理论
O225 .. 对策论
O226 .. 排队论

O227 .. 库存论
O228 .. 更新理论
O229 .. 搜索理论

023 . 控制论、信息论

O231 .. 控制论的数学理论
O231.1 ... 线性控制系统
O231.2 ... 非线性控制系统
O231.3 ... 随机控制系统
O231.4 ... 分布参数系统
O231.9 ... 其他
O233 .. 逻辑网络理论
O232 .. 最优控制
O234 .. 学习机理论
O235 .. 模式识别理论
O236 .. 信息论的数学理论

024 . 计算数学

O241 .. 数值分析
O241.1 ... 误差理论
O241.3 ... 插值法
O241.4 ... 数值积分法、数值微分法
O241.5 ... 数值逼近
O241.6 ... 线性代数计算方法
O241.7 ... 非线性代数方程数值解法、超越方程数值解法
O241.8 ... 微分方程数值解法、积分方程数值解法
O241.81 .... 常微分方程的数值解法
O241.82 .... 偏微分方程的数值解法
O241.83 .... 积分方程的数值解法
O241.84 .... 差分方程的稳定性理论
O241.85 .... 共形变换(保角变换)中的计算问题
O241.86 .... 实用调和分析
O242 .. 数学模拟、近似计算
O242.1 ... 数学模拟
O242.2 ... 近似计算
O242.22 .... 哈特里（Hartree）近似法
O242.23 .... 牛顿-拉弗森（Newton-Raphson）法
O242.24 .... 帕德（Pade）近似法
O242.25 .... 雷利-里茨（Rayleigh-Ritz）法
O242.26 .... 松弛法
O242.27 .... 索末菲尔德（Sommerfeld）近似法
O242.28 .... 随机近似法
O242.29 .... 区间分析法
O243 .. 图解数学、图算数学
O245 .. 数学软件
O246 .. 数值并行计算

029 . 应用数学